方尖碑
OBELISK

探知新视界

大马士革
刀锋下的玫瑰

[澳大利亚] 罗斯·伯恩斯 著

杨楠 译

译林出版社

图书在版编目（CIP）数据

大马士革：刀锋下的玫瑰 ／（澳）罗斯·伯恩斯
(Ross Burns) 著；杨楠译. -- 南京：译林出版社，
2025. 2. -- ISBN 978-7-5753-0477-1
Ⅰ. K376
中国国家版本馆CIP数据核字第2024V2T440号

Damascus: A History
© 2019 Ross Burns
Authorized translation from the English language edition published by Routledge, a member of the Taylor & Francis Group.
Simplified Chinese edition copyright © 2025 by Yilin Press, Ltd
All rights reserved.
著作权合同登记号　图字：10-2022-334号

Yilin Press, Ltd is authorized to publish and distribute exclusively the Chinese (Simplified Characters) language edition. This edition is authorized for sale throughout Mainland of China. No part of the publication may be reproduced or distributed by any means, or stored in a database or retrieval system, without the prior written permission of the publisher.
本书中文简体翻译版授权由译林出版社独家出版并仅限在中国大陆地区销售。未经出版者书面许可，不得以任何方式复制或发行本书的任何部分。
Copies of this book sold without a Taylor & Francis sticker on the cover are unauthorized and illegal.
本书封面贴有Taylor & Francis公司防伪标签，无标签者不得销售。

大马士革：刀锋下的玫瑰　[澳大利亚] 罗斯·伯恩斯／著　杨　楠／译

责任编辑　王　蕾　荆文翰
特约编辑　穆怀宇
装帧设计　iggy
校　　对　戴小娥
责任印制　董　虎

原文出版　Routledge, 2019
出版发行　译林出版社
地　　址　南京市湖南路1号A楼
邮　　箱　yilin@yilin.com
网　　址　www.yilin.com
市场热线　025-86633278
排　　版　南京展望文化发展有限公司
印　　刷　南京爱德印刷有限公司
开　　本　652毫米×960毫米　1/16
印　　张　38.5
插　　页　4
版　　次　2025年2月第1版
印　　次　2025年2月第1次印刷
书　　号　ISBN 978-7-5753-0477-1
定　　价　119.00元

版权所有·侵权必究
译林版图书若有印装错误可向出版社调换。质量热线：025-83658316

世间的惠赐共十分,九分给了大马士革。
——伊本·阿萨基尔

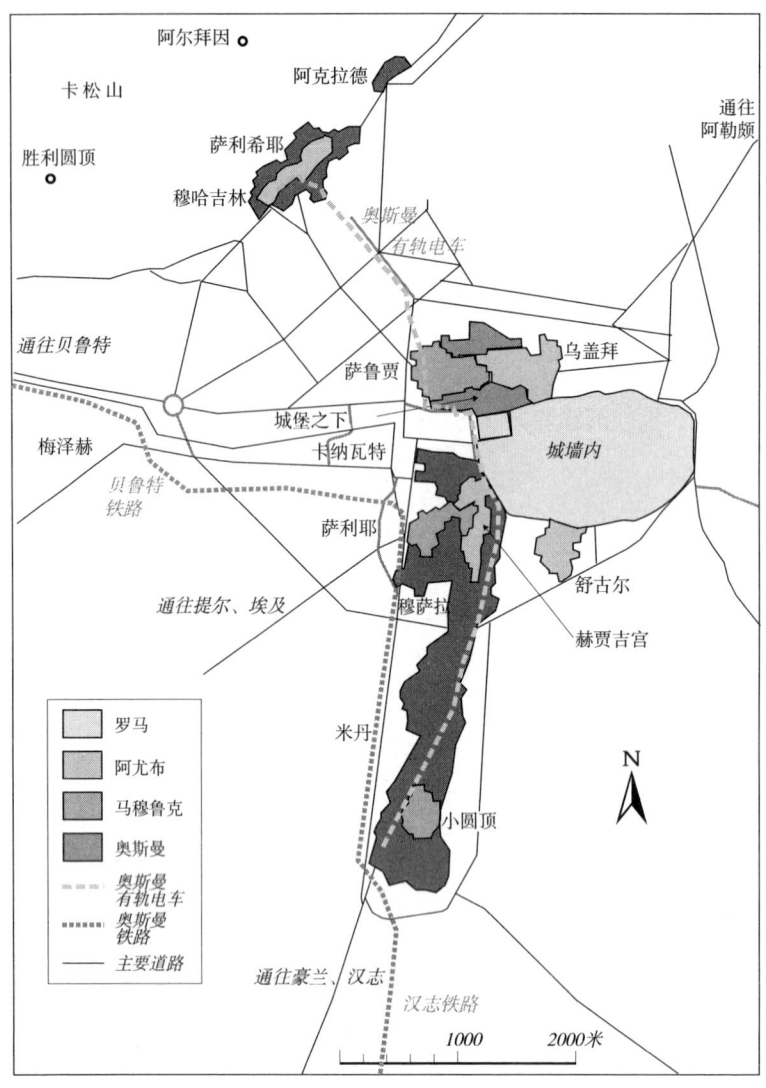

大马士革：历史沿革

来源：根据 Abb. 7 K. in Klaus Dettmann (1969) Damaskus, Erlangen: Erlangen Geographische Arbeiten

序

　　本书起源于很久以前，要追溯到这个新版本之前近四十年。这些年来，有许多人为我提供了灵感、资料、鼓励或支持。试图道出他们所有人的名字，或者点出他们贡献的量级，都是不可能的，或者说是冒失的。许多人的名字已经作为灵感和学识的直接来源，在初版中被引用过了。我在此不再重复，但还是要感谢斯蒂芬·伯克（Stephen Bourke）和詹姆斯·巴尔（James Barr）在新版的修订工作中提供的额外支持，他们的工作完成得很妥帖。大马士革似乎发生过太多的事情，可太多的事情已经被包裹在谜团之中，而他们破解了一些很有挑战性的时期。

　　我撰写这部城市通史，希望对并非专攻其所涵盖的每一个或者某一个历史时期，但又有一定知识积累的读者来说，这本书可以很好读。在似乎有必要为需要详细阐述的问题提供更多背景线索的地方，在仍然存在疑问或争议的地方，抑或是想要认可史料原著时，我使用了注释。参考书目很详细，因为这部作品涵盖了如此众多的时代，还加上了许许多多的小标题，所以必然要查阅海量的资料。对于原始（通常是古代的）史料，我没有指定这些作品的特定版本，而是使用被普遍认可的编号系统，如果有的话。[1]翻译过来的阿拉伯史料归于原作者名下，但伊本·阿萨基尔除外，他对大马士革的描述是从他的大量作品中摘录出来的，由尼基塔·叶利谢耶夫（Nikita Elisséeff）编纂，归于后者名下。

我所遵循的转写法完全站不住脚；但话又说回来，任何一种转写法都必然存在一定程度上的不足。最容易辨识的版本已经载入易于理解的现代叙述中了，有一种"不成方法的方法"，就是试图采用这些版本，这种方法造成严重眼部疲劳的可能性似乎是最低的。如果可以用一个已经被普遍接受的词，即使它明显不会指向最正确的发音（例如：萨拉丁），我也会使用它。由于希腊时代的许多名称在其拉丁语版本中更为读者所熟悉，我通常会选择后者。如果有助于提高准确性，我会采用 'ain（'）或 hamza（'）。Q 和 K 的选取并非一成不变，用于 kaf 时两者皆可，以习惯用法为准，但 qaf 只用 Q。所有的《圣经》摘录均以 *The New Jerusalem Bible*, London: Dartman, Todd and Longman, 1985 的译本为准。高级宗教头衔通常首字母大写，除非有争议时，会用 caliph 而不是 Caliph。

注　释

1　不过在涉及约瑟夫斯时，传统的惠斯顿（Whiston）系统和现代的洛布（Loeb）编号系统（在括号内）都给出了。

目 录

绪论 · 1

第一部分

第一章 大马士革的出现（公元前 9000—前 1100）· 15

第二章 Dimashqu：从亚兰人到亚述人的大马士革
（公元前 1100—前 732）· 28

第三章 更盛大的竞技：亚述人、波斯人、希腊人
（公元前 732—约前 300）· 51

第四章 希腊精神的播种：托勒密王朝和塞琉古王朝
（公元前 300—前 64）· 69

第五章 向着罗马治下的和平（公元前 64—公元 30）· 96

第六章 罗马大都会（公元 30—268）· 122

第七章 坚守（269—610）· 162

第八章·"别了，叙利亚"（611—661）·191

第九章　倭马亚王朝（661—750）·213

第二部分

前言　古代终于何时？·247

第十章　衰落、混乱与无关紧要（750—1098）·250

第十一章　伊斯兰复兴（1098—1174）·283

第十二章　萨拉丁与阿尤布王朝（1174—1250）·326

第十三章　马穆鲁克王朝（1250—1515）·371

第十四章　奥斯曼帝国最初的数百年（1516—1840）·425

第十五章　改革与重振（1840—1918）·470

术语和名称汇总表·514

缩写一览表·527

参考书目·529

译名对照表·568

绪 论

  人们给我讲了许多其他的事情——我亲眼所见的还要更多——我并不打算记录下来。并不是嫌累,而是因为许多人根本不会相信我,其他人也只会嘲笑我。

  ——方济各会修士尼科洛·达·波吉邦西,《出海航行》(1346—1350)[1]

通往大马士革的四条道路

  没有任何一条通途可以充分展示大马士革是如何脱胎于周围的地形,摇摇欲坠地存在的。如今,可以从国际机场出发,乘出租车前往,一路上风驰电掣,却枯燥无味。我们姑且压抑一下这种想法,想想自古以来的游客要如何从四条主要路线中的任何一条到达吧,而其中的每一条都暗示着这座城市一个不同的刻面。一条古道自区区 100 公里远的贝鲁特起,在狭窄的巴拉达河谷错落参差的地貌中穿行,却在突然间通过拉卜韦峡谷,将旅行者传送到了古塔绿洲的边缘。在这里,汛期的巴拉达河向平原进行着最后的冲刺，滋养生命的河水汹涌澎湃。传说耶稣及其母曾在这个峡谷口避难[2]，旅行者可以从这里俯瞰郁郁葱葱的果园和田地，远处的草场逐渐化为荒野，而眼前的一切都被城市沉睡的宣礼塔和圆顶点缀着。也正是在这里，阿拉伯旅行者伊本·朱拜尔在1184年将这座城市描述为招呼游客的新娘："来到这美丽的歇脚处，享受午后的宁静吧。"[3] 1400年，帖木儿指挥他那摧枯拉朽的军队进攻这座城市之前，便是从高处的纪念性建筑赛亚尔墓首次将大马士革尽收眼底的。

从沙漠过来的东线反差更大。在只有一种颜色的荒野中艰难跋涉了数周之后，眼前突然出现海市蜃楼般的绿洲，绿意盎然，赏心悦目。感官再度被唤醒，沉醉在水声和凉爽的湿气中。四下里皆是丰饶，直到最终抵达坐落在东黎巴嫩山脉这片粗糙背景中的城市本身。

第三条路从北边过来，是这座城市的征服者们经常走的。正是在这里，阿拉伯将军哈立德·伊本·瓦利德首次从卡拉蒙山三重断崖的斜坡上俯瞰大马士革，并插上了信仰的旗帜，向城中居民发出信号，新秩序只是时间问题。在这里，亚历山大麾下的将军帕曼纽冒着暴风雪向大马士革推进，想要夺走波斯王廷的财宝和妃嫔。按照预定计划，当征服者走下东黎巴嫩山脉最后的陡坡时，这座城市就会招呼他们，而如今，那里是通往绿洲的高速公路的最后一段，卡车和公共汽车疾驰而下，几乎不刹车。

自20世纪中叶以来，第四条路对大多数旅行者关闭了。然而在此之前，叙利亚的许多统治者都曾从巴勒斯坦的低地登上另一座断崖，也就是戈兰高地。最后的60公里路很好走，只需绕过白雪皑皑的谢赫山（又名赫尔蒙山）山顶，穿越平坦的熔岩平原。罗马总督、十字军国王、阿尤布王朝或马穆鲁克王朝的苏丹，都曾利用这条路，将黎凡特的两座伟大城市——大马士革和耶路撒冷——的命运连接在一起。

环　境

环境对这项研究很重要。没有巴拉达河就没有大马士革。无论是自然还是经济学规则，都注定这座城市不可能有其他的选择。它没有天险可依；没有现成的出海通道；既没有肥沃的土壤，也没有送爽的微风或者可靠的豪雨。换句话说，叙利亚沙漠的这一部分本身并不能维持任何规模的定居生活。可它仅凭两份本钱——水和智巧——就在严酷的沙漠边缘赢得了一席之地。

大马士革南部和东部的地势非常平坦，向着阿拉伯半岛不断延展，其间只有一些山脊、熔岩遍布的荒野和偶然出现的一座死火山的岩心会破坏这份景致。越过这片荒地，放眼望去，大马士革就坐落在荒芜的层峦叠嶂前。城市北靠卡松山的山坡，它是东黎巴嫩山脉令人望而却步的山脊的一部分。这座海拔2 000米的冷峻山脉，与西边黎巴嫩山脉那些更高的山峰一起，把大马士革藏了起来，从海上看不到。山脉形成的壁垒上难得有一个缺口，可以通往地中海，而不必向北或向南绕行约200公里。黎巴嫩山脉和东黎巴嫩山脉之间的那道凹痕，是分外肥

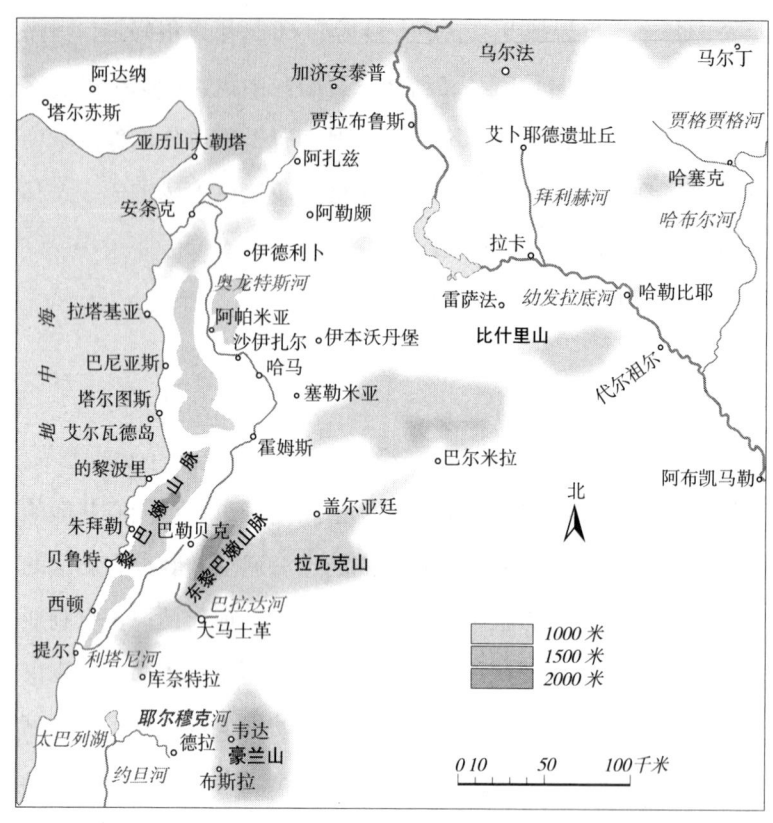

叙利亚之地

沃的贝卡谷地。它继续向南,降到海平面以下,就成了约旦河谷。它那独特的形态,可能就是古典时代一个指代叙利亚南部内陆地区的怪异术语"空叙利亚"(又译"柯里叙利亚")的灵感来源。这道凹痕构成了所谓"新月沃土"的西端,这片可耕地呈弧形,从巴勒斯坦南部延伸至伊拉克。这轮新月沿着奥龙特斯河向北,延续到被安纳托利亚高原的径流灌溉、相对肥沃的土地,之后在幼发拉底河和底格里斯河流至下美索不达米亚时与之接合。

东黎巴嫩山脉给大马士革带来的一大好处是，冬季来自地中海、富含水汽的云在东部和南部的沙漠上空蒸发之前，会被这座巍峨的山脉挡住一些。虽然大马士革的降雨量（每年220毫米[4]）几乎不足以维持永续农业，但储存在雪峰上、春季解冻时释放到巴拉达河的降水足以弥补这一点。甚至连《旧约》也在《列王纪下》5：12中为亚罢拿河（即巴拉达河）的无尽涌流而惊叹——"大马士革的河亚罢拿和法珥法，岂不比以色列的一切水更好吗？"流入这条河的水不仅来自陡峭山坡夏季释放的融雪，还来自扎巴达尼附近的沼泽湖，以及河道半程处艾因菲杰丰沛的泉水（现已被虹吸走了大半，为这座城市提供饮用水）。[5] 如此这般的供水，比大自然提供给黎凡特内陆其他任何城市的都要慷慨。除此之外，大马士革还被相对温和的气候所眷顾——冬天短，夏天长，还带来了实实在在的、五个月不间断的阳光。

这条河"在创造一座城市时挥霍生命，在面对沙漠时立刻死亡"。[6] 起初，在受到人为干扰之前，巴拉达河的水完全是顺着那条狭窄的峡谷汹涌流入这座城市的，还会漫溢到平原上，尤其是在初夏的洪水期。径流要么沉入低洼的沼泽，要么通过城市以东的阿泰拜湿地蒸发掉。大马士革盆地从另外两条小河中得到了少量的水分补充，分别是从卡松山后面的东黎巴嫩山脉流出的马宁河，以及从赫尔蒙山流出的阿瓦吉河（即前文所引《旧约》中的法珥法河），它在向东流的过程中凿开了一道小河谷，标志着绿洲的南界。在平均温度超过35摄氏度的漫长

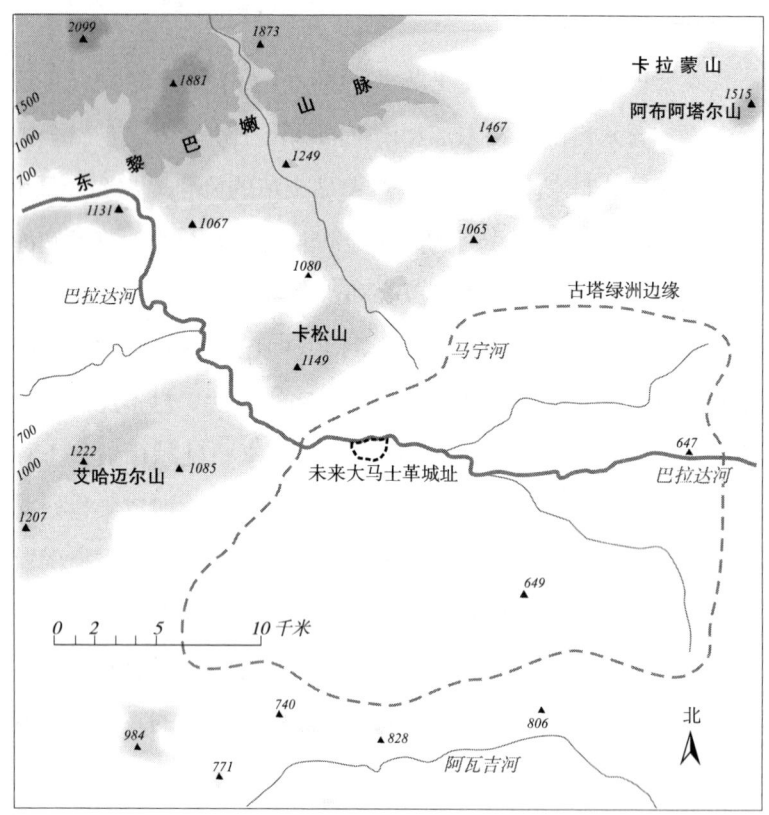

地理环境

夏季,广阔的湿地没过多久就干涸了,只留下一些恶臭的潮湿地块。绿洲是一种在一年中只能维持部分时间的奇迹。只是在过去的三千年里,人类的干预驯服了大自然的恣睢,构建出一种丰饶的环境,用伊本·朱拜尔的话说,这样的环境"像月晕一样"围绕着这座城市。[7]

大马士革向来访者展示的不同刻面,也反映了影响其命运的各种力量。东黎巴嫩山脉始终像一道挡板一样,在很大程度上塑造了那样的命运。它的高度和广度都不足以成为一道永久的屏障，却使城市的注意力转回了沙漠，远离了西边 100 公里远的地中海世界，而那里的贝鲁特还在向它招手，散发着西方的魅力。正是大马士革东西方身份之间的这种相互影响，使它拥有了如此精彩纷呈的历史——它的历史也完美概括了从最早有记载的时代到当今的整个中东地区的各方势力。

创生的传奇

大马士革是何时开始作为城市中心发展起来的呢？像大马士革这样一座有着复杂历史和鲜明特性的城市，一定会引出许许多多的传说。任何一座同样位于三大宗教中心地带的城市，都只会引出更多。一些传说可以追溯到信史的开端。这时我们要经得住诱惑，不能照单全收，尽管有许多传说把这座城市的来历渲染得很美好。探寻古老的起源时，对于这里来说，《旧约·创世记》似乎就是最好的起点。早在公元 1 世纪，犹太历史学家约瑟夫斯就将大马士革的建立归功于挪亚之子闪之子亚兰的儿子之一乌斯。[8] 现在还有许多大马士革人会带你去亚当小时候待过的地方，或者该隐杀死亚伯的地方（令人困惑的是，至少有两个这样的地方——大马士革背后的卡松山坡上的一个山洞阿尔拜因，或者是巴拉达河上游的一座山峰）。与大马士革以北 5 公里处的巴泽村有关的传说很多，据说亚伯拉罕出生在那里（无视了他传说中的美索不达米亚出身）。甚至连罗马历史学家、大马士革的尼古拉斯也认为，亚伯拉罕在到达迦南之前统治着大马士革。许多现代作家喜欢利用这些传说，以及滋养了这些传说的、单纯的虔信，但事实情况是，我们完全没有这些事情的证据。正如后文所述，这些事情大多表现的是这座城市历史上很久之后才被鼓励的礼拜仪式，几乎没有迹象表明它们与早先的传统有任何持续性的联系。

"大马士革"（Damascus）这个名字也没有给我们带来太多启发。它很可能比任何一个从公元前2千纪的先民那里将这个名字沿用下来的闪米特人族群都要古老。无论情况如何，总之并没有能够让人一目了然的翻译。[9]第一次提到这个城镇的名字，是在埃及卡纳克神庙一面墙上的图特摩斯三世铭文中（约公元前1468年）。后来，"Dimaski"或"Dimasqa"出现在阿玛尔纳遗址丘的泥板中。[10]这个名字可能指什么，则更加让人摸不着头脑。[11]经过辅音的音位变换之后，"Mash"（恰好是《创世记》10：23中亚兰的一个儿子的名字）可能指的是太阳。果真如此的话，这个传统就被保留在当前这座城市的阿拉伯语俗名"al-Shams"（太阳）中了。

在大马士革，太过反传统并不明智。正如我们将要在本书中所看到的，这座城市与《圣经》中的事件有着深入的、往往让人困惑的关联。即便后来的宗教趋势试图将它与伟大的闪米特人传说的最初阶段扯上关系，也完全没有什么好惊讶的——或者说根本就没有可信度。大马士革离耶路撒冷相对较近，这常常使它与那座被三大宗教奉为圣地的伟大城市发生冲突或合作。在一个"大马士革-耶路撒冷"承载着厚重内涵的时代，我们需要跳出那样的背景，看到将这两座城市联系在一起的众多相似之处，以及使它们互相对抗的那些相似之处。我们不应因牢不可破的现代边界和停火区而忽视这样一个事实：这两座城市的距离仅有 200 公里，二者之间的地带也相对开阔。那片土地的大部分——当今的戈兰高地；《圣经》中的巴珊；历史上罗马的豪兰粮仓；赫尔蒙山坡上的箱形城堡遗址，白雪皑皑的轮廓守望着这两座城市之间的路线——无数次被大马士革和耶路撒冷的主人争夺。这两座城市自建城伊始便是竞争对手，无论谁控制它们，都将依旧如此。

只缺一把考古铲

然而，本书并非要对传说进行回收利用，而是试图追溯大马士革在其物质发展中所显现出来的历史。在调查研究的过程中，这座城市本身就是基本文件。这里所讲述的故事，不能仅仅通过对古代文本或铭文的仔细甄别来设想。"只有在考古遗迹中，才能找到城市历史的映象。政治结构的演化写在大马士革的建筑中。它的所有纪念性建筑，只有作为城市生活无法反驳的证人才有意义。"[12] 这不是时常掌握古代统治者财富的亚历山大里亚或安条克。在阿拉伯时代以前，书面记载中充其量也只是零零散散地提及大马士革。以古典时代的雅典为例，有古代作家的数百次提及（光是提及集会地 [agora] 建筑的就有 700 次）或数千份原地发现的铭文（还是集会地，有 7 500 份）为证，而大马士革在这两方面的记载都寥寥无几。[13]

与古代世界的许多城市不同，大马士革并没有沉睡数个世纪，在沙丘或泥堆下等候考古学家的铲子。在大马士革，历史的每一层都严丝合缝地建在前一任之上，这种情况至少存在了三千年。例如，自法老时代以来，当今开罗的前身们就在不同的地点之间转移来转移去，而大马士革却仍旧坐落在一个地方，一块不足 2 平方公里的土地上。现代的调查研究很少有机会挖开 5 米深的沉积物，去寻找关于数千年来那里发生了什么的线索。相反，观察者必须依靠由历史堆叠起来的城市表面残留的东西。这座城市本身就是主要证人，但它不能被交叉询问。它不再透露自己的选择——也就是时至今日仍然肉眼可见的东西。此等挑战就像一个令人着迷的侦探故事，本书则试图将其阐明。

注　释

1　改编自 Bellorini and Hoade trans. 1945: 78。
2　Koran XXIII, 50.
3　Ibn Jubayr, Broadhurst trans. 1952: 271.
4　四十二年的平均值——Bianquis 1977: 36。当今的平均年降雨量为 203 毫米。
5　遗憾的是，罗马时代装饰着泉水出水口的神龛和小神庙，如今已经隐藏在瓶装水厂之下。当英国旅行者波科克在 18 世纪中期为它画速写时，它的保存状态还相当完好——Pococke: 1745: 135 & fig. XXII K & L。Dentzer-Feydy 1999 和 Aliquot and Piraud-Fournet 2008 对当今的遗迹进行了研究。
6　Jones 1931 (1966): 428.
7　Ibn Jubayr, Broadhurst trans. 1952: 271.
8　*Jewish Antiquities* 1, 6, 4 (145).
9　Pitard 1987: 7—10.
10　Klengel 1985: 50; Pitard 1987: 9; Mercer, Hallock (eds) *Tell al-Amarna Tablets* 1939 I: 223; Moran 1992: 126, 181, 275; Schürer 1973 II: 127.
11　围绕着可能的指代对象，人们脑洞大开——可谓是传说制造者的盛宴。

Kraeling 和 Albright 提出了一些联想，他们的依据是将"di"语素解释为指"地方"——加上"mesheq"，即为"获利的地方"（Kraeling），指的是它的贸易角色；或者是"芦苇之地"（Albright），这些联想如今已被驳斥。Kraeling 1918: 46 n.2; Albright 1941: 35.

12　Elisséeff 1970: 176.
13　Camp 1992: 15.

I

第一部分

第一章

大马士革的出现

（公元前 9000—前 1100）

最初的村落

在现代人的认识里，青铜时代的叙利亚很大程度上就是一部三城记——马里、乌加里特和埃勃拉——这些遗址全都异常富饶，证明了那个时代的文化水平之高。马里位于幼发拉底河中游，离现今的伊拉克-叙利亚边境不远。乌加里特距离叙利亚海岸几公里远，位于拉塔基亚的正北方，而埃勃拉则位于阿勒颇以南 50 公里处。前两处遗址是由法国勘探队发掘的：超过八十年的详尽研究，是对拿破仑时期潜心于大规模学术研究这一传统的至高礼赞。这些遗址使人们对塑造了叙利亚的影响因素有了深入洞察：马里沿着幼发拉底河眺望美索不达米亚世界；时间上较晚一些的乌加里特则转向地中海，以及后来将叙利亚的命运与爱琴海结合在一起的大量贸易往来。至于叙利亚西部内陆的其他地区对这些不断演变的影响因素做何反应，在 20 世纪 60 年代偶然发掘埃勃拉之前，几乎没有什么补充性的见解。[1] 埃勃拉的意大利勘探队已经开始填补这个空缺了。

大马士革是一座历史比时间本身更悠久的城市，这长期以来都是一个自我应验的假设。认为大马士革是最早的城市中心之一，似乎有点异想天开，因为我们没有证据表明至少在公元前 2000 年以前，现在的城墙区所处位置有任何大规模的定居点。当然，有证据表明，在更大范围的盆地中，存在着可以追溯到公元前 9000 年的更早的定居点。但是到目前为止，关于大马士革地区是如何被开拓的，并没有前后一致的描述，尽管它似乎只有很稀少的人口。[2] 甚至在青铜时代（公元前 3600 年后），叙利亚南部（霍姆斯以南）也没有任何人工土丘可以与叙利亚北部或东部为数众多的遗址丘相提并论。城墙区最高的山丘也不超过 5 米，这表明早期的定居规模很小，持续时间也有限。[3]

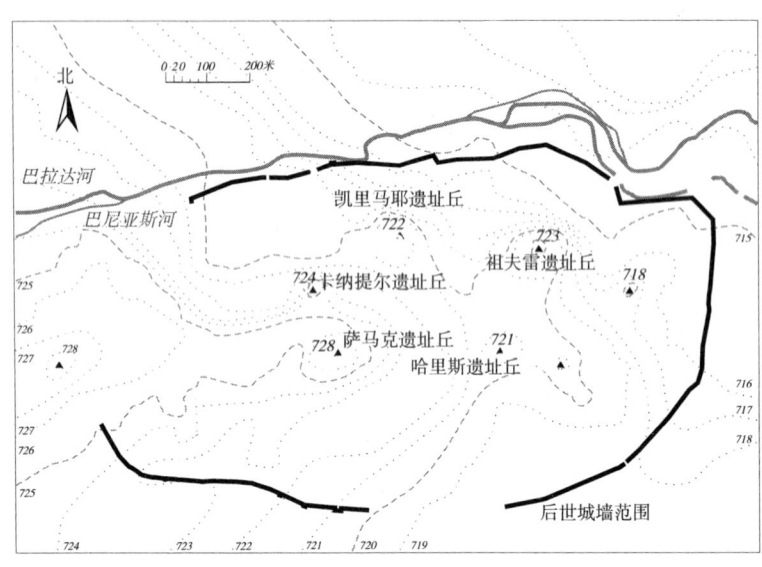

巴拉达河畔的一座山脊

有少量其他遗址显示出青铜时代（或更早）的定居迹象，但人们研究过的遗址数量有限，也超出了古塔绿洲的边缘。大马士革以东 15 公里处的萨利希耶遗址丘是个例外，它给出了可以追溯到青铜时代早期的证据。[4] 萨利希耶遗址丘是一个坚实的人工土丘，面积为 250 米 ×300 米，高出平原约 25 米。它的位置对于防御来说是很合理的，因为它坐落在河流北面的高地上，把守着从沙漠过来的天然路线。叙利亚文物当局最近在国际机

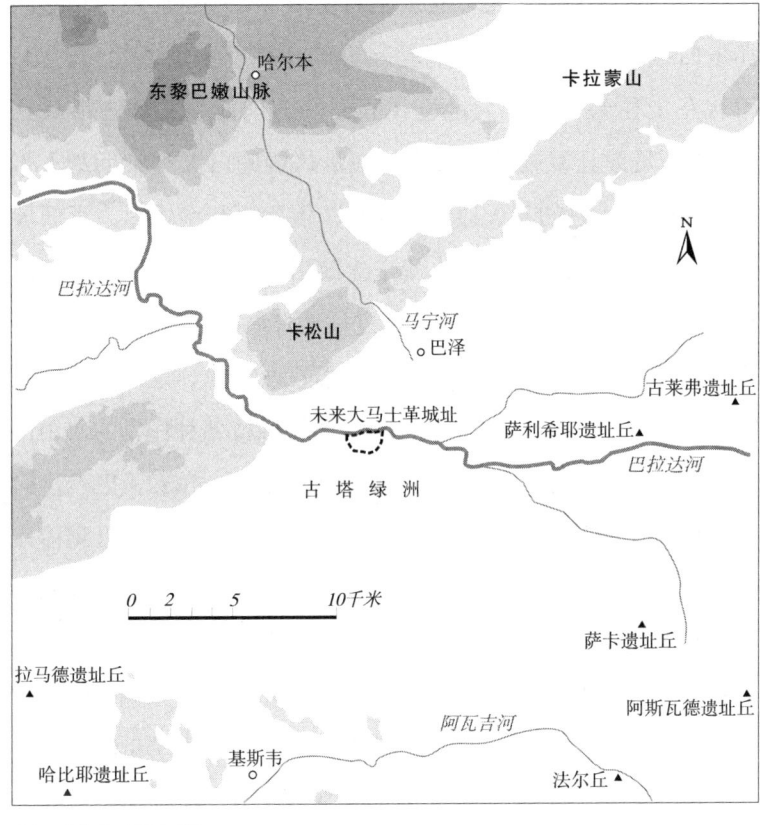

青铜时代的古塔绿洲

场西北5公里处发掘的萨卡遗址丘也可以发挥防御作用。最近在大马士革城堡进行了试探性挖掘,发现了可以追溯到青铜时代早期的陶器遗迹。[5]像萨利希耶或南边阿瓦吉河沿岸较小的定居点这样的防御阵地,保护着散落在一片零碎绿洲上的村落集群,但未来大马士革的所在地是否不止于这些村落集群呢?结构性证据过于零散,尚无法支撑任何结论。[6]

不过地形对大马士革出现的原因给出了一些指示。公元前1000年以前的这一地点,也就是将要用来勾勒这座城市历史的那张白纸,也不是一点儿有提示性的特征都不给。北边有山,河从左上往右下流,大地也往同样的方向倾斜。城市海拔约600米,足以让夏夜的凉爽空气在烘烤般的白天结束后给人带来些许慰藉。它的冬天通常很温和,偶尔可能会下雪。平原坡度和缓,无须在巴拉达河水流走之前用复杂的梯田来储水。巴拉达河的天然水道起初很狭窄,之后便伸展出许多支流,向东、向南蔓延。这个灌溉区向东延伸不超过20公里,之后便归于荒野。事实上,只有最初的10公里是能够种植各种作物的农用良田(真正的古塔绿洲)。东部的边缘地带草场,在春天巴拉达河水到来时,还是一片湿漉漉的草甸,但到了夏末,就只剩稀稀落落的牧草了。[7]

将要用来建造大马士革城墙区的那片土地,并不具备任何有利于城市规模的定居生活的特征。这个地方是一座小山脊,将蚊虫滋生的沼泽地分割开来,是疟疾和伤寒的理想场所,对于城市发展毫无优势可言。[8]它并不具备守卫巴拉达河水道的天然地利。此外,也没有一块突出的高地,可以作为建造城堡的合理位置。在公元前几千年将定居农业带到新月沃土的那场大变革中，古塔绿洲只适合小规模开发。在能用简单方法引水的地方，可以种植谷物、水果，饲养牲畜。该地区潜力的全面开发，还需等待更高明的技术和组织技能。到了那时，春天的湍流可以被引到沙漠的边缘以外，将丰收时节延长到全年，把边缘的土地变成繁茂的果园。

如果没有人类的技艺，巴拉达河将继续在大马士革洼地的中心挖出一条死气沉沉的河床；它的流域将仅仅是焦干的沙漠中一条狭窄的绿色植物带。[9]

乌普的 Ta-ms-qu

公元前 2000 年以前，似乎没有一个主要大国对大马士革绿洲产生过持久的兴趣。大马士革绿洲位于各方势力争夺的地区以南很远的地方，远离赫梯人与美索不达米亚人的战略对抗。数个世纪以来，埃及偶尔会对叙利亚南部的亚摩利人国家感兴趣，但人们认为，埃及自公元前 19 世纪、青铜时代中期的开端起，才偶尔对该地区行使文化上的宗主权。那时，大马士革绿洲和附近地区便开始显示出蓬勃发展新阶段的迹象。该地区已然足够有名，博得了一个更多人耳熟能详的地名。乌普，即涵盖巴拉达河绿洲的土地，被记录在日期确定为公元前 19 世纪的埃及诅咒祷文中，这远远早于第一次明确提及大马士革的年代。[10]

对于北至叙利亚南部的这一地区，不论中王国法老们偶发的兴趣究竟产生了怎样的影响，他们的新王国继任者都认为这里对他们的帝王之志至关重要。在公元前14世纪，大马士革似乎是乌普地区的一座主要城市，而这一地区也从埃及法老埃赫那吞手中转移到了赫梯统治者苏庇路里乌玛一世手中。[11]最近的证据可能在一定程度上补充了埃及人在当地存在的情况。叙利亚对萨卡遗址丘的发掘，现已出土了一座位于古塔绿洲边缘

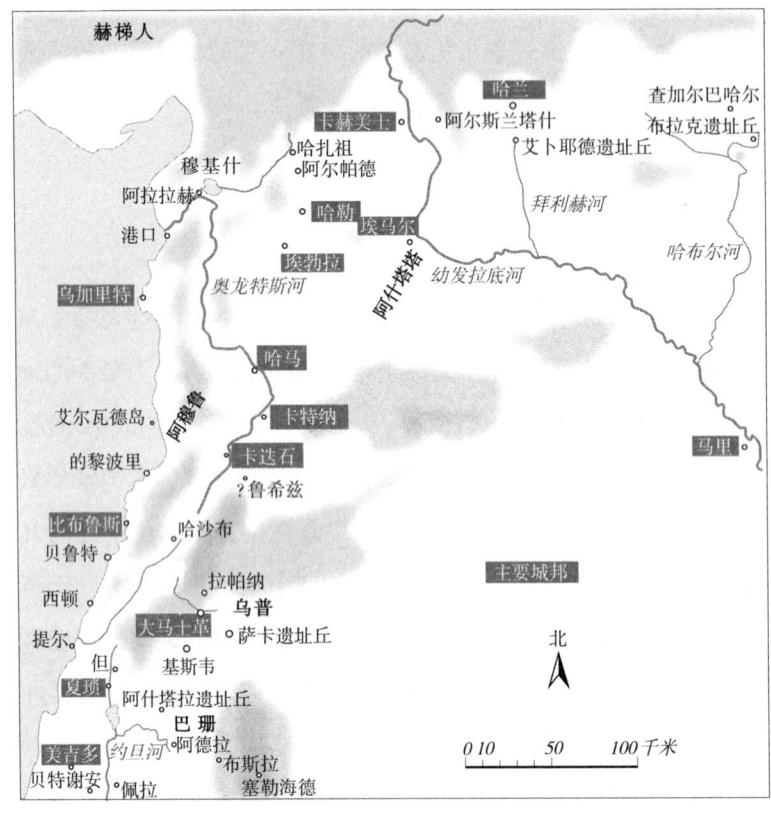

青铜时代的叙利亚

的豪宅遗迹，它显然是由埃及人设计并居住的。[12]虽然当今大马士革所处的地点可能并没有得到大规模的开发，但是在青铜时代晚期，更大范围的古塔绿洲似乎已经成为埃及利益的一个中心。当时或晚些时候，萨卡的那座宫殿是一名身居高位的使节或官员的宅邸。[13]东边的萨利希耶遗址丘继续发挥着似乎最为突出的防御作用，可能也监督着一条连接美索不达米亚和巴勒斯坦的贸易路线。[14]

埃及决定在这一地区发挥更重要的作用，这就把叙利亚北部势力最强大的两个国家米坦尼和赫梯之间对叙利亚的双方争夺变成了三方争斗。到了公元前2千纪中期，埃及试图在北部设立一个更具持久性的预警防御带，以便探查对尼罗河流域的威胁。在帝国之间的斗争中，叙利亚南部不再是死角，而是"被卷入了一个不断扩大的国际关系和联盟网络中"。[15]法老图特摩斯三世从巴勒斯坦北上，以求与米坦尼一战（公元前15世纪上半叶）。他的北上之路途经"Ta-ms-qu"这个定居点，这也就是前文提到的对大马士革这座城市的首次记载。[16]在一百多年后的阿玛尔纳文书中（公元前14世纪下半叶），乌普一带隶属于埃及，提到Ta-ms-qu时，也说它是一个主要的中心城市。不过这些文书依然只是道出了它的地理情况，并没有指出其政治地位。[17]

埃及人的这次作战，并没有阻止赫梯人对叙利亚尽可能多的领土提出要求。苏庇路里乌玛（约公元前1344—前1322在位）登上了赫梯王位，对赫梯人在叙利亚的对手采取了更激烈的政策。渡过幼发拉底河与米坦尼交战后，他在公元前1340

年左右转而南下，剑指大马士革。然而，他的控制似乎只是昙花一现，不过是趁着埃赫那吞的统治暂时削弱了埃及在尼罗河流域以外的行动能力，通过投机取巧获利。苏庇路里乌玛的一个儿子被派去与图坦卡蒙的遗孀成亲，却被杀害了，此后，赫梯和埃及宫廷之间的误解也加深了。尽管苏庇路里乌玛在叙利亚北部成功建立了一系列赫梯的附庸王国，但他对南边的阿姆库王国（位于贝卡谷地北端）的控制就没有那么牢固了。

战役之母

然而，这条边界依然很不稳定，在下一个世纪，争夺再启。阿玛尔纳时期结束后，在霍朗赫布的统治下，埃及人在叙利亚的野心再度觉醒。埃及人在第十九王朝重拾对更辽阔帝国的梦想，就是由他铺平了道路。在霍朗赫布的运作下，他的门徒在公元前1295年左右登基为拉美西斯一世，很快又由自己的儿子塞提一世继位。塞提也颇有雄心壮志，想要从叙利亚开始，恢复埃及威震天下的声名。他死后，继承人拉美西斯二世（约公元前1279—前1212在位）将他的遗志贯彻到底。面对好几代人以来最难对付的埃及首领，赫梯国王穆瓦塔里（公元前1295—前1272在位）自知无法依靠叙利亚的附庸国君来召集一支强大到足以与埃及主力部队叫板的军队。他决定把自己的野战军带到叙利亚，在战略层面上解决这一问题。

拉美西斯二世轻敌了。他试图迎战穆瓦塔里麾下的赫梯部队，结果却是近乎灾难的卡迭石战役（约公元前1274）。卡迭石位于大马士革以北100公里处,是一个在赫梯人和埃及人之间摇摆不定的王国(阿姆库)的一部分。此时,它成为赫梯人领导下抵抗埃及人野心的设防基地。拉美西斯二世经由贝卡谷地向北推进,这使他的部队成了疲惫之师,并遭到了穆瓦塔里军队的截击。这场战斗在他的几座纪念碑上被渲染得轰轰烈烈,但实际上拉美西斯只是勉强重整部队,带领他的军队回到了南方。赫梯军队追击埃及人,一路追到了乌普的地界,最远突破了大马士革。大马士革地区起初被置于赫梯总督(国王的弟弟哈图西里)的统治之下,他后来夺取了赫梯的王位。然而,赫梯人在叙利亚南部的存在可能是断断续续的,在公元前13世纪余下的时间里,可能也受到了埃及军队的挑战。

不过总的来说,埃及人对该地区的控制相对比较仁厚。当地的国王只要继续向埃及纳岁贡,就可以自行统治,尽管我们并不知道要求他们缴纳的贡品要达到怎样的标准。作为回报,埃及维持着一方平安,并从贸易税中获利。在大马士革地区,埃及的利益由一位埃及驻当地的总督负责监督。从后来在外交信函中讨论的哈图西里之女与法老的婚姻,以及送她通过乌普地界的各项筹备工作(公元前1246)来看,哈图西里与拉美西斯签订了一份和约(公元前1259),确认了埃及对大马士革历来的控制。[18]

叙利亚当局最近发现了一块石碑,为这一时期做出了引人入胜的新阐述。这块石碑的年代为拉美西斯二世统治的第五十六年(约公元前1223),人们发现它在距大马士革以南25公里的基斯韦的一座罗马坟墓中得到了再利用。这块石碑说明了埃及寻求将这一地区纳入其世界观的政策：法老被描绘成正在敬拜太阳神拉在当地的表现形式，而拉的后代赛特则被同化为当地的风暴之神（这一角色后来由哈达德担任，他是下一个千年里在大马士革受到敬拜的主神）。埃及人越来越重视这座城市作为包括木材和工业品等必需品在内的国际贸易十字路口的潜力，以及它的前沿防卫作用。法老对当地神灵的迎合姿态，象征着埃及在大马士革地区的政治存在。在巴勒斯坦的美吉多和贝特谢安之外，埃及人又多了一个据点。[19]

更大范围的灾难

然而，随着公元前1200年左右海上民族的到来，这种平衡很快就被横扫黎凡特的局势所颠覆。长期以来，海上民族的"入侵"被认为是中东地区青铜时代结束、铁器时代开始的一个合适的标记。我们从两幅埃及铭文中了解到神秘的海上民族的存在，其中最生动的是装饰上埃及哈布城拉美西斯三世陵庙的巨大象形文字板。拉美西斯在上面浮夸地庆祝他在公元前1176年的胜利，在黎凡特大部分地区已经惨遭蹂躏的情况下，那是一场力挽狂澜的胜利："他们在他们的岛屿上策划阴谋。国土突然四分五裂，在战争中七零八落。没有一个国家可以在他们的武器面前立而不倒。"[20] 许多遗址都发现了大约在这一时期的破坏痕迹。还有其他很多城镇被废弃，或者后来被不同文化的民族重新占领。

对于拉美西斯三世这幅生动的铭文，历来的解释是，一大群入侵者在五十年的时间内从北方的一个岛屿地区来到这里，终结了从安纳托利亚到利比亚的大部分青铜时代晚期文化。如今，游牧民族入侵或者人口流动产生"多米诺骨牌效应"的图景，已经没那么深入人心了。[21] 来自各个遗址的详细证据表明，可能是最初的某些入侵者引发了一系列的迁徙，但是在同一时间，黎凡特内部也是一片混乱。赫梯中央权力的瓦解、旧城市中心的崩溃、战争的新发展，以及包括气候变化和干旱在内的内部因素，可能也加剧了这种情况。许多遗址完全是被废弃的，这一事实表明，入侵的军队并不是这种情况下的主要因素。毫无疑问，国家（即宫殿）权威和定居农业的凋敝，为农牧民新一轮的涌动开辟了道路。这或许是人口大量流动的主要表现，而这种人口流动是黎凡特版图变化的主要产物，却并不一定是其原因。在天下大乱的形势下，已经渗入新月沃土的新族群突然发现了他们的大好机会。[22]

大马士革只是这幅图景中的一个次要部分，我们也没有直接证据表明该定居点受到长期混乱的影响有多深。虽然它的贸易流会蒙受损失，但它在物质上免于崩溃，因为在它与沿海地区之间，有着陡峭山脉构成的双重屏障。受到破坏浪潮影响最直接的，是乌加里特这类沿海城市，但另一方面，许多内陆中心并没有经历任何激变，而是平静地接纳了新的变化。[23] 因为大马士革并不是青铜时代主要的中心，它也没那么容易受到攻击，并且与其他成为新族群根据地的较小定居点有着许多共同特点。毫无疑问，待到新的铁器时代开端，大马士革就要在中东舞台上扮演一个更加雄心勃勃的角色了。随着青铜时代向铁器时代转变，出现了新的，抑或是焕发新生的中心，而这份雄心正是它们的特征。

注　释

1. 主要的例外是丹麦人对哈马的勘探，这次勘探的最终报告直到20世纪50年代至80年代才发布。
2. 来自阿斯瓦德遗址丘、古莱弗遗址丘（二者皆位于古塔绿洲外部东缘）和拉马德遗址丘（位于西南方向15公里处）的有限证据，在Pitard 1987: 20—24中得到了汇总。近来对叙利亚早期考古学的综述，见Akkermans and Schwartz 2003（特别是关于大马士革地区的46—47, 109）。
3. Pitard 1987: 25; van Lière 1963: 116—117.
4. Von der Osten 1956. 萨利希耶遗址丘的轮廓十分突出，以至于英国勘探者Rogers认为它的核心一定是一座"坚固的砖砌工程"，沿着埃及金字塔的线条围起了一个房间。Rogers 1869: 44.
5. 关于青铜时代大马士革存在定居点的可能性，最初的可靠线索来自一个法国—叙利亚团队在大马士革城堡进行的挖掘工作——Maqdissi 2008—2009。
6. Klengel 1985: 50; Pitard 1987: 25; van Lière 1963: 116; von der Osten 1956: 84. 关于法国—叙利亚对阿瓦吉河沿岸三座遗址丘的调查，最初的报告在发布四期后中断，但Cluzan and Taraqji 2011已经出具了一份初步报告。
7. Thoumin 1936: 61—62.
8. Sauvaget 1934: 427.
9. Elisséeff 'Barada' in *EI*2. 另见Thoumin 1936: 239。
10. Pitard 1987: 10.
11. Bryce 2012: 741—742; Pitard 1987: 10—11, 56.
12. Liverani 2006: 12提到了这一时期叙利亚一些这样的埃及人"宅邸"——艾菲克遗址丘、贝特谢安、法拉遗址丘，以及南边更多的例子。
13. Taraqji 1999. Klengel 1992: 99提到，埃及人的做法是指派钦差，到叙利亚宫廷协调埃及的利益。

14 Pitard 1987: 37—38. 位于阿瓦吉河北岸、大马士革西南 20 公里处的哈比耶遗址丘可能是另一个重要的贸易中心。

15 Akkermans and Schwartz 2003: 327.

16 Pitard 1987: 7, 54. 这个地名出现在卡纳克和阿玛尔纳的记载中时，有好几种不同的版本。

17 Klengel 1985: 51; Moran 1992 – texts EA 53, 107, 197. 阿玛尔纳文书中提到了一位地方统治者或军事首领 Biriawaza，此人试图将影响力扩大到贝卡谷地和夏琐，不过 Pitard 指出，并不能确定他定都于大马士革——Pitard 1987: 69。

18 Pitard 相信，大马士革是监督各项筹备工作的埃及总督所在地——Pitard 1987: 78 n.112。

19 Kitchen 推断，立这块石碑，可能是为了纪念埃及和赫梯的亲善使节团重订埃及-赫梯和约的那次会面。地点选在大马士革近郊，是为了让双方都能在距离最近的主要圣所大马士革巴力-哈达德神庙确认他们的誓言——Kitchen 1999。这块石碑现藏于大马士革国家博物馆。

20 Kuhrt 1995 II: 387.

21 就这些问题的辩论的概览，可以在 Cline 2014 中找到，其中提到了较早的评论，特别是 Mario Liverani 的评论，他提出，"青铜时代末期近东文明的崩溃"，主要是因为"庇护区域间交通的政治和司法保障"的终止（Liverani 1987: 69—70）。Liverani 2006: 32—51 对此给出了全面的描述。

22 Klengel in Bunnens 2001: 23; Sader in Bunnens 2001: 63. 关于气候因素，Liverani 2006: 34。

23 哈马的经历与之类似——Fugmann 1958: 274。

第二章

Dimashqu：从亚兰人*到亚述人的大马士革

（公元前 1100—前 732）

混乱之后

公元前 1 千纪之初，大马士革首次作为一个大国登上国际舞台。由于两个世纪以来中东的巨大变化和混乱，以安纳托利亚为大本营、实行中央集权的赫梯帝国已经灭亡，埃及则专注于在国内恢复元气。叙利亚北部的政治格局分崩离析，几个小王国出现并控制了大部分乡村地区。这些地方小国只是并不严谨地反映了它们试图效法的赫梯传统。最大的王国包括哈马和卡赫美士正好位于幼发拉底河从土耳其进入叙利亚的河畔处。在埃及势力衰落的同时，东方的大帝国要么像巴比伦一样彻底败亡，要么像亚述一样，由于人口流动引发了混乱，只能暂时局限在有限的领土内。

---

* 亚兰人（Aramaeans），又译阿拉姆人。——译注

亚兰人的帝国（公元前 11 世纪—前 733）

在叙利亚南部，从这种变化中获益的最成功的新族群，是沿海地带的腓尼基人和内陆的亚兰人。后者是闪米特牧民，数百年间，他们通过渗透同化而非入侵的过程，逐渐经由叙利亚东北部的比什里山迁居过来。这是一个卓越的民族，可他们的成就在很大程度上被埋没了，或许是因为我们对他们的历史所知甚少，只有专家才会对他们感兴趣。在三百年的时间跨度中，他们在叙利亚北部站稳脚跟的同时，也吸收了更古老的城邦的文化和制度。一些亚兰人被已经在许多地区扎根的亚述统治阶级所接纳[1]，但对于试图在公元前 11 世纪恢复在公元前 12 世纪失去的西部领土的中亚述王国来说，另外一些亚兰人可能起到了阻碍作用。这个畜牧民族似乎并没有属于自己的主要城市，当他们越来越接近黎凡特沿海地区时，就将牲畜转移到未被占领的放牧地，自己则继续向现有的社会渗透。在公元前 1200 年后旧帝国结构崩溃的促进下，这一进程为亚兰人逐渐夺取政治控制权扫清了障碍。[2]

到了公元前 1 千纪之初，新的亚兰人精英已经放弃了游牧生活，形成了几个联合的部落王国，这些王国再现了叙利亚青铜时代的大部分宫殿文化。最南边是以东黎巴嫩山脉和贝卡谷地北部为大本营的亚兰琐巴。通过控制美索不达米亚和巴勒斯坦沿海地区之间的商贸往来，以及南北线，也就是传说中的君王大道的交通，它的影响力甚至触及幼发拉底河。国王哈大底谢统治下的亚兰琐巴，对另一个新王国以色列日益增长的势力

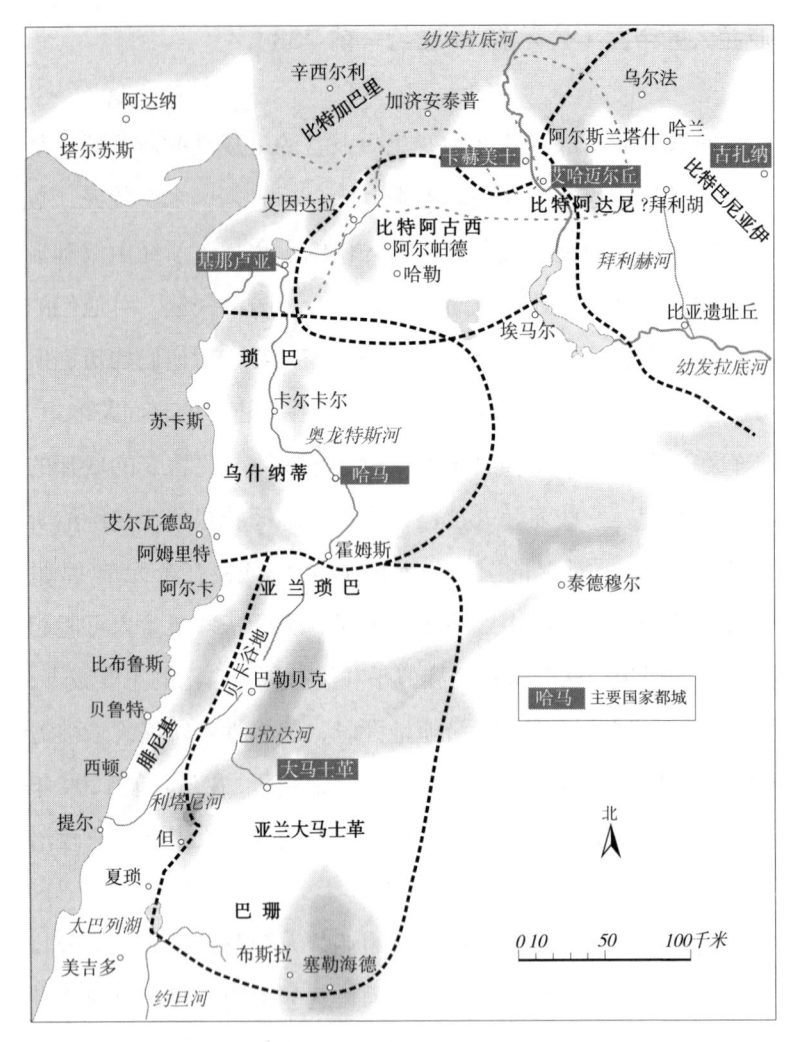

亚兰大马士革和亚兰人的国家

提出了最初的挑战，而以色列王国的形成，可能也是通过将牧民人口吸收到现有城镇社会的类似过程。如果按照《旧约》中的记载，在大卫王（公元前10世纪初期至中期）的统治下，以色列各部落有了新的领土野心。公元前1000年后，亚兰和以色列都是坚决奉行扩张主义的国家，注定会发生冲突。[3]

亚兰大马士革 VS 以色列

当亚兰人在公元前11世纪末首次到达大马士革时，他们将现有的地名纳入他们的语言，称之为"Dimashqu"或"Darmeseq"。他们的存在是和平的，在绿洲现有的居民间默默地搞起了营生。亚兰人似乎很快就发现了绿洲的农业潜力，而那里当时依旧人烟稀少，开发也不充分。最初，大马士革只是亚兰琐巴的一处边远地区，而亚兰琐巴则是一个松散的亚兰人部落联盟，其大本营可能位于贝卡谷地北端。亚兰琐巴王族的一场家庭纠纷，可能促使大马士革迅速崛起，在叙利亚南部一枝独秀。公元前965年左右，所罗门统治时期，失意的王位声索者利逊逃离琐巴的首都，用武力夺取了大马士革。[4]利逊从前任大马士革部族首领那里篡夺了王位，建立了一个独立的政治实体。

亚兰大马士革的范围迅速扩展到绿洲以外的叙利亚南部，成为对抗以色列在新月沃土的野心的一座堡垒。可能有一部分商业上的动机，所以《旧约》才会强调所罗门与东方建立直接贸易往来的旧梦。不过这份贸易霸权还将继续掌握在大马士革手中。公元前931年后，犹大和以色列之间的分裂给了大马士革可乘之机。在利逊之孙便哈达一世（约公元前880—前841在位）及其继承者哈薛（公元前842—约前800在位）统治时期，大马士革继续对以色列发起进攻（将在下一节与亚述的冲突中讲述）。以色列和亚兰大马士革之间的激烈斗争在便哈达二世统治时期（公元前8世纪初）继续进行，他在两次围攻撒马利亚失败后，遭受了被以色列俘虏的耻辱。他被迫给予以色列在大马士革的特殊贸易权。[5]条件总的来说还算温和，或许是变相承认了以色列和大马士革有着共同的利益，那就是抵抗新的威胁——亚述。

新亚述帝国（公元前964—约前800）

东山再起的亚述人重新唤醒了对公元前2千纪那个较早的亚述帝国荣光的回忆。"新亚述帝国"是一个以尼尼微和底格里斯河中游为中心、相对紧凑的王国，怀着到达地中海的梦想，这个目标此前被赫梯帝国堵死了。后来，由于公元前12世纪的混乱，以及亚兰人从南方和西南方蜂拥而至，这个梦想落了空。

此时，对地中海的强烈向往苏醒了。亚述人早已攻入了叙利亚。早在阿达德尼拉里二世（公元前911—前891在位）时期，他们就占领了哈布尔地区，进而"在大海里清洗他们的武器"。[6]他们在阿淑尔纳西尔帕二世（公元前883—前859在位）的率领下卷土重来。北方的新赫梯诸国承认了他们的宗主权，但是在叙利亚南部，他们被大马士革和哈马的联军所阻止。他们在沙尔马那塞尔三世（公元前859—前824在位）的率领下再次尝试，而大马士革则成了由12个王国、城邦和沙漠君主组成的联盟的主心骨。公元前853年，奥龙特斯河畔的卡尔卡尔（今吉斯尔舒古尔往南一点）战役中，在大马士革国王哈大底谢的英明领导下，大联盟（现已得到以色列国王亚哈，以及哈马等主要亚兰人国家的支持）据说可以派出一支浩然大军，按照《圣经》中的说法，包括3 900辆战车、1 200名骑兵和3万名步兵。[7]

尽管亚兰人设法阻止了亚述人对叙利亚南部的进一步蚕食，但面对如此强大的敌人，一切还都很难说。结果也证明了，这只是暂时的缓解。亚述人的侵略是不讲情面的。大马士革被孤立了，成了叙利亚唯一还没被亚述人占领的国家。大马士革国王哈大底谢被篡位的继任者哈薛用湿毯子闷死，与以色列和哈马的大联盟也随着他的死亡而瓦解。公元前841年，亚述人突然出现在城西的扎巴达尼高地上，中断了哈薛对以色列最初的征伐。亚兰人在哈薛的率领下撤退，当时他们撤回的地方一定是大马士革的城墙区。[8]亚述人在郊外大肆劫掠，砍伐绿洲中的果园，以此来发泄无法入城的挫败感。侵略者继续向豪兰和沿海地区进发，在回家的路上停驻了许久，甚至立了一块至今仍保存在狗河（黎巴嫩）峭壁上的石碑，昭示亚述的霸权。

公元前838年至前837年，沙尔马那塞尔三世卷土重来，又打了一场没有结果的战役，但战事随后中断了三十年。其间，在沙尔马那塞尔的继任者沙姆什阿达德五世的统治下，亚述人从公元前824年开始专注于叙利亚北部，而哈薛则将注意力转向了以色列。哈薛可能有阿拉伯血统，事实证明他是一名卓越的战士，他推行包抄以色列的战略，通过夺取包括沿海平原在内的巴勒斯坦部分地区来实现。[9]他控制了从阿拉伯半岛沿着非利士人的海岸抵达地中海的商路。他使他的王国声名远扬[10]，克雷林认为他就要实现"一个叙利亚-阿拉伯帝国了，这时，死神却把他从王位上叫走了"。[11]

后续的统治者们也曾奋力阻止亚述人，却遭受了暂时的挫折。公元前803年，哈薛的儿子和继任者便哈达二世被亚述国王阿达德尼拉里三世打败后，不得不在自己的王宫里接待这位亚述统治者，并向其纳贡，根据亚述方面的记载，贡品的估值为：2 300塔兰特白银、20塔兰特黄金、3 000塔兰特铜、5 000塔兰特铁、多种颜色的布匹、亚麻布、镶有贵重珠宝的金器，以及象牙凳和床。这些细节我们是从尼姆鲁德（伊拉克）遗址发现的铭文中得到的，其文字与贡品中所包括的象牙有关。1928年，法国人在叙利亚和土耳其边境附近的阿尔斯兰塔什（古代的哈达图）进行了考古发掘，出土的宝藏中包括大量腓尼基-埃及风格的象牙镶板，来自亚述地方行政长官在省会哈达图建造的宫殿。这个新的首府显然分到了一部分大马士革的贡品。现藏于阿勒颇博物馆和卢浮宫的一百多块镶板，是在一张木床的残骸旁发现的，千百年来的腐朽已经将这张床化为一具粉末状的轮廓。唯有这些象牙能够使我们想起亚兰人宫殿曾经的辉煌。[12]

然而，大马士革又一次设法摆脱了亚述的霸权，作为一个独立国家，靠自己的聪明才智幸存下来，并从亚述势力的暂时衰落中获益，直至下一个世纪。大约在这一时期，它似乎不声不响地并吞了16个卫星王国，将它们转化为大马士革的外省。

大马士革首次凭借自身力量成为一座国际城市，一个大都会：《耶利米书》（49∶25）中所说的"我所喜乐可称赞的城"。

在对应当今黎巴嫩的地中海沿岸，迦南古老传统的继承者腓尼基人设法维持了其贸易转口港的独立性，并阻止了亚兰人的渗透。面对日益强大的亚述势力，他们凭借着向整个新月沃土供货的优异才能，把自己打造成了不可或缺的存在。他们所供应的货物，放到现在就叫作高附加值产品，包括纺织品，以及那种证明了腓尼基对大马士革宫廷产生过强烈艺术影响的象牙镶嵌家具。在后来的几个世纪里，腓尼基人维持着他们的贸易口碑，利用新的帝国需要他们昂贵的出口产品这一点，在地中海西部沿岸的许多港口定居了下来。

神之城

以色列与腓尼基南部城市间有着广泛的接触，其中就包括腓尼基城市提尔与以色列之间的贸易和宫廷往来。然而，到了公元前9世纪中叶，亚兰大马士革兼容并蓄的文化已经在以色列人的心目中取代了腓尼基，成为当地的主导文明。在这个游牧部落国家与城邦复兴之间的过渡时期，对于中东地区的易变性，大马士革的迅速崛起可谓绝佳的个案研究。经过几个世纪的衰落，城市再次成为政治权力的基础。亚兰人高度重视新中心的建立，抑或将现有的中心以恢宏的规格重建。对亚兰人来说，城市不仅是经济聚合体，也是一位保护神的物质家园，这位神要照顾到世袭君主制中居于高位的统治部族的利益。到了公元前9世纪，大马士革作为由当地的风暴神所统治的城邦，开始受到更广泛的认可，这位神明也以哈达德-拉姆曼之名被纳入亚兰人的神系。这座城市的影响甚至传播到了明言一神教的以色列。在美吉多附近发现了一处敬拜大马士革信仰的圣所，最近在太巴列湖东北岸的伯赛大发现的一块石碑似乎也是敬拜哈达德的。[13]《列王纪上》（19：15—16）中也有一个奇怪的段落（可能是伪经），说耶和华命令未来的先知以利亚往大马士革去，膏哈薛作亚兰大马士革国王。许多个世纪后，在大马士革老城墙东北2公里的朱巴尔建造了一座犹太会堂，以纪念此事。此地最醒目的是一个柱头，后来被尊为以利亚膏立国王时所坐的座位，至少有这样一种说法。[14]

亚兰人时代的大马士革

除了后文中提到的一个片段，我们对这一时期大马士革的了解，主要是基于其他王国，特别是以色列留下来的记录，因此这些记录本来就是不友好的。我们已经注意到，亚兰人最先从事提高周围绿洲生产力的重要工程。他们复杂的政治组织必然会对水利工程有需求，以便更有效地引水，同时也提供了基础设施，来协调劳动力的投入，控制水量的分配。我们仍然可以追踪到由巴拉达河供水的第一条运河，这要归功于他们的技能。

巴拉达河沿着七条支流在古塔绿洲摊开。这些支流大多是由这条河供水的人工运河。它们的位置选在河道从拉卜韦峡谷出来之前的最后几公里。在亚兰人到来之前，似乎没有哪个族群有能力建造如此复杂的灌溉工程。考虑到它的年代，第一条运河是一项很了不起的工程。托拉运河从拉卜韦峡谷逆流而上2公里处起始，左转偏离主河道，沿着在岩石上开凿的一条宽0.75米、深1.5米的沟渠绕过这道峡谷。这条沟渠分走了河

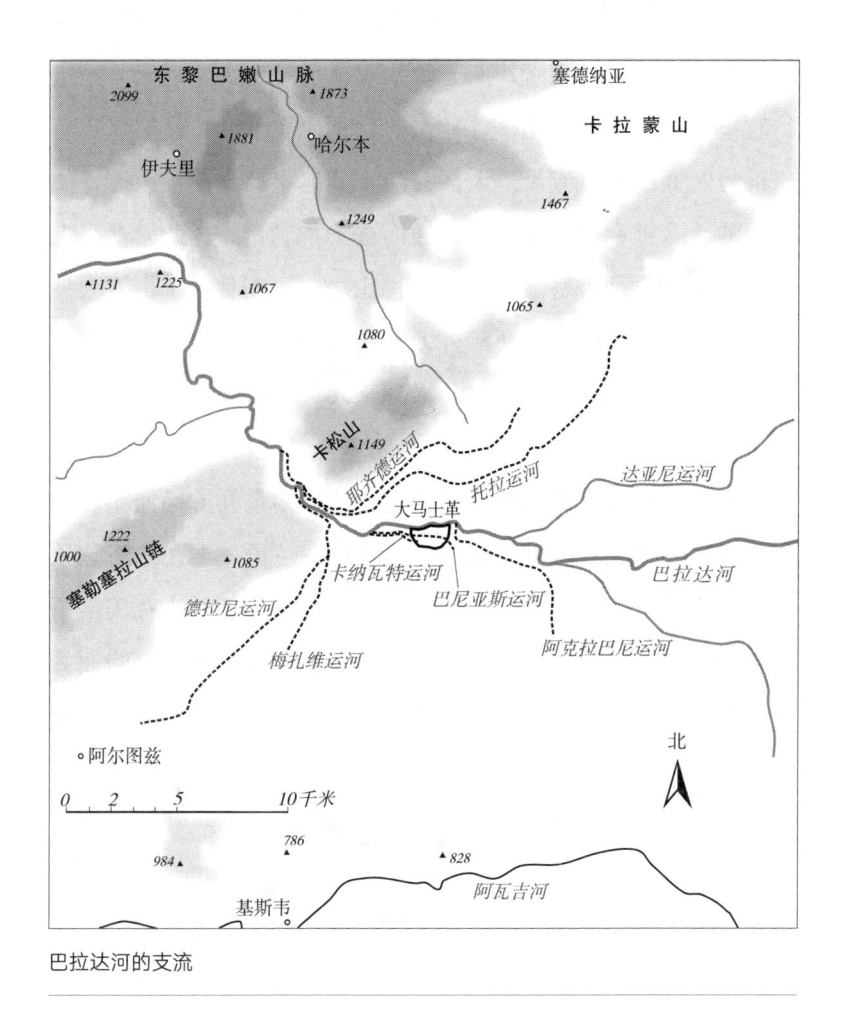

巴拉达河的支流

流一半以上的水量。从那里开始，运河并没有下行到平原的高度，而是转向穿过现在的马勒基和艾卜耶德桥区所在的高地，从后来中世纪阿拉伯人的郊区萨利希耶的位置和卡松山脚下绕过。它从这个海拔（720米，比平原的平均高度高30米）为巴拉达河北岸的洪泛平原提供水源，这样一来，全年都可以进行集约灌溉了。这起到了消灭夏季干旱的作用，也意味着绿洲可以实现大规模灌溉，而无须依靠人力或畜力来提水。在进行这些改进之前，巴拉达河流入低地沼泽，那里每年都会有一部分时间被春汛淹没。大部分河水到达平原之前被改道，使低地的水量过剩得到了纠正，转而被善加利用。在此之前，大马士革或许只是古塔绿洲的众多村庄之一，而且由于位置太靠近河流所带来的洪水，还额外多了一项不利条件。而如今，它摆脱了荒凉的沼泽地带，成了绿洲及其周边游牧民的市场交易中心。

亚兰人的智巧依然被后人铭记，他们给最初的运河起的名字沿用了下来。托拉（Tora）一词源自亚兰语，索瓦热将这项大大提高了古塔绿洲生产力的卓越工程归功于亚兰人在美索不达米亚的治水经验。[15] 附近许多村庄的名字都指示着新的亚兰人定居点：杜马、哈拉斯塔、德拉雅、卡法尔巴特纳、阿格赖拜。[16] "Di-mash-qu"（亚兰人所采用的书写版本）随着自身王朝的崛起，现已成为一个赫赫有名的政治中心。[17] 在其德国发掘者看来，萨利希耶遗址丘的地位正是在这一时期显著下降的，可能是因为大马士革已经超过了它，成为绿洲主要的中心，这一点无疑是意义深远的。[18]

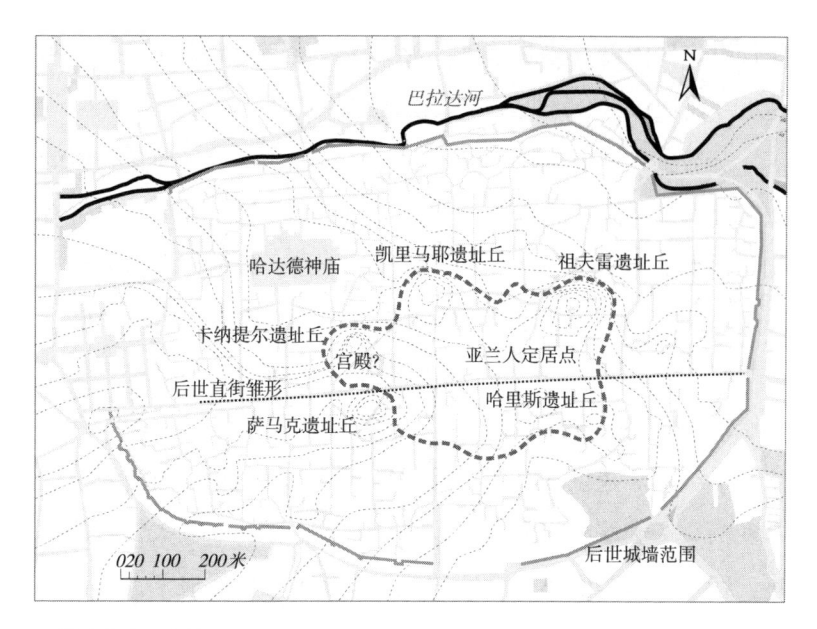

亚兰人的大马士革

想要建城，又不能侵占宝贵的农田，巴拉达河南岸那条 10 米高的山脊显然是可行的地点。亚兰人似乎决定将现有的、沿着山脊分布的小村子合并为他们的首都。最初的新王朝首都到底位于山脊何处，我们只能靠猜。当今城墙区的地形中，有四个点位的地表有隆起，高出平均值不过 2 米到 5 米。有些可能是自然作用下的露头，但至少有两处带来了一些文化层累积的残骸，它们的年代比整座城市古典时期的遗迹都要早。在古代，通常的建筑方法（在现代混凝土建造方法传入之前，叙利亚的大多数村庄实际上都采用这种）是把土敲平构成地面，用晒干的泥砖砌墙。屋顶和较大的墙壁是用土做成的，夹在由当地木材构成的框架之间。这些材料很脆弱，当它们崩塌或者被雨水侵蚀时，残渣就会累积起来，形成一层层连续的土丘，或者叫遗址丘，城镇就在这些土丘上越叠越高。

这些土丘中最重要的要数萨马克遗址丘（就在横穿全城的主干道直街以南，正中偏西一点），它在20世纪上半叶被学者们鉴定为亚兰人之前的一个定居点的土丘。目前，较新的推论倾向于认为，这个隆起是此处的罗马音乐厅倒塌损毁所造成的。（阿拉伯人征服时，这一地区被称为"al-Baris"，这是一个传入希腊语的亚兰语名词，表示有一座宫殿存在。）直街以北的一个土丘卡纳提尔遗址丘（就在香料集市，也就是从直街向北至倭马亚清真寺南墙的那条路的东边）更适合作为亚兰人宫殿的选址，特别是因为它离一个区域很近。后来我们知道了，一直到马穆鲁克时期的历代统治者的居所，以及之后18世纪的奥斯曼帝国总督阿萨德帕夏·阿泽姆的官邸，都坐落在那个区域。

神　庙

我们已经知道，这座城市的主神是闪米特人的风暴之神哈达德-拉姆曼。[19] 作为经常被供奉在邱坛的雷暴和雨水之神，哈达德决定着土地的丰饶。（他的配偶是叙利亚的生育女神阿塔伽提斯，她后来也将拥有属于自己的悠久崇拜习俗。）这种崇拜在叙利亚西部很普遍，在降雨量对收成至关重要的地方，它与农产品有着特别的联系，特别是葡萄酒。为了敬拜这座城市的神，需要一处庄重的场所。在宫殿以北300米处，地势稍微平缓，形成了一个宽敞的区域，可以俯瞰整个山脊和周围的乡村。这个如今被倭马亚清真寺所占据的神圣区域，很可能就是献给这位确保亚兰王朝国运之神的神庙用地。对哈达德-拉姆曼的崇拜是国王合法性的基础，每一位统治者的御名都包含这位神的部分称号。圣域开始得到大规模的开发，以便与王朝日益增长的国际声望相匹配。

我们无法直观了解哈达德-拉姆曼神庙的样子。它可能遵循了传统的形式，与闪米特-迦南人的其他例子相类似，例如艾因达拉或阿菲斯遗址丘的神庙。[20] 围场包含着一个有围墙的庭院，庭院的一侧坐落着一个相对较小的房间，在那里进行无比神圣的崇拜仪式。某种形式的塔楼或高台也能反映闪米特人的习惯，象征着风暴神崇拜的邱坛。亚兰人神庙只留下了一块可以辨识的石碑：一个长着翅膀的动物的浅浮雕，头是人头，戴着埃及风格的头饰。这块石碑被发现重新用于倭马亚清真寺的北墙，现藏于大马士革国家博物馆。它的风格属于哈薛国王统治时期，

描绘一只斯芬克斯的玄武岩立石碑，来自亚兰人神庙
来源：'Abd al-Kader 1949: pl. VIII

腓尼基人的影响依稀可见，这也体现了亚兰人国家所特有的吸收外界流行式样的能力。[21]可以合理想象它是亚兰人神庙入口处正中心的一块立石碑，沿墙而立，这与叙利亚北部同时期的神庙中在立石碑上雕刻守护动物多多少少是同样的道理。[22]

目前，我们无从得知亚兰人的城市能有多大。在合并山脊上先前的那些小村子时，亚兰人可能只是把它们胡乱地归拢到一起，而不是将它们纳入经过重新规划的布局中。然而，连接这些小村子的那条山脊小路的散乱线条，似乎很可能留存了下来，成为统合这个新集群的脊柱，也就是未来直街的雏形，而这条街至今仍是唯一一条横贯城市的大道。

为何亚兰人时期标志着大马士革从村庄到首都的演变，还有一些经济因素也可以解释。在公元前1千纪以前，大马士革可能并非任何主要国际商路上的必经之地。尽管埃及人可能会间歇性地利用大马士革绿洲，作为协调来自更北边的货物的地点，但大马士革作为跨沙漠贸易出路的潜力并没有得到开发。一大困难在于缺少一条从大马士革通往沿海地区的确定路线。虽然有好几种选择——通往黎巴嫩北部的的黎波里、南部的提尔和西顿或者腓尼基南部海岸的阿卡的路线——但很难说哪一条是不二之选。提尔可能是最容易到达的，因为去其他地方，要么走险峻的山路，要么为了避开那两座山脉而向北绕很远的路。因此，要想让人们在大马士革的停留划得来，它必须提供某种明显的优势，来提振它作为转运口岸的作用。此时，突破口就在眼前：骆驼。

公元前1千纪之初，骆驼的驯化为跨沙漠贸易带来了革命性的改变，使直接穿越沙漠成为可能。一旦通往阿拉伯半岛的商路开通，提供了丰富的骆驼来源，大马士革就成了分别从美索不达米亚和阿拉伯半岛起始的跨沙漠路线的天然中转站。[23] 商品以前必须走叙利亚北部的路线，以便绕开荒野，现在却可以到达之前无法进入的新市场了。骆驼运输的大宗商品被拆分成小份，由驴子运往腓尼基港口城市提尔和西顿。[24]

大马士革的经济在此时腾飞。它不仅是沙漠边缘最适合作为转运口岸的城市，还由于其亚兰人君主的活力和组织能力而发展出了属于自己的产业。它在金属加工方面已经享有盛誉——这项产业对武器和战车制造都很有用。它的羊毛产业发展到了很高的水平，包括精致图样的染色和编织工艺。它对灌溉的投入很快便得到了回报。最后，它还拥有一个备受瞩目的崇拜中心，这向来是将城市吸引力最大化的一个有效手段——此外，在吸引来自腹地的支持方面，这个中心的地位堪比耶路撒冷的犹太圣殿。

该王国的影响力还体现在其语言的传播上，即西亚兰语的大马士革方言。亚兰人的渗透效果显著，尤其是在商业方面，以至于他们的语言成了一个更广阔地区的交际语。"结构简单，再加上便于书写"（改编自腓尼基字母），这两点都促进了它的传播。[25] 到了公元前8世纪，它已是该地区的外交语言。它是如此根深蒂固，以至于在接下来几个世纪的所有入侵中都幸存了下来，甚至还挤掉了亚述人、巴比伦人或波斯人等未来征服者的语言，继续作为国际通信的主要语言存在。而更值得一提的是，即使经历了希腊、罗马和阿拉伯影响力强大的时期，它仍然是一种重要性不仅局限于地方的语言。亚兰语是基督时代犹大山地通用的交流语言，也是他用来向广大听众宣讲的语言。叙利亚基督徒将其作为礼拜仪式上的语言，并带到了叙利亚东北部和伊拉克，那里甚至现在还能找到讲某种亚兰语方言的社区遗民。这种语言令人惊叹的传播和存续，是这座城市新的国际化面貌最初的表现形式。[26]

哈薛统治下的大马士革首次建立了一个帝国。"很明显，在六十年的时间里（约公元前845—前785），大马士革是叙利亚-巴勒斯坦大部分地区的霸主，以色列（以及犹大）国王不得不屈居附庸之位。"[27] 这座城市的政治和经济地位带来了外交和贸易往来，使它的名声传遍了大半个西亚。这名声并非昙花一现。现如今，中东的乡村地区散布着蒙尘的土丘，可它们也曾支撑着一些主要的中心城市。那些城市在顺境中繁荣兴旺，却没能找到一个长久的经济立足点。多亏亚兰人留下了这些长久的改进措施，此时的大马士革已经有了足够的本钱，可以避免那样的命运了。

亚述复兴（公元前8世纪）

然而，大马士革对新月沃土的支配地位并没有持续超过一个世纪太久。它失去了公元前9世纪中叶组建的更广泛的联盟，因此无法抵御东方复兴的亚述势力，大马士革被迫进贡成为平常之事。这一次，亚述不会受到阻挠了。

在公元前835年至前805年期间，当亚述的威胁减弱时，大马士革对以色列发动了进攻，蚕食了以色列在约旦河以东的大片领土。随着亚述的威胁逼近，以色列开始兵行险着，寻求利用亚述对抗亚兰人的统治地位。事实证明，被以色列王国奉为"救世主"的亚述国王阿达德尼拉里三世（公元前810—前782在位）名不副实。实际上，他是一个新的、更加残忍无情的压迫者。公元前770年后，以色列占据了大马士革的部分领土，使大马士革遭到严重削弱。然而，这两个国家的国力都被削弱了，如果不团结起来的话，很容易被东方卷土重来的威胁逐一击破。

这种威胁在提革拉毗列色三世（公元前745—前727在位）统治时期突然加剧，他给亚述国家带来了新的活力和一支职业军队；他使亚述有能力维持超出通常季节性作战的对外军事行动，并征服此前作为贡品持有的领土。亚述的梦想是将帝国扩展到黎凡特南部地区，此时，事实已经证明，它在追求梦想的路上锐不可当。在瓦解了叙利亚北部的阿尔帕德王国和哈马王国的势力后，提革拉毗列色对大马士革志在必得。大马士革国王利汛（约公元前740—前732在位）曾试图与以色列和犹大王国的王室结盟（为时已晚），共同对抗亚述。以色列国王比加予以配合，但犹大国王亚哈斯则不然。大马士革和以色列先发制人，通力合作，攻占了耶路撒冷，但亚哈斯选择向提革拉毗列色求助——"现在亚兰王和以色列王攻击我，求你来救我脱离他们的手"——由此为亚述的征服打开了大门。[28]

公元前733年，提革拉毗列色急切地答应了亚哈斯的请求。他首先攻向腓尼基沿海地区，将大马士革与以色列隔绝开来，然后又向东折返。利汛国王"像笼中鸟一样"，躲藏在仍然被泥砖城墙围绕的大马士革[29]，而古塔绿洲的村庄也在迁延日久的围城战中惨遭蹂躏。次年（公元前732），城市沦陷。提革拉毗列色亲自安排，将国王残杀。但这还没完；亚述人想要将亚兰人的国家彻底抹除。根据亚述人的档案，利汛的顾问们被施以穿刺之刑，16个亚兰人国家的591座城镇"像洪水过境后的土丘一样被摧毁"。巨大的"哈薛的家"被吞并。提革拉毗列色将大部分居民流放到了亚述，作为对这座城市长时间抵抗的惩罚，这也是《旧约》中记载的第一次大放逐。除此之外，一切荡然无存。[30] 对大马士革来说，突然间，它的第一个"帝国梦"被狠狠地扼杀了。[31]

尾声：给耶路撒冷的祭坛

然而，即使是在亚述人的统治下，大马士革依然是叙利亚首屈一指的城市。这个尾音说明，作为帝国首都的大马士革黯然离场，并没有终结该城市作为一个朝气蓬勃的文化和宗教中心的角色，这也只是一个标志着大马士革从亚兰人统治转变为亚述人统治的小事件。犹大国王亚哈斯因为忠于旧信仰，在《旧约》中被视为可疑分子（"并在邱坛上，山冈上，各青翠树下献祭烧香"——《列王纪下》16：4）。他匆匆赶到大马士革，向被他邀请到该地区的亚述征服者宣誓效忠。亚哈斯对大马士革的贝特拉姆曼祭坛印象深刻，以至于下令在耶路撒冷复制一座，鉴于他对泛神论的闪米特人习俗的偏爱，倒也并不意外。

> 亚哈斯王*上大马士革去迎接亚述王提革拉毗列色，在大马士革看见一座坛，就照坛的规模样式作法画了图样，送到祭司乌利亚那里。祭司乌利亚……建筑一座坛。王从大马士革回来看见坛，就近前来，在坛上献祭。烧燔祭，素祭，浇奠祭，将平安祭牲的血洒在坛上。
>
> 《列王纪下》16：10—13

亚哈斯的臣服可能使他的王国暂时没有被雄心勃勃的亚述人盯上。以色列王国被征服了，但犹大王国暂时幸免于亚述人贪得无厌的欲求，尽管在辛那赫里布（公元前704—前681在位）统治时期遭受了严重的侵略，那次侵略可能蹂躏了南方的大部分地区。到了公元前721年，亚述人已经攻占了撒马利亚，并将居民驱逐到了亚述。《旧约》很快便将此事归咎于以色列人与旧信仰的藕断丝连。

> 在邱坛上烧香，效法耶和华在他们面前赶出的外邦人所行的；又行恶事惹动耶和华的怒气。
>
> 《列王纪下》17：10—11

无论如何，潮水般涌来的亚述人很快就将横扫面前的一切。在以撒哈顿（公元前680—前669在位）的统治下，亚述的统治权最远扩展至埃及。大马士革已经成为从埃兰（今

---

* 公元前732—前716在位。——译注

伊朗西南部）到埃及和安纳托利亚的庞大帝国版图上的小小一点。

注　释

1　Kuhrt 1995 II: 391—398; Sader in Bunnens 2001: 64.
2　亚兰人的稳定渗透树立了一个在接下来的两千年里被其他闪米特族群不断重复的模式。到了公元前3世纪，纳巴泰人逐渐占据了约旦南部的部分地区，并长期占有。其他的阿拉伯族群也在罗马时代的叙利亚建立了据点，使许多地区从拜占庭向阿拉伯人统治过渡的过程少了些精神冲击。
3　关于这一时期的史料颇为丰富，却屡有失实。丰富指的是《旧约》提供的关于以色列和犹大历史的材料，其体量是无可比拟的，而失实指的是从海量的传说素材中提炼出历史记录并不容易，直到9世纪末才有可靠的考古材料。此外，我们不要忘了，《圣经》中叙述的事件只构成了中东全貌的一小部分。Mario Liverani对这一时期历史的重建提醒我们："事实就是，我们无法阅读卡赫美士、大马士革、提尔或加沙的'圣经'。"(Liverani 2006: xvi.)

　　　例如，据《圣经》记载，大卫通过与哈马建立友好关系，从南北两面遏制亚兰琐巴。尽管亚兰帝国面积更大，但如果按照《旧约》记载的字面意思理解，大马士革加入了一个失败的联盟，在哈马与以色列兵戎相见，打了败仗，之后，大卫可能一度占领了亚兰人的部分领土。（"于是大卫在大马士革的亚兰地设立防营，亚兰人就归服他，给他进贡。"——《撒母耳记下》8：6）所罗门（统治时期被认为是在约公元前965年至前928年，但在《旧约》之外也没有得到证实）延续了大卫对领土野心的猛烈追求。
4　1 Kings 11.23—25; Klengel 1992: 208; Lipinsky 2000: 369 将这些事件定在公元前950年左右；Pitard 1987: 96—97; Sader in Bunnens 2001: 71.
5　至于到底有多少位便哈达登上过大马士革的王位，以及他们与《圣经》记载的对应关系，零碎的记载有些混乱，但与以色列的竞争似乎一直持续到公元前8世纪。
6　Inscription quoted in Roaf 1990: 160.

7　Dion 1997: 183; Klengel 1992: 209. Lipinski 2000: 376 给出的数字更大。

8　Degeorge 1997: 45; Lipinski 2000: 350, 384.

9　Klengel 1992: 210; Finkelstein and Silberman 2002: 204; Lipinski 2000: 351 认为，约旦河以西的国家只是向哈薛纳贡，并没有被吞并。

10　Lipinski 2000: 389 gives some details.

11　Kraeling 1918: 81—82.

12　然而，在希腊的萨摩斯岛还发现了另一件使人回想起哈薛统治的奇异文物。在一座公元前 6 世纪的赫拉神庙的残骸层中，有一块青铜浮雕，描绘了四个裸女形象，构成了马额饰的一部分，上面提到了哈薛的"渡河"作战行动。这块浮雕一定是从远征幼发拉底河的哈薛部队成员手中夺来的，作为亚述军队中希腊雇佣兵的战利品——Eph'al and Naveh 1989。

13　Lipinski 2000: 633.

14　Lewis 1940—1942; Hanauer 1925: 31-34. 另见 250 页。

15　Sauvaget 1934: 435.

16　Taraqji 1999: 29.

17　Sauvaget 1934: 435.

18　Von der Osten 1956: 87.

19　拉姆曼（"雷神"）是哈达德的绰号——见《撒迦利亚书》12：11, Lipinski 2000: 627。哈达德与巴力等其他闪米特人的风暴神是无法区分的，并拥有一个共同的形象，即站在一头公牛上，右手执闪电——Lipinski 2000: 632。

20　Will 1994: 12. 艾因达拉——Abu 'Assaf 1990; 阿菲斯遗址丘——Mazzoni 2014。

21　石碑及其出处在 'Abd al-Kader 1949 中有所论述。另见 Pitard 1987: 4; Trokay 1986。

22　在阿勒颇、柏林和伊斯坦布尔的考古博物馆中，也有一些这类石板的实例，只是没那么雅致。除了在叙利亚北部发现的一块由便哈达一世委托制作的石碑外，几乎没有其他大马士革亚兰人艺术的实例存世——见 Albright 1942b: 23-29; Dunand 1939: 65—76。

23　Albright 1942a: 96; Bulliet 1990: 58, 80; Dion 1997: 366; Klengel in Bunnens 2001: 23; Retsö 1991: 208; Retsö 2003: 122—123, 127, 129; Lipinski 2000: 543.

24 Dentzer in Gaube and Fansa (eds) 2000: 98; Klengel 1979: 198—199; Klengel 1985: 50; Klengel in Bunnens 2001: 24.

25 Kraeling 1918: 139. 另见 Taylor 2001: 151。

26 尽管叙利亚后来被征服过太多太多次了，但在东黎巴嫩山脉的层峦叠嶂中，那些靠近大马士革的村庄至今仍保留着亚兰人的身份认同。风景如画的马卢拉村（位于大马士革以北50公里）长期将某种形式的亚兰语作为平常使用的语言。在过去的五十年里，它终究还是向现代教育屈服了，这种语言作为一种本土传统业已消亡。

27 Liverani 2006: 115.

28 2 Kings 16.7—8.

29 Kraeling 1918: 118.

30 Tadmor and Yamada 2011: 59 (text 20, lines 13—16).

31 Kraeling 1918: 120.

第三章

更盛大的竞技：亚述人、波斯人、希腊人

（公元前732—约前300）

亚述人的统治（公元前732—前626）

在亚述征服的浪潮面前，亚兰大马士革帝国不复存在。它的中心地带现在只是亚述的又一个行省，是在叙利亚南部建立的三个行省之一，由亚述官员管理。一个黑暗的时代降临在大马士革，而对于它在亚述人控制下的命运，我们所知甚少。它无疑仍是亚兰人抵抗运动的中心，公元前727年，城市发生起义，需要出动占领军来镇压。然而，它具有战略意义的经济地位意味着它无法被彻底忽视。与其他的亚兰人首都不同，"它从未失去在近东经济、文化和政治生活中的中心位置"。[1]亚兰人的文明在许多方面征服了它的亚述征服者，以及后来的那些征服者。它所代表的种族和文化融合的影响仍然普遍存在，是下一个千年近东文明中的人民赖以发展的基础。

然而，亚述人无疑是政治上的支配者。此时，埃及是唯一能够威胁到亚述霸权的。提革拉毗列色已经意识到，要想确保

对叙利亚的控制，就必须让沿海地区的腓尼基城邦臣服（见第二章），不能让它们成为埃及势力复兴的桥头堡，同时还要攫取在它们的港口流转的财富。公元前721年至公元前720年，在埃及人的鼓动下，在仍未被亚述征服的哈马的领导下，几座城市起义反抗亚述，刚刚登基的亚述国王萨尔贡二世（公元前721—前706在位）不得不前去平叛。同年，萨尔贡证明了自己的勇气，最终击败了亚兰人联军。这支联军再次选择了卡尔卡尔要塞，作为他们抵抗的中心，或许是有一种象征意味在里面。这一次，亚述首领显然是打算了结亚兰人政治身份认同的最后一点残迹，并在那些此前一直在某种程度上享有自治权的城市任命了总督。他继续征服了叙利亚北部的其余国家，并镇压了大马士革的又一场起义。

亚述国王辛那赫里布在确定叙利亚已经平定之后，于公元前701年寻求让仍然控制着腓尼基和以色列沿海地区的当地王朝彻底接受亚述的霸权。他夺取了腓尼基海岸的提尔，后来又夺取了西顿，并将这两座城市的人民驱逐到尼尼微，在公共建设工程做苦工。随着本土对政权的威胁越来越多，亚述远到地中海沿岸的疆域很快便风雨飘摇。腓尼基城市得到了埃及人的些许帮助，设法恢复了一定程度的独立，而大马士革等内陆地区则不然，它们对亚述人的服从仍然比较彻底。[2]

亚述帝国基于君主的绝对权力。贵族曾一度对统治者起到牵制作用，提醒君主他不过是同侪之首（primus inter pares），但已经逐渐被边缘化了。这是一个强硬的、讲求实际的政权，却有着复杂的行政机构和发达的基础设施，包括一套配备了

亚述人和波斯人的统治

驿站和信使业务的道路系统。除了埃及之外，它是第一个能够持续控制一个幅员辽阔的帝国，并对其进行治理的中东国家。国家介入了新商路的开辟和安全保障，在它的推动下，国

际贸易蓬勃发展，这也是该政权公然宣称的一个重要目标。大马士革也得到了好处，特别是从来自阿拉伯半岛的香料和焚香贸易中——在统治稳固的时期，这始终是一项利润丰厚的商业投机。

不过帝国也面临着许多挑战。在政治上，它在叙利亚的统治权大体上还把持得住，但主要由亚兰人组成的下层基础开始策划着东山再起。虽然在公元前7世纪中期，亚述满怀信心地入侵了埃及（公元前671），却在埃及爱国者的一系列起义后被赶了出去。此后不久，离本土更近的地方叛乱不断，削弱了亚述的权威。杀人如麻、残酷无情的统治延续了好几代人，让政权落得众叛亲离的下场，开始内爆。在自身传统可以追溯到公元前2千纪后期的巴比伦，迦勒底人领袖（代表着一个自公元前11世纪开始从西北方向进入美索不达米亚南部的西闪米特部族）依然势力强大，在公元前626年夺取了巴比伦的王位。大马士革似乎在公元前609年至公元前605年左右与叙利亚-巴勒斯坦南部的其他地区渐行渐远，一度成为第二十六王朝法老尼科二世领土的一部分。在亚述帝国的最后阶段，它仍然留在埃及的势力范围内，当时，埃及人控制的地盘最远还能到幼发拉底河。

新巴比伦（迦勒底王朝）的统治（公元前626—前539）

然而，对于亚述内爆的情况，我们完全不清楚。我们只是隐隐感觉到有这样一个过程：尼尼微的亚述统治者逐渐被巴比伦的各方势力所排挤。巴比伦是下美索不达米亚一个世世代代与亚述结盟的王国，却凭借自身力量越发强盛起来。巴比伦人与从东北涌来的另一个族群米底人结盟，后者追根溯源可能来自中亚。公元前612年，尼尼微落入米底人和巴比伦人之手，但他们经过多年的战斗才完全消灭了最后的亚述部队。公元前626年，原本被一名亚述王子任命为将军的迦勒底人那波帕拉萨尔（公元前626—前609在位）夺取了巴比伦王位。[3]他建立的王朝被称为新巴比伦王朝（公元前626—前539），起初是一个反亚述联盟，一度包括了米底人。新巴比伦帝国逐渐掌握了亚述帝国遗留的大部分领土，公元前605年，尼布甲尼撒二世（公元前605—前562在位）从埃及人手中夺取了最后的前哨站卡赫美士。

然而，直到尼布甲尼撒二世统治时期，埃及对叙利亚南部的控制才受到巴比伦的挑战。公元前597年，尼布甲尼撒攻占了耶路撒冷（在公元前586年的一次起义之后再次将其夺回），终结了大卫王朝，并迫使犹大和以色列进贡。对巴比伦统治的反抗，导致了一系列大规模的驱逐行动，驱逐的目的地正是巴比伦。到了公元前572年，整个叙利亚尽在巴比伦的掌握之中。不过腓尼基沿海地区和以色列的城市在当地王朝治下保持了名义上的独立，而实际管辖权可能掌握在巴比伦官员手中。

米底人的王国占据了当今伊朗的大部分地区，他们与来自伊朗南部毗邻波斯湾地区的阿契美尼德王朝波斯人关系密切。公元前559年，居鲁士二世登上波斯王位（公元前559—前530在位），并在公元前550年领导了一场反抗米底人统治的叛乱。

此时的居鲁士发现，自己已经是一个抵达小亚细亚黑海之滨的巨大王国的领袖。公元前539年，他又吞并了巴比伦本土，未遭任何反抗便夺取了首都。

关于大马士革在公元前6世纪的情况，我们不知道任何明确的信息，这或许也并不意外，因为此时的大马士革位于一个很小的偏远省份，由一个庞大的帝国统治，而这个帝国并不怎么关心那些遥远的省会。利韦拉尼特别提到了叙利亚-巴勒斯坦的人口减少，并将物质文化的贫瘠归因于这样一种情况——远方的首都认为没有必要将权力下放给当地精英。"没有当地精英委托打造建筑和艺术作品……剩余的人口经历了严重的文化衰败。"[4]

波斯人（阿契美尼德王朝）的统治（公元前539—前333）

波斯帝国现已囊括了从印度北部到黎凡特沿海和小亚细亚的四个曾经的帝国，是第一个真正志在四方的帝国。这最初的波斯帝国（以统治王朝的名字"阿契美尼德"称呼）建立在亚述人留下的基础设施之上，有一套复杂的行政管理规范。居鲁士享有仁君的美誉，对叙利亚等边远省份的管理比较宽松。公元前538年，被流放到巴比伦的犹太人回到故土，并获准开始在被亚述人破坏的场所建造第二圣殿。公元前525年，居鲁士之子冈比西斯（公元前529—前522在位）夺取了埃及，披上了法老的宗教和政治衣钵。大流士一世（公元前521—前486在位）对帝国进行了重组，拆解了美索不达米亚和幼发拉底河以西地区的旧总督辖区（satrapy），组成了新的第五总督辖区。薛西斯（公元前485—前465在位）在安邦定国方面颇有建树，稳定了行政管理，并阻止了边远省份进一步的分裂企图。亚述的省际道路系统被保留下来并被善加利用，以后还将在希腊人和罗马人的统治下得到进一步的改良。

在国内，万王之王是波斯人的至高神阿胡拉·玛兹达托付给他的万物的守护者。阿契美尼德王朝以宏大的规模、按照几何结构建立了帝国的礼仪中心——波斯波利斯的大王宫，正如王宫中极具风格的浮雕板所显示的那样，帝国为它所带来的种族融合而自豪，尽管家天下的稳固统治还是给了波斯人特权地位。用希罗多德的话说：

> 在他们自己的民族之后，他们对最近的邻居最为尊敬，然后是第二近的——以此类推，他们的尊敬随着距离的增加而减少，最遥远的则是最受轻视的。[5]

然而，阿契美尼德诸王最耿耿于怀的，是要让这些人中"最遥远的"希腊诸国承认波斯的霸权。确实有一些国家归顺了波斯，例如底比斯和色萨利，但斯巴达和雅典拒不归顺。雅典领导的希腊联军逐渐在爱琴海和伊奥尼亚沿海地区取得了控制权，甚至威胁到了波斯对黎凡特海岸的掌控，这些事情在修昔底德的《伯罗奔尼撒战争史》中有所描述。到了公元前400年，波斯对小亚细亚的控制已经多多少少被雅典所接受，这种情况在公元前334年亚历山大的征战之前也是普遍存在的。在公元前401年的一次叛乱后，阿契美尼德王朝失去了对埃及的控制，并花了数十年的时间，试图夺回他们的影响力。正因如此，对他们来说，保持对叙利亚-巴勒斯坦的控制变得更加重要。公元前343年，阿尔塔薛西斯三世为重新得到埃及而征战，在此之前的公元前345年，他粉碎了西顿领导的腓尼基诸城的叛乱。值得注意的是，一支从埃及派出的希腊雇佣兵部队曾经支援过西顿人。

阿尔塔薛西斯不久后在一场萧墙之祸中殒命。在更进一步的宫廷阴谋导致他的直接继承人也被杀后，大流士三世于公元前336年登基。亚历山大大帝命中注定的对手大流士，作为一名掌握实权的统治者，名声早已被希腊史家的恶评所伤，无法补救，但这或许也有失公允。

古代近东衰落时期的大马士革

大马士革是阿契美尼德大帝国一个不可或缺的组成部分。在希罗多德的史书中，它被列为波斯第五总督辖区的一部分，是从巴比伦总督辖区分裂出来的"Abar Nahara"（"河的另一边"，河指幼发拉底河）总督所在地。塞浦路斯和巴勒斯坦也都包括在这个新的区划中。大马士革在波斯人眼中已经小有名气，还是为促进帝国的阿纳希塔神崇拜而选定的中心之一。[6] 该省份向波斯人纳贡的标准定为350塔兰特，这是衡量其相对地位和财富的一个指标，不过与埃及或亚述（700塔兰特）相比，还是微薄了些。

由大马士革管辖的总督辖区是一个多元化的政治实体。尽管波斯波利斯的阿契美尼德王朝实行铁腕统治,但地方自治往往还是能反映一些当地固有的传统。例如,在大马士革的统治下,腓尼基人的城市仍然保留着他们传统的君主;次级省份耶胡德的犹太人服从他们祭司的权威,而其他地区,例如约旦河以东的亚扪,则是由大马士革指定的地方长官管辖。[7]这也是阿契美尼德王朝的统治取得持久成功的部分原因。它将坚定的权威与地方的责任结合起来,因地制宜,这或许是三百年后罗马人到来之前最成功的榜样。

这一次,阿契美尼德王朝统治下的大马士革还是很难给我们留下印象。大马士革的政治地位并没有赋予它任何留存下来的建筑。波斯总督的官邸可能位于"Maqsallat al-Baris"区,该地区的含义已经在上文提到过了。[8]这一时期的建筑所留下的物质遗迹,只有20世纪初发现的两个波斯风格的柱头。[9]然而我们有理由认为,哈达德神庙还在继续占据着城市中心的位置,根据书面证据,它收到了一尊阿佛洛狄忒-阿娜伊蒂斯(波斯神阿纳希塔的希腊版)雕像的赠礼。神庙的基本形状按照波斯人在阿姆里特(就在现代叙利亚港口城市塔尔图斯以南)兴建的神庙风格进行了修饰。

法国和叙利亚专家对这个令人眼前一亮的院落进行了研究和部分重建。它与大马士革神庙的后期形态有几个共同点:一个露天大院;中央有一座小礼拜堂,也就是内殿(cella);使用侧面的塔楼来强调主轴。装饰本质上是美索不达米亚风格的,特别是勾勒出塔楼轮廓的阶梯状雉堞和环绕着中央空地的拱

阿姆里特，从北面望向梅尔卡特神庙

廊。[10] 这些都是古典时代的大马士革神庙保留下来的特征。最主要的区别是，在阿姆里特，空地几乎完全被一个圣湖充满，从北面有向下的台阶通到湖里。

在这标志着古代近东最后阶段的一百五十年里，大马士革在很大程度上仍然受到黎巴嫩山脉的庇护，与山的另一边更广阔的地中海世界相隔绝。冈比西斯对埃及的征服只取得了暂时的成功；底比斯王国只是在名义上向波斯人纳贡。波斯帝国的当务之急仍然是小亚细亚，以及希腊人和波斯人对相对势力范围的争夺。叙利亚的贸易路线连接着北部领土和亚喀巴湾，而它本身仍是由阿契美尼德王朝所统辖的城市和部落混合体。[11] 前古典世界的最后一个大帝国依然根植于亚洲大草原，在东方制定政治和经济议程，这是近千年来的最后一次了。此时，这种情况即将发生变化,而这些变化将对这座城市产生超过一千年的深远影响。

伊苏斯之后(公元前333—前331)

亚历山大大帝想要一劳永逸地解决希腊人和波斯人之间的历史斗争,为此进行了东征,一个新纪元也随之而来。亚历山大于公元前334年渡过赫勒斯滂海峡,之后便横扫小亚细亚,逼退了波斯帝国。他突袭奇里乞亚平原,首次遭遇了波斯君主大流士三世(公元前336—前330在位)的大军。亚历山大将战场选在伊苏斯一块被包围在阿玛努斯山和大海之间的狭长土地上,他的人数劣势无关紧要,他的高超战术决定了结果。大流士"最初在一辆由四匹马并排拉动的华丽战车上观战,之后便和他的残军向东一路狂奔"。[12]

大流士留在叙利亚和腓尼基的卫戍部队构不成威胁。叙利亚匍匐在亚历山大脚下。他继续南下,夺取了那个历史悠久但从不缺乏戏剧性的隘口。现在它有一个很乏味的名字,叫作贝伦山口,但几个世纪以来,它是名副其实的"叙利亚之门"(Pylae Syriae)。这个山口从地中海沿岸穿过阿玛努斯山,地势骤降到由奥龙特斯河灌溉的、富饶的阿米克平原。亚历山大不愿动身去追击向东逃往波斯的大流士。相反,他决定继续南下前往埃及,途中将腓尼基牢牢控制住。他没有关注叙利亚内陆,尽管他确实派他的将军帕曼纽前往波斯总督辖区的主要中心城市——大马士革。在伊苏斯战役前,大流士把他的辎重、金银财宝和女眷送到了这里，以便妥善照管。（他之所以做出这样的选择，是因为这座城市的行政作用，而且它还是一座城墙围绕的城市，可以提供比较好的保护。）

当帕曼纽分兵向大马士革进发时，亚历山大在马拉索斯（今阿姆里特，前文中讨论过那里的阿契美尼德王朝神庙）停了下来。当地的统治者是以邻近的阿拉多斯岛（艾尔瓦德岛）为根据地的革罗斯特拉托斯，他的反应也体现了叙利亚人对希腊

亚历山大的路线，希腊化时代的叙利亚

人到来的反应。革罗斯特拉托斯一嗅到风向（即哪种路线最能增进该岛的贸易利益），就归顺了亚历山大，并将自己的舰队交给希腊人处置。这座城市接纳了少量的马其顿殖民者，但总的来说，它只不过是恢复了腓尼基人与任何人都能做买卖的传统习惯。[13]

帕曼纽报告称，他在公元前332年前往大马士革的任务大获成功。尽管这位将军动身前往大马士革时，只带了勉强够得上围城之用的部队，但完全没有遇到任何抵抗。当他在严冬的暴风雪中艰难地翻过大马士革以北的卡拉蒙山时，这座城市派出了使者，请求帕曼纽接受他们的投降，并掌管大流士的军费。为了不让马其顿军队非占领城市不可，大马士革的波斯总督耍了个花招。在希腊人到来之前，他把剩余的波斯分遣队派到北方，与阿契美尼德王室的国库、家眷和辎重车队同行。当时天气很冷，许多搬运工穿上了大流士的织金锦缎。根据波斯总督提出的计划[14]，马其顿人截击了波斯人的车队，驱散了万王之王的武装追随者，俘获了他的家眷（包括后来被谨慎地评价为"受过音乐训练"的329名嫔妃），并夺取了国库。

王室的财富如今散落在整个平原上：为了给士卒支付薪水而积累的现金（一笔巨款），这么多名流显贵、男男女女的衣装，金器，金辔头，精心装饰、符合王室排场的帐篷，以及被主人抛弃、满载着巨额财富的马车。这一幕甚至让抢劫者也黯然神伤——如果说还有什么能阻止他们的贪婪的话！因为此时，一笔积累多年的财富，多到令人瞠目结舌、难以置信的财富，正在被劫掠者洗劫一空，有些被荆棘灌木丛扯烂，还有些陷进了泥里。[15]

门农被任命为大马士革总督,负责规划叙利亚南部的防务。亚历山大打算让希腊人常驻大马士革,他早早就设立了一家铸币厂,可以为证。帕曼纽交差时还将大流士的妻子巴耳馨*交给了亚历山大,她的美貌和希腊教养令亚历山大怦然心动。[16]

亚历山大南下的过程中,大多数腓尼基沿海城市都表示了欢迎。它们收容了规模可观的希腊人社区,抑或与爱琴海的中心城市有商业往来,因此早已适应了希腊人的控制。它们的城邦地位很快便得到了认可,从而在希腊人的制度下保持了一定程度的独立性。有一座城市坚持反对这种轻易服从的模式,它就是腓尼基人沿海的中心城市提尔,亚历山大不得不将其围攻了七个月;这次行动被证明是他的戎马生涯中最艰难的挑战。提尔是腓尼基世界首屈一指的城市,有着令人引以为傲的独立历史,曾经抵挡了辛那赫里布和尼布甲尼撒等征服者。此外,这座城市相信,在其他腓尼基舰队的帮助下,它可以在与大陆相隔70米的岛上坚持下去。它打错了算盘,因为亚历山大建造了一条堤道,一直通到它的城防工事。它的姊妹城市已经纷纷把舰队交给了马其顿人。当叙利亚的其他城市拱手而降时,提尔却付出了沉重的代价:它的200名公民被绞死,据说有3万人被贩卖为奴。

亚历山大转战埃及的经过,在此无须赘述。他返回北方、

---

* 原文如此,但此处的巴耳馨实为门农的遗孀,波斯总督阿尔塔巴佐斯之女,并非大流士之妻。门农曾把巴耳馨送至大流士处作人质,门农死后,大流士在伊苏斯战败,巴耳馨便被帕曼纽交给了亚历山大。——译注

继续追击大流士时，似乎攻入了内陆。他在提尔离开了海岸，并可能在公元前331年前往幼发拉底河的途中借机路过了大马士革。没有关于他在这座首府驻留的记载，但有一些理由表明这似乎很符合逻辑。叙利亚的行政管理需要费心。亚历山大起初试图寻找叙利亚总督的合适人选（保留波斯的"satrap"头衔），但没能成功；在公元前331年至公元前328年马其顿的阿斯克莱皮奥佐罗斯统治这一省份之前的两年里，曾经换过三位总督。亚历山大继续前行，在萨普萨科斯渡过幼发拉底河。此地的位置仍有争议，但似乎很可能是现已因幼发拉底河的主水坝而被淹的沿岸某地。

公元前331年，大流士在阿尔贝拉战役中败北，坐实了叙利亚将继续由马其顿人统治。亚历山大在东方的戎马生涯剩余部分，对叙利亚或大马士革并没有什么直接影响。不过对亚历山大来说，维持对叙利亚的控制，从而控制通往希腊和马其顿的海上生命线，是很重要的。这场争夺阿契美尼德王朝领土的斗争，比古希腊历史学家通过后见之明的有利条件认识到的更加势均力敌。公元前330年，大流士被他手下的一名将领杀害，这是对阿契美尼德王朝大业的决定性打击，但即便如此，波斯军队也还在继续战斗。阿梅莉·库特指出，如果说亚历山大苦战十二年，一个省一个省地打下来，其中包括三次主要会战，方才削弱了阿契美尼德王朝对其庞大帝国的控制，那么大流士就绝不可能是一位如此无能的统治者。[17]

最远到印度的长期作战，将亚历山大的精力和麾下将士的士气消耗殆尽。他于公元前323年在巴比伦去世。他的遗体随着送葬队伍西行，被运往埃及，在摄政佩尔狄卡斯的陪同下，送葬队伍于公元前321年[18]在大马士革停留。在那里，遗体遭遇了亚历山大在埃及的指定继承人托勒密率领的军队，并被其护送到亚历山大里亚，或许是为了防止佩尔狄卡斯利用这个借口将埃及从他手中夺走。这场继业之争将持续数十年。亚历山大死后，执掌叙利亚的重任起初分配给了米蒂利尼的拉俄墨东，之后先是被托勒密、后又被安提柯夺走。塞琉古王朝的建立者、"胜利者"塞琉古一世（公元前311—前281在位）在公元前301年的伊普苏斯战役中击败了安提柯，之后便夺取了叙利亚北部，但南部又回到了托勒密的控制之下，这个结果在接下来的一百年里一直存有争议。

希腊化的千年

希腊时期在叙利亚的历史上既难以捉摸，同时又无处不在。很多时候，在大马士革这样的城市具体发生了什么，几乎不可能得到任何细节上的再现，特别是当叙利亚暂时远离世界舞台时。但希腊时期极大地影响了叙利亚在下一个千年中的发展。当地中海世界变得越来越容易触及，当一个真正的世界文明正在形成、历史和哲学思潮正在汇合之时，这一切如何作用于叙利亚，在很大程度上仍然是一个谜。希腊人将近二百五十年的统治，几乎没有留下任何有形之物；后来罗马人声势浩大的存在抹杀了他们的前辈。重建是如此的彻底，对希腊传统的挪用是如此的普遍，以至于这些试探性的根基被完全掩埋了。在罗马人统治的七个世纪里,没有被罗马人在上面加盖的希腊遗迹所在之处,也许会有更多的定居点或堡垒被发现,但到目前为止,经过我们确认和研究的只有两个。[19]

大马士革并不是塞琉古王朝的重点关注对象,这一点很快便显而易见。起初,它作为前波斯总督辖区的首府,还保持着一定的地位。因为希腊人认识到,鉴于他们东部领土的居民使用多种语言,在统治非希腊裔居民时,遵循波斯旧有的行政惯例才是上策,而不是原封不动地照搬希腊的组织结构和哲学理念。因此,总督成了一名 *strategos*,即希腊将军,掌握着来自国王的权力。与继续将大马士革作为总督所在地的波斯人不同,塞琉古王朝更愿意将基地设在北方,即希腊本土和他们在东方的富裕省份之间的中点。如果亚历山大的继业者们能够达成一致,为他们对黎凡特的征服设定一套统一的结构,可能就不会出现这个问题了。大马士革没有继续发挥十字路口的作用,而是被困在了塞琉古王朝和托勒密王朝之间的真空地带,这两个敌对的王朝为了亚历山大这个难以控制的帝国而争斗不断。这种紧张关系在一个世纪之内都没办法解决,大马士革作为一座希腊中心城市的发展,也因此推迟到了公元前2世纪。

注　释

1　Dion 1997: 216.
2　举例来说,大马士革曾是亚述巴尼拔对"Nabaiati"作战(公元前7世纪中叶)的基地。Nabaiati曾经被认为是史上首次提到纳巴泰人时所使用的词语,这个阿拉伯族群将来会对大马士革的命运产生极大的影响,但现在看来,"Nabaiati"更有可能指的是《圣经》中的尼拜约。

3 Kuhrt 1995 II: 590.

4 Liverani 2006: 198.

5 Herodotus I 134, Sélincourt (trans.) 1954: 69—70.

6 Kuhrt 1995 II: 674.

7 Kuhrt 1995 II: 697; Sartre 2001: 89 认为腓尼基沿海地区可能是一个单独的总督辖区。

8 Dentzer in Gaube and Fansa 2000: 99.

9 Watzinger and Wulzinger 1921: 41—42; Dussaud 1922: 221. 另见 Graf 1987: 15 对 Si'a 可能受到波斯影响的柱头的论述。

10 Bounni 1999.

11 Jones 1937: 237; Sartre 2001: 58—59 描述了大马士革与阿契美尼德王朝制度的紧密契合；Graf 1987: 14 论述了波斯的"御道"。

12 Hitti 1951: 232.

13 当地君主名义上作为马其顿国王的"友好"盟友继续存在，直到不声不响地失去地位。

14 这名总督后来被一个忠于大流士的同谋者杀害，首级被作为战利品呈献给大流士——Briant 1996: 864。

15 Quintus Curtius *History of Alexander*, John Yardley (trans.) 2001: 3, 13, 10—11.

16 Green 1990: 243—250.

17 Kuhrt 1995 II: 675.

18 Sartre 2001: 100.

19 研究得最透彻的例子，是幼发拉底河畔哈立德山引人注目的希腊化时代要塞，那里的神庙遗迹仍然流露出有意识的文化混合——Clarke 2015。

第四章

希腊精神的播种：托勒密王朝和塞琉古王朝

（公元前 300—前 64）

托勒密王朝的统治——公元前 3 世纪

托勒密和塞琉古这两个相互竞争的王朝的领土分界线可能从未稳定过，但在公元前 3 世纪的大部分时间里，它位于当今霍姆斯往南一点的地方。现在的黎巴嫩大部分地区都曾是托勒密王朝的领土，向着内陆一直延伸到大马士革，但沿海城市很可能保留了相当大的自治权。托勒密王朝对其叙利亚领土的控制从未达到特别完善的程度，而且从未实现大一统，这也是同样有可能的。和他们在埃及中心地带以外的统治的大多数细节一样，托勒密王朝的管辖范围也是一个谜。与腓尼基、塞浦路斯和昔兰尼加（当今的利比亚东海岸）一样，"叙利亚"也是托勒密王朝领土的边区之一。在行政层面上，尚不清楚叙利亚南部是拥有完全的独立省份地位，还是被归为由可能坐镇亚历山大里亚的财政大臣（*dioiketes*）统治的地区。托勒密王朝和塞琉古王朝之间的领土划分，并不仅仅分开了两个冲突不断的希腊王朝；它还标志着两种传统，它们造就了截然不同的制度。托勒密王朝很快就染上了过去法老时代的色彩，具有高度集权君主制的作风和组织结构。在塞琉古王朝的叙利亚，一个武士王朝在叙利亚北部建立起来，那里的情况刻意照搬了故土马其顿的。

虽然大马士革一直是波斯人的一个重要中心城市，但托勒密王朝可能并不把它视为一笔重要财富。在叙利亚南部和巴勒斯坦，托勒密王朝的制度实施得比较松，埃及由国家严格指导经济的传统也极少得到运用。他们主要的战利品是腓尼基沿海地区，也就是现在的黎巴嫩，以及那些在整个亚述和波斯时期都设法保住了经济地位的伟大城市（提尔、西顿、比布鲁斯）。腓尼基国王被废黜，他们的城镇被改为共和国，这给了它们新的动力，作为繁荣的贸易中心发展起来。在内陆，贝卡谷地也是一大财源，美丽和丰饶使之成为一笔非常诱人的收获。然而，在下一座山脉的另一边，荒野边缘的大马士革面对着法外之地的漫漫黄沙，成了游牧部落竞争势力的牺牲品。

至于托勒密王朝的希腊人对大马士革的称谓，我们不得而知。不过有迹象表明，在"爱手足者"托勒密二世（公元前285—前246在位）的统治下，大马士革被"重建"，并被赋予了王朝的标志名称之一——阿尔西诺伊*。在希腊人时代早期，

---

* 阿尔西诺伊是托勒密王朝数位王后、女王和公主的名字，托勒密二世的两任妻子都叫这个名字，其中最值得一提的是他颇有影响力的第二任妻子阿尔西诺伊二世。在她死后，托勒密二世创立了对她的崇拜信仰。托勒密王朝有许多城市以她的名字命名。——译注

大马士革的地位从主要中心城市一落千丈，这也反映了它经济的衰退。从塞琉古王朝控制下的幼发拉底河经巴尔米拉绿洲穿过沙漠的近路，曾经被用来将东方的产品经大马士革运往腓尼基沿海地区，而随着大马士革落入托勒密王朝之手，这条路也走不通了。因此，大马士革的铸币发行在公元前320年后废止，铸币厂直到两个世纪后才重新投入使用，也就不令人意外了。虽然可能直到公元前276年，托勒密王朝才明确宣称对大马士革的所有权，但是在凸显了公元前3世纪王朝之争的四次"叙利亚战争"中，每一次塞琉古王朝都要争夺大马士革。鉴于它的位置毗邻北部不甚明确的缓冲区，这座城市可能承担了越来越重要的军事职能。在第二次叙利亚战争后于公元前253年签订的和约中，柯里叙利亚（包括大马士革）似乎被割让给了塞琉古王朝的"神"安条克二世，作为他出身自托勒密王室的妻子、叙利亚的贝勒尼基嫁妆的一部分。它留在了塞琉古王朝手中，直到被"施惠者"托勒密三世在第三次叙利亚战争（公元前245—前241）期间夺回，此后它便一直由托勒密王朝统治，直到该世纪末。

敌对王朝之间的大马士革

虽然塞琉古王朝在公元前202年之前并没有对大马士革穷追不舍，但是在叙利亚北部，这个王朝花了很大力气想要入主。他们计划成为小亚细亚无可争议的统治者，却遭到挫败，而且还意识到，对延伸到印度的一连串省份的控制，充其量只是昙花一现，于是他们逐渐转而依赖位于叙利亚西北角的"新马其顿"。自从公元前 300 年塞琉古定都于此，奥龙特斯河口附近的安条克便一直是该王朝主要的中心城市。[1] 希腊人在四座重镇常驻，安条克就是其中之一。另外几座城市分别是塞琉西亚（位于奥龙特斯河口）、劳迪西亚（即拉塔基亚，如今是叙利亚的主要海港）和奥龙特斯河中游河谷边缘的阿帕米亚，后者也成了主要的驻军城市和常设骑兵的基地。

马其顿人/希腊人的殖民定居集中于这个四边形，并沿着几条分支向外扩散。他们的存在沿着叙利亚北部海岸得到了巩固，那里的一些城市已经有了希腊商人或定居者的殖民地；向内陆延展到伯里亚，在那里的闪米特人定居点旁边，建立了一座希腊人的城市，位于当今阿勒颇的位置；沿着奥龙特斯河谷向南延伸，吸纳了分散在拉里萨（沙伊扎尔）和埃皮法内亚（哈马）等重新有人居住的城镇之间的殖民地；后来可能还触及了叙利亚内陆地区，包括幼发拉底河中游杜拉欧罗普斯的军事殖民地附近地区。除了抵御托勒密王朝偶尔将势力向北扩张的尝试，塞琉古王朝治下的叙利亚几乎没有必要再向南远望了。它的主要经济命脉依然是通往东方的塞琉古王朝领土，特别是美索不达米亚的路线，那里曾经是塞琉古王国最初的根据地。

因此，至少在希腊人统治的第一个世纪，大马士革，或者叫阿尔西诺伊，发现自己在各种意义上都被忽视了。它的政治根基已然崩塌；它很容易在敌对王朝之间易手；它作为贸易中心的作用减小了。此外，它似乎直到很久以后才有希腊殖民人口注入。与到处建立希腊人城市的塞琉古王朝不同，托勒密王朝染上了过去法老时代的色彩。他们无须动用希腊大陆的人力资源。他们在埃及只建立了一座新城,即上埃及的托勒密城。在巴勒斯坦,他们名义上"建立"了三十来个城市,但这些城市大多是原有的定居点,因为利用了少数外来的希腊人,所以改了个名。城市是个麻烦的东西,反映了埃及人的遗产和更加专制、集权的施政风格。"(托勒密王朝治下)叙利亚的大多数景观……本质上是农村的,由众多疏疏落落的村庄组成,城市中心少之又少。"[2]

此外,托勒密王朝并不打算将人力浪费在大马士革这样的边境地区。将当地机构"希腊化"的尝试,可能也只是走个过场。"阿尔西诺伊"很快就拿回了它的闪米特身份,恢复了希腊语版本的旧名字——Damaskos。而它南边那些后来被归于"德卡波利斯"*名下的中心城市,似乎并没有引起希腊人太大的兴趣。古典学者曾经秉持这样一种观点,认为希腊人通过自治城市中心的建立,把民主制度灌输给了整个希腊化的东部地区。这种观点似乎过于理想化了。在大多数情况下,这些定居点并不具备从希腊移植过来的民主制度,本质上还是"王家的城市",可以用作战利品,或者作为君主的私产加以开发利用。

托勒密王朝更集权的君主制以别样的方式处理事务。在托勒密王朝的体制中,想要发挥任何突出作用,都需要一套城市特有的机构,而没有任何证据表明大马士革拥有这些机构。它

---

* 意为"十座城",又译"十城联盟",是黎凡特南部的十座自治城邦基于语言、文化、宗教、地理位置和政治地位而组成的联盟,并非正式的政治联盟。——译注

的人口以"本地人"为主，只要求他们通过复杂的税收制度向亚历山大里亚的君主们支付关税和其他税种，征税品目包括葡萄酒等。也没有任何证据表明亚历山大里亚鼓励发展体育馆等希腊机构，以促进希腊理想和教育，就像在托勒密王朝的其他领地一样，尤其是塞浦路斯或昔兰尼加。与大海的连接可以使交流变得容易，却被切断了。因此，公元前3世纪的大马士革可能仍然是一座由外来者管理的闪米特城市，而不是以共同的希腊理想和移居的希腊人口为根基的城市。

塞琉古王朝的统治——公元前2世纪

安条克三世（"大帝"）对托勒密王朝的驱逐，使这座城市时来运转。安条克收复托勒密王朝治下叙利亚的最初尝试（公元前219年至前217年的第四次叙利亚战争）失败了，结果是托勒密王朝在拉菲亚（即加沙-埃及边境的拉法）取得了一场决定性胜利。之后，安条克便将注意力转移到收复最远至印度边境巴克特里亚的东方地区。在两个希腊王室之间一系列战争中的第五次（公元前202—前195），他又回到了叙利亚问题上。他与马其顿国王腓力五世结盟，鉴于托勒密王朝在幼王"神显者"托勒密五世统治下国力虚弱，夺走埃及偏远地区的任务变得更加容易了。公元前202年，大马士革首先沦陷。腓尼基沿海城市的抵抗更加激烈，直到公元前198年，安条克三世才在整个叙利亚建立起塞琉古王朝的统治，留下一名托勒密王朝高官负责最近并入的省份叙利亚-腓尼基。

安条克三世

来源：P. Gardner *A Catalogue of the Greek Coins in the British Museum – The Seleucid Kings of Syria*, London: British Museum 1878: pl. VIII 5

这是塞琉古王朝的巅峰。安条克三世在位近四十年（公元前 223—前 187），给帝国带来了迄今为止未曾享有的稳定。然而，他的最后岁月却苦于罗马对东地中海愈演愈烈的入侵。安条克设法避免了国力的衰退，他试图在最远至巴克特里亚的范围内维护塞琉古王朝的势力，结果这却成了他的祸根。公元前 189 年，安条克在温泉关输给了罗马，颜面尽失，被迫签订了《阿帕米亚和约》（公元前 188）。这份和约使罗马在小亚细亚有了一个据点，并要求安条克放弃在这一地区的所有权利。在西边遭遇挫折后，他把儿子（很快就将以"笃爱父亲者"塞琉古四世的身份单独统治，公元前 187—前 175 在位）留在安条克城摄政，自己则再次启程向东，寻求重新统合亚历山大领土的残余。和其他自诩为亚历山大继承者的人一样，他在次年被一群心怀不满的东方臣民以很屈辱的方式杀害，因为他们反对他掠夺埃兰省（伊朗西部）的一座娜娜女神庙。他这个人"精力旺盛、机敏狡诈，却不踏实"[3]，他的野心在东西两头受阻。他将塞琉古王朝的控制权扩展到了整个叙利亚，实质上，这使得他有充分理由被冠以"大帝"的称号，也让帝国有了一个新的中心。

安条克三世的统治，代表着将希腊人的存在扩展到叙利亚北部最初的殖民冒险事业之外的尝试达到了巅峰。然而，这充其量是主要中心的多民族人口之间一种脆弱的平衡。虽然经济结构大多偏向于反映希腊定居者和商人的利益，但闪米特居民和早期诸文明的遗风形成了一片汪洋，将受到希腊文化影响的一座座岛屿包围在其中。对塞琉古王朝来说，希腊文化被供奉在城市中心，而安条克正是通过给予叙利亚城市的希腊居民更大的自治权，极为有效地推动了希腊文明的传播。他或许是在有意识地寻求恢复三个世纪前古典时代的某些方面。然而，他在鼓励族群融合方面取得了多大的成功，抑或是殖民统治者和当地下层阶级之间的平衡是否在很大程度上仍不稳定，这些问题就没那么清楚了。

虽然理论上是以古典时代的雅典为榜样，但塞琉古王朝的民主传统并不比新法老风格的托勒密王朝强大多少。在一些城市，通常只是在希腊化时代的后期，人民（*demos*）通过大会（*ecclesia*）参政，大会选举出一个城市议会（*boule*）来管理城市。完整的公民身份只惠及城市的希腊居民，或者是通过教育或通婚从而有选择性地被希腊文化所同化的人。在叙利亚的一些地方，特别是沿海的、源自腓尼基人的城市，当地的城市自治传统在希腊人的监督下得到了容许。最终，特别是在公元前1世纪，随着希腊化制度在不断的战争压力下开始分崩离析，通常是阿拉伯人出身的当地统治者，开始更加明目张胆地掌握控制权。埃米萨（霍姆斯），抑或是大马士革西北的一个小国、以土利亚人占领的土地，都是这种情况。[4]

还有许多较小的地方中心城市和村庄。不同的城市或地区，政治地位也截然不同。例如，一些城市自己就有与国王议定的特许状，因此具有一定的独立性。有一套相当严格的等级制度，可以说明它们逐级下降的权利位阶，但它们全都必须将物产的很大一部分上缴给国家。土地所有制很复杂。理论上讲，大部分领土都是国王的私产；在实践中，大块的土地被授予与统治者共享收益的城市。其他的土地则被移交给由希腊老兵（kleruchs）组成的军事殖民地（katoikiai），或者其他来自希腊大陆、在基于完全平等和对称原则分配的份地（kleroi）上定居的社群。然而，大部分可耕地被转化成了王室地产，由被迫屈居人下的本地（主要是闪米特人）农奴耕种。一些边缘土地以贡品作为交换，幸免于被转让的命运。以前由当地神庙祭司掌管的地产继续存在，但如今被要求将收入上缴给国王。

规划的持久性

关于希腊人统治下的大马士革历史，书面或考古资料少之又少。现在，我们需要做一些侦探工作来进一步了解这个故事。主要的向导就是城市本身：它的街道布局，偶尔从当今建筑结构中伸出来的柱子或墙壁的痕迹，地名中暴露出来的证据，以及以某些场所为中心的宗教习俗的持续存在。对这些蛛丝马迹加以解读的尝试，要追溯到1893年倭马亚清真寺大火后欧洲人对这座城市的兴趣，以及五年后德皇威廉访问大马士革时表现出来的对这座城市历史的痴迷。土耳其当局开始委托别人进行研究，虽然他们的令状很快就会失效。其中最著名的是德国学者卡尔·瓦青格和卡尔·武尔青格，他们编写了两部大部头著作，分别关于这座城市古典时期和伊斯兰时期的历史，而当时第一次世界大战正在他们周围激烈进行着。

瓦青格和武尔青格关于希腊和罗马时期城市规划起源的结论是首开先河的，但他们很快就受到了法国学者的挑战，后者在两次世界大战之间的委任统治时期开始研究这座城市的历史。法国人的控制带来了井喷式的大量研究，这些研究至今仍是我们了解叙利亚历史最坚实的基础。勒内·迪索关于神庙的著作影响力特别大，但最重要的还要数让·索瓦热的著作。索瓦热在城市里走街串巷，搜寻古典时期历史的表现形式，然后将高卢人严谨治学的态度运用到证据碎片的重建上。他将此等技巧发挥到了极致。只是在过去的十年里，索瓦热的作品才开始被超越，但也只是略微地超越。因为他的结论是如此合理，合理到不近人情。

德国和法国学者把一个原则作为他们的出发点：规划的持久性。精密的规划一旦嵌入城市的结构，就很难彻底消除，即便城市人口在二十个世纪里发生了彻底的改变。在地籍的帮助下，他们在城墙区乱七八糟的羊肠小道里发现了严谨的网格式布局的迹象，这正是它的古典结构的标志。时不时会有一条小巷，沿着网格的正射投影，跃入下一条平行的街道。一条曾经

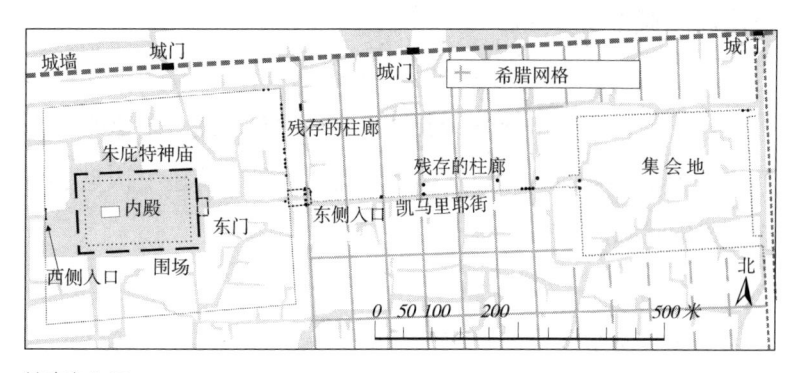

神庙东入口

得意扬扬地穿过城市的大道，在一个死胡同里暂时到了头，但越过为了安全而挤作一团的家庭住宅后，就又续上了。想要更加详细地还原当时的城市规划，地名或书面资料往往是无价之宝，特别是阿拉伯历史著作资料库。

索瓦热的论点是，城市的地形和地名可以告诉我们许多被历史记录所忽略的东西。这一点已经得到了证实。以上图所示的城市规划部分为例，这幅图显示了直街中段以北的区域。（现代的街道布局重叠在古代的网格上。）该地区至今仍被一条相对较直的道路（凯马里耶街）贯穿，这条路的终点是倭马亚清真寺的东入口。这里是希腊人重建的城市中心，这条东西向的轴线将已经很古老的神庙和新的希腊集会地象征性地连接在一起，而集会地正是公民生活的核心。北面是另一条较窄的道路，也是沿着网格、呈东西走向的线。右边的区域相对来说并没有醒目的严格垂直或水平线条，那里是希腊城市的集会地，也就是开放式广场/市集，现已被中世纪街道的不规则线条所覆盖。[5]

第四章　希腊精神的播种：托勒密王朝和塞琉古王朝（公元前300—前64）·79

一座希腊城市

对于大马士革是何时沿着这些严格的几何线条重建的，我们完全无法确知。索瓦热在 20 世纪 30 年代的著述中认定了三个可能的时间点，即：

- 在"爱手足者"托勒密（公元前 285—前 246 在位）统治期间，建立了一座托勒密王朝的城市阿尔西诺伊。
- 塞琉古王朝"基齐库斯的"安条克九世（公元前 115—前 95 在位）在南方建立了一个分离出来的王国，定都大马士革（公元前 111）。
- 公元前 90 年左右，在塞琉古国王"笃爱父亲者"德米特里三世的主持下，在大马士革（改名为德米特里亚斯）建立了一个新的希腊殖民地，他也再次建立了一个名叫柯里叙利亚的独立王国。

索瓦热还提出，这三个事件并不一定就是非此即彼的解释，而是可以表现这座城市重建的连续性。[6]

鉴于大马士革并不是新建的，我们没有理由认为这座城市像安条克一样，整个是经过规划的。近来，皮埃尔·勒里什认为，塞琉古王朝时期的数次建造直到希腊化时代晚期，才达到了完全网格规划的城市水平——而不是像人们之前假想的那样，一上来就建成了。[7] 历史记载似乎表明，这座城市是在公元前 2 世纪的背景下重建的。塞琉古王朝接管后，虽然对塞琉古王朝

希腊化时代的大马士革

在叙利亚北部的利益来说，大马士革仍然不太重要，但随着塞琉古王朝的控制范围向南扩展，这座城市也时来运转了。沙漠地区更加安全，使得杜拉—巴尔米拉—大马士革这条商路重开，成为东西方商品贸易的捷径。[8] 最近的研究指出，大马士革周围的一些农业用地有细分出来供人重新定居的迹象，这可能与塞琉古王朝恢复控制权有关。[9] 在城市的北面和东面，位于现代巴格达街附近的土地被接管（可能是从亚兰人所有者那里），并被划分为长方形地块（份地），而这些份地对应了已知的希腊化时代的尺寸，可能是引入希腊老兵定居者计划的一部分。这片 500 公顷的土地很容易从托拉运河引水灌溉。新细分出来的边界与当下城市东部的网格规划相符，尽管这两套网格并不一定是同时确立的。

虽然前文中已经指出，大马士革并没有被挑选出来作为希腊人殖民的主要中心，但它可能像其他源自闪米特人的内陆城市一样，随着希腊人最初的殖民，至少在某种程度上按照希腊人的方针进行了重整。格兰维尔·唐尼在他关于古典时代安条克的历史书中指出，在承认了罗马对希腊控制权的《阿帕米亚和约》签订后，许多希腊士兵不能或不愿回家[10]，重新规划可能也是出于在新地方安置老兵的需要。然而，我们对新引入的居民来自哪里一无所知，有些人可能来自叙利亚其他的希腊人定居点。签订了《阿帕米亚和约》，来自本土的新移民肯定是不可能了。

在公元前2世纪最初的几十年里，大马士革可能也曾追求希腊城市的属性。切里科韦尔指出，给一座城市起一个新名字、铸造一些钱币，对任何人来说都是轻而易举的[11]，但要找到重塑城市形貌的办法，就需要一个具有历史意义的人物。安条克大帝（卒于公元前187年）的长期统治提供了政治稳定的大背景，可能使之具备了可行性。塞琉古王朝似乎在叙利亚南部重新引入了总督制度，大马士革很可能被定为柯里叙利亚总督辖区的首府。但有一点似乎很不可思议，那就是大马士革直到该世纪很晚的时候（公元前135—前134）才成为塞琉古王朝授权发行铸币的19座城市之一。彼时，安条克王家铸币厂的一个分厂建在这里。[12]

大马士革的这次翻新，可能也反映了该世纪第二个二十五年的持续繁荣，恰逢"神显者"安条克四世（公元前175—前

164 在位）统治下将王国希腊化的成就达到巅峰时。安条克四世是一个"古怪的、或许在某些方面有些精神错乱的人物"[13]，可能对这种宏图很感兴趣。他是一位伟大的建造者，是"夸张的亲希腊精神"的代表人物。他为安条克城提供了一个新的城区埃皮法内亚，其中包括一座后来被李维[14]描述为献给朱庇特的宏伟神庙。不仅如此，他还在奥龙特斯河畔建立（或者说是重新建立）了埃皮法内亚（哈马），在通往底格里斯河的路上建造了尼西比斯。这些项目构成了他强化希腊精神计划的一部分，寻求进一步发扬其父安条克大帝的传统，但更多地强调希腊与东方传统的融合。安条克试图在他的领土提升宙斯的核心地位——这位最重要的神被视为等同于当地的天空之神、风暴神和雷神哈达德-巴力。[15] 在大马士革，现有的哈达德-宙斯神庙成为城市的新规划中一个引人注目的焦点。（大约同一时间，在巴勒斯坦，人们对他支持希腊化计划的愤恨与日俱增，直至引发了由犹大·马加比领导的犹太人起义，导致公元前 165 年

安条克四世
来源：Gardner 1878: pl. XI 8

希腊人的干涉和对圣殿的亵渎。）

总而言之，我们似乎有理由断定，在公元前200年至公元前120年间，大马士革按照更加宏伟的规划进行了重建，也许是分阶段进行的。一个更整齐的四边形出现了，反映出由米利都的希波达莫斯提出、在希腊世界普及开来的典型网格设计。此人是公元前5世纪的建筑师和城市规划师，他遵循严格的几何线条，建造或改造了许多希腊城市。到了亚历山大时代，他的网格已经成为希腊"新城市"设计的标杆，在亚历山大之后留下的所有定居点都有迹可循，最远至巴基斯坦北部的塔克西拉。在叙利亚，希波达莫斯的网格是希腊时期建造或重建的大量城镇的基础：安条克、塞琉西亚、阿帕米亚、劳迪西亚（拉塔基亚）、阿勒颇、杜拉欧罗普斯和贝鲁特等等。大马士革所采用的网格面积，比塞琉古王朝在北方建立的那些城市要小得多，这再次表明，它并不是帝国宏图的一部分，而是单独发展演变的。

这座希腊城市无疑拥有绕城一圈的城墙，但我们并不知道城墙的布局与当今的样子有着怎样的关联。城墙围绕的区域面积比当前的115公顷要小。在城墙内，希腊网格大体上与指南针的方向一致。正如我们所看到的，中轴线连接着希腊城市规划中两个最主要的点——东边的集会地，也就是用于公众集会的开放式广场以及西边的神庙——将城市的商业和宗教生活象征性地合为一体。直街将成为罗马时代带有列柱的主轴，但此时可能还只是一条随随便便踏出来的凌乱路线，连接着亚兰人的各个定居点，构成了希腊人规划的南界。（这种解释的一大优势，就是能够阐明为什么直街甚至从一开始就不是直的！两千年来，它的偏移可没少被人挖苦讽刺。）

尽管我们可以从实地或者从地图中对这座希腊城市的规模多几分理解，却几乎什么细节都得不到。现代没有对这座城市进行任何大规模的挖掘，这就意味着我们没有机会发现更多关于希腊神庙布局的情况，也没有机会获得关于城墙内其他建筑物的任何信息。这一时期的城市人口只能靠猜测。我们从文献资料中得知，安条克据估计有大约1万名自由公民。这座城市占地约225公顷，多少够得上塞琉古王朝"新城"（例如劳迪西亚和阿帕米亚）的标准面积了，但这并不包括城墙外的"本地人"定居点。大马士革（面积是前者的一半）的人口可能要少得多，至少希腊人的数量是这样。

我们在前文中提到，最近的研究[16]似乎证实，希腊人定居点的网格只占据了现今城墙区北边的一部分，而早期的亚兰人定居点则位于神庙-集会地轴线以南很远的地方。"本地人"的人数几乎肯定超过了希腊人，但还是守着他们世代相传的村庄，而这些村庄已经被部分纳入了城市的范围。随着亚兰人被有选择性地同化为公民，希腊人区和"本地人"区的分界线也变得不那么明显了。与叙利亚的其他城镇不同，大马士革自亚兰人时代起就没有君主制传统，自亚述人时代起就被征服者直接统治。它已经习惯了外国人的统治，在希腊定居者的监督下，它似乎很从容地完成了向"自治"城市共和国的过渡。大马士革慢慢变成了一个希腊色彩更鲜明的城市，由希腊人管理，或者由已获得或渴望获得希腊公民权的当地人管理。

随着希腊生活方式的普及，在城市以北新划分的农业区西部边缘建造了一座竞技场。在达赫达赫公墓区（麦利克·费萨尔街以北），竞技场遗迹的形状仍然依稀可辨。

希腊城市被允许修筑防御工事，这既反映了它们的自治地位，也是为了保护新的统治民族。因此，希腊化时代建造或重建的大多数城市，都在其范围内包含了某种形式的城堡，抑或是受到保护的兵营，通常建在城市外缘一块突出的高地上。大马士革没有值得一提的天然高地可以作为军事设施的选址。不过，希腊人的城堡（即约瑟夫斯笔下的 *akra*）很可能位于神庙以西，也就是后来罗马人和阿拉伯人建立城堡的地方。[17]

宙斯神庙

神庙院落继续主宰着整个城市生活，正如它的继承者倭马亚清真寺如今所做的那样。我们已经看到，大马士革的宙斯崇拜很可能符合安条克四世将宙斯提升至众神之首的计划。宙斯与哈达德同化后，在同一时期的钱币上也被描绘成了闪米特人打扮，手执霹雳，立于两头公牛之间。[18] 从东边沿着自广场起始的圣道（*via sacra*）进入这座新的神庙，一定会让人产生敬畏之心。即便考虑到后来罗马时代的朱庇特=哈达德神庙在其希腊前身的基础上有所改进，这项工程的规模也一定给当地居民留下了无比深刻的印象，因为他们并不习惯希腊神庙的规模及其宏伟庄严的对称性。

撇开规模不谈，无论建筑元素和装饰选择了何种风格，院落的基本设计本质上仍然是闪米特式的，而不是希腊式的。一

安条克十二世钱币上的宙斯-哈达德

来源：René Dussaud 1922: fig. 1

个有围墙的露天庭院（*temenos*），继承的是亚兰人的 *haram*，也就是在朝圣日接待大批朝圣者的指定圣域。内殿矗立在中央，里面供奉着神像。[19] 因此，大马士革神庙建筑群也成了一种象征，象征着希腊化时代将希腊文明与以闪米特文明为主的原有东方文明相结合的尝试，尽管尝试的结果并不完美。

一种希腊化文明？

我们很容易低估希腊化王国的成就，认为民主理想在它们手里沦落为一种几乎不加掩饰的专制，并且把现实和一种将希腊与东方相结合的、文明的理想化形象拿来对比。对现代历史学家来说，塞琉古王朝政治控制的不稳定性，很容易使人往东方专制主义上面扯，这一点已经变得更加明显了。希腊化时代的帝国很可能只是希腊-马其顿豪强的生财之道，他们对亚历山大的遗产进行没完没了的瓜分和争抢。然而，希腊人统治下的叙利亚并不总是像罗马人所渲染的那样一无是处，后者是把这当成了登堂入室的借口。在经历了波斯时期的屈辱之后，叙利亚在希腊人的霸权下得到了恢复。它的沿海城市在一个新的环境中繁荣兴旺。经小亚细亚通往爱琴海的旧商路由于政治上的不确定性而受到了影响，于是叙利亚沿海地区就成了通往西方的门户。像大马士革这样为贸易服务的内陆城市也从中获利。从公元前2世纪开始，以巴尔米拉等中心为基地的阿拉伯人联盟对沙漠中的阿拉伯游牧部落施以控制，足以确保经由中线的贸易繁荣。叙利亚再次成为一条干道，为罗马时期的异常繁荣打下了基础。虽然移居于此的希腊定居者数量可能从来都不是很多，但他们给农业带来了新的刺激。叙利亚的工业就没那么成功了，其技术基础在这一时期的末尾才得到发展。在城市中，只有希腊男性或被同化的男性享有不受限制的公民权利，但也有一定程度的通婚，而随着获得完整公民权者的比例增加，当地社区的权利可能也得到了一定程度上的尊重。

希腊化的力量，对本地闪米特人传统的恪守，这两者间的斗争，是叙利亚古典时代这一千年里的潜在主题。我们很容易死盯着那些表面上的挫折，注意到塞琉古王朝强权的瓦解如何揭示出这些从外部引入的典范的潜在脆弱性和矛盾之处。事实上，我们很少有证据表明叙利亚（不包括巴勒斯坦）对希腊人的存在有过任何的抵抗，只要后者保持强大、有凝聚力；至于对希腊化进程的抵抗，证据就更少了，正如莫里斯·萨特最近向我们展示的那样，希腊化进程因地制宜的能力是很强的，无论是在宗教上，还是在其他方面。[20] 从长远来看，希腊精神确实渗入了叙利亚的大部分地区，即使人们往往只是喜好古典风格的三角楣饰或柱子所拥有的威仪。具有讽刺意味的是，它的黄金时代是随着罗马在东方行省对希腊精神的推广而到来的。希腊传统在晚期罗马/拜占庭世界以一种新的形式存活下来，甚至在很大程度上影响了早期阿拉伯王朝——倭马亚王朝——的观念。它持续了一千多年，比当初把它带到这个异域环境的那些王朝要长寿得多。

巴勒斯坦犹太人之前曾享有行政和法律自治权，却进行了抵抗，这说明了希腊化进程的限度。由于大马士革距离南边的耶路撒冷只有200多公里，如果犹太人的情况对依然以闪米特人为主的大马士革居民产生了强大的示范效应，也不足为奇。犹太商人可能早在他们第一次流亡到巴比伦之前，就已经在大马士革定居了，到了波斯人的时代，一定也是这样。据约瑟夫斯称，犹太人被鼓励在叙利亚定居，并在塞琉古一世时期被授予了公民权。公元前165年的叛乱被残酷镇压后，耶路撒冷的哈斯蒙尼王国使犹太人和希腊化的周边地区之间达成了暂时的妥协，足以促进该王国以塞琉古王朝为代价称雄一方。[21]

耶路撒冷犹太人和希腊人之间的关系越发紧张，大马士革希腊人和闪米特人之间的关系看上去却风平浪静，这似乎是莫大的反差。我们可以对比一下公元前168年犹大·马加比领导下的犹太人对试图将耶路撒冷圣殿建筑群按照希腊范式加以改造时的反应，以及大马士革宙斯-哈达德神庙建筑群中对希腊神和闪米特神身份的融合。如果我们假设，大马士革按照希腊人的方针进行重新规划，大约是在这个时期进行的，那么我们便可以推断，大马士革新规划的庞大规模和雄心壮志，以及把显眼的中心位置给予哈达德神庙的做法，某种程度上是打算为希腊化如何进行树立一个榜样。这样的推断应该不算过分吧？

不管怎么说，有一阵子是这样的。公元前2世纪末，塞琉古王国再次因王朝斗争而逐渐分裂，为周边国家的入侵铺平了道路。然而，在这种日益混乱的情况下，大马士革扮演了一个新的角色，至少是暂时的。公元前111年，安条克九世明确了他的追求，他要自己掌权，远离其兄"鹰钩鼻"安条克八世的据点，以及塞琉古王朝宫廷"温室中的虚幻"[22]，并暂时迁都大马士革。经过了更多的王朝之争后，"笃爱父亲者"德米特里三世（公元前95—前88在位）也从大马士革重新开始。在与托勒密王朝王位觊觎者们的又一场斗争中，大马士革仍然忠于塞琉古王朝。他于公元前90年"重建"了大马士革，将其命名

安条克九世
来源：Gardner 1878: pl. XXIV 8

德米特里三世
来源：Gardner 1878: pl. XXIV 10

为"德米特里亚斯",并定都于此。

然而,到了这个时候,叙利亚的塞琉古王国已经烂到无可救药了。塞琉古王朝试图在叙利亚南部维持一套适当的直接统治制度,这在很大程度上失败了。公元前152年,犹太人的王国已经获得了准独立地位。帝国仿佛一块拼布,其他的大块地区,要么被允许以独立国家的身份存在(例如此时的埃米萨,实际上是萨姆西革剌摩斯王朝统治下的一个阿拉伯国家),要么被邻国侵占。大马士革理论上仍然是一座自治的希腊城市,却明显感觉到被包围了。萨姆西革剌摩斯的领土向南延伸,最远至大马士革以北70公里处的那卜鲁德。以土利亚人的国家从首都哈尔基斯(刚刚越过当今的叙利亚-黎巴嫩边境)统治着贝卡谷地和西边黎巴嫩山脉的大部分地区,从而控制了大马士革的直接出海口。

但是对城市空间最大的侵犯是在南边和东边,那里的新兴大国是纳巴泰人的王国。纳巴泰人与阿拉伯半岛有着多方面的往来,早在希腊化时代之前很久的时候,就已经开始从游牧生活向定居生活过渡了。[23] 公元前312年,他们成功抵抗了希腊化势力控制他们的初步尝试。从阿拉伯半岛南部到地中海沿岸的加沙地带,他们利润丰厚的焚香和芳香剂贸易继续兴盛。他们最大的优势在于基地,佩特拉的天险易守难攻。后来,他们又将佩特拉的岩石堡垒修饰成了浓厚的希腊化时代晚期风格。公元前100年左右,哈斯蒙尼王朝控制了加沙,纳巴泰人的芳香剂贸易因此受到沉重打击。他们被迫将目光投向北方,以保护他们到达海岸的其他选择,在此过程中与其他阿拉伯族群结成了同盟。到了公元前1世纪初，他们的影响力可能已经延伸到大马士革以南的豪兰地区。

尽管塞琉古王朝曾试图将大马士革打造成这一地区希腊精神的堡垒，但这些旨在加强统治的举措，并没有阻挡该地区闪米特人群体的复兴。[24] 随着塞琉古王朝国力衰微，纳巴泰人的影响力却在不断增加。安条克十二世也试图将大马士革作为自己的基地，却在公元前87年的战斗中败给了纳巴泰人。而后，纳巴泰国王阿雷塔斯三世应走投无路的大马士革市民之邀，前来保护这座城市免遭以土利亚人的蚕食，后者是出了名的贼寇，完全无法信任。[25]

纳巴泰人在东边的一个新区定居下来，那里可能是城市的延伸，后来在罗马人的统治下被并入了正式的城区。[26] 纳巴泰人在大马士革驻留了十五年，似乎带来了表面上的稳定统治，可能还自视为塞琉古王朝的继承人。（例如，他们在大马士革发行的铸币严重模仿希腊风格。[27]）他们已经支持了大马士革以南、后来被称为德卡波利斯的那些城邦的努力，以抵抗哈斯蒙尼王朝跨过约旦河、向豪兰扩张的任何动作。但大马士革和豪兰之间的大部分地区仍然是一片荒野，成了土匪和心怀不满之人的藏身之地，甚至连那里的城镇也被"小国王、地头蛇和山贼头目"所控制。[28] 叙利亚北部也不再稳定，到了公元前1世纪最初的几十年，它已经任由那些越发强大的王国宰割，其中包括一个新的阿拉伯国家，首都为埃德萨（今土耳其尚勒乌尔法）。然而，最强大的还要数提格兰统治下的亚美尼亚王国，它甚至在公元前72年出动大军，南下大马士革，赶走了纳巴泰人。塞琉古王朝已经连表面上的控制权都失去了,而大马士革被亚美尼亚人占领了两年后,还能在怒海边缘维持着动荡不安的独立存在。

注 释

1 安条克取代了先前由安提柯选定的安提柯尼亚。安提柯尼亚位于安条克以东 8 公里的奥龙特斯河弯处,早期可能也吃了这条河反复改道的亏,抑或是无法为居民提供充足的水源。
2 Graf 1994: 13.
3 Green 1990: 423.
4 Schottroff *On the Ituraeans* 1982.
5 复原图表现了罗马神庙的遗迹,但希腊神庙似乎很可能也是类似的布局。
6 Sauvaget 1934: 438, 呼应了 Tscherikower 1927: 66—67。
7 Leriche 2000.
8 Rostovtzeff 1932: 96; Schmidt-Colinet and al-As'ad 2000: 62. Jones 1937: 266 和 Tarn 1961: 244 认为这种情况出现在公元前 100 年左右。
9 Dodinet *et al.* 1990: 352 推测,这件事可能发生在安条克三世、塞琉古四世或安条克四世统治时期(即公元前 223—前 164)。Sartre 2001: 212 提出的年代更晚。
10 Downey 1963: 54.
11 Tscherikower 1927: 66.
12 Graf 1994: 20; Newell 1939: 42.
13 Green 1990: 505 引自 Polybius 26.1—14, 波利比乌斯拿他一些无伤大雅的怪癖大做文章(26.1),但 Green 接着便指出,安条克有更多正面的品质。Briant 认为,希腊人的移民和殖民是塞琉古王朝诸王一项有意为之的政策,一直持续到步入公元前 2 世纪很久的时候。他还指出,在安条克四世统治时期,殖民者在安条克城建立了一个新的第三区(埃皮法内亚)。他们主要是因希腊本土持续内乱而背井离乡的流离失所者,或许还有一些来自小亚细亚的人——Briant 1982 II: 95—97。

14　Livy *History of Rome*, book 41, line 20.

15　Rostovtzeff 1941 I: 437; Sartre 2001: 288.

16　Sack 1989a: 9—11.

17　Josephus 1970: 13, 15, 1 (387); Weber 1993: 146 对此进行了全方位的讨论，包括它位于竞技场附近的可能性。

18　我们没有直接证据证明，在希腊人时代的大马士革，宙斯和哈达德已被同化，不过这两位神后来与朱庇特的关联似乎证实了这一点。然而，刻在布斯拉罗马剧场柱子上的一幅铭文提到了"大马士革的宙斯"，证实了宙斯与这座城市的联系——Freyberger 2000: 216。

19　最近，对约旦北部的乌姆盖斯，即古典时代加达拉早期阶段的研究，在一定程度上改善了该地区缺少类似的希腊化时代城市神庙设计方案的情况。那里的希腊神庙包括一个位于庭院中央的内殿，庭院似乎是 90 米 × 100 米的尺寸，带有柱廊。然而，这个围场是南北向的，柱式门廊位于南边——见 Hoffmann 2001。

20　Sartre 2001: 926.

21　大马士革的犹太人数量在罗马时代还会增加，那时他们还保有几座犹太会堂——Acts 9; 2; Acts 9.2; Jalabert 1920: 120; Corinthians 11.32; Schürer 1973 I: 130, III: 13; Josephus 1970: 2, 20, 2 (559—561); 7, 8, 7 (368)。另见第六章注释 47。

22　Green 1990: 547.

23　Graf 1990: 51 认为，没有证据证明他们在书面记载中首次被提及时仍过着游牧生活，这里指的是 Diodorus Siculus XIX 94—100，提到了公元前 312 年发生的事情。Graf 1987: 18 讨论了最早的碑铭证据（公元前 3 世纪）；Zouhdi 1976.Retsö 对这一问题的研究推翻了很多旧的假设——Retsö 2003: 378—383。

24　Schürer 1973 I: 36, 128. Kasher 1988: 30—31, 55 声称，有（来自公元前 2 世纪中期的）证据表明，哈斯蒙尼王朝在纳巴泰人的支持下，出手解救了塞琉古王朝统治下大马士革以南的犹太人社区。这些犹太人受到了希腊人咄咄逼人的希腊化手段的威胁。

25　Kasher 1988: 96; Schürer 1973 I: Appendix 1; Taylor 2001: 51.

26 Peters 1983: 273. 该区甚至在阿拉伯人统治的中世纪还叫"al-Naybatun"这个名字。Sack 认为，该区并不一定是网格规划，直到 19 世纪，基督徒区发生 1860 年大屠杀后，作为重建的一部分，两条南北向的直街穿过了该区 ——Sack 1989a: 11, 77—80。Sartre 2001: 143 对"纳巴泰人区"的位置持怀疑态度。
27 Meshorer 1975: 12—16; Newell 1939: 92—94.
28 Graf 1994: 22—23.

第五章

向着罗马治下的和平

（公元前64—公元30）

罗马介入

一百多年来，罗马一直在监视小亚细亚和叙利亚的希腊化王国。它的策略是防止任何一个希腊化国家获得足够的影响力来挑战自己在地中海的地位：一种地中海版的门罗主义。前文已经提到，公元前188年的《阿帕米亚和约》迫使塞琉古王朝放弃了对小亚细亚的图谋。随后，罗马认为有必要在一些场合重新调整一下托勒密王朝和塞琉古王朝之间的平衡，以防止任何一方占据优势。在实践中，这一策略可能执行得太好了。塞琉古王朝的力量被削弱，甚至连控制原本的"新马其顿"，即叙利亚北部的大本营，都变得很艰难。在这个权力真空中，新的问题出现了。叙利亚成了罗马难以触及的各路新势力的战场。

罗马共和国后期崭露头角的将领中，庞培将军成了第一个通过征战东方而出人头地的。庞培后来被誉为新的亚历山大，他于公元前66年披挂上阵，去对付小亚细亚东部威胁到罗马存在的两个主要人物：侵占了罗马本都行省*的米特里达梯，亚美尼亚国王提格兰（如前文所述，他在公元前72年占领了大马士革）。甚至早在兵戎相见之前，庞培就处理了小亚细亚的问题，米特里达梯被赶出了本都，提格兰也被迫屈服于罗马的保护。这是罗马人通过对平衡的创造性利用来管理国家的一个典例。罗马在亚美尼亚建立保护制度，免去了与东方新兴大国进行任何直接对抗的必要：这里指的是帕提亚人，他们自公元前3世纪以来一直控制着伊朗高原，并且继承了阿契美尼德王朝在叙利亚的野心。然而，为了使这种平衡发挥作用，南边叙利亚的乱局必须得到解决，因为当地的海盗和山贼行为已经开始威胁到地区的繁荣和稳定。

对于叙利亚问题，唯一的解决办法就是让塞琉古王朝复兴，但庞培一上来就排除了这个选项。这个希腊王族现在几乎已经废掉了，它的统治摇摇欲坠，局限在"新马其顿"周围邻近地区。提格兰在公元前83年至前69年间相继占领了叙利亚的各个地区，几乎消灭了这个王朝。他后来为迎接罗马人对自己本国的挑战而撤退，却把叙利亚交到了当地君主和土匪团伙手里，造成了更大的混乱。塞琉古王朝的最后一位王位声索者安条克十三世被迫寻求埃米萨的阿拉伯君主萨姆西革剌摩斯的保护。如果不想将"犹太和阿拉伯山贼所造成的"无政府状态延续下

---

* 此时，本都严格意义上还不是罗马的行省。米特里达梯是独立王国本都的国王，罗马把他打败之后，于公元前64年正式将本都王国西半部并入比提尼亚行省（因比提尼亚王国末代国王的遗赠，已于公元前74年成为罗马行省），称比提尼亚和本都行省。——译注

去，唯一的选择就是接受罗马的统治。[1] 庞培试图引入罗马的直接统治，刚好能够阻止叙利亚地方势力自相残杀即可，这样才能防止野心勃勃的亚美尼亚人或帕提亚人乘虚而入。

庞培的处理

庞培在公元前64年对叙利亚的接管迅速且果断，"大概是罗马历史上最伟大的一次征服"[2]。塞琉古王国现已不复存在，庞培没费什么力气，就处理了他到达后所面对的城邦、阿拉伯领地和自封的王国这堆烂摊子。严格来说，罗马元老院交给他办的事情仅限于镇压米特里达梯的反叛，他的所作所为已经越权了。他没有权限在叙利亚为罗马建立一个需要严加管理的行省。

庞培甚至还在小亚细亚作战时，就已经对大马士革的事态产生了兴趣，于公元前66年派了两名使者路奇乌斯·洛利乌斯和梅特卢斯·尼波斯去占领这座城市。[3] 在所有城市中最先占领了大马士革，这一事实本身就强调了这座城市的重要性。[4] 挥师南下之前，庞培预先派出了另一名特使、他的副官埃米利乌斯·斯考鲁斯，去解决敌对集团之间的主要纷争。斯考鲁斯来到大马士革，发现提格兰三年前就从这座城市撤走了，而他自己也阻止了纳巴泰人的重新控制。庞培于公元前64年经奥龙特斯河谷南下，在那里镇压了躲在芭吉露山（安萨里耶山）的犹太游击队员吕西亚斯未遂的抵抗。这座山也是一些当地小王的藏身之地。庞培可能与埃米萨的萨姆西革剌摩斯（曾为塞琉古王朝的王位觊觎者提供庇护的那位君主）达成了和解，之后，他继续通过贝卡谷地和以土利亚前往大马士革。

公元前 63 年，庞培抵达大马士革，发现来自"整个叙利亚、埃及和犹地亚"的使节都心急如焚。他们想要知道，等待着他们雇主的将是怎样的命运。[5] 争夺犹地亚地区哈斯蒙尼王朝王位的两位竞争者执迷不悟，拒不和解。庞培被迫围攻耶路撒冷，赶走了阿里斯托布鲁斯，立他的对手兼兄弟许尔堪为犹地亚的"族长"，一个低于"国王"的头衔。庞培被耶路撒冷的插曲分散了对征战纳巴泰的注意力，没有进一步解决叙利亚小王朝没完没了的冲突。他将罗马的统治集中在希腊人城市控制的地区，让其余那些麻烦的犹太人和阿拉伯人暂时先自己管自己。几乎就在这之后，公元前 62 年，他被召回北方，去处理米特里达梯之死所衍生的后果，然后继续以胜利者的姿态前往罗马。

庞培的处理结果就是设立一个叙利亚行省。它提供了一个基本框架，用来控制曾经由塞琉古王朝管辖的地区。行省的主要中心仍是塞琉古王朝的首都安条克。主要的城邦和埃米萨、哈尔基斯、黎巴嫩山劳迪西亚这几个国家被原样保留。名义上是塞琉古王朝城市的大马士革，在声望和经济作用方面，从罗马的干预中获得了巨大的利益。虽然它现在是叙利亚行省的一座自治城市——叙利亚南部最大的城市——但似乎有一名罗马长官驻扎于此。罗马的行政机构可能花了十年时间才结束了混乱无序的状态，但这座城市也因此得到了喘息之机。

大马士革周围的三大部落王国应邀成为罗马的仆从，它们的领土野心也被掐灭了。在希腊化的阿拉伯君主托勒密的统治

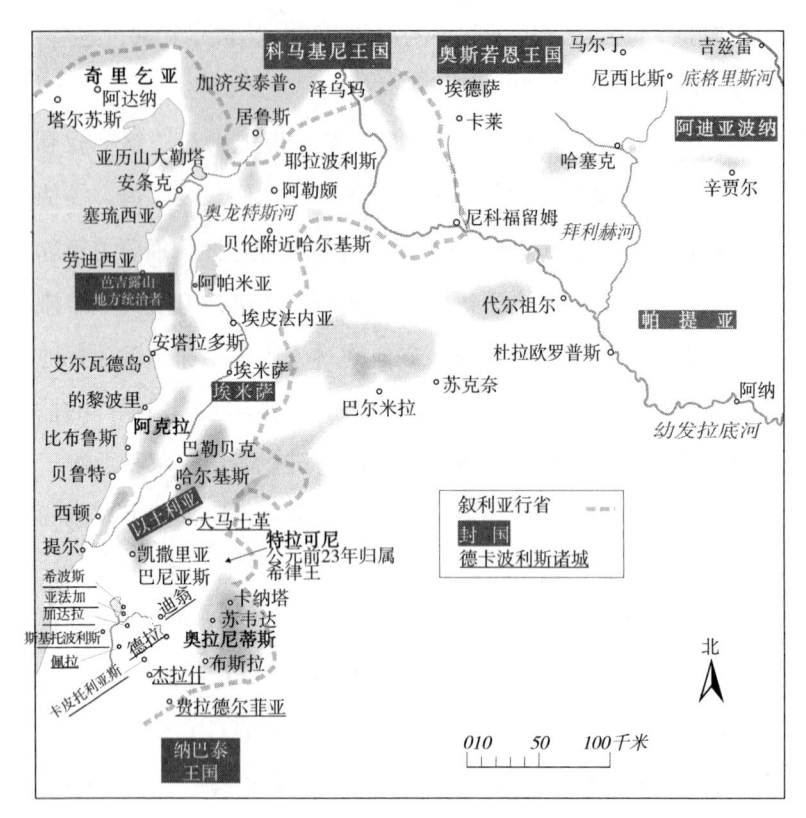

庞培的处理

下，崇拜太阳的以土利亚人迫不及待地为这一特权支付了一千塔兰特，并在这一过程中失去了大量位于当今黎巴嫩的领土，从而缓解了大马士革西边的压力。以土利亚人被赠予大马士革以南的新土地，部分原因是为了遏制纳巴泰人的北进，并缓和纳巴泰王国和哈斯蒙尼王国之间的对抗。[6] 再往南，公元前48年，以东的阿拉伯人安提帕特被承认为犹地亚的行省代理（文职行政长官），这将暂时解决巴勒斯坦的事态。

然而，这第三个部落国家却成了遗留问题，它还将左右这座城市的议程长达一个半世纪。纳巴泰作为唯一被承认为"王国"的独立实体而留存下来，部分原因在于，庞培返回小亚细亚时，最终放弃了对佩特拉的作战计划。他曾派斯考鲁斯先行前往佩特拉，但后者只带回了纳巴泰国王会进贡的含糊保证。

最终，为了彻底实现大马士革地区的稳定，庞培鼓励夹在大马士革、以土利亚和犹地亚之间的德卡波利斯城市结成一个松散的联盟。大马士革很可能起到了监管作用，因为在希腊化时代，较小的城市自身还没有发展出强力的市政机构。这也解释了普林尼的德卡波利斯名单为何包括大马士革。[7]从奥古斯都时代起，它们形成了一个经济集团，可能是经凯撒里亚通往沿海地区的。罗马保留了干预的权利，但这些城市仍然深受纳巴泰影响。起初，这些城市缺乏凝聚力，无法控制它们之间的乡村地区，特别是大马士革以南紧挨着的地区。那里的正常生活仍然受到威胁，从犹太游击队到地方盗匪，不一而足。

大马士革理论上仍是罗马疆域内的一个自治实体，但是在实践中，个中安排更为复杂。米勒指出，"大马士革及其周围的绿洲……是一块飞地，原则上由罗马统治，但罗马似乎只是偶尔进行干预"。[8]大马士革多了一点施展空间，声望较以前大大提升，现在又有了通往沿海地区、经德卡波利斯南下、向西到贝里图斯（贝鲁特）和经传统路线到提尔的多条通道可供选择。萨姆西革剌摩斯在埃米萨的势力向东扩展，与正在崛起的经济强权巴尔米拉结盟。这座沙漠贸易城市控制着穿过沙漠到达幼发拉底河的捷径，而这也正是大马士革大部分贸易潜力的关键。

这拼布般的局面是一种凌乱但可行的安排，将大马士革封在了叙利亚南部地区的整体繁荣中。

东地中海的舞台

严格来说，埃及并不在庞培加强罗马利益的大计中，它是被罗马共和国后期权力觊觎者越发激烈的斗争所卷入的。东地中海成为他们上演大量斗争戏码的舞台。从理论上讲，罗马仍是一个共和国，却越来越被罗马军队的超级巨星所操纵。其中最伟大的当数尤利乌斯·恺撒，他征服高卢后，于公元前49年将自己的军队带回了意大利。元老院派试图阻止他，推庞培为领袖。庞培和恺撒于公元前48年在希腊的法萨卢斯交战。庞培兵败。他在叙利亚未能找到避难所，于是逃往埃及，希望得到托勒密王室的庇护。他踏足亚历山大里亚之时，他的东道主们背信弃义地将他刺死。

当恺撒来到亚历山大里亚追击庞培时，统治者托勒密十三世试图讨好恺撒，做出了一件蠢事，将庞培的首级盛在盘子里交给了他。恺撒发现自己在托勒密王朝的宫廷里无依无靠，只有一小支远征军的保护。恺撒支持托勒密的姐姐、同时也是王位竞争者的克利奥帕特拉七世的主张。克利奥帕特拉与恺撒的初次会面，是一个西西里仆人精心策划的，他把她藏在一卷被褥或地毯里交给了恺撒。克利奥帕特拉可能并不像后来莎士比亚那部使她名垂千古的作品中所描述的那样迷人，但恺撒对待调情一向来者不拒。托勒密在战斗中败北，克利奥帕特拉将她的弟弟托勒密十四世立为名义上的统治者。恺撒于公元前47年离开，经叙利亚前往本都。克利奥帕特拉随后乘船前往罗马，追随她的新情人，她已经和他生了一个儿子恺撒里昂。然而，恺撒于公元前44年遇刺，当时他正准备出发与帕提亚人开战。后者利用罗马人自相残杀、深陷内乱之机，恢复了对叙利亚的图谋。

克利奥帕特拉回到了埃及，在那里，她将继续与罗马的下一代领袖展开私人外交。马克·安东尼一直是恺撒的重要支持者。他希望确立自己作为恺撒继承人的权利，于是加入了反对布鲁图斯及其刺客同伙的阵营。在随后的内战中，三巨头安东尼、屋大维（现已被指定为恺撒的继承人）和雷必达用一纸并不稳当的协定分割了罗马帝国，即公元前40年的《布林迪西协定》。安东尼（已于公元前58年至公元前57年在叙利亚和埃及任职）分到了东方行省。帕提亚人曾于公元前53年在卡莱击败了罗马前三头之一的克拉苏，此时已经侵占了叙利亚的大部分，以及巴勒斯坦和小亚细亚的部分地区。罗马的意图显然很混乱，叙利亚人已经对此感到厌倦，对帕提亚人表示热烈欢迎，这让罗马警惕了起来。安东尼在东方挂帅，他的权限是完成恺撒征服帕提亚的计划，甚至可能还包括利用这次作战在东方再造亚历山大的帝国。

前一年（公元前41年），安东尼将克利奥帕特拉传唤至奇里乞亚的塔尔苏斯，要她回答对她给予卡西乌斯财政支持的指控，后者是三巨头事业的反对者。在塔尔苏斯，安东尼证明了自己是恺撒名副其实的继承人，至少是对克利奥帕特拉而言。

安东尼与克利奥帕特拉的邂逅，在莎士比亚最伟大的一部令人心旌荡漾的作品中得到了赞颂，那一次，"在库德诺斯河上，她把他的心捉住了"[*]。[9]他与这位托勒密王朝女王的联盟，由公元前37年的婚姻和双胞胎的出生加以巩固，持续了整整十年，直到两人双双离世。莎士比亚的资料来源是古代史家普鲁塔克，后者将这种醉人的迷恋描述为"终极的、最大的祸害"[10]，然而两人的联盟不止于此；它是政治利益的巧妙结合，意在使安东尼在东方行省拥有毋庸置疑的地位。

虽然埃及名义上仍是独立的，但安东尼与克利奥帕特拉的联盟将她的事务与罗马在叙利亚的利益搅和在了一起。安东尼迁就克利奥帕特拉，将柯里叙利亚、纳巴泰和腓尼基的大部分地区以及巴勒斯坦的部分地区转让给了她；根据公元前34年所谓的"亚历山大里亚奉献"，这些地区后来又被移交给他们的儿子"爱手足者"托勒密。这些"奉献"带给克利奥帕特拉的领地，在很大程度上实现了她恢复托勒密王朝鼎盛时期国土的梦想，其中就包括大马士革和以土利亚，但不包括犹地亚。如果生效，罗马的叙利亚行省南部地带就会被割走，但这可能从来都只是一种姿态而已。[11]虽然安东尼也许可以声称自己是在延续庞培的策略，与威胁较小的当地君主建立联盟网络，但是在罗马看来，这种姿态唤醒了托勒密王朝沉睡许久的宏愿，而且远远超出了审慎的治国方略所能准许的程度。它为那些反对安东尼利益的人提供了一个借口，他们可以拉响警报，质疑安

---

[*] 本章的莎士比亚戏剧引用自朱生豪译本，视原文具体情况略有改动。——译注

东尼对现实的掌控力度。东方的这一威胁，不仅作用于罗马的领土利益，还作用于罗马的基本价值观，对于精明的屋大维来说，可谓万无一失的舆论操纵工具。

大马士革与帝国之争

在安东尼与帕提亚人作战期间，大马士革成了安东尼和克利奥帕特拉在东方的行动基地。安东尼已于公元前41年对巴尔米拉进行了一次突袭，示意当地居民不要再挑拨罗马对抗帕提亚，但同时这也是在为给他的军队提供战利品寻找一个便利的借口。他来到了这片沙漠绿洲，发现巴尔米拉人已经带上所有财产向东逃去。这个传统的游牧民族仍然来去自如。公元前40年，安东尼首次尝试协力抵御帕提亚人，而叙利亚人出于对安东尼苛捐杂税的愤慨，帮助帕提亚人重新挺进了叙利亚。公元前37年，在克利奥帕特拉的积极支持下，他在东方展开了新的作战，以反击帕提亚人对叙利亚大部分地区的占领。但这次作战的结果是，罗马人在公元前36年狼狈撤退，他的声誉也遭到了重创。到了公元前33年，安东尼成功入侵亚美尼亚，从而暂时稳定了叙利亚的北侧，遏制了帕提亚人，他的处境也因此有所好转。

安东尼和屋大维之间的对抗不可避免地走向了公开的战争。这场漫长的冲突在该地区阴魂不散，其间还夹杂着帕提亚战役的插曲。东方的每一座城市都要为这两位主角做出贡献，既要出钱，又要出力。所有的主要战役都需要叙利亚人的分舰队，包括桨帆船上的桨手。（安东尼自己就有 500 艘船可供调遣。）此外，只要敌对双方的大军在叙利亚境内，"东道主"城市就要为他们提供食物，满足他们对战利品的渴望。对于不配合的惩罚，是把居民贩运为奴，或者破坏城市并处以罚金。

屋大维成功地操纵了罗马的舆论，将安东尼描绘成一个堕落的、受到蛊惑的神王，被东方妖妇的诡计弄得软弱无力。公元前 33 年，当安东尼与妻子屋大维娅（屋大维的姐姐）正式离婚时，一切限制都已不复存在。屋大维向作为埃及君主的克利奥帕特拉宣战。安东尼依然忠于她的事业，两人的联合部队于公元前 31 年在希腊的亚克兴参加了海陆作战。在屋大维的海军将领阿格里帕坚决果断的攻击下，安东尼没能守住他的船阵。克利奥帕特拉过早地判断了结果，她的船只脱离了安东尼舰队的主阵；她飞速逃往亚历山大里亚，之后，兵败的安东尼也疾行而去。

安东尼几乎丧失了所有的斗志。虽然他可能曾经寄希望于叙利亚城市保有忠诚，但他很快就发现，没有什么是理所当然的。亚克兴战役之后，这些城市轻车熟路地改换门庭。[12] 公元前 30 年，屋大维穿过包括大马士革在内的叙利亚，一路上的人们纷纷表达对他的支持。他们无疑认识到，安东尼丢盔弃甲，逃往亚历山大里亚，表明命运已经不再眷顾他了。安东尼与克利奥帕特拉在亚历山大里亚荒废度日，就这样过了一年，他们的"最后狂欢"一直持续到屋大维从陆路抵达。[13] 亚历山大里亚战役（*Bellum Alexandrinum*）很短暂。战败的安东尼自杀未遂，折腾了很久才死在克利奥帕特拉怀里。罗马的凯旋将军

（*imperator*）不能下令处死一个女人，但克利奥帕特拉随她的情人而去了，因为与屋大维的会面使她相信，自己已经别无选择。她拒绝在屋大维的凯旋式中登场，用莎士比亚的话说，凯旋式上，"一个埃及的木偶人，将要被众人观览……那些操着百工贱役的奴才，披着油腻的围裙，拿着木尺斧锤，将要把我们高举起来，让大家都能看见"。罗马人会搞一些宣传把戏，演员会"穿着克利奥帕特拉的冠服卖弄着淫妇的风情"。[14] 她才不要这样。她宁可被毒蛇咬死。

屋大维使东方行省恢复了原状（*status quo ante*）。现在没有关于所谓东方地头蛇的挖苦了。大多数省份按照庞培留下来的样子得到了承认，而"奉献"则物归原主。随着埃及落入罗马人之手，如今叙利亚南北两侧都有大片罗马领土支持。潜在威胁只存在于东北方向，那边的帕提亚仍然很强大，但在屋大维一直延续到公元14年的漫长统治时期，这个威胁大体上处于休眠状态。屋大维（升至皇帝的地位，称"奥古斯都"）并没有被安东尼的东扩策略所诱惑。经历了数个世纪的混乱和分裂后，奥古斯都时代的和平给叙利亚的经济发展带来了新的推动力。

回到罗马控制下的大马士革，经过了兵连祸结的十年，也迅速恢复了。它理论上仍然享有罗马叙利亚行省内希腊化自治城市的地位，如今则步入了一个空前繁荣的时代。这次复苏的活力，在很大程度上要归功于城市贸易地位的分量、中间商的行动力，以及经历了如此严重的混乱之后，人们对一个黄金时代即将到来产生的前所未有的信心。沿海地区的贸易城市也变成了更具活力的转口港。

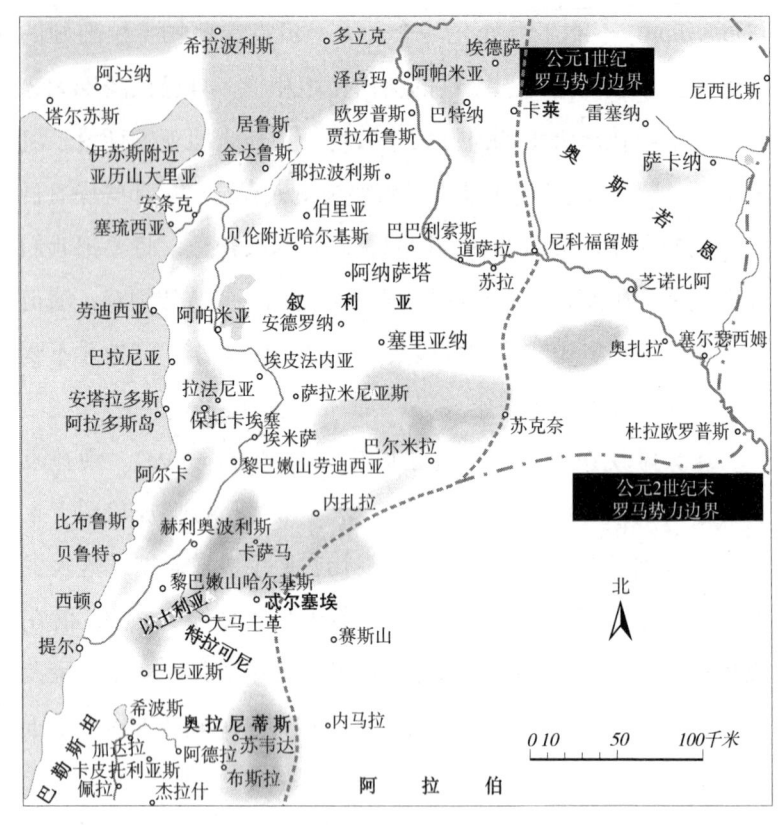

罗马时代的叙利亚

　　罗马的叙利亚行省已成事实，但它的形式仍然有几分试水的性质。实际上，罗马建立了一座桥头堡，直接管辖范围仅限于塞琉古王朝在叙利亚北部建立的、有希腊人定居的城市。叙利亚南部仍然是各种行政机构的大杂烩。没有新来的人，叙利亚仍然是希腊人、"叙利亚人"（这个笼统的用语似乎主要适用于作为人口基础的亚兰人）和从游牧大草原拥入的其他闪米特人族群的混合体，这里面就包括阿拉伯部落。其中最后一类人在过去的几个世纪里迁入了定居地区，并获得了局部影响力：埃米萨的王族、巴尔米拉的寡头统治者和以佩特拉为基地的纳巴泰王国。[15]起初，对于基本不受希腊影响的边境居民，罗马甘愿留给当地统治者来管理，这与英国在印度实行的土邦制度颇为相似。大马士革仍然是一个被这类统治者所包围的岬角。

在罗马人的统治下，大体上的希腊化趋势恢复了活力，重新开始。大马士革发现，和自己打交道的统治者们在方式方法上与喜欢争论的希腊人截然不同。罗马在过去的两个多世纪里培养了一个领导阶层，其中"贵族统治者的价值观与军事成就息息相关"[16]。叙利亚是罗马强权的一大枢纽，在公元2世纪末被分割之前，该行省也是帝国最负盛名的。获得小亚细亚西部已经给罗马带来了利益。事实证明，埃及是保障帝国垄断东方财富的办法。庞培决定利用流经叙利亚的贸易，这有效地补充了罗马的预算（庞培自己的钱包就更不必说了）。因此，叙利亚总督的任命是新皇帝留给自己的一项特权，也就不足为奇了。

稳定大马士革地区

虽然稳定带来了突飞猛进的繁荣，但在大马士革附近地区，还有一些细节需要解决。在大马士革以南，德卡波利斯联盟最北端的那些城市和沙漠之间，是特拉可尼（今拉贾特）的火山岩荒野。山贼躲藏在这片铺满熔岩的崎岖地带，劫掠豪兰地区和东南方山坡上的定居农业区，这座山如今被称为豪兰山或阿拉伯山（罗马时代称"阿萨尔马诺斯"）。奥古斯都决定，把它交给一名当地统治者来处理方为上策。公元前 23 年，他将这一地区移交给了犹太分封王"大"希律王（安提帕特之子，事实上从哈斯蒙尼王朝大祭司手中夺取了这个犹太人的王国）。[17] 希律王自公元前 30 年起便与屋大维交好，这份友情纯属偶然，可能是因为他们真的很担心安东尼试图恢复托勒密王朝的帝国。奥古斯都决定采取这种手段，不仅是出于友情，也是出于实际考虑，以免大马士革被以土利亚人和特拉可尼山贼之间可能的勾连所阻断。

大马士革以南的另一股支配势力仍然是纳巴泰王国，其领土从佩特拉（约旦南部）向北延伸，将豪兰东部包括了进来。罗马治下的大马士革与纳巴泰人之间的关系，仍然是一个历史学难题，因为正如我们所看到的，这座城市一直到罗马时期都深受纳巴泰人影响。纳巴泰人表现出了顺应罗马影响力的高超本领，但罗马还是愿意让希律王将大马士革以南的他们收拾得服服帖帖。希律王在大马士革南边和东边的安全地带，现已包括了以土利亚人从前的领土戈兰尼提斯（即戈兰高地），从而使罗马在北线集中兵力对付帕提亚时，无须在南方部署大量军队。

叙利亚作为帝国行省的初期，几乎没有文职行政机构。米勒指出，在叙利亚，"罗马军队即政府"，负责管理的是罗马军队指挥官。[18] 一名执政官级别的军团长由一名骑士阶层的文官行省代理协助，后者负责监管财政事务。起初，驻扎在叙利亚的罗马军团有三个（后来变为四个），每个军团都由一名裁判官级别的军团长指挥。[19] 然而，罗马驻军绝大部分都在北方，军团在安条克、居鲁斯、劳迪西亚（拉塔基亚）和泽乌玛之间分配，第四个军团驻扎在霍姆斯以西、奥龙特斯河谷中的拉法尼亚。

尽管大马士革可能是一个巡回审判中心，总督巡视时的一个例行停留地，但没有证据表明大马士革地区有大规模驻军。当地可能征募了一支辅助部队，是尤利乌斯-克劳狄乌斯王朝时期叙利亚两万辅助部队的一部分。然而，帝国军团并没有在附近驻扎[20]，这反映出叙利亚南部整体的稳定程度，以及最初并不存在需要密切保护的"殖民地居民"这一事实。不过有一些证据表明，为了处理对公共秩序的威胁，可能也部署了罗马军队。例如，奥古斯都统治后期仍需与黎巴嫩山脉地区的以土利亚人作战，因为在大马士革南边和东边的荒野地区藏身的山贼长期以来一直很难对付。然而，总的来说，南方还是逐渐平定了下来，为从前的游牧民族的定居扫清了道路，从而推动了农业和贸易的发展。

奥古斯都统治下的罗马促进了巴尔米拉作为东西方之间转口港的作用。到了公元19年，罗马的控制显然并没有抑制与波斯湾贸易的扩张。到了下个世纪，随着巴尔米拉商人在海湾地区站稳脚跟，贸易也日趋繁荣。在奥古斯都时代，贸易的激增已经相当可观，巴尔米拉奢华的建筑项目在奥古斯都时代很早就开始了。由罗马培养的工匠被引介到这里，按照大都市形态格局的规范进行作业，提供这座城市新的巨型形象工程背后所需的专业知识，其中就包括恢宏的贝尔神庙。斯特拉波还指出，罗马人统治下的善政和安全，开辟了来自福地阿拉伯（Arabia Felix）的贸易。[21]

公元前15年，罗马在贝里图斯，也就是当今的贝鲁特建立了一个殖民地,这是罗马在小亚细亚以外的东方行省采取的为数不多的殖民举措之一。[22] 很快,在历来专供以土利亚人践行太阳崇拜的祭仪中心——贝卡谷地的赫利奥波利斯(巴勒贝克),也建立了一个次级殖民地。这种殖民存在(贝里图斯后来发展成为一个罗马法研究中心,使之得到加强)甚至时至今日都还在塑造黎巴嫩的身份,同时也巩固了罗马通往大马士革的路,并帮忙约束了麻烦的以土利亚人。

对不朽的热望

公元1世纪,由于罗马统治所带来的稳定,许多大型项目的计划就此展开,不仅仅是在巴尔米拉。罗马人开始管理叙利亚,早已导致安条克的市政建筑项目井喷。公元前47年,尤利乌斯·恺撒对叙利亚首府进行了一次为期9天的访问。在此期间,他下令建造了几座大型设施,包括一座巴西利卡、一座剧场、一座圆形竞技场,以及这座城市最早的引水道和公共浴场。由于罗马在叙利亚的统治终结了长达数十年的分裂、内战和外部威胁,当地产生了一股非同寻常的建筑热潮,特别集中在作为崇拜中心的都市。

奥古斯都皇帝一直热衷于在东部城市打上自己的烙印,将它们树立成罗马文明的灯塔。他在亚克兴战役前后都访问过叙利亚,从中了解到它的情况。他继续执行前任的大型工程计划,进一步将一座大城市应有的附属设施赋予安条克。[23] 对纪念性建筑计划的狂热迅速蔓延,甚至蔓延到了仆从国纳巴泰王国，例如，从佩特拉壮观的遗迹便可见一斑。巴勒斯坦的分封王希律着手实施一个庞大的建筑计划，以强调他与罗马帝权（*imperium*）的关系，也着重表达了对奥古斯都恩惠的感谢。希律王的表态并不局限于他自己的领土。大马士革也将从他的计划中受益，因为它曾在公元前43年他父亲遇害后为他提供庇护。希律王为大马士革选择的项目是一座剧场和一座体育馆，表明了他对希腊精神的兴趣。他的书记官尼古拉斯就出生在大马士革，可能也增进了他的这份兴趣。[24]

到了奥古斯都时代，希腊人时代大马士革的网格规划似乎扩大了，纳入了东边的纳巴泰人区。在西部边缘，城市沿着直街的西端延伸到一个新的市民区，也就是现在的米德哈特帕夏集市所在的位置。我们有实质性证据表明，苏莱曼帕夏驿站西

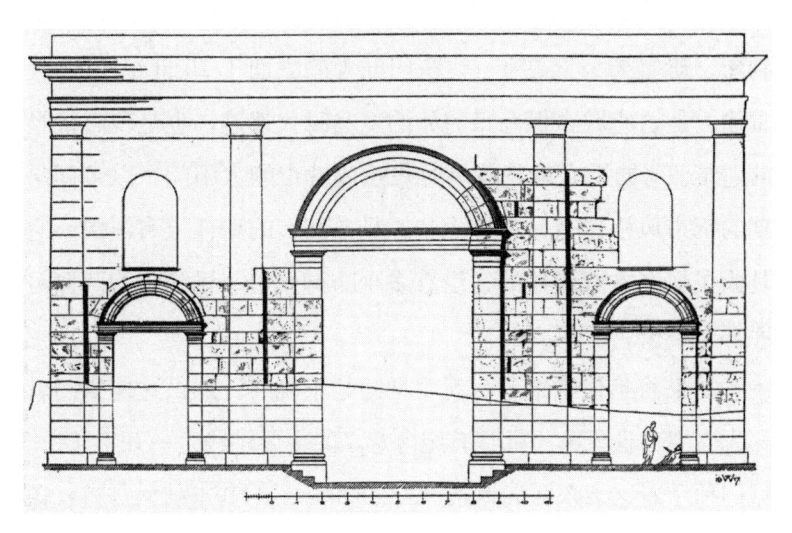

东门的东立面
来源：Watzinger and Wulzinger 1921: Abb. 45

边有一座剧场（见下文），而且这个以前空置的区域似乎很可能还有一座体育馆和一座新的音乐厅。考虑到阿拉伯中世纪还进行过一定的调整，此时的城市可能已经覆盖了大约相当于今天我们所看到的城墙区的范围。根据后来的阿拉伯史料，这座城市在罗马时代有七座城门，以主要的天体命名。尽管我们没有直接证据证明这是罗马人的习惯，但这似乎很符合其他东方城市的习惯（例如亚历山大里亚的太阳门），以及大马士革的保护神朱庇特-哈达德作为天界之主的身份。[25]

直街始终散乱的线条在一定程度上被拉直了，形成了一条恢宏大气、带有柱廊的轴线，而这种轴线也将成为帝国东部城市的一个重要元素。对于这条东西向主街（*decumanus maximus*）的开发，我们并不知晓确切的年代。可能很早就开始了，因为其东端的门（现在叫 Bab Sharqi，即东门）从风格上判断，确定为公元初年。[26] 东门壮观的立面于 20 世纪 60 年代重建，是这座城市保存最完好的罗马时代遗迹，也是现存最早的建筑。[27] 据说它就是罗马时代这座城市的太阳门，以帝国早期的都市风格建造，朴实无华，只在高大的壁柱上有浮雕。它是为了扬名立威而建的，没有多少防御作用，尽管它的两侧可能都有塔楼。

如果将年代确定为公元 1 世纪是正确的，那么这座拱门就标志着罗马世界第一批具有纪念意义的主要轴线之一开工了。[28] 城门预示着这条东西向道路（*decumanus*）的基本结构——一条 26 米宽的大道，包括一条 14 米宽的中央车道，供轮式车辆使用，两侧是有拱廊的人行道和商店。这种形式在罗马帝国东部会变得很常见，关于布斯拉的一部早期专著，就展示了描绘典型柱廊轴线最初的成果之一（见下页图）。这条道路成了城市新的主干道。它的定线呼应了希腊时代连接集会场和神庙的那条较短的轴线。这条横贯全城的柱廊，起始部分的柱子有遗迹留存，就在城门内，但这条宏伟通衢的其他柱子都消失了，有些是在20世纪才消失的。2008年至2009年，在更换直街下方雨水管的紧急作业中，许多大块的柱身和柱头在挖掘过程中暴露出来，足以表明柱廊工程的规模之大。很多断片后来沿着新的人行道被重新放了回去。[29]

这些宏伟的柱廊轴线是当地东方人的妙想，将威仪与保护顾客和小贩不被太阳晒到的实际目的相结合。由于原本形状就不整齐，这条东西向道路在穿城的过程中，需要应付偶尔出现的轻微弯曲，也就不足为奇了。[30] 这些偏斜被宏伟的建筑所掩盖，其中一座建筑就位于沿街中央的希腊正教牧首驻地西边。法国托管时期，一座拱门的遗迹被挖出，在地面上得到了修复，现位于一小块专用地内。留存下来的是一座精致的四面门（*tetrapylon*），确切来说是一个四面建筑（*quadrifons*）的东立面的一小部分。这种四面都通的拱形建筑在罗马帝国东部很常见，可能受到了阿契美尼德王朝建筑的影响。[31] 现存的拱门只是架在北边的人行大道上的；还有一个比它大得多的拱门的基脚，暗示那里曾是中央车道，而南边的人行道上已经建造了太多的东西。最初，另外三个基本方向也是这种排列方式。

在西边大约400米处（香料集市之前两个十字路口），另一座纪念性建筑标志着方向的第二次改变，它的遗迹也更难

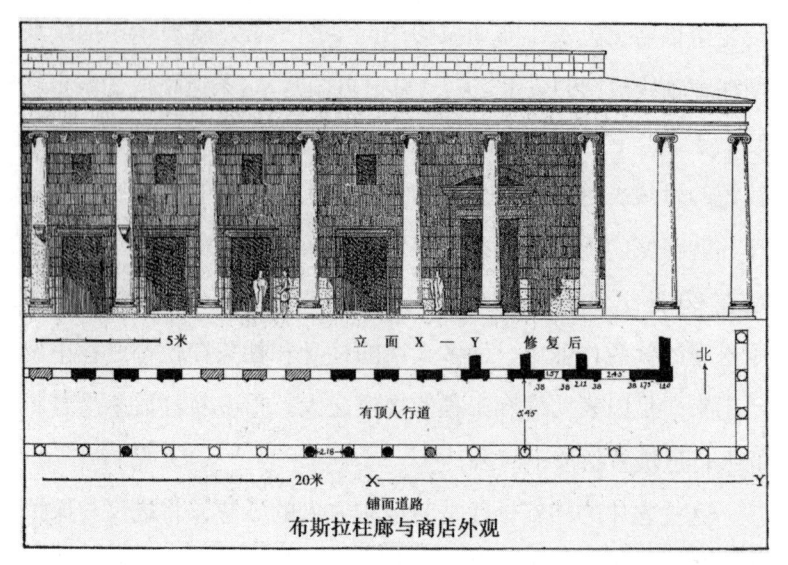

布斯拉的柱廊
来源：Butler 1919: ill. 20

发现。这座孤立的宣礼塔是沙姆城塔（Ma'danat al-Shahm，1368—1369），矗立在直街的南面，正方形塔体拥有醒目的条纹装饰，而底座规整的砖石结构和线脚表明它源自罗马时代。这表示此处曾有一座巨大的建筑物，可能是一组四个底座，每个底座都擎着四根柱子——也就是 tetrakionion，与仍然可以在杰拉什或巴尔米拉见到的那些相类似，可能要追溯到公元 2 世纪晚期。后来的阿拉伯史料中提到，此处有一根柱子，上面有一尊雕像，可能也暗示了十字路口中央矗立着一根纪念柱。[32] 要说这个十字路口构成了一个圆形广场，也不是没有可能，因为这种设计在东方很常见。尽管城市中这些恢宏华美的建筑所表现出来的，其实是后来人对这条奥古斯都时代东西向道路的修饰，但它

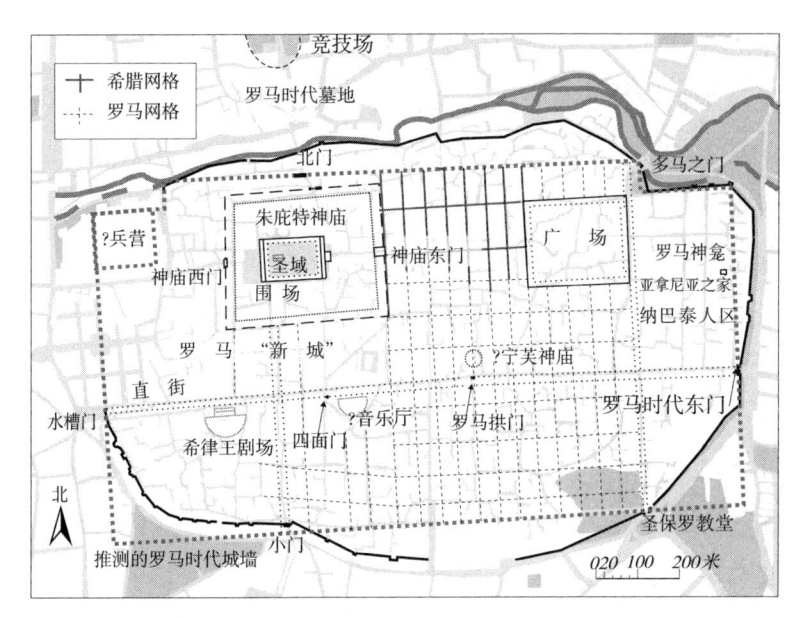

罗马时代的大马士革

们延续了这个项目最初设想时的规模。这条大道的建造时间甚至早于安条克的那条，也是大马士革在第一任皇帝眼中具有特权地位的又一个例证。埃内斯特·威尔提醒我们，公元前20年，奥古斯都为取回公元前53年克拉苏折戟卡莱时被帕提亚人夺走的军旗，访问了东方行省。[33] 很可能是奥古斯都个人的积极主动促成了大马士革的复兴，目的在于彰显罗马在这一地区的新地位。

市政工程

我们首次遇到了物质遗迹作为当代城市的一部分留存下来的情况。约瑟夫斯提到的希律王剧场[34]，长期以来一直令人无从捉摸。如果你仔细观察这座城市的街道规划，就会发现米德哈特帕夏集市南边有一个点，那里的街道布局背离了基本的网格，包含了一个几乎完整的半圆形。据好几代学者推测，希律王捐赠的剧场就包含在这里。近期对一座奥斯曼时代宅邸阿卡德宫（以前是丹麦学会）的修复工作，在庭院的东北侧发现了一段罗马时代的墙。墙的构造显示，它是舞台结构中舞台后墙（scaenae frons）的一部分，证实了剧场的位置正如人们所推测的那样。[35] 这座建筑被改为奥斯曼帝国的城市住宅之前，曾作为马穆鲁克王朝的官邸。在那之前，剧场的下部结构曾被当作采石场开采，在其残余部分设置了一座监狱。剧场直径约93米，与巴尔米拉的剧场相当，估计可容纳约7 000名至9 000名观众。在这个休闲娱乐区的北面，剧场可能通过一条很短的南北向路线与朱庇特神庙相连。[36] 这个区域长久以来一直与大马士革统治者的官邸有联系，也极有可能是罗马行政总部的所在地。在现已被

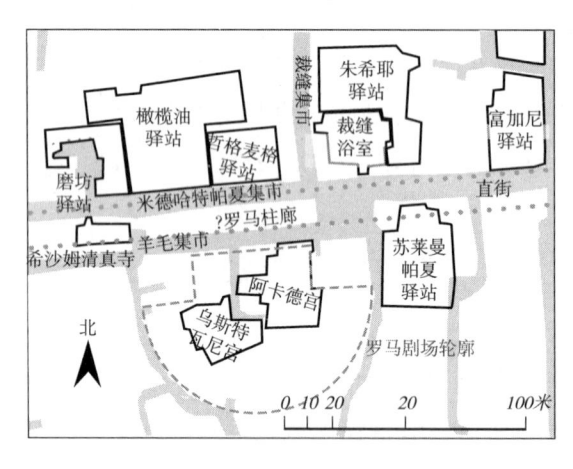

罗马剧场的位置

城堡占据的西北角，可能有一座兵营（castrum）。罗马人统治时期，巴拉达河以北的希腊竞技场保留了下来，附近还有其他一些设施，包括如今已被不断扩张的城市所覆盖的墓地。[37]

对供水系统的改良要更直观一点。就在城墙区以西的地方，有一个区至今仍被称为"Qanawat"，即阿拉伯语"引水道"之意。在其中一条早已被并入房屋和小巷的狭窄街道上，可以看到罗马引水道的遗迹。这项罗马时代的工程在托拉运河泄水处的下游从巴拉达河引水，没有证据表明在它之前存在任何可供家庭用水的管道系统。这条运河部分走地下，穿过巴拉达河以南的山脊，一直到现在的汉志车站，在那里，它为了保持高度而走地面，之后在直街的入口处继续从城市的地下走。第二条引水道为城市的北部地区供水，可能是在早期引来为亚兰人-希腊人神庙建筑群供水的小河基础上改良而成的。

注 释

1　Dobias 1931: 250.

2　Ball 2016: 4.

3　Dobias 1931: 241 n.2, 246.

4　Pliny *Natural History* V 18/74（写于公元 1 世纪中期）认为大马士革是叙利亚南部地区最重要的城市。

5　Josephus 1999: 14, 3, 1 (457).

6　Kasher 1988: 115—116.

7　Pliny *Natural History* V 18/74. 很难列出一个确定的名单，但这个联盟包括斯基托波利斯、佩拉、迪翁、加达拉、希波斯、卡纳塔（卡纳瓦特）、费拉德尔菲亚（安曼）、杰拉什，可能还包括阿比拉和卡皮托利亚斯。所有这些城市都位于如今的约旦西北部和叙利亚西南角，只有斯基托波利斯位于约旦河以西。George Adam Smith *Historical Geography of the Holy Land* 1897（1968年重印）认为，大马士革是十座创始城市之一，尽管可能只是"荣誉"性质的加盟。

8. Millar 1993: 38.
9. Shakespeare *The Tragedy of Antony and Cleopatra* Act II, Scene 2. 库德诺斯河在土耳其奇里乞亚沿海地区的塔尔苏斯汇入地中海。
10. Plutarch *Mark Antony* 25, Ian Scott-Kilvert (trans.) 1965: 292.
11. 公元前36年、前35年和前32年，在大马士革铸造了印有克利奥帕特拉肖像的硬币——de Saulcy 1874: 33; Jalabert 1920: 120。
12. Retsö 2003: 399.
13. Syme 1963: 298.
14. Shakespeare *Antony and Cleopatra* Act V, Scene 2.
15. 最近的一部综述——Retsö 2003。
16. Green 1990: 658.
17. Roller 1998: 31, 157.
18. Millar 1993: 33.
19. Millar 1993: 32.
20. 公元3世纪中期以前，没有资料提及任何军团分遣队的部署情况——Pollard 2000: 42。
21. Strabo *Geography* 16, 2, 20 1930: 265.
22. 其他殖民地位于托勒密城和巴勒斯坦的滨海凯撒里亚。
23. Downey 1961: 169—79.
24. Josephus 1970: 1, 21, 11 (422); Roller 1998: 224—225.
25. Watzinger and Wulzinger 1921: 62.
26. Freyberger 1989: 86; 1999: 127—128. 在她试图确定耶路撒冷"试观此人"（Ecce Homo）拱门年代的比较调查报告中，Arnould 认为 Freyberger 的年代仅仅是一个作业假设——Arnould 1997: 122, 136, 286。Will 1994: 40 认可将年代定位在帝国早期。这个问题在 Burns 2017: 157—162 中有所讨论。
27. Mufti 1966.

28　Will 1994: 40.
29　1924 年，来自英国的常客 Hanauer 牧师注意到，沿着这条东西向道路的西段，仍然能看到这些柱子——Hanauer 1924: 68。在这条东西向道路西端的迪克卡驿站，被再次利用的柱子上遗留的柱头，与东门内面的柱头完全相同，这一事实似乎表明，升级改造是作为一个单独的项目完成的。Watzinger and Wulzinger 1921: 46 认为它们是和这条东西向道路一起出现的，这一观点在 Wulzinger and Watzinger 1924: 80 中得到了纠正。

大马士革的柱廊轴线，可能是罗马城市规划方法的早期发展结果，Burns 2017: 150—162 考察了它在这方面的作用。

30　从这条街的总长度来看，偏差约 5°——Wulzinger and Watzinger 1921: 47。
31　Ball 2016: 329.
32　往后我们还将看到，这里被认为是攻占大马士革的两支阿拉伯军队会师的地点，它们分别从东门和西门汇聚于此。
33　Will 1994: 11, 42.
34　Josephus 1970: 1, 422.
35　Mortensen 2002: 236—239.
36　Freyberger in Mortensen 2005: 181—202.
37　Toueir 1970 讨论了这片墓地。

第六章

罗马大都会

（公元 30—268）

何为叙利亚人？

　　罗马时代早期，叙利亚的人口基础没有大的变化。希腊或希腊化的精英仍然位居上层。不过其他人可以有资格获得罗马公民权了。最近的一些研究认为，希腊-罗马或被同化的统治阶层，与基础人口闪米特人之间，出现了新的紧张关系。还有一种趋势，可以说是阿拉伯民族主义出现一千九百年之前的一种阿拉伯民族主义。虽然这种紧张关系可能确实存在，但弗格斯·米勒对公元前 31 年至公元 337 年罗马治下近东[1]的研究显示出一种始终如一的模式，即以亚兰人为主的人口接受希腊化的渐进过程。然而，这个过程也是有局限的。值得一提的是，在很长一段时间里，并没有出身自当地贵族阶层的叙利亚人在罗马担任政治职务；例如，直到弗拉维王朝时期才有人当上元老院议员。那些最终在公元 2 世纪被吸引到罗马的重要人物，是被废黜的闪米特君主的后代。最近的一位作家提醒道："在现代背景下，我们强调种族，作为自我认同的主要形式，但我们一定要当心，不要以为这在罗马帝国也同样重要。"[2] 同理，认为当时那里就是一片"多元文化"的乐土，也是很不明智的。确实有一个"不同文化互相充实"的过程，而希腊传统只是其中的一种，并不是要毫不留情地统合其他文化。在毗邻沙漠的地区，纳巴泰人或巴尔米拉人等族群保留了自己的语言文字。不过，行政管理和城市生活的媒介根本上还是希腊语，大多数人即便第一语言不是希腊语，也能够理解这种语言。

虽然希腊人民的政治生活可能并没有什么真正的标志（例如集会、法律的广泛普及），但大马士革的市民可以采纳一种深度希腊化的文化，这一点我们可以从大马士革的尼古拉斯的职业生涯中看出。他于公元前64年出生在这座城市，他的职业生涯被最近的传记作者视为"罗马强权之下新一代人的代表，能够很轻松地游走于东西方"[3]。尚不清楚他的双亲是否为希腊人，但他曾在亚历山大里亚求学，修读了所有的古典科目。他为克利奥帕特拉效劳，可能是作为她孩子的家庭教师，又在公元前30年后转投希律王的宫廷。希律王成了奥古斯都的"东方君主中的首席门客"[4]，并鼓励这位住家知识分子为他的大恩主作传，最好能多说些好话。尼古拉斯搬到罗马去承担这项任务，并留了下来，先是作为希律王的常驻说客，在他的主人于公元前4年去世后，又成了一名成功的历史学家。不过，关于他的职业道路，最有趣的地方不仅在于一个受过希腊教育的人可以在大马士革、亚历山大里亚、耶路撒冷和罗马社会之间来去自如，还在于他在自己的家乡城市成了楷模，人们直到7世纪还在怀念他。

如果说希腊人、"叙利亚人"和阿拉伯人之间的巨大区别在通常情况下都会被希腊化进程糊弄过去，那么南边犹地亚王国的情况则迥然不同，那里的希律王终究还是没能消弭犹太人和罗马人之间的鸿沟。罗马人意识到了希腊人经历过的困难，试图将犹地亚作为特殊情况对待，通过希律王来统治，并以罗马的二级军事单位（而非一个完整的军团）来支持他。约瑟夫斯的著述细节丰富，但往往失之偏颇。我们从中获得了大量证据，但这或许也歪曲了对叙利亚地区这个小小角落的事态的揭示。犹地亚的问题在闪米特世界中并非完全没有代表性，但由于一神论犹太教的明确性，以及犹太人可以利用的详细历史记载，这些问题更加突出。其他的闪米特传统，由于规定和管制不像犹太教那样严格，所以更容易让它们的神被大差不差地同化到希腊-罗马神系中。[5]

帝国早期在某种程度上采取了"放任"的办法，这种尝试在公元66年犹地亚犹太人反对罗马统治的第一次大起义后被放弃了。叙利亚行省并没有出现类似的爆发。帝国边远角落一个小国的事情，竟然需要罗马全部军事力量的七分之一来控制局势。[6]随后发生的血腥事件，反映了罗马不让东部局势崩溃的决心。由于太过复杂，无法在此详述，但我们不要忘了，这次冲突并不局限于巴勒斯坦。它肯定也在大马士革造成了可怕的后果，因为犹太人组成了这里的一个重要少数民族。约瑟夫斯描述了大马士革人对犹太人社区的屠杀，他们渴望为命丧耶路撒冷的罗马人复仇。大马士革的犹太人被赶到一个体育场馆（几乎可以肯定是希律王的体育馆，那是希腊生活方式当仁不让的象征，也作审判之用）。他们在那里被秘密屠杀，以防止他们的大马士革妻子（"她们几乎全都醉心于犹太人的信仰"）插手，对这场大屠杀提出抗辩。约瑟夫斯平平淡淡地指出，"虽然（犹太人）有 10 500 人，但对方在一个小时内就把他们全杀光了，没有遇到任何麻烦"。[7]

罗马的纯真年代结束了。一个被统治民族的全体起义，结束了托付给小王国管理的省事儿办法。直接管理扩大到叙利亚的更多地方。大约在耶路撒冷被罗马人攻陷之时，埃米萨可能已经通过萨姆西革剌摩斯王朝的废除而被统合了。[8]一种更加直接的罗马统治形式已经在巴尔米拉确立，当地的寡头们乐于模仿罗马人的特质，同时也保留了他们闪米特传统的内核。公元1世纪末，纳巴泰人在当地雄心勃勃，扩张了他们在德卡波利斯的贸易利益，特别是在国王拉贝尔二世（公元 71—106 在位）统治时期，这使罗马的君主们感到有些不安。罗马被纳巴泰人在商业上的巨大成功震撼了，于公元 106 年废除了这个王国，在它的所在地设立了阿拉伯行省。值得注意的是，它的首府迁至布斯特拉（今布斯拉），比起约旦南部那座难以接近的要塞佩特拉，这里离罗马影响力在当地的重镇大马士革要近得多。

城市与朱庇特神庙

大马士革此时风头正盛，作为罗马的忠实仆从而欣欣向荣。它的城市地位在希腊人时期还只是时有时无，现在却不再是那样了。这座城市早已不再是帝国一个无人知晓的角落里的边陲小镇。对它的管辖很稳固；它的近郊已经在很大程度上摆脱了匪患和小君主的袭击。城市肥沃的农业基地支撑起了长期的繁荣。和平意味着财富沿着商路向东方和南方流去，因为罗马人对奢侈品的需求不断增加，而东方可以提供这些具有异国风情的奢侈品，来满足罗马越发兼容并蓄的口味。由于贸易急速发展，市民可以考虑在市容建设方面进行新的投机，并使长期提升城市地位的崇拜进一步发扬光大。

虽然大马士革绝非帝国东方的顶级城市，人口远少于安条克和亚历山大里亚，处于第二梯队靠后的位置，排在耶路撒冷、阿帕米亚或提尔之后，然而，罗马人试图推广其统治的优势。就这方面的声望而言，它确实是一个重要的中心。斯特拉波指出，大马士革曾经是"这一地区对波斯人来说最有名的城市"。他认为，在他的时代（奥古斯都时代），它仍然拥有重要地位。[9] 它是最先为将罗马-希腊条理性落实到物质层面而轰轰烈烈大干一场的城市之一。然而，使它跻身于"不虚此行"之列的本钱，是其崇拜的重要性。在书面资料中，这种崇拜吸引人们前往其神庙的力量，往往堪比离此不远的耶路撒冷。在希腊时代的城市中，神庙建筑群曾经占据相当大的比重。然而，罗马时代大马士革规划的规模更大，神庙会定期吸引大量人群前来参加祭祀活动。天空之神哈达德-拉姆曼更新了可以追溯到一千年前亚兰人时代的传统，变成了大马士革至善至伟的朱庇特（*Jupiter optimus maximus Damascenus*）。大马士革作为朱庇特之城声名远扬，这一现象传到了遥远的意大利，那里也涌现出了一些有样学样的中心。神庙很快便成为新的同化主义秩序的灯塔。

这个新项目可能由谁授意和指导，在很大程度上是个谜，但它必定反映了神庙大祭司和市政当局之间密切的相互作用。有铭文显示，该项目的资金由对神庙宝库的捐赠提供，捐赠由祭司和神庙守护者向当地的商业精英募集[10]，并得到了罗马政府的积极鼓励。铭文显示了罗马人的参与程度，到了公元 2 世纪，许多神庙祭司和宝库官员普遍拥有希腊或罗马名字，而个人捐赠者则更常拥有源自闪米特语的名字。[11] 罗斯托夫采夫表示，大马士革与埃米萨、巴尔米拉和埃德萨一样，"仍然是原来的样子，是祭司王的住所：它们从未成为安条克那样的希腊城市"。[12] 这可能有些夸张，但神庙建筑群的巨大规模确实表明，在罗马政府的支持下，宗教统治集团在城市事务中拥有很大的话语权。

我们从最近的研究[13]中得知，这座希腊神庙在公元 1 世纪初、奥古斯都的长期统治即将结束之时被改造过，彼时的基督还很年轻。两个同心长方形庭院的体系正是在这时开工的。内部的圣域可能直到奥古斯都的统治结束（公元 14 年）后不久才完成，这也是西北塔楼完工的年代。外部的围场（*peribolos*），以及与它相连的集市，可能直到公元 1 世纪中期才完成。因为一篇铭文透露出，它是随着资金的筹集分阶段建造的[14]，而筹集资金则可能是通过它的商业活动完成的。东边的外部入口（*propylaeum*）也是直到那时才加建的。[15] 外部围场还发现了另外的祭坛、宴会厅和神龛的遗迹，这些都是由个人分别出资的。2 世纪末的塞普蒂米乌斯·塞维鲁统治时期，又进行了一次大规模的升级改造，可能增加了一些风格更为华丽的装饰。

在审视朱庇特神庙建筑群全部的发展过程之前，还有一件很有教育意义的事情要做，那就是看看在过去的一百年里，神庙的形态是如何通过研究者的工作化为明朗的。因为对于如何解读倭马亚清真寺及其周围留存的遗迹这一问题，他们的推论颇具洞见。欧洲读者初次见到这个神庙建筑群，是在1745年于伦敦出版的理查德·波科克的《东方纪事》中。[16]波科克毕业于牛津大学，是一名神职人员，还是一名热情洋溢的旅行者，博闻多识的"旅行作家"传统最早的真正代表人物之一。他在叙利亚广泛游历，出版了三卷充满地形或历史细节的纪事，并且艺高人胆大地超越了那些精心编造的传说和民间故事。他的清真寺设计方案图解首次将求知精神应用于肉眼可见的遗迹。[17]他所绘制的设计图试图解释圣域外为何还留有相当数量的柱子，而外部围场的柱廊和拱廊的遗迹都已经消失了。在波科克看来，拜占庭时代的教堂作为清真寺的礼拜大厅幸存了下来，并被五座有柱廊的建筑所包围，他对此进行了天马行空的描述。这种关于教堂被直接改造成清真寺的假想是一条错误线索，又过了两个世纪才得到纠正。

19世纪末，随着大马士革向西方游客进一步开放，人们的好奇心越来越集中在罗马神庙的遗迹上。（1860年，非穆斯林游客首次被允许进入清真寺。[18]）眼尖的旅行者们发现，在奥斯曼时代的大马士革没那么结实的房屋之间，仍有一些残存的柱子或出入口。勤勉的爱尔兰传教士乔赛亚斯·波特在他的《大马士革的五年》（1855）中，首次尝试绘制严格遵照事实的平面图，并描述了清真寺北面和东面不少于40根残存的柱子或柱子残片。[19]第一批真正的专家之一阿奇博尔德·坎贝尔·迪基，在1896年被巴勒斯坦勘探基金会指派来报告他对罗马神庙的推论，这在某种程度上也反映了人们对1893年大火后清真寺命运的关注。[20] R. 菲内·施皮尔斯在1868年参观了大马士革，并绘制了详细的图纸。他发表在英国皇家建筑师协会会刊上的一篇文章是最全面的考察之一。

然而，J.E. 哈瑙尔对这座城市的辛勤研究和深厚学识，首次在将神庙与更广义的古典城市规划相关联这件事情上取得了

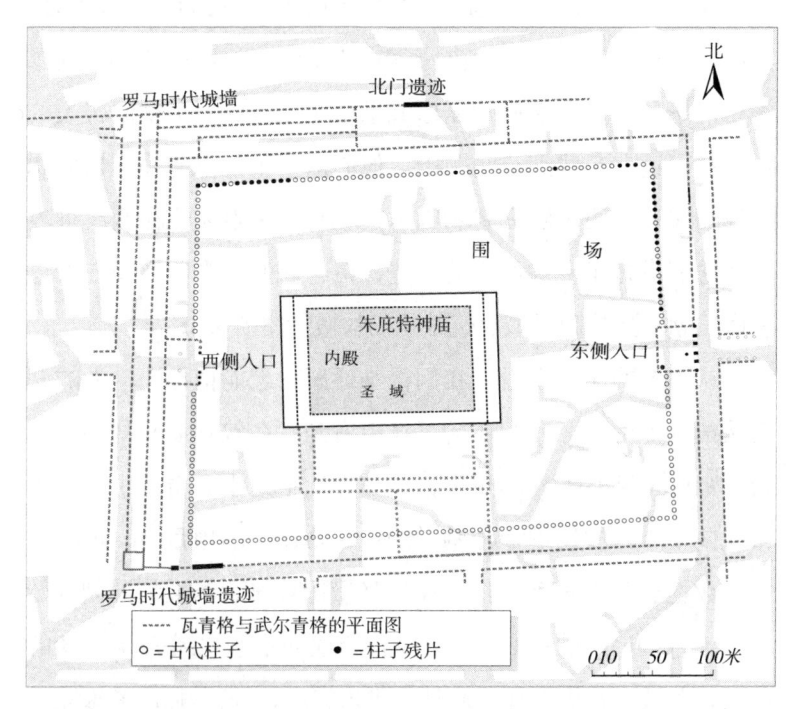

朱庇特神庙围场遗址

突破。在1911年至1912年为《巴勒斯坦勘探基金会季刊》撰写的一系列文章中，他观察到，在通往神庙东门的那条街上，每隔一段固定的距离，就有曾经壮观的柱廊遗迹。[21] 在只露出半截的东侧外部入口的北面，他也注意到了东墙的一块残片，以及围场内侧的柱廊，当时被侵占了这里的房屋遮住了。凭借这些线索，他精确地复原了神庙外部建筑群的形态，以及从东边过来的那条壮丽的游行大道。

这些新的研究成果最终成就了德国人武尔青格和瓦青格团队的研究，他们于1915年受土耳其政府委托，负责记录这座城市古代和阿拉伯时代的遗迹。在讲到希腊人时代的这座城市时，我们已经提到过这两位德国研究者的工作。他们进一步研究了神庙围场的形迹。他们的复原成果证实了圣域周围空间很大的说法，不过在一些细节问题上，他们走上了基于薄弱证据异想天开的歧途。法国研究者勒内·迪索和让·索瓦热在两次世界大战之间进行了更加严密的详查，但之前的所有研究现在都已被塔拉勒·阿基利对该建筑结构的权威考察所淘汰。[22]

从当今的角度来看，我们很难理解，怎能把如此巨大的开支拨给崇拜中心。我们在前一章中看到，在叙利亚南部和犹地亚，帝国早期对不朽的热望，某种程度上是由大希律王（卒于公元前4年）的建筑计划刺激的。在希律王的项目中，最壮观的当数抱着万古长存的打算在耶路撒冷重建大圣殿的计划（始于公元前20年）。（巨大的规模和场地的难题也带来了自身的问题，圣殿在希律王孙辈的时代仍未完成。）耶路撒冷圣殿完工后不久就被摧毁了，这使它在接下来的两千年里一直是一个热点话题（*cause célèbre*）；相比之下，大马士革的神庙至少部分得以幸存。

与耶路撒冷圣殿建筑群一样，大马士革神庙需要消耗大量的时间和资源，但是在那个时代，这种旨在吸引最多游客的项目乃是常态。繁荣和安全激励着人们周游崇拜中心，宣传这些旧貌换新颜的亚兰-腓尼基神灵。尽管如此，与城市人口的规模相比，大马士革神庙和耶路撒冷圣殿的规模之大，也着实不同凡响。大马士革的神庙建筑群包括围场在内，面积超过11.7万平方米。这比耶路撒冷大圣殿的平台（14万平方米）小了不到20%，而后者通常被认为是古代世界最大的单神庙建筑群。虽然游客至今仍可将耶路撒冷的广场尽收眼底，但大马士革神庙围场的外围后来已经被拜占庭和阿拉伯时期的城市改造所吞噬。那是一个城市崇拜的伟大时代：赫利俄斯（巴勒贝克和埃米萨）、梅尔卡特（提尔）、巴力（比布鲁斯）、阿塔伽提斯（曼比季）、巴力沙明（西阿）。对于宗教朝圣在罗马东部的重要性，我们的理解尚处于探索阶段。我们所掌握的情况是，这类中心在叙利亚的许多地方大量出现，往往建立在前古典时期的"邱坛"崇拜传统之上。

在帝国晚期的大型公共工程之前，论规模，朱庇特神庙超过了罗马人在自己的首都建造的任何东西。它可能也远胜于叙利亚行省最初的首府（*metropolis*，意为"母城"）安条克的任何大型宗教建筑。遗憾的是，我们无法在细节上为这一论断辩护，因为罗马时代安条克的大部分地区已经无迹可寻。在过去的两千年里，奥龙特斯河的改道因地震的影响而加剧，以至于除了街道布局的一些粗略迹象之外，我们并没有罗马时代安条克的实物证据。帝国东方的第二大城市亚历山大里亚也几乎没有罗马时代的遗迹保存下来。因此，只能由大马士革、阿帕米亚、安曼或巴尔米拉等次级地方城市来展示它们在罗马庇护下借以树立地位的宏大规模。

崇拜中心的重要性

主要崇拜中心的发展，在很大程度上借鉴了罗马建筑装饰的准则，在罗马控制松弛的巴尔米拉和佩特拉这样的偏远地方进行，甚至在罗马控制之外的地区进行，例如美索不达米亚的哈特拉。闪米特宗教形式与"罗马"（本质上是希腊的）建筑准则发生了如此奇妙的融合，对于这一过程，我们仍需进行大量研究。[23] 神庙建筑群的形态和用途，无疑反映了闪米特人的传统。氏族领袖或大祭司（往往是同一批人）委托建造这些项目，并从富有的市民那里筹集捐款。他们试图用最新的罗马建筑"外观"的所有附件来装饰这些项目，使其感染力达到最大。一些崇拜中心试图将尽可能多的神格纳入对"天空之神"的唯一崇拜，以此来增进自身的声望。这或许是一种回应，是对附近的耶路撒冷，以及对其坚持一神教的回应。神界并没有严格的区分，闪米特人、美索不达米亚人和希腊-罗马人的苍穹很容易混合在一起。所有与天空有关的神——哈达德、巴力沙明、杜沙拉、狄俄尼索斯-杜沙拉、后来的无敌者索尔，甚至当地的"无名之神"——都像这样被转化成了"至尊天神宙斯"。

游客沿着西边的通道哈米迪耶集市（如今是一个主要的购物区）走近大马士革神庙遗址时，仍然可以感受到市民的自信，通过强调宏伟、秩序和对称的项目而表达出来。置身于喧嚣的集市中，你会突然发现，神庙围场西侧的入口是如此的和谐，残缺却仍不失庄严。科林斯柱的复杂精致，可能要追溯到塞普蒂米乌斯·塞维鲁在公元 2 世纪末的整修。高耸于摊位上方的这些柱子，具有一种意气风发的匀称之美，仿佛在宣告这是一座不惧时光的贸易城市。经过那些曾经在拜占庭时期支撑着有顶门廊的较小柱子，神庙建筑群的宏伟规模变得更加清晰可见。穿过 20 世纪 80 年代为清除倭马亚清真寺的商业附着而清理出来的区域，映入眼帘的是神庙内院（圣域）单调的墙壁。它不知疲惫地重复着一些元素，让人印象深刻——巨大的石灰石块被间隔五米的 18 根细长壁柱打破，壁柱上覆盖着极其朴素的柱头，是公元 1 世纪流行的埃及风格。最近修复的雉堞提醒着你，这是一项东方的工程，只是在一定程度上反映了罗马的准则。

对当今的信徒来说，倭马亚清真寺的主入口位于罗马神庙这道西侧内墙的中央。但是在希腊和罗马时代，真正的戏剧性表达是留给东侧主入口的，即那条从集会地过来的圣道，集会地构成了希腊城市商业和政治生活的中心。从东边开始，游客沿着一条宽阔的柱廊街走来。这条街道的壮观，反映了闪米特传统中"迎神和祭神仪式要华丽、复杂的意识"。[24] 在凯马里耶街附近，仍然可以发现巨大柱廊（柱粗 1.4 米）的遗迹。外入口（建于公元 16—17 或 46—47）[25] 部分尚存（在清真寺以东 150 米处，道路就快要稍微转弯的地方），门楣不协调地出现在

第六章　罗马大都会（公元 30—268）· 133

街道上方。东侧外门的装饰规模可能比西侧的外入口更加宏伟，但是从现存的遗迹来看，相对来说还是比较稳重的。通过这个入口进入外部围场之后，游客沿着一条不断上坡的小路来到第二扇门，它所在的阶梯状平台比围场的地面高出 5 米。清真寺东侧的杰鲁恩门还能让人在一定程度上感受到它的规模。高处的柱顶被中央的一个拱券洞穿，曾经有林立的柱子支撑着它，这些柱子已经消失，但侧面围墙和壁柱的遗迹足以表达其巨大程度。这种形态的"叙利亚式拱券"从公元 2 世纪起便成为叙利亚建筑的一个主题，持续了数个世纪。[26]

这个巨大的双层围地兼具宗教和商业利益，或许反映了神庙守护者角色与其私人商业利益之间的紧密联系，而这种商业利益建立在东方商队和朝圣之间的关联上。[27] 罗马人之前的纳巴泰人统治时期，在大马士革助长了遍及整个阿拉伯王国的朝圣崇拜。这个宗教场所是如此成功，以至于需要一个外部围场，来应对蜂拥而至、参加定期祭祀活动的大量人群，而这些活动兼具集市、农产品展销会和宗教节日的特点。在围场内，人群混杂在一起，等待被允许进入内院。在外墙内，有柱廊为人们挡雨、遮阳。[28] 鉴于大马士革的腹地之广袤，农业资源之丰富，需要这样一个巨大的空间来容纳汹涌的人流：提供从布匹到金属器皿的手工业产品的大马士革人，来自豪兰地区的纳巴泰人，来自西部丘陵和山谷的以土利亚人，来自古塔绿洲的亚兰人血统的农民，来自东部沙漠的阿拉伯游牧民，来自腓尼基沿海城市的朝圣者，来自贝卡谷地的意大利军人殖民者，抑或其他蜂拥而至的周游者，在罗马治世（Pax Romana），他们都可以在

朱庇特神庙圣域东立面

来源：Dussaud 1922: pl. LII 1

帝国自由迁徙，谋求生计。商业对大马士革的繁荣至关重要。基督驱逐了玷污耶路撒冷圣殿周围神圣场地的放贷人，这种行为如果在大马士革尝试，可能会引起严重骚乱。

  游客一旦进入内部的圣域，便会被一种更加肃穆的气氛所感染。由于普通市民不得进入内部的圣所——圣域内的独立式内殿——他们在户外的祭坛和清净池中履行宗教义务，或者观看祭司们在高塔上献祭。[29] 然而，只有大祭司才能主持最重要的仪式。它可能包括一顿仪式性的餐饭，部分食物被献给神。在某些节日里，前往神庙的仪式队伍会携带可以搬动的神像，队伍可能是沿着东边的游行道路行进的。这些神像从内殿或圣域角楼展示出来，或许是通过孔洞，例如西入口龛楣上至今仍然可见的那扇小窗。[30]

  在当今的清真寺内，几乎没有什么能够反映出罗马神庙的内院。东侧门廊有一些华美的大理石覆层，很可能受到了罗马的启发。当前庭院的其余部分要追溯到公元 8 世纪将神庙教堂改建为清真寺时。不过，想要再现内院在罗马游客眼中的样子，并不需要太多的想象力。清真寺庭院的外墙要么是罗马时代的，

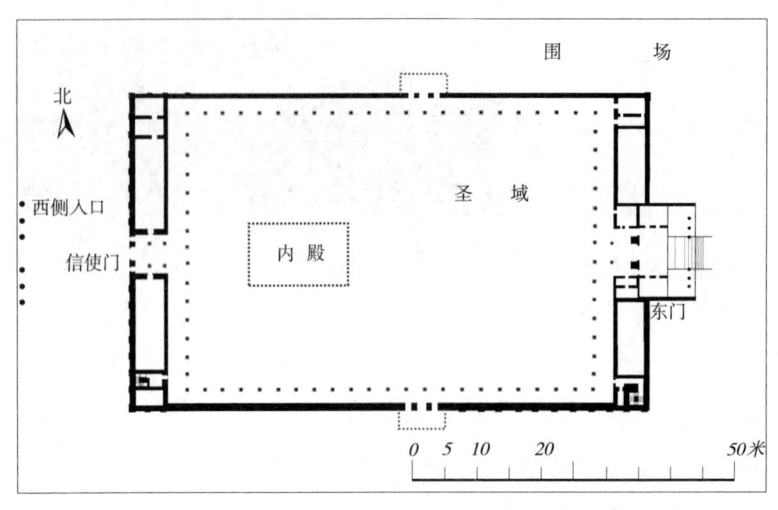

大马士革朱庇特神庙

要么是按照罗马时代的布局重建的。柱廊绕圣域内侧一圈的构思，在罗马世界东方的其他地方也能找到一些相似的例子（例如巴尔米拉）。在当前庭院柱廊里被重新利用的大约 26 根柱子和许多柱头，都可以追溯到古典时代的建筑，尽管可能从原来的位置上移开了。和许多源自闪米特传统的神庙一样，哈达德-宙斯-朱庇特神庙在罗马时期加盖了四座塔楼，圣域的四个角各有一座。它们的遗迹至今仍然可以看到，还在支撑着南边的宣礼塔。内殿的四个角可能也复刻了这一构思，它的遗迹已经在圣域西侧得到了确认（见下文）。使用塔楼作为神庙仪式的一部分，有着悠久的传统。在闪米特人的世界里，献祭是在高处进行的。台地或塔楼使献祭行为的位置尽可能地接近天堂，象征性地再现了这样的特色。

圣域的四座角楼或许决定了内部柱廊的形式。在较短的两条边上，塔楼和东西出入口之间的空间现已被四间封闭的长厅填满。这些厅堂的用途多种多样：西边是接待和沐浴大厅；东北边是一座圣坛（*mashhad*），它对什叶派的意义将在后文中讨论。

其余部分则需要更多的想象力来重现。罗马神庙的中心点，即内殿，位于石板铺就[31]的庭院西半部，从东边延伸过来的轴线终点处。我们对内殿建筑的规模或装饰知之甚少。在圣域的北侧（对着新娘宣礼塔西面），残留着一根有凹槽的柱子的一部分，其尺寸比内院现存的任何柱子都要大得多，这表明它原本是内殿入口或者周围柱廊的一部分。1941年，法国文物部门的建筑师米歇尔·埃科沙尔在清真寺宝库下的一次小型挖掘中发现了一些碎片，后来被罗伯特·埃米认为是内殿柱廊的一部

巴尔米拉，从东南方望向贝尔神庙内殿

分。[32] 此后，叙利亚在此处的挖掘也确定了神龛的位置。[33] 巴尔米拉贝尔神庙内殿的建造也可以追溯到奥古斯都时代晚期，并且以令人惊异的完整状态保存了下来，因此可以说是最理想的参照物了：一座高大的神龛，俯视着一片广阔的、以雄伟的柱廊为界的围场。贝尔神庙内殿的规模可能超过了同时代大马士革的神庙。[34]

最初的基督教传教活动

现在我们必须沿着时间之路往回走，因为就在神庙项目接近完成之时，存在于此的崇拜所面临的下一个对其统治地位的挑战，正在播下它的第一颗种子。这也是大马士革历史中一件颇具讽刺意味的事。然而，还要再过三百年甚至更久，基督教才会在这座城市成为主流。鉴于大马士革正处于一个空前稳定的时期，它必然会成为对基督教"传教活动"的传播者很有吸引力的目的地。正如我们所知道的，犹太人早在波斯时期就已在大马士革定居。公元 30 年左右基督在耶路撒冷去世后，大马士革出现了基督徒小型组织的最初迹象，他们可能是在参观耶路撒冷时接触到基督教教诲的犹太人。这些人构成了我们所知道的巴勒斯坦以外的第一批基督信徒。耶稣在太巴列湖周围的传教活动也触及了德卡波利斯希腊化社会的南部边缘，基督演讲的听众中可能有一些亚兰人或纳巴泰人。

扫罗（皈依后称保罗）在基督去世几年后对这座城市的访问，使"大马士革路上的皈依"成了陈词滥调，也是为数不多涉及古代却基本不需要详细阐述的典故之一。据《使徒行传》记载，出身自塔尔苏斯（位于现代土耳其的奇里乞亚）希腊化家庭的狂热正统派犹太人扫罗，请求耶路撒冷的犹太大祭司授权他前往大马士革，将妨害城中正统派犹太人的耶稣信徒拘押并带回耶路撒冷（《使徒行传》9：1—2）。从耶路撒冷出发，快到大马士革时，他被那道著名的闪电击中。一个声音告诉他："我就是你所逼迫的耶稣。起来！进城去，你所当作的事，必有人告诉你。"（《使徒行传》9：5—6）在相互矛盾的各路传说中，这一事件的地点现已无从确知。关于这个地点，有多种说法，分别是东南方紧邻这座城市的塔贝勒区，南面城墙外的另外三个地点，以及西南方18公里处的考卡卜。在通往库奈特拉、接着通往耶路撒冷的公路上的阿尔图兹村以东，沿考卡卜-基斯韦公路往前走几公里的地方，建有一座纪念礼拜堂。考卡卜的选项似乎是从中世纪流传下来的，或许还要更早，而且通常被视为最合理的历史推定尝试，不过塔贝勒的方济各会场所也有另外一些优势，只可惜它不在从耶路撒冷出发的任何一条显而易见的路线上。[35]

失明的扫罗被同伴领进了城，来到直街一个名叫犹大的犹太人家里。[36] 基督的一位门徒亚拿尼亚受异象指引去寻找扫罗，后者将成为基督"拣选的器皿，要在外邦人和君王并以色列人面前，宣扬我的名"（《使徒行传》9：15）。亚拿尼亚去了犹大的家，把手按在来客身上，恢复了扫罗的视力。"扫罗的眼睛上好像有鳞立刻掉下来，他就能看见，于是起来受了洗。"（《使徒行传》9：18）。扫罗在亚拿尼亚家里住下，开始在大马士革的会堂里宣传这种新的信仰。东门附近的"亚拿尼亚礼拜堂"就是纪念亚拿尼亚家的。当前地面下的遗迹很可能要追溯到公元5或6世纪，但紧挨着它的西边发现了一座罗马时期的小神龛，表明这个地区早已具备宗教内涵，在此基础上才与亚拿尼亚扯上了关系。

保罗后来回忆道：

> 召我的神，既然乐意将他儿子启示在我心里，叫我把他传在外邦人中，我就没有与属血气的人商量，也没有上耶路撒冷去见那些比我先作使徒的，惟独往阿拉伯去，后又回到大马士革。
>
> 《加拉太书》1：15—18

想要再现他访问"阿拉伯"（可能是大马士革以南有大量纳巴泰人的地区）期间和返回大马士革时发生了些什么，会遇到许多问题；这些问题在过去的一百五十年里一直困扰着神学家和历史学家。保罗到底是什么时候重新进入和离开这座城市的？当时是谁控制着大马士革？我们将时间问题略过不谈，因为公元1世纪30年代中后期事件的确切顺序并不影响我们对这座城市的描述，但这第二个难题对我们复原罗马时代早期的大马士革提出了一些根本问题。如果说大马士革是一个很容易就被罗马人控制了的希腊城邦，那么为何《新约·使徒行传》中提到，当保罗在第二次访问结束后匆匆离开时，它是由一位纳巴泰提督管理的呢？

虽然在圣保罗之前,纳巴泰人的势力在这座城市已经存在很久了,但这位纳巴泰"提督"的确切地位长期以来一直备受争议。一些学者推测,大马士革曾有一段短暂的时期处于纳巴泰人的直接统治之下。这被解释为盖乌斯·卡利古拉皇帝(公元37—41在位)统治下罗马政策逆转的结果。他的性格反复无常,其中一个表现就是准备将统治权移交给受宠的仆从国统治者。[37] 在这件事情上,他偏爱阿雷塔斯四世,而不是犹太分封王希律·安提帕斯。[38] 然而,德国学者赖纳·里斯纳最近对保罗早期生涯的研究,恢复了更为传统的论点,即提督只就纳巴泰人社区在这座城市的领事和贸易事务对纳巴泰国王负责,就像亚历山大里亚和德卡波利斯拥有类似头衔的官员一样。

然而,这位提督掌握着足够的影响力,试图终止保罗的麻烦活动。此时的保罗不仅在犹太人社区,也在阿拉伯人(纳巴泰人)社区扰乱人心。他在大马士革的第二次逗留以匆匆离去告终。[39] "在大马士革亚哩达王[*]手下的提督,把守大马士革城要捉拿我。我就从窗户中,在筐子里从城墙上被人缒下去,脱离了他的手。"(《哥林多后书》11:32—33)

围绕这一事件的地点,也有诸多猜测。它很可能发生在城东的纳巴泰人区,或者历史上与犹太人社区有关联的东南区。犹太人区边缘的圣保罗礼拜堂自称是保罗出逃的地方。这座礼拜堂是在一道奥斯曼时代被堵住的阿拉伯时代城门的遗迹上建造的。20世纪20年代至30年代,希腊天主教徒利用这道门

---

[*] 即纳巴泰国王阿雷塔斯四世。——译注

的遗迹，将其变成了一座礼拜堂。但考虑到这道阿拉伯时代城门的前身是罗马时代的城门（标志着东边那条南北向大道的南端），将秘密逃亡地点选在这样一个戒备森严的地方，似乎是最不可能的。

一座帝国城市

保罗在大马士革的经历，是这一新的教诲得以传播的根本：所有人都可以通过洗礼得到救赎。他在大马士革的皈依将这个新的宗教重新推广开来，将它从纯粹的犹太社会环境带入罗马的希腊化世界。[40] 往后的三个世纪里，大马士革仍然是一座信奉异教的城市，帝国最负盛名的中心之一。关于这一时期的大马士革基督徒，则没有留下任何记载。公元 2 世纪的两位皇帝对大马士革的地位做出了重要贡献。哈德良可能在 129 年至 130 年访问了这座城市，作为他在东方行省巡行的一站，无疑是被大马士革的著名神庙吸引了。哈德良会发现，这是一座自豪且自信的城市，这里的人民讲多种语言，经济欣欣向荣。皇帝在图拉真手下短暂担任叙利亚总督时（117 年），就对这座城市很熟悉了。他决定将其提升至大都会的地位，说明他非常重视这座城市。此前，这份荣誉只会保留给每个行省的一座城市（就叙利亚而言，是安条克），但有证据表明，哈德良此举是想杀杀安条克的威风。叙利亚行省其他得到这份荣誉的城市——提尔和萨莫萨塔——也都是颇具规模的中心，控制着相当大的地盘。在罗马人眼中，大马士革此时必定是排在行省首府之后的一等城市。

2 世纪的罗马建筑经历了大马士革的阿波罗多洛斯对新希腊风格的采用。他是已知最著名的古代建筑师之一，负责了图拉真（98—117 在位）的许多极尽宏伟的纪念碑。他构思的方案有着引人注目的规模，将景观和奇观紧密结合在一起。阿波罗多洛斯从一座浸淫在希腊化传统中的城市起家，这一事实可能也并非偶然。在亚历山大里亚接受的建筑学教育，或许使他的技艺更加纯熟了。最近的研究强调了东方行省及其壮丽街景的发展为罗马帝国做出的贡献有多大。街景中的柱子绵亘成排，在后面的拱廊上投下深深的阴影。[41] 这种被拱券和门洞点缀的景色，是戏剧性与实用性相结合的审美品位的早期实现。罗马稳固、直接的管辖，使许多城市的宏伟规划进一步升级。这得益于可以四处游走的大理石工人队伍，他们可能是从小亚细亚的采石场派来的。当大马士革在塞普蒂米乌斯·塞维鲁统治时期（193—211）达到古典时代名望的巅峰时，它所采取的风格正是它自己的一名居民的成果，真是再合适不过了。这种奢华的新风格修饰了一座献给朱庇特崇拜的神庙，这一事实又进一步刺激了奢侈之风。[42]

对于这座城市古典时代都市结构的这一阶段，我们只有一个粗略的整体印象，而这种华丽的风格并没有留下太多线索。（其中最值得注意的一处是神庙西入口，前文中已经提到了它位于哈米迪耶集市东端、令人印象深刻的遗迹。）朱庇特神庙圣域的南门（现在被堵住了，但从沿着倭马亚清真寺南墙的那条街大体上还能看到）被翻新，建成了三重门，其风格可能模仿了巴勒贝克或小亚细亚雄伟壮观的神庙。圣域的东门可能也在塞普蒂米乌斯的时代得到了升级改造。

来自叙利亚的配偶们

塞普蒂米乌斯·塞维鲁对叙利亚城市的进一步美化有着强烈的私人动机。他娶了埃米萨前统治家族的女儿尤利亚·多姆娜，她的父亲是埃米萨太阳神赫利俄斯崇拜的大祭司。（后来，她姐姐的后代、未来的埃拉伽巴路斯皇帝用滑稽古怪的行为乱搞这种崇拜，把它的名声也搞坏了。）除了鼓励这种新的崇拜，塞维鲁在尤利亚·多姆娜的影响下，还将大量资源投入现有神庙的翻新中。（例如，尤利亚的鼓励促成了对罗马广场维斯塔神庙的修复。）另一个因素是，塞维鲁是在以叙利亚北部为中心的一场格外卑鄙龌龊的内战后获得权力的。这场斗争利用了安条克和附近的劳迪西亚（拉塔基亚）之间的敌对关系。塞普蒂米乌斯·塞维鲁现在希望把这一切抛诸脑后，通过重申罗马传统的辉煌，为自己树立世界和平缔造者（*Pacator Orbis*）的声誉。

与叙利亚人的婚姻带来了一系列不同寻常的皇帝，以及支持着他们的一系列更加不同寻常、意志坚强的女人。在这四十年间（193—235），她们作为妻子、母亲，甚至公然作为帝国的管理者（奥古斯塔，*augustae*），在很大程度上指导了帝国的国运，而她们的活动可能是由家族在叙利亚的地产支撑的。其中有两位皇帝，一位精神错乱，一位暴虐无道（埃拉伽巴路斯和卡拉卡拉）；最后一位皇帝（亚历山大·塞维鲁）过于年轻，

朱庇特神庙西入口

但女人们维持安敦尼王朝时期帝国那种平衡的决心，也给了他些许启发。她们的策略是将继承权从军团手中夺走，再次将它与家族血缘联系起来，使叙利亚一系从姐妹传给女儿，得以永续。与她们共事的男人们不孚众望，但这四个叙利亚女人抱持着在安敦尼王朝的余晖彻底消逝之前将帝国守住的决心。在284年戴克里先继位前的剩余几十年里，帝国时常在混乱的边缘颤抖。

东方问题

表明帝国重心已经转移到东方行省的，不仅是塞维鲁与叙利亚人的婚姻，还有他的皇帝生涯。叙利亚行省是罗马在东方立足的关键，希腊化进程也已经牢牢地扎根在该地区的城市。被任命为罗马高级官员的叙利亚人，现已从三三两两变成了乌泱泱一大片，尽管被任命的大多数人都来自希腊化的上层阶级，并且集中在几个名门望族。安条克成了帝国实际上的首都，塞普蒂米乌斯·塞维鲁从这里出发，为遏制帕提亚人而征战不休。

我们上一次审视罗马对叙利亚行省的管理模式时，最初那种表面上宽松的安排，在一个东方社区反对罗马统治的第一次大起义后受到了压力，那就是公元66年至74年的犹太人起义。随后对犹地亚王国和其他仆从王国的镇压（这一过程直到2世纪末才完成），促成了罗马直接统治的稳步扩张。哈德良在129年至130年访问时，叙利亚的大部分地区都被罗马按照传统方式管理着，由罗马军团更加严密地守卫着，尽管罗马在地方层面上的政治存在仍然很散。在106年设立新的阿拉伯行省的同时，罗马在叙利亚南部的军事存在也得到了极大的强化。修建了一条交通线新图拉真大道，从新的行省首府布斯拉向南，经过费拉德尔菲亚（安曼），到亚喀巴湾的艾拉（亚喀巴）。这条路线通过一条直接穿过拉贾特火山岩荒野修建的道路连接着大马士革。考虑到险峻的地形，这堪称一项工程杰作。[43] 后来又追加了一个进一步向东延伸的道路系统，完成了豪兰地区的"罗马化"，也反映了从阿拉伯半岛通往大马士革的这条贸易路线与日俱增的重要性。

在罗马框架内，大马士革作为一座城市是如何管理的呢？无疑，它作为一个希腊城邦时断时续的传统，经过了公元前1世纪的变革和罗马越来越直接的管辖，几乎已经荡然无存。有一段时间，纳巴泰国王可能在城市治理上有一定的话语权，但正如我们所看到的那样，他并没有直接管理。这座城市只是在各种制度下得过且过，取决于谁在该地区最有影响力，以及罗马总督试图发挥多么直接的作用。在大马士革附近，纳巴泰人的存在是受到默许的，然而这最后的痕迹也在公元62年左右被抹除了。以土利亚人可能侵占大马士革和贝里图斯之间的交通，因此它在公元93年左右被吞并。到了2世纪，大马士革肯定越发呈现出常规的罗马行省中心的特质，甚至还定期举办自己的赛事（Sebasmia），后来从卡拉卡拉到加里恩努斯（211—268在位）时代的钱币都纪念过这项赛事。[44] 尽管117年被哈德良授予了大都会地位，但大马士革依然屈居东方的主要首府安条克之下，直到塞维鲁在公元193年之后将从前的叙利亚行省一分为二。叙利亚南部的部分地区已于106年被并入阿拉伯行省

第六章　罗马大都会（公元30—268）· 147

（可能是苏韦达以南的部分）。叙利亚的其余部分现在被划分为柯里叙利亚和腓尼基叙利亚。最初，柯里叙利亚（那个难以捉摸的"空叙利亚"，现在指的是该省的北部，着实让人摸不着头脑）由拉塔基亚管理，因为塞普蒂米乌斯·塞维鲁还在为安条克支持过他在内战中的对手佩斯切尼乌斯·奈哲尔而惩罚它。然而，只过了很短的时间，首府就又迁回了安条克。旧行省的南部地区，即腓尼基叙利亚，位于从叙利亚中部沿海的巴尼亚斯向内陆画出的一条线以南。它包含了当今的黎巴嫩，以及包括大马士革、霍姆斯、巴尔米拉在内的叙利亚南部。

新的腓尼基叙利亚行省可能由一名前执政官统治，他被委派向安条克（所有东方行省的首府）报告，而罗马的行政机构负责财政管理、司法事务和安全。[45] 然而，我们甚至无法确定腓尼基叙利亚的行政中心是哪里，这也是关于叙利亚大部分地区行政管理的硬性资料缺失的典型表现。人们一直假定它的"首府"是提尔，但也有可能是西顿、贝里图斯或大马士革。还有一点不能忽视，那就是它可能根本就没有固定的首府，特别是考虑到军队才是真正的罗马行政机构（在黎巴嫩和埃米萨以西的拉法尼亚有基地）。而那些负责民政事务主要方面——司法和税收——的人，则四处游走，就地实施管理和收税，这与英属印度的"巡回"制度很像。

人　口

罗马时代的叙利亚可能有大约 400 万人口。它的主要人口中心都是些相当大的都会。帝国三大城市之一的安条克，在人口达到峰值时，可能有20万名自由公民。相比之下，帝国的第二大城市亚历山大里亚按照西西里的狄奥多罗斯的说法，有30万名自由公民。基于罗马时代城墙围绕的空间可能容纳的人口来看，并没有证据表明大马士革的人口达到了这样的数字。假定这座城市在罗马时代的占地面积不超过115公顷，按照狄奥多罗斯给出的人口密度（相当于每公顷300人）转换一

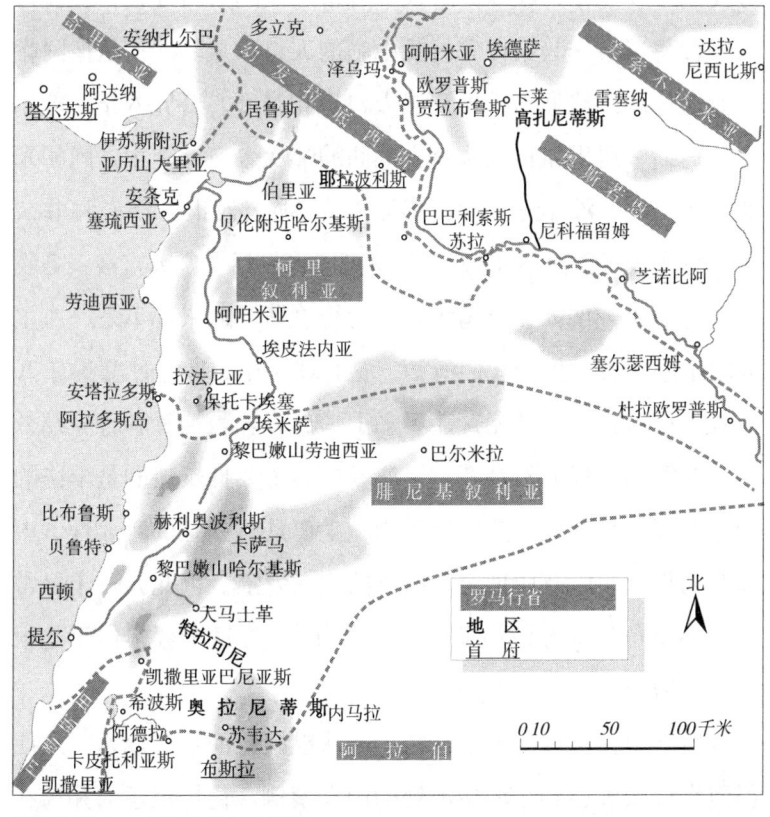

截至公元298年的罗马行省划分

下的话，大马士革的最大人口数为35 000。然而，我们必须考虑到神庙和集会地所占用的空间，因此实际情况更有可能低于这个数字。[46] 近几十年来，在离城墙不远的西边和北边发现了一些罗马时代的坟墓，这一事实表明，城市四周基本上是开放空间，没有郊区。[47]

大马士革必定是一个中等规模的中心城市，它的人口数量并没有因为任何外部因素（例如一个大的军团单位）而膨胀。但我们不要忘了，在罗马时代，城市边缘的人口规模，往往可以增加将城市作为市场和行政中心的人口数量。即使是像阿帕米亚这样的二线城市，据记载人口也相当多。公元6年，苏尔皮基乌斯·居里扭担任执政官期间的那次人口普查中，阿帕米亚有117 000名公民（男女都算上）。加上奴隶、释奴和非公民，总人数可能高达40万，但这可能也包括了广大富裕、务农的乡村居民。例如，阿勒颇以北的居鲁斯城从来都不是一座主要的中心城市，但据我们所知，它的辖区在5世纪时总共有20万基督徒人口，此外无疑还要加上一部分异教徒和各种异端分子。在罗马时代的叙利亚，一座城市的重要性反映的是丰饶的周边地区。日间人口的决定因素，主要是其崇拜的重要性、中间商的作用，以及腹地突飞猛进的农业发展。因此，对于经常以大马士革作为经济活动中心的人口，5万这个数字似乎是很合理的估计。

前文中提到过，卡纳瓦特运河从巴拉达河右岸取水。这使得河水首次被引到了城市所处的山脊南侧。德拉尼运河和梅扎维运河也是在罗马时代修建的，同样也是从巴拉达河引水，却

150 · 大马士革：刀锋下的玫瑰

是往西边去。因此，城市南边和西边的大片区域被开拓为罗马人的居留地，而当今的郊区梅泽赫和德拉雅的名字，则来自公元3世纪即已存在的村庄，当时它们已被纳入罗马地籍。最近的研究基于对航拍老照片的仔细端详，显示出城市西边和南边的土地曾被大量分割，其标准与罗马的"网格"系统相一致。[48]正如我们从圣保罗访城记中所了解到的那样，这座城市在罗马时代是有城墙保护的。最近叙利亚在南边和东南边的发掘证实，那里曾有一个复杂的防卫系统，其年代为公元1至3世纪，位于中世纪城墙偏南一点点。罗马人的防御工事包括一道石砌内墙、一道较低的外墙（位于一条可以被水填满的5米宽的壕沟边缘），以及一道外崖。[49]

罗马时代的改进，使大马士革能够将潜力发挥到前所未有的程度。它是一座奋发图强的城市，以生产武器、丝织品，尤其是玻璃而闻名。虽然叙利亚并非向罗马出口粮食的主要地区，但大马士革附近地区因水果而闻名于世。它的葡萄酒，特别是产自哈尔本（古典时代叫Chalybon）附近的东黎巴嫩山坡上的葡萄酒，自波斯人时代便享有盛誉；它的油橄榄和开心果也是珍品；最重要的似乎是李子，远近闻名，使"damaschino"成为几种现代欧洲语言中与这种水果形影不离的单词。杏和桃子可能也是在这个时期传入的。这些产品凭借着始终如一的品质，赢得了长久的出口市场，水果可能是以果干的形式运输的。在4世纪，大马士革的无花果引出了以下赞美之词：

> 这座城市实际上属于宙斯，是整个东方的明眸，在

所有其他方面也都很出众，比如神龛的优美、神庙的恢宏……拥有一种如此美妙的植物，就可以维系声誉，也只有她能够做到了，果真是名不虚传啊。[50]

城市与乡村

如前文所述，大马士革不仅有古塔绿洲可以利用，它也是发达的农业区贝卡谷地和豪兰（罗马时称奥拉尼蒂斯）的区域中心。在大马士革西南的拉贾特和戈兰高地之间，新的经济中心，或者叫母村（metrokomiai），组成了一个网络，它们每一个都可能与一座帝国庄园相连。对这个曾经土匪横行的地区的平定和罗马化进程，也由此圆满完成。大马士革成了推动该地区经济发展的一个主要中心，进一步增进了城市本身的繁荣和重要性，并通过加速融入罗马世界，侵蚀着以亚兰人文化为主的农村文化。在豪兰，稳定的统治带来了有力的施政和许多市政方面的改善，比如供水渠网络。布斯拉、苏韦达、阿德拉（德拉）和卡纳瓦特都作为主要中心幸存至今，并且出乎意料地重复了曾经在罗马帝国早期发生的过程——被忽视多年后，随着该地区的经济复兴而再度繁荣起来（2011年以前）。

在考察"罗马化"进程为何能够迅速确立时，宗教是不容忽视的。新的繁荣为当地崇拜中心的发展提供了资金。即使是在偏远地区，也涌现出了密集的神龛网络，往往位于自亚兰人时代起就受到尊崇的地点。举个例子，赫尔蒙山地区就是一个特别的中心。这座如梦似幻、通常覆盖着积雪的高峰，在乡村

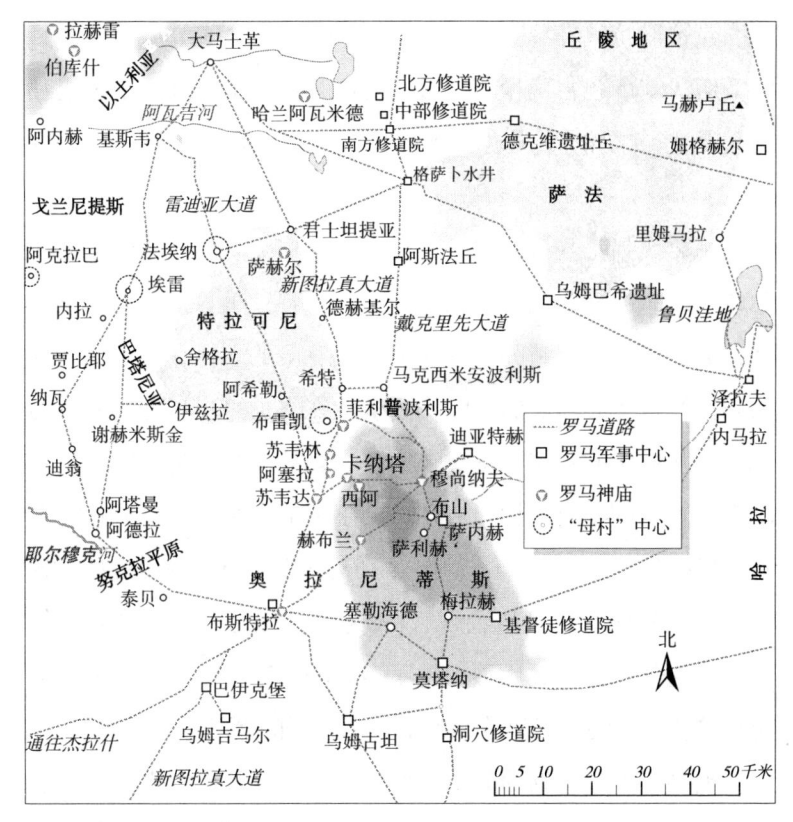

罗马时代的豪兰

的大部分地区都依稀可见，从大马士革也能看到。闪米特传统将这样的高处与迦南人的神巴力联系在一起。《旧约》中的犹太人极度厌恶对这位神的崇拜，认为那是在否定耶和华的至高无上。赫尔蒙山周围聚集着许多崇拜中心，有些可能与罗马时代得到大规模开发的巴勒贝克（赫利奥波利斯）崇拜中心有关联。距离这座山最高峰12公里的范围内，仍有三十来座罗马时期的神庙遗迹。（从大马士革最容易到达的是位于伯库什和附近拉赫雷的建筑群。）在罗马时代，山顶（海拔2 814米）有一座醒目的圣所，高度为古代世界之最，可能是献给哈达德的。该崇拜与大马士革的宙斯-朱庇特神有关，后者也是巴力的一种表现形式。[51]

想要找到一些有关罗马时代大马士革物质环境的线索，赫尔蒙山以东的豪兰地区是最好的选择。在这里，仍然可以感受到古典时代的条理是如何嵌入阿拉伯背景的。在豪兰熙熙攘攘的城镇和村庄，你仍然可以找到坐落在玄武岩房屋之间的罗马神庙，从村庄的庭院中支出来的科林斯柱，抑或是一座超越了一千八百年的纷纷扰扰、成功保存下来的罗马剧场。诚然，雕塑的风格虽然在竭力模仿希腊-罗马的技能本事（其中包括在狄俄尼索斯的保护下种植葡萄），却还是比较拙劣，带有乡土气息，但它往往会达成一种超越了媒介的流动性。大马士革国家博物馆花园中的玄武岩雕像就是一个很好的例子。[52]

大马士革所管辖的领土还要更加广阔，从巴尔米拉的沙漠延伸到提尔的腹地。它在赫尔蒙山南坡、凯撒里亚巴尼亚斯和戈兰尼提斯与希律的王国接壤。对于影响着城乡之间相互作用的行政和财政安排，我们知之甚少；我们并不清楚城市是否管辖着依附于它的村庄和地区，甚至不知道它是否管理着一个边界明确的行政区。但似乎可能的情况是，村庄归根结底掌控在当地的权力掮客手里，他们通过恩惠换取罗马公民权。对于大马士革是否对附属城镇和村庄征税，以及它如何从通过其市场出售或交易的货物中增加财政收入，我们一无所知。至于宏伟的朱庇特神庙从农村朝圣者和利用其外部区域做买卖的商人那里获得了怎样的收入，以及它是否像北边的苏莱曼堡崇拜中心一样，从富饶的土地和村庄获得了有保障的收入，我们也毫无头绪。我们偶尔可以通过难得一见的铭文瞥见大马士革精英的生活。他们和未来的许多代人一样，享受着幽居在古塔绿洲农村的特权，狩猎也很方便。[53]

与叙利亚的大部分地区一样，大马士革地区在罗马的统治下达成了程度空前的共识。在罗马的这个茧房中，众多民族群体在该地区前所未有的繁荣基础上发展出了一种生活方式（modus vivendi）。社会上层已经很广泛的希腊化，成为其他阶层至少在表面上试图仿效的对象。其结果可能有些类似我们所掌握的巴尔米拉商人阶级的情况，在那里，本质上属于闪米特人的风俗习惯披上了希腊-罗马准则的外衣。胸像和雕像可能是在竭力模仿古典风格，但珠宝和服装还是偏向东方风格。

地区的稳定带来了长途贸易的扩张，不仅导致对叙利亚自身产品的需求增加，还极大地增加了叙利亚的转口贸易。奥古斯都时代的和平宣告着一个繁荣时代的到来。这个时代有一个醒目的特点，就是急速成长的罗马上层阶级需求的增加。穿过从亚洲到地中海的所谓"丝绸之路"的贸易，发展到了史无前例的水平，将叙利亚置于来自东方的高成本、低吨位奢侈品（丝绸、皮毛、棉花、胡椒、香料、干货、芳香剂、珍稀动物、宝石、珍稀木材、乌木——甚至妓女）的交通要道上。东方商路的运转是一个引人入胜的话题，我们对这方面的研究还只是浮于表面。[54]不过要是把它想象成一条横贯大陆的高速公路，就纯属异想天开了。更有可能的是，东西方之间存在着一个巨

第六章 罗马大都会（公元30—268）· 155

大的贸易联络人和中间人网络，其范围最远可达北边的俄罗斯大草原，以及南边从印度尼西亚经马达加斯加和东非的海路。路线的选择是一个复杂的问题，中间人的选择也会随着政治变迁和需求起落而变换。

大马士革是各条路线交会的咽喉点之一。大马士革特别利用了从波斯湾流向地中海的贸易，后者是香料和奢侈品贸易的中枢。此时有两条传统的贸易路线正在迅速发展：从美索不达米亚经巴尔米拉、穿过沙漠的中线[55]，以及经当今约旦南部佩特拉的南线。随着沙漠环境变得安全，罗马也确保贸易变得更加规范。罗马人奖励转口港，在那里可以交换货物，征收关税和税金，建立交易所，以便将价格稳定在可以合理预测的水平。沙漠贸易自然会选择在巴尔米拉进行。佩特拉更专注于芳香剂贸易，当纳巴泰人的首都随着罗马直接统治的确立而北迁到布斯拉时，佩特拉的重要性就已经下降了。巴尔米拉在同样身为中间商的巴尔米拉寡头统治下，享有更多的自由，可以为控制着东方底格里斯河-幼发拉底河地区的帕提亚人充当中间人。此外，巴尔米拉还在波斯湾口建立了自己的仓库，因此甚至在穿过沙漠之前就确保了垄断控制权。[56]

巴尔米拉的大部分贸易历来都是经埃米萨到塔尔图斯或拉塔基亚出海的，但也有一些总是经大马士革转头南下，到达更重要的海港提尔和西顿，那里可能是来自亚洲的生丝加工中心。[57]此时，从阿拉伯半岛经布斯拉北上的贸易增长了，大马士革也从中获益。然而，没有证据表明大马士革和巴尔米拉的统治阶层之间存在特别密切的政治联系。巴尔米拉的王朝和家族纽带，似乎更明显地偏向埃米萨。虽然巴尔米拉没有采用君主制结构，但与拥有阿拉伯王室高贵血统的家族联姻，也是一件很有面子的事。埃米萨是距离最近的王室所在地，它的统治家族在罗马人的监护下执掌权力，直到公元 1 世纪末或 2 世纪被废除。但即便是在那之后，世袭的大祭司一职也仍然是一个颇有威望的职位，正如我们在家族中的一个女儿与塞普蒂米乌斯·塞维鲁的婚姻中所看到的那样。

注　释

1　Millar 1993.
2　Pollard 2000: 252.
3　Wacholder 1962: 16.
4　Wacholder 1962: 23.
5　Kaizer 2002: 56 指出，在巴尔米拉，阿拉伯和美索不达米亚宗教世界的交融很轻易地实现了，崇拜者可以往来于两个文化圈之间。
6　Millar 1987: 145. Ball 2016: 61 说是五分之一。
7　Josephus 1970: 2, 20, 2 (559—561); 7, 8, 7 (368)——第二次提及时，给出的数字更大，为 18 000 人，包括妇女儿童在内。约瑟夫斯的绝对数字可能一如既往地夸大了——见本章注释 47。
8　最近的调研 (Retsö 2003: 408—409) 偏向于将王国被吞并的年代确定为下一个世纪。
9　Strabo *Geography* 16, 2, 20.
10　Freyberger in Gaube and Fansa 2000: 213; Freyberger 1989: 61—86; Sartre 2001: 657 n.83.
11　Rey-Coquais 1987: 213—214.
12　Rostovtzeff 1957 I: 269.
13　Freyberger 1989.
14　Augier 1999: 770; Freyberger in Gaube and Fansa 2000: 213.

15 不过 SEG XXXIX 1989 # 1579 表示，这个年代并不明确，可能是三十年前。
16 Pococke 1745 II: 120—122 and pl. XXI.
17 尚不清楚他有没有获准进入清真寺，还是说他的游览仅限于瞥一眼庭院。
18 Creswell 1969 I/1: 155 and n.1, 2.
19 Porter 1855 I: 48.
20 Spiers 关于清真寺最早的出版物是为 *The Builder*（21 April 1894）撰写的一篇文章。
21 一根柱子（已不在原处）上的希腊语铭文记载了神庙庇护权所及的范围。Jalabert 1912: 137; Hanauer 1911: 206—209.
22 阿基利（大马士革大学建筑学院教授）从建筑和历史的角度详细考察了该建筑——Akili 2009。早些时候，英国学者克雷斯韦尔在早期穆斯林建筑方面做出了开创性的研究，推翻了关于清真寺由来的诸多假想——Creswell 1969。
23 有两部专著重启了这场讨论：Ball 2016 年的 *Rome in the East*，和 Freyberger 1998 年对叙利亚主要"商队驿站"（不包括大马士革）中帝国早期神庙建筑群的分析，*Die frühkaiserzeitlichen Heiligtümer der Karawanstationen im hellenistischen Osten*。它们的侧重点不同。Freyberger 更看重当地部族首领的委托。他们一心想为他们的项目增添声望，而这些项目的设计靠的是照搬罗马大都会的建筑风格，可能是通过设在东方希腊化城市的工场完成的，并受到了一些来自美索不达米亚和伊朗的影响。Ball 则更倾向于将建筑灵感视为纯粹地方性质的，只在表面上借鉴了罗马的装饰元素。
24 Ball 2016: 433.
25 Freyberger 1989: 66; Kader 1996: 160.
26 卡拉卡拉（211—217 在位）统治时期的一枚铜币反映了一种类似的当地神庙风格，它描绘的是邻近的阿比拉·吕撒尼亚（今巴拉达干谷集市）神庙立面：角楼之间是巨大的中央入口。Dussaud 1922: 230, fig. 4. 另见 Barkay 2001—2002，讨论了"叙利亚式拱券"在钱币记录中的出现。
27 Freyberger 1998: 109.
28 沿着外入口向内 10 米处那条街往北，仍有一些柱子的遗迹。
29 尽管我们没有直接证据表明献祭和其他仪式在大马士革神庙是如何进行

的，但我们可以在 Kaizer 2002 中看到对巴尔米拉仪式习惯的有趣讨论，那里的做法可能与大马士革相类似。在巴尔米拉的贝尔神庙中，有一条专门的通道通往神庙圣域地下，以便使用较大的动物献祭。

30　Freyberger 1998: 112—113 and n.1524

31　叙利亚文物局在 20 世纪 60 年代初的挖掘中，发现了倭马亚清真寺地下 30 厘米处前伊斯兰时代庭院石板铺砌的遗迹。

32　Amy 1950: 117 n.2.

33　Bounni 2004: 595—599.

34　虽然巴尔米拉神庙的圣域几乎有大马士革神庙的三倍大，但它没有外部围场，算是抵消了。另一座现存的、具有可比性的建筑物规模稍小，但周围环境的美丽令人难以忘怀。它就是位于大马士革以北 250 公里处偏远的安萨里耶山区保托卡埃塞（苏莱曼堡）的罗马神庙，也是在公元 1 世纪至 2 世纪建造的。这座神庙也是奉献给朱庇特的，它位于一座山峰脚下，周围是宁静的山景，只有偶尔的山羊铃铛声会扰乱这份静谧。它的圣域围墙由巨大的石块组成，几近完好。格局也大体相同：一个大院，一端是巨大的入口，另一端是内殿，神龛本身由于多年来的地震活动，现已严重崩塌，只等一个精细的修复项目了。

35　Jalabert 1920: column 129 引述了这些选项，而 Weber 1993: 166—167 给出了一份较新的总结。Jalabert 更偏向于希腊正教会所青睐的考卡卜。他援引了可能与 20 世纪初在这一地点发现的一座拜占庭教堂有关的遗迹。塔贝勒遗址的标志是一座方济各会礼拜堂和修道院。新教传教士乔赛亚斯·波特对天主教的说法持怀疑态度，他指出，这些说法是最近才出现的，反映了提供一个方便旅行者的目的地的需要——Porter 1855 I: 43。6 世纪的皮亚琴察朝圣者参观了距离这座城市 3 公里的圣保罗皈依修道院，但我们并不了解关于其位置的其他细节——Wilkinson 2002: 295。

36　虽然《使徒行传》9：11 中提到犹大的家在直街，但我们无从知晓它到底在这条大街的哪个位置。Nasrallah 1944: 25.

37　Riesner 1998; Taylor 1992: 726; Barrett 1989: 183; Bowersock 1983: 67—68; 这种说法首次被提出，是在 Jewett 1979: 30—33。

38　这两位统治者因为家庭问题而失和。希律·安提帕斯之前与阿雷塔斯四世之女结婚,却为了娶自己的侄女希罗底而抛弃了她,而希罗底曾与他同父异母的兄弟结婚。施洗约翰对这段婚姻表示强烈反对。结果约翰被囚禁在马开如斯堡(在那里可以俯瞰约旦的死海),并应希罗底之女莎乐美的请求而遭到斩首。(后来出现了将他的头颅与霍姆斯和大马士革的大教堂联系在一起的传说。)安提帕斯于公元40年被卡利古拉下令放逐到里昂。

39 大致的年代顺序是这样的:保罗于33年至34年首次访问大马士革,并访问阿拉伯;又在34年至37年再次访问大马士革。然而,人们对这些问题争论不休,许多作者认为他最终离开的时间更晚——为公元39年(例如Nasrallah 1944: 48)。

40 Degeorge 1997: 67—68; Frend 2003: 27.

41 最近的研究有以下专著:Bejor 1999; Burns 2017; Ball 2016: 310—325.

42 朱庇特是哈德良最初选择在耶路撒冷圣殿平台上敬奉的神,象征着罗马的意志征服了圣殿。大马士革与帝国事业关系密切的另一个迹象是,它被指定为四个联盟(koina)之一,皇帝的崇拜就是通过这种联盟在叙利亚组织开展的——Butcher 2003: 370; Rey-Coquais 2001: 361。

43 Stein 1936: 69.

44 Jalabert 1920: 124; Millar 1993: 316; Rey-Coquais 1987: 215; 可能是在奥斯提亚发现的铭文——*Corpus inscriptionum latinorum* (CIL) vol xiv no. 474; Moretti IAG no. 90。钱币记录——Wroth 1899: 286 no. 22; 288 no. 31, 32, 33。

45 Butcher 2003: 86—87 指出,罗马晚期的行政制度极其复杂,年代和变革的时间顺序并不总是清清楚楚的。

46 对于一座像亚历山大里亚这般地位的城市,Haas 1997: 36 认可的标准是每公顷200人。他的计算基于1 000公顷的面积,得出亚历山大里亚的人口为20万。大马士革城墙之内的面积被假定为115公顷。按照亚历山大里亚的标准来计算的话,它在古典时代的人口只有22 500左右。对安条克的人口估算出自 Downey 1961: 583——采用的是"金口"约翰给出的数字。

47 对于罗马人为报复公元66年耶路撒冷犹太人起义而在大马士革屠杀的犹太人数量,约瑟夫斯给出的数字是10 500,这也凸显了对罗马人口进行估算的难度。和他的许多统计数字一样,这个数字似乎被严重夸大了,对总人口数字没有任何指导意义。Schürer 1973 III: 14; Josephus 1970: 2, 20, 2

(561); 7, 8, 7 (368)。对于罗马叙利亚行省人口指标的综述，见 Butcher 2003: 104—107。

48　Dodinet *et al.* 1990.

49　全部的防御工事可能直到 3 世纪晚期戴克里先加固防御时才宣告完成。最近的研究在 Dabbour 2012 中有记述。

50　Millar 1993: 312，引用了 Loeb 翻译本的 *Letters of Julian*, ep. 80。另见 Jalabert 1920; Addison 1838: 100。

51　就赫尔蒙山崇拜之重要性的辩论，始于 Warren: 1867。近期的讨论见 Dar 1993; Hajjar 1990: 25—32, 232—233; Millar 1990: 20—23; Ruprechtsberger 1992, 1994。Aliquot 2008a 现已对叙利亚和黎巴嫩境内这座山坡上的所有遗址和这一地区的宗教重要性进行了全面考察——Aliquot 2008b。

52　Ernest Will 在 1963 年的重要文章 'La Syrie romaine entre l'Occident Gréco-Romain et l'Orient Parthe' 中讨论了雕塑的风格，此文收录在 Will 的文集中。

53　Rey-Coquais 1987: 208.

54　对跨叙利亚商路模式振奋人心的考察——Millar 1998。

55　Gawlikowski 1994 强调了"波斯湾贸易"对巴尔米拉首屈一指的重要性，而 Millar 1998 则认为，为中亚贸易流动挑起大梁的是北线。

56　Butcher 2003: 191 指出，从帕提亚进口到罗马帝国的商品关税为 25%，是其他入境点正常税率的十倍。

57　至于巴尔米拉的贸易有多少最终落入大马士革之手，我们并没有确切的资料。最近对罗马时代叙利亚钱币证据的调查——Augé and Duyrat 2003: 168——指出，在巴尔米拉发现的钱币中，有 7% 似乎来自大马士革，远少于来自安条克的钱币（27%），而后者的主导地位也反映了其作为主要铸币厂的作用；但比起包括埃米萨（并不可观）在内的叙利亚其他城市，还是要多出许多的。

第七章
坚 守
（269—610）

我们已经看到，公元66年巴勒斯坦的犹太人起义是对罗马自由放任式管理的第一次重大冲击。132年，耶路撒冷的第二次起义进一步震惊了罗马，使其完全打消了采取不干涉手段治理叙利亚的念头。一个新的行省在犹地亚设立，消除了所有与犹太人身份相关联的东西。*到了2世纪末，已经在采取刻意强调该行省"罗马性"的政策了。

269年，在第二次干预犹地亚的一个多世纪后，罗马面临着第三次声势浩大的叛乱。这一次，巴尔米拉试图挑战罗马的忍耐极限。巴尔米拉越来越多地模仿罗马的政治和社会习俗，但它的人口仍然是闪米特人，一看便知。（绝大部分的铭文都是用巴尔米拉语［类似于早期的阿拉伯语］和希腊语书写的。）然而，它的繁荣与罗马在这一地区的国运息息相关。那么它为什

---

* 132年至135年的巴尔科赫巴起义被镇压后，哈德良将犹地亚行省改置为巴勒斯坦叙利亚行省。——译注

么突然反目了呢？虽然把巴尔米拉看作一股新生的阿拉伯势力很让人动心，但它对罗马统治的反抗，并不能解释为对民族或宗教身份的维护，而是纯粹的机会主义。

波斯威胁的本质

这些事件的背景是与萨珊波斯日趋紧张的关系。从罗马最初存在于叙利亚的时候起，帕提亚就一直让他们耿耿于怀；用莫蒂默·惠勒的话说，这是一个"不能避免又无法解决的问题"[1]。这种紧张关系源于塞琉古帝国崩溃时留下的烂摊子，它的领土被罗马和帕提亚瓜分了。这条南北向的分界线游移不定，没有任何天然或必然的分割线。东方的帕提亚人是一个由军事贵族统治的国家，统治者被称为安息王朝。这个群体是半游牧出身，在公元前247年接管了塞琉古帝国的帕提亚（Parthyene，或Parthava）省。他们颇有模仿才能，会模仿一切他们认为很方便从别人，特别是希腊人那里借来的东西，他们的封建王国也在此基础上兴旺起来。他们的官方宗教是祆教，但也对其他信仰持宽容态度。他们战绩辉煌，在公元11年之后，又叠加了更具侵略性的外交政策和强烈的伊朗人身份认同。他们把首都迁到了泰西封（靠近底格里斯河畔塞琉西亚），开始寻求对罗马与中国间利润越发丰厚的贸易行使更大的控制权。

帕提亚人占据着幼发拉底河向西的大拐弯，因此，向幼发拉底河以西仅200公里处的安条克发动进攻时，就有了明显的优势。庞培的处理只是暂时缓和了紧张关系。罗马断定，如果它对叙利亚的控制出现松动，帕提亚人就会趁机向西推进。每当罗马分心在其他事情上，比如共和国晚期的内战时期，帕提亚人的试探性作战就会如期而至，直到公元前1年奥古斯都的和平解决方案暂时解决了这个问题。对罗马来说，幸运的是，在这个初期阶段，帕提亚人缺少一支可以部署下来占据领土的职业常备军。不过奥古斯都认为，还是有必要将军团驻扎在叙利亚，以支持他在东方的外交策略。帕提亚人在公元后前两个世纪里的入侵，往往是突袭劫掠式的远征。然而到了后来，美索不达米亚边境（以及北至当今土耳其东部的延伸范围）成了罗马帝国所有边境中唯一需要面对有组织的国家持续挑战的地方，而这个国家能够将战略层面的武装编队投入战场。

图拉真曾试图挺进美索不达米亚，虽然他的继任者哈德良很快便放弃了尝试，可这却是"一种执念的开始"[2]。在接下来一个世纪的大部分时间里，对帕提亚王国的刺探都在持续进行：马可·奥勒留在位时的164年至166年，塞普蒂米乌斯·塞维鲁在位时的194年至199年，以及卡拉卡拉在位时的211年至217年。虽然这些皇帝试图通过采取攻势来稳定东部边境，但他们发现，即使以罗马的庞大兵力，也很难维持远至底格里斯河中游泰西封的军事存在，更不用说下美索不达米亚和波斯湾了。采取攻势时，罗马主力部队的远征（例如图拉真推进至波斯湾的那次远征）不得不经土耳其低地走北线。将奥斯若恩和亚美尼亚作为当地的友好缓冲国，对他们的东方形势至关重要。公元后的头两个世纪里，罗马的东方政策大多是为了稳定这些地区，并确保通往东方的第二条主要商路的安全。[3]然而，从卡拉卡拉开始，历代皇帝都不得不在叙利亚花上大量时间，直接领兵与罗马最坚决、最有本事的敌人作战。

224年，帕提亚人自己被波斯的新主人萨珊王朝推翻了，这一事件使东方边境拥有了新的重要地位。萨珊王朝斗志昂扬，决心恢复阿契美尼德帝国远至地中海的传统势力范围。两个帝国都沉浸在各自的梦想中，分别是恢复亚历山大和薛西斯的国土，而这两个梦想又是互相敌对的，所以就导致了席卷幼发拉底河两岸的战事。问题不再是关于缓冲国的纷争，而是双方都有着宏大战略目标的战争。贸易再也不能缓和对抗了。与帕提亚人不同，萨珊人对鼓励东西方贸易没有兴趣，像巴尔米拉这样的中心所拥有的有利条件，现已无关紧要。萨珊人于256年占领了幼发拉底河畔的杜拉欧罗普斯，罗马在反击萨珊人的战略威胁时，也面临着很大的困难。战争不再局限于季节性作战；萨珊军队可以利用幼发拉底河的拐弯作为跳板，直接攻打叙利亚的中心地带，一直推进到安条克。萨珊波斯人是攻城战大师。面对这个新的威胁，需要"固若金汤"的防御工事。

259年，发生了让人无法想象的事情。在新的奥斯若恩行省（自214年起取代了阿布加尔王朝的仆从国）首府埃德萨城外的战斗中，罗马皇帝瓦勒良连同他的军团和军旗一起被俘虏。一位皇帝被俘，据说还被折磨致死，简直是前所未有的耻辱。新皇帝加里恩努斯（260—268在位）带着战略增援部队火速赶往叙利亚，但为了暂时稳住局势，他任命巴尔米拉领导人奥登纳图斯（256—267在位）为东方司令（Dux Orientis）。奥登纳图斯的任务完成得相当出色，甚至一路追击撤退的萨珊军队到了泰西封。

因此，奥登纳图斯拥有了巨大的声望，作为一个值得信赖的盟友，他成功完成了任务，远远超出巴尔米拉沙漠的范围。他的妻子是否参与了267年丈夫遇刺事件还很难说，但她并没有他那种令人起敬的分寸感。她在丈夫死后掌权，她的冒险行为远远超出了巴尔米拉的权限，甚至擅自接过了罗马的"东方统治者"之位。她可能认为，鉴于目前帝国在欧洲和亚洲被许多挑战所困扰，挑动帝国分裂的时机已经成熟。或者她也可能只是想通过夺取领土来恢复巴尔米拉的气运，那些领土会带来仍在沿红海商路流动的焚香贸易。关于芝诺比阿壮烈败北、试图渡过幼发拉底河逃亡时遭到拦截，以及作为奥勒良的战利品在罗马屈辱游街（这种恐惧曾经迫使三个世纪前的另一位女王提前自杀）的故事，在许多记事中都被描述得十分精彩。[4]

芝诺比阿进军埃及，无论是为了确保新的贸易优势，还是将其作为对罗马本身的挑战，总之这件事情对大马士革造成的后果不得而知。大马士革可能并没有在芝诺比阿的愚蠢行为中扮演任何角色，但她对埃及的征战一开始就要穿过叙利亚南部，在那里，她得到了一些沙漠阿拉伯人的支持。[5] 罗马之前的策略是依赖若即若离的地方盟友，而这段插曲就清楚地表明了此种策略的风险。这个教训导致罗马的行政体系进一步收紧，防御性的界墙（limes）也坚固了很多。大体上呈东北—西南走向、横跨叙利亚的现有交通线得到了极大的巩固；引入了新的军团，建造了更多的堡垒；行政区划也缩小了。罗马终于完全主宰了叙利亚，与东方的敌人面对面；没有了顺从的中间人，无论是阿拉伯人还是别的什么人。罗马的世界帝国的最后几个世纪,将在叙利亚决定。

硬边界和软边界

对这个威胁的反应是变化不定的,以罗马在东方行省的边境形式存在。它是一个很复杂的问题,也吸引了大量的研究和推测。我们在此只会考察战略图景中的一个小窗口。遥远的大马士革,从来都与罗马对边境持续的忧虑难解难分。罗马的东部边界绵延一千多公里,从土耳其黑海沿岸的特拉佩祖斯(特拉布宗)到艾拉。大马士革是这条参差不齐的轴线上一个潜在的薄弱节点,实际控制线在这个地点拐了一下,差一点就要伸入这片沃土了,并且还很接近一个离海只有100公里的主要人口中心。与阿帕米亚、伯里亚或安条克不同,大马士革正好位于罗马领土和界墙以外空间的交界面上。法国耶稣会士安托万·普瓦德巴尔是第一位标绘出罗马时代叙利亚防御体系的研究者,他将大马士革描述为"沿沙漠边缘的三个强化道路系统的战略中心",保护它的是一个"防御大三角":巴尔米拉—大马士革—布斯拉。[6]

甚至在106年阿拉伯行省设立之前,叙利亚行省就已经得到了强化,修建了界墙,以便控制并管理贸易和传统的游牧迁徙,并促进与幼发拉底河一带的交流。[7]它起初是一个相对较"软"的边境地区,依靠的是与阿拉伯人的融洽关系和灵通的情报,而不是坚固的防御工事。大马士革以东的地区,并没有一

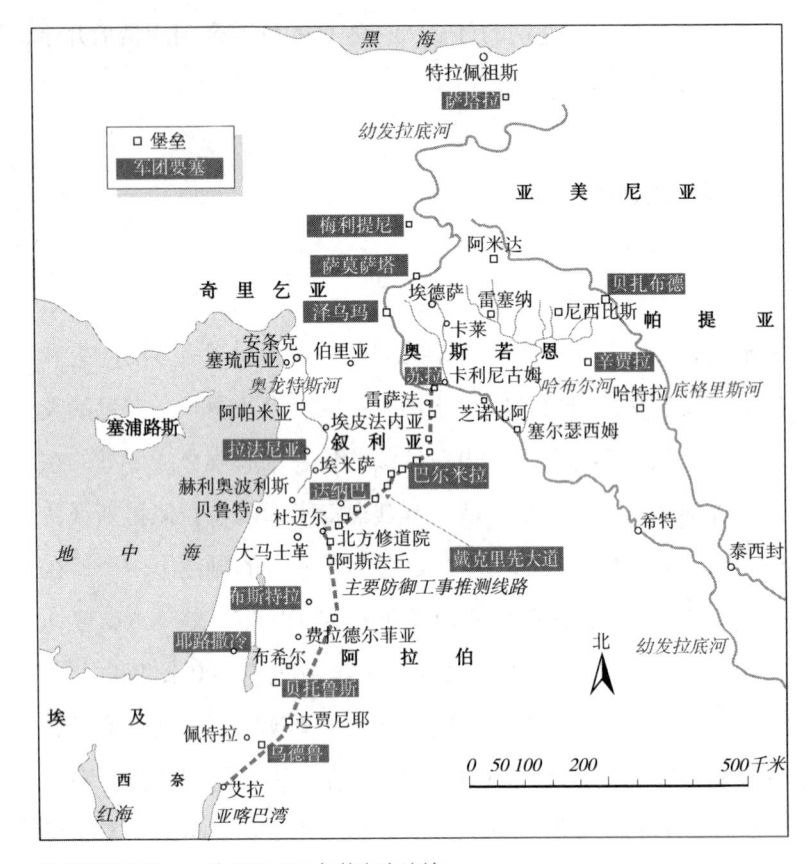

从黑海到红海——约公元 300 年的东方边境

道精密的"纵深防御"硬屏障，对此可以有多种解释。在这个软区域，需要的是基本的控制和情报：筑有防御工事的岗哨和塔楼，被一条四通八达的路线连接起来，以便加快情报的传递。这里并没有肥沃的土地需要看守，而这片荒野历来是游牧民族的地盘，很难对其进行长期管辖。取水点对建立堡垒至关重要，但这里寥寥无几。据评估，这里的威胁是零星的，是阿拉伯族群偶尔的突袭劫掠，抑或是他们遭遇大旱时试图将牲畜赶往西部所带来的。[8]

2世纪初的图拉真是最先从战略角度看待东部边境的，他还认识到，需要建立一道连续不断的"静态防御"屏障。他用他的"新图拉真大道"将中部防区的战略要地连接起来，这条大道从布斯拉往北延伸，为他保护沙漠边缘地区的努力奠定了坚实的基础。部队被部署在当地的集结地，例如南部的豪兰地区，以保道路安全，不受土匪袭扰，并防止游牧民族破坏。大马士革附近第一座著名的要塞是杜迈尔以东的那座。[9]2世纪晚期，罗马的驻军进一步扩充。到了塞普蒂米乌斯·塞维鲁（193—211在位）统治时期，有五个罗马军团驻扎在叙利亚，其中两个军团被专门命名为帕提亚军团。它们在边区后方提供战略储备，同时也是部署在东方的野战军的核心。离大马士革最近的军团部署地是布斯拉（第三昔兰尼加军团）和拉法尼亚（位于奥龙特斯河谷中、霍姆斯以西），但更小的部队单位位置更近，例如把守着拉贾特（特拉可尼）北大门的法埃纳（今米斯米耶）。

随着杜拉在256年落入萨珊人之手，跨越阿拉伯人居住的沙漠的各大商路也不复存在了。由于再也没有了安全保障，贸易也无法再模糊东西方之间的对峙线了。公元273年后，巴尔米拉不再是转口港，而是一座被占领的城市。芝诺比阿的叛乱最终结束了庇护制度，从3世纪的最后十年起，戴克里先将大量资源投入从布斯拉到幼发拉底河畔苏拉的一个改良防御区（戴克里先大道）中。"罗马取代了巴尔米拉，维持着沙漠的治安。"[10]建立了一种更复杂的"弹性防御"体系，取代了原来那种将配备了罗马人的堡垒散布在阿拉伯居民间的海绵式边境体系。此时，罗马军团被配置在离潜在战区更近的地方，随时准备冲上前去，打击沿线的任何威胁。新防御方针的证据在大马士革的东北方显而易见。在这里，仍然可以看到教科书级的戴克里先改革配置。从大马士革到巴尔米拉的200公里，建立了一个加强的防区。在拉瓦克山的天然屏障前，石堡连成一线，每隔20公里左右就有一座。这些石堡采用了新的建筑风格，有高墙、外壕和塔楼，能够提供纵射火力，以保护中间的幕墙。[11]驻守在这里的是辅助部队，敌人大军压境时，这些堡垒并不足以提供马奇诺防线式的防御。但对于行军中的敌人来说，没有先进的攻城器械，是很难攻克的。它们为一线部队提供了一个可以骚扰敌人的庇护所，以及用来储存补给品的安全仓库。在拉瓦克山后方，战略部队被留作预备。离大马士革最近的军团，除了仍在布斯拉的第三昔兰尼加军团外，还有另一个新部署在巴尔米拉的军团。到了3世纪，第三高卢军团的驻地也从塞维鲁设立腓尼基叙利亚行省后的拉法尼亚换成了达纳巴（大马士革东北100公里处）。像卡拉蒙山这种有人定居的地区，则是由一系列小型堡垒或瞭望塔来负责监视的。[12]

大马士革虽然是这条线上的一个重要中枢，但历来都不是一座主要的驻军城市。我们在前文中提到过罗马网格土地的迹象，这可能表示城市西南的农田里建立了一个定居者殖民地。这可能与城市被授予殖民地（colonia）地位一事同时发生，标志着城市的防御作用得到了加强。[13]这个称号可能是在塞维鲁

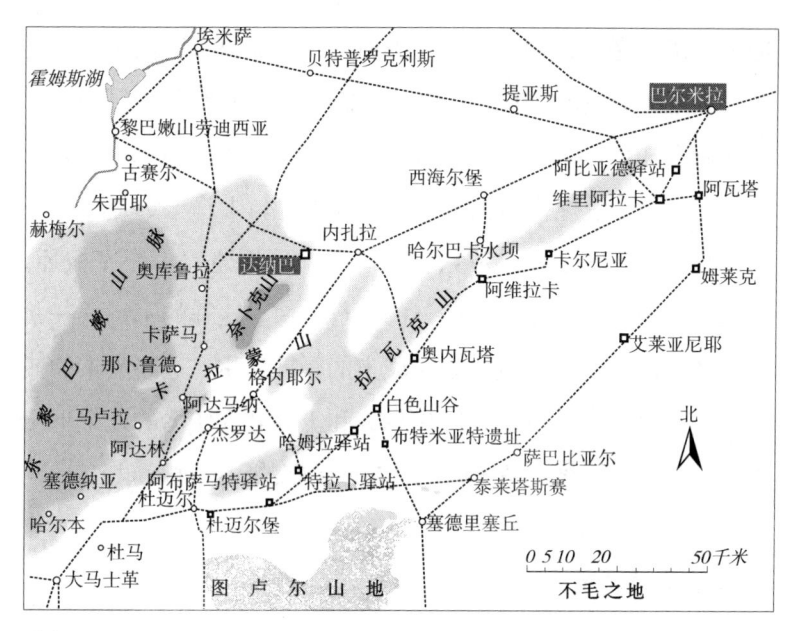

戴克里先大道

王朝统治时期授予该城市的，到了阿拉伯人菲利普（244—249在位）统治时期则肯定已经授予了。它可能不仅仅是荣誉称号，还表明了在大马士革附近安置第六铁甲军团退伍军人的举措，当时城市的钱币就在纪念这个军团。[14]

在过去的一个世纪里，人们认为大马士革的罗马城墙呈对称长方形，北面邻接巴拉达河以南。虽然在原地并没有发现可以证明这个假想（武尔青格和瓦青格，以及索瓦热）的遗迹，但城门的位置大体上支持这一假设，尽管大多数城门是用罗马时代的石块大规模重建的。[15] 罗马城堡，或者说兵营的位置，也是人们长期争论的对象。有一种可能性是，城市西北角有一座罗马兵营，大小可能约有120米见方。虽然最近的研究尚未提供确凿的考古证据，但约瑟夫斯提到的那座希腊化时代的要塞可以俯瞰竞技场，它的地位很可能在罗马时代得到了提升。[16] 虽然叙利亚南部直到 3 或 4 世纪才成为罗马军队的一个主要兵源地[17]，但对于规模不大的军事基地来说，大马士革是一个合理的地点。3 世纪末，戴克里先决定在这里建立一座军械库。在被归到新称谓"东方管区"的诸行省中，这样的军械库一共有五座，而这个决定也加强了城市的辅助作用。这为城市的武器制造业打下了基础，在阿拉伯人和土耳其人统治的几个世纪里，它也因装饰极其精美的剑和镶嵌工艺的刀而远近闻名。

一座基督教城市

虽然大马士革可能引发了最初的基督教传教活动，但在公元后的头两个世纪，大马士革的基督徒团体仍然很小。我们没有证据表明，在 3 世纪全帝国范围的迫害之前，有过任何针对信徒的迫害运动。公元 312 年后，君士坦丁做出了认可基督教的决定，带来了该信仰在这座城市盛行的最初迹象。不过在 4 世纪中期之前，基督徒不太可能在人口中占多数。[18] 南方乡间的很多地区直到 5 世纪都还是在某种程度上信仰异教的。例如，著名的新柏拉图主义哲学家达马希乌斯于 480 年出生在大马士革，在那里作为异教徒接受教育，之后移居雅典。公元 529 年后的查士丁尼统治时期，他在雅典的学院被关闭。[19]

然而，即使在基督教成为大多数人的宗教信仰时，它也没有留下什么物质遗存。在当今大马士革的众多教堂中，没有哪座拥有经辨认可以追溯到罗马帝国晚期或拜占庭时期的遗迹，除了圣亚拿尼亚礼拜堂可能是个例外。有一些孤立的遗迹可以提示我们，包括进入圣约翰大教堂的门口处附加的铭文。有一块不同寻常的石头，会让善于观察的路人眼前一亮。它被砌进了当今倭马亚清真寺的墙里，就在南墙与西南塔楼的交界处。这块浅浮雕的石头在朴素的砖石建筑中显得尤为突出，酷似一只手插进斗篷的雕像躯干：也许是一位圣徒，也许是这座圣堂的捐助者之一。

沿着直街走到半路，便是希腊正教牧首驻地。它仍然占据着那些有记录可查的基督教堂曾经的场地，但原地并没有拜占庭建筑的遗迹。此地的教堂经常成为攻击的靶子，例如在1400年的蒙古人和1860年动乱中的暴徒眼里。当前的这座教堂主要是19至20世纪修建的。然而我们知道，大马士革也曾完全沐浴在拜占庭时代浓厚的基督教文明中。它是一个由主教领导的主要中心，而主教的职级仅次于安条克的牧首。大马士革的一位主教出席了325年的尼西亚会议。

我们可以大概推测出拜占庭时期大马士革的布局，因为它的许多教堂的位置都在后来阿拉伯人的记载中提到了。城市规划依然是罗马时代的，基本没什么变化，但城市的气质开始从根本上改变。人们一度认为，随着阿拉伯人的征服，希腊-罗马时代城市的开放式网格规划才开始消失。格子结构的城市具有明确的参照点，这样设计是为了方便交流，并能够沿着主要轴线传达出一种戏剧性的效果。据称，这种格局向东方人对杂乱无章的癖好屈服了。现在更普遍的观点是，罗马时代蔚为壮观的街景在拜占庭时期就开始瓦解了，但对于这个观点，也不是没有质疑。城市政府已经发生了变化：名流不再像以前那样受制于管理机构，建筑条例被废弃不用。与罗马时代那座管理更严格的城市相比，这显然是一种别样的城市生活。资金不得不转而用于防御和边境接连不断的战争。人们对宏伟市政设施的维护保养也不那么上心了。"主要的社会集团……不再是闲散的绅士阶级，而是商人和工匠。"[20] 当重点转移到销售和盈利上时，罗马人追求笔直线条、宽阔通衢和壮美远景的动力也就丧失了。侵占公共空间以为私用的进程加快了。

教会对城市生活影响很大，主教的权力往往比总督还大，对市政决策也更为关心。虽说竞技场的赛会和表演可能不顾教会的反对继续举办，但体育馆或剧场等设施所代表的是不再受到鼓励的、更加公然放肆的娱乐，所以人们可能会任其崩塌。开展了一些新的工程，但都是比较实用的、平凡无奇的，而不是装饰性质的。随着骆驼再次成为主要的货运工具，车辆运输逐渐停用。曾经宽度必须足够马车通过的街道，现在可以变得更窄了。宏伟的大道被寄生在这里的摊位压缩，摊位把主干道都堵住了。

还有一种背弃盛大排场的趋势，同样很明显地体现了这种内转。人们不再将神庙院落作为重要宗教活动的焦点，取而代之的是，在社区教堂举行宗教仪式的风气蔓延开来，而社区教堂也取代了基督徒最初做礼拜的地点——家庭教会。人们不再像以前那样，经常从四面八方赶来参加各项仪式。每个城区、每个村庄都有自己的教堂。随着与圣徒崇拜有关的中心开始兴旺，神庙的空间和威严，以及用来应对人群的多重同心庭院，都变得多余了。罗马帝国晚期和拜占庭时期，在外部围场设立了一个大型购物区，由于形状类似希腊字母 Γ 而得名"伽马"（Gamma）。巨大圣域周围环境的商业气息也因此变得更加浓厚了。"伽马"被一座座拱廊大厅所填充，三面都有通往圣域的掩蔽入口，将进入教堂做礼拜的人与购物区隔开。[21] 清真寺西面和北面的入口处都残留着这些大厅的遗迹。进入这个新的购物区，有一条路是通过围场围墙上的大门。这道门留存了下来，就在裁缝集市北端。不过围场的一个部分却被挪作他用了。公元 495 年后，在外侧围场的东南角，为拜占庭的黎巴嫩腓尼基行省总督建造了一座宅邸，而

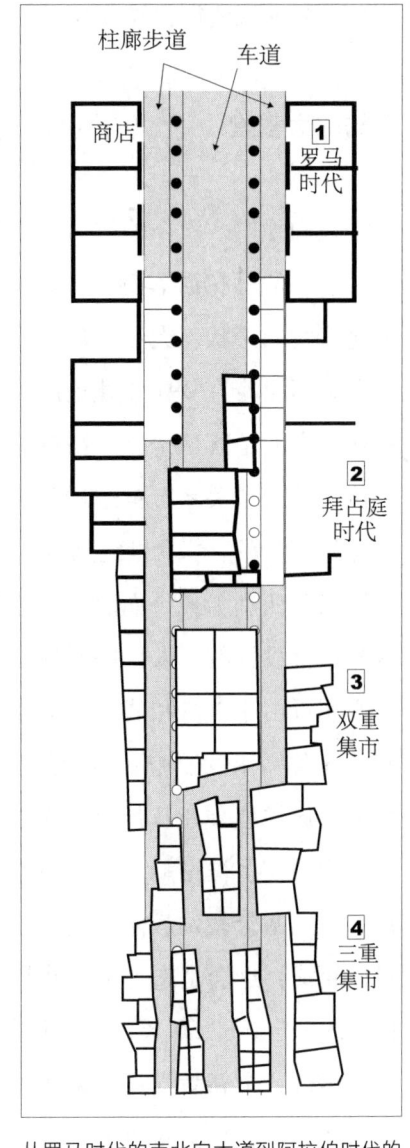

从罗马时代的南北向大道到阿拉伯时代的集市

来源：按照 Sauvaget 1935: fig. 8

第七章 坚守（269—610）· 175

大马士革正是该行省的首府。[22]

圣约翰大教堂

我们知道，当今的倭马亚清真寺圣域内曾经有过一座大教堂，后来的一位游客称其"在叙利亚无与伦比"[23]，但我们对该建筑物的形状、大小和起源都一无所知。这座教堂被认为是狄奥多西皇帝在391年建造的。[24]然而，我们甚至都不清楚它最初敬奉的是哪位圣徒。虽然它后来与圣施洗约翰头颅埋葬地的传说扯上了关系，但这种关联是在6世纪末以后的某个时候才开始产生的。[25]20世纪初有一种倾向，认为当前清真寺礼拜大厅的巴西利卡式平面图一定是按照拜占庭时期这座教堂的形状和位置设计的。人们需要顺应圣约翰头颅埋葬地的传说，这一假想（由瓦青格和武尔青格宣传开来）可能在一定程度上受到了这种需求的影响；这个故事现在看起来就是在转移焦点。头颅理应被埋葬在基督教堂的地下，而非单独的殉教堂中，这一假想现在也被推翻了，因为最近在霍姆斯大清真寺东墙外确认了一座基督教殉教堂的遗迹。此外，如此巨大的教堂也不太可能建成：这会是迄今为止基督教世界最大的教堂，占据圣域内部的一半，即50米×136米的面积。

不过这个新教堂可能采取的形式仍是个谜。在根除旧的异教习俗方面，狄奥多西多少有些狂热。他杜绝了将这类围场为异教所用的现象，这也与他380年颁布的、强行确立基督教至高地位的敕令相吻合。将异教神庙改造为基督教的礼拜场所，是一个很复杂的问题，但大多数异教神庙改造起来并不容易。[26]由于基督教的礼拜仪式将重点放在建筑之内（闪米特-罗马习俗则是正相反，要让圣域各处的信徒们都能看到祭品），现有的内殿能够容纳的会众很有限。此外，神庙的设计经常是让内殿的入口面朝日出的方向；而教堂的主入口通常在西边，礼拜仪式面朝东边的半圆形后殿进行。因此，朱庇特神庙的内殿并非当仁不让的选择，而且无论如何，后来还有一些反映在正式敕令中的成见，禁止将为异教崇拜建造的建筑作教堂之用。如果不能简单地把内殿变成教堂，那么就必须在圣域内建造一座新的围封式建筑物。教堂可能建在圣域的一角[27]，圣约翰圣坛以西，面朝西——这也是假设在奥斯曼时期的结构中，圣坛的位置被准确无误地保留了下来，也就是这位圣徒的头颅所谓的埋葬地上方。然而，没有明显证据表明圣域的墙壁有过任何的改动，而为了在西南部分容纳一座教堂，这种改动是必须的。[28]

神庙的三重门最初是在塞普蒂米乌斯·塞维鲁统治时期建造的，狄奥多西在圣域的南入口雕刻了三幅铭文。《诗篇》145：13的改编清晰地传达了胜利的中心思想："耶和华啊……你的国是永远的国，你执掌的权柄存到万代。"在被堵住的南入口上方，希腊语铭文仍然可见，能够让我们想起圣约翰教堂的遗迹就只有这些了。这里很可能成了通往教堂的主要入口，以表明与从东边进入的异教传统一刀两断。出入口的位置在南墙正中心稍微偏东一点，可能会支持教堂被置于圣域西侧的假想。出入口选在这个位置，是为了让来访者进入圣域便能直通教堂。[29]

想要一窥拜占庭时期这座城市可能的面貌，你需要转向大马士革地区的其他地方。在大马士革以南的豪兰，我们可以找到那个时代宗教建筑的绝佳范例。有些建筑仍然在很大程度上保持着新信仰引以为豪的单调形式，例如位于豪兰伊兹拉的那座引人注目的八边形圣乔治教堂。伊兹拉教堂用于基督教礼拜已有十五个世纪。正如其正门上方的希腊语铭文所宣传的那样，它也取代了一座异教神庙："曾经的魔窟现已成为上帝之家。"其他教堂则按照古典风格，装饰得更加富丽堂皇。在热闹繁忙的苏韦达镇，有一座献给圣塞尔吉乌斯的拜占庭大教堂，它的遗迹令人眼前一亮：前廊（narthex）和有曲度的半圆形后殿的碎块，怪模怪样地夹在道路和现代房屋之间。这座原本的建筑物规模巨大，长度超过 60 米。苏韦达以北 30 公里处的卡纳瓦特小镇保留了拜占庭时代朝圣中心的绝大部分，只是规模要小一些。朝圣中心由两座罗马神庙改造而来，包括曾经聚集着大

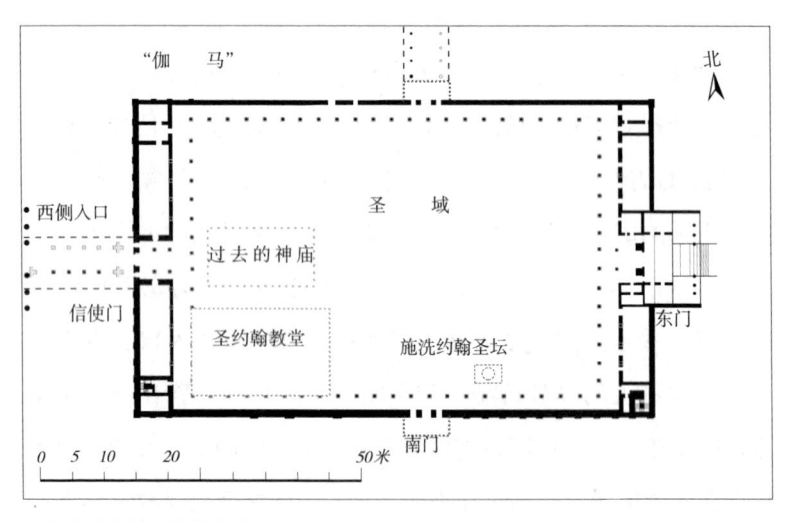

拜占庭时代的圣约翰教堂

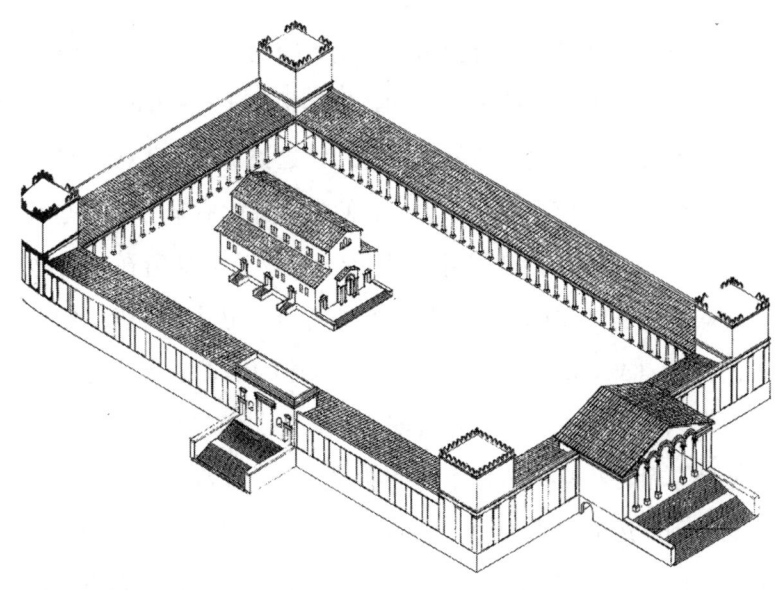

克雷斯韦尔对穆斯林征服之前的圣域的假想复原
来源：Creswell 1969: fig. 100[30]

量朝圣者的铺装广场。

在大马士革以北的卡拉蒙山，塞德纳亚的基督教朝圣中心有一处保存至今的古迹，反映了早期的圣母马利亚崇拜。再往北一点，在马卢拉，美轮美奂的圣塞尔吉乌斯小教堂显现出4、5世纪教堂的样子。在那卜鲁德（大马士革以北70公里处），镇上的拜占庭教堂混入了那卜鲁德朱庇特神庙的遗迹。

衰落与瓦解

当4世纪中叶的皇帝尤利安（361—363在位）将大马士革描述为"整个东方的明眸"[31]时，他可能刚好赶上了大马士革的古典美达到极致之时。虽然希腊传统的脉络在拜占庭时代仍未断绝，但大马士革所面临的，显然是变化无常的时代。尤利安统治时期曾有过短暂的异教复归，这鼓励犹太人社区纵火烧掉了城中的两座巴西利卡[32]，它们肯定都比后来的圣约翰教堂要早。在395年的改革中，大马士革成为自身所在的行省黎巴嫩腓尼基（或称第二腓尼基）的首府。但是从5世纪初的《百官志》（*Notitia Dignitatum*）中所概述的职责来看，这个新的荣誉只是强调了对东方边境安全的日益关切。大马士革现在可能是军事官员腓尼基督军的所在地，他负责监管的领土向西只延伸到北边的贝卡谷地。他的主要行动范围向东扩展到巴尔米拉，还包括了埃米萨。叙利亚已然在面对它那属于东方、属于闪米特人的命运了。这一点当然从未被希腊人或罗马人的存在所抹除，尽管他们曾经试图打着共同文化、繁荣昌盛的幌子，扼杀本地人的身份认同。由于时世更加艰难，由于帝国本身受到的压力来自东方，叙利亚便无法忽视自身的复杂成分了。

最初的表现是宗教上的。在那个时代，神学上的每一个细微差别都会像当今的股市趋势或足球比分一样引发热议。因此，宗教问题可以说是很符合时代了。基督的神性和人性相对来说哪个比较重要，对于这样一个深奥的问题，似乎每个人都有自己的看法。放到现在，这种问题很难引发民众的讨论。在5或6世纪，这些都是亟待解决的问题，同样也是一场辩论，围绕着应该给予帝国东方教会多大的自由，来规定自身对基督教教义的解释。试图将一种强迫性的正统学说强加于人，只会让信徒大多讲亚兰语（而非希腊语）的地方教会更加抵触。聂斯脱里派已经被逼到帝国的边界之外，进入了美索不达米亚。大马士革更直接地受到基督一性论观点的熏染，坚决反对迦克墩公会议（451年）后君士坦丁堡强加给他们的正统学说。这次公会议将基督定义为包含了神、人二性。在叙利亚的农村和半沙漠地区，对基督混合性的强调尤为坚定。538年，大马士革的一位主教因坚持基督一性论而被逐出教区，和他同样遭遇的人还有很多。

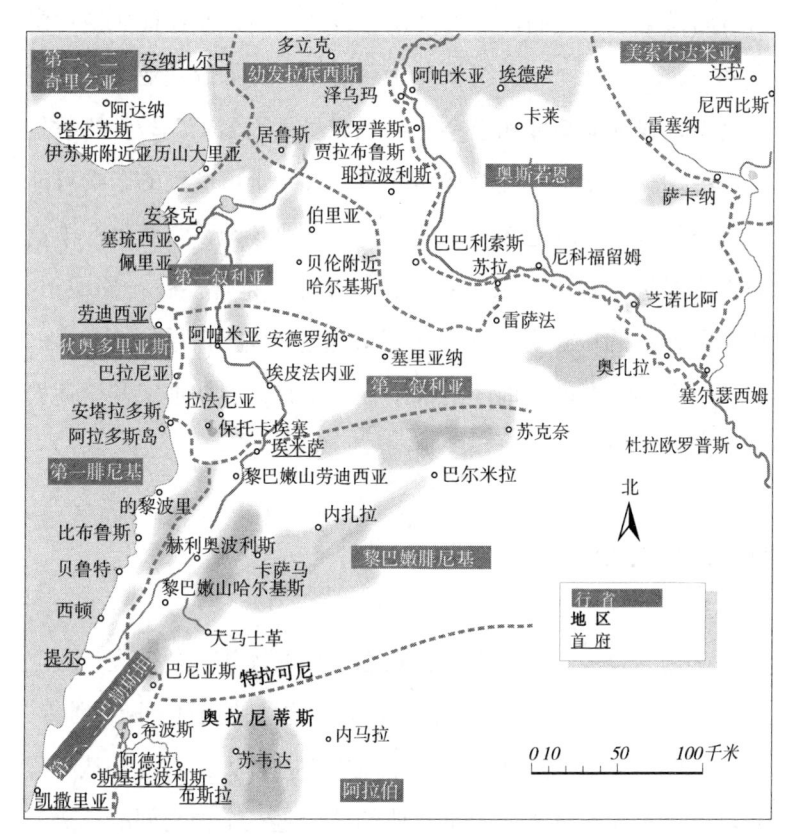

自4世纪晚期起的罗马/拜占庭行省划分

最近，对于严重的经济衰退是否早在伊斯兰征服之前的 6 世纪即已开始，学者们进行了热烈的讨论。波斯人的连续入侵和地震，可能在某种程度上解释了衰退的原因，特别是在叙利亚北部。但单拿一件事出来解释，例如 540 年的腺鼠疫，可能就夸大其词了。[33] 各个社区可能会发现，很难召集到东山再起所需要的人力。城镇陷入了困境，特别是那些依靠国际贸易繁荣起来的城镇。帝国的权威正在消解，政府的仁慈之手也不那么显而易见了。然而，拜占庭东方行省的城市变迁模式绝非整齐划一。一些地区 6 世纪就开始衰退了，例如叙利亚北部。相比之下，叙利亚南部和当今的约旦似乎还很繁荣，教堂的数量还在增加。相比于帝国的特大城市，大马士革受到的影响可能要小一些，还可以比较容易地依靠其农业腹地：常年物产丰富的古塔绿洲，北边的贝卡谷地，以及豪兰地区。较小的城市，特别是农村的城镇和村庄，可以靠自己的聪明才智幸存下来。叙利亚南部的大部分地区的确幸存了下来，有些地区甚至还繁荣了起来。

何为阿拉伯人？

在盛衰兴废中幸存下来、状态最好的民族，是各大帝国之间的空隙中的居民——阿拉伯人。我们已经使用过"阿拉伯人"一词，但前文中的叙述尚未确定这些人是什么人：他们从哪里来，与谁有关？从本质上讲，他们是游走在帝国之间的伟大幸存者；时而处在希腊化社会的边缘，时而积极地参与其中。[34]

他们的生活环境（未必是他们的"家乡"）是叙利亚沙漠和阿拉伯沙漠的巨大空间，各种族群在那里融合、渗透，抑或是与边缘的定居居民打交道。[35] 他们在语言上与叙利亚自古以来的亚兰人居民如此接近，以至于这种差异似乎往往只有学究才会去研究。在稳定的时期，农村地区似乎能够吸纳相当多的阿拉伯人。他们最开始会带着山羊和绵羊来访，寻觅夏季牧草（时至今日仍然如此），后来则在此安顿下来，自己耕种。大马士革一直是这块"沙漠与播种地"交界处的一个重要中心，特别是由于其作为君王大道上一个交通枢纽的地位。如前文所述，一些阿拉伯人从商业中获利巨大，特别是来自阿拉伯半岛、销往地中海沿岸加沙的焚香贸易利润丰厚，而他们也形成了自己的实质性国家和中心城市。甚至连游牧族群都有了充分的组织架构（通常由女性统治者领导），可以与诸如亚述人之类的叙利亚霸主建立起朝贡关系。他们第一次遭遇欧洲的正规军，是在公元前312年，亚历山大的继业者之一安提柯派兵攻打他们时。[36] 一些一直在边缘地区游走的族群，以埃米萨和佩特拉等中心城市为基地设立王庭，而希腊人则主要遵循"互不打扰"策略。到庞培来处理时，大马士革几乎被阿拉伯国家从四面八方围住了：以土利亚人、纳巴泰人、埃米萨人，以及巴尔米拉的贸易寡头。

实际上，阿拉伯人和罗马之间的关系通常是和平的。人们很久以前就意识到，鉴于阿拉伯人控制着跨越叙利亚旷野的奢侈品贸易，有必要与他们保持友好关系。在奥古斯都治下的和平之后、芝诺比阿作乱之前，几乎没有证据表明阿拉伯人曾试图协力挑战罗马的霸权[37]，甚至当罗马认为终结阿拉伯国家各自独立的状态、确立直接统治很适宜时，也是如此。4世纪，阿拉伯人开始扮演代理人的角色。"在磨平阿拉伯人的棱角、将他们驯服并同化到帝国之中后，（罗马）便征召他们入伍为自己打仗"，也就是让他们加入罗马和波斯之间的战略斗争。[38]从4世纪起，罗马越发依赖地方部族领袖，以确保乡村社区的防卫。随着大型阿拉伯人联盟的形成，这种招安策略在6世纪得到了巩固。

游牧的阿拉伯人想要掌握更大的权力，缺乏的是一个稳定的政治结构，尽管拜占庭人试图给那些皈依基督教的群体以特权，以此来赢得他们的忠诚。这些群体的领袖接受了拜占庭军队中的边防部队（limitanei）"将军"（duces）一职。阿拉伯君主们与罗马政府签订了正式的条约，每当任何一方的统治者换人时，就会重新协商。到那时，许多人已经共同信仰了基督教。到了6世纪，他们聚在一起，形成了大型联盟，通常向一种神学倾向看齐，比如基督一性论。然而，阿拉伯人本质上是以部族长老联盟为基础的，他们的忠诚取决于在当地的利益。任何敢于将权力扩展到沙漠的强权，都会发现自己陷入了一种非常不稳定的局面。阿拉伯人越发放开手脚，按照他们自己的意志对待罗马和波斯。

"自己解决"的防卫原则

在北部，5世纪末到6世纪的防线上的大型要塞（历经千百年的风吹雨打，许多要塞至今仍旧巍然耸立）已经被加固，可以承受波斯人的全力猛攻。不过到了那时，叙利亚余下的南部大部分地区已经留给了阿拉伯联盟来保卫。他们自信地认为，波斯人经由沙漠大举入侵时，马匹的粮草供应会跟不上。[39]

到了 6 世纪，戴克里先时代大马士革东北方的固定战略护盾早已废弃，遗迹被留在那里自生自灭，至今仍像被遗忘的哨兵一样屹立在通往巴尔米拉的公路两侧。大马士革的命运与伽珊阿拉伯人部落联盟的势力越发紧密地联系起来，后者为了平定沙漠、阻止阿拉伯盟友支持萨珊人而采取侧面包抄，发挥了至关重要的作用。信奉基督一性论的伽珊人与拜占庭政府的关系也不让人省心。虽然他们大体上还算是忠于帝国的权威（至少在 581 年他们的领袖蒙齐尔被逮捕并被驱逐到西西里岛之前）[40]，但他们在叙利亚南部的管理，实际上可能已经另立山头。拜占庭试图重申君士坦丁堡的正统性，致使 581 年后双方关系的破裂变得无法挽回。这个问题可能更多是因为阿拉伯人和拜占庭人对事情的看法不同：拜占庭人相信中央集权和世界帝国的价值；阿拉伯人则以部落长老的身份思考问题，乐意与拜占庭做生意，但对于皇帝，也只是把他当成另一位酋长来尊重。拜占庭帝国用给伽珊人的津贴买到了安全，但买不到死心塌地的忠诚。这种关系破裂时，就会天下大乱。

阿拉伯人在大马士革地区特别活跃，伽珊人在大马士革东北方只有 40 公里处的杜迈尔建立了他们的堡垒。根据阿拉伯地理学家叶耳孤比 9 世纪的著作，他们很可能在大马士革有一个居住基地。[41] 他们在大马士革南部以及比杜迈尔更远的奈卜克、盖尔亚廷和北部的西海尔堡等附近地方捐赠修道院。他们可能也控制着沙漠中的堡垒，这些堡垒的遗迹就在大马士革以东的图卢尔山地荒野的西部边缘：南方修道院、北方修道院和德克维遗址丘。此时的大马士革逐渐被阿拉伯人团团围住，终于没人管得了他们了。到了 6 世纪末，这座宏伟的帝国城市正在成为一个不稳定的拜占庭前哨站。正如休·肯尼迪所言："由伽珊人开始的工作，在下个世纪由倭马亚王朝完成。"[42] 具有讽刺意味的是，在这种充满不确定性的环境中，大马士革的贸易作用竟然得以恢复，它可能在 6 世纪成了从阿拉伯半岛出发的商路的主要终端。曾经从东方经波斯湾抵达的贸易，现如今大多从红海北上。与南方的其他联系也得到了加强。基督教拉近了大马士革与耶路撒冷的关系，而德卡波利斯的城市佩拉（位于约旦河谷东部边缘，耶尔穆克河以南）作为连接这两座城市的防御轴线的中间点，也发挥了新的作用。[43]

注　释

1　Wheeler 1952: 112.

2　Millar 1987: 145.

3　公元 2 世纪，经由巴尔米拉的跨沙漠贸易开始明显衰退，北线的重要性也随之提升。

4　特别参见 Stoneman 1992。

5　Stoneman 1992: 158.

6　Poidebard 1934 I: 67—69.

7　Sartre 2001: 488 指出，从巴尔米拉到幼发拉底河畔苏拉的路线，从公元 75 年起就已划定。之前就存在一条从大马士革到巴尔米拉、经过了改良的路线，这条路线一定是对它的补充。

8　本段和下一段所讨论的问题，在 Burns 2003, 2016a 中有更进一步的考察。

9　Gracey 1981: 300.

10　Bauzou 1989: 211; 2000: 88; Butcher 2003: 416; Malalas 1986: XII 308.

11　在通往巴尔米拉的现代公路不远处，还能看到两个绝佳的例子。其中之一位于曼库拉，罗马人称之为 Vallis Alba（白色山谷），在通往巴格达的岔道口往北走 10 公里即可抵达。第二个例子位于巴尔米拉西南 30 公里的哈拉巴特驿站，已由叙利亚文物部门修复。

12　关于达纳巴，Gracey 1981: 300; Greatrex 1997: 29; Isaac 1990: 163-171; Liebeschutz 1977: 488—489。Nasrallah 1956 提到了奈卜克区卡拉市附近的几座小型堡垒，但这些堡垒可能只是作为当地的瞭望塔使用。Rey-Coquais 1994 设想，罗马对卡拉蒙山的控制，最初是通过被同化的当地豪族确立的。

13　Millar 1990: 316; Pollard 2000: 64.

14　Dabrowa 2012: 33. Pollard 2000: 64 将殖民地地位与军团旗队（vexillations）在大马士革、巴尔米拉和尼亚波利斯（巴勒斯坦的纳布卢斯）的驻扎联系起来。致敬菲利普皇帝出生地的菲利普波利斯城（即大马士革以南 100 公里的舍赫巴）建于 244 年，可能也涉及在该地区的咽喉要道安置退伍军人的做法——Bauzou 1989: 217—218。

15　沿着南面城墙进行的一次勘测并没有发现原地有罗马时代建材的证据，这可能是因为中世纪的城墙被挤到了罗马时代城墙所处位置的南边——Saad and Benech 2012: 6。叙利亚早先对东面的挖掘也没有找到前伊斯兰时期城墙的证据。

16　Weber 1993: 146，引用了 Josephus 1999 13, 15, 1 (388)。另见 Hanisch 1992: 498; Watzinger 1944: 319。城堡被移交给文官政府控制后进行的挖掘，很可能会带来一些令人着迷的消息，关于这座城市为数不多可供科学挖掘的地点之一——最早的报告载于 Berthier 2001—2002。关于可能的古典时代遗迹最早的线索——Leriche et al. 2002—2003。

17　Pollard 2000: 124. 然而，关于一个更早些时候的部队单位——第一大马士革步兵队（Cohors I Damascenorum），见 Gracey 1981: 314。

18　Julian Epistles 114; Sartre 2001: 952; Trombley 2001 II: 317.

19　关于达马希乌斯在大马士革的成长环境，Athanassiadi 1999: 19—20。

20 Gawlikowski 1997: 349.

21 Sack 1989a: 16; Sack in Philipp and Schaebler 1998: 187. Wulzinger and Watzinger 1921: 95 认为拱廊是希拉克略的工程。Freyberger 则主张拱廊建于公元 3 世纪——Freyberger 1989: 83。

22 Akili 2009: 43 fig. 1—39 提出了另一处可能的位置，即圣域的西北角。

23 Pena 2000: 91, 引用了圣优迪基乌。

24 爱尔兰神职人员乔赛亚斯·波特在 1855 年的著述中，描述了清真寺以东发现的一块石头上的铭文，上面署有狄奥多西之子阿卡狄乌斯的名字。这块石头后来遗失了，据说它指的是对这座建筑物的"重建"，尽管尚不清楚该建筑是否已经发挥了教堂的作用。Porter 1855 I: 72.

25 当皮亚琴察朝圣者于 570 年造访时，教堂还没有被归到圣施洗约翰名下——King 1976: 27。它最初可能是献给施洗约翰之父圣撒迦利亚的，或者是与后来献给大马士革的圣约翰的单独教堂混淆了。后来的游客根据阿拉伯人的记述，把这两种说法都写下来了——见 King 1976: 28; Pococke 1745 II i: 121。圣约翰头颅的归属地之争无疑是相当激烈的，基督徒和穆斯林都在满腔热情地宣传这个民间传说。对于施洗约翰的身躯埋葬在巴勒斯坦塞巴斯蒂亚的记载，见 Pringle 1998: 283—288。Jalabert 2001: 16 n.2 也指出，圣约翰的传说可能是从霍姆斯传到大马士革的。

26 Deichmann 1939: 114; Caillet 1996: 202.

27 正如 350 年至 400 年发生在哈马的情况——见 Riis 1965: 48。

28 想要让教堂融入异教的圣域，怎样改造最好——Akili 2009: figs 1—35 and 1—36。教堂是否可以在神庙内或神庙用地建造，是一个令人困扰的问题，到现在都还没有定论。普遍的观点是，在公元 399 年后得到国家支持的教会不允许将神庙内殿作教堂之用，除非建筑材料以别样的形式被重新使用。然而，当地的习俗也是一个因素，许多比较狂热的破坏神庙行为正是由于当地人的狂热（参见加沙的著名例子——Humbert 2000; Trombley 2001 I: 207—223）。在废止异教习俗最初的狂热过去后，教会在 5 世纪末和 6 世纪允许使用业已废弃不用的神庙建筑。在大马士革地区，那卜鲁德（见下文）和巴尔米拉（贝尔）神庙的内殿被改作教堂之用。

如果大马士革神庙的改造可以追溯到狄奥多西统治下狂热的早期阶

段，那么似乎更有可能的情况是，内殿先是被摧毁，之后被取代，尽管我们不可能说得清是否为同一地点。(Milojevic 1996 指出，据统计，拜占庭时期有记载的 300 个占用异教神庙的例子中，内殿被重新使用的仅有 83 例。) 关于这一问题的持续争论——Libanius *Orations* vol 1 'On Temples' - Norman 1977: 92—151; Caillet 1996; Deichmann 1939; Hanson 1978; Saradi-Mendelovici 1990; Liebeschuetz 2001; Trombley 2001; Guidetti 2016。

29. 现藏于柏林的羊皮纸文献中，可能还残留着一个奇怪的提示。在大清真寺 1893 年发生火灾之后，这些文献于 1905 年被转移到了柏林。这些文献包括基督教《圣咏经》中的若干页，19 世纪末时仍保存在清真寺中，可能最初是被伊斯兰学者存放起来以供再次使用的。之后，随着中国纸的传入，阿拉伯中世纪逐渐不再使用羊皮纸。基督教文句是可以擦掉的，羊皮纸也可以再次使用。Sourdel and Sourdel-Thomine 1965: 85。

30. 自克雷斯韦尔 20 世纪 20 年代对该建筑物的研究以来，进一步的研究倾向于认为教堂可能位于圣域的西南角，因为没有迹象表明罗马时代内部圣坛的地基上曾经有过任何建筑物——见 Bounni 2004: 595—605 的重要论文。

31. Julian *Epistles* xxiv——见第六章注释 50。

32. Jalabert 1920: 125; Nasrallah 1944: 57——引用了 Saint Ambrose *Epistles* XL, 15; P L, t xvi col. 1154。

33. Kennedy 1985; Treadgold 1997: 275; 受到了 Foss 1997: 261; Gawlikowski 1997: 349 的质疑。

34. Retsö 1991: 209. 这个问题在 Retsö 2003 中得到了详细的考察。

35. Gawlikowski 1997: 41 正确地否定了阿拉伯人出身于"阿拉伯半岛内地"的古老假说。第一次提到阿拉伯人的记载是在公元前 9 世纪，称其为大马士革召集的对抗亚述人联盟的一分子——David and Degeorge 2002: 34; Retsö 2003: 127。无论他们的基因库在哪里，当历史记载开启时，叙利亚-阿拉伯沙漠就是他们的地盘。

36. 据古典时代的史料（包括普鲁塔克的 *Alexander* 24.6）记载，在此之前的公元前 332 年，亚历山大围攻提尔期间，"阿拉伯人"就曾从后方骚扰他的部队。为此，亚历山大需要到东黎巴嫩山脉实施讨伐（对象可能是以土利亚人）——Butcher 2003: 285—290; Retsö 2003: 264; Sartre 2001: 78。

37 Sartre 2001: 790; Shahid 1984a: 17—19.

38 Shahid 1984a: 27.

39 拜占庭边境的问题在 Burns 2011 中得到了更进一步的考察。

40 'Ghassan' in *EI*2; Frend 1972: 330; Peters 1999: xxii.

41 Ya'kubi (trans. Wiet) 1937: 173.

42 Kennedy 1985: 181.

43 Shboul and Walmsley 1998: 282, 284.

第八章

"别了,叙利亚"

(611—661)

610 年,36 岁的新皇帝希拉克略勉为其难地登基了。他对这份职业不情不愿,也反映了拜占庭帝国所面临的多方面挑战。他在位之初,形势可能很严峻,但到了三十年后的终了,形势却还要严峻得多,他也郁郁而终。在帝国的所有边境地区,他都面临着令人生畏的挑战,但东方的一连串灾难最为严重。他继位一年后,波斯人已经杀穿了东方行省,并攻占了安条克:拜占庭的堡垒和界墙护盾耗资巨大,绵延 600 公里,直至叙利亚东北部的哈布尔河,它本应阻止这场灾难。这一次不是夏季的突袭劫掠,而是坚决的占领,叙利亚的其他地区很快落入波斯人手中。萨珊的万王之王霍斯劳二世甚至在 619 年攻占了亚历山大里亚,终于实现了波斯人沿着亚历山大的路线反向征服的执念。[1]

尽管早在 612 年的入侵之前,与伽珊人休戚与共的状态就已开始瓦解,但许多伽珊人的亲波斯立场至少削弱了入侵者的敌意,后者的全力猛攻留给了帝国在北方的据点,尤其是安条克。大马士革在612年被攻克。虽然伽珊人从未像叙利亚其他地区那样坚定不移地忠于基督一性论教派，但是在他们的影响下，大马士革对反正统派（反迦克墩派）事业的同情加强了。近来的经历使许多叙利亚人相信，"外国君主并不一定是迫害者，但迦克墩派几乎总是迫害者"[2]。这座城市对君士坦丁堡满不在乎，抑或充满敌意，这足以确保波斯人给予大马士革相对较好的待遇。虽然波斯人的占领不得人心，一些大马士革人被波斯人驱逐，但它也逃过了两年后耶路撒冷那般被洗劫的命运。在这一时期，大马士革和阿拉伯半岛之间的贸易继续繁荣，而在此期间，先知穆罕默德正在汉志地区传播伊斯兰教。不过总的来说，波斯人的占领极其严重地削弱了拜占庭对叙利亚的控制，可能也把当地的拜占庭贵族阶级赶尽杀绝了，为后来的穆斯林军队扫清了障碍。

虽然大马士革遭受的无端破坏可能比其他中心要少，但它的经济被削弱了，它的行政机关也在萨珊征服的十年里被清除了。直到622年，拜占庭皇帝希拉克略才开始了重新立威的漫长战斗。大马士革在628年重新回到拜占庭手中，波斯人已于前一年撤离。与波斯的和约于次年签订。基督教会并没有被波斯人单拎出来加以迫害，但希拉克略高举恢复基督教正统的大旗，号召大家支持他的活动。不过他也做了两手准备，万不得已就在最后关头提出折中的神学表述。630年，皇帝前往叙利亚北部的耶拉波利斯（曼比季），接收萨珊人从耶路撒冷夺走的真十字架残骸。次年，他在盛大仪式中将残骸归还给了耶路撒冷。

这种新的宣传姿态并不足以让时光倒流，特别是因为它还伴随着将严格正统观念强加于人的老一套。至高权力的存在已经不再具有吸引力。帝国已经筋疲力尽，而在东方行省，它的声誉也受到了致命的败坏。真十字架被希拉克略放回了君士坦丁在耶路撒冷建造的、伟大的圣墓教堂，同年，新的历史势力也在汉志北部积聚着力量。穆罕默德和这个新启示信条的追随者们占领了阿拉伯人传统的崇拜中心——麦加。支持者们自己也有可以用来号召大家的东西，那就是伊斯兰教的纯朴。这一理念早在十年前就已经深入人心了。622年，也就是希拉克略驱逐波斯人的艰苦作战开始的那一年，穆罕默德正在进行从麦加到麦地那的"希吉来"（hijra），也就是迁徙。这一年也成了穆斯林纪年的元年。在麦地那，他可以不受拘束地建立他的新社群乌玛（umma），这为他的传道提供了坚实的基础。起初，他的传教活动专注于在阿拉伯半岛的异教部落中传播信仰，这些部落尚未被其他主要的一神教信仰所触及。信奉基督教或犹太教的阿拉伯人，作为"有经者"，并不是首要关注对象。

希拉克略在公元630年后继续留在东方诸行省，专注于解决该地区的棘手事务，特别是口角不断的教会纷争。即使希拉克略已经意识到了正在遥远南方积聚的力量，在拜占庭和穆斯林军队之间第一次发生冲突的634年之前，他也不太可能把大量注意力转移到他们身上。早在629年，死海以东、约旦南部的拜占庭前哨站穆阿泰就遭受过攻击，却被认为不过是部落劫掠者所为。阿拉伯半岛的广阔空间超出了希拉克略的领土范围，而且没有迹象表明穆斯林势力执意要进行意识形态或宗教上的对抗。然而就在次年，亚喀巴附近的一些基督徒社区似乎自发投奔了穆斯林，而拜占庭人对此毫无反应。

希拉克略胜利返回耶路撒冷后不到两年，穆罕默德在麦地那去世（632年）。他的追随者已经被灌输了一种覆盖面更广的使命感，一种将新信仰传播到阿拉伯半岛以外的强烈欲望，但他们的首要任务是维护阿拉伯部落中那些皈依者的忠诚。穆罕默德早年经商时，可能曾冒险前往布斯拉，甚至大马士革。或许是由于与叙利亚南部活跃的贸易往来，他在为孤立麦加而努力的过程中，把确保进入该地区作为一个重要目标。麦加在630年落入他手中。汉志北部的许多部落历来与纳巴泰人和拜占庭世界交往频繁。有些部落甚至信奉了基督教，抑或受到了他们之中的基督教苦行运动的影响。如果伊斯兰教要扩张版图，自然会把目光投向北方。协力向叙利亚推进，也明显是在转移矛盾，以阻止性情暴戾的部落成员重新开始部落间的争斗，因为这可能会让穆罕默德的一切成就付之东流。几乎可以肯定的是，阿拉伯人对北方的拜占庭和萨珊这两个帝国只有非常模糊的认知，他们最初绝对不会想到要摧毁这两个帝国。但一旦发现在边境的突袭几乎没有遇到抵抗，他们就更加来劲了。

希拉克略的心思仍然在别处，忙着在城镇和定居地区重申拜占庭的权威，恢复正统派信仰，直到新的穆斯林领导层开始协调和集中各部落的力量。这也是可以理解的。和大多数国家一样，拜占庭人一心想要根据上一场战争的经验来打下一场战争。正如我们所看到的，帝国的防御理论设想出来的情况无非两种，要么是来自波斯、通过北方的全面威胁，要么是来自心怀不满的阿拉伯部落的零星入侵，当地驻军就可以处理这种小打小闹。它没有预料到游牧民族的小打小闹会突然升级为重大威胁。这是一个令人倒吸一口凉气的战略误判。

在伊斯兰教渗透的第一阶段，侦察队可能早在穆罕默德逝世的632年就已到达叙利亚南部，在阿拉伯部落中寻找盟友，查探对手的弱点，并收集情报。公元633年后，第一任哈里发艾布·伯克尔派出了各路阿拉伯部队，与巴勒斯坦和旧罗马阿拉伯行省的游牧民接触。最初的目的不过是确保拜占庭人不会在阿拉伯游牧部落中重新占据优势。拜占庭人正一心忙于在城镇中重新立威，没太注意到这件事。不久之后，穆斯林可能已经实际控制了大部分乡村地区，避开了城镇，也避开了与拜占庭军队的大型冲突。

大马士革——第一道堡垒

634年，随着伟大的阿拉伯将军哈立德·伊本·瓦利德指挥的武装集团（经伊拉克）抵达叙利亚南部，伊斯兰教的渗透开启了第二阶段。[3]哈立德的存在将各怀心事的阿拉伯人群体捏合在一起，并亮出了一支纪律严明的军队，使他们能够团结在这支军队的周围。阿拉伯人就这样壮起了胆子，敢于进行穆斯林和拜占庭军队之间的一系列大型战役。这些战役的确切顺序仍然让人困惑，因为有大量经常相互矛盾的说法。当阿拉伯军队聚集在一起、拥有了野战军的实力时，拜占庭的战略就将受到致命的破坏。甚至安条克，这个被归入东方管区的诸行省的大首府，也将在阿拉伯人这股势头的冲击下沦陷，都没怎么挣扎。

大马士革是最初的穆斯林军队的一个天然目的地。对阿拉伯人来说，它是来自沙漠的旅行者的第一个主要避风港，是横亘在地中海世界和闪米特人世界间的浩瀚绿洲。就拜占庭人在叙利亚南部匆忙建造的防御护盾而言，大马士革也是支撑着它的固定点之一，而耶路撒冷则是南部的堡垒。希拉克略任命了专门的指挥官来坚守这些城镇，那是他的防御战略要点。尽管这些城市的市民可能也不抱什么幻想，但还是对拜占庭不离不弃，这与阿拉伯人占据优势的乡村地区不同。事实证明，大马士革本身也并不好惹。阿拉伯军队需要尝试三次，才能攻下这座城市。这场斗争比为叙利亚南部或巴勒斯坦的任何其他主要城镇而进行的斗争都要漫长。

在这一阶段，阿拉伯人的扩张更加协调一致，挑战着拜占庭对主要城市的控制，布斯拉也成了叙利亚最先沦陷的城市（634年5月）。大型战役很快就开始了：在巴勒斯坦南部的阿季奈迪恩（634年7月）和法勒（即佩拉，634年12月）。随着佩拉的陷落，拜占庭人的大马士革-耶路撒冷护盾受到了致命的削弱，逐渐为接下来发生的事情开辟了道路。

这样一来，大马士革受到的压力也在无情地增加。哈立德·伊本·瓦利德从伊拉克穿过浩瀚的沙漠，经过18天艰苦的强行军后，此时正在征服中发挥关键作用，于634年4月耀武扬威地逼近大马士革。他可能经巴尔米拉，沿着毗邻叙利亚中部沙漠、层层叠叠的断崖下山，仿佛从天而降。就在城市的门前，阿布阿塔尔山下的老鹰山口，他插上了伊斯兰教的绿旗，向大马士革的人民发出信号，是时候团结起来支持新的事业了。[4]

大马士革人起初不为所动。从汉志增派援军之前，哈立德的部队在那个阶段还很少（可能不超过1 000人）。哈立德的部队只得避开城市，在这一过程中袭击了古塔绿洲，之后在大马士革以南30公里处的萨法尔平原与拜占庭和伽珊人部队交战。阿拉伯与拜占庭军队在阿季奈迪恩和佩拉进行了最初的几场会战后，又过了很久，到了下一年，穆斯林军队才重创了大马士革。大马士革的拜占庭高级官员曼苏尔·伊本·萨尔贡是阿拉伯裔，在此期间，他也从霍姆斯的拜占庭驻军那里寻求了增援。

哈立德·伊本·瓦利德的军队，作为阿拉伯最高指挥官艾布·乌巴达领导的集体部队的一部分，已经开始准备在635年3月围攻大马士革了。他们占领了古塔绿洲，并占用了这里的储备物资，而城中的居民则在不可能的情况下坚持了六个月。虽然确切的细节已经消散在纷纭的传说中，但阿拉伯人的记载（现已遭到严重怀疑）[5]称，就在大马士革市民最终同意让哈立德·伊本·瓦利德的军队从东面进入时，艾布·乌巴达强行突破了西面的一座城门——水槽门。两支阿拉伯军队在直街中段的某处会师。这是635年9月的一天。

大马士革的抵抗能够持续这么久，与其说是靠帝国的部队，更多的是靠"人民对他们土生土长的（城市）的赤胆忠心"[6]。就大马士革而言，他们的主教在围城之初就对哈立德以友相待。一旦明确抵抗无用，就由曼苏尔·伊本·萨尔贡[7]，或者也可能是这位主教来议定城市的投降事宜。

如果哈立德进入大马士革，他将给予城市居民以下待遇：他承诺保障他们的生命、财产和教堂安全。他们的城墙不会被拆毁；任何穆斯林都不得住进他们的房子。为此，我们将真主的契约，以及他的先知、哈里发们和"信徒们"的保护给予他们。[8]

两支军队同时进入，面对的支持程度却并不相同，这就导致人们无从分辨城市是向穆斯林投降的，还是被暴力攻占的。而根据穆斯林的法律，这一点直接决定了给予基督教社区的特权。投降的社区可以保留其教堂，而抵抗到最后的社区则要失去所有权利。

野战大军消亡

像大马士革这样一座声名显赫的城市也沦陷了，这在拜占庭世界敲响了警钟。希拉克略已经决定付出巨大努力夺回叙利亚。他再也不能把这项工作留给无能的当地驻军和损耗的部队单位了。然而，他花了一些时间才组建起一支新的 5 万人野战军。[9] 拜占庭核心地区的部队损耗严重，希拉克略不得不强迫亚美尼亚和伽珊盟友提供大量人力。这支部队或许人心不齐，且过于割裂，无法支撑起一场决定性的力量展示。这支部队中，骑兵（cataphracti，可能只占 20%）的比例无疑很低，而这历来是拜占庭野战军的核心。异乎寻常的是，皇帝并没有直接指挥，而是在霍姆斯或安条克等待。最高指挥权被交给了狄奥多尔·特里堤里乌斯，他可能是一名宦官，曾经担任拜占庭的司库官。战地指挥权掌握在一名亚美尼亚裔职业军人巴纳斯（又名瓦汉）手中。拜占庭的战略理论要求指挥官避免会造成巨大牺牲的会战，并依靠筑有防御工事的城镇来坚持抵抗。而一旦城镇本身开始摇摇欲坠，狄奥多尔就放弃了这一理论，或许也

耶尔穆克战役，公元636年8月

不足为奇。他可能以为拜占庭人在数量上仍然占据压倒性优势，并且在他的想象中，散兵游勇的阿拉伯军队带来的威胁要小于老练的波斯人。哈里发艾布·伯克尔吃准了特里堤里乌斯的心态，利用这些偏见，采取了一种心理上的策略。他逐渐将拜占庭人引诱到一场会战中，诱使他们相信，他们可以挥舞着纪律严明的帝国军队之锤，摧毁游牧民族的杂牌军。

随着这支拜占庭主力部队抵达叙利亚南部，穆斯林在636年春天弃守大马士革，在南部巩固地位，准备迎接挑战。拜占庭的战略是恢复大马士革—耶路撒冷轴线。由于佩拉已失守，必须堵住从南边通过德拉缺口进入叙利亚的通道，此地位于西边的耶尔穆克河峡谷和东边的熔岩地带与豪兰山坡之间。德拉镇位于当今的叙利亚—约旦边境，历来控制着这个通往叙利亚的南部门户。拜占庭军队部署在该镇后方，以防止阿拉伯军队在叙利亚境内巩固他们通过投机取巧得到的地盘。拜占庭人设立了他们的大本营，就在当今的戈兰高地联合国区以西。此地被阿拉伯人称为"深谷"（Yaqusa），差不多是耶路撒冷和大马士革之间的中点。不过，在南边，他们被耶尔穆克河困住了，这条河如今构成了叙利亚和约旦之间的部分边界。

阿拉伯人瞄准

阿拉伯人的数量可能不超过拜占庭兵力的一半，大概不到3万人。[10]他们在德拉缺口以南集结，并在长达数月的对峙中逐渐向城镇以北移动，将拜占庭军队限制在耶尔穆克河和太巴列湖之间断崖丛生的高原地带。在最后三个月里，当两军陷入非决定性的对峙时，拜占庭人仍然认为，基于他们压倒性的人数优势，任何对峙都可以按照自己的方式展开。拜占庭人的补给线受到严密保护，向北延伸至大马士革，他们觉得不必采取主动。然而到了最后，由于意识到他们的机动自由正在受到严重限制，并且有迹象表明穆斯林军队从南方补充了大量兵力，拜占庭大军惊慌不已，在 8 月 15 日排成了战斗队形。事实证明，野战军人心不齐，领导层也太过优柔寡断，无法在战略上挥出一记重锤，而这场战斗也不会按照拜占庭人的方式进行。帝国军队并没有找到可以满足自身机动需求的战场，用来将阿拉伯人赶到德拉缺口以南，永久性地拒之于叙利亚之外，而是发现自己被引诱进了一个精心布置并触发了的陷阱。

在城镇纳瓦以北 6 公里的贾比耶村以南，拜占庭人排成了一条长达 13 公里的战线。贾比耶拥有丰美的季节性牧草，已经在某种程度上成为伽珊人的崇拜中心，供奉着圣塞尔吉乌斯。[11] 该地区无疑控制着耶路撒冷和大马士革之间，以及汉志和叙利亚之间的通道，但拜占庭人选择这处特别的地形，是否得到了伽珊盟友的帮助，还是难以确定的。伽珊人的关键作用体现在，他们使特里堤里乌斯相信，该地区虽然是他们利益的中心，但也是一个合适的集结地。事实上，纳瓦存在着一些心怀不满的犹太人社区。他们逃离了拜占庭在耶路撒冷的迫害，可能非常乐意为阿拉伯人提供情报，这是一个致命的不利因素。战场的选择甚至更加异乎寻常。因为 614 年的那场大战（那场战役中，先前的一支拜占庭军队在德拉附近输给了波斯人）虽然证明了它的战略重要性，但也证明了它在战术上的隐患，那就是向南通往耶尔穆克河深谷的起伏地形。这条河向西凿出一条河道，南下汇入约旦河。拜占庭大本营仍在"深谷"，看似是一个难以攻破的位置，两侧都有深谷保护。如果拜占庭人能够维持攻势，这道理倒还说得通，可一旦阿拉伯人切断了他们的逃跑路线，这地形崎岖的乡间就成了恐怖的杀戮场。

阿拉伯人方面的总指挥权掌握在艾布·乌巴达手中，此人因虔诚而非军事本领而闻名，但他麾下的部队由几位杰出的指挥官来领导，其中就包括才华横溢却（各种意义上）离经叛道的哈立德·伊本·瓦利德。阿拉伯人肯定也很熟悉地形，却较少受到固定队形理论的束缚。然而，他们渴望在一场大战中与拜占庭人较量。

在这最后一战的漫长（可能是六天）过程中，似乎有两次决定性的遭遇战。沿固定战线进行了两天非决定性的交战后，拜占庭人至少有两次设法推进到了德拉以北的阿拉伯人大本营。在这里，他们发现自己陷入了一场混战，拜占庭骑兵在这场混战中处于劣势。阿拉伯人能够将笨重的拜占庭部队引诱进自己的营地，在帐篷、储备用品和驮畜间，阿拉伯妇女热切地参与混战，干掉了许多张皇失措的敌人。第二个关键事件可能是在一天之后，即8月20日[12]，哈立德·伊本·瓦利德将拜占庭骑兵引向北方，在骑兵和基督徒步兵的北翼之间打开了一个缺口。一支穆斯林骑兵队刺入了这个缺口，占领了罗马时代的桥梁鲁加德桥，切断了拜占庭人与大本营的联系。阿拉伯基督徒部队最先向北溃散，他们很快便意识到了拜占庭人即将踏入的陷阱。

在战役的第六天，也就是最后一天，阿拉伯人侧翼的一次机动，像拉绳突然扎紧了袋口，对拜占庭人的前线主力来了个瓮中捉鳖。阿拉伯人把这支庞大的帝国军队从相对开阔的高原赶到了向南和向西的深谷之间的地带，而拜占庭军队可能是因为一场偶然的沙尘暴而迷失了方向。主力军队和从大本营逃出的残军发现，他们被困在了两条狭长的干谷间。拜占庭军队被歼灭了。这片荒山野岭的特点就是峡谷一般的悬崖绝壁，许多人栽了下去。设法逃出生天的拜占庭残军直到抵达霍姆斯，方才重整旗鼓。

希拉克略退却

仍在霍姆斯的希拉克略决定保存残军，向北跋涉，将叙利亚的剩余地区拱手相让。"他认为这项事业已然无望……他毕生的事业在眼前化为泡影。"[13] 为了一个新的立足点和第二次夺回叙利亚而组建另一支军队，也不可能了。他已经吸取了惨痛的教训。他蓦然回首，说出了"别了，叙利亚"这句告别辞。"对敌人来说，这是多么美丽的土地啊！"在叙利亚这样一个已经变得不稳定的环境中，拜占庭维持希腊化社会所面临的一切困难，都在这句话的苦涩与沮丧中永久地定格了。[14] 希拉克略又当了五年皇帝，但他战胜波斯人的荣光已经逝去。他在最后的日子里被一种神经紊乱症所困扰，这预示着他的身体正在渐渐垮掉。从叙利亚回国的途中，他可能经过了埃德萨和奥斯若恩，为的是巩固亚美尼亚人居住的小亚细亚东部地区，将其作为对抗南方穆斯林的堡垒。他最后渡过博斯普鲁斯海峡时，突然止步不前。因为怕水，他在希利亚宫里逗留了几个星期，直到人们想出了一个办法，把船桥用树枝围起来，引他渡过海峡。"没有哪位拜占庭皇帝在位期间体验过成败之间如此巨大的落差。"但他设法稳定了帝国的剩余部分。他在军事和行政上的结构调整，塑造了一种更加明确的希腊化身份认同，可能也促进了自身长达好几个世纪的存续，不过是以删繁就简的形式。[15]

穆斯林军队聚集在贾比耶，考虑他们的计划，现在他们可以向大马士革集中了。希拉克略没有采取任何进一步加强防御的举措，防御完全处于听天由命的状态。拜占庭军队残部不是翻过托罗斯山脉溜了回去，就是经埃及逃走了。636年12月，大马士革迎回了穆斯林，条件和635年商定的相同。虽然最后一批拜占庭驻军又过了三年才离开叙利亚，但留下的部队也只能偶尔保卫一下叙利亚北部和巴勒斯坦一些残余的拜占庭城镇。到了638年，曾经被七百年前的第一批罗马征服者自豪地命名为叙利亚的整个行省，都已不复存在。耶路撒冷在638年落入穆斯林之手，由新任哈里发欧麦尔纳降。东方大都会安条克本身也在638年沦陷，几乎没有抵抗。到了640年，沿海地区已尽数落入穆斯林之手。

叙利亚为何沦陷？通俗的解释是"上帝抛弃了罗马人的军队，作为对他们堕落信仰的惩罚"[16]。民众对再来一场旷日持久的战争没兴趣，这个理由是无法反驳的，还要过段时间才能失效。面对这种漠不关心的态度，拜占庭人最终认为继续作战没有什么意义。此外，他们的军队在组成上根本没有阿拉伯人那样的凝聚力，后者对骑兵的运用非常出色。拜占庭实际上在二十多年前就已经失去了叙利亚。它的重新征服并没有达成与闪米特人的和解，而后者却在此期间体验到了萨珊人对基督一性论的宽容。这时，它就已经赢不回叙利亚人的心了。随着拜占庭人的回归和正统派学说的复位，叙利亚人对旧主的傲慢和麻木心生怨怼、愤愤不平。

在罗马-拜占庭统治的七百年和之前希腊人控制的三百年里，叙利亚接受了自己属于地中海的命运。在这一千年里，希腊传统已经在不同程度上渗入了它的城镇和村庄，即便在过去的二百余年里，闪米特人的传统再度复兴，将叙利亚与地中海联系在一起的贸易也萧条了。希腊化的西部和闪米特人的东部之间的角力持续不断，有来有回，给叙利亚带来了丰富的、多层次的身份认同。此时，随着皇帝回到拜占庭的据点，叙利亚一千年的希腊文化实验像潮水一样退去，被吸回了它来时的那片海。

阿拉伯人的统治

不过大马士革的过渡还算是相对温和的。最初，阿拉伯人的存在很有节制；相比于二十五年前萨珊人统治时，整个叙利亚遭受的破坏可以忽略不计。新涌入的阿拉伯人数量有限，最初可能仅限于胜利之师中的一些老兵。大马士革并没有被移交给游牧的阿拉伯人。穆斯林军队是精英团体（正如我们在前文中所看到的，耶尔穆克战役中的军队可能只有3万人），而不是一拨又一拨流动的殖民者。攻下这座城市的大部分部队并没有留下来驻守；例如，哈立德·伊本·瓦利德麾下的部队返回了伊拉克，而主力部队则继续往叙利亚北部进发。

虽然拜占庭政权的许多高级官员或拥有便携财富的人离开了，但并没有出现大规模的疏散。（许多官员可能在耶尔穆克战役之前就已经离开了。他们与希拉克略一起留在霍姆斯或安条克，之后又和他一起撤往拜占庭。）与拜占庭人或基督教有关的建筑，也并没有受到物质层面上的破坏或拆除。亚兰人-阿拉伯人的人口基础仍然和以前一样。当然，他们也无处可去，而且可能还觉得，相比于希腊君主，他们与新的阿拉伯统治者有着更多的共同点。一些曾经为拜占庭人做事的叙利亚高级官员觉得没什么好怕的。例如曼苏尔·伊本·萨尔贡，这位拜占庭财政部门的高级官员曾经在635年拜占庭总督出逃时挺身而出，统率全体市民。他仍然留在自己的岗位上，并提拔了一众基督徒官员和顾问。[17] 最著名的是他的孙子，大马士革的圣约翰（约652—约749），他可能也曾在哈里发的财政部门短暂任职，直到希沙姆（724—743在位）统治初年才决定在圣萨巴修道院（巴勒斯坦）作为一名修道士度过余生。[18] 他的生活说明了大马士革阿拉伯名流是如何在两个世界之间逐渐进退两难的，而约翰对与日俱增的皈依伊斯兰教的压力也很警觉。在他的著作中，有为基督徒与穆斯林辩论时提供中肯指导的对话，也有关于与基督一性论追随者打交道的最佳方式的微妙观点，这些观点在正统派圈子里引发了批评。

我们不能说"阿拉伯人入侵"的第二个原因是，阿拉伯人已经在那里了。大马士革可能是一座早已让阿拉伯人感到宾至如归的城市,到了 6 世纪,那些迁入定居地区的阿拉伯人已经在叙利亚南部的许多地方占据了多数。在叙利亚,一般来说是避免建造新城的,这与后来的开罗附近和伊拉克南部的阿拉伯人定居点截然不同。几乎不需要新的殖民活动。贾比耶是伽珊人的中心,把耶尔穆克战役双方的军队吸引了过来,同时也是穆斯林领导层在叙利亚土地上第一次开会(638 年)的地点。早先的计划是在这里建立一座永久性城市,但阿拉伯人更喜欢住在诸如德拉雅等现有的城镇或者附近,占用逃亡市民的住所,于是这些计划被废弃了。[19] 早期皈依伊斯兰教的一些当地阿拉伯部落可能利用了他们的优越地位,在农业用地上定居,但并没有同时代的伊拉克那种受到资助的定居制度。

基督徒仍然是人口的主体,这种情况可能持续了几个世纪。此时,政治上的分裂加深了基督一性论者和正统派之间的巨大鸿沟。被划到边界的阿拉伯一侧的人,大多是基督一性论者。尽管困难重重,正统派还在继续维持与君士坦丁堡的联系,但面对日益高涨的皈依伊斯兰教的浪潮,东方的各个教会也束手无策。从神学角度看,许多教会实际上已经凋亡,失去了在伊斯兰教的挑战面前引导信徒的能力。"基督一性论逐渐沦为一个只剩一口气的教派。"[20]

不过,改宗最初是一个缓慢的过程。7 世纪,穆斯林人口主要来自官员和军队人员的缓慢涌入。这种新信仰的一些学者也试图靠近这个新的权力中心,或者奉哈里发之命推动《古兰经》研究,也许在某种程度上是为了确保麦地那别弄出什么独立的流派来。[21] 无疑并没有对平民基督徒进行报复性劫掠，也没有强迫他们改宗；事实上，新的统治者最初将他们的宗教视为一种仅供自己人享有的特权。作为服兵役的交换条件，穆斯林可以免除一些税，而改宗则会使统治者失去一个主要的税收来源。改宗还会让人同时被旧教友和新教友排斥。伊斯兰教早期，大规模改宗（从袄教改来）现象只在伊朗出现过。伊斯兰社会的第一次大规模扩增，可能来自从农村或游牧地区流向大马士革的阿拉伯民族，他们也因此在这一过程中免去了基督徒同伴眼中的耻辱。[22]

与现代世界的一些权力接管相比，这件事情已经很克制、很人性化了。没有中央集权的行政管理；每一位地方长官都发挥了自己的主动性，也反映了当地的风俗习惯。重点是行政管理的连续性。对基督徒征的税是一种负担，但可能并不比拜占庭人强征的税更繁重。课税原则是响应《古兰经》中规定的两级制度而制定的：最终意味着所有公民都要缴纳土地税（*kharaj*），但基督徒必须缴纳额外的贡金（*jizya*），作为免服兵役的回报。根据后来的记载，穆斯林规定了一些具体的条款：

> （基督徒）不得诅咒或殴打穆斯林，不得在穆斯林的集会场所举起十字架，不得将猪从他们的房子带到穆斯林的院子里……（也）不得在穆斯林宣礼前或祈祷时敲打木响板，也不得在他们的节日里亮出旗帜。[23]

尽管公开展示基督教符号受到这些限制，但教会并没有感觉到特别的威胁。事实上，许多当地的基督徒可能还因为拜占庭对基督一性论教会的压力不再而松了一口气。没有考古学证据表明基督教堂在这一时期遭到过任何破坏。新的教堂还在继续建造；其他的教堂也被重新装修，采用了适合基督徒的古典建筑规范。[24]

虽然伊斯兰教徒迁出汉志的原因还会被讨论很久，但将其视为由人口压力驱动的大规模迁移的趋势早已成为过去。阿拉伯占领者对叙利亚的处理，与对伊拉克部分地区更刻意的重新填入不太一样，这是为什么呢？在大马士革，阿拉伯领导阶层并没有把这座城市或叙利亚南部看作未知的土地（terra incognita）。大马士革并不是由人生地不熟的游牧军人管理的。指挥占领这座城市的，主要是居住在城镇里的人：古莱什部落的麦加人，长久以来，他们与叙利亚的贸易联系硕果累累，甚至已经在那里拥有了财产；来自麦地那的辅士；以及长期以来习惯于城市环境的也门人。[25]几乎从阿拉伯人的征服开始（639年阿拉伯指挥官艾布·乌巴达死后），大马士革就由穆阿维叶·伊本·艾布·苏富扬负责治理。他是麦加贵族阶级的头面人物，以其祖父哈布·伊本·倭马亚命名的庞大家族在叙利亚南部长期拥有财产利益。穆阿维叶将移民限制在已定居家族的亲属上，确保不会有其他人侵犯自己家族在叙利亚的利益。古莱什部落将第一批探查叙利亚的军队中的关键位置留给了自己人。他们在叙利亚的环境中感到很自在，甚至可能被它世界性的一面所吸引。当今，许多沙特和海湾地区的阿拉伯人在开罗或贝鲁特更温和的气候中消夏，也是同样的道理。

最初的十四年里，在"正统"（Rashidun，即"被正确引导的"）哈里发的领导下，大马士革并不是新统治者关注的主要焦点。在麦地那的"信士的长官"领导下，阿拉伯人松散的行政制度不需要在叙利亚使用高压手段。早在欧麦尔担任哈里发时期（634—644），大马士革就被定为伊斯兰叙利亚的首府。639年，在欧麦尔主持的贾比耶会议上，制定了地方行政管理的大致原则。叙利亚被划分为四个军区（*ajnad*，*jund*的复数形式）：大马士革、霍姆斯、巴勒斯坦和约旦。在倭马亚王朝征服伊拉克期间（639—646），它仍然是一个稳固的基地。后来又组建了一支新的穆斯林军队，承担征服埃及的任务（640—646），许多叙利亚人作为新兵应征入伍。

然而，大马士革真正崛起，还要从穆阿维叶对656年第三任哈里发奥斯曼遇害的愤懑开始。奥斯曼死在了反对哈里发对倭马亚家族任人唯亲的人手上。* 大马士革总督从奥斯曼妻子那里拿到了遇害哈里发的血衣，并在大马士革清真寺展示了一年，以唤起人们对凶手的恶感。阿里是先知的堂弟，他利用反倭马亚家族的情绪，在奥斯曼遇害后夺权。

阿里的哈里发之位从656年持续到661年，从一开始就饱受对其合法性的争议和攻击：这就是第一次内战。657年，他在隋芬（现已淹没在叙利亚北部的幼发拉底河之下）受到穆阿维叶追随者军队的挑战，不得不诉诸一场羞辱性的公断，这对

---

* 奥斯曼和穆阿维叶都出身于倭马亚家族，倭马亚·伊本·阿布德·沙姆斯是两人共同的曾祖父。——译注

他的合法性造成了重创。阿里在 661 年被一群反对者刺杀。不过这并不是阿里派事业的终点。阿里的追随者与麦加倭马亚家族特权阶级之间的嫌隙，就像一股暗流，贯穿了从穆阿维叶开始的倭马亚王朝历代哈里发的继承过程。二十年后，随着阿里之子侯赛因在卡尔巴拉战役（伊拉克，680 年）中败北，这份仇怨再度显现。侯赛因的殉难成为推动先知直系后裔事业的肇端，历时数个世纪。后来，随着什叶派在叙利亚的复苏，这项事业也再度兴起。

注 释

1 Ball 2016: 22.

2 Frend 1972: 337.

3 在霍姆斯北郊，一名早期伊斯兰教领兵人物的坟墓至今仍在受人敬仰。

4 哈立德从伊拉克出发的实际路线并不完全清楚，尽管他入城的地点已被证实——见 Crone 'Khalid b. al-Walid' in *EI*2; Donner 1981: 124; Musil 1927: 553—573；关于这个地点，见 Dussaud 1927: 283。

5 Elisséeff 'Dimashk' in *EI*2.

6 Williams and Friell 1998: 241.

7 Sahas 1972: 17—18; Nasrallah 1950: 23.

8 Al-Baladhuri (Hitti trans.) 1966: 187; Donner 1981: 132.

9 Jandora 1985: 14 说兵力为 4 万，这是在考虑到驻守城市的 7 万野战军会有一些损耗的情况下，但他似乎并没有把伽珊盟友算进来。

10 这是个令人困扰的问题——这个数字与 Jandora 所认可的赛义夫·伊本·欧麦尔给出的 36 000 很接近，但比其他的估计数字要高。

11 'Djabiya' in *EI*2; Foss 1997: 251—252, 255; Key Fowden 1999: 144.

12 Jandora 1985: 19 表示，这两件事是同时发生的。

13 Ostrogorsky 1969: 111.

14 Al-Baladhuri (Hitti trans.) 1966: 210. Friedmann 翻译的 al-Tabari（出自 al-

Baladhuri）给出了几种不同的说法 (al-Tabari XII: 182)。Conrad 在 Reinink and Stolte (eds) 2002: 113—156 中考察了引用文句为修辞惯用语句（*topos*）的可能性。Kaegi 2003: 247—248 考察了希拉克略离开叙利亚的路线。

15　Ostrogorsky 1969: 102, 111. Kaegi 2003: 265—299 全面叙述了希拉克略的晚年。渡过博斯普鲁斯海峡的情况，见 Kaegi 2003: 287—288。

16　Quoted in Frend 1972: 353. 另见 Kaegi 1969: 139。

17　首先是曼苏尔·伊本·萨尔贡，他子承父业，受雇于穆阿维叶，负责整顿哈里发辖地的财政——Nasrallah 1950: 32—34; Sahas 1972: 26。

18　年代遵循 Sahas 1972: 40—45。Nasrallah 1950: 71—81 认为他辞官的年代更早。

19　后期还有一个例外，安杰尔"新城"（过了黎巴嫩-叙利亚边境即是），可能是 714 年至 715 年由瓦利德创建的——Gaube 1999: 343—351。除此之外，唯一的例外是巴勒斯坦的拉姆拉新城，由哈里发苏莱曼（715—717 在位）作为首都而建立——Hitti 1951: 511。贾比耶——'Djabiya' *EI*2。

20　Frend 1972: 358.

21　Abiad 1981: 164, 222—227.

22　Bulliet 1979: 107.

23　这段话改编自《欧麦尔（634—644 在位的哈里发）协定》，该协定有多种版本。

24　Nasrallah 1985: 57; Walmsley 1995: 657—668; Shboul and Walmsley 1998: 284—285.

25　Shboul 1994: 84.

第九章

倭马亚王朝

（661—750）

穆阿维叶与新秩序

随着阿里的意外身亡，倭马亚家族重申了他们在奥斯曼统治时期确立的对哈里发之位的主张。穆阿维叶·伊本·艾布·苏富扬（661—684在位）是一位精明、果断、很有分寸的领袖。如果没有这些品质，第一次内战中的紧张局势能否及时得到解决，使新的帝国免于解体，就要打上一个问号了。倭马亚家族是麦加传统的"建制"家族。虽然他们被指责为皈依伊斯兰教是出于机会主义，而不是受到了神的感召[1]，但穆阿维叶曾经是先知的同伴。在担任叙利亚总督期间（639—661），他依靠的是家族与叙利亚现有的联系。他很谨慎，没有建立倭马亚家族的贵族统治，而是寻求将合法性建立在共识领导的基础上，基础要尽可能地广泛。他摒弃了阿里宗教先行的主张，本质上是以军队作为自己政治权威的根基。他按照正规军的路数整顿了叙利亚的部队，消灭了历来决定着部队结构的部落派系主义。

穆阿维叶在耶路撒冷就任哈里发后，倭马亚帝国的重心转移到大马士革，远离了麦地那的阴谋诡计和阿里所青睐的首都库法。为什么是大马士革呢？本质上是基于政治实用主义，围绕着倭马亚家族的利益，对伊斯兰运动进行的一次彻底重构。穆阿维叶的长期驻留，巩固了家族在这座城市的不动产。这里的环境比汉志要温和得多，但阿拉伯人想要找到家的感觉也毫无难度。上一章提到过，大马士革和南边阿拉伯世界之间的联系越来越密切。这些联系不仅延伸到伽珊人和豪兰地区纳巴泰人的古老城镇；它们还通过贸易和宗教交往，一路延续至遥远的汉志。倭马亚家族本身就是这些联系的受益者，因此，他们将大马士革视为被纳入阿拉伯范围的第一座主要城市，也是非常合理的。大马士革迅速成为"起决定性作用的枢纽"[2]。虽然倭马亚王朝可能越发将耶路撒冷视为具有重要宗教意义的城市（一种将耶路撒冷与"时间尽头和神的审判"联系在一起的、使人联想到世界末日的关联）[3]，但把它作为自己政治基地的想法，似乎只在穆阿维叶的脑海中一闪而过。[4] 大马士革才是更合理的选择。穆阿维叶没有迁离这座已经让自己当了总督的城市，而是把新秩序带到了自己身边，继续安全无虞地留在这里，远离汉志部落间和宗教上非常紧张的关系，并保有一个强大的政治基地，让对手很难攻击。

倭马亚王朝的棱镜

这可能是对远离汉志这一激进举动的合理解释。除此之外，或许还应该加上一个更具潜意识色彩的解释：这位倭马亚王朝的领导人希望新政权能够向更大范围的思想理念敞开大门。大马士革横亘在拜占庭世界和阿拉伯世界之间。这些知识基础曾经成功地使叙利亚成为罗马以及后来的拜占庭在一个如此多元化的地区的安全基地，倭马亚王朝的文雅之士试图对其加以利用。如果新的帝国想要持续下去，就必须吸取这些经验，尽管是通过新的伊斯兰教信仰。倭马亚王朝的实验，就是对这种新式合成物进行大胆尝试的结果。

不过，如果过分强调倭马亚王朝从大马士革的环境中获得的连续性，从而低估了业已发生的变化的重要性，也未免有些草率。整套秩序，足足一千年的经验，已经被颠覆了。大马士革不再是地中海的堡垒，目指东方的闪米特人世界。它是伊斯兰教对抗西方世界的堡垒。然而，它并不是伊斯兰世界的宗教中心，而是新帝国的政治首都，留住了麦加、麦地那和耶路撒冷在宗教上的重要性。在一个没有大规模行政组织传统的帝国中，大马士革要发挥核心的政治作用，这就需要从拜占庭和希腊世界借用大量的专门知识。因此，并不是所有的希腊传统都消失了，只是环境发生了彻底的改变。倭马亚王朝的选择"或许是（这座城市的）整个历史中意义最为深远的事实"[5]。大马士革甚至还是失败的一方，却突然发现，自己再一次与帝国目标近在咫尺，而这一目标自从十五个世纪前亚兰人的统治结束后就无从谈起了。

不过，对于大马士革在新的帝国角色初期的表现，我们知之甚少。最有可能的情况是，开局很低调，大马士革被允许按

第九章　倭马亚王朝（661—750）・215

照旧的惯例进行自我管理，而这些旧的惯例一定程度上仍由基督徒执行。新统治者为他的领土中那些不太顺从的部分头疼不已，尤其是伊拉克，新政权在那里树敌颇多。在叙利亚北部，与拜占庭领土对抗的前线仍不太平。穆阿维叶发现，很难舍弃对拜占庭取得全面胜利的想法。在耶尔穆克战役后，这个目标已经深深植入了精神振奋的人们心中。

阿拉伯人的统治给城市结构带来的变化，起初是很小的。这与节制、开放的倾向相一致，也与对伊拉克更加残酷的占领形成了鲜明对比。后文会讨论圣约翰大教堂的命运，但罗马时代城墙之内的其他教堂经证实是掌握在基督徒手中的。倭马亚王朝的领导层没收了拜占庭总督的宫殿，以及旧统治阶级的大部分财产。鉴于这座宫殿的中心地位，以及该地区有拜占庭精英遗弃的房屋可用这一点，或许早在奥斯曼哈里发时期（644—656），神庙-教堂以南的这个区域就成了穆斯林存在的新中心。

如前文所述，大多数新来的阿拉伯居民可能并没有在大马士革城内定居。他们更喜欢老城门外或古塔绿洲那样的地区，那里的一些拜占庭庄园此时已经被遗弃。这为被新政权邀请到大马士革的先知最初的同伴们提供了一种更加奢华的生活方式。[6] 到头来，还是需要扩大灌溉地来养活新的定居者。对运河系统进行的一次重大改进，以哈里发耶齐德一世（680—683 在位）的名字命名。它比原来亚兰人的托拉运河高出 2 米，向东可及哈拉斯塔的农田，至今仍在为萨利希耶以南坡度较高的地方供水。最初，它可能也是为了给阿拉伯历代首领在卡松山脚下建造的宫殿供水。自罗马人修建水道、为城市和西南方的田地供水以来，这是第一个重大项目。此时，水力网络已基本完成。

阿里派起义

穆阿维叶之子耶齐德继承了他的位置，这打破了继承要通过共识而非王朝世袭的传统。阿里的追随者日益增长的不满情绪在伊拉克南部显现。在卡尔巴拉一场短暂的战役（680年）后，阿里之子侯赛因被倭马亚总督*杀害。他的死很快就被阿里的支持者提升到了殉教的高度，并通过先知外孙遗体受辱的传说来加以渲染。胜利的倭马亚一方从卡尔巴拉带着侯赛因的头颅凯旋，许多地方都自称保管着这颗头颅。这其中就包括当今大马士革倭马亚清真寺中的一个壁龛，不过这个传说的根据并不清楚，特别是因为此时的院落还是与基督教堂共用的。[7]

耶齐德本人并不长命。随后的继承危机导致了部落派系和地方派系之间的第二次内战。684年，在大马士革东北17公里处通往霍姆斯路上（杜马和阿德拉之间）的拉希特平原的战役中，这个问题得到了解决。新任哈里发麦尔旺**年事已高，即位后只活了一年多一点。他的儿子阿卜杜勒·麦利克（685—

---

* 指倭马亚王朝在库法等地的总督乌贝德·阿拉·伊本·齐雅德。侯赛因应库法什叶派穆斯林的邀请，与家眷、扈从一行人从麦地那前往库法就任哈里发，途中遭这位总督派兵截击。双方谈判未果，随后在卡尔巴拉交战。——译注

** 耶齐德去世后，由其子穆阿维叶二世继位（683—684在位）。穆阿维叶二世无嗣而终，苏富扬一系就此绝嗣。之后哈里发之位由穆阿维叶一世的堂弟麦尔旺继承。——译注

705在位）继位，尽管麦加和伊拉克发生了严重的叛乱（685—692），但他设法提供了二十年的稳定领导，这给倭马亚王朝早期的自由放任制度带来了重大的变化。帝国从艾布·苏富扬一系转移到麦尔旺一系，部落的忠诚重新找准了对象，行政机构也在一个新的立场上得到了规范。推出了官方币制，不再依赖之前拜占庭和伊拉克发行的货币。每个省份都曾被允许遵循各自的传统行政制度，现在却要接受中央集权了，各省也必须将盈余收入上缴大马士革国库。采用阿拉伯语作为行政语言，这强调了伊斯兰教的中心地位，对控制着行政机构、讲希腊语的基督徒的地位较为不利。ahl al-Sham，即"叙利亚人民军"，成为一支正规军，由单独执行的税收制度所筹集的资金来支付军饷，能够部署在帝国的其他地方，取代了最初维持执政力的杂牌部落军。一个确确实实属于阿拉伯人的政权首次就位。

阿卜杜勒·麦利克于705年去世，由其子瓦利德一世继位。瓦利德一世延续了父亲的政策，巩固了中央集权的行政制度，并用宫廷的附属物装饰着大马士革。瓦利德一世的统治（705—715）通常被认为是倭马亚帝国的鼎盛时期，无疑也是它的领土扩张到最大之时。此时，哈里发的领地从新征服的西班牙（711—716攻占）一路延伸至呼罗珊和信德河谷，并越过奥克苏斯河到达撒马尔罕：在地球圆周上的跨度甚至超过了罗马曾经的统治范围。然而对大马士革来说，更重要的是，新统治者打算在首都竖立一个闪耀的新秩序的象征，以阿卜杜勒·麦利克在耶路撒冷的伟大凯旋纪念碑——岩石圆顶——为榜样，后者在那座有三种信仰的城市打下了伊斯兰教的烙印。

收购圣约翰教堂

大马士革既是一个世界帝国的首都,也是第一批伟大的阿拉伯城市之一,沙姆地区(叙利亚之地)的中心,倭马亚王朝的权力基础。虽然基督徒仍占据着人数优势,但到了 7 世纪末,大马士革的穆斯林人口已经大幅增加。最初为他们星期五做礼拜所预留的狭小场所,已经容纳不了那么多穆斯林了。一个世界帝国的首都,理应有一个宗教生活和宫廷崇拜的中心。哈里发的宫殿外就有一个列柱环绕的大院,基本上是空的,将其收购是个很诱人的选择。哈里发离开他的宫殿时,会看到刻在围场的南侧出入口、改编自《七十士译本》的希腊语引文,宣告基督的国。[8]

两位哈里发已经与基督徒就教堂的转让问题进行了谈判,但没有成功。第六位哈里发瓦利德的目标更加明确,就是想要在这座城市的建筑上留下自己的印记。倭马亚王朝最初致力于一种沙漠信仰,姿态上比较谦逊。现在,他们觉得有必要展示出伊斯兰新秩序的永久性,把拜占庭人比下去。当然,瓦利德也可以在城墙外建造,但他无疑更青睐这个巨大的神庙院落现成的象征意义。一千五百多年来,这里一直是城市宗教仪式的中心。这样一个地方足以强调这个帝国是罗马人和希腊人的真正继承者,它的吸引力大到让人无法抗拒。

瓦利德可能也盘算着,基督徒不会有太多的抗争。甚至可能早在 7 世纪结束之前,就已经与基督徒就前罗马神庙围场的使用权达成了一定程度上的和解。事实上,基督徒并没有使用整个圣域。他们的礼拜仪式仅限于建在庭院西侧某处的教堂。尽管在二十个世纪的大部分时间里,学者们对这个问题的争论都很激烈,但似乎可以很合理地得出这样的结论:早期阿拉伯人说这个院落为两种信仰所共用,他们的描述是有道理的。[9]

征服后,穆斯林领袖立即在从前的神庙圣域内划定了一个区域,供穆斯林做礼拜。它最初可能是一个穆萨拉(*musalla*),也就是开放的礼拜区,利用圣域的拱廊来提供指示礼拜方向的基卜拉(*qibla*)墙,后来这个空间被一座简单的泥砖建筑物覆盖。通过狄奥多西铭文下方的三重门进入圣域后,穆斯林向右转,来到这座早期版的清真寺,而基督徒则向左转,来到圣约翰教堂。(统治者可以很容易地从清真寺基卜拉墙以南的绿宫进入,这面墙所占据的地方,可能就是拜占庭时代围墙的位

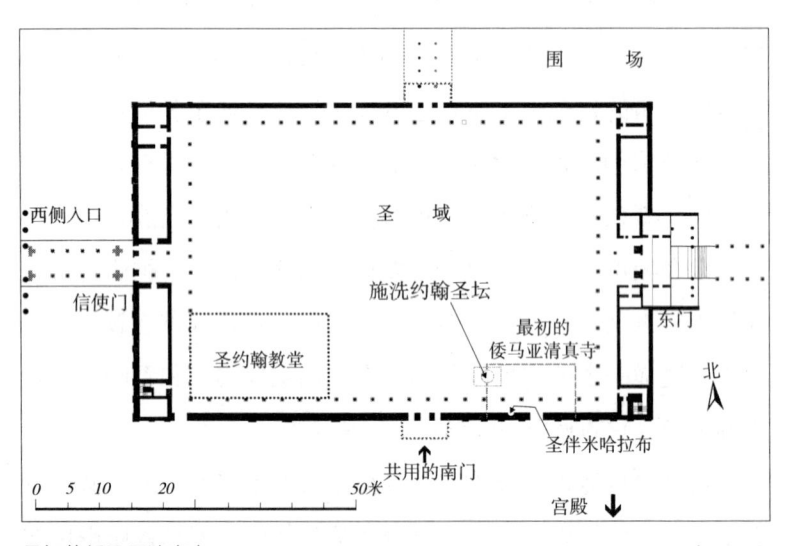

最初的倭马亚清真寺

置。）这种共用院落的情况，与南墙东半部存在着一个米哈拉布（*mihrab*，壁龛）的情况相吻合。此即"圣伴米哈拉布"，可能是由穆阿维叶确立的。[10]

然而，在大马士革的这一关键时期，还有很多不为人知的东西。大多数后来阿拉伯人的评述都明确指出，哈里发瓦利德在接管整个院落用于穆斯林做礼拜时，也不得不谨慎行事。当然，作为哈里发，他可以简单粗暴地没收这份财产，但这将严重妨碍他的怀柔政策。此外，穆斯林最初是根据与当地主教谈判达成的协议、以大体上算是和平的方式进入大马士革的。这份协议保证基督徒可以继续使用他们的圣地，尽管确切的条款不得而知，因为只有后来的摘要留存了下来。瓦利德显然能够通过与基督徒的新谈判来规避其中的条款。双方就某些变更达成了一致，其中的一部分便是他允许基督徒在老城区的另外三个地方建造教堂。

清真寺的建造

清真寺的建造，虽然基于对法律和基督徒居民权利的尊重，但显然也是在寻求以宏伟的表达方式来维护伊斯兰教的优势地位。[11]登基一年后的706年，瓦利德颇为热情地启动了这个项目，强调了这一点。他浑然不顾以基督徒为主的劳动力的疑虑，抄起一把斧头，对着基督教堂的神龛，上来就是一通劈砍。此后，基督徒不得不甘于将直街的圣马利亚教堂作为他们主要主教座堂的地点。这个场所仍然被基督教主要教派希腊正教（安条克礼）的牧首驻地所占据，不过前文中也说过了，现在的这座教堂只能追溯到 19 世纪。

这座主教座堂是献给圣约翰的。在伊斯兰教传统中，施洗约翰同样是一位受到尊敬的先知。阿拉伯作家们在后来对清真寺起源的记述中，找到了一种办法来维持对献堂传统的尊重。圣约翰的归属权就这样转移到了伊斯兰教手里，举个例子，就好像鲁萨法装有圣塞尔吉乌斯遗体的圣物箱与一座清真寺扯上了关系一样，这座清真寺也延续了圣人的朝圣传统。[12] 大马士革编年史家伊本·阿萨基尔（1105—1176）在他的《大马士革志》中，提出了芬巴尔·弗勒德所谓的"政治权宜"关联，"为的是利用历史上被神圣化或神话化的遗迹"[13]。据伊本·阿萨基尔称，工匠们在清真寺用地下方发现了一个洞，提醒哈里发瓦利德注意这个遗迹："哈里发进入洞窟，烛光照亮了他的路。洞里有一个匣子，装着一个大篮子，篮子里面盛装着撒迦利亚之子、受人尊敬的约翰（叶哈雅）的头颅。"[14]

瓦利德下令将头颅重新埋葬，并入清真寺内，用一根被称为 al-Sakassek 的柱子标明地点。[15] 人们不禁怀疑，如果干脆在清真寺地板下面进行挖掘，能否满足人们对教堂与圣施洗约翰之关联的无聊好奇心。遗憾的是，1893 年那场灾难性的大火烧毁了清真寺的大部分内部结构，头颅的埋葬地点更是首当其冲。当前的圣坛是奥斯曼帝国后期的作品，竖立在传说中洞穴的位置之上。

掌权仅五十年，没有大兴土木的传统，却要在一个好几个世纪没有启动过大型公共工程的城市经营下去。对于这样一个王朝来说，新清真寺是一项巨大的事业。在最初的几十年里，伊斯兰教礼拜所需的基本要素相对简单：一个礼拜大厅或圣所，最好有屋顶；一面指示麦加方向的基卜拉墙；一个有柱廊的庭院，能够容纳大量信徒；以及净身设施。[16] 使用圣域围墙（外部尺寸为 160 米 × 100 米）[17] 作为新建筑群周界的决定，带来了一些很别扭的限制。这就意味着清真寺只能以空前的规模建造，可能比当时穆斯林社区所需要的规模还要大。决定建筑尺寸和方位的另一个因素，是需要让信徒面朝南方，也就是麦加的方向。南墙还保存着圣伴面朝麦加方向第一次做礼拜时的记

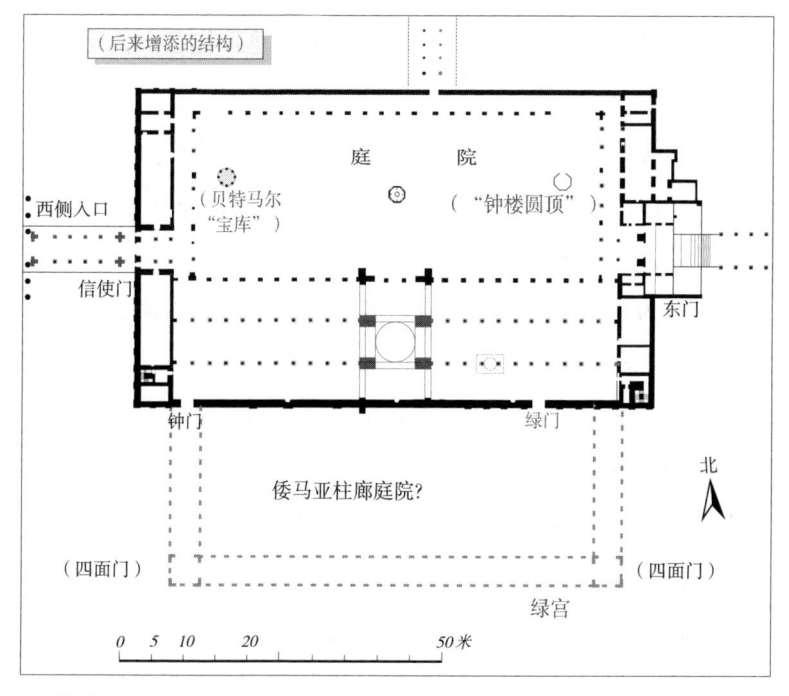

瓦利德的大清真寺

忆。[18] 因此，必须确立一条与庭院的东西方向呈 90 度的轴线：当然，当只选择院落的南半部进行施工时，问题就更严重了，因为这导致场地的长度是宽度的三倍有余。

和倭马亚王朝早期的其他项目一样，最终得出的解决方案不仅克服了这些障碍，还采用了颇具戏剧效果的手法。罗马人用圆柱或方柱将空间分成三条通道的巴西利卡理念，被绝妙地改造成了现在公认的聚礼清真寺的形式。内部三条东西向通道的概念得到了遵守，可能是将古典时代建筑物中的柱子和柱头混用了。[19] 在中间叠加一条南北向轴线的决定则是新的。没有留下一长条无差别空间[20]，而是让东西向的跨度被正中央一座高大的耳堂一分为二。在罗马或拜占庭的建筑技艺中，这种设计几乎是不为人知的。

为了避免与耳堂发生冲突，巴西利卡中央的通道没有遵循罗马-拜占庭的惯例，比其他两条过道更宽或更高；所有通道等宽，避免宽阔的中央通道给人留下建筑的西端或东端是其焦点的印象。为了完成这样的布置，耳堂的中央部分加盖了一个圆顶（最初是木制的）。这又是一个新鲜事物，或许是为了营造出额外的戏剧效果，标明为哈里发做礼拜留出的位置。最初的大圆顶两侧还有两个半圆顶，必然会引出后来的穆斯林旅行者令人心驰神往的描述，其中就包括伊本·朱拜尔。他在 1184 年爬进了圆顶的双层外壳，并对木制内部结构的华丽装潢赞不绝口。遗憾的是，当前的这个圆顶与原来的相差甚远，伊本·朱拜尔所描述的"令人无法抗拒的景象、令人肃然起敬的奇观"的复杂和华美的装潢，都完全没有保留下来。[21] 南面通往圣域的古老三重门已经变得多余，但最西边的那个门洞此时有了一个米哈拉布。无论这个最初的米哈拉布（被伊本·朱拜尔赞颂为"伊斯兰至美至珍的艺术"）[22]剩下了什么，都在1893年的大火中不幸损毁了。

内部的别扭形状并不是唯一需要解决的问题。决定保留地势较高的圣域，就意味着清真寺的大部分墙壁没有门窗。对光线和空气的需求，是通过安装倾斜的木制屋顶来解决的。屋顶最初覆盖着瓦片，高度是足够的，相当于在圣域的高度线上方开了窗户。（窗户用精湛的浮雕细工雕刻出交错的大理石条带，这也预示了后来伊斯兰教的一种典型风格。）从庭院一侧进入的话，要通过带有拱廊的空地。这些空地可以自由通行，还提供了充足的光线和空气。（当前的木门是最近才增设的。）

面向庭院的外立面带有一种明显借鉴自拜占庭技艺的风格。它的规模很大，但外形特别朴素，只有两根方柱上有浮雕，此外就只是相当扁平的一面墙了。其效果依赖于拜占庭简单拱门的基本主题：较低处是三重拱门，顶上是呼应这一主题的小窗户，整体被圈在一座高耸的拱门中，而这座拱门也在重复着这一基本形式。不止一个人评论说，这个立面与拉文纳新圣亚坡理纳圣殿的马赛克所描绘的一座查士丁尼时代之前的宫殿惊人地相似。[23]对于圣域的其余部分，瓦利德保留了罗马神庙每一角的塔楼，南边的两座塔楼将成为日后用来召唤信徒做礼拜的宣礼塔的前身。[24]（塔楼后来的命运将在后文中讨论。）

哈里发的宏大计划还有一个更广阔的维度，说明倭马亚王朝对将城市规划用作整合政治与宗教象征意义的手段很感兴趣。

在清真寺的南面，穆阿维叶将哈里发的宫殿整合到了神庙的外部围场之内，这个地方在拜占庭时代可能是作为总督宫被开发利用的。哈里发们将其更名为 Dar al-Khadra（"绿宫"），我们从阿拉伯文献资料中得知，穆阿维叶将其重建为一个附带服务区的综合大楼。[25] 倭马亚王朝时期的建筑无一幸存，但在从清真寺南墙西端往南去的小路上，直到19世纪中期还能看到三四十根柱子的遗迹，它们来自一条连接清真寺与宫殿的门廊。这种由统治者的宫殿（dar al-'imara）、带有柱廊的庭院和清真寺组成的倭马亚王朝特色布局，在多个倭马亚王朝时期的遗址中屡次被发现。[26]

奇妙花园

瓦利德真正的妙手是庭院本身。庭院是规划的一个组成部分，这或许是借鉴了先知最初在麦地那的住宅-清真寺一体式方案，抑或是伊拉克的那些先例。[27] 空地周围的罗马柱廊改动很大。当然，南半部分是必须拆除的，要给礼拜大厅腾地方。在北半部分，原来的圆柱有些被替换成了更坚固的方柱，构成了方柱-圆柱-圆柱模式。一些罗马柱留在原地，另一些则重新用在了其他地方。（后来，阿拉伯人对北侧的柱廊进行了一次重建，所有的圆柱都被拆除，替换成了方柱。）

这一切本身就可以是一座非凡的建筑，恰如其分地表达了倭马亚王朝现已成为从波斯到大西洋的世界的主人，而大马士革就是他们的中心。这里曾经是引人注目的圣域，有一座优美

倭马亚清真寺耳堂立面

匀称的柱廊和中央高耸的内殿。此时，它即将接受最终的装扮，这将是一个跨越数个世纪的奇迹。瓦利德下令，将低矮墙壁大理石镶板上方的每一处可用空间都用马赛克填满。在户外，如此规模的工程是前所未闻的。

哈里发召集了一支由本地和外来工匠组成的队伍，他们接受的训练显然包括了古典传统及其地方差异这两方面的内容。应当强调的是，这个合成物是倭马亚王朝自己的，尽管它借鉴了当地人的技艺中早已司空见惯的元素。[28] 大约40吨的玻璃和石立方（其中仅绿色石立方就有12吨）被固定起来，使整个空间像一座奇妙花园一样熠熠生辉。每块石立方都被仔细调整过角度，从下面看时是闪闪发光的。我们现在所看到的是原作的折中版本，但仍然足以让人感受到它那强烈的震撼力。[29] 从低矮墙壁上方的庭院里看到的每一个面，都覆上了想象中的天堂

第九章　倭马亚王朝（661—750）· 227

巴拉达镶板上的房屋——倭马亚清真寺西拱廊的马赛克细节

幻景:"但敬畏真主者,将来得享受楼房,楼上建楼,下临诸河,那是真主的应许。"[30]

外观富有生气,但并没有描绘任何符合这种新信仰规范的人类或动物。相反,在闪烁的金色背景上,铺展着一层富饶的植被和溪流,其间点缀着果园、宫殿、巨筒*和房屋,全都堆叠在一起,形式上似乎借鉴了从东方到古典等多种传统的元素。

---

* 平面图为圆形的建筑物,有的还带有圆顶,来自拉丁语 *rotundus*。——译注

礼拜大厅的内部装饰更加奢华。大理石镶板在至少 3 米高的地方沿着内墙重复出现，有些镶板被装饰得富丽堂皇，用黄金勾勒出细节。倭马亚王朝显然从罗马晚期传统中借鉴了对绿色和红色大理石几何图案的喜好，这些大理石与壁柱交错在一起，边上是镶嵌的大理石或马赛克装饰条带。1893 年以前的镶板只留下了两块碎片和几张照片[31]，证实了索瓦热根据同时代麦地那先知寺带图案镶板的文献证据所做的复原。（东门即 Bab Jayrun 内，有一小部分镶板与之相类似，重复了包括精致的马赛克莨苕条带在内的装饰设计方案）。弗勒德对清真寺的研究指出，出自《古兰经》的献寺铭文被安放在大理石小圆柱下方的南墙上。[32] 这种极其昂贵的装饰风格，体现在青金石地板的四条金带上，其遗迹也一直保存到 1893 年大火之前。镶板上有一条用莨苕和葡萄图案装饰的大理石雕刻条带，用黄金勾勒出来（是为 *karma*），它强调了倭马亚王朝使用熟悉的符号界定神圣空间的方法。[33] 在上方，又是图案丰富的马赛克完成了墙壁的装饰，和庭院里的一样，都经过了精心处理。

关于清真寺的设计方案究竟是拜占庭式、新罗马式、萨珊式、叙利亚式，还是新的"伊斯兰"艺术的初次绽放，人们已经讨论得太多了。这些它当然全都有。和所有伟大的合成物一样，它超越了自身的几大来源，反映了当地叙利亚-巴勒斯坦艺术之大成的活力，尽管在过去的几十年里，这些也都不乏混乱。和倭马亚王朝的许多艺术一样，它对细节无休无止的关心，反映了一种对留白的恐惧（*horror vacui*）。它也是一个多民族专门工作组的技能汇总。小组成员不仅有当地人，还有把自身的专业和传统带过来的客座专家，只为创造出"一个想象的世界——一半是幻想，一半是现实"[34]。最重要的是，这个合成物代表了两种现实的会合：古代风格的衰落，以及一种仍在努力寻找表达方式的伊斯兰情感。引导这一切的，是一位哈里发的影响力，他打算利用这座清真寺来传播新秩序正当时的信息。

8世纪倭马亚清真寺东拱廊遗留下来的马赛克条带和大理石镶板

对于信众和同样是这条信息受众的非穆斯林来说，结果是一个既具异域色彩，又为他们所熟悉的场景。建筑细节是一锅大杂烩（mélange），但树木和植被属于古塔绿洲：无花果树、扁桃木、石榴树、苹果树、梨树和柏树。诚然，拜占庭传统也试图用几何艺术或具象艺术覆盖一些看得见的表面，但以前从没有人做到这一步，不仅要覆盖室内的墙壁，还要覆盖如此巨大的户外空间。在大理石铺设的庭院和柱廊这1 000平方米的表面上，富丽的马赛克流光溢彩。[35] 试比较这梦幻般的场景（由熟悉的元素合成，清风拂面，溪水微凉）与倭马亚王朝第一个伟大的建筑作品、（由瓦利德之父阿卜杜勒·麦利克建造的）耶路撒冷岩石圆顶风格更为突出的装饰技艺，后者在倭马亚清真寺开始动工的十三年前就已经完成了。在那里，对异域色彩的追求更加生硬、浮夸；而这里描绘的是一座触手可及的天堂，一定会让所有胆敢踏入这座奇妙花园的人倒吸一口气。正是因为有了它，许多人将大马士革描述为信徒在人间提前领略伊斯兰教天堂的地方，特别是对阿拉伯受众来说。在此之前，世界上没有任何地方能与之相媲美；此后亦然。

天堂之槛

为了实现瓦利德的梦想，可以不惜一切代价。它花费了大马士革国库七年的总收入。虽然新建筑需要的所有石材几乎都可以就地取材（围场的长墙可能就是在那时开始拆除的），但倭马亚世界的其他材料还是被搜罗一空，甚至要掠夺石棺来找出稀缺的铅，用来造屋顶。从埃及请来了工匠，为主要由当地人组成的团队增加人手。但后来阿拉伯人的说法是，拜占庭统治者在诱骗之下，从君士坦丁堡派来了一群人，这似乎就有点异想天开了。更值得注意的是，这只是瓦利德统治时期开始建造的三座重要清真寺之一。另外两座分别是在伊斯兰教的第一个礼拜场所、麦地那的先知之家原址建造的新清真寺（707—709），以及重建的阿克萨清真寺，这次重建将耶路撒冷的神圣平台献给了伊斯兰教（约709—714），使之拥有了更伟大的荣耀。[36] 用罗伯特·希伦布兰德调查报告中的话说，很难不把这些项目和推动这些项目的迫切视为"证明了穆斯林在基督教文化的指导下破茧成蝶的过程"。瓦利德可能是受到了耶路撒冷岩石圆顶（691—692）的启发，这座纪念建筑物本质上是为了纪念伊斯兰教对旧秩序的胜利，并且展示了用马赛克装饰来传达伊斯兰教诲的丰富可能性。三个新建筑地点的选择（麦地那、耶路撒冷和大马士革）无疑具有象征意义，确认了这种新信仰作为犹太教和基督教继承者的地位，也将汉志与新帝国和相对希腊化的叙利亚地区联系在一起。

将大马士革包括进来，并使用经过改装以符合伊斯兰教需要的建筑风格，是这种象征性延续的重要组成部分。作为沙漠重镇，大马士革是希腊化世界和闪米特人世界之间的天然连接点。重申了伊斯兰教的根在汉志（因此在麦地那建造了那座金碧辉煌的新清真寺，十年前第二次内战结束时才被翻新）之后，瓦利德希望他的人民继续放眼外部世界，学习外界的成就。他们无须害怕屈居第二。据10世纪的一位阿拉伯作家穆卡达西称,"瓦利德试图为穆斯林建造一座能引起他们瞩目的清真寺,一座堪称世界奇迹之一的清真寺",与基督徒在沙姆地区建造的教堂相比肩。[37] 伊斯兰教是更伟大的真理,取代了犹太教和基督教(因此才有了耶路撒冷的那几座纪念建筑物,它们试图超越君士坦丁在圣墓以及相连的巴西利卡上方建造的圆厅)。大马士革是他们的未来,是一个比亚历山大帝国跨度更大的新世界的中心:罗马的故土残躯名正言顺的接替者;一个新的耶路撒冷,一个新的君士坦丁堡。清真寺就是这个新文明灿烂夺目的中心,可能是自古罗马逝去以来装饰最为华美的建筑。从岩石圆顶到倭马亚清真寺,这十四年里,倭马亚王朝开创了一系列意义重大、规模巨大的建筑符号,装饰得无比华丽。它们具有真正的帝国风范,标志着在几代人的时间里从一个没有什么建筑传统的民族到一个大张旗鼓地宣称新秩序的帝国的过渡。

大马士革的这个项目还有另外一层意义,凭我们目前对早期伊斯兰教的了解,是很难参透的。作为伊斯兰教重心西移过程中的一部分,大马士革获得了一种"特殊的神圣地位"。它位于一个"被真主祝福的地区,他的天使在上空张开翅膀,他的先知们在那里生活、死亡",而这个地区在审判日会起到特殊的作用。[38] 这被载入了圣训(hadiths),即归于先知的早期伊斯兰教传统。它鼓励稳定的定居流动,特别是来自阿拉伯半岛的也门人部落[39],并给倭马亚王朝带来了独有的声望。这种新的重要性建立在旧神庙传统和与施洗约翰的联系之上,此时在一个项目上达到了最高点,那就是再次改造这个长期以来都被视为神圣的围场。瓦利德的夸张姿态,真正的意图现在每个旁观者

第九章 倭马亚王朝(661—750)·233

都看得很清楚了，不论是不是穆斯林：大马士革已然成为伊斯兰教的一处圣地。

九十年帝国

这个项目标志着帝国的自信达到了巅峰。瓦利德开创了一种帝国建筑风格，以便与帝国现已延伸至北非和伊比利亚半岛的雄心相匹配。之后到了715年，清真寺最后的收尾工作正在进行时，瓦利德去世了。阿卜杜勒·麦利克的另外两个后裔*苏莱曼（715—717 在位）和欧麦尔二世（717—720 在位）相继继位，在位时间都很短。之后，第四位兄弟希沙姆（724—743 在位）掌权，麦尔旺王朝的统治迎来了成绩斐然的回春。希沙姆作为建造者也取得了显赫的声名，却不是在城市里。多多少少要归功于他的那些"宫殿"，都散布在叙利亚和巴勒斯坦的沙漠边缘。

后来的哈里发没有像第二代哈里发那样调用各种资源的能力，对不同的民族和文化成分也没有拿捏好。当快速扩张的过程突然陷入停滞时，这在某种程度上是所有帝国都要面对的问题。国内的紧张局势，包括各部落群体之间的争斗，开始破坏倭马亚军队内部曾经锻造出来的团结。构成军队核心的精锐（叙利亚人民军）开始失去凝聚力。在很短的时间里，欧麦尔二

---

* 欧麦尔二世并非阿卜杜勒·麦利克之子，而是他的侄子。欧麦尔二世死后由阿卜杜勒·麦利克之子耶济德二世继位（720—724 在位），之后才是希沙姆。——译注

世曾试图强调,伊斯兰教的普世使命意味着拥抱所有愿意接受这种信仰的人,而不是将其视为一场阿拉伯人的运动。说到底,还是基数太小。"从历史角度看,倭马亚王朝在叙利亚的统治是一种反常现象;归根结底,这个国家没有足够的人口,没有足够的团结,也没有足够的财富来支撑起一个庞大的帝国。"[40]

由于后来的哈里发对将大马士革作为居住地缺乏兴趣,大马士革保持世界之都地位的可能性被进一步削弱了。首都成了可以移动的神奇存在。苏莱曼居住在拉姆拉(巴勒斯坦),希沙姆居住在鲁萨法,这个基督教朝圣中心仍然吸引着大量来自中部沙漠、属于各种教派的阿拉伯人。沙漠宫殿是前伊斯兰时代边境营地(*hira*)的固定版,建造这些沙漠宫殿,能够以一种很浪漫的方式使人回想起王朝的根在沙漠,并显示出领导阶层一直延续下来的折中口味。然而,这种实验产生了惊人的艺术效果。例如,位于西海尔堡的倭马亚王朝宫殿入口,在20世纪50年代被重建为大马士革国家博物馆的大门,这又是一件绝妙的舞台艺术作品。它向畏怯的游客展现了一面装饰繁复的巨幕,是构成罗马剧场舞台背景的后墙的一个更奇妙的版本。这种类型的围堡(*qasr al-heir*)可能有多种实用目的(农耕、畜牧、狩猎、沙漠寻根、躲避经常暴发的瘟疫、与沙漠部落接触)[41],在叙利亚和约旦沙漠的许多地方都有发现,通常是在离大马士革有一定距离的地方(就比如被拿去做博物馆大门的那座城堡),有时在是极具浪漫气息的环境中,例如赛斯山的死火山核心(首都以东100公里处,也是瓦利德的工程)。最奇妙的,同时也是外墙保存最为完好的,或许是巴尔米拉以东100公里处的东海尔堡，那对双子城堡的围墙至今仍在守望。花园、灌溉工程、猎苑和浴场都已不复存在，只留下光秃秃的围墙，凝视着胜利的沙漠。

倭马亚王朝在恣睢、浮躁的妄为中逐渐消亡，几乎已经是不争的事实了，其继任者小心翼翼地播下了种子。最近的研究更是缺乏想象力，指责他们试图恢复战争的劲头，与拜占庭人交战不断，自己被掏空了家底。也许只是一切都变得太困难了，统治者们没能调和叙利亚这锅大杂烩中所有的反对势力，便各自退到叙利亚荒野中他们自己喜欢的一隅。在那里，晚期的一些哈里发放浪形骸，不过我们还是要谨慎一些，不能把瓦利德二世（743—744在位）这样一个极端人物视为时代的代表。德国历史学家韦尔豪森的看法是："瓦利德二世只会摆弄权力。"[42] 他热爱诗歌和音乐，这是很惹人喜爱的品质。但如果参照他在巴勒斯坦杰里科附近马夫贾尔遗址那座美轮美奂的宫殿遗迹的话，他的品位实则将倭马亚王朝的折中主义带到了新的境界。一些特征是技艺精湛的集大成之作，例如"音乐厅"精美绝伦的马赛克地板；另外一些特征则具有维多利亚盛期那种满溢的热情，特别是用浮夸的丘比特和动物形象加以点缀的效果，例如那些装饰极其华丽的拱门——将美索不达米亚、罗马、拜占庭和原始阿拉伯风格的花纹堆积在一起，没完没了地大量使用。瓦利德二世本可以成为魅力无穷、学识渊博之人，却长期沉溺于美酒佳酿，显示出他对文化很不敏感，这让他的敌人动起了弑君的念头，也就不足为奇了。一些也门人被雇来做这件事。他预料到自己大限将至，于是逃离了杰里科，向东经大马士革前往遥远的巴赫拉宫殿，向不毛的沙漠寻求慰藉。这座宫殿位于巴尔米拉以南 20 公里处，残垣断壁今犹在。

> 把苏莱曼、美酒、歌女和酒杯留给我：
> 这些财富对我已然足够！
> 虽在光秃的沙丘上，却有萨勒玛在怀
> 这样的生活我不想改变。[43]

也门人在这里追上了他。他被砍死时正在阅读《古兰经》；他的头颅被运到大马士革，作为买凶杀人的新任哈里发耶济德三世的战利品。耶济德掌权后主打节俭牌（以骑驴进入大马士革为开端），承诺不再纵情于奢侈的公共建设工程。像这样与倭马亚王朝的辉煌岁月割裂开来，并没有什么好处：帝国分崩离析，陷入了部落纷争和席卷各省的一连串叛乱，他的统治只持续了 162 天。

倭马亚王朝末代哈里发麦尔旺二世（744—750 在位）似乎具有恢复王朝威严所需要的铁面无情的品质。他在大马士革的大清真寺被拥立为哈里发，但很快便与派系制度发生了冲突。长期以来，这一制度对哈里发周围的任何权威都会造成致命的破坏。由于招架不住现已在叙利亚南部占据优势的也门人反对派，他迁都至贾兹拉的哈兰；此举或许也是受到了大马士革不断暴发的瘟疫的推动。他曾在亚美尼亚和阿塞拜疆任职，试图弃用曾经维系着这个政权的传统叙利亚军队。他从最初征服后部署在叙利亚东北部的卡伊斯人军团中建立了一支替代部队，但哈里发花了很大力气镇压远在叙利亚南部的叛乱，已经无力掌控更东边的那些省份了，被边缘化的呼罗珊阿拉伯人就在那里公然造反。

坐镇新基地哈兰的麦尔旺暴力镇压他的敌人，同时也在尽力夺回伊拉克。大马士革终究被那个曾经将它推上世界帝国之巅的王朝抛弃了。它的城墙被拆除，它的精英被自己的统治者屠杀。麦尔旺的敌人是伊拉克的阿拔斯派，他们自718年以来便一直在挑战倭马亚王朝的权威，试图为先知叔父阿拔斯的后裔主张哈里发之位，并于750年在底格里斯河支流扎卜河的战役中击败了麦尔旺。帝权之间的第一次斗争，本质上并不是叙利亚和伊拉克之间的一场战斗，而是两个被边缘化的民族——叙利亚东北，即贾兹拉的卡伊斯人，与呼罗珊人——之间的较量。麦尔旺撤回到大马士革，果不其然无法在那里避难。他所回避的城市最终向他关上了大门。它受够了争吵不休的倭马亚王朝。早期哈里发们的光荣岁月早已远去。于是他继续前往埃及。在布西尔（布西里斯，可能位于法尤姆绿洲），他最终在战斗中被砍倒。

虽败犹荣？

短暂的抵抗过后，大马士革于750年4月25日落入阿拔斯王朝之手。倭马亚王朝九十年的实验结束了。穆阿维叶建立了一个帝国，其权力依靠的是古莱什部落，他们是先知统治力的必然继承者。倭马亚王朝的时代试图建立一个以世俗权力为基础的哈里发国家，不依靠先知的直系后裔，但它没能发展出必要的政治机构来补充军事力量，以保持帝国的统一。它试图将伊斯兰教的宗教中心留在原来的麦地那和麦加，并从新旧两套秩序中去粗取精。它最终沦为阿拉伯人派系主义的牺牲品。它的那些纷争仍然源于沙漠部落的传统。倭马亚王朝与在其统治下发展起来的宗教传统保持距离，而这些传统时至今日仍在决定着伊斯兰教的教义。[44]"倭马亚王朝自视为真主的代表、社会的领袖，认为没有必要与新兴的宗教学者阶级分享权力，或者把权力下放给他们。"[45]它更愿意将伊斯兰教作为特权精英的宗教，因此忽视了先知教诲的普世性，所以就积蓄了压力。这些压力在遥远东方的呼罗珊迸发，要求伊斯兰教成为一种对外传教的扩张主义信条。

倭马亚王朝的哈里发也失败了，因为他们没有实现目标，把大马士革塑造成一个能够维持帝国雄心的伟大中心城市。伊斯兰教仍然是一种精英宗教，未能在这座仍是区域性知识中心的城市扎下根来。要克服自身的民族身份，将非阿拉伯人的穆斯林充分纳入帝国的结构组织，这个教训倭马亚王朝并没有从罗马人那里学到。倭马亚王朝后期，帝国的重心已经东移。阿拔斯王朝上台，代表的是在倭马亚王朝统治下感到被边缘化的东方（非阿拉伯）社会成员混合体。倭马亚王朝可能赢得了世界上疆域最辽阔的帝国，却未能为其创建一座超出象征性意义的首都。

在某种程度上，伊斯兰教对大马士革的胜利来得太轻松了。没有从旧秩序突然过渡到新秩序的标志性事件。（诚然，也没有任何的自卑情结，导致入侵者像哥特人在意大利或高卢所做的那样，不加区分地照搬旧时的希腊-罗马规范。）虽然最初愿意接受当地的行政惯例，但阿拉伯语没有遇到太大的阻力就成了官方用语；它只是在大马士革人早已学会运用的语言清单中又增加了一门闪米特语言。大多数基督徒觉得没有义务改宗，而通过伊斯兰教和阿拉伯语形成的阿拉伯人身份意识，直到8世纪才站稳脚跟。瓦利德一世统治时期，大马士革军区（该军区包括了腓尼基沿海地区）还只有45 000名登记服兵役的穆斯林。由此看来，在叙利亚/巴勒斯坦约350万的总人口中，穆斯林可能总共只有20万。[46]

在强调倭马亚王朝成就的脆弱性时，我们也不应否认它不朽的遗产。尽管倭马亚王朝从未像罗马人或帕提亚人/萨珊人那样，让人们对他们的帝国念念不忘，但哈里发迁至大马士革、建立宫廷和基本教育及行政体系的做法，确实以某种形式发起了这种新的信仰。如果它仍然以汉志为基地，是永远也不可能实现的。[47]倭马亚王朝选择了一个将世俗与神圣分隔开来的基地，这就提供了一个发起点，使这项新的事业能够暂时超越致命的派系主义。如果它仍然留在沙漠中，这种派系主义就会很快将其破坏。这股冲力只持续了九十年，但这一时期对于向全世界的受众传播这种新信仰至关重要。

大马士革的大清真寺代表着倭马亚王朝的梦想之巅，是在它的征服野心达到顶点时出现的，而征服的对象甚至包括拜占庭的中心。它也成为新的伊斯兰建筑式样的象征，以及几个世纪以来评判主要建筑工程所参照的范例。它成了倭马亚王朝短暂巅峰的象征:"叙利亚首都达到如此这般权力与荣耀的顶点,前无古人后无来者。"[48]

注 释

1. 倭马亚家族是麦加豪族,最初反对穆罕默德的崛起,尽管他们属于古莱什部落中的同一支。
2. Sourdel 1983: 36.
3. Grabar 1996: 133.
4. Cameron 1995b: 211 n.47. Peters 1985: 201 推测,穆阿维叶定都耶路撒冷的打算,可能是倭马亚王朝在"尊贵圣地"的南界和西南界建造巨大"宫殿"建筑群的原因。Bacharach 1996: 38 和 n.102 探究了这个想法。
5. Hitti 1951: 65.
6. 有许多人葬在小门公墓,但他们的坟墓经过数个世纪已经消失不见。留存下来的只有艾布·达尔达的墓碑(藏于国家博物馆)和比拉勒·哈巴希的坟墓。Rihawi 1977: 167.
7. 1184 年,逊尼派旅行者伊本·朱拜尔对大马士革的记述中,将这种联系斥为"(什叶派)比较突出的捏造之一"。侯赛因的妹妹栽娜卜的故事同样被人传诵。她在卡尔巴拉目睹了哥哥的殉难后,被送往麦地那,于 685 年去世。但她去世前的最后一年,是在大马士革往南一点的拉维耶村度过的,她丈夫的祖籍在那里。她的坟墓被中世纪一些著名的阿拉伯旅行者参观过,在 20 世纪 50 年代建造了赛义达·栽娜卜清真寺后,现已成为什叶派一个主要的朝圣中心。见 Zuhdy in Gaube and Fansa 2000: 277,以及 Mulder 2014 的全面研究。
8. Creswell 1969 I/1: 164; Porter 1855 I: 65.
9. Creswell 是第一位主张这种说法的,Creswell 1969 I/1: 191—196 中的论述很有说服力。
10. Creswell 1969 I/1: 169—170; ibn Jubayr (Broadhurst trans.) 1952: 275; Bahnassi 1989: 55.
11. 这种想法可能也呼应了瓦利德在耶路撒冷采取的措施,即主张旧时圣殿的整个平台为伊斯兰教的神圣区域。岩石圆顶的建造，以及后来瓦利德版本的阿克萨清真寺轴线与岩石圆顶对齐的做法，都代表着伊斯兰教对该平台最终的所有权。

12　Key Fowden 1999: 178. Jalabert 2001: 17 指出，对这位圣人头颅的尊崇，最初的记载要追溯到大约 903 年。

13　Flood 2000: 198.

14　改编自 Elisséeff 1959: 14—15。

15　这个名字源自 al-Sakassek 部落，其成员经常在做礼拜的间隙聚集于此。

16　Johns 1999 包含了最近对标准清真寺布局起源的讨论，很有意思。

17　尺寸只是近似，因为圣域并不是一个真正的长方形。这在某种程度上是最初古典时代的施工所导致的，后来阿拉伯人的重建更加剧了这种情况。

18　Al-Khatib 1999: 25.

19　除了两个例外，所有的柱头都是科林斯式，且尺寸不一——Wilson 1897: 299 注意到，它们的尺寸和来源多种多样，而且许多底座都被捣毁了。原来的柱头和柱子无一幸存。那些没有因 1893 年大火而崩塌的柱子（西南拱廊），由于状态脆弱而被移走，并被打碎以作路基。Creswell 1969 I/1: 165 和 n.3.

20　Al-Khatib 正确地指出 (1999: 61)，长通道的效果是，它们会遁入幽暗，而不会给人留下明确的空间感。

21　Ibn Jubayr (Broadhurst trans.) 1952: 275. 见 Creswell 1969 I/1: 168—169，讨论了当前这个圆顶的不足之处。它取代了先前毁于 1893 年大火的那个圆顶。

22　Ibn Jubayr (Broadhurst trans.) 1952: 279.

23　Flood 2000: 163 和 fig. 78 认为，它的外立面，或者至少是中央的三重拱门结构，有意识地模仿了铜门，即君士坦丁堡拜占庭皇宫早已消失的宏伟入口。

24　Bloom 1989: 31; Robert Hillenbrand 'Manara' in *EI*2.

25　一名拜占庭使节的描述拿建筑质量之差（用烧结砖和木材建造）大作文章——"上半部分给鸟住，下半部分给耗子住"——Bacharach 将其解释为哈里发不打算将大马士革作为帝国永久政治中心的信号。然而，Flood 2000: 147 指出，在后来的阿拉伯史料中出现的这个故事，可能只不过是一个自我延续的虚构故事。Guérin 2000: 230—231 探究了关于倭马亚王朝和阿拔斯王朝总督官邸较晚的证据。

26 近来最出色的考察是 Bacharach 1991，他（在第 119 页）总结道："清真寺和统治者的宫殿必须离得很近，以满足当地的行政需要，增强统治者及其穆斯林同胞的安全感和团结，并树立一个穆斯林存在的明显标志。"在附近的耶路撒冷和安杰尔也发现了类似的布局。Blankinship 1994: 17 认为，这种设施的聚集再现了罗马人集结并检阅军队的原则理念。根据最近的复原来看，这种布局在安曼（可能晚了至少二十年）特别明显——Northedge 1992: 88—66。

27 Johns 1999 给出了早期清真寺规划一些可能的资料来源。

28 这种大胆的即兴创作反映在结构上。我们可以注意一下，比如对实验性拱门形状的运用，这些尖形和马蹄形远早于它们普及开来的时期——例如西入口的拱廊、礼拜大厅的连拱廊（1893 年后被替换）和耳房的北拱门。Creswell 1969 I/1: 166, 171, 173.

29 20 世纪 60 年代以来，在大面积马赛克墙壁的"修复"工作中，出现了对现代马赛克方块的辣眼色调使用不当，以及照抄纹样图鉴中的设计的现象。最近的一些评述对此表示痛惜。(Marguerite Gautier van Berchem 收录在 Creswell 1979: 324—366 中的文章，对 1964 年以来利用现代材料和概念开展的修复工作进行了严厉的批评。除此之外，还可参见以下文章：Bonfioli 1959; Brisch 1988; de Lorey 1931; Stern 1972。)

30 Koran Surah 39.20; 另见 Finster 1970—1971: 120。

31 装饰着耳房柱的两块镶板现藏于国家博物馆——目录编号 A.5 和 A.7 ('al-Ush, Abu-l-Faraj 1976: 254)。

32 Flood 2000: 57—68。

33 Flood 2000: Chapter 3 对 *karma* 条带进行了有趣的讨论。

34 Stern 1972: 224。

35 据阿拉伯旅行者穆卡达西描述，他在 985 年参观时，庭院是用白色大理石铺设的——Muqaddasi (Miquel trans.) 1963: 168—169。叙利亚当局 20 世纪 60 年代初在庭院进行的试验性挖掘，似乎证实了这就是原本表面的可能性——Rihawi 1963。不过 Rihawi 认为，拱廊的地板是用白色马赛克铺设的，比这更花哨的图案几乎没有。后文中会提到，后来庭院用来自神庙东门的石头重新铺设了。

36 其他已知由瓦利德所启动的项目也使用了相同的建筑风格元素，包括萨那的大清真寺和福斯塔特的阿姆尔清真寺（埃及，710—712）。我们也不应忘记他的最后一个重大项目，即他的继任者们也没有完成的人造城市安杰尔。

37 Muqaddasi (Miquel trans.) 1963: 174.

38 Cobb 2001: 55; 另见 Blay-Abramski 1982: 18。

39 Shboul 1994: 88.

40 Kennedy 1981: 24.

41 Bacharach 1996; Dols 1977: 26.

42 Wellhausen 2000: 356.

43 Hamilton 1985: 157, 引用了 Isfahani. 关于 Bkhara, 见 Bauzou 1993: 46—48。

44 Hawting 1986: 2.

45 Hawting 1986: 13.

46 Hitti 1951: 484, 引用了 Lammens 1921 I: 119—120。

47 Kennedy 1986a: 120.

48 Hitti 1951: 70.

II

第二部分

前　言

古代终于何时？

　　我们的故事在这里被迫中断。自吉本以来，许多学术工作都致力于探究古代世界衰落的原因，第一批古典文明标志性的探究精神的消失，以及由教条信仰、强加的权威和东方形式主义所把持的所谓"黑暗时代"。事实上，这里的"衰亡"是一个漫长而又缓慢的过程，"黄金时代"可能也从未像我们理所当然地认为的那样，如黄金般灿烂。

　　我们已经了解到，"东方"压倒"西方"局面的重新确立是徐徐发展的，这一过程在叙利亚古典时代的整整一千年里经历了盛衰荣辱。在过去的几个世纪里，闪米特人，特别是阿拉伯人的身份意识开始重新树立。然而，是否曾经出现过有意识的民族自立过程（类似过去半个世纪中对殖民主义的排斥），还很难确定。不过希腊文化的浪潮肯定在希拉克略退却之前就已经开始退去了。

　　可是对大马士革来说，倭马亚王朝实验的结束，确实明明白白地为一个一去不复返的漫长时代画上了句号。不过正如萨特的评述，这种中断绝不是简简单单的一刀两断："历史从来都不是由突然的中断所造就的；只有从长远来看，才有真正的变化。"[1]然而，叙利亚所经历的这个世界的长期连续性，此时已经被狠狠地粉碎了，这股力量比罗马帝国晚期崩溃过程中的那些重大事件还要强劲。虽然在叙利亚的许多地区，生活似乎还在波澜不惊地继续着，可能一直这样到了9世纪或10世纪。但我们所看到的只是一些短暂的掠影，而昔日那种生活的残余，似乎只是在新秩序所不能及的与世隔绝之地延续着。几个世纪后，才重新开始有了建造记录。此时，它照亮了一幅全新的图景。

一道帷幕在叙利亚落下，将千年的悠悠岁月遮了个严严实实。倭马亚王朝统治下阿拉伯人短暂的优势地位，即将被各种各样的少数族群所继承，他们开始摆布这个被削弱的哈里发国家。我们对叙利亚在阿拔斯王朝统治下的命运知之甚少，以至于我们的故事被迫中断，而这个缺口比过去两千年里的任何时候都要明显。为了把叙述脉络接上，我们的叙事对接下来的三个世纪只能一笔带过，直到叙利亚历史上另一个节点的前夕。彼时，大马士革再次处于东西方冲突的中心，而这场冲突就是十字军东征。

暂停的另一个原因是，本书后半部分与前半部分的叙述截然不同。公元1100年之后，我们开始有了文字史料、留存至今的大量建筑，将我们与当下联系在一起的记忆也有了连续性。我们不再像之前那样依赖从其他中心得出的推论，只为弥补大马士革史料的不足。于是，我们有时会发现，在一个非常不稳定的环境中，过多的记述和对控制权的争夺把叙事弄得乱七八糟。但主要的趋势更加明晰了，记载的事件也相当确定，而通过那些屹立至今、见证了时代的建筑来阐述这个故事，也会容易一些。

注　释

1　Sartre 2001: 991.

第十章

衰落、混乱与无关紧要

（750—1098）

放逐（750—877）

阿拔斯王朝的统治寻求与过去有意识的断然决裂：用现代术语来说，就是革命，而不仅仅是改朝换代。然而，这场革命的根源要追溯到伊斯兰教的萌芽阶段。倭马亚王朝忽视了将帝国迥然不同的各个集团联合起来的需要，而阿拔斯王朝则必须马上找到一种具有统一力量的意识形态，因为这场运动本质上依靠的是遥远的呼罗珊的不同势力。阿拔斯王朝表面上的目的，是围绕从先知穆罕默德家族中选出的哈里发，将伊斯兰教重新统一，驱逐倭马亚家族（曾经抗拒先知的教诲，见时机到了又来归顺的外人）。当阿卜杜拉·伊本·阿拔斯（卒于687年）家族一名幸存的后裔在库法被推出来，并被宣告为新势力名义上的领袖时，这件事情就有了结果。事实上，这个家族并不能自称是先知的直系后裔（阿卜杜拉·伊本·阿拔斯的父亲是先知的叔父，以前还曾支持阿里派的事业，但这一事实很快便被人们忘却了。

天启般的断言层出不穷，承诺"让世间充满正义，推翻暴政"：

> 人民啊，世间的黑暗现已被驱散，遮天蔽日之物已被消除。天地间喜气洋洋。太阳高升，月光皎洁。
> ——庆祝阿拔斯王朝军事胜利的布道词，750 年[1]

现实与革命的豪言壮语大相径庭。阿里支持者（后来被称为什叶派）的事业很快就被抛弃了。原来重要的是阿拔斯家族，而不是先知的血脉。[2] 阿拔斯王朝"不可能成为救世主，无论是逊尼派的还是什叶派的"[3]。阿里的支持者被赶到地下，在两个世纪或更长的时间里都不会再显山露水了。

阿拔斯王朝的新战略所产生的效果，就是使穆斯林世界与阿拉伯渊源渐行渐远，向着波斯去了。波斯人拥入新的官署，阿拉伯人"失去了对权力成果的独占权"[4]。随之产生了另起炉灶的愿望，通过一种更加绝对化的信仰。官僚机构得到扩充，财政和国内安全也得到了加强。大马士革和整个叙利亚并没有像一些历史学家后来描述的那样，被新秩序所放逐，但它一定感受到了自己屈居人下的状态和低人一等的经济地位。一场声势浩大的宣传运动将新政权推上台，将帝国团结在象征这项事业的黑旗周围。任何可能使信徒们回想起倭马亚王朝宽松统治的东西，都必须被摧毁或妖魔化。大马士革作为倭马亚王朝无上权威的象征，必须被收拾得服服帖帖才行。这座城市经历信仰的交接时，都没有过流血或掠夺，现在却感受到了同胞的报复。这座城市在征服者大军压境之前很久的时候，就曾向它的阿拉伯邻居伸出援助之手，此时却被那些同样信奉这种新信仰的人弃如敝屣。

阿拔斯王朝向过去那些伟大的东方帝国寻求灵感，设计了第一个真正的伊斯兰帝国，按照中央集权的方针管理，文官和军队由中央任命，并严加控制。这个新帝国以东方的萨珊人为榜样，获取如何统治其广阔领土的灵感。宫廷礼节是波斯的，可以追溯到一个多世纪前霍斯劳二世的帝国。结构严密的行政借鉴了萨珊人的模板，在相当于首相的维齐尔（wazir）的控制下，设立了一系列 diwans（部）。阿拉伯人的伊斯兰教传统被修改，以便把伊斯兰教在东方所接纳的非阿拉伯民族也包括进来。第一个首都库法很快就被放弃了，代之以巴格达，一个曾经沐浴在巴比伦最辉煌岁月中的地点。他们在这里另建新城，其规模更像是回溯到了波斯波利斯和帕萨尔加德，而不是希腊-罗马城市那种朴素的网格规划。倭马亚王朝临时决定的首都大马士革，在宏伟对称的波斯风设计面前黯然失色。

这套帝国结构的建立，伴随着经济和文化的急速发展，帝国与欧洲和中国的联系也随之活跃起来。查理曼统治下的欧洲走出了数个世纪的混沌状态，向这个新超级大国位于巴格达——"一千零一夜"之城——的宫廷派遣了使者，而此时当政的正是传奇哈里发哈伦·拉希德（786—809 在位）。颇具讽刺意味的是，当拜占庭当局忙于阻挠与古典思想的藕断丝连时，阿拔斯王朝却在积极鼓励开采古希腊科学和哲学论文丛集这座富矿，以便对集中在巴格达、已然欣欣向荣的各大学术流派加以补充。一个博采众家之长，但服从于阿拔斯王朝利益的综合体运转了起来，其规模比大马士革曾经考虑过的任何事物都要显著得多。

教训大马士革

起初，大马士革没有持续抵抗，便接受了它的新统治者。但在六个月内，这一地区被接二连三的叛乱搅得地动山摇，不过这些叛乱都太过孤立，没有集中于一点，对新王朝构不成严重威胁。阿拔斯王朝的统治所带来的结果，对大马士革来说尤其糟糕。大清真寺代表着伊斯兰教的胜利，所以幸免于难，但所有能让人回想起倭马亚王朝的东西都遭到了唾弃。倭马亚家族被追杀，最有名的家族成员于 750 年在巴勒斯坦被系统性屠杀。许多活下来的官员被新政权放逐，原来的军事指挥官也很少能留在新的军队中。

除掉旧政权的领导人之后，下一个目标就是对这个王朝的记忆。"以前，伊斯兰统治者的公开政策从不包括将一个穆斯林大家族灭门，更何况是一个来自麦加的家族。"[5] 前朝的大多数哈里发葬在小门公墓，这座公墓至今仍位于紧邻城墙区以南的地方。阿拔斯王朝的军队把打开哈里发的坟墓，亵渎并抛撒希沙姆、阿卜杜勒·麦利克和穆阿维叶的遗骸作为他们的首要目标之一。所有与他们的埋葬地点有关的东西都被清除了，让人无处凭吊。[6] 紧邻清真寺南边的大宅可能也得以幸免，因为它最初是由阿拔斯王朝的总督们使用的；是否以同样的形式使用尚不清楚。城墙的遗迹被拆除了。大马士革发现自己降格为一座无足轻重的地方城镇，以至于有那么几个世纪，我们只能在现存的记录中瞥见这座城市一闪而过。

报复来得格外激烈，原因可能有二。阿拔斯王朝在树立自身权威时遇到了很大的困难，人们对他们的动机也产生了强烈的怀疑。因此，对倭马亚王朝卷土重来的恐惧成了一种执念。一旦他们意识到，倭马亚王朝的一位王子、20岁的阿卜杜拉赫曼（哈里发希沙姆［724—743在位］之孙）游过了幼发拉底河、逃脱了阿拔斯王朝的追捕，这种执念就更加强烈了。经过五年的长途漂泊，他经北非来到了西班牙；这是他的祖先在711年至717年征服的土地。倭马亚王朝会在西班牙坚守数个世纪，将其源自叙利亚的传统永久性地沉淀在许多地形学和建筑传统中。远在西班牙的倭马亚王朝会积极宣传，要人们相信穆阿维叶的后裔有朝一日会回来，恢复倭马亚家族的哈里发之位，这一点是不能不考虑的。811年，"苏富扬派"（穆阿维叶·伊本·苏富扬家族的追随者）确实进行了一次轰轰烈烈的尝试。彼时，哈伦·拉希德的黄金时期刚刚过去，他们想从阿拔斯王朝逐渐衰微的控制中获利。

在大马士革之外，阿拔斯王朝的破坏更有选择性。叙利亚的军区（旧时倭马亚王朝的分区基本上保留了下来）可能更多的是被忽视了，而不是主动破坏的，还有就是过度征税的负担日益加重。一些地区是新开发的，以便将美索不达米亚地区和叙利亚地区更紧密地连接起来，例如拉卡附近的幼发拉底河中游地区，以及塞莱米耶的沙漠定居点。我们从考古证据中得知，

宝　库

沙漠中的宫殿基本上没有受到干扰，巴勒斯坦的基督教堂似乎也没有受到阿拔斯王朝的任何损害。叙利亚现已成为继续与拜占庭作战的基地，这一事实也意味着不能完全忽视它的利益。[7]

大马士革和叙利亚并不仅仅是从书面记录中消失了；在阿拔斯王朝统治时期，它们也基本上从实物记录中消失了。在接下来的三个世纪里，大马士革似乎没建造什么东西，这也很符合阿拔斯王朝教训大马士革的决心。有一个奇怪的例外：那座美丽的小宝库（贝特马尔），至今仍屹立在倭马亚清真寺庭院西端，八边形腔室装饰着马赛克莨苕线条，立在朱庇特神庙古老的柱子上。这个例子可能是以倭马亚王朝时期的构思为基础、在阿拔斯王朝时期重建的。[8]这座城市的阿拔斯王朝总督法德勒·伊本·萨利赫·伊本·阿里在788年建造了这个亭子，用来保管清真寺的宝藏，这反映出清真寺建筑群仍然拥有与之相称的特殊地位。他用八根罗马时代的整体柱抬起了这个小小的八边形腔室，这些柱子深深地扎进地下，但华美的柱头仍然完整无缺。腔室被一段段古典时代的柱顶支撑着，这些或许都是从曾经位于神庙圣域边缘的柱廊中夺来的。马赛克镶板模仿了庭院的其他装饰，尽管它们在13或14世纪曾被大规模修复，又在20世纪几乎完全根据遗留的碎片进行了重建。[9]在庭院东侧相对应的位置，可能还建造了第二座带有的圆顶的亭子。[10]

大清真寺中可能还有一座使人回想起阿拔斯王朝时期的建筑物。北边的塔楼俗称"新娘宣礼塔"，年代尚不确定。我们不知道北侧这座孤塔是否为瓦利德最初构想的一部分。这一侧的第一座塔楼（取代了罗马神庙的两座角楼）也许可以追溯到倭马亚王朝，但更有可能建于阿拔斯-法蒂玛王朝时期，因为阿拉伯旅行者穆卡达西在985年访问大马士革时，说这座宣礼塔是"最近建成的"[11]。然而我们知道，这座建筑在1174年清真寺北侧的一场大火后被替换掉了。它在多大程度上遵循了先例，目前尚不清楚。

愠怒的反抗

在阿拉伯历史学家的心目中，大马士革作为反阿拔斯王朝统治者骚动的温床，名声保持了很久。这种反叛精神在很大程度上只不过是因为阿拔斯王朝疆域内对地方的控制比较孱弱，而最近的一项研究认为，对倭马亚王朝统治的怀念在煽动叛乱方面并没有那么大的作用。[12]例如，754年大马士革第一任总督阿卜杜拉的挑战，显然是基于他个人对哈里发之位的主张，而不是对阿拔斯王朝统治地位的挑战。尽管如此，大马士革还是怨气很重，尤其是因为大马士革在阿拔斯王朝统治下受到的苛待。阿拔斯王朝在很大程度上被认为偏袒也门人，而不待见卡伊斯人。阿拔斯王朝接管叙利亚后，在倭马亚王朝第三次内战中积累的紧张局势达到了顶点，并在744年使卡伊斯人与也门人兵戎相见。阿拔斯王朝最初或许还能依靠也门人的支持（据阿拉伯史料称，也门人为阿拔斯王朝的将军阿卜杜拉·伊本·阿里打开了大马士革城门），但他们发现，试图在部落间挑拨离间，往往只会使紧张局势升级到难以驾驭的地步。阿拔斯王朝接收了被打败的倭马亚军队的一些成员，但主要还是从他们在呼罗珊东部边境的追随者中招募了一支新的军队。把曾在呼罗珊为政权效劳的指挥官派到大马士革任职，这一政策是在强调叙利亚是被征服的地方，从而也加强了这种疏离感。

因此，想要扬起反对阿拔斯王朝的白色旗帜，根本不用花费太大力气；例如，8世纪70年代，一个也门人花园里的西瓜被偷后，大马士革附近就爆发了长期的战斗。这种愠怒的反抗情绪持续了数十年，往往带有部落色彩，但这并不妨碍历代哈里发带着整个朝廷盛装出行时经过大马士革。阿拔斯王朝放弃了倭马亚王朝哈里发的绿宫，将其改为监狱。[13]他们在城市西南的城墙外建立了一个新的总督府，面对着水槽门。在那里，总督可以得到部署在古塔绿洲和南部豪兰地区的部落盟友的严密保护。他们接管的一个场所有花园和坟墓，曾经是艾布·穆罕默德·赫贾吉的宅邸。他是倭马亚王朝著名的汉志、伊拉克和呼罗珊总督（卒于714年），也是倭马亚王朝哈里发阿卜杜勒·麦利克（685—705在位）的手下。这个区域至今仍叫赫贾吉宫。[14] 后来（831年），马蒙在城北卡松山脚下的穆兰修道院建造了一座华丽的哈里发行宫。[15] 它属于一个建筑群，由马宁河的一条新运河供水。阿拔斯王朝第七任哈里发穆泰瓦基勒（847—861在位）迁都大马士革，最初是打算在此长驻，作为对拜占庭人新的协同作战的一部分。然而，这次实验只持续了38天。哈里发叫停了作战，匆匆返回伊拉克。他受不了这座城市初夏的风和潮湿的环境，更不用说高昂的物价和跳蚤了。

阿拔斯王朝早期，基督教社会（现已分裂为君士坦丁堡正统派信徒、基督一性论派和卷土重来的聂斯脱里派）和倭马亚王朝时期一样，在很大程度上是放任自流的。八百年后，我们有更多的证据表明，该地区的基督教社区肉眼可见地衰落了，特别是教堂被废弃了。希克最近的研究[16]指出，813年巴勒斯坦的教堂数量只有602年的一半。随着大部分阿拉伯人口转投伊斯兰教，改宗的过程在9世纪开始加速。非阿拉伯人的底层人口又坚持了一个世纪左右，直到什叶派主导的新政权积极寻求让人改宗，并且偏袒穆斯林。到目前为止，皈依伊斯兰教的压力主要来自税收优惠，此时则更加严重了。正是在这个时候，许多偏远的基督教社区选择了身为异端的什叶派运动。从10世纪开始，穆斯林开始在人口中占到多数，但具有讽刺意味的是，基督教会越来越多地利用阿拉伯人的身份认同，确保了自身的存续。[17]

突厥人进犯，图伦王朝（877—905）

到头来，阿拔斯王朝的光辉岁月也并不比倭马亚王朝长。失去了西班牙和北非之后，哈里发不能再声称代表全体穆斯林了。到了9世纪初，在哈伦·拉希德的"辉煌"统治时期，衰败的种子已经显而易见。穆泰瓦基勒试图通过回归昔日（暗指倭马亚王朝）的价值观，镇压阿里的追随者，并对基督徒下手，给帝国带来一个新的焦点。当然，在他为阿拔斯王朝的优势地位注入新活力的尝试完成之后，阿拔斯王朝似乎从未恢复元气。问题的一大表现是，在哈里发逐渐变得有名无实的权威之下，要依靠无拘无束的政治和军事领袖来管理这个帝国。

早在8世纪，帝国就放弃了以阿拉伯新兵为基础组建军队的做法，开始依靠中亚部落的指挥官作为"中立"分子控制叙利亚各省。这标志着土库曼人部落首次介入叙利亚。在接下来这四百年的大部分时间里，他们都将在那里发挥举足轻重的作用。在下一个千年的大部分时间里，叙利亚都将处在从中亚涌出的这些土库曼人集团的控制下，以这样那样的方式。他们最初"过来时没有任何政治包袱"，处于穆斯林社会主体的边缘。[18] 起初，他们出现在穆尔台绥姆改革（833—847*）所创立的军人阶层中。但是在穆泰瓦基勒之后，他们的作用尤为突出。阿拔斯王朝开始依靠以马穆鲁克为基础的军人精英。他们于少

---

* 这个时间段包括穆尔台绥姆和其子瓦西格两任哈里发的在位时期。前者在842年去世，由后者继位。——译注

年时期从边境部落征募而来,在大马士革贯彻阿拔斯王朝的意志。随着巴格达哈里发的职权在国内动荡中被削弱,它逐渐通过突厥人卫队的效劳来寻求安全。

事实证明,倭马亚王朝确立的阿拉伯人优势地位,不过是昙花一现。阿拔斯王朝明晃晃地将边缘地带作为权力的基础,剥夺了普通臣民的权利,他们"找不到什么理由来支持哈里发的政治权力"[19]。阿拔斯王朝的统治仅仅经过了一个世纪多一点,帝国就开始了痛苦的瓦解。阿拔斯政权的军事独裁,意味着哈里发自己都要任由自己创造出来的东西摆布。"政府的功能只是充当维持军队的工具,而军队唯一的功能就是维持其自身。"[20]虽然该政权强迫叙利亚接受了它的统治,但它从未将自身的权威强加于人,而持续不断的叛乱也削弱了该政权对合法性的主张,最终使其更容易受到什叶派的蚕食。埃及作为政治权力独立的一极迎来了复兴,再次让叙利亚横亘在伊拉克和埃及之间的断层线上。在巴格达,中亚禁卫军支撑着哈里发虚无缥缈的权威:阿拔斯帝国变成了区区一个商标,只要同意支持这个虚无缥缈的东西,就给你经销权。

到了9世纪下半叶,帝国的广大地区已经背离,包括艾哈迈德·伊本·图伦统治下的埃及。伊本·图伦是突厥人,被任命为阿拔斯王朝al-Qata'i(现已被当今的开罗吞没)的总督(868—884在位)。他拒绝向巴格达进贡,并夺取了包括大马士革和叙利亚大部分地区在内的帝国大片领土(878年或879年)。抵达大马士革后,伊本·图伦参观了人们所认为的穆阿维叶埋葬地,并下令在该地标志性的简陋小屋周围加盖一个列柱中庭，象征性地强调了他对阿拔斯王朝以前秩序的尊重。[21] 图伦王朝（868—906）是一个短命王朝，但它在一个好战的什叶派教派卡尔马特派面前保卫了自己的领土，这代表着复苏后的什叶派运动的第一次重大挑战。这场运动试图控制阿拔斯王朝衰败的领土。

什叶派

在前文的叙述中，阿里派运动的故事在遭到阿拔斯王朝抛弃和打压时戛然而止，因为阿拔斯王朝并不准备鼓励任何与自己竞争继承权的主张。阿里派的事业在暗流涌动的状态下又度过了两个世纪，偶尔会在地方叛乱中冒头。其中一个区域性的运动集团在海湾西岸地区发展起来。从什叶派的伊斯玛仪派，或称七伊玛目派分支中产生的卡尔马特派，在 10 世纪的前三十年里，影响力遍及中东大部分地区[22]，极度反阿拔斯王朝的宣传加强了它的吸引力。

902 年，这些阿拉伯人冲出了他们在阿拉伯半岛东北部和伊拉克南部的大本营，挺进叙利亚，这是"部落力量的新一次完全爆发"[23]。905 年，大马士革陷入围城之危。领袖艾布·卡西姆挫败了图伦王朝保卫大马士革免遭入侵的无力尝试，并在 906 年卷土重来。面对以更集中、更具宗教动机的形式重新出现的部落压迫时，阿拔斯政权及其地方代理人终于暴露了他们的无能。然而，这些势力过度扩张，离开了大马士革。虽然现已扩散开来的各路阿里派运动集团试图进一步侵入叙利亚，特别是在阿勒颇,但没有一个能成功站稳脚跟。在阿拔斯王朝的首都,逊尼派正统势力在这众多挑战面前重新获得了力量。

分裂(905—964)

然而,到了穆格泰迪尔(908—932 在位)统治时期,阿拔斯王朝的国家在自命不凡的重压下萎靡不振。一个庞大的宫廷,加上精心设计的仪式和膨胀了一圈又一圈的禁卫军,消耗的资源与现已微薄的国家收入完全不成比例,并被地方自治此起彼伏的尝试所侵蚀。随着阿拔斯王朝统治的崩溃,大马士革迎来了精彩纷呈的历史上最混乱的一段时期。伊本·图伦进入叙利亚,再次使这一地区成为埃及(图伦王朝政权)和伊拉克(巴格达现在逐渐由突厥人做主的哈里发国家)竞相争夺的边缘地区。图伦王朝大势已去之后,巴格达和开罗这两个王朝影响力的主要中心,都无法将控制权强加于它们声称拥有的广大领土。这片大地暴露在来自伊斯兰世界边缘的冒险家面前,特别是来自中亚的土库曼人部落。大马士革发现,自己的总督似乎都是巴格达或开罗随意任命的,取决于目前哪一方的势力范围更大。

902 年,一位名叫图格吉·伊本·朱夫的突厥人为图伦王朝效力,领导大马士革抵御这些部落。三十年过去了,他的儿子穆罕默德·伊本·图格吉担任了阿拔斯王朝的大马士革和开罗总督后,于 938 年至 939 年被授予中亚的"伊赫什德"(al-Ikhshid)头衔。他受巴格达委托,在叙利亚和埃及建立了自己的势力范围，以保护哈里发国家的西侧。这些地方在公元944年后实际上成了一个世袭的封邑，他一直统治到946年在大马士革去世为止。[24] 短命的伊赫什德王朝（944—969）维持了大马士革的独立，对抗阿勒颇的阿拉伯封邑哈姆丹王朝的新兴势力（公元947年后），而巴格达的哈里发现已完全受制于突厥的军队指挥官了。阿勒颇的哈姆丹王朝虽然代表了阿拉伯文化一段光辉灿烂的繁荣期，却没有结成更广泛的同盟关系，而这正是对该地区产生稳定性影响所必需的。他们向拜占庭寻求保护，以对抗来自伊拉克的持续压力。在9世纪中期的拜占庭统治者尼基弗鲁斯·福卡斯（963—969在位）和约翰·齐米斯基斯（969—976在位）的领导下，拜占庭军队深入叙利亚，（在三百年后）夺回了安条克，在970年最远到达大马士革。968年，卡尔马特派的另一次血腥入侵引发了混乱，拜占庭的行动从中获益巨大。到了969年，叙利亚南部被三股互相竞争的势力夹在中间。北有哈姆丹王朝和拜占庭人，东边的卡尔马特派仍在步步紧逼，还有一个什叶派支派——开罗新生的法蒂玛王朝。

法蒂玛王朝（969—1055）

10世纪初，一个敌对的哈里发国家在北非建立，并在969年迁至埃及。法蒂玛王朝（969—1171在开罗统治）是一个什叶派王朝，自称是第四任哈里发阿里的后裔，很快（973年）便在尼罗河东岸建立了新首都al-Qahira（意为"胜利者"）。尽管法蒂玛王朝取代巴格达哈里发地位的梦想从未实现，但在法蒂玛王朝统治的两个世纪里，开罗使巴格达宫廷的辉煌相形见绌。它的繁荣最初立足于对其他信仰相对宽容的开放态度，这也促进了新首都的贸易流通。

然而，对于想要将新月沃土统一在自己旗下的法蒂玛王朝来说，叙利亚，特别是大马士革，就成了阻碍。叙利亚再次沦为三不管地带，大马士革任由各方摆布，包括966年劫掠了麦加朝圣车队的卡尔马特派袭击者。当安条克在969年落入拜占庭人之手时，埃及大受刺激，要去保护自己在叙利亚的地位。同年，法蒂玛王朝的一支军队在首都附近击败了伊赫什德王朝，大马士革也在970年被北非军队攻克。大马士革作为法蒂玛王朝叙利亚省的首府，在法蒂玛王朝的控制下度过了暗无天日的一个世纪，并且对北非的柏柏尔人特别仇视。大马士革的驻军大多由这群人组成。虽然法蒂玛王朝的控制往往只是名义上的，但频繁的起义遭到了残酷镇压，这只会激起逊尼派阿拉伯人对什叶派干涉者的潜在敌意。

975年，突厥冒险家阿尔普特勤提出要保护这座城市，抵御拜占庭皇帝约翰·齐米斯基斯御驾亲征的又一次入侵。全体市民如释重负，表示欢迎。这一次，皇帝甚至可能怀有攻占耶路撒冷甚至巴格达的抱负，但在夺取了巴勒贝克后，他向大马士革进军的努力因市民封锁了扎巴达尼山口而受挫。然而，阿尔普塔金对这座城市的控制很不牢固，他无法直接抗拒拜占庭对大量贡品的要求。取而代之的是，他尝试了外交手段：他说服了拜占庭皇帝，皇帝只要在陪同下参观这座自己祖先在三百四十年前弃守的城市，就满足了。他的魅力攻势如此成功，以至于拜占庭所有吞并的想法都被抛之脑后了。然而,大马士革的准独立状态很短暂。法蒂玛王朝在哈里发阿齐兹(975—996在位)的亲自带领下,于977年从阿尔普塔金手中夺回了该地区,并最终结束了摧残这座城市如此之久的卡尔马特派的威胁。法蒂玛王朝的驻军再次就位,城市当地青年帮派的势力也被制服了。在充满不确定性的时代,这些帮派往往代表着一股重要的力量。

伊斯兰旅行者第一部详细的大马士革行纪,可以追溯到985年。那一年,出生在巴勒斯坦的地理学家穆卡达西访问了大马士革。他的巨著《伊斯兰世界人文地理》对大马士革有褒有贬:"其他任何地方都见不到如此奢华的热水浴场,如此美丽的喷泉,也没有比这更值得思量的人。"然而他发现,没有任何东西能使人想起对这座城市传说中的过去近乎天堂般的描述:"大马士革很宜人,但它的气候相当干燥。那里的人不守规矩,水果不香,肉质粗糙,房屋狭小,街道通风不好,面包难吃,生活资源有限。"[25]他对倭马亚清真寺的大段描述特别准确,尽管有一些颇具传奇色彩的笔触:礼拜大厅的黑色抛光柱子,庭院里带有黄金顶的柱子。他提到,苏丹的宫殿又回到了清真寺南边,从宫殿通往礼拜场所的门是"镀金的"。

阿齐兹(975—996在位)的哈里发任期是一个相对稳定的时期,随着哈基姆(996—1021在位)的继任而结束。后者推翻了法蒂玛王朝历来的宽容政策,丧心病狂的迫害使许多人疏远了他。研究法蒂玛王朝统治下的叙利亚的著名历史学家直言不讳地指出:"不幸的是,此人是个疯子;他杀人,一开始是出于需要，然后是凭着个人喜好，最后甚至把灾难带给了他试图保护的人。"[26] 大马士革和叙利亚沿海一带爆发了地方性的叛乱。法蒂玛王朝不得不通过残忍的手段重申自己的控制权，青年帮派再次遭到镇压，这次算是一劳永逸了。998年，他们的数百名领导人应邀到大马士革总督府浴场赴宴，被柏柏尔人驻军系统、高效地砍死了。

哈基姆将法蒂玛王朝的控制权扩展到了叙利亚的大部分地区（鉴于1002年至1011年期间更换了12任总督，这种情况应该是偶发的），积极寻求与北方的拜占庭人对抗。在那里，哈姆丹王朝的威望正在衰退。虽然叙利亚城市中的穆斯林仍然以逊尼派为主，但哈基姆鼓励一个新的什叶派变种的传播，这个教派后来以其早期传教士之一达拉齐（al-Darizi）的名字命名为德鲁兹派（Druzes）。他的教义表明，哈基姆是真主的活化身。哈基姆本人当然并没有积极支持这种异端，只是鼓励这种教旨的传播。而它也只在叙利亚农村一些比较偏远的地区扎下了根，通常是那些只在某种程度上被归为正统逊尼派的山区。

到了1009年，哈基姆在国内已经没有了任何束缚，他那失去理性的放纵达到了极点。这一年，他摧毁了耶路撒冷的圣墓教堂，这是一个决定性的时刻。这种悍然的反基督教挑衅行为背离了勉强包容的时代特征，但人们只是先暂时记下了这笔账。它将在下个世纪成为一个轰动性事件（cause célèbre），其后果还将持续好几个世纪。1021年，哈基姆在开罗附近的一次晚间散步时失踪了。现在他的神化也完成了。

大马士革在哈基姆的统治下越发受到忽视，缓慢的衰落此时还在继续。[27]1024年，叙利亚南部的阿拉伯人部落掀起了一阵遍地开花的起义，反对法蒂玛王朝的控制。镇压抗议活动时遇到的种种困难表明，法蒂玛王朝对叙利亚的控制很弱，帝国的财政资源也在不断减少。法蒂玛王朝甚至一度担心他们的首都会落入阿拉伯联军之手。由于一位成功的总督阿努失特勒·杜兹比里（1023—1042在位）立了功，法蒂玛王朝设法坚持了下来。这位突厥人很有天赋，也很有干劲儿，他的权力终将遍及叙利亚全境。他的决定性胜利所带来的局面，显然触怒了开罗法蒂玛王朝的主子们，因为他们很难找到资金来维持任何调动距离如此遥远的军事行动。他赢得了大马士革臣民的钦佩，而法蒂玛王朝担心他有自立为王的野心，可能也并非无稽之谈。他必定在大马士革的宫殿里积攒了一笔财富。后来，当法蒂玛王朝嫉恨他的成功、将他赶出大马士革时，这笔财富被挖了出来。他于1042年死在阿勒颇："对于叙利亚最伟大的法蒂玛王朝总督来说，这样的结局不可谓不悲惨。"[28]颇具讽刺意味的是，他的名誉后来又恢复了。1057年，在一场盛大的仪式中，哈里发将他的遗体从阿勒颇转移到了耶路撒冷，这是那个时期的叙利亚和埃及君主们荣耀的埋骨地。

从1041年到1063年，对大马士革的记载中断了二十多年。阿拉伯人的权威叙事甚至没有给出影响这座城市的事件最基本的细节，它似乎再次被当时的主要潮流绕开了。开罗已经是一个繁荣的创意和实验中心了，而与它不同的是，法蒂玛王朝时期在大马士革建造的建筑无一幸存。法蒂玛王朝只把大马士革视为谷物的来源地，以及对付拜占庭人时偶尔能用得上的作战基地。他们想让叙利亚掌握在自己手中，但想要有效驻军就得花钱，他们又对此感到不快，即便该地区仍然可以是一个有用的收入来源。[29]

相比于从前，大马士革还是萎缩了。它没有统一的城市行政框架，经济衰弱，人口也大幅减少。"这座城市不再有任何精神上的统一感，而只是各个单独区域的总和。"[30] 每个社区都在向内看，被屠杀和内斗的恐惧困扰着。法蒂玛时代的阿拉伯历史学家开拉尼希在下个世纪写道，他估计人口已降至几千；这或许有些夸张，但也表明了城市的急剧衰落。[31]

在政治和经济上被边缘化的大马士革，宗教阶级也发展得很慢，而这个阶级将在接下来的几个世纪中支撑伊斯兰思想的发展。如果说倭马亚王朝将大马士革视为信仰中心，那么他们强调的是《古兰经》至高无上的地位，而不是对知识的探究。阿拔斯王朝把巴格达树立为他们的学术灯塔，取代了安条克和大马士革等比较古老的中心在传播希腊化世界的知识产品方面曾经发挥的作用。不懂希腊语和叙利亚语的阿拔斯王朝，依靠叙利亚的中间人，将西方科学和哲学的经典著作传入阿拉伯正典。个别保留了向东方世界传递希腊思想这一传统的叙利亚人东迁至伊拉克，为他们的翻译和思辨工作寻找新的受众。尽管在9世纪时，就有一些伊斯兰学者掉转方向，回到了大马士革，但直到11世纪，这种趋势才得到了决定性的纠正。[32]

尽管外部变化无常，10世纪和11世纪的大马士革还是成功地维持了一种差强人意的内部生活方式，往往很少被外界的时局所影响。阿拉伯居民早已对统治者的政治活动无动于衷。随着法蒂玛帝国开始瓦解，阿拔斯王朝名存实亡的哈里发也逐渐变得无足轻重，大马士革找到了自己的方法来摆脱这些典型的官僚国家的野心。大马士革成功树立了逊尼派知识中心的声誉，某种程度上也是由于大清真寺的威望。以逊尼派为主的居民维持着自身的知识环境，避免对什叶派统治者有任何正面的挑衅。人们公认的是，宗教和政治权力存在于两个不同的层面上，而当地精英则固守着宗教的维度：这与将要在下一个世纪（12世纪）出现的情况大相径庭，届时，国家对宗教教育的资助构成了逊尼派复兴的基础，而他们则越来越专注于对抗十字军在这一地区的存在。

在政治层面上，人们几乎是有意识地倾向于接受一个强大的（非阿拉伯人）统治者，将其作为扭转城市孤立、无关紧要状态的手段。最近的几十年里，这样的统治者一般都是些单打独斗的突厥冒险家，却能与当地社会的愿望产生共鸣。随着掠夺成性的法蒂玛王朝的存在感越来越弱，大马士革偶尔也会尝试承认北方对手阿勒颇的地方霸权；而阿勒颇本身也经常受制于伊拉克北部塞尔柱人的中心摩苏尔。

然而，大马士革最终学会了随机应变，靠自己的智慧生存下来，保留对伟大的倭马亚王朝（即阿拉伯）过往的记忆。在从阿拉伯人的叙述中追踪这一时期的事件方面，贡献最大的是法国历史学家蒂埃里·比昂基。他在两卷本专著《法蒂玛王朝统治下的大马士革和叙利亚》中指出，这个伊斯兰大帝国的瓦解，给了每个处于两者之间的城市作为新首都出头的机会。[33]

大马士革在过去曾经抓住过这个机会，还将再次抓住这个机会，尽管那已经是下个世纪过去很久的时候了。

塞尔柱王朝（1055—1104）

到了 11 世纪中叶，中东的突厥人已经不仅仅是零零散散的马穆鲁克和机会主义者了。各个部落整体迁移到了伊斯兰世界的中心地带。其中一个群体是从 9 世纪开始迁入波斯地区的塞尔柱人。他们入主呼罗珊，并在此过程中成为虔诚的逊尼派穆斯林。塞尔柱人领袖图格鲁勒·贝克接过了阿拔斯王朝哈里发的保护者角色，并将业已恢复的苏丹头衔（1055 年）授予自己，与哈里发合作行使世俗权力。[34] 他为一个在伊拉克什叶派压力下不断屈服的政权带来了积极进取的逊尼派定位。

在法蒂玛王朝控制叙利亚的最后那些年里，开罗政权设法找到了维持对大马士革的影响所需的资源，虽然是时断时续的。这主要是大马士革（后来还有巴勒斯坦和叙利亚南部）总督巴德尔·贾迈利（总督任期为 1063—1064 和 1066—1067）的功劳，他是一名亚美尼亚奴隶，后来在开罗掌握了控制权。在那里，他试图恢复法蒂玛帝国的辉煌，法蒂玛王朝时代的这座城市现存的城门（Bab Zuwayla, Bab al-Nasr, Bab Futuh）便是最好的纪念。不过，他要拯救叙利亚为时已晚，在他的统治下，大马士革居民产生了强烈的敌意。他们在 1069 年揭竿而起，反抗法蒂玛王朝的占领。暴乱引起了一场大火，起火的原因是大马士革人试图逼走法蒂玛王朝以柏柏尔人为主的占领军。倭马亚清真寺的大片区域毁于这场大火，需要在后来进行一连串的重建，包括庭院北墙的重建。

1070年，大马士革落入另一位突厥冒险家之手，他们的突袭正是这种持续动荡格局的结果。1071年，一位土库曼人酋长阿齐兹·伊本·阿瓦克（1071—1078在位）应巴德尔·贾迈利之邀，前去镇压叙利亚南部的部落叛乱。讽刺的是，他夺取了这座城市，后来成功地建立了自己的国家。1069年至1071年间叙利亚南部变化无常的局势，以及阿勒颇对法蒂玛王朝统治的抗拒，都给他带来了好处。这位土库曼人是一个独立行动的自由人，此时在伊拉克和叙利亚北部占据主导地位的塞尔柱人也管不了他。塞尔柱人刚刚在曼齐刻尔特战役（1071年）中给拜占庭人以战略打击，显然已是该地区一股不容小觑的新势力了。阿齐兹花了几年的时间，确保大马士革牢牢控制在自己手里。其间需要一再的突袭和一次封锁，这对城市和周边的乡村地区造成了破坏性的影响。1076年，阿齐兹在叙利亚成功建立了第一个独立的突厥人国家。他用残酷手段逼迫这座城市屈服，遭到了大马士革居民的痛恨，但他试图以这里为基地，向传统格局发起挑战：他的国家向北扩展到阿勒颇，向南扩展到埃及。法蒂玛王朝起初应对不力，最终在1078年至1079年从开罗发动了一场协同作战，将阿齐兹赶走。走投无路的阿齐兹被迫撤退到大马士革，从那里寻求塞尔柱人的干预。

阿齐兹投奔了艾勒卜·艾尔斯兰之子突突什（1078—1095在位），完全受制于他了。艾勒卜·艾尔斯兰是图格鲁勒·贝克的继承人，后者开创了阿勒颇的一个新的塞尔柱王朝世系。突突什给了阿齐兹肯定的答复。1078年10月10日，法蒂玛王朝的军队甚至在阿勒颇部署的部队到达大马士革之前就逃离了这座城市。但阿齐兹也付出了高昂的代价；他的新保护者不信任他，用弓弦把他给绞死了。突突什继而建立了一个幅员更加辽阔的国家，覆盖了叙利亚南部，包括耶路撒冷。阿勒颇和大马士革这两个主要的国家，现已通过苏丹麦利克沙（突突什的兄长）获得了阿拔斯哈里发给予的自治权。尽管它们是由同一个家族的不同支系建立的，却产生了激烈的争斗。鉴于大马士革仍然是一个坚定的逊尼派城市，而阿勒颇还在深受什叶派影响，斗争就更激烈了。1086年，突突什利用一次继承危机夺取了阿勒颇，从而实现了两个多世纪以来叙利亚的首次重新统一。然而，突突什并没有享受到胜利的果实，因为苏丹出手干预，将阿勒颇置于自己的直接控制之下。

对叙利亚的控制权重新引起了人们的兴趣，背后是经济因素。亚洲奢侈品到达地中海港口，并从那里到达欧洲市场的渠道，是由两条互相竞争的商路提供的。法蒂玛王朝成功确立了新中心开罗作为红海商路转口港的重要性，但塞尔柱人也明白，保持伊拉克在洲际贸易中的关键作用，会带来可观的收益。对于塞尔柱人势力的扩张，阿勒颇和大马士革的商人还是感到些许欣慰的。他们希望能有一种新的稳定局面，进一步打通北方的商路。法蒂玛王朝试图恢复在叙利亚的据点，这特别能够反映出沿海转口港在东方贸易中持续的重要性。

1095年，突突什在征战波斯时殒命。塞尔柱王朝陷入混乱，叙利亚也被突突什的两个互相竞争的儿子瓜分了。年纪较小的杜卡克（1095—1104 在位）夺取了大马士革这块领地，他的兄长拉德万（1095—1113 在位）控制着阿勒颇，却没能阻止他。在艾塔伯克（atabeg）托特金的帮助下，杜卡克以大马士革为基础，为他在叙利亚南部的国家确立了一个独特的身份，并在城市及其统治者之间锻造出一条牢固的纽带，结束了土库曼人统治第一阶段的特征——冒险家统治。

布里迪王朝的到来（1104）

杜卡克于 1104 年去世，可能是托特金煽动别人下的手。此时，托特金凭自己的本事在大马士革公开统治，建立了布里迪王朝。（起初，托特金是以杜卡克之子突突什二世的名义统治的，后者很快就死了，可能也并非偶然。）他很精明地与杜卡克之母、杰出的萨夫瓦特·穆尔克结了婚，从而巩固了自己的地位。杜卡克和托特金给大马士革带来了它失去已久的稳定和使命感。当地商人喜欢这座城市新的贸易角色。宗教机构和广大逊尼派民众愿意成为一个更广阔的逊尼派实体的一部分，也就是巴格达那个名存实亡的哈里发国家，由以伊斯法罕为基地的塞尔柱苏丹国支持着。尽管什叶派在叙利亚北部和众多与世隔绝的山民间仍有很强的存在感，但逊尼派再次占了上风。穆斯林世界仍然完全无法面对接下来的重大挑战，这场挑战将以基督教十字军收复圣地的形式呈现。但如果没有以大马士革和阿勒颇为中心的塞尔柱人核心，外部势力的入侵就会变得轻而易举。

在大马士革建立了宫廷，并有意识地采用了推翻什叶派入侵的计划，这给城市的宗教生活注入了新的动力。我们看到，1076年后，大马士革的统治家族与城市的宗教界之间开始了新的互动。[35]私人捐赠现已开始注入，为宗教生活的发展提供资金，并吸引来自伊斯兰世界的博学访客。这些捐赠资助了新的教学机构（将在后文中讨论的麦德莱赛）和慈善机构，比如医院（maristans）。著名学者或许有1 000人之多，反过来也吸引了来自伊斯兰世界最遥远角落的学生。大马士革成为伊斯兰思想产生和传播最重要的中转站之一。[36]

与此同时，城市环境的美化也结束了许多世纪以来的忽视和破坏。1069年大清真寺火灾造成了大规模的破坏，这方面的修复工作发生在突突什统治时期。1082年，圆顶被修复，壮丽的外观给那个时代的地理学家留下了深刻的印象，引得包括伊朗在内的塞尔柱世界其他地区竞相效仿。后来，在1893年那场同样可怕的火灾之后，圆顶被替换掉了。但通过藏于大马士革博物馆、保存至现代的第一批阿拉伯语纪念铭文，我们得以了解到这项较早的工程。[37]支撑着中央圆顶的北边两根支柱被扶壁加固了，扶壁上装饰着塞尔柱王朝时期的马赛克，这些马赛克的碎片留存了下来。[38]同一时期，耳堂立面内侧（北侧内墙）的马赛克也换成了新的，其风格只是表面上遵守了倭马亚王朝的惯例。马赛克太高，光线太暗，无法仔细检视。但它所描绘的建筑（分成一段段的球形圆顶、锯齿形装饰和扭曲的柱子）显露出一种风格，这种风格开始展示塞尔柱王朝对更加变幻不定的形式的喜好。[39]七年后，清真寺北拱廊（riwaq）东侧

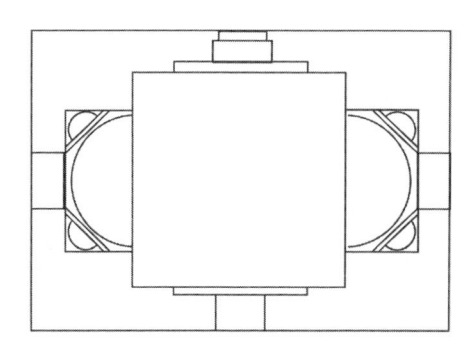

萨夫瓦特·穆尔克墓

来源：按照 Sauvaget 1938

0 1 2 3 4 5米

北

得到了重建。因此，北拱廊的马赛克遗迹主要是塞尔柱时期的作品，可能也包含了倭马亚时期的碎片。

塞尔柱王朝进行的其他项目很少有留存下来的，只能从书面记载中了解，例如杜卡克在大马士革建造的第一家医院。杜卡克之母萨夫瓦特·穆尔克被编年史家誉为"世界妇女的荣耀"，她成了下一任实际统治者托特金的妻子，一直活到了下个世纪（卒于1119年）。她被埋葬在一座巨大、华美的陵墓中，那是她在1104年杜卡克死后建造的。这座建筑在好几个方面首开先河：第一次由女性委托建造（后来成为库尔德人统治时期的普遍做法），也是第一座附有坟墓的穆斯林"修道院"（khanqah）。这也是自阿拔斯王朝早期以来第一座有记载的纪念建筑物。它位于上谢拉夫，那是老城外一处小小的陡坡，在巴拉达河以北（当今的塞米拉米斯酒店和被称为维多利亚桥的十字路口以北）。该地区最初被开发为塞尔柱人的墓地，还有一些纪念建筑物和宗教机构。

我们有关于这座墓的描述，它一直留存至1938年，尽管处于荒废状态。遗憾的是，在那一年，这座重要纪念建筑物的遗迹在一次欠考虑的城市规划中被清除了，这种事情在大马士革频频发生。关于这种独特建筑式样的背景环境，这座曾经装饰得富丽堂皇的建筑本可以告诉我们更多。在接下来的两个世纪里，这种建筑式样将在大马士革发展起来。它可能已经解决了我们的许多困惑，比如大马士革的风格是如何受到美索不达米亚和开罗风潮影响的，以及工匠们的技艺中还保留着多少古代晚期的建筑传统。这可能表明，在12世纪阿勒颇的影响汹涌而至之前，大马士革保留了本地的传统。特里·艾伦引这座纪念建筑物以为证据，证明大马士革在建筑中成功地保留了许多古代晚期的传统，并没有严重依赖经由美索不达米亚重新传入的理念。[40]

通过藏于大马士革博物馆的一块木质隔板的一部分，我们得以瞥见这一时期失落的装饰艺术的诱人之处。这块隔板可能曾经将杜卡克的坟墓围在其母的纪念性建筑群中。[41]在杜卡克的建筑计划中，可能重新使用了一对拜占庭大理石桌面，因为其中一个刻有他的铭文。这对桌面被臭名昭著的他人建筑清扫工、马穆鲁克晚期总督西巴伊"营救"了出来，至今仍在他位于锡南尼耶集市的清真寺里。

这个时期的另一座建筑可能有部分尚存。文献记载中提到了同一时期的一座房屋，它位于查希里耶麦德莱赛北侧，后来被部分并入，而这所麦德莱赛（即伊斯兰学校）也将成为伟大的马穆鲁克苏丹拜伯尔斯的陵墓。这座最初建于979年的老房子有一部分保存了下来，也就是浴场。经过数次修复和重建，浴场作为公共设施留存至今，仍在开放：即麦利克·查希尔浴场。这些是历史悠久的大马士革公共浴场（hammam）传统最早的遗迹，因为罗马人遗留下来的系统有充足的流水可以使用，这种设施才得以遍地开花。到了下个世纪，大马士革有 75 座运营中的公共浴场，这个数字将在 12 世纪增至 100。[42]

大马士革城堡的首次动工也发生在塞尔柱人统治时期。自倭马亚时代起，大马士革的统治者就认为没有必要居住在防御墙后面。游荡的冒险家团伙带来的威胁激增，改变了这种习惯，特别是当其中的一个群体在叙利亚定居并掌权时。于是，他们觉得有必要建造坚固的城墙，以保护自己免遭下一波劫掠者袭扰。[43] 即使这里在古典时代曾经有过防御工事，也几乎荡然无存了。伊斯兰时代的第一座防御工事在 1076 年阿齐兹统治时期开始建造。阿齐兹显然是这样打算的：鉴于他面临着来自开罗和阿勒颇的威胁，他需要某种形式的保护。[44] 但他的工程未必取得了很大的进展，因为一年多后，他就被他的塞尔柱人保护者突突什绞死了。可能是后者接手并完成了这个最初的伊斯兰要塞工程。它包括一个住宅区拉德万宫，由杜卡克和托特金加以巩固。在后来的西北塔楼后面和南墙里面，可以辨认出塞尔柱人要塞的一些遗迹。

最初的麦德莱赛

在这份叙述的其他部分，会经常提及为宣传伊斯兰教法而设立的麦德莱赛（madrasa），也就是宗教中心。麦德莱赛基本上就是清真寺，传授基于《古兰经》的法律教导，对象通常是一群寄宿生。在伊斯兰教传统中，这个机构由捐赠（瓦合甫）支持。捐赠通常来自盈利企业的收入，例如面包房或公共浴场。早期的伊斯兰教并没有专门的机构，可以将宗教、哲学或法律知识代代相传。正如之前提到的，这件事是通过清真寺和一些学术中心（智慧宫）非正式地完成的，古代的科学和哲学思想也在这些地方被抄写、翻译并传递下去。随着什叶派和逊尼派越发两极分化，兼容并蓄的思想传统深受其害。但在 10 世纪的伊朗和中亚，涌现出了一些新的中心。它们往往附属于著名教授的私宅，最先开始被叫作麦德莱赛。很快，专门建造的麦德莱赛也建好了，采用了当时典型的庭院式住宅方案，有宽大的敞厅（iwan），也就是高大、有顶的拱券结构房间，向着庭院的一面是开放的。

11 世纪，逊尼派复兴将麦德莱赛作为一种提炼和传播其思想的重要手段。每所学校通常专门研究伊斯兰教法理学的四大学派之一，这些学派的学术成就在 10 世纪和 11 世纪得到了升华。公共的麦德莱赛向所有聪慧的学生敞开大门，在 11 世纪晚期与塞尔柱王朝的君主们一同来到了大马士革。麦德莱赛开始由政府出资，由专业学者领导。某种程度上，它的宗旨是培养出一个公务员阶层。在塞尔柱王朝掌权之后的两个世纪里，建成了 86 所麦德莱赛和近 40 所其他教学机构。[45] 这些新的机构在大清真寺和城堡之间的区域尤为集中。第一所萨迪里耶麦德莱赛成立于 1098 年的杜卡克统治时期，在一定程度上反映了击退法蒂玛王朝和伊斯玛仪派影响力的企图。(如果这个重要机构还有遗迹残留的话,那么遗迹应位于大清真寺西侧铺设的广场下方某处。)塞尔柱王朝进步观点的另一个标志,是在大马士革建立了第一家医院,即建于 1097 年的杜卡克医院。它也几乎从这座城市的构造中消失了,不过几年前,一位法国研究员在倭马亚清真寺西南角以西的谢赫盖泰纳驿站东侧发现了一些碎片,可能就是它的墙壁。[46]

注 释

1　Blay-Abramski 1982: 97.

2　Sourdel 1999: 31 指出,阿拔斯王朝不接受阿里追随者称阿里为先知后裔的主张,因为它所基于的血脉是通过家族中的一名女性成员传下来的。

3　Crone 1980: 69.

4　Roberts ''Abbasids' in *EI*2.

5　Lassner 'The Abbasid *Dawla*' in Clover and Humphreys 1989: 248.

6　几个世纪以来,关于倭马亚王朝建立者穆阿维叶所葬之墓的传闻经久不息。在旧宫殿区的东边发现了一座"穆阿维叶墓",但它纪念的是后来的一位同名人物,与王朝的建立者没有任何关系。小门公墓中有一座单独的坟墓,长期以来一直被人凭吊,最早的记载可以追溯到 10 世纪的阿拉伯作家 al-M'asudi——translated in Le Strange 1890: 234。

7　Sourdel 1980: 167.

8　Creswell 在 *Early Muslim Architecture* 第二版 (1969 I/1: 179) 中,承认了宝库最初是在倭马亚王朝统治时期建造的可能性,因为哈马、阿勒颇、马雷特努曼、曼比季和哈兰都有类似的建筑。King 1976: 65—68 提出了可能出现这种结构和马赛克装饰的几个时代。另见 Cobb 2001: 31 n.8 (citing ibn Manzur V: 30—31); Flood 2000: 124 n.56; Sauvaire 1993 II: 273 (1896: 203)。

9　Marguerite Gautier van Berchem 在收录于 Creswell 1969 I/1: 323—327 的对清真寺马赛克的研究中,似乎倾向于认可将宝库最初的马赛克年代置于阿拔斯王朝统治时期，因为这些马赛克的样式比较粗劣——见 pp. 353—354。

10 伊本·阿萨基尔描述了东边的一座凉亭，它的前身建于 979 年至 980 年——Creswell 1969 I/1: 179。在后来的记述中，这座建筑于 1738 年被毁。事实上，当叙利亚当局于 20 世纪 50 年代剥除奥斯曼帝国晚期的附着物时，重新使用了古典元素的八根细柱便露了出来，而这些柱子也出现在波科克 1745 年的平面图中——Creswell 1969 I/1: 180。Rihawi 1963 讲述了这座亭子的修复情况。庭院里的第三座亭子遮蔽着中央的净身池，是现代对一座奥斯曼帝国晚期建筑的重建。Akili 2009: 92—99 讨论了这三座亭子。

11 Muqaddasi (Miquel trans.) 1963: 172 和 n.117。另见 Bloom 1989: 60—61 对年代的讨论，以及 Creswell 1969 I/1: 177—179。索瓦热认为，塔楼高处、栏杆以下的部分要追溯到 1089 年、1109 年或 1174 年的那几次重建——1932b: 27。

12 Cobb 2001.

13 当阿拉伯地理学家叶耳孤比在 9 世纪末访问大马士革时，他将其描述为"官邸"之用——见 Ya'kubi (Wiet trans.) 1937: 174。另见 Guérin 2000: 230—231。

14 Guérin 2000: 230; Rihawi 1977: 5; Dietrich 'al-Hadhdjadj' in *EI*2.

15 Deir Murran 是拜占庭时期的一个修道院建筑群，也是倭马亚宫廷特别喜爱的度假胜地，哈里发瓦利德就是在这里去世的。它的确切位置并不十分确定——见 Sourdel 'Dayr Murran' in *EI*2。Guérin 指出，它位于萨利希耶以西、拉卜韦以北——Guérin 2000: 236 n.82。

16 Schick 1995.

17 Boojamra 1997: 178.

18 Kennedy 2001: 196, 197.

19 Kennedy 2001: 197.

20 Kennedy 2001: 198.

21 Cobb 2001: 65.

22 这场运动的后裔现存在于叙利亚的阿拉维派，该教派在拉塔基亚以南的安萨里耶山区格外强势。

23 Salibi 1977: 48.

24 Bacharach 1975: 596—597.

25 Le Strange 1890: 225; Salibi 1977: 89. 全文——Muqaddasi (Miquel trans.) 1963: 165—175.

26 Bianquis 1986 II: 217——笔者自译。

27 Bianquis 1986 II: 350.

28 Bianquis 1986 II: 516, 520.

29 然而，在城市以西的拉卜韦发现了一幅奇异的铭文，让我们得以窥见一种不同的环境。这幅铭文记录了 1075 年对几份瓦合甫的整合，捐赠的对象是拉卜韦山上的若干朝圣地。Sourdel and Sourdel-Thomine 1980: 133—135 将这段文本解释为哈里发穆斯坦绥尔时期为鼓励人们到这一地区朝圣而使出的新招。朝圣是为了纪念此地与《古兰经》中尔撒之母麦尔彦的关系，这也是法蒂玛王朝鼓励不同信仰互相包容的更开明政策的一部分。

30 Elisséeff 1970: 173. 另见 Bianquis 1989 II: 679; Ziadeh 1964: 19。

31 在 Bianquis 1989 II: 651, n. 1 中得到了考察。

32 然而 Sourdel 1970: 124 指出，阿拔斯王朝有一两座科学天文台位于大马士革。

33 Bianquis 1986 II: 700.

34 "苏丹"一词有多种含义，大体上是指由更高的权威任命的、掌握世俗权力的人。到了阿尤布时代，它的使用相当宽泛，可以同时由几名君主作为个人头衔持有。见 O. Schumann 'Sultan' in *EI2* 和 Humphreys 1977: Appendix。

35 Gilbert 1980: 106. Jalabert 2001: 22, 24—50 还指出，官方鼓励逊尼派的虔诚，这可能属于一个有意识的计划。该计划要提供新的朝圣中心，以适应 11 世纪皈依伊斯兰教者数量激增的现象。这样一来，将《旧约》和基督教传说整合到伊斯兰背景中的过程就完成了——为了让这种转变更加平稳顺畅，干脆"据为己有"——Jalabert 2001: 25。

36 Gilbert 1980: 111—113.

37 Van Berchem 1909: 365; al-Ush, Abu-l-Faraj 1976: 254 和 fig. 145。

38 King 1976: 69—70.

39 Gautier van Berchem 1970: 301.

40 Allen 1986: chapter 1. 另见 Tabbaa 1982: 96—97; 1993: 30.
41 Meinecke, in Kohlmeyer and Strommenger 1982: 288; Abu-l-Faraj al-Ush 1976: 219 和 fig. 123。
42 Rihawi 1977: 146.
43 Bacharach 1991: 125.
44 985 年访问期间，穆卡达西将城墙描述为泥砖砌成的——(Miquel trans.) 1963: 165。
45 Gilbert 1980a: 119.
46 Sack 1989a: 93，引用了 J.-P. Pascual 的意见。

第十一章

伊斯兰复兴

（1098—1174）

抵抗十字军的堡垒？

在过去三个世纪令人呼吸急促的狂奔之后，我们有必要在 1098 年暂停一下。不断改变着中东历史格局的光怪陆离，此时开始平静下来了。穆斯林团体、部落、教派和宗教领导者之间的不断对抗，最终被迫顺应了一种新的现实。1098 年，第一次十字军东征的队伍在欧洲集结，准备前来保卫圣地，抵御所谓的异教徒入侵，后者正在毁灭圣地的基督教遗产。这项事业基于对哈基姆统治下法蒂玛王朝暴行的歪曲描述，在很大程度上是一场骗局。那些描述被移植到当下的情境中，并与 1071 年曼齐刻尔特战役的消息混在一起。在那场战役中，塞尔柱突厥人击败了拜占庭军队，因此也预示着君士坦丁堡将落入穆斯林军队之手。

几十年来，该地区对十字军部队到来后的新现实领会得很迟钝。对许多人来说，入侵者可能只是又一个从外围地区游荡到这里的异域群体，比如突厥人，或者极端的阿拉伯人。埃及已撤出亚洲，对卷土重来兴趣寥寥。巴格达哈里发不过是一个名存实亡的制度。这样的环境十分理想，十字军可以在这些分裂的国家间挑拨离间，也可以理所当然地期待他们最初的入侵不会遇到太多抵抗。

在大马士革，人们对这股新势力存在的性质领会得也很迟钝。大马士革和阿勒颇这两个国家之间的不信任达到了顶点。杜卡克（1095—1104在位）全神贯注于与北方其他塞尔柱君主的竞争。十字军到来的那一年，杜卡克已动身前往另一个方向：去征服迪亚巴克尔。对他来说，塞尔柱人之间的权力斗争要比来自西方的威胁重要得多。他也可能受到了法兰克人一封信的影响，法兰克人在信中向他保证，他们的领土要求不会超出拜占庭人在最近几个世纪拥有过的领土。杜卡克确实派出了一支名义上的分遣队，如果穆斯林在安条克取胜，那么这胜利也要有他的一份。但他的部队被击败了，只得黯然离场。

安条克沦陷后，十字军穿越叙利亚基本上如入无人之境："杜卡克任由十字军从他身边走过，并占领耶路撒冷。"[1] 他甚至对耶路撒冷建立十字军王国的前景不为所动，宁愿让法兰克人充当他与埃及之间的缓冲。杜卡克更青睐这个选项，而不是让法蒂玛王朝再次进驻这座城市。他也没有派兵援助埃及驻军，仍旧专注于与名义上地位较高的阿勒颇的争斗。人们终于充分认识到，十字军不仅仅是投机取巧的劫掠者，而是一支打算持续驻扎的部队。这时，阿勒颇和大马士革也放下了一贯的对抗。随着逊尼派正统思想在阿勒颇复位，叙利亚重新统一的动力也在不断增加。

布里迪王朝早期（托特金，1104—1128 在位）

在大马士革，杜卡克的实际继任者是艾塔伯克托特金。他对十字军的任何抵抗政策都只能靠投机取巧，因为他不能采取敌对姿态，那会使城市的食物供应受到持续不断的干扰。他的统治开始时，大马士革的领土名义上包括了贝卡谷地、霍姆斯、豪兰地区和戈兰高地，以及贾兹拉的一些偏远地方。耶路撒冷王国夺取了加利利和太巴列，这样一来，它占领的地区与大马士革的距离便不足 100 公里，而法蒂玛王朝的开罗仍然保留着要求大马士革埃米尔效忠的权利。一旦沿海港口在 12 世纪头十年被纳入十字军国家，大马士革就更加关注十字军控制下的那些目标了，特别是当它们威胁到自己与地中海目的地之间利润丰厚的贸易时。

1109 年，摩苏尔的艾塔伯克谢拉夫丁·马杜德首次号召穆斯林进行宗教意义上的奋斗或抵抗。1113 年，托特金在反击十字军对豪兰地区的突袭时，向马杜德请求支援。这些行动的效果简直出人意料，几乎威胁到了十字军对耶路撒冷的控制。马杜德在大马士革的倭马亚清真寺遇刺身亡，这倒让托特金从左右为难的处境中解脱了，因为他不用去考虑如何说服他的盟友乖乖返回摩苏尔、不再提出更多领土要求（可能还会对耶路撒冷本身提出要求）了。托特金与阿勒颇的关系同样复杂。由于大马士革沿着当今戈兰高地的前线已经暴露无遗，如果没有这个北方对手的积极支持，他便无法维持对耶路撒冷的压力。鉴于采取攻势无异于自杀，托特金几乎别无选择，只能与耶路撒冷讲和，并数次签订条约（第一次是在 1107 年）。在 1110 年的停战协议中，托特金被迫将贝卡谷地富饶的农业区拱手相让，但他设法守住了赫尔蒙山南坡脚下的巴尼亚斯。

阿勒颇的拉德万渴望在十字军和大马士革之间扮演一个更加微妙的角色。他仍然对大马士革虎视眈眈，但自己也面临着存在于北方的十字军所带来的威胁。大马士革在狡猾的托特金的统治下，名义上屈居阿勒颇之下，却通过挑动阿勒颇和十字军对抗而占了上风。1116 年，托特金被阿拔斯王朝哈里发授予大马士革君主的荣誉头衔。虽然两人现在多少算是平起平坐了，但拉德万对托特金的不信任成了一种执念。他甚至让伊斯玛仪派去刺杀自己的对手，只是未能成功。

除了倭马亚清真寺重建的北墙出入口上方那两块刻有铭文的镶板外，托特金的建造记录几乎没有留下什么遗迹。这两块镶板至今仍在清真寺北柱廊的西侧，铭文在记录托特金的身份时，很谦虚地把他排在了哈里发和苏丹之后。[2] 清真寺北墙的西侧（943 年至 985 年间的某个时候，北边的塔楼被装饰得更加美丽，也是清真寺的第一座宣礼塔）是在 1110 年左右重建的，不过这项工作显然不得不在该世纪末重来一遍。

托特金统治的时间跨度很长（1104—1123），有助于巩固大马士革的超群地位。他是一个很受大马士革市民欢迎的人物，特别是因为在他的统治下，这座城市经历了一段相对来说没什么疫病和饥荒的时期。然而到了晚年，他统治的连贯性被削弱了，因为他的健康状况不佳，伊斯玛仪派对他的影响也过大。他们甚至被赋予了对边防要塞巴尼亚斯的控制权，

倭马亚清真寺北拱廊以及"新娘宣礼塔"

此地把守着分别通往提尔和耶路撒冷的两条道路。尽管如此，在这些年里，结成对抗十字军统一战线的最初尝试还是磕磕绊绊地开始了。十字军也越发认识到，大马士革是他们在该地区拥有长期安全保障的关键，而他们要面对的，则是托特金越发坚决的抵抗。1126年，在大马士革以南30公里的萨法尔平原战役中，十字军部队取得了一场大胜，却无法将优势坚持到底。

布里迪王朝 VS 赞吉王朝（1128—1148）

托特金在大马士革去世[3]时，恰逢一个比历代前任更无情的人物在阿勒颇掌权。塞尔柱官员之子伊马德丁·赞吉

（1128—1146在位）已经是摩苏尔君主，又于1128年在阿勒颇掌权。赞吉很快便得到了巴格达的授权，要将他的权力扩展到大马士革，而托特金之子塔杰·穆卢克·布里（1128—1132在位）则是大马士革名义上的新君。事实上，实际掌权者是摄政乌讷尔，他稳定了政局。而在接下来的十年间，国家名义上的领袖换了四次。优哉游哉的行事风格给叙利亚这两座城市之间的关系打了几十年的补丁，但赞吉并不准备将其沿袭下去，他同意偶尔对十字军采取联合作战行动。赞吉的当务之急不是十字军，而是把大马士革按在它该在的位置上，也就是牢牢地置于自己的控制下。

一边是阿勒颇的野心，另一边，十字军现已做好了充分准备，要发动攻势，推进到超出耶路撒冷王国边界很远的地方。大马士革被夹在中间，越发动弹不得。首先，必须处理来自大马士革内部的威胁。在大马士革城内和新据点巴尼亚斯的伊斯玛仪派越来越猖狂，招来了逊尼派的反击。1129年，伊斯玛仪派约6 000人在大马士革被屠杀，他们的领袖被钉十字架，吊在了城墙上。这是逊尼派重申权威的又一个阶段。在此之前，人们发现伊斯玛仪派计划将大马士革交给耶路撒冷，以换取伊斯玛仪派对提尔的控制权。十字军试图利用当前的极度不确定性，派出约6万军队对大马士革发动攻击，最远到达巴拉达河以南、提基亚清真寺和现在的国家博物馆以西的阿赫达尔草场。然而，布里成功地进行了反击，在大马士革东南40公里的布拉格对十字军骑兵进行了有效的突袭，迫使十字军仓皇撤退，放弃攻打大马士革。

耶路撒冷-大马士革-阿勒颇

事后来看，我们难免会认为，赞吉不断尝试攻取大马士革，是为了联合该地区对抗十字军而采取的初期行动。但伊斯兰世界夺回耶路撒冷的伟大战争，还没有被用作一项政治事业。1099 年，十字军占领耶路撒冷，许多人拖家带口前往大马士革避难，这让市民直接感受到了十字军入侵巴勒斯坦所带来的冲击。和 20 世纪的巴勒斯坦难民一样，他们永远难以忘怀受到不公正对待的记忆，并通过伊斯兰正统培养了抵抗精神。民众对十字军的愤恨，也可能是十字军和穆斯林之间最初的遭遇战所激起的，这些冲突战把战争中的肆意杀戮推上了新的层面。然而，政治阶层因为是单一族裔，与人民隔绝，仍在冷眼旁观，直到托特金认识到了响应号召的好处。到了 12 世纪 20 年代，十字军已兵临阿勒颇和大马士革城下，甚至扩张到了外约旦，问题的严重性又上升了一个新台阶。1126 年和 1129 年十字军袭击大马士革时，许多普通市民在清真寺发出号召，也集结起来保卫城市。但实际情况是，胜利的先决条件仍然包括摧毁法蒂玛王朝的国家、消灭伊斯玛仪派残党，以及击退什叶派在叙利亚北部的势力。在政治阶层犹豫不决的时候，大马士革的气氛也变糟了。对于越发无能、残暴的王位竞争者之间的争吵，人们产生了一种病态的痴迷。地头蛇（*ru'asa'*）组织的帮派（*ahdath*）叫嚣声越来越大，时不时地上演一场民意大爆发。

来自农村的伊斯玛仪派分子与极端逊尼派帮派势如水火，他们在 1132 年谋杀了布里，报了官方对他们教派的镇压之仇。

布里之子沙姆斯·穆尔克·伊斯梅尔（1132—1135 在位）取代了他。阿拉伯编年史家开拉尼希对伊斯梅尔诸多恶行和暴行的描述，让人很难判断他母亲杀他时，受到哪个方面的影响最大。另一个兄弟谢哈布丁·马哈茂德（1135—1139 在位）取代了他，但实际统治者是他的母亲可敦萨夫瓦特·穆尔克·祖穆鲁德。赞吉决定，既然这位夫人明显不愿意接受赞吉王朝统治南部，他干脆另辟蹊径，与之联姻（动机是需要建立联合阵线，抵抗拜占庭在奥龙特斯河谷的新一轮入侵）。这第二位萨夫瓦特·穆尔克于 1138 年接受了与赞吉的婚姻，将霍姆斯作为嫁妆。此前，赞吉夺取大马士革的尝试不断受挫，他也把精力转移到了维持在伊拉克的地位上。即使没有成功攻占大马士革，他也曾一度满足于大马士革承认他的统治地位。

在马哈茂德也因不明原因被家里人杀害后，一位名叫穆因纽丁·乌讷尔的马穆鲁克以艾塔伯克的身份掌握了实权（1139—1149 在位），并决心继续抵抗赞吉对南部的入侵。然而，萨夫瓦特·穆尔克·祖穆鲁德现在热衷于让赞吉接管大马士革。她与赞吉的婚姻到目前为止在政治上还没有什么结果，但他很乐意利用她的邀请，为她被谋杀的儿子报仇，并重新在大马士革大展宏图。在萨夫瓦特·穆尔克的坚持下，他采取了直接进攻的方式，首先攻下了巴勒贝克，之后便开始围攻大马士革（1139）。大马士革见证了赞吉屠杀巴勒贝克投降守军的恣意暴行，更加坚定了抵抗的决心。在六个多月的围城期间，乌讷尔集结了抵抗力量，并在情急之下向耶路撒冷的法兰克人求援。

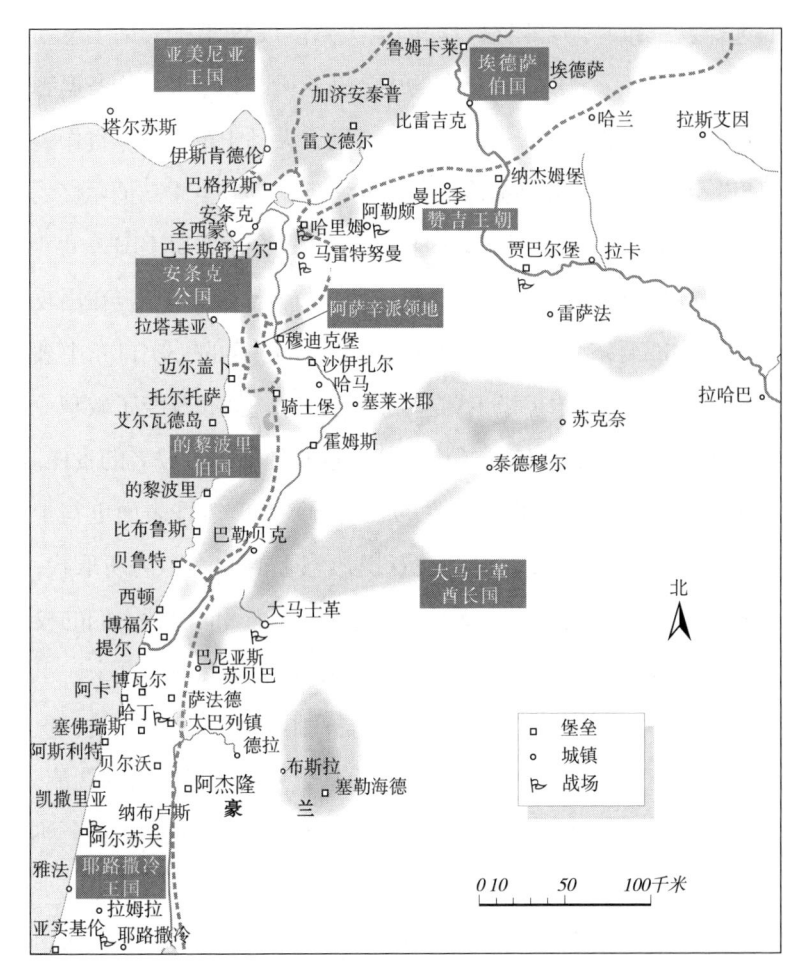

赞吉王朝-阿尤布王朝时期的叙利亚

赞吉退了回去。他再次将作战活动限制在北部：十字军控制的埃德萨在1144年落入他手，这一事件表面上是第二次十字军东征的导火索。大马士革人依然痛恨赞吉，并意识到如果没有一个保护者，他们就无法在阿勒颇面前保持独立。唯一可行

第十一章　伊斯兰复兴（1098—1174）· 291

的选择就是维持与耶路撒冷的同盟关系。1139 年，大马士革与耶路撒冷签订了一份条约，条约中公开承诺，如果大马士革遇到来自阿勒颇的威胁，十字军将提供帮助，大马士革则以岁贡作为回报。大马士革与耶路撒冷的关系非常务实，以至于乌讷尔接受了富尔克国王的邀请，以客人身份游览了这个十字军王国。

阿勒颇和大马士革就这样僵持着，直到 1146 年赞吉在围攻叙利亚北部要塞贾巴尔堡期间身亡（在醉酒后的一次口角中被杀）。赞吉之子努尔丁稳步崛起、雄霸一方，彻底改变了叙利亚的均势。努尔丁欣然接受了穆斯林击退非穆斯林入侵者的责任。该地区的政治活动不再由狭隘的私利所激发。容许表面上与十字军结盟的机会主义，现已被意识形态上的刚直不阿所取代。此前，这种责任是大马士革宗教机构的专属。世俗君主们的权力基地在遥远的东北方，安全得很，根本不会去操心这个。但现在情况不一样了。经常与十字军眉来眼去所引发的民愤，现已达到最高点。宗教和政治这两股力量合并为一股强大的湍流。人们并不认为领土扩张本身是正当目的；在这项事业中将全体穆斯林的力量团结在一起，才是不变的责任。乌讷尔很快便承认了努尔丁在阿勒颇的权威，将在大马士革寻求庇护的杀父凶手交给了他。双方联姻，并同意协力确保豪兰地区的安全，事情就这样定下来了。

第二次十字军东征（1148）——"惨败"

努尔丁在叙利亚全境称霸的直接原因是第二次十字军东征。

1144年，埃德萨落入赞吉王朝军队之手。在这件事情的刺激下，欧洲组建了一支新的远征军。十字军和亚美尼亚代表团曾访问欧洲，争取新的支持。这一次，至少有两位伟大的国王举起了他们的旗帜，率军向东进发。他们是法兰西的路易七世和德意志的康拉德三世。第二次十字军东征中的法兰西人经历了穿越小亚细亚的艰苦行军后，于1148年3月在安条克附近重新集结。此时，他们需要做出一些战略上的决定。最关键的问题是：他们是否应该攻打阿勒颇，以便"共同打击努尔丁的权力中心"[4]？安条克亲王雷蒙急于让拜占庭人对努尔丁实行战略打击。他把路易国王的一群骑士带到阿勒颇城墙下，说服他们拿下赞吉王朝的这个据点有多么容易。然而，路易曾经发誓要先去耶路撒冷，他的德意志同行康拉德已经在向那里靠近了。

后来，他们决定让这些新来的欧洲部队转而攻打大马士革。现如今，这被视为"一个愚蠢至极的决定"[5]。1148年6月24日，新老十字军部队在阿卡附近盛大会师，巩固了这一决定。18岁的耶路撒冷国王鲍德温三世（1143—1162在位）、他的母亲和共同摄政者梅利桑德、天主教宗主教、医院骑士团和圣殿骑士团大团长以及主要贵族齐聚一堂，欢迎德意志和法兰西国王。至于他们为何决定将大马士革作为目标，当时的记载并没有给出解释。朗西曼认为，法兰克人的利益在于维持与大马士革的同盟关系，而不是把它推到阿勒颇的怀抱里，但他或许低估了一个新的方面：努尔丁的雄心和远见超越了昔日狭隘的竞争，随着埃德萨的陷落和努尔丁的登基，阿勒颇-大马士革轴心已经是十字军不得不去面对的现实了。

摆在面前可以选择的目标有两个，一个是阿勒颇（夺回埃德萨的关键，新一次十字军东征明面上的理由），一个是大马士革。对许多十字军战士来说，很明显要选大马士革。新来的人很少能够认识到大马士革在抵御穆斯林统一战线上的重要作用。它的名字对西方君主来说更为熟悉，它的腹地对确保耶路撒冷王国的未来更为重要。想要拔除从阿勒颇到开罗的狭长地带上这个关键的硬结，最简单的办法就是攻占大马士革。最重要的是，它是"一座在《圣经》中被视为神圣的城市，将它从异教徒手中拯救出来，将会使上帝的荣耀广为传颂"[6]。对于刚从欧洲过来的部队来说，选择大马士革看上去并不仅仅是一时冲动、"脑子一热"，而是一个在战略上完全说得通的决定。

问题不仅在于目标的选择，还有时机。刚从欧洲过来的军队未经考验，组织混乱，并不知道他们将要面对的是什么。这个决定是在6月24日做出的，仅仅过了一个月，7月24日，三位国王（耶路撒冷的鲍德温、法兰西的路易和德意志的康拉德）和他们的军队就顶着盛夏的酷暑，在大马士革郊区安营扎寨了。由于法兰克人的部队人多势众，他们的第一次进军畅通无阻，甚至推进到了西边紧邻大马士革的梅泽赫村。乌讷尔向阿勒颇、霍姆斯和巴勒贝克发出通知，召集支援。当天下午，法兰西军队抵达拉卜韦，从而控制了城市的供水，并将穆斯林游击队从城市周围的果园中清除了。一天之内，十字军直逼城墙，在阿赫达尔草场安营扎寨。十字军甚至在猜测谁会被指定为大马士革伯爵。

提尔的威廉对十字军兵临大马士革城下的描述，在一定程度上保留了十字军接近这座绿洲城市时油然而生的敬畏感，以及沙漠边缘肥沃与贫瘠之间的鲜明对比。大马士革的居民一定会大吃一惊，这支五万人的外来入侵部队竟然选择了他们作为目标。这支部队身处旗帜和十字架的汪洋大海中，装备齐全，甚至有骆驼驮运辎重，有活牛提供鲜肉。对于少量的穆斯林驻军来说，这一次似乎输定了，而大马士革人民在目睹了屠杀的

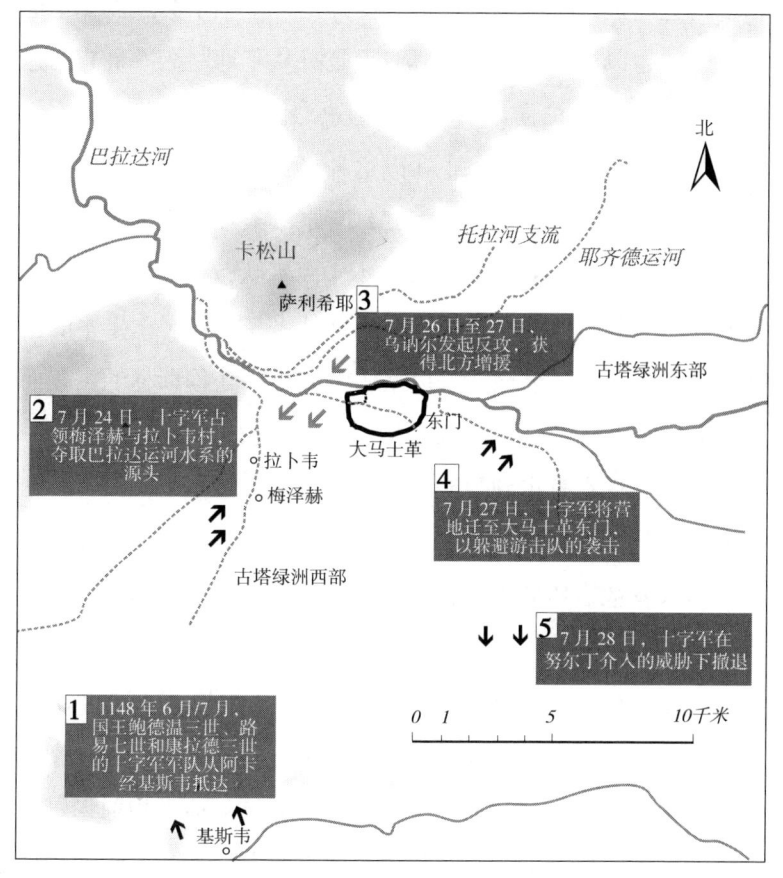

第二次十字军东征，攻打大马士革，1148 年

第十一章　伊斯兰复兴（1098—1174）

可怕景象后，开始在街道上设置路障，准备与敌人肉搏。[7]

在不到 48 小时的时间里，在一连串至今仍然难以洞察的事件中，局势风云突变。老奸巨猾的乌讷尔见招拆招，一改先前对十字军的纵容态度，表现出了"前所未有的担当、坚忍和勇敢"[8]。乌讷尔领导了一次积极的出击，将许多十字军部队打散。来自北方的穆斯林援军开始通过十字军忘记封锁的东门和多马之门拥入城内。然而最关键的是，十字军突然放弃了他们位于城市以西的安全阵地（似乎是听从了耶路撒冷贵族的建议），因为他们担心游击活动会愈演愈烈。在古塔绿洲密密麻麻的果园里，大马士革市民正在以这种形式不断骚扰着十字军部队。十字军担心中了对方的圈套，断定敌人在东边更开阔的地带得不到掩护。7 月 27 日，整支十字军军队改换阵地，整个优势的天平也随之改变了。现在是穆斯林占了上风。十字军的新阵地不仅缺水，还要面对一段坚固的城墙。在穆斯林的突袭面前，他们毫无掩护，通往耶路撒冷的通道也被切断了。

盟友们现在意识到了处境有多么危险。努尔丁的援军就在 120 公里外的霍姆斯，对联军构成了严重威胁。不仅如此，努尔丁前来营救这座城市，就必然会使这两个伊斯兰国家的统一成为板上钉钉的事情：这是耶路撒冷最可怕的噩梦。唯一的办法就是赶紧撤退，避免灾难性的战略失败。7 月 28 日，军队向太巴列折返，但乌讷尔并没有让他们平平安安地离开。这支远征大军受到了穆斯林轻骑兵毫不留情的骚扰，后者用箭矢射杀外围的部队，腐烂的尸体在平原上散落数月之久。紧张的局势引发了十字军部队的窝里斗，第二次十字军东征的惨败在各方的责难中落幕。有说法是巴勒斯坦贵族偷偷收受了乌讷尔的贿赂，叫停了进攻。

信仰的城堡

要说这次的愚蠢行为是一个转折点，最终给十字军东征带来了致命打击，可能也过于草率了。尽管他们在大马士革城下的表现一言难尽，但十字军毕竟还是设法又坚持了一百四十年。但对于十字军来说，发现自己在穆斯林那边没有了任何潜在的盟友，可谓是战略上的失败。然而，即使十字军方面采取了更加细致的策略，最终会不会有效也很难说。大马士革作为先锋加入穆斯林阵营的时间被耽搁了，只因 12 世纪上半叶有种种离心力撕扯着穆斯林世界。努尔丁结束了这五十年的内部争斗。

自四百五十年前拜占庭人离开后，这是大马士革与欧洲之间的首次重大交锋。这也将是未来四百五十年里的最后一次，给全体市民留下了深刻的印象。大马士革此时正致力于战争事业。但这座城市的装备并不符合它冲在前线的角色。最明显的是它缺少足以长期阻挡入侵者的坚固防御工事。11 世纪末，塞尔柱人认为有必要赶工，在城市的西北角设立一座坚固的城堡，首次说明了这个问题。由于 1126 年和 1129 年的十字军入侵，在 12 世纪 30 年代的托特金之子塔杰·穆卢克·布里统治时期，人们对城堡进行了一些增建，并在布里迪王朝下一任统治者沙姆斯·穆尔克·伊斯梅尔统治时期对其进行了改良。然而，他们需要的是一个坚固的围场，能够为政权提供一个安全舒适的大本营。城堡离这个还差得远。不过它至少首次为君主提供了最基本的住宿条件。作为突厥人,在突厥人同胞和库尔德人下属的支持下,统治阶级本就觉得有必要与当地居民保持距离。只有托特金更愿意住在城堡外,他长期住在东边离倭马亚清真寺较近的地方。

城堡的工事大多被下个世纪的后期重建工作拆除了,除此之外,我们几乎没有这一时期的其他遗迹,只有一些碎片被并入了后来的建筑中。突厥人还在把自己当外人,直到后来的布里迪王朝时期,才有了在大马士革以实物形式标示自身存在的习惯。[9]然而,城墙外还是有一些新建筑的,特别是北边城墙外的第一个郊区——乌盖拜区。这些早期建筑建在巴拉达河边的草甸的另一边,后来延伸到邻近的萨鲁贾集市和达赫达赫公墓周围(古典时代竞技场的位置),但无一幸存。我们看到了大兴土木风潮的开始,这与振兴逊尼派正统有关;我们还看到了对缅怀历朝历代人物的提倡,尽管不无顾虑。但这一切都还没有达到努尔丁统治时期和13世纪后期那样的程度。

文献记载显示,主要活动是在伊斯兰教机构和领袖纪念仪式上进行的。(1098年至1151年间,建立了八所麦德莱赛,其中大部分是在1129年伊斯玛仪派大屠杀之后建立的,每所学校通常专门教授伊斯兰思想的四大学派之一。这些建筑只有碎片尚存。)并没有对残余的什叶派社区重拳出击,要求他们改变信仰。虽然明显不欢迎他们,但也允许他们继续进入倭马亚清真寺。什叶派与大清真寺北边的内阿马拉区的联系至今未断。当前,该区的主要圣坛是金碧辉煌的赛义达·鲁凯亚圣陵建筑群,由伊朗出资建造，完全抹除了此地早先那些圣坛的遗迹。然而，它正北面的那座清真寺却别有洞天，从一开始就与什叶派有联系，那就是萨达特·穆贾希迪耶清真寺（1145 年）。[10] 它的建造者是布里迪王朝时期的一位埃米尔布赞·库尔迪，此人将成为努尔丁手下的将军，后来被关入大牢，死于 1160 年。这座建筑就在天堂之门内侧的东边，虽然千百年来早已面目全非，还有些破败，却显示出了它与清真寺和北城墙之间的这块区域长期以来都有联系的有趣迹象。它立面的许多砖石显然是重新使用的罗马时期的石块，在礼拜间还发现了一幅上下颠倒的希腊文铭文，年代为 265 年，记录了某位萨达特的儿子们对罗马神庙石造部分的一些贡献。[11]

从我们对建造记录的了解来看，非穆斯林社区的实力在逐渐衰落。教堂的数量继续减少，基督徒和犹太人社区在地理上被边缘化的情况初露端倪；他们被赶到了老城的东北角（基督徒）和东南角（犹太人）。很少有教堂能够设法将拜占庭时期的辉煌完完整整地保留下来，这在某种程度上是因为法蒂玛王朝想方设法将教堂的资金转为修缮清真寺之用。[12] 基督徒仍然分为默基特礼和雅各布礼，分别代表正统派和基督一性论派，这也反映了他们之间旧有的分歧，其中正统派占多数。只有少数基督徒在行政部门担任高级职务，主要是那些需要财务和医疗技能的职务。

非阿拉伯人的军人统治阶级想要与以逊尼派为主的大马士革居民拉近关系，宗教是绝佳的桥梁。振兴逊尼派正统成为赢得城市宗教领袖支持的一个重要途径。杰出的教师开始被吸引过来，从伊拉克和伊朗回到大马士革。宗教领袖成为一种全职职业，有了更好的财政支持体系。卡迪（qadi，执行伊斯兰教法的法官）、他的代理人（na'ib）和倭马亚清真寺的伊玛目开始成为声望很高的职位。

宗教生活仍然以倭马亚清真寺为中心。塞尔柱时期伊始，清真寺还是一片狼藉：造成这种结果的，既有教派之间的冲突，也有1069年反法蒂玛王朝的暴动所带来的破坏。渐渐地，清真寺的教学活动又回到了正轨，即使在建立了独立的麦德莱赛之后，礼拜大厅里仍然有伊斯兰教法学四大流派的导师们提供指导的非正式课堂。其中一个圈子由伟大的阿拉伯历史学家伊本·阿萨基尔（1105—1176）领导，他对大马士革历史的考察有80卷，花了三十年才写完（1134—1164）。它是一座关于该城市自穆斯林征服以来历史的知识宝库，我们对它的开采还远远不够。[13]

虽然大马士革是离耶路撒冷最近的主要穆斯林城市，但它并不是一个前线城市。阿瓦吉河畔的基斯韦（大马士革以南25公里）和戈兰高地断崖边缘之间的一长条开阔平原，就像是某种自由开火区，经常受到十字军的袭击，并被保有行动自由的当地部落首领松松散散地控制着。不过这个区域的范围很大，足以确保袭击很少能够深入大马士革。没有人觉得有必要在大马士革与赫尔蒙山的山坡或耶尔穆克河之间建立据点。鉴于叙利亚与埃及之间的内陆生命线越来越需要保护，这个天然的缓冲区可以沿着它东边的界限，由塞勒海德（法蒂玛王朝哈里发穆斯坦绥尔于1073年建立的第一个据点）和布斯拉（最初是法蒂玛-塞尔柱王朝在此设防）的堡垒加以保护。在埃及也被直接卷入抵抗第三次十字军东征的斗争后，这件事情的优先级提高了。

战斗！

此时，相比于大马士革作为伊斯兰世界实体堡垒的地位，更重要的一点是，它作为宗教据点的作用进一步增强了。我们已经看到，对于80公里外戈兰高地断崖处基督徒十字军的存在，这座城市的第一反应是很谨慎的。大马士革仍然憎恨法蒂玛王朝的统治，以及他们所引发的暴行。各种类型的入侵者都比较常见，又有谁会从一开始就预见到法兰克人打算常驻呢？大马士革的突厥人领袖准备拿起武器反对十字军的驻扎，但也只是为了保卫他们自己的领土，而不是为了援助整个伊斯兰社会。现实就是，如果巴格达和开罗都不愿意接受挑战，为什么相对较小的大马士革就要接受挑战呢？在巴格达这把大伞下，这些国家互相之间都想占对方便宜，因此它们可以与十字军作战，也可以与之签订协议。人们并没有什么共同事业的意识。大马士革宗教人士对第一次十字军东征的反应，是宣扬一种精神上的重新定位，或者说是"道德重整"[14]。这或许反映了内在复兴的趋势，出现在伟大的哲学家和自我意识的倡导者安萨里（卒于1111年）在大马士革度过了几年后。虽然抵抗心态最初的基础已经奠定，也经常有人在大马士革的大清真寺宣扬对抗基督徒（包括伊本·阿萨基尔），但直到恢复逊尼派正统在政治领导层那里拥有了号召力,大马士革对战争的参与才算步入了军事层面。

赞吉是首位一贯接受将对抗基督徒作为政治运动这一概念的主要政治人物。然而,赞吉的号召一旦将攻占大马士革作为首要条件,吸引力就明显下降了。以阿拉伯人为主的居民仍然对他们的突厥统治者心怀怨怼,他们认为突厥人仍然是一个独立的社会。然而,这种情况是很容易克服的,维护信仰至高无上地位的共同信念也很容易深入人心。1148年大马士革遇袭时,大马士革市民对战斗号召的反应之热烈,就很能说明问题了。法兰克人兵临城下时,哈里发奥斯曼的《古兰经》在大清真寺被高高举起,便足以激励市民奋勇抵抗,导致三支基督教军队屈辱地撤退。[15]

1148年十字军部队被击退后,布里迪王朝的埃米尔乌讷尔只多活了一年;但这段时间足够他领导对鲍德温领土的第一次反攻了。接替他的是乌讷尔曾经以其名义实际统治的君主穆吉尔丁·阿巴克(1140—1154在位)。穆吉尔丁缺乏乌讷尔挑拨离间的操纵技巧。逊尼派正统结成统一战线的决心越发坚定,面对这种情况,穆吉尔丁(于1151年)再次寻求耶路撒冷的帮助,以对抗努尔丁。努尔丁实在忍不了了。他已经完全控制了摩苏尔,决心实现他对泛叙利亚地区的抱负,不再容忍大马士革所扮演的躲躲闪闪的角色。如果说战斗口号是夺回耶路撒冷,那么大马士革就是不可或缺的最后一块垫脚石。

努尔丁已经在1150年和1151年的两次围攻中检验了这座城市的防御工程。他可以依靠居民对穆吉尔丁的迎合政策与日俱增的厌恶情绪，后者甚至在城门前与鲍德温国王举行了一次首脑会议。随着法兰克人再次发动攻势，大马士革实际上已经成为他们的保护领地。此外，穆吉尔丁已经得到了软蛋领导人的名声，很容易在采取暴力手段控制民众时对其拳脚相向。这使他实际上在自己的城市里成了囚徒，还要躲避暴民的愤怒。相比之下，努尔丁则是要确保任何针对大马士革的行动都不会伤及居民，对此表现得十分关心。他在1153年封锁了这座城市，是打算向市民和宗教机构持续施压，迫使穆吉尔丁向阿勒颇屈服，与耶路撒冷决裂。1154年4月25日，在市民的串通下，努尔丁兵不血刃进入城内。对于逊尼派来说，他的胜利令人欢欣鼓舞。大马士革是逊尼派正统坚定不移的中心（与仍在什叶派的控制下的阿勒颇不同）。为了使人们信任，努尔丁需要大马士革这样的首都。

在大马士革步入无关紧要、被放逐的"黑暗时代"三个多世纪后，布里迪王朝成功地扭转了这种颓势。当然，他们并没有完全扭转乾坤。布里迪王朝的君主们在一个仍然支离破碎的地区所掌握的权力，也并不足以赋予他们在国际上维护自己身份的信心。他们没有哈里发那样的威望，没有法蒂玛王朝的开罗那样的财富，也没有赞吉王朝那样的实力与冷酷。在一个阿拉伯人占绝大多数的城市里，他们的模样和行为都像外人（突厥人）一样。他们企图利用宗教为自身的事业服务，却因为他们自己与十字军的勾当而再三受挫。然而，在他们的统治下，大马士革开始发展出一种更加明确的身份认同；它成为一项事业的首都。正如法国学者让-米歇尔·穆顿对这一时期的研究所显示的，布里迪家族为后来努尔丁和阿尤布王朝的建造奠定了基础。[16]

努尔丁（1154—1174）

随着努尔丁的到来，这座城市开始了新的黄金时代。现在我们步入了一个城市历史上的其他任何世纪都无法比拟的建造时期：至少就现存的遗迹而言。努尔丁为这座城市的地位增光添彩。大马士革在过去两个世纪席卷中东的异端浪潮中挺了过来，是状态最好的城市。它的精神内核完好地保存了下来，并且充满活力，也因此享有盛誉。这是其他城市都望尘莫及的，甚至可能连开罗都不行。宗教机构、来自十字军占领下的巴勒斯坦的新一拨难民、因城市先前在卑躬屈膝和投机取巧之间反复横跳而感到羞耻的普通市民，都很欢迎这个拥护原则的领导和信仰主流价值观的人。这座城市和这位领袖是在彼此成全。

努尔丁认识到了大马士革的战略意义和象征意义。然而，还有许多事情需要整顿。有一段时间，他还需要继续支付乌讷尔被迫答应的屈辱的贡金，以安抚耶路撒冷的十字军。（最后一次支付是在1156年。）努尔丁有过两次严重的发病，之后又遇到了一连串国内问题（并且经常需要在叙利亚北部作战），因此推迟了团结叙利亚军队对抗耶路撒冷的计划。努尔丁1161年的麦加朝圣或许是一个转折点。他后来采取了一种更加禁欲的生活方式，这也证明了他的宗教使命。不久之后，拜占庭军队在安条克外围的哈里姆附近遭遇耻辱性的败北，使他更有理由重新考虑自己的战略了。此时，努尔丁将目光投向了更大的范围，想要为遏制并最终击败耶路撒冷寻找一个更具战略意义的答案，而不再追求双方每年都要上演的小打小闹——在豪兰地区、北部或戈兰高地-贝卡谷地一带。答案是显而易见的：埃及。

数十年来，埃及一直被视为一个附带的问题，而不是解决问题的关键。法蒂玛王朝后期，埃及作为一个地区大国，似乎已经崩溃，陷入了自我毁灭式的内省。它被忽视了，再也无法在亚洲发挥作用。耶路撒冷的新国王阿马尔里克掌权后，十字军计划利用埃及作为战略纵深，以补充王国狭窄的地理范围。此外，人们还意识到，如果埃及落入大马士革之手，一切都将付诸东流。努尔丁试图抢在十字军前面行动。他响应流离失所的法蒂玛王朝维齐尔沙瓦尔的号召，于1164年派出了一支远征军，由努尔丁手下备受尊敬的库尔德人指挥官之一谢尔库赫指挥。他们到达埃及后发现，沙瓦尔明显对挑拨赞吉王朝对抗十字军更感兴趣。实际一点的选择就是接管埃及首都，防止它落入耶路撒冷国王越发蠢蠢欲动的手中。坐镇大马士革的努尔丁佯攻耶路撒冷王国（赫尔蒙山南坡的重要边境城镇巴尼亚斯于1164年落入努尔丁之手），还进行了高明的宣传活动，意在诉诸开罗人的信仰情结，说服他们将推翻法蒂玛王朝哈里发作为共同的目标。努尔丁通过这些办法，为谢尔库赫的作战提供帮助。

努尔丁并不能完全确信谢尔库赫在埃及没有自己的野心，特别是当这位指挥官确保巴格达哈里发赋予谢尔库赫个人夺回埃及的使命时。在开罗以南一场非决定性的战役（巴拜因，

1167年）后，沙瓦尔通过高超的推诿之术，达成了新的折中方案。他接受十字军在开罗驻军，但同时也承诺支持努尔丁的事业。谢尔库赫的部队被撤走了。在经历了又一次闪失之后，赞吉王朝的第三支远征军于1168年被派去寻求更具决定性的结果。1168年12月，这支军队在塞奈迈因镇（大马士革以南50公里）附近集结。努尔丁亲自为他们送行，还赏给每名士兵20第纳尔。

当十字军国王接近开罗时，埃及维齐尔故技重施，又试图挑动一支军队对抗另一支。谢尔库赫对支持沙瓦尔权威的虚言完全失去了耐心，决定以自己的名义在开罗掌权：努尔丁肯定未曾想到会有这样的结果。谢尔库赫掌权才两个月多一点就去世了，可能对努尔丁权威构成的挑战，也就这样阴错阳差地避免了。虽然有一些更年轻的埃米尔急于顶替他的位置，但谢尔库赫年轻的侄子被认为是最合适的继承人。人们觉得32岁的他不会挑战赞吉王朝领袖的权威。这个侄子的名字是纳绥尔·优素福·萨拉赫丁（萨拉丁）。

萨拉丁是谢尔库赫的兄弟纳伊姆丁·阿尤布之子。他出生于伊拉克的提克里特，在巴勒贝克和大马士革接受过教育。在大马士革，其父在布里迪王朝末代统治者手下升任军事指挥官，又在努尔丁手下升任总督。虽然萨拉丁最初的经历是在军事方面（甚至在赞吉王朝进军大马士革之前就加入了努尔丁在阿勒颇的幕僚），但他也曾短暂地担任过大马士革的行政长官，不过他早年似乎有着"品性放纵"的名声。[17]萨拉丁被选中，陪同他的叔叔谢尔库赫三次远征埃及。其间，他凭借自身的军事才能建立了赫赫威名,特别是在亚历山大里亚保卫战中。

在开罗掌权时,萨拉丁很慎重地树立了赞吉王朝的权威,却对最终是否要将埃及纳入逊尼派事业犹豫不决。1171年,努尔丁把萨拉丁的父亲阿尤布从大马士革派来,提醒这位年轻人,他还有事没办完:推翻开罗哈里发。萨拉丁开始了在开罗设立麦德莱赛的计划:在大马士革,正是这些机构成功地巩固了逊尼派正统。末代哈里发阿迪德于1171年晚些时候去世,加速了法蒂玛王朝的终结。随后,在开罗的清真寺中,人们默默地承认了巴格达哈里发,什叶派拥有完全行动自由的209年就此结束。

此时,对于埃及在对抗十字军东征中的作用,努尔丁和萨拉丁是以不同的方式看待的,这也有助于形成他们各自对大马士革地位的看法。对努尔丁来说,大马士革是他的领地中心;埃及只是附带的,它的用处无非是可能产生的收入[18],抑或是从侧面对十字军施压,为此,恢复巴格达哈里发之位是值得的。对萨拉丁来说,开罗是重要的大都会,如果基督教势力能被开罗的经济实力和巨大的贸易流量吸引的话,就可以在这一点上对它们施加极大的压力。[19] 至于在开罗执掌统帅权的其他方面,萨拉丁与大马士革就对耶路撒冷共同作战的优先权问题存在着根本分歧。他在开罗巩固权力时,作战行动会让他离开很长时间,他宁可推迟这些行动。而对于仍然挡在两大穆斯林首都之间的缓冲区,他也特别敏感。这些分歧导致年轻领导人和年长领导人之间的关系极度紧张,直到努尔丁去世都没有解决。1171年,萨拉丁的父亲凭借其一贯强大的判断力进行了干预。阿尤布指出，萨拉丁自以为可以不把大马士革的领导人放在眼里，简直荒唐透顶。

> 想想看吧。如果努尔丁来到这个房间，即使是只身一人，没有预先通知，你和其他人也都会不自觉地在他面前跪拜……如果他想除掉你，甚至都不需要亲自过来；他可以派一名信使。[20]

在努尔丁于1174年去世前，两人之间的关系一直都很不太平，特别是在前一年阿尤布去世后。萨拉丁不愿意与十字军交战，惹怒了努尔丁，后者甚至计划对开罗展开一次新的远征。5月6日，在他去世的前几天，57岁的努尔丁在大马士革附近的阿赫达尔草场像往常一样坚持训练时病倒了。他被带到了城堡，也就是他在那个朴素的围场中用木材建造的寓所。9天后，他在无法言语的状态下辞世，他的喉咙因疼痛而收紧，可能是急性扁桃体炎作祟。他最初被埋葬在城堡里，当他的麦德莱赛在大清真寺西南的老城区建成后，又被转移到了那里：这所麦德莱赛是第一座融合了大马士革和阿勒颇建筑传统的建筑物，也是第一座与墓室合为一体的。[21]

即使是心不在焉的路人，也可以透过挡在努里耶麦德莱赛的墓室和街道之间的栅栏，看见努尔丁的石棺。在大马士革难得一见的美索不达米亚风格圆顶悬于上方。这个石砌或砖砌的圆顶由瀑布般倾泻而下的穆喀纳斯（muqarnas）壁龛和拱券组成，其结构看上去很轻盈，仿佛没有支撑。最近的一位权威人

努尔丁墓上方的穆喀纳斯圆顶

士正确地认识到，拱顶代表着神的全部造物，只是被简化成了基本结构力的分解。[22] 在这美妙绝伦、大繁至简的圆顶之下，数个世纪以来穆斯林世界第一位真正伟大的领袖安息在朴实无华的环境中：这是最朴素的历史伟人陵墓之一，如今几乎已经湮没在集市的滚滚红尘中。

努尔丁是一位杰出的领导人，他的境界超越了当时的突厥领导人之间琐碎的权力斗争，不断运用手段谋得优势，还准备与十字军过招。他目标坚定，具有远见卓识，在这些方面胜过数个世纪以来的前辈们，并坚持走一条将他所想到的军事、政治和宗教层面结合在一起的道路。他使反十字军的斗争走上了一条不可逆转的道路，在这一点上，他远远超过了他残酷的父亲。他的愿景被萨拉丁进一步发扬光大，却并未得到升华。努尔丁给穆斯林世界带来了它长期缺乏的整体性和使命感。后来，萨拉丁可能通过为伊斯兰世界夺回耶路撒冷实现了自己的目标。但他的导师对于一个稳固建立在伊斯兰核心传统基础上的公正社会的愿景，是他无法超越的。

努尔丁的纪念碑

二十年来，努尔丁将大马士革作为他的精神和战略基地来建设。他在这座城市留下的印记仍然引人注目。这份记事不再需要依靠碎片、复原或者回忆了。努尔丁的遗产至今犹在。他给这座长期以来一直饱受帮派、地头蛇和缺乏纪律（通常是非阿拉伯人）的驻军摧残的城市带来了安全。他的遗产并不局限于改进城墙及其防御功能，他还深深地影响了城市的宗教生活。作为他的宗教复兴计划的一部分，他捐赠了一些机构，这些机构深刻地改变了大马士革的气质。他带来了一场革命，却是一场基于旧有价值观与和解的革命。中产阶级和"包头巾的"（指宗教）精英再也感觉不到与非阿拉伯人统治者之间的隔阂了。最后，他的民政机构并没有销声匿迹。市政管理成为中央政府的一项职能。虽然大马士革总督（瓦里，wali）一职通常是军事职务，但任职者也要监督民政管理。包括供水（很大程度上仍然是这座城市古典时代的遗产）在内的公共工程，被忽视了几个世纪后，又重新得到了重视。

努尔丁的建造计划尤其使倭马亚清真寺以南和以西的老城区重新焕发了活力。拜占庭或倭马亚时期的城市住宅，即使仍有遗迹留存，此时也已经被该地区新的市政和宗教项目的狂潮淹没了。伊斯兰世界现存的第一家医院在这里建立，证明了他的施政颇有远见。这一切都是在一个人口还在古代时达到的数字附近徘徊的城市实现的，一想到这个，结果就更加不同凡响了。据估计，这座城市的占地面积为150公顷（包括扩张到城墙外的地区），人口可能不超过4万，还有一些估计的数字更低。[23] 许多个世纪以来，市民们首次觉得受到了鼓舞，要去建造，要对未来有信心，还要扩迁至城墙外的地区。我们将在后面看到萨利希耶的重要性，但除了现已拥入乌盖拜地区的大量人口外，这股扩迁潮也在城市西南的赫贾吉宫区和萨吉尔区发展起来。[24]12世纪，大马士革城墙内有242座清真寺，城墙外还有178座。[25]

最令人瞩目的，是一种充满活力的大马士革风格的发展。这种风格借鉴了各种理念，特别是来自阿勒颇的，但也有来自遥远的美索不达米亚的，并以一种混合了拘谨与浮夸的奇妙手

努尔丁和萨拉丁时代的大马士革

法来完善这些理念。这种风格在很大程度上取决于对简单元素的大胆运用，穆喀纳斯便是其中的一个重要组成部分。这种设计以最简单的形状为基础，构建出貌似复杂的几何图形，来掩饰从一种形态到另一种形态的转变，从而使这种转变显得不那么突兀。正如我们所看到的那样，大马士革首次引入穆喀纳斯圆顶或半圆顶，就是在努尔丁墓的上方。而这种构造后来也填补了许许多多不同的空间，最典型的是凹进去的出入口上方的天篷，通常是在门凹进处的方形框架和上方的半圆顶之间。大马士革风格的这一特征后来传入开罗，几个世纪以来也成了马穆鲁克和奥斯曼建筑的一大特征。大马士革的另一项发明是使用对比鲜明的石材（杂色行替石砌，ablaq），通常的图案设计或许对应了大马士革地区的两种天然石材：卡松山附近采石场的浅色石灰岩，以及南部豪兰地区大量存在的坚硬玄武岩。它的首次大规模使用，同样是在努尔丁墓的立面。作为大马士革对该地区建筑的突出贡献，它的影响力持续了数个世纪。

努尔丁认为城堡非常需要改进，这也不足为奇。大马士革现在是一个主要伊斯兰国家的首都，塞尔柱人临时赶工的围墙需要加固，要做的工作很多。城堡成了他的总部，还增建了一座浴场、一座清真寺和一所麦德莱赛。他的官邸可能是塞尔柱人旧时的宫殿拉德万宫，位于城堡北侧，俯瞰巴尼亚斯河。那是一条内部水道（现已被庭院覆盖），自罗马时代以来一直为该建筑群提供淡水。然而，他更喜欢的私宅是建在庭院里的一座朴实无华的木建筑，这样做是为了尽量减少地震对居住者的伤害。

城墙和城堡的部分围墙得到了很大的改良，圆形的塔楼昭示着赞吉王朝所做的改进工作。（在沿着城墙东南段的锡南尼耶集市拐进一条巷子，里面有一家小旅馆，一个保存得非常好的实例就藏在旅馆后面的院子里。）1165 年至 1174 年间，几座基本上属于罗马时代的城门被翻新。小门和东门至今还带有小宣礼塔，这证明努尔丁有在重建的城门上建造小礼拜堂的习惯。解救之门是努尔丁着手建造的双重门，就在城堡东北角的北面。南边的出入口只有一部分还在展示努尔丁的手笔，也就是壕沟之门。但值得注意的是北门东侧壁的曼妙线脚，那是阿勒颇装饰风格一个难得保存下来的例子。北边和平之门和多马之门之间的这段城墙向北移动了 20 米，以河流作为新的标定线，或许是城市结构在 1157 年地震中遭到大规模破坏后不得已而为之。为努尔丁的重建而切割的石块轮廓分明、大小适中，至今仍然可以辨认。它们位于重新调整城墙时被移走的、形状规则的罗马时代大型石块之上，而那些较小的、不太规则的奥斯曼时代的石材，则是在后来加到最上面的。

努尔丁是这座城市的统治者中首位凭善举扬名的。他的第一个项目是医院兼医学院，是伊朗之外最早采用四面敞厅设计的建筑之一，留存至今。[26] 它的入口困在哈里卡区的车水马龙和熙熙攘攘的商铺间，看上去很不搭调，因为它把罗马的三角楣饰（很可能曾经位于朱庇特神庙建筑群某处的一扇窗户上方）、下方一对用几何图形装饰的华丽镀铜门板和顶上一个工艺繁复的穆喀纳斯浅拱顶混搭在了一起。这个纯属异想天开的立面，或许也说明了古代那座神庙在周围留下了多少被用作建筑材料的遗迹。[27] 从入口进去之后，映入眼帘的是一条按照美索不达米亚传统建造的、带有穆喀纳斯圆顶的门廊。（与先前讨论过的、二十年后建造的努尔丁墓室石砌拱顶不同，这个圆顶实际上是用石膏支撑在一个木制框架上，而这个框架是悬吊在外结构中的。）在这个机构中，医学的实践和教学水平远超当时的欧洲。它并不是大马士革的第一家医院，却成了最负盛名的医院，以及传播精密科学的中心。

努尔丁笃信人人享有正义，并受到保护，免于王公贵族的胡作非为，这体现在他在就职当天将伊斯兰教的 Dar al-'Adl（正义之所）概念具体化的决定上。这是最高法院的一种，被他建在当今的哈米迪耶集市往南一点的地方。这座建筑几乎已经消失了。在努尔丁统治的二十年里，大约进行了 36 项重大工程或重建工程[28]，其中保存下来的有 8 项。这个记录肯定极大地促进了城市在未来几个世纪中的建造计划。努尔丁的许多项目都有一个特点，就是巧妙地利用水来改善公共卫生。这一点在倭马亚清真寺往南一点的香料集市著名的公共浴场（*hammam*）体现得最为明显，该浴场至今仍在使用。当今的游客可以在那里体验努尔丁时代的浴场，来自浴场的瓦合甫最初用来资助他位于附近的陵墓兼麦德莱赛。它现在作为努尔丁浴场经营，自努尔丁时代以来，只有奥斯曼时代的更衣室得到了实质性的升级改造。

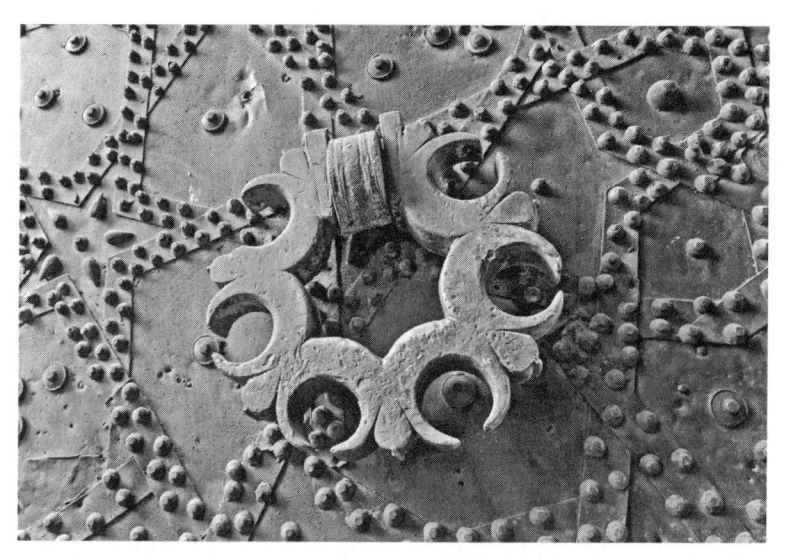

努尔丁医院的青铜门环

第十一章 伊斯兰复兴（1098—1174） · 315

努尔丁医院的穆喀纳斯出入口

努尔丁浴场的更衣室拱顶

努尔丁只对倭马亚清真寺持续不断的修复工作做出了一点微小的贡献：1953 年才暴露出来的东拱廊北端马赛克。然而，努尔丁给城市发展留下的最持久的遗产，是一系列虔奉宗教的机构。这些机构反映了他恢复逊尼派正统的努力，伊斯兰学术影响力的提升和教学机构的增加也对此起到了扶持作用。在他的统治下，建立了 11 个这样的新机构（比前五十年里建立的数量翻了一番），这也对应了努尔丁给伊斯兰教领导层（乌理玛）开工资的做法。其中六所新学校是由努尔丁亲自创设的，这一事实表明了一种新的趋势，就是将麦德莱赛制度化，作为鼓励逊尼派正统的官方计划的一部分。（塞尔柱王朝和布里迪王朝的麦德莱赛是在宫廷成员的主导下建立的，而非统治者本人。）遗憾的是，只有两所麦德莱赛相对比较完整地保留了下来，即前文中已经描述过的陵墓兼麦德莱赛（20 世纪 50 年代的道路改造夷平了北边敞厅的大部分，自那以后，它就处于一种被削短的状态），以及尚未完工的阿迪利耶麦德莱赛，这个项目是在下一个世纪完工的。所有这些都是相对较小的建筑，这反映出建造它们是出于虔诚，而不是为了自我标榜。[29] 另一种类似的机构是圣训学校，更专注于传播先知的言行。第一所圣训学校是 1170 年由努尔丁为伊本·阿萨基尔建立的。[30] 它的立面在阿斯鲁尼耶集市保存了下来，位于哈米迪耶集市的北边，与之平行。它的出入口很雅致，是重新使用的罗马时代框架，上方有一个带手柄装饰的牌匾（*tabula ansata*）。

第三种专门的宗教建筑，是苏菲派的 *khanqah* 或 *rabat*（这两个术语可以互相替换，有时译为"修道院"）。他们是伊斯兰教神秘主义的信徒，试图通过虔诚和自我否定与造物主建立个人联系。自塞尔柱人的时代起，大马士革就存在着这样的例子。努尔丁起初反对在大马士革设立一个新的苏菲派机构，后来却转而在财政上支持艾布·拜彦修道院的落成。其遗迹在多马之门街保存至今，就在快到直街的那个地方西侧。努尔丁后来（1168年之前）着手在老城的北边建立了另一个哈纳卡（Rabat al-Tahun），并为苏菲派设立了一个新的职位——谢赫（sheikh）。

在努尔丁的建筑遗产中，最值得注意的，可能就是建筑实践经历了几个世纪的营养不良之后的复兴。在长期的与世隔绝后，城市的建造者们被鼓励吸收外界影响。大马士革不再是水深火热的穷乡僻壤，而是成了新的创造力中心，从阿勒颇和伊拉克吸收了诸如四面敞厅设计和穆喀纳斯圆顶等理念，却又加入了城市自己的特色。[31] 此外，这种风格也并不排斥借鉴过去的经验。这不仅体现为新建筑中对古典元素有意识的再利用（努尔丁墓的米哈拉布两侧的柱子，他的医院和简陋的圣训学校入口处古典风格的门或窗框），还体现在井然有序、克制稳重的样式上，一改拜占庭和倭马亚风格中"纷繁复杂"、过度表现的一面。二十年的时间太短，算不上一场建筑革命，取得的大部分成就也显然是建立在布里迪王朝的工事基础上，并在阿尤布王朝的统治下达到了全盛时期。但努尔丁时期新的建造风潮所产生的动力改变了大马士革的面貌。它现在是仅次于巴格达的逊尼派第二大城市，而努尔丁赋予了它与这一地位相匹配的声望。

我们已经提到过前往卡松山脚下定居的第一波迁移活动，这波迁居导致了第二个卫星郊区萨利希耶的出现。[32] 该地区在很大程度上还是原封未动的；它成了某种"圣山"般的存在，因为它与该隐和亚伯的故事有关，通过对穆兰修道院的记忆，它也与基督教的禁欲主义产生了关系，据说哈里发瓦利德就死在这座修道院里。[33] 新的定居活动始于古达马家族。这是一个虔诚的穆斯林家族，于1156年逃离了巴勒斯坦的纳布卢斯地区，并发展成为一个罕百里派社区，最初聚集在艾布·萨利赫清真寺（Mosque of Abu Salih）周围。这座清真寺建于942年，位于东门外。1161年至1162年，在努尔丁的鼓励下，他们在卡松山坡上一座现有的罕百里派修道院建立了自己的哈纳卡。在谢赫艾哈迈德·古达马和其子艾布·奥马尔的领导下，这个以巴勒斯坦人为主的社区给自己打上了"萨利希耶"（salihiye）的标签。

虽然在这种情况下，努尔丁主要关心的是结束罕百里派和沙斐仪派在老城的争斗，但据我们所知，他也鼓励发展朝圣中心，以吸引穆斯林远离什叶派的那些圣地，并且在传统的基础上进行建造，其中许多传统在伊斯兰教之前早已有之。就大马士革而言，他没有建造专门的纪念碑来助长这一趋势，或许是因为这些团体已经有了足够的生气。毫无疑问，努尔丁鼓励恢复将大马士革作为朝圣中心、"圣城"的构想：这一趋势将在下个世纪获得更进一步的动力。12世纪末，萨利希耶区开始吸引更多的巴勒斯坦难民，以及虔奉宗教的机构（尤其是罕百里派），也有了更多散落在庭园之间的坟墓。这座山的"神圣"地位因此得到强化,艾布·奥马尔墓本身也成了一个朝圣地,后来被重新开发为奥马里耶麦德莱赛,其废墟最近正在重建。

新的"黄金时代"

现已再次成为地区事务中心的大马士革,正在步入一个新的"黄金时代"。1184年7月至9月访问了大马士革后,伊本·朱拜尔在对城市的描述中传达了这种充满自信和活力的氛围。他的描述是最早把这座城市写活的。虽然他大多采用令人心旷神怡的措辞,但偶尔也会包括一些不那么讨人喜欢的实际细节,比如街道"狭窄、阴暗",房屋用泥和茅草搭建。他对一座如日中天的城市的描述,可能是相当准确的。它利用了几种趋势,实现了引人瞩目的复苏。首先,在城市的军事精英被突厥人和库尔德人的影响所左右时,它保留了阿拉伯人的创造精神和与阿拉伯人的关联。这在一定程度上反映了城市宗教角色的丰满,它在面对什叶派的挑战时对逊尼派传统的巩固,以及对知识的利用和探究精神,这些之前已经被吸引到伊朗和伊拉克去了。[34] 伊斯兰学术和教学现已完全专业化,学生人数在下个世纪翻了一番。[35]

其次,这座城市成了阿拉伯人对抗十字军事业的重要战略中心。如果没有这个据点,对十字军的有效抵抗简直难以想象。尽管在任何的大型冲突中,都必须引入军队,特别是来自埃及的军队,那里的财富可以维持一支三倍于大马士革的军队,但叙利亚首都是南北向交通的关键。即使阿拉伯人团结一致的情况还只是间歇现象，但如果没有大马士革，则根本无法实现。大马士革与开罗仍然没有可比性，尽管它在一段时间内也曾是一个王廷的所在地。新的精英阶层包括军队的埃米尔、高级官僚和宗教阶层。军队精英主要是新来的：生而自由的，抑或是马穆鲁克的埃米尔，大多是从突厥人和库尔德人中招募来的，从孩童时期就要接受服兵役的训练。他们虽是移民，却逐渐摆脱了任何单独的主导文化的意识，很容易地融入了这座城市的，主要是阿拉伯人的道德规范。

再次，这座城市也有了新的经济活力。尽管仍然无法与开罗的财富相媲美，但它成功地利用了急速发展的贸易流。贸易流沿着连接穆斯林世界主要中心、相对安全的走廊地带，进行南北向的移动。具有讽刺意味的是，也有东西向的移动。最终汇入十字军控制的港口的贸易流，大部分都是这样来的。商品从那些港口出发，跨过地中海，被人们交易，特别是被日益活跃的意大利人。大马士革是来自东方的香料、织物和宝石的转运点，此外还要加上它自己的商品：做工精细的丝绸、亚麻、羊毛和棉织物，金属镶嵌制品，银丝细工制品，以及做工繁复的挂毯和地毯。赞吉王朝结束时，这座城市已有 22 个商队驿站（*caravanserais*）[36]，在阿尤布王朝时期，这个数字略有增加。根据 1154 年来访的阿拉伯旅行家伊德里西的说法：

> 大马士革这座城市有琳琅满目的宝贝，有集中了各行各业工匠的街道，（商人售卖）各种稀世罕见、巧夺天工的丝绸和锦缎——所有这些都是其他地方没有的。他们在这

里制造的东西被运到各个城市,用船运往四面八方,运到所有的首都,无论远近……这座城市的工匠名声在外,它的商品受到全世界市场的青睐;而这座城市本身也是叙利亚城市中最美丽的,美到极致。[37]

大马士革确实没有享受到法蒂玛王朝时期的开罗那样的长期繁荣和人口增长,但它吸走了一些东西向的贸易,它的商业中心也沿着直街扩展,并开始将大清真寺以南的大部分地区包括进来。军人统治者容忍了当地的阿拉伯资产阶级。住房仍然很朴素,为家用和商业目的而建造,主要是在白杨木框架之间塞上泥砖,用压缩土做屋顶和地板,这种传统仍然是当地人的惯例。石材是现成的,但要留给更上得了台面的项目。居民在一定程度上按照宗教信仰隔离,这或许让各个区更加拥挤了。而将少数民族事务交由主教或拉比负责的做法,更加剧了这种情况。因此,基督徒和犹太人继续挤在他们的教堂和犹太会堂周围,前者有时还会因为十字军的胡作非为而遭到报复。犹太旅行家图德拉的便雅悯在12世纪60年代访问了大马士革,发现"这是一座面积很大的美丽城市,周围有许多花园和种植园……其数量之多、景色之美,堪称举世无双",还有大约3 000人的犹太人社区。"他们中有一些学识渊博的富人。"[38]

大马士革还得想办法为规模可观的驻军腾地方。其核心是大约1 000名重骑兵,这支部队可能由14位埃米尔领导。[39] 此外,还有几千名步兵和1 000人左右的苏丹护卫队(*halqa*)。非阿拉伯人的军人即使不是大多数,也还是有很多。他们可能被

322 · 大马士革:刀锋下的玫瑰

安置在城市北部城墙外的扩建范围，条件比较简陋。（在挨着城堡北边的地区，马匹和马鞍集市直到最近都还很繁荣，这可能也并非偶然。）但总的来说，鉴于大多数居民有着逊尼派这条共同的纽带，阿拉伯人与非阿拉伯人很少交恶，这与法蒂玛王朝时期不满情绪频频爆发的情况形成了鲜明对比。

注 释

1 Fink 1959: 44.
2 Allen 1986: 7; van Berchem 1909: 32—34.
3 托特金被葬在米丹街东侧、紧挨着后来的穆萨拉清真寺南边的地方，就在当今的耶尔穆克广场前面。自 20 世纪 50 年代以来，坟墓的遗迹已被移除——Moaz in Roujon and Vilan 1997: 137 和 n.8。
4 Runciman 1965 II: 278.
5 Runciman 1965 II: 281.
6 Runciman 1965 II: 281.
7 Yared-Riachi 1997: 213—214.
8 Al-Qalanisi (trans. le Tourneau) 1952: 296.
9 Mouton 1994: 190 指出，市中心有 19 座建筑物是布里迪王朝建造的，但塞尔柱人建造的只有 2 座。
10 Sourdel and Sourdel-Thomine 1980: 169. 萨达特·穆贾希迪耶清真寺——Moaz 1990: 91—99。大清真寺以南的阿米尼耶麦德莱赛是最早的例子之一，它的骨架留存了下来，现如今是一家贸易公司——Moaz 1990: 73—76。
11 Mouterde 1925: 353.
12 Jalabert 2002—2003: 31.
13 最近的一部文集强调了伊本·阿萨基尔作品中丰富的信息源——Lindsay 2001。
14 Eliséeff in Schatzmiller 1993: 164.
15 Mouton 1994: 84, 379; Sivan 1968: 72.

16 Mouton 1994: 380. 另见 Burns 2016b: 129—130。

17 Richards 'Salah al-Din' in *EI2*.

18 Ehrenkreutz 1972: 99 记录称，萨拉丁派出过一个旅行队，带着价值 60 000 第纳尔的金银器皿和其他贵重物品。努尔丁觉得这份贡品不够格，他更喜欢现金（黄金）。

19 即使是在与十字军的冲突进行到白热化的时期，萨拉丁也意识到需要让埃及的国际贸易联系保持畅通，甚至允许意大利城邦在亚历山大里亚设立货栈（包括教堂），以便为他提供物资，尤其是军需物资——Ehrenkreutz 1972: 103。

20 改编自阿尤布王朝时期的作家 Ibn al-Athir 被翻译过来的作品，在 Elisséeff 1967 II: 673 中。

21 Elisséeff 1967 II: 761; Golvin 1995: 41; Moaz 1990: 111—115. Allen 1986: part 2 认为，努尔丁曾计划葬在哈乃斐派的努里耶麦德莱赛，但是他改了主意，更青睐 1172 年开始动工的、由沙斐仪派捐赠的新学校，也就是当今的阿迪利耶麦德莱赛。然而，在他去世时，阿迪利耶麦德莱赛离完工还差得远。这一拖就是五十年，在此期间，阿尤布王朝占用了这座建筑。

22 这个想法在 Tabbaa 1985: 68—69 中有探讨。另见 Herzfeld 1942: 11—14。

23 Elisséeff III 1967: 824; Bianquis in Garcin (ed.) 2000: 41.

24 Atassi in Gaube and Fansa 2000: 115—117.

25 Rihawi 1977: 58，引用了 Ibn 'Asakir。

26 Moaz 1990: 378.

27 Allen 1986: 45; Watzinger and Wulzinger 1921: 40—41.

28 根据 Elisséeff 的清单——Elisséeff 1949—1951: 16—30。

29 其他零零碎碎的例子，见 Moaz 1990: chapter II。

30 Elisséeff 在 *EI2* 的 'Ibn 'Asakir' 词条中称，努尔丁去世时，伊本·阿萨基尔也在场。伊本·阿萨基尔本人葬在小门公墓，萨拉丁出席了他的葬礼。

31 Moaz 1990: 387.

32 第一个是萨鲁贾。

33 Mouton 1994: 346 和 n.77。

34 "大马士革在这一时期确实是帝国的知识中心"——Humphreys 1977: 24。
35 Gilbert 1980: 124.
36 Atassi in Gaube and Fansa 2000: 117.
37 Le Strange trans. 1890: 239—240.
38 Adler 1907: 29—30; Signer 1983: 90. 关于撒马利亚人存在的证据，见 Musil 1903。
39 Humphreys 1989: 161.

第十二章

萨拉丁与阿尤布王朝

（1174—1250）

萨拉丁的崛起

努尔丁的继承问题很棘手。名义上的人选是他 11 岁的儿子萨利赫，但这个王朝并没有一个既定的结构，可以使他顺利度过成年之前的这段时期，而赞吉家族的其他成员则渴望保留一种以家族为基础的宽松配置。如果大马士革落入外人之手，这个体系显然会受到威胁。然而，在当时的伊斯兰世界，最大的、目标最明确的势力，就是阿尤布之子萨拉丁。如前文所述，努尔丁曾怀疑萨拉丁在埃及怀有异心，两人之间的关系在努尔丁去世前就已经恶化。一些阿拉伯评论者预料到，萨拉丁会让部队做好准备，抵抗努尔丁军队的到来，后者试图要求埃及为反十字军的斗争出力。努尔丁之死消除了可能出现的这种恐怖情况，尽管有一些传记作者表示，正是双方之间剑拔弩张的气氛和努尔丁可能为远征所做的准备，导致他在阿赫达尔草场一病不起，最终撒手人寰，这是被"一反常态的暴怒"刺激出来的。[1]

萨拉丁从埃及致信，向萨利赫宣誓效忠，但按道理来说，既然赞吉王朝最杰出的统治者已经去世，萨拉丁的权力就比任何潜在的对手都要大了。更直接的原因是，萨拉丁所面对的事实让他不得不这样做。如果他不出手，大马士革就可能成为耶路撒冷的牺牲品：这场战争就将彻底输掉。

无论年事已高的赞吉王朝统治者和他年轻的库尔德门徒之间的关系有多么紧张，萨拉丁都承担起了努尔丁传统继承者的角色。然而，和他的导师一样，他必须仔细盘算自己的行动，避免与耶路撒冷发生无谓的冲突，因为这会对他的长期规划不利。他所享有的优势是他的导师大限将至时才充分认识到的：埃及的财富和贸易收入，可以持续提供所缺乏的资源。不过萨拉丁在大马士革的地位仍然处于边缘。他不能再次出现在那里，不由分说地宣称自己有权成为努尔丁的继承人；他的到来必须看上去像是在回应干预请求。经大马士革军队指挥官伊本·穆卡达姆同意，年少的萨利赫被转移到阿勒颇，为萨拉丁的干预扫清了道路。1174 年 10 月 28 日，精心操纵了汹涌澎湃的民意之后，大马士革"城门大开，欢迎新主人"，而这位新主人自称此行"只为侍奉努尔丁家族"。[2] 民众的欢迎是真诚的，因为萨利赫的顾问对耶路撒冷做出了新的让步，遭到了民众的反对。"我们像黑暗中的光，照在人民身上。"萨拉丁谦虚地表示。他直接前往倭马亚清真寺祈祷。他终止了自努尔丁死后出现的所谓的胡作非为（酒、高税收），迅速证明了他以胜利者的姿态到来实为天经地义，这也显示了他已然磨炼得炉火纯青的宣传技巧。他在阿尤布担任大马士革军事总督时使用过的宅子里住下，此举强调了他父亲对赞吉王朝的效劳是会延续下去的。[3]

阿勒颇、北方和介于两者之间的城镇仍然被摩苏尔的势力操控着,他们反对赞吉家族以外的人接管这些领地。哈里发不愿授予他在整个叙利亚的至高权力。1175 年 4 月,萨拉丁在哈马被巴格达哈里发的特使授予苏丹官服,这个头衔承袭自努尔丁。[4] 他获颁的文书承认了他对埃及和叙利亚的权力,但暂时还不包括阿勒颇。在 1176 年达成的不稳定的和平中,北方名义上仍在赞吉王朝手中,团结在萨利赫周围,但承诺支持萨拉丁的战斗。

萨拉丁在 1176 年年底回到了开罗,这是他未来五年的总部。职业生涯的早期,他曾在埃及巩固权力,那里仍然是他的利益基础。然而,他后来意识到,开罗太远了,无法充当作战总部。叙利亚是一个更好的跳板,只是另外两个方面不能有失:北部和贾兹拉,那是赞吉王朝／阿尤布王朝历来的权力(和人力)之所在;以及埃及,有了它的资源,持续的进攻性战争才有可能。这两点如果不能满足,战争就只能以断断续续的边境小规模冲突的形态呈现。在确保这些战线的安全之前,萨拉丁很克制,并没有以努尔丁衣钵继承人的身份行事。1181 年,努尔丁的继承人萨利赫去世,这意味着萨拉丁对整个叙利亚的主张再无任何阻碍。他最有说服力的论据,不是基于哈里发授职书的、徒有其表的合法权利,而是对叙利亚的分裂与伟大事业相矛盾这一点的认识。在经历了远至底格里斯河的长线作战后,作为交易的一部分,萨拉丁于 1183 年得到了阿勒颇,而赞吉家族则获得了叙利亚东北部的一些城市作为回报,其中包括辛贾尔和尼西宾。

1182年后，大马士革是萨拉丁的大本营。他再也没有回到开罗，那里由值得信赖的艾塔伯克们管理，包括他的弟弟阿迪勒在内的家族成员和他的秘书卡迪·法迪勒负责监督他们。萨拉丁似乎仍然不愿意对十字军王国进行协同攻击。"基督教耶路撒冷最后一位配得上王位的国王"[5]阿马尔里克一世（1162—1174在位）之死是一个转折点，但当时的人们还没有认识到这件事情的重要性。十字军仍是打了就跑（例如1182年鲍德温国王的那次突袭，打到了离大马士革很近的德拉雅）。萨拉丁在每个作战年度的大部分时间里，都在与支持赞吉王朝的对手们进行无休止的交锋，或者对十字军的前哨站进行小打小闹的突袭，例如约旦南部的那些。然而，他对发动大规模的战争犹豫不决，因为他已经与拜占庭签订了休战协议，正因如此才巩固了他在北方的地位。（一部现代的传记指出，截至1185年，他与十字军作战的时间只有13个月，与穆斯林同胞作战的时间却有33个月。[6]）大马士革的几位穆斯林统治者发现，召集信徒保卫城市、对抗十字军是一回事，鼓足热情攻击耶路撒冷则是另一回事。萨拉丁对战争的参与仍然停留在宣传层面上，对东北的远征却没断过，理由也很充分，不是简单的领土扩张，还需要确保所有穆斯林的国度都能支持这场斗争。然而，许多人可能会感到奇怪，到目前为止，对基督徒取得的唯一收获就是约旦河以东的土地，开罗和大马士革之间的通路经过那里时，周围的环境依然动荡不安。

1185年，萨拉丁与摩苏尔的赞吉王朝讲和时，恰逢他从一场大病中痊愈。在萨拉丁生病期间，他到达大马士革时迎娶的努尔丁遗孀伊斯玛丁可敦去世了。因此，次年即1186年也意味着一个心理上的转折点。不过他后来对穆斯林事业的号召也可以被视为孤注一掷的尝试，为的是挽救他的政权，避免从内部崩溃。[7]最终，萨拉丁利用他所掌握的、扩大了的领土，集结了一支常备军。次年，为了恢复通往开罗的商队路线的安全，萨拉丁采取了大动作。此时，沙蒂永的雷诺的攻击对这条商路构成了威胁。他是耶路撒冷王国一个倾向于极端主义的暴躁贵族，曾在1182年因抢劫麦加朝圣者而在穆斯林中引发了众怒。1186年年底，一个穆斯林商队受到了格外明目张胆的攻击。萨拉丁认为自己现在别无选择，只能协同推进至十字军的中心地带，打算挑起一场与十字军部队的会战。对于"萨拉丁放弃了与异教徒的战斗，开始攻击穆斯林"的奚落，这就是他的回应。[8]

哈丁战役（1187）

与之前那些小打小闹的遭遇战相比，萨拉丁将随性的规划与出色的即兴发挥结合了起来，用这样的战略打了哈丁战役。萨拉丁在戈兰高地以东的阿什塔拉集结了一支由12 000名骑兵（包括来自贾兹拉和摩苏尔的5 000名骑兵）和同等数量的步兵组成的军队。萨拉丁攻占了太巴列镇，并向太巴列湖以西的高原移动。这是挑战的信号，居伊国王率领的十字军军队接受了这个挑战。然而，为了援救太巴列，居伊不得不从他的集结地塞佛瑞斯穿越相对缺水的开阔地带，途中没有可以依靠的溪流或水井，这对一支在盛夏时节穿着铠甲的军队来说简直难如登天。度过了一个口干舌燥的不眠之夜后，1187年7月4日，基督徒军队醒来时，发现他们已经被占据优势的穆斯林部队包围了。

口渴的痛苦很快导致士气崩溃。的黎波里伯爵雷蒙设法从东北方脱困，但其余的部队在"哈丁角"寻求庇护，那是两座山丘，高耸在太巴列湖以北的西坡上。被十字军作为护身符带上战场的"真十字架"碎片在混战中被穆斯林夺走，居伊的残军也被包围了。午后不久，战场上的基督徒军队只剩下一小部分核心，聚集在国王扎在南丘上的红色营帐周围。国王和他的护卫部队尽管进行了激烈的抵抗，却还是被萨拉丁抓走了。沙蒂永的雷诺被萨拉丁亲自斩首；其余的十字军领袖被囚禁在大马士革，贵族们被特意留下了活口，以待赎身。在萨拉丁的命令下，立下过宗教誓言、要用生命保卫圣地的医院骑士团和圣殿骑士团骑士被处决；少数同意皈依伊斯兰教的人除外。真十字架的遗物也被运往萨拉丁的首都，倒挂在一根长矛上炫耀。

此时，基督教王国许多最重要的领袖被俘。（六个月后，居伊国王被释放，在这种情况下，这也只是凸显了萨拉丁的掌控力。）哈丁战役是对十字军事业的一次削弱，却并非致命打击。最初，这次战略上的失败导致包括阿卡在内的许多十字军城市失守，三个月后，耶路撒冷自身也被大马士革军队攻陷了。历经九十年后，耶路撒冷再次掌握在穆斯林手中。萨拉丁的胜利提高了耶路撒冷在穆斯林眼中的神圣地位，但他驳回了拆除城中基督教圣坛的要求。然而，西方的基督教居民却要面对二选一的抉择：要么支付巨额赎金获释，要么被贩卖为奴。

萨拉丁取得了一场大胜，但并非完胜。他只顾着确保在耶路撒冷的宣传取得成功，却忽略了军事意义更大的目标——提尔。十字军也因此得以巩固提尔，作为他们在耶路撒冷王国最后一个不稳定的立足点。提尔周围狭长的沿海地带，此时成了后来补充兵力的滩头阵地。萨拉丁联合了穆斯林世界的大部分地区，但几乎没有得到巴格达的感激。巴格达仍然不信任大马士革的计划，而萨拉丁的赞吉王朝盟友们也仍然对他的上位愤愤不平。此外，萨拉丁担心十字军可以利用他们剩余的据点（他们在的黎波里和安条克的驻军和提尔一样，都还没有折损）来恢复耶路撒冷王国。萨拉丁担心欧洲会报耶路撒冷沦陷之仇，并经安纳托利亚的陆路派出补充兵力，承担起复国大任。因此，次年他沿着叙利亚海岸北上，挑选防御薄弱的据点，并绕过那些需要长期围攻的据点；"从棋盘上移走那些大意的兵卒"[9]。

这并不足以避开第三次十字军东征。法兰西国王（腓力·奥古斯都）和英格兰国王（狮心王理查）从海上登陆，为十字军的存在带来了大量新的声望和人力。1191 年，经过长时间的围攻和穆斯林军队令人身心俱疲的反围攻后，十字军夺回了阿卡港。这场胜利本身并没有挽回十字军的损失，但鉴于该港口作为重要转口港的作用，这对萨拉丁的威望造成了打击，表明斗争依然前路漫漫。法兰克人使这场冲突回到了僵局，而萨拉丁也无法确立击退他们的势头。十字军现在扩大了他们的沿海飞地，将阿卡作为他们的替代首都。1191 年，萨拉丁的军队与理查的军队在阿尔苏夫附近进行的第二次大规模交战，显示出"萨拉丁随着年龄的增长，无论是精力还是对部下的统御力，都不复当年了"[10]。不过为了在这场持续了五年的斗争中取胜，十字军也付出了沉重的代价。为了夺回阿卡，他们付出了10万人的代价。1192年的休战协定结束了第三次十字军东征。在十字军方面，一部分动机是狮心王理查急于返回英格兰，保卫他的王国，对抗从前和他一起参加十字军东征的腓力。萨拉丁接受了允许基督教朝圣者返回耶路撒冷的休战协定。他只能坐视理查军中的士兵作为朝圣者抵达耶路撒冷，因为他能够领悟到目前的情况：自己没有人数上的优势，没有支持者的热情（尤其是巴格达那边的），也没有经济资源可以乘着哈丁的辉煌胜利一鼓作气。此外，他现在也缺乏最后一搏的热忱和韧劲。

再度病发后，萨拉丁回到了大马士革，试图恢复一下体力。他放下了长期以来一直想去麦加朝觐（哈吉）的志向，满足于单纯的狩猎之乐。1193年2月的一天，他顶着凛冽的寒风骑马出门，去迎接与朝觐大队一起返回的朝圣者们，他曾经也希望加入他们。他病倒了，发着高烧，身体虚弱，时而昏迷时而清醒。他的临终遗言是对《古兰经》中一段话的应答，这段话吸引了他逐渐涣散的注意力："他是真主，除他外，绝无应受崇拜的。他是全知幽玄的。"他口中喃喃着"这是真的"，进了天堂，终年55岁。[11]

萨拉丁死后，在他自己的追随者中并未享有他在后来的欧洲十字军东征传说中所取得的那种举世无匹的崇高声誉。当时，他的骑士精神和胜利后的宽宏大量为他赢得的赞誉，更多地来自他的对手那边。他和平接管了耶路撒冷，尊重基督教圣坛以及教会对它们的保护，这与十字军在 1099 年对城中的穆斯林、犹太人甚至本地基督徒居民不分青红皂白的大屠杀形成了鲜明对比。在阿拉伯人这边，他的失败和他的胜利一样有名；他的宽宏大量和骑士精神更常被认为是一大败笔，因为统治者就该是冷酷无情的。可作为苏丹，他并非绝对君主，而是一个国家联盟的领导人，这一点很容易被忽视。除非他的那些君主认为应当出力，否则他无法召集部队进行战略攻击，而他们很少会这样认为。

尽管萨拉丁成就斐然，却没有什么机会去享用他的成功。他的统治就是孜孜不倦的尝试，试图创造击退十字军的存在所需的动力。即使在哈丁战役和夺取耶路撒冷之后，人们也总是担心十字军会从他们细长的沿海地带寻求大规模增援，回到将穆斯林对手们分而治之的策略上来。他在大马士革待的时间很少，不过他长期以来在那里感觉最自在，并逐渐将其视为自己的基地。这座城市是他的信仰城堡，但与努尔丁不同的是，他很少通过对它的修饰来昭示自己的成就。他主要的大修大建要追溯到早年在开罗的时候（1181 年之前），其形式是那座城市大城堡区的城墙。这道"规模过大、效用存疑"[12]的城墙，比他在大马士革考虑过的任何工程都要宏伟，或许也打消了他更进一步、超越努尔丁的渴望。这道城墙无疑表明，在他统治时期的前半段，他的优先事项很大程度上是以开罗为中心的，因为他并没有为改善大马士革的防御工程做出类似的努力。

萨拉丁也没有获得足够的私人资金来资助新项目。他是一个糟糕的财务管理者，把他所获得的大部分财富都送给了应得之人。这位君主要给 600 名宗教官员开工资，他可能觉得，在大马士革恢复逊尼派正统的任务已经完成了。可能实现宏伟建筑计划的经济利益，被他用在了战争和慈善事业上。他仍然是战士，而不是建筑师；是辩论爱好者，而不是教条主义者；是法学家，而不是一个渴求匀称尺寸的建造者。虽然他是在相对富丽堂皇的环境中长大的（他父亲的宅邸后来被纳入了苏丹拜伯尔斯的陵墓兼麦德莱赛，现在仍然可以参观，即查希里耶麦德莱赛），但他最快乐的时光莫过于坐在努尔丁的法院里动用智慧，或者在沙漠狩猎瞪羚。在恶劣的健康状况和绞痛引起的发热夺去他的生命之前，他人生中的最后几周就是这样度过的。

"最后的胜利"

萨拉丁在 1193 年下葬的故事，表明这位领导人并没有一个纪念性建筑群。他没有给自己的死亡准备陵寝。关于他对逊尼派正统的世界秩序的信仰，也没有可以与努尔丁安息之地庄严的圆顶相媲美的声明。他的愿望是葬在朝圣之路的旁边，士兵和虔诚的旅行者可以在那里祈祷，但这个愿望也没有被尊重。伊斯兰教的习惯要求下葬前不能有任何的耽搁。因此，萨拉丁被抬着穿过这座城市，沿途的民众表现出了前所未有的悲痛，之后他就被埋葬在城堡里。两年后的 1195 年，他的遗骸被转移到大清真寺北边一个专门的墓室。这一地区长期以来与宗教机构关系密切，从该地区复杂的建造历史中明显可以看出。一年后，由他的次子阿齐兹·奥斯曼发起，在他的墓室周围建造了阿齐兹耶麦德莱赛。萨拉丁的殡葬安排和他的前任一样，都遭到了后人漫不经心的对待。这所伊斯兰教学校的大部分已经化为乌有，可能是毁于大火，抑或是蹂躏了清真寺的劫掠所致。对于赞美萨拉丁的纪念铭文，我们只有文献史料："安拉，请带走他的灵魂，为他打开天堂之门。这是我们所渴望的、最后的胜利。"[13] 只有墓室和敞厅一座不协调的拱门保存了下来。萨拉丁墓的简朴，完全符合伊斯兰传统和他自己质朴的品位。后来，这让更加自命不凡、缺乏安全感的奥斯曼帝国苏丹阿卜杜勒-哈米德二世有些不悦。他将朴素的木棺挪到一边，将遗骸重新安葬在一个精雕细琢的大理石嵌花石棺中。现在，房间里占据主要位置的就是这个石棺。[14]

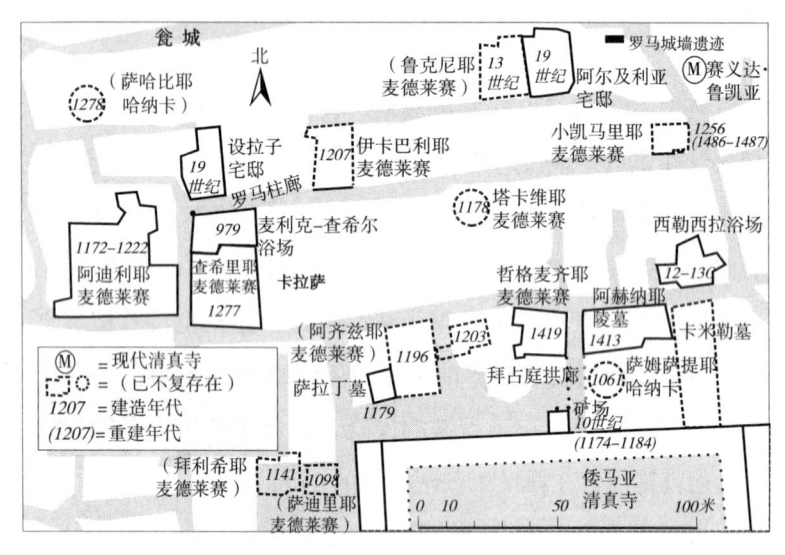

阿尤布王朝的大墓地，位于倭马亚清真寺西北方

从东望向萨拉丁墓

萨拉丁肯定对城堡做出了改进，包括建造了某种形式的寓所供自己使用。他对防御工事的改动程度尚不清楚，但据文献史料称，他重建了南边紧贴着城堡的城门——胜利之门，它的遗迹可能是在1863年被移除的。萨拉丁同样对倭马亚清真寺进行了必要的修缮，包括进一步重建北墙（1173年再次毁于大火）和新娘宣礼塔。

在萨拉丁统治的二十年中，有十余座非军用建筑全部或部分留存下来，但没有哪一座是明确由他捐赠或发起的。然而，大马士革作为宫廷所在地，还在继续吸引着富裕阶级，并且迎来了自倭马亚时代以来未曾有过的人口增长。埃米尔、总督、马穆鲁克、高级军官和重要官员，以及他们的妻子和母亲，此时发现有必要以实物形式吸引人们注意到他们的慷慨和美德。这种现象还处于早期阶段，在萨拉丁的时代，它与阿尤布王朝及其宫廷在他死后才开始的、令人惊异的建造记录还有很大距离。

如果说萨拉丁要操心的事情太多，无法在这座城市留下太深的印记，那么宫廷中的妇女则开始恢复塞尔柱人的传统，发挥突出的作用。女性的赞助将在13世纪变得更加显著，这或许也暗示了妇女在库尔德人社会中发挥着相对较大的作用。"大马士革妇女"中，最杰出的要数伊斯玛丁可敦。她着实是两代人之间的一座桥梁。[15]她是乌讷尔之女，先后成为努尔丁和萨拉丁的妻子，活到了1185年。当时，萨拉丁正在美索不达米亚作战，长期不在大马士革。其间，她的死讯一直瞒着他，以免妨碍他从第一次重病中恢复过来，这表明他对她非常尊重、钦佩。她的坟墓位于萨利希耶的新清真寺，现在仍然可以参观。双重圆屋顶座上的标准瓜形圆顶，后来被包括清真寺（1388年）在内的附属建筑所包围。亚西尔·塔巴对阿尤布王朝建筑的研究强调，妇女倾向于宗教建筑、与麦德莱赛合在一起的墓室，抑或是苏菲派神秘主义者的学校（哈纳卡）；或许是因为她们的常规求学受到限制。[16]这反映在伊斯玛丁创办的其他机构中：可敦尼耶哈纳卡（坦基兹清真寺东边）和城墙内的一所麦德莱赛。她的第一个项目是自己父亲的陵墓。但所有这些建筑中，只有她自己的陵墓保存了下来。

然而，这种将建筑赞助的主体扩大到女性的做法，强调了阿尤布王朝建筑创造力的井喷所基于的广泛基础。一个尤为重要的现存建筑群是沙米耶麦德莱赛，来源于一位妇女的捐赠。这所伊斯兰教学校建在被称为"上谢拉夫"的农村土地上，属于一个纪念性建筑群的一部分。在塞尔柱人时期，这块地最先被开发为一片高档公墓。上谢拉夫（意为"河岸"）形成了一块突出的高地，从北边俯瞰巴拉达河谷，"郁郁葱葱，好似一卷卷绸缎"在两座赛马场之间铺开。[17] 现在只剩下沙米耶麦德莱赛孤零零地立在一条拓宽的大道一侧，就是沿着老城西缘向北延伸的那条大道。这所麦德莱赛最初由萨拉丁的姐妹赛义达·沙姆·祖穆鲁德可敦建立。对这一地区进行了大规模的清理后，这所麦德莱赛最近得到了修复。它从 12 世纪建立时留下来的主要遗迹，是拥有三座陵寝的华丽墓室，使用了灰泥装饰。赛义达·沙姆着手进行这个项目，是为了纪念她在 1180 年去世的兄弟图兰沙。这次痛失至亲使她郁郁寡欢，她在一年后埋葬了第二任丈夫（纳绥尔丁），又在五年后埋葬了唯一的儿子胡萨姆丁。二十九年后，她可能将自己葬在了儿子的墓穴里。

　　萨拉丁进一步鼓励了大马士革是一座圣城的信念，这一过程在 12 世纪的大部分时间里都在进行。他忠诚于以大马士革为基地的斗争，将这座城市提升为伊斯兰教的一极，这两件事是齐头并进的。大马士革已经成为穆斯林朝圣之旅的一个中心，对早期逊尼派倭马亚王朝的怀念，成了使人们远离什叶派引诱的手段之一。传闻中许多"圣伴"的埋葬地得到了确认，并被鼓励作为朝圣中心，例如传说中的法蒂玛之墓。[18] 倭马亚清真寺仍然是城市宗教生活的中心。尽管新的教学机构层出不穷，但伊本·朱拜尔对他 1184 年之行的记述表明，清真寺内仍有许多扎维叶（*zawiyas*），也就是用于研习和思考《古兰经》的非正式学校。

　　在这样的政治制度下，大马士革自然也是君主的埋葬地。

他们本身大多是新来的，大马士革是他们的第二故乡，萨拉丁的大多数兄弟姐妹都葬在这里，除了两位在其他地方服现役时去世的。从阿勒颇引进了一种新的墓葬形式，即简单的箱式墓室，上面的圆顶矗立在通常为八边形和十六边形的双重圆屋顶座上。早先受到美索不达米亚的影响、以砖为主的结构，现已被由精心处理的石块砌成的坚固建筑物所取代。不过圆顶仍然是用砖砌成的，并涂有石膏。内部呼应着外部朴素的处理方式，但有时也带有并不浮华的穆喀纳斯装饰，以便随着结构的上升实现从方到圆的过渡。有时会在表面用灰泥装饰，采用风格化的花卉主题。更多的时候，风格简单到了死板的程度。有一个完整保存下来的例子，那是萨拉丁的直系亲属在大马士革建造的最后一座建筑：萨拉丁的姐妹拉比耶可敦在萨利希耶东端建造的萨希比耶麦德莱赛（1231年）。它的立面十分单调，只在

从南望向沙米耶麦德莱赛和扎因丁墓

中央有一个出入口，略高于建筑的轮廓。除此之外，只有一个檐口，下方有一条淡黄色石条带。

上谢拉夫是一个家族墓葬区。现存最早的例子是纳兹米耶墓，建于1148年之后，用来安葬萨拉丁的几位亲属，包括他的兄长沙汉沙（1148年死于对抗十字军的大马士革保卫战）、一个儿子和一位亲戚，以及沙汉沙的女儿。扎因丁的陵墓（1172年）也早于萨拉丁的时代。它位于东边25米处，毗邻八年后完工的赛义达·沙姆的沙米耶麦德莱赛。（现如今，一个小型庭园环绕着它，标示着古时的纳吉马里耶墓地，那曾是萨拉丁家族喜欢的休闲场所。）扎因丁墓是典型的阿勒颇风格陵墓：双重圆屋顶座上一个略呈拱形的圆顶，矗立在立方体底座上。它的灵感也来自一位妇女，这一次是在用这座朴素但构思大胆的纪念建筑物来纪念她英年早逝的儿子。简单的形状，与夸张地占据了南立面大部分高度的高大出入口，二者的结合仿若浑然天成。法鲁克沙是萨拉丁的侄子和高级将领之一，他仍然安息在沿上谢拉夫往西的陵墓中，就在巴赫拉姆沙陵墓的北边。现在，这两座陵墓都被四季酒店挡住了。另一座现存的圆顶陵墓，最近由于道路拓宽工程，被转移到了老城以北、哈丁广场中央的一片草木丛中。它是为努尔丁的老臣之一巴德尔丁·哈桑（卒于约1190年）建造的。

阿尤布王朝的继承

萨拉丁早逝的终极悲剧是他的成就难以持久。他自己的后代（"除了自娱自乐一事无成"）[19]在他生前就没有围绕着他团结起来。他一死，他那东拼西凑、摇摇欲坠的反十字军联盟便迅速瓦解了。没有明确的继承规则，萨拉丁本人利用努尔丁死后的不确定性时也是这种情况。萨拉丁的帝国基于一种奇怪的混合体：一方面是以家族为基础的集体统治权，它继承自塞尔柱-中亚传统，但并不是严格的继承；而另一方面，则是中央集权程度更高的波斯式苏丹国。这个混合体还加入了一个没有被完全并吞的埃及，它仍是被法蒂玛王朝高度中央集权的官僚机构所塑造的。这套方案本质上是依靠萨拉丁的个人魅力来维持的。萨拉丁指定长子阿夫达尔为大马士革（包括巴勒斯坦和黎巴嫩沿海地区）总督，并希望他能巩固他父亲的正义国家之梦，调动所有君主的资源来实现驱逐十字军的战略目标。另外的儿子掌管阿勒颇（查希尔·加齐）和开罗（阿齐兹·奥斯曼），而他们的叔叔阿迪勒则掌管着第四个地区——上美索不达米亚。短短几年的时间里，这个梦想就碎得差不多了。无论是直系亲属，还是更大范围的君主和埃米尔，都没有对这位伟大苏丹的虔诚愿望上心。战斗事业被忽视了。

萨拉丁任命阿夫达尔为总督，显然是打算让自己的儿子继续把大马士革作为主要居住地，以强调斗争优先。然而，阿夫达尔发现，他对大马士革的归属感导致了自己的失败。他父亲的几位高级埃米尔突然离开大马士革，前往开罗，游说萨拉丁的弟弟阿迪勒将这位缺乏经验的继承人赶走，因为他似乎打算清除这些老臣。到了1194年，萨拉丁的次子阿齐兹公开要求获得苏丹地位，因为阿迪勒怂恿他，要他在自己侄子的鲁莽无能使帝国陷入危险之前就采取行动。1196年，他通过对大马士革的一系列象征性攻击，搞定了这个要求。阿夫达尔被允许默默地退居塞勒海德，担任一个不怎么起眼的职位。阿齐兹成了苏丹，居住在开罗，但实权掌握在他的叔叔手中。1198年，阿齐兹在开罗附近狩猎时意外身亡，他的兄长阿夫达尔再次被立为苏丹。当时，阿迪勒正在东北作战，不在大马士革。阿迪勒回来后，设法占领了大马士革城堡，随后却要面对阿夫达尔麾下部队的强攻，后者与查希尔（阿勒颇）结成了并不稳定的同盟。然而，这些部队在阿夫达尔缺乏自信的领导下瓦解了。1200年，阿迪勒由守转攻，在开罗城外对阵侄子的部队，迫使阿夫达尔接受了内部放逐。

阿迪勒也不多废话，毫不理会萨拉丁后代的主张，在开罗自立为埃及和叙利亚苏丹（这一头衔最终在1207年得到了巴格达的承认）。阿夫达尔最后一次攻占大马士革的尝试被轻松化解，1201年，阿迪勒以胜利者的姿态进入这座城市。萨拉丁死后的九年混乱期，以事后看来简直是明摆着的解决办法告终：现年60岁的阿迪勒曾经是兄长最亲密的顾问，也是其儿子们的指定监护人。他可能一开始对最高职位没有任何想法，当事实证明这些后代没有能力继承父亲的衣钵时，他才接手。此时此刻，将要执掌阿尤布王朝剩余五十年的统治权的，是阿迪勒的家系，而不是萨拉丁的家系。

阿迪勒是个阴沉冷峻、神秘莫测的人，与其说是一位能够鼓舞人心的人物，倒不如说是一个大公司的头头。汉弗莱斯将他的优先事项描述为"公共道德方面的清规戒律、谨慎的财政管理和对公共工程的投入"[20]。战争不再是工作重心；阿迪勒在很大程度上对法兰克人视而不见，因此招致罕百里派萨利希耶"游说团"的公然敌意，而他也只与法兰克人打了一仗。萨拉丁的最后时日那种险象环生的处境，他再清楚不过了。他认为没有理由去冒被十字军军队全歼的风险，因为后者在一对一的战斗中仍然是无敌的。想要维持一个有凝聚力的阿拉伯联盟，长期作战也会带来巨大的困难。这位首席执行官领导下的趋向，是稳定扩张而不是冒险，主要是通过将阿尤布王朝的权力扩展到贾兹拉和亚美尼亚。

阿迪勒从继承战争的经验中学到了教训，那就是需要一个安全的避难所，以取代自塞尔柱时代以来缝缝补补拼凑起来的城堡。在1194年至1201年间，大马士革曾五次遭到阿尤布家族成员及其军队的攻击。阿迪勒的崛起面临着众多挑战，在此情况下，新城堡反映出苏丹需要加强对侄子们的控制。十字军的威胁并不是决定性因素。对于与残余的十字军王国再起冲突，阿迪勒基本上仍保持着无动于衷的态度。此外，1201年5月，一场可怕的地震为改善城防提供了令人无法拒绝的新理由。这次的震感十分强烈，足以让当今叙利亚西部的大部分地区感觉得到。（反反复复的震动一直持续到1202年5月。）

现在阿迪勒的至尊之位有了保证，于是他开始着手修复地震和高强度攻击（沿北墙一带的火力尤其猛烈）所造成的累积损伤。几乎必须建造一座新的城堡了，而现代研究证实，先前的建筑物只有一些遗迹被纳入了当下这一圈威力巨大的围墙中。早期关于中央立柱大厅和走廊的描述，让我们得以一窥大马士

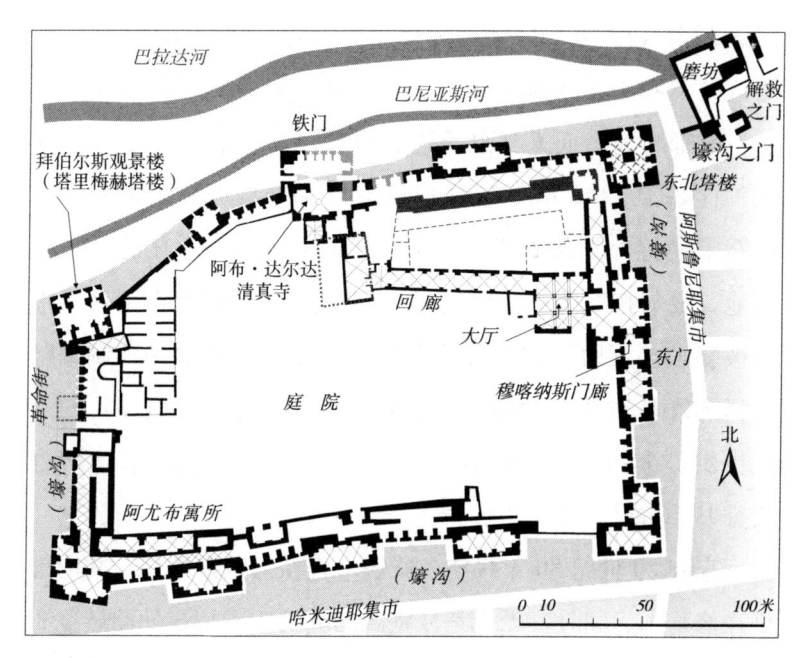

大马士革城堡

革阿尤布王朝的华丽宫廷。[21] 城堡宏伟的王座厅为阿迪勒的至尊之位提供了一个合适的环境,四根巨大的柱子界定了它中央的空间,柱头几乎可以肯定是从朱庇特神庙的废墟中抢救出来的。来到这座大厅,要经过从城堡北门通过来的一条 68 米长的长廊。对任何谒见苏丹的人来说,这条长长的通道都是令人生畏的。

攻城战技术的进步也使旧的防御技术落后于时代了,特别是需要为 12 世纪末开发的反炮击器械提供更宽阔的平台空间。[22] 该项目规模巨大,必须在不拆除现有围墙的情况下完成,因此干脆在塞尔柱人的旧围墙外面包上了一圈新的。使用这么多（13座）巨大的塔楼平台，也是史无前例的。"正是这一点赋予了大马士革（城堡）独有的荣光；自然让它的每一面都脆弱，而人类之手让它的每一面都无比强大。"[23] 这项工程始于1203年，直到1216年才完成。大马士革的市民被召来挖掘外部防御工事，包括西边的沟渠（现在是一小块草地，毗邻拓宽的革命街）。阿迪勒统治下的阿尤布王朝君主们被要求"赞助"10座主要的塔楼。索瓦热将这种强制捐赠解释为既是对阿迪勒服从的表现，也是为这项抱负不凡的工程提供资金的手段。阿迪勒当然会小心翼翼地确保将大部分荣誉归于自己。[24]

直到20世纪80年代初，城堡一直作为监狱使用，其内部仍在修复中。同时，无论是从宽阔的庭院，还是在外面游览布

城堡东北塔楼

大马士革城堡中的阿尤布王朝谒见厅

满了射箭孔和突堞的塔楼和幕墙,都可以充分领略到这圈围墙的荣光。通往大清真寺的东门用一个壮丽的穆喀纳斯天篷装饰,使极端的庄重与浮夸的繁复形成了鲜明对比。北出入口的军事重要性首屈一指,复杂的通道清楚地表明了这一点。通道的方向更改了五次,只是被长年累月的多次改建掩盖了。大门中央的十字形房间顶部是一个交叉拱顶,上面有一个小圆屋顶,这个别具一格的空间自 1720 年以来一直被艾布·达尔达清真寺占据着。现有的沿着庭院南侧的寓所,被新围墙的巨大塔楼包在了里面。[25]

阿迪勒还对倭马亚清真寺进行了重大改造。庭院铺上了大理石[26](历经数个世纪,原来铺的大理石板可能已经沉降了,被表面踩实的泥土所覆盖),并安装了宏伟的青铜门,这几扇门现在仍然装扮着西入口信使门。

穆阿扎姆·伊萨（1218—1227）

帝国逐渐以开罗为中心，以帝国的管理方式取代了由萨拉丁执掌的、基于家族的制度。虽然阿迪勒之子穆阿扎姆·伊萨被任命为大马士革总督，但这只是等级体系中的一次任命，像这样的情况还有很多。每个人都知道，实权掌握在父亲手中，而穆阿扎姆的名字并没有出现在大马士革的哪怕一幅铭文中，尽管他被誉为贤明的管理者。

阿迪勒于 1218 年去世，当时他正在从大马士革启程。第五次十字军东征在埃及港口杜姆亚特占领了重要阵地的消息传来，他的反应已经慢了。他的溘然长逝并没有引发新的继承危机。在他年龄最大的三个儿子中，开罗的卡米勒被默认为家族首领，但穆阿扎姆·伊萨已经在大马士革担任自治君主了。因为自己已经相当于是苏丹了（1218—1227 在位），他稍稍放松了阿迪勒所施加的严格的道德约束。从他自己的行为举止来看，他是哈乃斐学派的坚定拥护者。他的家族陵墓被纳入哈乃斐派的机构——位于萨利希耶区、现已荡然无存的穆阿扎米耶麦德莱赛。此时，萨利希耶的罕百里派已经有了足够的影响力，获得了建造自倭马亚清真寺以来的第一座聚礼清真寺（不算大部分在户外、后来才围起来的穆萨拉清真寺）的许可。罕百里派清真寺始建于 1201 年，在穆阿扎姆统治期间完工，不过项目的完成主要还是得益于萨拉丁的妹夫库布里埃米尔提供的资金。罕百里

马里达尼耶麦德莱赛

派清真寺矗立在萨利希耶一条宁静的巷道上，庭院里有六根醒目的柱子，是十字军用过的。

这是大马士革建筑工程繁荣发展的时期，其中最引人注目的项目之一，是穆阿扎姆那位出身自阿尔图格王朝（来自马尔丁）的妻子阿克舒（在某些版本中写作 Ikhshawira）可敦的工程。它被称为马里达尼耶麦德莱赛，矗立在艾卜耶德桥广场的东北侧，位于通往萨利希耶区的主要道路交叉口。虽然在随后的几个世纪里有了很大变化，但王妃所设想的"简单而又和谐的结构"仍然很明显。丈夫去世后，她对安静虔诚的憧憬仍在继续。她去麦加朝觐，并一直留在那里。她拒绝动用任何来自这所麦德莱赛的瓦合甫的收入，一旦积蓄用完，就去做了一名普普通通的运水工，依靠这份收入来养活自己。[27]

被出卖的耶路撒冷

穆阿扎姆·伊萨于1227年去世后，开罗的卡米勒最初并没有反对前者年轻的儿子纳绥尔·达乌德（1227—1229在位）继承大马士革埃米尔之位。尽管卡米勒非常直接地与十字军对抗，在1221年击退了来自埃及的第五次十字军东征，但由德意志皇帝腓特烈二世领导的第六次十字军东征很快就要到来了。然而，卡米勒挺进巴勒斯坦的行动，将他与纳绥尔的争斗推上了风口浪尖。一心不可二用，卡米勒心甘情愿地履行了穆阿扎姆早先的一份承诺，在1229年将耶路撒冷交给了德意志皇帝。他之所以这样做，是因为他确信，除非将来能够避免与十字军的恶战，否则根本没有机会用自己的军队攻下大马士革。尽管这份协定继续保留了穆斯林对伊斯兰教各个圣地的控制权，只是把一条狭窄的走廊割让给了十字军，这点领土收益在军事上毫无意义，但纳绥尔·达乌德利用该条约，煽动大马士革人对自己伯父的反感。他指示一位颇受欢迎的宣教者在倭马亚清真寺的聚礼中讲道，谴责该条约是极大的耻辱。效果立竿见影；人群"泣不成声，泪如雨下"[28]。

与腓特烈达成和解的同时，还提出了新的领地划分方案：大马士革归卡米勒的兄弟阿什拉夫所有，但需明确承认卡米勒的君权；作为回报，卡米勒得到的结果是，曾经对其地位构成威胁的那些强大封邑被肢解了。阿什拉夫起初还将大马士革视为自己同意放弃东北部大片领土的安慰奖，但当他来到大马士革时，"完全为古塔绿洲美丽的花园、郁郁葱葱的绿色植物和潺潺潺流水，以及果树的芬芳所倾倒"，这与他在协议中放弃的那些不毛之地有着天壤之别。[29]

遗憾的是，纳绥尔·达乌德决定反对这一解决方案，因为拟议的休战协定使十字军控制了耶路撒冷，让他非常气愤。卡米勒的军队于 1229 年 5 月到达大马士革，执行拟议的协定。他们在城南现今的卡达姆清真寺所在地扎营。围城给城市带来了巨大的压力，但居民们齐心向着纳绥尔·达乌德。他们对其父穆阿扎姆长期稳定的统治了然于心，并对向十字军投降的行为感到震惊。这是当地民兵最后一次在抵抗入侵者时发挥重要作用。但在被围困了一个月后，纳绥尔提出要和平解决，并得到了从穆斯林掌控下的巴勒斯坦剩余部分划分出来的一块新领地。

阿什拉夫（1229—1237）

阿什拉夫现在担任了他被任命的大马士革总督一职，而这座城市也经历了基本上算是风平浪静的八年。唯一值得注意的是，新总督对各种宗教表达采取了更不包容的态度，以至于对城市中出现的一些苏菲主义教派采取了镇压行动。他严守礼教，在这方面最令人印象深刻的纪念性建筑，或许就是忏悔清真寺。它在乌盖拜区留存了下来，位于老城的天堂之门西北 200 米处。这座清真寺有意建在一个商队驿站的旧址，据说此地因伤风败俗、男盗女娼而远近闻名。这座聚礼清真寺被设计成了倭马亚清真寺的缩小版。阿什拉夫倾向于支持让宗教"回归本源"，因此更看重聚礼，而不是教派或学派的作用[30]，并强调将圣训作为教育的基础。他建立了两所圣训学校，只有其中一所在萨利希耶区部分幸存（即阿什拉菲耶圣训学校）。他自己的坟墓曾位于萨拉丁墓正东，其遗迹在20世纪初被移走了。

建造麦德莱赛的计划在13世纪30年代终止，又随着阿塔巴基耶麦德莱赛的建造（1242年）重新开始了。这是宫廷中的一位女性、努尔丁的侄孙女泰尔肯可敦建立的另一所学校。她嫁给了阿什拉夫，不过她显然可以凭自由意志建立一个奉行沙斐仪派的机构。这所麦德莱赛容纳了她的坟墓，仍然矗立在萨利希耶区，靠近一个阿尤布王朝后期的纪念性建筑群，其中就包括她丈夫的圣训学校。它的出入口现在被堵在突出的立面之间，低于当前街道的高度，是使用穆喀纳斯和钟形拱石以达到华丽效果的一个卓越例子，在许多方面预示了马穆鲁克风格。

阿什拉夫的统治是大马士革阿尤布王朝黄金时代的最后阶段。经济造就了稳定的繁荣，对于硕果累累的建造工程来说，这又是一个刺激因素。第一批意大利商人被允许访问这座城市，并定居于此。（与意大利的经济联系可以追溯到萨拉丁恢复法蒂玛王朝与意大利城市的关系时，而他这样做是为了确保作战所需的物资。）两位深得民心、精明强干的君主统治下的二十年，带来了源源不断的稳定收入。尽管与十字军的对抗仍在进行，但很少导致毁灭性的冲突。阿尤布王朝仍然要分心在东北方，他们的帝国现已延伸至亚美尼亚和底格里斯河上游。然而，这并不妨碍家族关系的持续紧张，因为以叙利亚为基地的兄弟们试图在开罗的卡米勒面前声张独立。

阿塔巴基耶麦德莱赛出入口

紧张局势还在酝酿中，阿什拉夫却在抱恙四个月后，于1237年8月去世，终年56岁。继任者是他的弟弟萨利赫·伊斯梅尔（1237、1239—1245两度在位）。两个月后，卡米勒的军队抵达，再次将总部设在了卡达姆，并开始围攻大马士革。攻击非常猛烈，萨利赫·伊斯梅尔的部队对城墙外新开发的郊区执行焦土政策，好让开罗的部队在攻打城墙的过程中得不到掩蔽。为期六周的猛攻使城中的许多人丧命，萨利赫提出议和，得到的条件却出乎意料地慷慨，允许他从大马士革退居到附近的两块伊克塔（iqta'）——巴勒贝克和塞勒海德。

回到外围（1238—1250）

尽管卡米勒对叙利亚王公的挑战做出了有力的回应，但没有证据表明他考虑恢复一个高度中央集权的国家。无论如何，他在三周后去世了。萨利赫体面退出后，大马士革的地位悬而未决。[31]阿尤布王朝最后一位有威严的领袖卡米勒的亡故，标志着"真正的阿尤布王朝政权的终结"。[32]自萨拉丁去世已有四十七年，阿尤布家族可能保留的那么一点点共同目的的表象，此时也消失了。阿迪勒·艾布·贝克尔（阿迪勒二世）是其父在开罗的指定继承人，这一点是无可非议的。王公们对大马士革这个职位争论得更久，事情也更棘手。最终选择了贾瓦德·尤努斯，他是阿迪勒一世一个较小的儿子之子。很快，贾瓦德显然也被大马士革不再受制于开罗、成为自治领地的梦想所吸引了。开罗的迅速反应引起了恐慌，贾瓦德宁愿与萨利赫·阿尤布*做交易，交出大马士革，以换取后者在贾兹拉的部分地盘。萨利赫·阿尤布也禁不住诱惑，再次尝试采取针对埃及的草率行动，而他的缺席给了萨利赫·伊斯梅尔又一个夺回大马士革的良机。与此同时，萨利赫·阿尤布发现，自己在一场复杂的三方权力斗争结束后，被推上了埃及王位。

为了在开罗面前保持独立性，机会主义者萨利赫·伊斯梅尔与耶路撒冷王国达成了休战协定，承认基督徒在圣城拥有比1229年解决方案中商定的更大的权利，尽管这座城市不久前已由纳绥尔·达乌德为穆斯林夺回。然而，事实证明，他的新联盟是一场军事灾难。耶路撒冷和大马士革的军队狠狠地栽在了萨利赫·阿尤布的军队手上（1244年加沙附近的拉佛比战役），为后者（现已得到阿勒颇的支持）向大马士革复仇开辟了道路。围城的军队对大马士革进行了长达四个月（1244—1245）的痛击，包括摧毁倭马亚清真寺东边的宣礼塔。萨利赫·伊斯梅尔提出了议和条件，并被允许离开这座城市，前往他的一块荣誉封地，后来在阿勒颇避难。他从未占用大马士革努尔丁医院偏西南一点点的坟墓，那是他的母亲为他准备的。[33]

此时，开罗的萨利赫·阿尤布（1240—1249在位）下定决心，要让大马士革永世不得翻身。阿勒颇接过了帝国第二大城市的角色。阿尤布王朝权力的集体原则已经消失，"阿尤布王朝的其他王公不是（被）作为亲属，而是作为敌人对待"[34]。权力集中了起来，通过大规模招募马穆鲁克来支撑。有血缘关系

---

* 卡米勒的另一个儿子，是其父在贾兹拉的指定继承人。——译注

的王公很可能有独立掌权的想法，而萨利赫·阿尤布在大马士革的地方长官则不是这类人。大马士革的控制权被一分为三：总督（na'ib al-sultana）、城堡指挥官和一个纯粹的功能性职位——维齐尔。这种结构直到马穆鲁克时代都很普遍。

尽管几十年来，阿尤布王朝并没有将十字军视为主要威胁，而是将其视为一种不受欢迎的存在，需要容忍，但萨利赫·阿尤布的集中领导为进攻姿态奠定了更好的基础。1247年，在巴勒斯坦的局部作战行动，导致了对太巴列和亚实基伦的占领，这也是自萨拉丁死后五十多年来穆斯林对十字军王国残余的首次进攻。1249年，法兰西国王路易九世召集了一次新的十字军东征，攻占了埃及的杜姆亚特，当时萨利赫·阿尤布已是行将就木。随后，他的遗孀舍哲尔·杜尔设计了一个绝妙的诡计，以隐瞒苏丹之死，直到他的继承人穆阿扎姆·突兰沙能够从伊拉克返回开罗。尽管突兰沙归来之时（1250年）恰逢对路易取得了一场偶然的胜利，但没过几天，新苏丹就被巴赫里卫队无耻地杀害了。具有讽刺意味的是，这支由萨利赫组建的马穆鲁克特种部队，原本是用来保护阿尤布王朝政权的。（这个阴谋无疑是由鲁肯丁·拜伯尔斯授意并引导的，他后来取得了至高权力，彻底灭亡了阿尤布王朝。）此时，舍哲尔·杜尔以自己的名义接管了权力，但马穆鲁克通过维护职业军队凌驾于君主之上的权力，实际上已经拉下了阿尤布王朝体制的帷幕。自从第一批突厥马穆鲁克被引入阿拔斯王朝的军队以来，一个酝酿了数百年的过程即将开花结果，尽管他们还需要再过十年，才能公开宣称自己是伊斯兰世界的唯一捍卫者。在那混乱的十年结束时，一位马穆鲁克强人在开罗崭露头角，并自立为苏丹。他就是穆扎法尔·忽秃思（1259—1260在位）。

当开罗被这些事态进展分散了注意力时，大马士革的阿尤布势力呼吁萨拉丁的曾孙、阿勒颇的纳绥尔二世·优素福（1236—1260在位）夺取叙利亚南部。优素福以大马士革为基地，再次建立了一个中央集权的国家。但尽管他最初在恢复稳定方面取得了令人赞叹的成果，这一切却只是暴风雨前的宁静。在他的统治下，阿尤布王朝的余党越发抗拒开罗马穆鲁克的崛起。这一进展帮忙分散了大马士革的注意力，使其没有认真对待来自中亚、现已初露端倪的新威胁。

宫廷社会

萨拉丁死后的六十年，是大马士革的建造记录中最具创造力的时期之一。宫廷参与宗教捐赠和慈善机构的传统，在塞尔柱王朝和布里迪王朝就已经开始，在努尔丁时期加快了步伐，在阿尤布王朝时期更是力量倍增。在对阿尤布王朝建造计划的考察中，斯蒂芬·汉弗莱斯记录了六十年间建造的近200所教育、宗教或慈善机构。阿尤布王朝时期的建设速度几乎是之前的三倍，随后在马穆鲁克王朝时期又回落到这个记录的三分之一。[35]这些建筑的赞助人主要是宫廷中的男男女女[36]，抑或是军事和宗教机构的高级成员。官僚机构成员或商人私人捐赠或发起的建筑（后来的奥斯曼时代采用这种惯例）极少。虽然实际统治者并不是主要发起者——他们发挥主导作用，通常只限于城市的防御工程——但他们鼓励精英阶层的成员通过承担这些工程来立功，这一点几乎是毋庸置疑的。

按照定义来看，这些上位者中的成员几乎全都来自非阿拉伯人的统治集团：库尔德人和突厥人。因此，他们为大马士革的利益进行如此大手笔的投资，或许更值得注意。不过我们要记住，阿尤布王朝已经将大马士革纳为他们自己的城市了；他们在那里，不只是为了执行任务。他们至少部分融入了大马士革的文化，并与那里的市民和宗教机构保持着相对融洽的关系。（宗教领导层中，有很大一部分人本身就是被大马士革作为学术重镇的新角色所吸引，从伊拉克或波斯新来到这里的。）萨拉丁之后，军人阶层逐渐由非阿拉伯人的马穆鲁克所控制。随着队伍的壮大，他们也想在这座城市站稳脚跟。萨拉丁的切尔克斯马穆鲁克之一法赫尔丁·贾赫尔卡斯就是一个例子，他坟墓的双瓜形圆顶仍然在萨利希耶区中心地带上方鼓起。

也是在这个时代，那些对忠于主流逊尼派充满信心的有钱人，纷纷投资作为伊斯兰教堡垒的大马士革。几乎没有什么建筑物想要传达出一种浮华或自大的感觉。这种朴素的风格有一个很好的例子，那就是倭马亚清真寺重建的东宣礼塔（取代了在 1244 年至 1245 年的事件中被毁的那座）。拱形框架内的双窗，上下两排各有一扇，四个侧面都是同样的设计，这样就有了朴素的装饰。这座宣礼塔后来与一个传说扯上了关系，传说尔撒在击败达加勒后，将通过这座宣礼塔降临，在清真寺祈祷，预告最后的审判。[37]（宣礼塔上那个不协调的灭烛器形状的顶，是奥斯曼时期加上去的。）

"尔撒"宣礼塔

纪念性建筑的清单主要包括一些小规模的项目，意在行善、灌输伊斯兰教的学问，抑或是通过捐赠麦德莱赛或清真寺来达到纪念某人之死的双重目的。阿尤布王朝偏爱形状简单、严格协调的阿勒颇传统。单一用途的坟墓极其朴素而不是浮夸，富有教育意义，通过简单的线条和克制的装饰来传达对伊斯兰教初始价值观的尊重。在老城北部、萨利希耶和北郊（当时还没有人定居）之间的空隙中，仍然可以发现许多这样的坟墓。敞篷穆喀纳斯圆顶墓有一个很好的例子，位于紧邻达赫达赫公墓（现已被清真寺的重建所掩盖）的东边。它纪念的是萨拉丁的一位将军伊兹丁·易卜拉欣·伊本·沙姆斯丁·伊本·穆卡丹（卒于1200年）。附近（在墓地的北侧，面向巴格达街）有喀尔刻西耶君主赞吉之子马哈茂德的坟墓（1227年后）。再往西是宫中一名黑人宦官谢卜勒·达乌拉·卡富尔·胡萨米（卒于1226年）的坟墓，原本是谢卜利耶麦德莱赛建筑群的一部分，现在重新立在哈丁广场的环岛内。[38]

陵墓兼麦德莱赛仍然是人们凭吊并维持信仰所青睐的方式。已经被确立为合适埋葬地的萨利希耶，开始凭借一连串的麦德莱赛来巩固神圣的名声。这一时期最理想的例子之一是鲁克尼耶麦德莱赛（1224—1228），由阿迪勒的兄弟、埃米尔鲁肯丁·曼库里斯建立。它位于萨利希耶区最东端，最近得到了修复，并被德乔治形容为"阿尤布王朝时代最精美的纪念性建筑之一"[39]。附近还有另一座叙利亚北部风格的精美建筑物，是萨拉丁的一个姐妹拉比耶可敦的陵墓兼麦德莱赛。她死于1245年，比她的兄弟晚了五十多年。赫茨菲尔德说，这座建筑物显示出"对石材的完全掌控"，它现在是一所女子学校，但其平面布局原封未动。[40] 往南不远处的哈菲兹耶麦德莱赛在宜人的公园环境中留存了下来。它建于1250年，为了纪念巴赫塔可敦。她是一位塞尔柱君主的后裔，也是阿迪勒的释奴，比他多活了

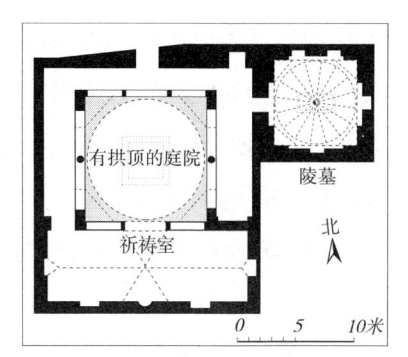

鲁克尼耶麦德莱赛
来源：plan after fig. 1 in Ernst Herzfeld 1946: 11—12

三十年。入口处的门洞是非凡的建筑奇想，一个精致的贝壳形状盘旋在头顶上方。

上谢拉夫穆塔纳比街的伊兹耶麦德莱赛只留下了一半，位于现代城市的一个商业区中。[41] 它是为穆阿扎姆的一位埃米尔伊兹丁·艾伯克建造的陵墓兼麦德莱赛。此人曾担任塞勒海德统治者（1214—1246），却在1248年起兵造反，在开罗被囚禁时身亡。八年后，他的尸首被送回大马士革下葬。一个值得注意却很少有人留意的例子，是努尔丁的一位老马穆鲁克赛义夫丁·基利季捐赠的陵墓兼麦德莱赛，此人一直活到了1247年至1248年。他的麦德莱赛的非凡之处在于，整个立面都使用了对比鲜明的石材（杂色行替石砌）。它就在老城香料集市的东边，离以他的第一任主人命名的浴场不远，现已严重荒废。几十年前，当努尔丁让他的大马士革建筑师在石材上模仿这种借鉴自美索不达米亚传统、又被阿勒颇用石膏制造出来的效果时，杂色行替石砌的使用就已成为一种大马士革的图样。在这种华丽的风格中使用杂色行替石砌，将成为马穆鲁克世纪的特色。它将从大马士革传到开罗，特别是当第一位伟大的马穆鲁克统治者拜伯尔斯为他在开罗的项目引入一位大马士革建筑师时。杂色行替石砌如此广泛的运用，体现了采石场作业越发工业化的趋势，不同来源的石材现在都被切割成了标准的石块；同时也体现出，在这个日渐兴盛，竞争也越发激烈的行业里，追求功成名就的专业建筑师发挥了更加突出的作用。[42]

新建筑的骤然涌现，某种程度上可以用开发城墙外新区的动力来解释。邻接城墙西北的地区（乌盖拜）成为城市核心的延伸区，主要的清真寺开始沿着现在被称为萨鲁贾集市和麦利克·费萨尔街的大道发展起来。老城往南很远的米丹地区，曾经的主要功能是作为一年一度的朝觐集结地，向人们供应粮食。此时，这里也开始有了更具持久性的建筑。第一个有记载的例子是穆萨拉清真寺。这并不是巧合，因为该地区长期以来一直被保留为户外礼拜场所，可以追溯到倭马亚时代，因为它位于南下通往阿拉伯半岛和麦加的道路上。它还是备受青睐的宴会、庆典和军事远征起程或返回仪式的举办地。1209 年，阿迪勒给了它正式的名分，在周围修建了石墙，并在基卜拉一侧修建了一座石砌米哈拉布和有两条通路的拱廊，打算将其用于庆祝穆斯林的两大节日。现在的穆萨拉清真寺，由于小门公墓和以耶尔穆克战役命名的大广场之间的城市扩建而被挤在了里面，这种空间感已经荡然无存。附近有一座小型的艾布·富卢斯清真寺，可能是在此前遗留的基础上于 13 世纪上半叶重建的。它几乎没有保留原有的特征，除了一个令人着迷的石膏雕刻的米哈拉布，据说是法蒂玛王朝时期遗留下来的。[43]

尽管在萨拉丁死后，宫廷生活的很大一部分开始被开罗吸引回去，但大马士革的战略地位对阿尤布王朝的事业非常重要。开罗和大马士革实际上是帝国的双子首都。两者都不能脱离领导人的直接控制，不像其他主要城镇，可以作为伊克塔，也就是封地，赐予家族成员或者受到信任的军事人物。大马士革控制着将阿拉伯世界紧紧拴在一起的内陆轴线。开罗苏丹国的发展，一方面剥夺了大马士革作为帝国首都的地位，另一方面却给它留下了一个活跃的王廷和帝国大部分军事活动的基地。然而，在萨拉丁死后，由于缺乏一个具有向心力的人物，新的紧张局势就此产生，经常使城市暴露在公开的冲突中。（汉弗莱斯指出，大马士革在1193年至1260年间被围困了12次。[44]）

说到纪念性建筑的规模，开罗可能胜过大马士革，但大马士革仍然是"帝国的知识中心"。在努尔丁于1174年去世时，大马士革的麦德莱赛已经占到了他领地的一半，而在萨拉丁统治时期，大马士革有600名宗教人士由国家开工资。[45]这些人大多是阿拉伯人，在权力结构中发挥的作用很小，却备受尊重，因而在精英阶层中激起了通过虔诚的捐赠来赢得名誉的热潮。有些捐赠意在加强伊斯兰教法学的特定学派，例如麦利克·穆阿扎姆·伊萨之女哈蒂佳可敦建立的哈乃斐派麦德莱赛——穆尔什迪耶麦德莱赛（1253年）。它至今仍然矗立在萨利希耶西端、阿尤布王朝虔诚捐赠的密密麻麻的机构中，高大的方形宣礼塔划破长空，此乃简单易懂的信仰宣言。它的礼拜大厅和陵墓（最近被修复）保留了大部分雕刻的石膏装饰。

那些没有葬在开罗、地位较高的阿尤布家族成员，则是在倭马亚清真寺以北的地区下葬的。遗憾的是，卡米勒在清真寺东北的埋葬地没有保留下来，但阿迪勒的埋葬地保存了下来。阿迪利耶麦德莱赛如今是阿拉伯语手稿研究中心。尽管在20个世纪初进行了一些不太恰当的修复工作，但叙利亚北部风格的麦德莱赛大门恰与对面后来的马穆鲁克苏丹拜伯尔斯之墓相映成趣。努尔丁计划用这所沙斐仪派麦德莱赛取代努里耶麦德莱赛，作为自己的葬身之地，但他去世时它还没有完工，一直没有投入使用。它为公共建筑设定了一个更有抱负的新标准。1218年阿迪勒去世时，它仍未完工，四年后才由他的儿子穆阿扎姆完成。这座圆顶陵墓的入口处是一座高耸的巨大垂拱，掩盖着一对穆喀纳斯圆顶，还有一个精雕细琢的框架。这座建筑是更新颖的、受到阿勒颇启发的阿尤布王朝风格的伟大杰作之首。建筑物阴沉、不加装饰的外观很稳重，与这个极为华丽的出入口形成对照，这或许是有意为之的妙想。[46]

阿尤布王朝末代苏丹纳绥尔·优素福于1255年至1256年在罗马神庙外围墙东北角的遗迹之内建造了纳斯里耶麦德莱赛，这里保存了对他的少许记忆。尽管在长期用作住宅或关押死囚的集中地后，里面这所麦德莱赛的遗迹可能已经不复存在，但被再次使用的古代墙体砌块至少保留了下来。当今临街的墙壁上仍有一个宽大的破窗框，它曾经装点着朱庇特神庙的北墙。

这座城市作为伊斯兰宗教中心的声望不断提高，吸引了远在穆斯林统治下的安达卢西亚的学者和神秘主义者。1240年，有一位名人在这里辞世，他就是著名的苏菲派教徒毛希丁·伊

阿迪利耶麦德莱赛出入口

本·阿拉比。在他的影响下，这座城市成了一个著名的苏菲派神秘主义中心，历经数个世纪。他的旅居也重建了与伊比利亚半岛的联系，倭马亚王朝在公元750年后最初迁移到那里时，这种联系就开始了。伊本·阿拉比于1223年定居大马士革，可能是因为他的非正统教义得到了阿尤布统治家族的保护。在他去世前的十七年里，他的追随者圈子越来越大。他被葬在萨利希耶的山坡上，但最初被安排进了大马士革卡迪的家族陵墓。然而，在后来的几个世纪里，对他的怀念在那些倾向于神秘主义之人的想象中不断增长。在奥斯曼帝国最初的那些年里，他的埋葬地被着力修饰，至今仍是一个重要的朝圣中心。我们将在后面研究这座建筑，但这座墓葬进一步助长了大马士革作为"圣地"的概念。

这座城市的便利设施并没有被忽视，浴场的数量继续增加。乌萨马浴场就是一个例子，它由萨拉丁的一位大臣伊兹丁·乌萨马·哈拉比建造（最初可能是作为他私宅的一部分，而这座私宅后来成了巷子对面的巴德拉伊耶麦德莱赛），至今仍在运营。[47]这座建筑物和西边（阿尤布王朝的）纳斯里耶麦德莱赛的立面一样，也混入了神庙围墙东北角的遗迹。阿尤布王朝的其他浴场也保留了下来，用于原本的用途。位于萨鲁贾集市的奥马里浴场，阿尤布王朝的设计大部分仍然完好无损；位于达赫达赫公墓正南方的阿蒙浴场；以及位于倭马亚清真寺以北的西勒西拉浴场，其装潢近些年来得到了彻底的升级。凯马里耶家族是一个与宫廷有关系的库尔德人家族，在萨利希耶建造了一座远近闻名的新医院（1248年）。它（目前保管着宗教捐赠

[瓦合甫]部的档案)矗立在横跨耶齐德运河的中央区域南侧，以"规划之明晰、体量之宏大、近乎朴素的稳重和无形之中给人带来慰藉的装饰手法"而闻名。[48]

为特定的伊斯兰教思想流派或宣教者一下子捐赠了这么多机构之后，建造聚礼清真寺的趋势也得到了强化。这类清真寺往往拥有中央庭院，类似于倭马亚清真寺。例如，现存的贾拉清真寺位于城市的南门（小门）外，为附近的公墓提供服务，在苏丹阿什拉夫时期为了这个目的进行了扩建。它的位置在城墙之外，容易招致攻击，却幸存至今，破坏的尝试全都落空了。

除了对城堡的大规模重建，城墙及其护城河，还有城门，也在阿尤布王朝时代进行了大规模重建。1227年，多马之门被彻底重建，使用了一些古典时代的石材。城墙东段得到了改善，被归在苏丹萨利赫·阿尤布名下的塔楼于1248年完工，屹立至今。通往大清真寺北入口的天堂之门被重建（残存的外立面，1232—1242），小门和南墙及其防护渠也被大范围调整了。[49]

注　释

1　Lyons and Jackson 1980: 69.

2　Ehrenkreutz 1972: 127.

3　Eychenne 2102: 245—246.

4　Gaudefroy Demombynes 1923: XXVIII 指出了两者的区别，哈里发称王，而苏丹则以他的名义进行统治。

5　Runciman 1965 II: 399.

6　Lyons and Jackson 1980: 239.

7　Ehrenkreutz 1972: 193.

8　Lyons and Jackson 1980: 253.

9　Lyons and Jackson 1980: 285.

10　Runciman 1965 III: 57.

11　译自 Beha al-Din 1994 (C.W. Wilson trans.)。

12　Raymond 1993: 97.

13　Gaube in Gaube and Fransa 2000: 249.

14　S. Weber quoted in Keenan 2000: 42 纠正了是德皇威廉将遗骸重新安葬在新石棺这一都市传说。德皇的贡献是在阿卜杜勒–哈米德做出上述表示的二十年后献上了一个青铜花圈。

15　Humphreys 1994: 42.

16　Tabbaa 1997.

17　Ibn Jubayr (Broadhurst trans.) 1952: 301.

18　小门公墓中的那座坟墓，铭文上的年代是 1048 年，指的是后来的某位法蒂玛。尽管如此，这座纪念碑仍是法蒂玛王朝艺术的一个独特例子，库法体文字与一条条叶饰交织在一起，蔚为壮观。Sauvaget 1938 III: 147—167. Jalabert 2002—2003; Sourdel-Thomine 1957: 85.

19　Cahen 'Ayyubids' in *EI2*.

20　Humphreys 1977: 145.

21　关于法国–叙利亚团队作业的初步报告，载于 Berthier 2002。东北方的结构此前在 Hanisch 1996a 中得到了考察。

22　关于配重投石机的技术背景——Chevedden 1986, 2000。

23　Cathcart King 1951: 62.

24　Humphreys 1977: 148，引用了 Sauvaget 1930b: 226。

25　Gardiol in Berthier 2002: 57.

26　Humphreys 1977: 148—149 描述道，这项工作一定是分两次进行的。1207 年最初的工程很快就变得坑坑洼洼、支离破碎；1214 年至 1217 年又重做了。

27　Humphreys 1994: 44.

28　Humphreys 1977: 203.

29　Humphreys 1977: 199—200.

30 Humphreys 1977: 211 指出，在他赞助的 14 个建设项目中，聚礼清真寺 (*jawami*) 占了一半。他还将紧挨着小门南边的一座曾经的墓葬清真寺改造成了聚礼清真寺，即贾拉清真寺。

31 卡米勒的三个女儿在倭马亚清真寺北墙外的东侧建造了一座坟墓（卡米勒墓），通过一个新的出入口与清真寺相连——Humphreys 1994: 41。Humphreys 提到，鉴于萨拉丁和阿迪勒的坟墓也在附近，这可能是试图将清真寺以北的这片区域建成阿尤布王朝"王家死人城"。

32 Gibb 'Ayyubids' in *EI*1.

33 1250 年的马穆鲁克政变后，后来在开罗恢复阿尤布王朝统治的尝试失败了。他也参与其中，还成了新政权下被俘获并勒死的君主之一（1251 年）。这座坟墓现已不复存在。

34 Gibb in Setton 1969b: 712.

35 Humphreys 1989: 152, Table 1.

36 阿尤布王朝时代的宗教和慈善项目中，有 16% 是由妇女发起的，但在阿尤布家族成员发起的项目中，她们几乎占到了 50%——Humphreys 1994: 35—36。

37 Sauvaget 1932b: 32.

38 单人墓的例子数不胜数，在萨利希耶区尤为密集。位于萨利希耶东端的伊本·萨拉马·拉基墓是一个很好的例子，他是朝廷的另一位高官。他的圆顶墓坐落在八边形和十六边形的圆屋顶座上，按照当时的风格，完成得很出色。

39 Degeorge 1997: 229

40 Herzfeld 1946 III: 9.

41 Sauvaget 1938 II: Fig. 39 复原了一座庭院式麦德莱赛的原始设计图，其中保存下来的只有大门和墓室。庭院的剩余部分被压缩，大门也南移了，为了把穆塔纳比街拓宽。

42 Allen 1986: Chapter 11.

43 Rihawi 1977: 96 和 Degeorge 2001: 43 认为这座米哈拉布是法蒂玛王朝时期的。Roujon and Vilan 1997: 64 认定这座建筑物为公元 10 世纪所建。

44 Humphreys 1977: 11.

45 Humphreys 1977: 24 ; Pouzet 1991: 407.

46 Allen 1986: 57; Moaz 1990: 411; Sauvaget 1938 II: 88—90.

47 Sauvaget 1930a: 370—380.

48 Degeorge 1997: 234——笔者自译。

49 Dabbour 2012: 32.2.

第十三章

马穆鲁克王朝

（1250—1515）

中亚的威胁

截至目前，叙利亚历史上与中亚的接触并不罕见，尽管大多是个人或小团体在寻求中亚与地中海沿岸之间的贸易或政治联系。1260 年蒙古人入侵叙利亚的经过，情况就不一样了。蒙古人是一个中亚民族，发源于当今的蒙古国。他们曾一度建立一个从匈牙利到朝鲜半岛的帝国，但要维持如此辽阔的疆域，他们的能力还很有限。在成吉思汗（卒于 1227 年）的领导下，蒙古军队成为一股可怕的力量，人数可能超过 10 万。他们的主要优势是机动性、冷酷无情和强烈的天命意识。[1] 在 1202 年击败世代为敌的塔塔儿部后，成吉思汗于 1206 年成为本民族的最高统治者。中国北部、撒马尔罕、布哈拉和俄罗斯南部很快便陆续被占领。到了 1220 年，一支庞大的蒙古军队站在奥克苏斯河岸，南望波斯。然而，成吉思汗的西征被深入印度的作战分散了注意力，他于 1227 年在回国途中去世。

蒙古人最初的入侵是在1231年，他们进入了叙利亚东北部（贾兹拉），穷追不舍。但直到1244年，他们才首次把阿尤布王朝的领土作为目标。阿尤布王朝最初的反应是寻求和解。在纳绥尔·优素福于1250年将权力扩展到大马士革后不久，第一个使节团被派往哈拉和林。表面上看，使节团带回了象征着大马士革现处于蒙古人保护之下的证章。可如果阿尤布王朝通过这些姿态，就认为蒙古人会满足于名义上的宗主权，那他们就大错特错了。蒙古大汗蒙哥对他的两个兄弟下达了明确而全面的指令。一个兄弟要攻下整个中国，另一个兄弟（旭烈兀）要把

阿勒颇——大马士革——开罗——马穆鲁克世界

蒙古人的领土扩展到尼罗河。旭烈兀组建了一支约有 12 万人的大军，于 1257 年突袭了伊拉克。

纳绥尔·优素福的反应陷入了瘫痪。他放弃了进一步的绥靖姿态，但也没有采取任何措施来巩固一个防御联盟。阿拔斯王朝哈里发穆斯泰尔绥姆在巴格达紧紧地抓着他那所剩无几的权威，也采取了这种明显的漠然态度。仍在缓慢推进的旭烈兀在伊朗的哈马丹停下了脚步，从那里派出特使，招降阿尤布王朝。都到了这个节骨眼上，哈里发才采取了预防性的行动，然后也只是向大马士革寻求支持。为此，他授予了纳绥尔·优素福长期以来所要求的苏丹头衔，希望以这种姿态来稳住"哈里发的特别卫士"[2]。

蒙古人在 1258 年攻占并洗劫了巴格达，这件事在往后的几个世纪里仍然余波未平。哈里发向大马士革求援时，巴格达已经被围；它在大马士革能够组建一支部队之前就投降了。后果是毁灭性的。巴格达的居民被逐户屠杀；阿拔斯王朝五百年荣光的纪念碑被夷平；哈里发和他的家人也被残杀。

预感到同样的命运也将落到自己头上，大马士革的反应是恐慌。纳绥尔·优素福向旭烈兀派去了一个使节团，传达了他向对方屈服的严正声明。旭烈兀对苏丹未能亲自表态很是不屑（纳绥尔辩称，十字军的威胁把他圈在大马士革动弹不得）。由于蒙古人现已进入叙利亚东北部，纳绥尔·优素福别无选择，只能向开罗求援。他的请求恰好赶上开罗的马穆鲁克发动一场政变，反对象征性的阿尤布王朝领导层残党。新的马穆鲁克强人忽秃思给出了回应。

当蒙古人渡过幼发拉底河，势不可挡地挺进叙利亚北部时，难民纷纷拥向南方。大马士革军队集结在首都以北 5 公里处的巴泽，但纳绥尔·优素福常年的优柔寡断阻碍了他的军队向蒙古军队推进。内部问题的新一轮爆发进一步削弱了优素福的权威。大马士革走向了灾难，就好像在一部严格按照剧本走的戏剧作品中一样。旭烈兀的每一步进展，都以阿尤布王朝解体的一个新阶段为标志。阿勒颇拒绝了旭烈兀提出的投降条件；于是这座城市被围了个水泄不通，不出一个星期便落入蒙古人之手（1260 年 1 月）。屠杀在阿勒颇进行了六天，幸存的妇孺沦为奴隶。大清真寺着了火，城堡也被摧毁。霍姆斯和哈马选择了投降。

在大马士革，优素福对他的最终选择犹豫不决。最后，他听取了建议，放弃了这座城市，逃往南方，在加沙寻求马穆鲁克的保护。哀兵和随行的朝臣慌忙离开他们在巴泽的营地时，遭到了城墙上恐惧不安的城市居民的嘲笑，这些居民要"手无寸铁地面对他们所经历过的最可怕的威胁"[3]。阿尤布王朝八十年的统治在耻辱中告终；萨拉丁曾经如此出色地积累起来的政治资本，此时已经被挥霍一空。

旭烈兀决定从阿勒颇返回蒙古，将指挥权交给了聂斯脱里派基督徒将军怯的不花。虽然继续南下的蒙古军队人数大减（可能有 1 万至 2 万人），但被抛弃的大马士革市民除了投降别无选择。怯的不花以胜利者的姿态入城之前，接见了由首席卡迪和其他名流组成的代表团（1260 年 2 月）。与巴格达或阿勒颇相比，这次过渡明显没有那么血腥，或许是因为蒙古人打算将大马士革留作他们在叙利亚的行政基地。[4] 但故事还没有完全结束。在加沙，纳绥尔做出了最后一搏。他说服被他留在大马士革城堡的一小支守军反抗蒙古人的占领。蒙古人对城堡发动了大规模的炮击，用马匹拉来了 20 架重力抛石机（抛掷石块的弩炮）攻击西侧的墙。显而易见，纳绥尔并不打算履行他带援军回城的承诺，这时守军便投降了。要塞较高处的墙被拆除，以防有更进一步的抵抗。

就在蒙古人获得了对叙利亚大部分地区的控制权时，他们的霸权受到了开罗派出的一支马穆鲁克军队的巨大挑战。这支军队得到了十字军的保证，可以沿着海岸安全通行。尽管阿尤布王朝的君主们已经正式投降[5]，但马穆鲁克军队在阿音札鲁特战役（巴勒斯坦，1260 年 9 月）中决定性地击败了蒙古军队。马穆鲁克驳倒了蒙古人不可战胜的神话，现在显然他们自己才是叙利亚的主人。忽秃思派了一名特使来掌管已经被蒙古人放弃的大马士革，蒙古人控制下的六个月间隔期就此终结。而在此期间，曾经出现一些非同寻常的情况。城中的基督徒利用旭烈兀与基督教的联系，肆无忌惮地对穆斯林进行无礼挑衅。旭烈兀曾下诏给予所有信仰公开活动的权利，他们挥舞着这份诏令的副本

> 逾越了宽容的界限，做了几个世纪以来一直被禁止的事情。他们沿着多马之门的街道示威，声称这是基督教的胜利和伊斯兰教的失败。在斋月当中，他们把葡萄酒洒在穆斯林身上和清真寺门口。[6]

倭马亚清真寺变成了教堂，甚至连这个神圣的地点都被音乐和葡萄酒亵渎了。

随着穆斯林权力的恢复，大马士革民众也还以颜色，破坏了主要的基督教教堂圣马利亚教堂。[7]忽秃思恢复了大马士革的秩序，但还没来得及享受刚刚到手的至高权力，就离开了人世。他在返回开罗的途中被一群人杀害，这群人中就包括拜伯尔斯。此人最先出了名，是因为在十年前的另一起谋杀案中扮演的角色，即突兰沙遇害案。正是因为那次事件，马穆鲁克开始了势不可挡的崛起。经过混乱的十年，这位在"行动、果断、勇气、精明、先见和决心"方面展现出高超本领的篡位者终于掌权了。[8]最重要的一点是，与忽秃思不同，拜伯尔斯得到了巴赫里卫队的无条件支持，从而开创了被称为"巴赫里"的马穆鲁克王朝世系。

拜伯尔斯（1260—1277）

新时代突如其来地开始了。拜伯尔斯孜孜不倦地为这个幅员辽阔的帝国整顿秩序；考虑到蒙古人或基督徒可能带来新的威胁，他没有时间可以浪费。他上个月还在叙利亚使阿尤布王朝的总督们就范，下个月就在威胁法兰克人了。他在大马士革进进出出，而大马士革在他的掌管下，待遇起初还比较温和。阿尤布王朝的许多埃米尔，也就是军事领袖，被官复原职，但在大马士革总督拒绝接受新制度后，在1261年，一位马穆鲁克总督得到了任命，这座城市也被死死地按在居于帝国首都开罗之下的位置。（为城堡任命了一位独立的总督［瓦里］，以便让他们互相制约。）大马士革城堡得到了修复，西面和北面需要大规模重建。西北塔楼上建了一个观景台，可以吹到清爽的微风，俯瞰巴拉达河一带的果园、草地和坟地。

拜伯尔斯在开罗和大马士革两头跑，还在1269年抽出了时间去朝觐。十字军永远不知道他接下来会在哪里出现，而他持续不断的攻击，也严重限制了十字军在沿海地区勉力维持的那么一点点控制权。在1265年至1271年间，他在十字军的飞地上凿出了好几个洞——凯撒里亚、雅法、阿尔苏夫——还将手伸向内陆，夺取了博福特要塞。1268年后，最终堡垒安条克也不再为基督徒所有。他再次加固了阿尤布王朝位于苏贝巴的城堡，这座城堡建在赫尔蒙山脚下，俯瞰巴尼亚斯。它是个大块头，这既是一种夸张的挑衅行为，同时也是保护大马士革的前哨，或者说是鹰巢，眺望着加利利最富庶的一些十字军领土。[9]此时，马穆鲁克可以从每一座山顶俯视残存的十字军堡垒了。

在那之后，他孜孜不倦的活动开始变得不紧不慢。他与敌人打了38场仗，他亲自指挥了其中的15场。伊斯玛仪派被追责，他们在叙利亚沿海山区的堡垒不再是罪行与异端的避难所。骑士堡将十字军的愚蠢体现得淋漓尽致，它离海岸太远，扛不住坚决打击，在象征性的战斗后屈服了。此后不久，圣殿骑士团在附近塔尔图斯的北部基地也沦陷了。医院骑士团根据地迈尔盖卜看似固若金汤，但那里的收益如今也要在骑士团和马穆鲁克之间分配了。

查希里耶麦德莱赛的穆喀纳斯天篷

在不到二十年的时间里，拜伯尔斯就重建了萨拉丁那个中央集权的帝国。这次的帝国甚至更加统一了，因为有了安全的通信，包括快速的邮政和信鸽业务，几乎可以实时为他提供情报。他扶持了一个号称复位，实际却是冒牌货的阿拔斯王朝哈里发世系。这些哈里发被软禁在开罗城外，好吃好喝地供养着。拜伯尔斯于 1277 年在大马士革去世时，实际上已经为十字军的存在写好了讣告。对于这位将精力用于再造帝国的冷酷冒险家的一生，他的死法（要么是由于过度饮用发酵的马奶，要么是误服了为一位阿尤布王朝的客人准备的毒药）[10] 倒也挺合适的。

拜伯尔斯被葬在大马士革城堡（既没有葬在他在开罗"完全献给真主"的大清真寺；也没有按他的计划葬在德拉雅），

378 · 大马士革：刀锋下的玫瑰

公众也没有表现出太多的悲伤。[11] 后来，他的遗体被转移到了查希里耶麦德莱赛。这座房屋是萨拉丁度过童年的地方，也是他1174年以胜利者的姿态入城时第一次下马的地方。被拜伯尔斯之子巴拉卡汗得到后，它被改造成了一座陵墓兼麦德莱赛。它位于阿尤布王朝喜欢的墓地区，增加了一个墓室和入口的门洞。穆喀纳斯装饰无比华丽，勺形的单元格明暗对比强烈，大门至今仍在以此宣示该建筑的用途。带有中央圆顶的正方形墓室采用了特别大胆的处理方式。它的装饰可能要到往后的一位继任者盖拉温统治时期才完成，恢复了倭马亚清真寺的风格，模仿了墙壁四周马赛克和古典风格装饰条纹的运用。这种复古风格跨越了传统中断的五个世纪，是建筑师易卜拉欣·伊本·加纳伊姆的作品，可能也是同时期对大清真寺和耶路撒冷岩石圆顶进行部分修复的成果。[12] 马赛克甚至模仿了倭马亚王朝的叶形饰和妙不可言的亭子，与壮观的马穆鲁克王朝大理石镶嵌艺术平分秋色。虽然比起那8世纪风格的、绝妙的集大成之作，这里的马赛克有些拙劣，但它象征着从瓦利德的奇思妙想中获取灵感的大胆尝试，也提醒着我们，拜伯尔斯希望将现有传统混合成绝妙的新事物。拜伯尔斯统治时期还有一次这样的表示，那就是他为霍姆斯的哈立德·伊本·瓦利德墓制作的华丽木制纪念碑，它在20世纪被转移到了大马士革的国家博物馆。[13]

拜伯尔斯壮观的宫殿花宫没有留下任何痕迹，它可能也是加纳伊姆的作品。[14] 它以大胆使用对比强烈的黑色和赭色石材以及玻璃马赛克而闻名，对于他那惊悚的死法，可以说是很合适的布景了。这座宫殿位于阿赫达尔草场东部（该场地现在被提基亚清真寺和国家博物馆占据），表示当事人有意追求城堡之外的另一个居住地选择，一旦十字军对城市的威胁解除，这一考虑就行得通了。[15]

蒙古人归来

在阿音札鲁特被击败的蒙古军队兵力空虚，完全无法代表蒙古强权的全部实力。伊儿汗国是在波斯继承了蒙哥王国的蒙古人政权，他们还是能够从被占领的伊拉克骚扰马穆鲁克帝国。由于马穆鲁克政权巩固了新帝国对抗战略威胁的能力，蒙古人取消了对叙利亚的大规模远征，但仍然有一种惩罚马穆鲁克的强烈愿望在驱使着他们，因为后者妨碍了蒙古人的"昭昭天命"[16]。拜伯尔斯被迫放弃叙利亚东北部的大部分地区，视其为不断受到蒙古人和亚美尼亚人突袭的无人区，转而将幼发拉底河作为一道更坚实的防线。拜伯尔斯自己就是突厥人出身，他很乐意与蒙古人的一个分支、俄罗斯的金帐汗国建立良好的商业和政治关系，而后者正是波斯伊儿汗国的敌人。

继承拜伯尔斯之位的是两名未成年人，在位时间都很短，之后，他们的监护人盖拉温（1279—1290在位）掌握了权力。盖拉温是一位头脑清醒、身经百战的军人，曾是萨利赫·阿尤布的马穆鲁克，登基时已有60岁。首先，他必须在大马士革维护自己的权力，那里的新总督拒绝接受开罗的统治，更青睐阿尤布王朝给予叙利亚各领地准自治权的旧惯例。开罗派出了

拜伯尔斯陵墓的米哈拉布

一支军队，方才平息这场得到了大马士革市民支持的叛乱。在1281年之前，盖拉温一直避免入城，但当他入城时，他公开表露了自己的观点："拜伯尔斯恨大马士革的市民，但我爱他们"；这种感情并不是相互的。[17]

当蒙古人于1280年重返叙利亚北部时，盖拉温将大马士革设想成了一个前进基地。到了1281年10月，盖拉温组建了一支部队，以迎战8万人的蒙古军队，并北上向霍姆斯行进。10月29日，战斗在拉斯坦（霍姆斯以北25公里处）打响。蒙古人被打败了，不过马穆鲁克军队也付出了很大的代价。盖拉温回到了大马士革，得意扬扬地炫耀着他的蒙古俘虏。蒙古人的威胁又被阻挡在外二十年，盖拉温现在可以名正言顺地宣称自己是马穆鲁克帝国的缔造者之一：两年后，他在开罗建造了雄心勃勃的医院-麦德莱赛-坟墓建筑群，就是在标榜这一地位，而耐人寻味的是，该建筑群就坐落在他从前的阿尤布王朝主人萨利赫·阿尤布之墓对面，仿佛是为了消除这位当上了苏丹的奴隶的耻辱。[18]

盖拉温十分担心十字军的飞地会成为蒙古人大举入侵的平台，现在他开始处理残余的基督徒的存在，占领了迈尔盖卜的大型要塞（1285），并灭亡了的黎波里伯国（1289）。次年，他在开罗城外去世，当时他的军队正准备向十字军最后的主要据点阿卡进军。他的儿子和继承人阿什拉夫·哈利勒（1290—1293在位）的统治是一场"漫长的噩梦"，他对曾经阻挠他继位的人展开了穷凶极恶的报复。然而，他在对外事务中有了"勇气、能力和活力"，发起了清除十字军的最后一击。[19]1291

年，阿卡沦陷，同年晚些时候，塔尔图斯和阿斯利特也相继沦陷。十字军东征在近两百年后结束了。1291 年 6 月 3 日，哈利勒带着俘虏凯旋，进入大马士革；大马士革人也加入了这场胜利庆典，暂时将苏丹的恶名放在了一边。

接下来的五十年大部分处于盖拉温之子纳绥尔·穆罕默德（1298—1341 在位）的统治之下，他继位时还很年幼。新苏丹成年之前，国家一片混乱，派系冲突甚嚣尘上，直到 1310 年他第三次以自己的名义掌权。在他的统治初期，合赞（具有讽刺意味的是，他是首位将伊斯兰教作为官方宗教的蒙古征服者）领导的蒙古人杀了回来，对大马士革进行了极具毁灭性的袭击。这新一轮入侵，是因大马士革一位心怀不满的总督赛义夫丁·吉卜贾格叛逃而起的。他越界进入了幼发拉底河以东的蒙古人领地，并寻求伊儿汗合赞从中调停，助自己复职。合赞欣然答应了，特别是考虑到马穆鲁克最近多次试图撼动蒙古人在美索不达米亚和土耳其东部的存在。

1299 年 12 月，从开罗匆匆派去的马穆鲁克军队在霍姆斯附近遭受严重挫折。大马士革被暴露在危险中，不战而降（1300 年 1 月）。在一个联合政府（马穆鲁克叛变者和蒙古人）的统治下，吉卜贾格官复原职。但城堡站在马穆鲁克一方坚持抵抗，入侵者则从城墙内对其发起攻击，导致大清真寺和城堡之间的区域严重受损。许多建筑被蓄意焚毁，包括努尔丁的阿什拉菲耶圣训学校和他的法庭。占领是严酷的，尽管这一拨蒙古人同为穆斯林。联合政府倒台了，因为新的统治者洗劫了这座城市，以至于他们的统治完全得不到任何支持。吉卜贾格通过谈判回到了马穆鲁克阵营。蒙古人撤退后，于 1303 年卷土重来，并于 4 月 22 日在基斯韦以南的萨法尔平原完败给了马穆鲁克军队，他们的部队在试图冲到一条小河边解渴时遭到了屠杀。马穆鲁克军队"向他们发起进攻，像用镰刀割麦一样收割他们的头颅"[20]。大马士革人涌出城外，向苏丹道贺。蒙古人的威胁被彻底化解了，合赞的部队只有十分之一回到了本国。

马穆鲁克王朝制度

我们暂时停下来，看看此时叙利亚南部的情况，也不失为明智之举。我们的叙事已经到了这样一个时期，阿拉伯地理学家和编年史家的记述被大量保存了下来。拜伯尔斯登基所开启的二百五十年里，大马士革被一个几乎不受大马士革人欢迎的政权所统治。就出身而言，突厥人（后来，在 1382 年以后，主要是切尔克斯人）苏丹与阿拉伯人占多数的基础人口相距甚远。他们被马穆鲁克埃米尔同胞层层包围，只期望得到绝对的忠诚和基本的服侍。赞吉王朝和阿尤布王朝的统治者至少最开始是受到臣服的，但他们从未得到过尊重。他们是一个强硬的、高度中央集权的军人政权，在这个政权中，大马士革要完全服从于开罗的心血来潮和优先事项。

十字军于 1291 年离开后，因战争所结成的共同纽带也断了，这意味着大马士革人对他们无情的统治者几乎没有什么好感，也没有人把试图恢复巴格达哈里发所带来的合法性太当回事。尽管如此，马穆鲁克王朝还是发挥了建筑和伊斯兰学术赞助人的作用，社会也在强硬但公平的统治时期繁荣起来，例如纳绥尔·穆罕默德苏丹时期坦基兹漫长的总督任期。因蒙古人攻打巴格达而逃难过来的大批难民，更是极大地提升了大马士革的价值。与首都相比，它的氛围相对自由。这个时代最重要的一位伊斯兰思想家是塔基丁·艾哈迈德·伊本·泰米叶（1263—1328），他的家族在蒙古人到来之前逃离了哈兰，定居大马士革。他严格的罕百里派正统烙印[21]有时会触怒马穆鲁克总督（他最后的日子被囚禁在大马士革城堡中度过），但他在1300年号召对蒙古人进行抵抗，有效地团结了市民。

马穆鲁克王朝大量赞助麦德莱赛和清真寺，尤其是在开罗，这体现了新皈依者的热情（马穆鲁克最初是从非伊斯兰家庭中带出来，作为穆斯林被抚养长大的）。这种捐赠或许同样也是为了弥补"世风日下、人心不古"[22]，早期阿尤布王朝宫廷那种由衷的虔诚，此时已经变成了更加明显的自我宣传。马穆鲁克还发现，鼓动那些比较狂热的神学家，是一种很合适的社会控制手段。这种通过学识和善举进行的宣传，大部分资金由国际贸易的收入提供。这是威尼斯和其他意大利贸易商在黎凡特的全盛时期。商业繁荣，某种程度上是由欧洲最近产生的对糖的兴趣所推动的。而马穆鲁克王朝能够纵情于他们在建筑和装饰上的奇思妙想，很大程度上正是因为有了商业的支持。

马穆鲁克王朝可能很强硬，但他们做事很有条理，相对来说也不会太出格。领土不再由阿尤布王朝诸侯之间的争吵来界定。大马士革是继埃及之后的主要辖区的首府，也是通向苏丹之位最后的进身之阶，经常被视为首都的竞争对手。中央当局将其领土限制在原罗马叙利亚行省的南半部,东至塔德穆尔(巴尔米拉),北至霍姆斯-哈马。它的海岸线被巴勒斯坦和的黎波里包住,这两个地方都是独立的辖区。地方层面上,中央控制下的双层制通过军事总督和民事行政长官(瓦里)继续存在。经过了阿尤布王朝后期、仍然保存下来的任何自治地方行政的残余,都已被消失殆尽。但作为补偿,行政规范也反映了统治者改善全体城市居民生活的明确职责,至少在马穆鲁克王朝时期的前半段是如此。行政架构建立在阿尤布王朝的基础上。它包括一种行之有效的税收制度,以及一帮即使在乱世也能确保连续性的行政骨干。正如我们从欧洲旅行者的描述中所了解到的那样,地方行政管理周到且高效,多种体系各司其职,从度量衡到街道清洁,范围很广。

尽管国家对清真寺的活动保持密切关注,但伊斯兰教法显然得到了一贯的应用。当局与伊斯兰宗教领袖乌理玛的关系通常是融洽、和谐的。教育和司法大体上交给了宗教领导层来管控。由于需要资源来维持这个国家,冲突的焦点往往在于伊斯兰教法允许国家征收新税的范围。在大马士革,各有数千人的基督徒和犹太人社区继续缴纳着吉兹亚,也就是人头税,并被允许通过代表、按照他们的宗教戒律管理个人事务。代表由社区选出,但要经过国家的认可。偶尔会爆发对基督徒和犹太人社区的积极迫害,或者对他们施加特殊的着装要求。正如我们所看到的,当基督徒被怀疑与蒙古人有勾结时,教堂就会成为报复的对象,城墙内的教堂数量可能已经减少到只剩两三座了。[23]

贸易资产阶级实际上已经消失，这对马穆鲁克阶级有利，而阿拉伯人则被排除在包括军职在内的所有关键职位之外。大多数高级军官都可以通过伊克塔制度来获得农地的收益，这是一种不把土地的永久所有权授予其受益人的封建制度。农村还是一样贫穷，为数众多的农民不断被要求捐出更多钱来，特别是通过专门的捐款来为战争筹集资金。与此同时，领导层靠着这些收益富了起来，并通过不断在非穆斯林的年轻人中"招募"新的马穆鲁克来延续他们的统治。这些年轻人要么直接来自金帐汗国控制的土地，要么来自该地区的奴隶市场。

新的繁荣

1303 年，蒙古人在大马士革城外的萨法尔平原被击溃，十字军此时也只是近海处一个隐隐约约的威胁。纳绥尔·穆罕默德稳定专制的漫长岁月，或许代表了马穆鲁克统治的"黄金时代"[24]。除了努尔丁和萨拉丁统治下的稳定时代以外，穆斯林世界第一次有了绝对的中央权威，来约束其多种多样的组成部分。这种新的信念和统一制度的观念，会反映在该政权所赞助的建筑中，开罗城堡中纳绥尔·穆罕默德大清真寺的对称性，就是绝佳的体现。

马穆鲁克统治初期，大马士革的经济得到了充分的发展。它从十字军东征引发的两个世纪的冲突中恢复过来，在这一点上走在了耶路撒冷前面。入侵、洗劫、地震和两次严重的瘟疫暴发，这种乱无规律的模式曾是 13 世纪的标志，现在看来也已经成为过去。大马士革的产业开始蓬勃发展,城市很快便从新的技术中获利,例如造纸术。它在欧洲的影响与在中国的影响一样大,纸张取代了笨重的羊皮纸,用来记录信息。其他产业包括纺织品、玻璃制品、香水和香精,以及农业腹地的副产品,例如糖、树胶和开心果。武器工业仍然是较为重型的制造业的一大支柱。

马穆鲁克王朝将一部分军队长期驻扎在大马士革,尤其要利用它来护卫每年麦加朝觐的北半程。旅行队在大马士革的米丹一带集结,然后开始为期五周的沙漠之旅,前往汉志。马穆鲁克王朝声称对汉志拥有主权,至少是在朝觐时节。米丹的宗教和经济意义此时呈指数级增长。它远远超出了穆萨拉清真寺的范围,不仅要满足城市的粮食需求(通常来自豪兰地区),还要为每年的旅行队提供补给。

城堡北侧正下方的城堡之下区负责满足骑兵的需求(马具、饲料)。逐渐被围在城堡和古希腊竞技场遗迹之间的城堡之下区,也有了一种夜间露天游乐场,有"小丑、杂耍者、魔术师和说书人"[25]。它的西边毗邻上谢拉夫已然林立的纪念性建筑。萨鲁贾区将成为一个繁荣的园林郊区,几乎一直到奥斯曼时期结束时,都是被坟墓和果园包围着的。[26]

虽然现今的城墙区在当时已经拥挤不堪,但城郊还有许多休闲区:巴拉达河两岸;古塔绿洲那些比较容易到达的地方,有果园和种植园;拉卜韦峡谷;和平之门以北的小树林;萨利希耶的山坡,溪流和磨坊仍然散布在这个神圣区域的坟墓和麦德莱赛之间,夜晚的微风令人神清气爽。

异邦人

大马士革从未对国际游客关上大门,但与耶路撒冷或其他与基督生平有关的中心不同,它并不在基督徒的朝圣之路上。偶尔会有游客从这里经过,从 7 世纪末开始有了他们的评论,我们可以从中窥知一二。十字军东征阻碍了欧洲基督徒的自由进入,尽管也有例外,但大马士革通常被视为穆斯林的圣地,而不是基督徒的。然而在 1233 年,小兄弟会(方济各会)从埃米尔阿什拉夫·穆萨那里得到了为大马士革基督徒主持圣事的许可,修会成员很快便能够在前往圣地的路上经过大马士革了。意大利商人已经打破了教宗的贸易禁令,即使在对抗最激烈的时候,禁令也未能阻止大马士革和十字军飞地之间的自由贸易流动。

于是,欧洲和东方之间的贸易再次成为主要活动。马穆鲁克时代,贸易是帝国的主要收入来源。人们深刻认识到,那些负责向欧洲市场进口香料、宝石、织物、钢、玻璃、地毯和金银块的人需要在东方大地上有一个落脚点,特别是在 1345 年后,意大利诸邦国商业繁荣之后。与威尼斯签订的正式条约,在更安全的基础上授予了威尼斯人商业特权。授予威尼斯人的贸易特权会定期续订,这使得他们的权利被刻在了大马士革中心一个主要十字路口的石柱上。[27] 威尼斯和亚历山大里亚之间允许一年一度的船队护航,第一批意大利商馆(*funduqs*,来自意大利语 *fondacos*,即"货栈")不仅建立在黎凡特港口,也建立在阿勒颇和大马士革等内陆转口港。[28] 尽管阿勒颇的重要性日益提升，但大马士革直到 15 世纪仍是叙利亚的主要商业中心，并包含了来自威尼斯、加泰罗尼亚、热那亚、佛罗伦萨、卡拉布里亚和法国的外国人社区。外国领事开始被任命。这或许也鼓励了其他充满好奇心的欧洲人，他们开始访问大马士革，作为前往圣地的朝圣之旅的一部分。

欧洲旅行者的记述开始用溢美之词来形容这座城市，说它比欧洲的中心城市更胜一筹。这种一时的"自卑情结"后来被欧洲的文艺复兴和工业革命所扭转。在数个世纪里泛滥成灾的"旅行作家"中，约翰·曼德维尔爵士属于最早的那一批，他在 14 世纪 30 年代的游记中提到了大马士革。这位本领高强的骑士是否到过大马士革，似乎很值得怀疑，因为除了"水井"的数量外，他只是把传说简要叙述了一下，并没有提到对这座城市的任何个人看法。[29] 方济各会修士尼科洛·达·波吉邦西于 1348 年访问了大马士革，并把这座在他看来比佛罗伦萨或巴黎大得多的城市吹得天花乱坠。[30] 1432 年，法国旅行者贝特朗东·德拉布罗基耶尔设法到达了大马士革，却发现这座城市并不是很欢迎他。根据基督徒不得骑马穿过街道的规定，德拉布罗基耶尔在入城前被迫下马，他的黑帽子也意外地不受欢迎。一个旁观者用手杖击打他的宽边河狸皮帽，差点引发一场有失体面的斗殴。

> 我提到这件事情，是为了说明大马士革居民是一个邪恶的群体，因此我们应当小心，避免与他们发生任何争吵……不能和他们开玩笑，同时既不能露怯，也不能露穷，

因为那样的话，他们会瞧不起你；也不能露富，因为他们非常贪财。[31]

他的好奇心聚焦在与基督教有关的地点上，特别是圣保罗的故事，未来几个世纪的旅行者还会继续为之着迷。但对于朝觐旅行队回程的壮观场面，他也为我们提供了局外人最早的一份描述。[32] 摩洛哥旅行者伊本·白图泰的日记中，也保留了对这一时期该城市的描述。他在1326年访问了该城市，并提供了冗长又充满热情的描述，其中大部分集中在城市的宗教生活和习俗上。[33]

达·波吉邦西和德拉布罗基耶尔都认为大马士革的人口在10万左右。考虑到有一些夸张的成分，8万似乎是相当可靠的推测。叙利亚省的总人口可能是大马士革的25倍，这个比率与罗马时代该地区的人口基数相当。[34] 繁荣和相对的安全，意味着城墙之外的城市人口现在比城墙之内还要多。旅行者对周边地区的描述，往往比对城市本身的描述更有兴致，伊本·朱拜尔和伊本·白图泰尤其为拉卜韦和萨利希耶等园林区的宁静和美丽而着迷，后者此时已是一个欣欣向荣的罕百里派宗教活动中心。

许多描述都聚焦在城防的强度和城堡内配备的一系列设施上：除了王室寓所和总督府外，还有浴场、磨坊、清真寺，甚至商店。然而，大多数人的关注点是远远高于欧洲标准的日常生活质量和服务供应：可以从街头商人那里买到各种预制食品（"因为那边的人在家不做饭"）；水果种类丰富，特别新鲜，夏天也能保鲜,因为是在雪里储存和运送的。[35] 尤其让人惊叹的是集市上琳琅满目的制成品。全世界最优质的锦缎、棉花和丝绸,想象不出比这更多的种类了。至于颇负盛名的金属制品和无比精美的刀剑,就更不必说了。"大马士革的商品真的可以供应整个基督教世界一整年。"[36] 街上显然很安全,市场也干净整洁,还有在欧洲闻所未闻的便利设施,例如街灯和有顶棚的市场,这一切都让人心生敬畏。

大马士革最受游客欢迎的一点是充分的供水,供水仍在利用罗马人在十二个世纪前安装的系统。水似乎无处不在流动,通过运河、水车和郊区的磨坊,城市周围和地下的河流。让贝特朗东·德拉布罗基耶尔惊讶的是,几乎每家每户都配有喷水池,而伊本·朱拜尔发现这座城市"水多到腻"[37]。充足的水使浴场在城市中大量涌现,泡浴场的习惯甚至保留至今,而这些浴场中有相当一部分仍在发挥最初的作用。在马穆鲁克时代的浴场中,仍在商业运营的有卡纳瓦特区的新浴场、倭马亚清真寺东边同名地区的凯马里耶浴场和萨利希耶的穆卡达姆浴场。尽管最后一座浴场在最近的几十年里被修复得面目全非,但前两座仍然保留了原来的大部分装潢。[38]

贸易和旅行几乎无助于当今所谓的思想交流,但与意大利人的往来或许也激发了人们对东方习俗的些许好奇心。[39] 甚至连但丁这样才华横溢的人物,都明显受到了神秘主义者伊本·阿拉比(卒于 1240 年)广为传播的思想的影响,前文已经提到过伊本·阿拉比在大马士革最后几年里给人的感召。虽然但丁对伊斯兰教的总体描述确实是负面的,但他的《神曲》采用了以阿拉比思想为原型的讽喻-神秘之旅的构思。[40]大马士革作为苏菲派思想中心的地位，当然也在迅速发展，连同伊斯兰教研究的其他方面，包括历史在内。

在调控大马士革的转口港作用方面，城市中的驿站变得越来越重要。更大的安全性带来了与沿海地区更可靠的联系，贝鲁特破天荒地开始被贴上"大马士革的港口"这一标签。[41]商业被吸引到倭马亚清真寺以西和以南的地区，至今仍在。尽管我们从文献史料中知晓了几座马穆鲁克时代驿站的位置，但留存下来的只有两座。位于米德哈特帕夏集市（直街西端）北侧的迪克卡驿站处于非常残缺的状态。（前文提到，嵌在这座建筑中的柱子是从那条装点着古典时代东西向道路的柱廊中回收利用的。）哲格麦格驿站（建于1418年，于1601年重建）位于沿米德哈特帕夏集市往东30米处。建造这座驿站的那位大马士革总督还捐赠了一所美丽的麦德莱赛，即贾格马吉耶麦德莱赛。它在大清真寺北面完好无损地保存了下来，现在是碑铭学博物馆。

这座城市的年历上最大的盛事，仍然是麦加朝觐旅行队的到达和出发。欧洲人的描述特别关注到了朝觐队伍兴高采烈地返回时的场面：成群结队的大马士革人冲出城去，迎接迈哈米勒，也就是驮着象征性的礼物去麦地那先知墓的一匹骆驼，连同随行的乐师、鼓手、仪仗队（"有人拿着弩，有人拿着出鞘的剑，还有人拿着钩铳，时不时地射上一发"）、贵妇、"摩尔人、土耳其人、巴巴里海盗、鞑靼人、波斯人，以及先知穆罕默德其他教派的信徒"[42]。

马穆鲁克王朝建筑

后期的马穆鲁克王朝仍然是热情的建造者，他们意欲将建筑视为展现权力的一种手段，同时也是为了在真主面前补救他们的过失，我们已经研究过这一点。大多数项目都得益于瓦合甫，即宗教捐赠制度的进一步发展；"之前从来没有统治精英像马穆鲁克王朝那样广泛地利用这一制度"，这是一种使财富不被课税和不被遗产税抽走的合法手段。[43] 马穆鲁克王朝对建筑物的选择，为建筑、其自身所特有的元素和周围环境之间带来了更加动态的关系，使城市景观不再依赖自成一体的对称性。他们在大马士革的大规模建造计划中，没有任何东西比得上他们在开罗对空间的大胆使用，抑或是建筑姿态的浮夸。在开罗，他们宏伟的麦德莱赛和清真寺至今仍在装点着老城的中心地带，那一带最初是在法蒂玛王朝时期开发的。根据已故的米夏埃尔·迈内克编写的名录，在1250年至1517年间，马穆鲁克王朝在帝国各地建设了大约2 279个项目。他的清单显示，开罗共有930个记录在案的项目，大马士革有253个，阿勒颇有232个，耶路撒冷有147个。[44] 500个项目有大量遗迹留存，开罗就占了将近一半（217个）。耶路撒冷和大马士革保留了大约60个幸存下来的项目。虽然耶路撒冷的人口要少得多（大概有5 000至10 000人），但它的重要性在于宗教而非政治。因此，在马穆鲁克王朝的捐赠机构方面，它能够与大马士革不相上下。它成了前埃米尔和虔诚寡妇的退隐或流放之地，还是一个伊斯兰学术中心，许多新项目都集中在"尊贵圣地"周围。耶路撒冷和希伯伦也因被作为朝圣地宣传而得到了好处，只是后者的程度要小一些。

尽管大马士革早已不再是帝国首都，但这座城市还在继续享有盛誉。虽然大马士革单个项目的规模往往比不上开罗的那些，但鉴于耶路撒冷的纪念性建筑很少延续原本的用途，而且内部不是难以进入，就是被大规模改造了，因此大马士革至今仍是马穆鲁克王朝建筑的第二大宝库。按照比例来算的话，大马士革的建筑保存率要低于耶路撒冷，这表明在一座保有大量人口，并在同一块小场地不断自我更新的城市中，保存建筑有多么困难。然而，在大马士革的名录中，大多数马穆鲁克王朝建筑至今仍然用于宗教或教育目的，在丰富文献材料的补充下，它们本身也是史料。

倭马亚清真寺的宏伟规模继续主导着大马士革人的建筑想象力。执政初期，为了在大马士革的乌理玛中树立声望，拜伯尔斯决定着手对清真寺进行大规模的修缮。圆顶的大部分和部分马赛克镶板得到了修复，这次修复试图去模仿原本的新拜占庭风格，尽管后来在1893年的火灾中，这些工作很多都遭受了损失。[45] 前面提到过，盖拉温苏丹甚至试图在他以前的保护人拜伯尔斯墓室的马赛克装饰上模仿清真寺的墙壁镶板，而这些镶板原本的光华至今仍在熠熠闪耀。

在城市的精神和知识生活中，倭马亚清真寺仍然发挥着核心作用。对此，我们有几位游客的记述。

> 清真寺在白天和夜色阑珊时都是人山人海，因为人们

要通过它去学校、集市和住宅……这里的光阴总是充满了善意和祈祷。在这里，几乎不太可能看不到做礼拜的人、冥想的人、吟诵《古兰经》的人、穆安津（宣礼员）、阅读科学书籍的人、询问宗教问题的人、阐述教派观点的人，抑或寻求解答问题的人。有人来找人聊天，有人来会友，还有人来庭院里散步，欣赏星月之美。

——欧麦里（14世纪）[46]

通过麦德莱赛和诸如哈纳卡等更具思辨思维的中心传授伊斯兰教义的传统，现已与大马士革密切相关，并且仍然是它在穆斯林世界中的地位之关键。按照自布里迪王朝时代以来已经确立的惯例，大马士革的学校得到了大量捐赠，马穆鲁克当局的持续支持也有了保证：这也是一位好领袖形象的一部分。教师薪金丰厚，人数众多，而大马士革尤以苏菲派神秘主义者的集中地而闻名，这一传统正是源于葬在萨利希耶的毛希丁·伊本·阿拉比。

帝国的稳定极大地促进了思想的交流，使工匠和思想家能够为了工作而广泛游历。在建筑方面，虽然叙利亚工匠也被征用到马穆鲁克王朝在耶路撒冷和希伯伦的一连串建筑项目中，但他们主要还是被吸引到开罗。马穆鲁克王朝早期，叙利亚的技术外流十分严重，以至于到了14世纪，在坦基兹的总督任期中，不得不把驻开罗的工匠团队派来承担大马士革的重大项目，以纠正这一情况。其他的灵感来源包括帖木儿帝国的突厥斯坦，那里更靠近早期马穆鲁克王朝的故乡。最初，并没有统一的马穆鲁克王朝建筑规范。尽管发展出了一种具有共同特征的帝国风格，或许是受到了一个中央控制下的工作室的促进，但它仍然严重依赖从阿勒颇和大马士革的主要地方流派中产生的理念。在大马士革，过去的建筑传统仍在大行其道。城市采用开罗建筑一些标准特征的步调很慢，例如窗户周围浅浅凹进去的框架，以及宣礼塔的八角形。此外，大马士革仍然执着于对色彩对比强烈的华丽石造物的偏爱，这反映出当地有玄武岩和石灰岩可用，这最终也被马穆鲁克王朝的许多纪念性建筑所采用。叙利亚人爱好精致的穆喀纳斯天篷，它们悬在门洞上方，抑或用来填充圆顶之下的边边角角。14 世纪，这种爱好也传到了开罗，丰富了当地工匠的手艺。

新的麦德莱赛建立起来，旧的学校也得到了大规模的扩建。在马穆鲁克王朝时期，大马士革共有 78 所男子学校和两所女子学校在运营。[47] 萨利希耶的奥马里耶麦德莱赛是作为罕百里派修道院建立的，现在得到了大规模扩建。在现有的两所医院的基础上，又增设了四所医疗机构，这也体现了当时对医疗的重视。

大马士革的马穆鲁克领导阶层继续重视萨利希耶，视其为依偎在"圣山"阴影下的高级公墓。一个重要的模范项目是 13 世纪末的塔基丁·塔克里提（卒于 1299 年）墓，他是盖拉温的一名维齐尔，一生中还曾为另外四位苏丹效劳。塔克里提墓成为简朴的陵墓兼麦德莱赛的新典范，中央走廊两侧分别是一座小礼拜厅和一座墓室。这座陵墓及其精妙的穆喀纳斯门洞延续了阿尤布王朝的朴素风格，但礼拜厅装饰丰富的石膏雕刻墙使用了安达卢西亚主题。这是一种"孤立的、自发的移植"，这位建筑大师对大胆实验的爱好，最终修成正果。[48]

四年后建造的另一座怯的不花（卒于 1302 年）墓，明显更加背离了阿尤布王朝的朴素风格。这位怯的不花是蒙古人，曾短暂地（1294—1296）登上过开罗的王位，却被另一个篡位者拉金·曼苏里废黜，关押在大马士革城堡。他死在哈马总督任上。在效仿塔克里提墓设计方案中的双圆顶墓室的同时，怯的不花墓在阿尤布王朝晚期风格的双色花饰的基础上，在立面窗户上方使用了黑色-赭色的轮状小圆窗。这座墓位于穆哈吉林的最西边。

米丹北部的砾石场是一个铺满鹅卵石的区域（因此得名"砾石场"——兼作马球场、练兵场，以及为大型商队或代表团额外划定的露营地），也是为朝觐服务的设施的一部分。它是对城西阿赫达尔草场的补充，同时也为马穆鲁克王朝的领导阶层提供了练兵的场所，从 1291 年起就被一道墙围了起来。在当今耶尔穆克广场以南的地区，从 14 世纪初开始涌现出一连串新的纪念性建筑。这个区域向更南边的另一个区域延伸，那里从 1260 年开始就已经成为名门望族所青睐的墓地选址，因此它在中世纪的阿拉伯语中就叫"小圆顶"[49]。这些圆顶建筑大多已经消失，但这条路在马穆鲁克王朝后期似乎是一个很受人青睐的墓葬区，当时比现在这条狭窄的大道要宽得多。在通往麦加的道路上，聚集着许多坟墓和麦德莱赛，这与开罗北部的马穆鲁克王朝墓地相类似（但规模更小）。[50] 在"小圆顶"，从这个时代保存下来的机构之一是卡里米清真寺。它在 1318 年由一位来访的卡迪所建立，最初一定是孤立于城市之外的。这座清真寺背对着现代的街道，并不与之对齐。它包含一个大院子，北面有一座宣礼塔（除了一个八边形露台，再无任何装饰）。"小圆顶"保存下来的较小一些的建筑包括贡什利耶麦德莱赛（1320）。还有阿尔通布加陵墓（1329），位于现在将米丹一分为二的高架高速公路北侧。这两座建筑都隐藏在当今街道东侧的立面背后。

坦基兹的总督任期（1312—1340）

纳绥尔·穆罕默德的第三次统治时期（1310—1341），宣告了前文中提到的"黄金时代"的到来。现年24岁的苏丹不再像前两次任期中那样，只是争执不断的埃米尔们的吉祥物了。他在叙利亚作战时，被大马士革市民开展的一场民众运动推上了台，他们拒绝接受一位代表开罗切尔克斯人派系的总督的权威。他决心按照盖拉温统治下牢固确立的方针，恢复苏丹的地位。"在需要遵守伊斯兰教规定的时候，他虔诚、简朴，而在没有这种限制的事情上，他浮夸、奢靡……他无疑是最伟大的马穆鲁克王朝苏丹之一；他或许也是最下作的苏丹之一。"[51] 他逐渐抓稳了凌驾于高级埃米尔之上的权力。后者的激烈斗争在很大程度上造成了最近几十年的不稳定，也在一定程度上刺激了使该地区动荡不安的蒙古人入侵。

新苏丹首先采取的稳定措施，包括任命自己信任的马穆鲁克担任关键的总督职位。他任命赛义夫丁·坦基兹·胡萨米为大马士革总督，在这个岗位上，坦基兹一干就是惊人的二十八年（1312—1340）。坦基兹是马穆鲁克出身，但这并不妨碍他打下广博的阿拉伯文化和伊斯兰教底子。他在任期间实施了一项"大规模的城市修复计划"。他不仅有意识地寻求改善城市具有纪念意义的一面，还改善了人行道和供水系统等实用设施。[52]

坦基兹的纪念性建筑在大马士革部分保留了下来，但他的总督府并没有，只在阿泽姆宫发现了一些遗迹。[53]坦基兹在任时期所采取的风格，最一目了然的例子位于胜利街。他在任初期，就在城西拜占庭圣尼古拉教堂旧址建造了一座清真寺，这座清真寺几乎被后来的建筑吞噬了。按照我们所设想的，坦基兹清真寺应是充分利用了城墙外草地的区位优势。它的庭院跨在巴拉达河的一条支流上，河水流经宛如园林一般的环境，并配有木制水车。16世纪末阿拉伯人的描述赞扬了它作为"宜人的散步场所和祈祷之地"的优势。[54] 1664年，德泰弗诺描述了"宽敞的庭院，被回廊环绕着，回廊的拱门由许多巨大的大理石柱子支撑"，而庭院的地面最初是用教堂的石头铺设的。[55]更实用的是，这个建在巴拉达河之上的庭院，是开始麦加之旅前把水载在骆驼身上驮运的地点。

当下的清真寺已经完全失去了这种带有几分乡村风味的宁静氛围。马穆鲁克王朝对浮夸之风的爱好已经很明显了，他们更加简单粗暴地使用对比强烈、像横幅一样的长条石材，并在东侧出入口上方天篷的精致形态上追求效果。（后来，在胜利街一侧的立面偏西的地方，又造了一扇完全相同的门。现在，这两扇门就像一对书立一样，摆在一排现代商铺门脸的两端。）北边的宣礼塔是14世纪末重建的，因为原来的那座建成后不久便毁于大火。它是大马士革最早屈服于开罗流行时尚的八边形的

坦基兹清真寺的宣礼塔

建筑之一。（现代清真寺后方的那条小路上的观看视野最好。）该遗址还曾有过许多其他的用途，包括在19世纪作为军校使用，直到20世纪中期才恢复为清真寺。

1346年后，坦基兹的后继者雅勒不花·叶海亚维在巴拉达河对岸建造了清真寺，这显然证明官方也把手伸向了更西边。这座清真寺位于未来的迈尔季广场北侧，和许多聚礼清真寺一样，它的布局也借鉴了大清真寺的庭院风格。然而，几个世纪以来，它被糟蹋得很严重。1975年后，它的遗迹被清除，为旧城改造工程让路。

1340年，奉苏丹之命，坦基兹被免职，被送往亚历山大里亚的监狱，在那里被毒死，因为苏丹"使坦基兹掌握了太多的权力，最后竟变得害怕他了"[56]。苏丹担心自己死后（纳绥尔·穆罕默德于一年后驾崩），坦基兹可能会领导叙利亚反抗自己指定的继承人赛义夫丁·艾布·伯克尔。坦基兹的遗体经过防腐处理后，被运回大马士革，安放在他的清真寺东南角的墓中。他的妻子已于十年前去世，她的坟墓位于老城的西部、倭马亚清真寺的西南方（考卡拜墓），处于一种很破败的状态。它的穆喀纳斯门洞预示了她丈夫坟墓外的门洞式样，只是规模要小一些。这座两室建筑（有圆顶的陵墓与一座小型女修道院的搭配）现已被商业生活呛得透不过气来，中央入口的通道上堆放着乱糟糟的货物。

坦基兹时期保存下来的其他遗迹也大多是陵墓，有些回归了更简朴的阿尤布王朝风格，例如位于萨利希耶西侧的库季昆·曼苏里（1322—1323）墓，被挤在风格粗犷的公寓住宅区

坦基兹耶圣训学校出入口

之间。有一个被忽视的例外，并非墓葬建筑，那就是坦基兹恰好在被放逐之前捐赠的学校。坦基兹耶圣训学校就在香料集市东边的努尔丁浴场后面，现在仍是学校，而最引人注目的遗迹则是异常精美且保存完好的穆喀纳斯门洞。但总的来说，大马士革还不足以充分体现坦基兹的名声。他保存下来的最伟大作品，是耶路撒冷圣地以西的巨大集市建筑群，即棉花集市。仍然有许多遗迹集中在附近，他对建筑的热情可见一斑。[57]

坦基兹时代刚刚过去的那段时期的建筑中，最值得一提的或许要数阿贾米麦德莱赛（或者说是阿夫里敦墓）。这是由当地商人阿夫里敦·阿贾米（卒于1348年）建造的一座小巧玲珑的杰作，显示了大马士革传统中对早期马穆鲁克王朝风格充满自信的吸纳。这座建筑（位于米丹街的西侧，就在锡南尼耶集市南边）尽管至今尚未修复，上面还贴满了小广告，却充分展示了马穆鲁克王朝自信满满的技艺：小圆窗，石料啮合工艺，窗户较浅的安装位置，还有入口处高高的穆喀纳斯，把一个图案线条分明的镶板框在里面。大马士革第一次屈服于马穆鲁克王朝热情洋溢的口味。即使是在立面后面，它的布局也遵循了十字形规划，尽管这座建筑的尺寸很小。北边不远处的桑贾克达尔清真寺是马穆鲁克王朝全盛期风格的另一个引人注目的例子，它位于城堡对面，革命街西侧。尽管现代的这条街经过了调整，清真寺的出入口往后缩了一些，不再临街，但它仍可谓精彩绝伦的戏剧性表达。高耸的穆喀纳斯天篷下方是一块镶板，用彩色石材编织出一扇带有拱肩的复杂花窗。正如迈内克所言，是开罗风格胜出了。[58]然而，当地传统的顽固性也体现在几乎同

阿贾米麦德莱赛立面

桑贾克达尔清真寺立面

阿拉克陵墓出入口
来源：M. Greenhalgh 的照片

时代的阿拉克陵墓中。这是一座朴素的双人墓，位于上米丹，由 1349 年去世的埃米尔阿拉克·西拉赫达尔所建。

衰落（1341—1382）

纳绥尔·穆罕默德之死（1341）标志着一个新的动乱时期的开始。对于这个时期，"很难找到一条叙事线索来理清一切"[59]。纳绥尔去世时只有 56 岁，但他的全盛时期早已过去。帝国亦然。纳绥尔的指定继承人、儿子曼苏尔·艾布·伯克尔*

---

* 即前文中提到的赛义夫丁·艾布·伯克尔。他的全名是麦利克·曼苏尔·赛义夫丁·艾布·伯克尔·伊本·穆罕默德·伊本·盖拉温。——译者注

只统治了三个月，就被埃米尔高松轻易废黜。事实上，这让当时的人们很轻松地学到了一个有用的道理：只要有足够的马穆鲁克支持，任何人都可以换个苏丹。允许马穆鲁克之子成为马穆鲁克，此种做法早就播下了这样的种子。高级埃米尔，也就是盖拉温的众多后裔之间的争斗，已经发展到了这样的地步：所有人彼此之间似乎都一心想要将对方除之而后快，以迅雷不及掩耳之势。到了14世纪，政权早已放弃了依靠纳新来补充队伍的做法。继承问题更多地在家族内部解决。纳绥尔·穆罕默德的三代子孙在持续了二十年（1341—1363）的抢椅子游戏中轮番上阵，令人眼花缭乱。

大马士革仍然对自身在帝国中较低的地位感到不服，于1346年起义，但只是成功地在开罗引发了新一轮的流血冲突。次年，黑死病（源自中亚的严重腺鼠疫暴发）来到了马穆鲁克王朝的领土。1348年，它通过亚历山大里亚传播到叙利亚，7月在大马士革蔓延开来。摩洛哥旅行者伊本·图伦生动地描述了不同信仰的居民通过祈祷来共同抗击瘟疫的努力。

> 城里的所有居民——无论男女老少——都加入了游行队伍。犹太人把他们的摩西五经带了出来，基督徒带着他们的福音书……所有人都在哭泣，通过神的经书和先知，寻求他的垂怜与帮助。他们全都聚集在卡达姆清真寺，一直在向神祈求。[60]

由于对瘟疫的性质和传播方式一无所知，居民们几乎没有任何防护措施，直到疾病渐渐变得不那么厉害，这一过程至少需要八个月。10月，瘟疫肆虐，一位游客描述称："强风刮起了一大片黄色沙尘，然后变成红色，然后又变成黑色，直到大地被它完全染黑。"人们猜测，风把瘟疫吹来，同样可以把它吹走，"人们希望这场浩劫标志着他们苦难的结束。但死亡人数并没有减少"[61]。达到峰值时，大马士革的死亡率在某些日子里肯定超过了每天 1 000 人，在 1349 年 3 月，每天仍有 500 人。埋葬的压力很大，以至于有那么几天，倭马亚清真寺的庭院里的尸体都装不下了，必须对着摆放在外面的尸匣念祷告词。人口可能减少了 40%，或许有 5 万人左右。该地区后来又被反复发作的肺鼠疫所蹂躏，两个多世纪后，人口才恢复到 1348 年以前的水平。

到了 15 世纪，阿勒颇开始作为叙利亚一个更重要的权力中心崭露头角。这在一定程度上反映了急速发展的东方贸易，阿勒颇成了东方贸易中一个很受欢迎的转口港，因为主要的交易对象是东北方的伊儿汗国。1365 年，来自塞浦路斯的十字军攻打亚历山大里亚，试图复兴十字军精神，但他们也只是短暂地中断了这些商业交流。到了 14 世纪末和 15 世纪，大马士革作为宗教和知识生活中心的地位，已经下降到与它相对衰落的状态相匹配的水平了。大马士革城墙内并没有 14 世纪 60 年代和 70 年代的工程留存下来，这段时间的建造活动集中在米丹区和朝圣路线上的装饰性建筑；这或许是对乱世过后信仰慰藉的认可。这段时期的一些项目沿着米丹街保留了下来，包括曼贾克清真寺，它的赞助人易卜拉欣·伊本·曼贾克·优素菲（1357

年和 1368—1373 年任大马士革总督）为恢复城市秩序做了很多工作，并以市容为傲。还有几乎属于同一时期（1366）的拉希迪耶麦德莱赛，它兼作麦德莱赛和陵墓之用，是常见的双圆顶中央走廊样式，入口现已被米丹街以西的商业场所挤得只剩一条缝了。[62]

布尔吉王朝（1382—1516）

人们通常用 1382 年将马穆鲁克时代一分为二，并给后面的这段时期贴上"布尔吉"的标签。这是第二个马穆鲁克王朝世系切尔克斯系的绰号，他们曾住在开罗城堡的碉楼，即"布尔吉"里，由此得名。切尔克斯马穆鲁克在错综复杂的手足相争中逐渐发挥了主导作用，斗争结束时，查希尔·赛义夫丁·贝尔孤格（1382—1399 在位）脱颖而出。然而，他以强人身份崛起并没有解决紧张局势，还遭到了两位强大的总督赛义夫丁·雅勒不花和塔穆尔不花·阿夫达利（"敏塔什"）的反对。1389 年 10 月，双方军队在大马士革以南 30 公里处的舍盖发生冲突，这是大马士革战区使用火药炮的首次记载。[63] 贝尔孤格取得了胜利，但大马士革城堡也守住了。贝尔孤格在西南方集结兵力，对水槽门发动攻击，却被敏塔什的部队击溃。贝尔孤格最终设法任命了一位由开罗指定的总督雅勒不花·纳斯里。

一些建筑项目提醒人们注意这乱世。贝尔孤格的一位高官、埃米尔尤努斯·达瓦达尔的哈纳卡兼墓室建于 1382 年至 1383 年，曾经一度在上谢拉夫的萨夫瓦特·穆尔克墓附近孑然挺立，现已被 20 世纪的塞得港街东侧闹市区改造工程清除殆尽。必须要到尤努西耶哈纳卡的东立面，才能找到华丽入口的遗迹，入口上方左侧是经过大规模修复的墓室圆顶。塔尼巴克·哈萨尼墓位于米丹街南段的东侧，由大马士革总督赛义夫丁·塔尼巴克·哈萨尼于 1396 年建造。在贝尔孤格死后的十年里，他试图向开罗进军，但在加沙被截住，被带回大马士革，于 1400 年在城堡里被处决。至少，他和妻子被并排安葬在了华丽的陵墓中。这座陵墓至今仍然矗立在高架环路南边，是典型的马穆鲁克王朝风格，经过了完美修复的粗条纹和圆雕饰足以抵消双圆顶的损失。正是因为这动荡的十年，才有了可能是大马士革城门中最令人惊艳的立面。努尔丁所建的解救之门的外门，在 1396 年至 1397 年进行了大规模的重建，并于 20 世纪 80 年代再次被修复。它比例和谐，大胆使用了双色装饰，至今仍是城市的西北入口。

帖木儿的围城（1401）

开罗多年的窝里斗并没有让帝国为下一个重大的外部挑战做好准备。帖木儿围攻大马士革，是中亚最后一次向外大举入侵。帖木儿绰号"跛子"（"Lenk"，英语"the lame"，因此他的名字在英语中叫 Tamerlane），是突厥人，来自奥克苏斯河另一边的一个家族。将自己的祖国从蒙古人统治下解放出来后，帖木儿产生了征服的渴望。他竭力仿效成吉思汗的榜样，但表现得不够稳定，缺乏后者的目的性。1400 年 12 月下旬，帖木儿的部队经阿勒颇、霍姆斯和巴勒贝克抵达叙利亚南部，一路上横冲直撞。他的军队在城市西边扎营，并从拉卜韦以北、卡松山山坡上的赛亚尔墓眺望这座城市。贝尔孤格之子纳绥尔·法拉杰（1399—1412 在位）9 岁时继承了父亲的位置，收到敌人来袭的消息后从埃及赶来，并于 1401 年 1 月在米丹的南端扎营。被帖木儿的军队打败后，这位年幼的苏丹听闻可能会发生针对他的政变，便迅速撤回开罗，基本上就是把大马士革留给市民来保卫了。[64]

帖木儿向城市的一个市民代表团提出了条件。帖木儿宣称，愿意给"这座圣伴之城"以自由，于是市民们同意和平投降。伟大的历史学家伊本·赫勒敦当时正在大马士革，他曾随埃及远征援军从开罗来到这里，似乎是被帖木儿的风采迷住了，因而留了下来。伊本·赫勒敦溜出城去（采用了被圣保罗证明可行的方法，在篮子里从城墙上吊下来），与帖木儿辩论。这位历史学家试图推进自己的方案，那就是建立一个从中亚大草原到大西洋的新帝国。在伊本·赫勒敦的叙述中，他对帖木儿的开场白是这样的："您是全天下的苏丹，全世界的统治者。我相信，从阿丹到这个时代，从未出现过像您这样的统治者。"双方达到了哲学高度的会面非常成功，前后一共进行了 35 天。[65]

伊本·赫勒敦这次非凡的对话，一直是许多传说的素材，但历史上真正伟大的思想家之一（《历史绪论》，一种"人类历史的序言"作者）与历史上最嗜杀的君主之一本质上就很奇怪的会面，却很少有人捕捉到。在这些充满钻研精神的哲学讨论即将结束时和结束后所发生的事件,与双方会面时的文明礼仪和人文关怀形成了无比巨大的反差。留在城堡里的少量守军坚决抵抗,迫使帖木儿做出了围攻堡垒的准备。他要利用位于城堡西面、北面以及倭马亚清真寺庭院内的巨大塔楼,这些塔楼顶上装有重力抛石机。帖木儿挥出了一记重拳,让工兵挖地道,破坏了城堡西北角的巨塔。这座庞然大物在坑木被点燃后轰然倒塌。2月25日,小规模的守军投降了。帖木儿故态复萌;抵抗者被屠杀,城内的市民也被强加了越来越苛刻的进贡要求。这些要求最终还是无法得到满足,于是帖木儿在1401年3月16日让他那些不守规矩的军队攻打这座城市,据称是为报七个多世纪前倭马亚王朝迫害阿里追随者之仇。

这座只剩下平民的城市现在遭受了可怕的破坏,或许是历史上最严重的一次,赞吉和阿尤布王朝时代捐赠的许多教育和宗教机构也被毁了。意大利商人、从前的居民贝尔特兰多·德米尼亚内利在灾难发生后不久描述了这座城市,正如他所言,帖木儿放任毁灭的力量,实现了耶利米的预言:"我必在大马士革城中使火着起,烧灭便哈达的宫殿。"[66] 被杀害的市民数以万计:他们被残忍地屠杀,抑或在大清真寺葬身火海。根据巴伐利亚旅行者约翰·席尔特贝格的目击描述,帖木儿曾邀请市民到"神庙"避难。

> 这时,帖木儿下令,当神庙人满时,里面的人要被关住。这件事办妥了。然后在神庙周围放上木头,他下令点燃木头,他们全都死了。[67]

当屠杀和奸淫掳掠结束后，城里的工匠被集中起来，驱逐到中亚的撒马尔罕。这让大马士革的工业倒退了至少一代人的水平，在某些技能方面甚至是永久性的倒退，例如刀剑的波状花纹装饰工艺。当德米尼亚内利到达这座还在阴燃的城市时，他表示："我的身心被尸臭和这片狼藉彻底震惊了。"[68] 伊本·赫勒敦在城堡陷落后立即返回开罗，并没有见到这些恐怖的景象，他淡化了这位"全天下的苏丹"所显露的残忍程度。在自传中，他没有提到那些逝去的生命，却把最严厉的措辞留给了烧毁大清真寺的做法："一种卑鄙至极、穷凶极恶的行为。"[69]

城堡的北墙和塔楼被匆匆修复。然而，在纳绥尔·法拉杰在位的剩余时间里，即使在蒙古人带着战利品撤离该地区后，叙利亚也没有得到什么复苏的机会。他的统治是严酷的谷底，沉沦到无可救药的地步，以至于他的埃米尔们决定废黜他，而实际行凶者是 1412 年大马士革一场宴会上苏丹的侍者。瘟疫（1350 年后的几十年间经常卷土重来）、政治不确定性和叙利亚贸易财富的减少所产生的累积效应，使得迅速复苏根本无从谈起。埃及和叙利亚已经失去了曾经使它们成为工业产品净出口国的技术优势。此外，叙利亚作为曾经的欧洲食品供应国，此时已是橄榄油等必需品以及坚果、蜂蜜甚至葡萄干的进口国。虽然棉花贸易产生了新的收入来源，但糖的出口暴跌。

直到 1422 年，帝国才在巴尔斯贝伊（1422—1438 在位）的统治下重新稳定下来。大马士革有一座重要的清真寺建于这个恢复了活力的时期，它也是后蒙古时期的第一个重大项目。

哈利勒·陶里济清真寺位于城墙区西南的斯里杰门区，毗邻从城市向西南通往德拉雅、最终到巴勒斯坦的路。它是由侍从长哈利勒·陶里济建造的，他于1422年去世，当时这个项目还没有完成。这是大马士革的主要清真寺首次放弃对庭院-拱廊方案的固守，采纳了开罗对三通道式礼拜大厅的偏好，只是把一个单独的墓室硬生生地塞进了这套方案。粗线条镶边立面避免了太多的其他效果，将重点放在高大的入口处。入口的最高点形成了一个浅浅的天篷，用对比强烈的石材砌成的扇形弧段取代了大部分惯常的穆喀纳斯。位于街道另一侧的宣礼塔则更为朴素，坚决忠实于叙利亚的正方形规划传统。遗憾的是，清真寺内部使用了现代的高光涂料，来展现铭文条带和拱门对比鲜明的石造物，未免流于庸俗，而同样的画蛇添足甚至用在了米哈拉布上。基卜拉墙包含着15世纪大马士革生产的彩陶砖的重要实例，可能与倭马亚清真寺礼拜大厅的修复工作中所用的彩陶砖采用了同样的生产方式。拖延了二十年之后，附近的陶里济浴场开业（至今仍在运营），为清真寺提供收入。

帖木儿洗劫城市造成了巨大的破坏[70]，为了补救而实施的修复计划却直到1419年才开始起步，这也反映出帖木儿把人驱逐到撒马尔罕后，能工巧匠一直很缺乏。这迟迟无法开工的重建过程的另一个产物，就是位于大清真寺以南这块区域的卡利清真寺，它受到的影响尤其严重。这座小型清真寺是由大马士革首席法官于1431年至1432年建造的。宣礼塔倔强地坚持着大马士革的正方形规划，但采用了马穆鲁克王朝的外形特征，即醒目的圆雕饰和装饰丰富的穆喀纳斯环箍，标志着从正方形塔体到十二边形露台的过渡。[71]

其他的建造活动并没有在老城区拥挤的街区进行,而是在城墙以北和以西的萨利希耶和萨鲁贾地区,抑或在米丹街寻求新的空间,后者还在不断扩展,以便为一年一度的朝觐提供方便。巴尔斯贝伊之死引出了另一段动荡时期,其中的一名受害者是大马士革总督艾纳勒·贾卡米(1435—1438 在位)。巴尔斯贝伊去世后,哲格麦格(1438—1453 在位)从其幼子优素福手中夺过了控制权,贾卡米则对开罗的领导地位提出了挑战。贾卡米围攻大马士革城堡,后来却突然停了下来,转而在大马士革以南迎战哲格麦格的军队。他被击溃后逃了回来,奔向大马士革,却在哈拉斯塔被俘,并被带到城堡。他在那里被处决,首级被作为战利品送到开罗,在那里被挂在长矛的尖端挥舞、游街。尚不清楚贾卡米的遗骸是否被埋葬在他的陵墓中(米丹街南段西侧),但这座建筑在下个世纪就被改造成了一个苏菲派神秘主义社团的集会中心。这个社团叫贾巴维耶(又叫萨迪耶,因此这座建筑被叫作萨丁收容所),它的铭文至今仍在装点着建筑立面。[72] 19 世纪大马士革的欧洲居民伊莎贝尔·伯顿记录了一种引人入胜的仪式,它让一年一度的朝觐队伍更具观赏性。驮着迈哈米勒的骆驼被牵到这座收容所(Zawiya)的窗前,收容所的谢赫会把加糖的杏仁饼喂给这只动物。[73]

1453 年哲格麦格安详离世后,又经历了一阵动荡时期,但盖特拜(1468—1498 在位)的统治再次维持了连续性,使开罗宫廷恢复了纳绥尔·穆罕默德时期所渴望的那种辉煌。虽然开罗的经济再次繁荣起来,但那时大马士革的运势实际上已经无法恢复了。在盖特拜统治的三十年里,唯一留存下来、值得一提的纪念性建筑,就是他在倭马亚清真寺西南塔楼上建造的宣礼塔(1482—1488),为的是取代在帖木儿的破坏狂潮中被毁的那座。这座宣礼塔的风格是对开罗那些范例惟妙惟肖的模仿,规模大大超过了大马士革的惯例。然而,在像大清真寺这样宏伟的建筑上,塔楼高耸于其上的部分被分成了三段,由穆喀纳斯廊台分隔,凭借着锥形轮廓的优雅与轻盈,让敦实的塔体冲向云霄。盖特拜统治时期的其余几座建筑,都完全无法与他在开罗捐赠的那些建筑的惊人规模相提并论,但还是有一个不怎么起眼的例子藏在直街西端以南的小巷中:纪念卡迪库特卜丁·穆罕默德·海德尔的海德里耶麦德莱赛(1473—1474),在20世纪90年代修复之前一直无人问津。

威尼斯之窗

威尼斯人在大马士革的存在现已达到顶点。多亏了马穆鲁克王朝晚期总督宫廷的一位访客,我们才能首次准确地瞥见已被纳入西欧视觉遗产的大马士革生活:那是卢浮宫收藏的一幅画(在私人收藏中还发现了另外两个版本),描绘了大马士革宫廷生活的一个场景。卢浮宫的这幅画大体上被认为是威尼斯艺术家真蒂莱·贝利尼的手笔,或者是他的画派所作的。20世纪40年代,鉴定画中场景的功劳属于让·索瓦热,他第一个发现画中所描绘的不是开罗,也不是亚历山大里亚,而是详细表现了从南望向大马士革倭马亚清真寺的景象。这位未知艺术家

（并没有证据表明一定是真蒂莱·贝利尼）可能访问过大马士革：该场景对建筑和服饰的描绘确实非常准确，足以让人有十足的把握确定其年代。这幅画描绘了盖特拜1488年新建的宣礼塔（前面刚刚讲过），一定是在1499年之前完成的，这是这幅画被证实出现在威尼斯的最晚年份。[74]

这个场景可能是这座城市的马穆鲁克王朝总督接见威尼斯代表团。索瓦热认为该场景是从视野良好的威尼斯货栈方位描绘的。他认为，在直街南侧、与香料集市交会处的东面，有一座具有威尼斯特征的建筑遗迹，一直保存到法国托管时期。[75] 接见发生在阿泽姆宫现在所处的位置，它取代了先前的一座宫殿。那座宫殿曾经由马穆鲁克王朝的城市总督使用，而且早在倭马亚时代，甚至可能更早的时候，就与城市的统治者有关联了。此处后来被开发为奥斯曼帝国总督阿萨德·阿泽姆的豪宅。[76] 这幅画为该时期复杂的宫廷仪式和华丽服饰提供了一幅绝佳的"快照"[77]。欧洲艺术家刚刚开始探索阿拉伯世界的视觉财富，比19世纪的"东方主义"狂热早了好几个世纪。这幅画没有任何宗教或政治"含义"，对东方服饰和建筑的丰富描绘十分新颖，足以催生出一大批模仿者。在这幅相当生硬的作品中，我们看到了进入东方秘境的第一扇窗。它采用了一种切合实际的风格，对于周遭的奇装异服，威尼斯人似乎颇有些不知所措：色彩鲜艳的服饰，精心设定的风格、颜色和质地都承载着信息的复杂头饰，具有异域风情的动物和枝叶——这一切都与大马士革天际线上细节生动的宣礼塔和圆顶相映成趣。

第十三章 马穆鲁克王朝（1250—1515）· 417

崩　溃

这个场景更有趣的地方在于，它捕捉到了一个自蒙古人最后一次入侵以来从未完全恢复活力，实际上已经在崩溃边缘摇摇欲坠的世界。盖特拜统治的结束，带来了另一段继承者层出不穷的动荡时期。坎苏·古里（1501—1516 在位）登基时已年过六旬，他寻求新的稳定局面，并对包括建筑在内的艺术采取鼓励措施。然而，他的成就很少惠及大马士革。在那里，他统治时期的大型建筑项目只有一个西巴伊耶麦德莱赛，就在老城西南角外，沿着那条路继续向南，就是米丹街。它由大马士革的倒数第二任马穆鲁克王朝总督西巴伊建造，对它的评价要么是严厉批评，因为它让马穆鲁克王朝的建筑技能蒙羞，要么是赞扬，视其为马穆鲁克王朝建筑技能迟来的全盛期。如今，观察者将经过这座麦德莱赛—收容所—陵墓的车水马龙无视掉之后，面对的是一个很长的立面，除了坐落在一端的、粗矮的宣礼塔之外，几乎没有什么纵向的建筑要素。甚至连为它辩护的迈内克也承认，由于大马士革的工匠被疏散到了帝国各地，这座建筑也深受其害，只能重复那些套路。[78]

几十年来，奥斯曼土耳其人一直在蚕食叙利亚的北部边境，坎苏·古里为阻止他们而进行了英勇的斗争，并且命丧于此。他在从开罗向北进军的途中停了下来，与西巴伊在大马士革共度了一个星期。西巴伊

> 尽管对古里这次出征的前景并不看好……但还是给予其

符合君主身份的一切礼遇。他订购了一张丝绸挂毯，放置在行进路线上，并在古里穿过城市时将阳伞和鸟举到他的头上。[79]

西巴伊感激坎苏对总督在大马士革享有实际自治权的宽容，同意加入这项无望的事业。1516年，在阿勒颇以北的达比克草原，78岁的苏丹战斗到了这场溃败的最终结局。奥斯曼军队在各个方面都占据优势，尤其是炮兵。[80]

突然间，坎苏中风了。他半身不遂，嘴一直张着。他想喝点水，却摔下了马。军官们跑去帮他时，他已经死了。不久之后，奥斯曼军队袭来，踏平了这处阵地。苏丹的尸体从未被发现，可能是湮没在了战场上的尸山中。[81]

马穆鲁克王朝的荣光就此终结。

注　释

1　Amitai-Preiss 1995: 9.

2　Humphreys 1977: 338.

3　Humphreys 1977: 351; Amitai-Preiss 1995: 28; Thorau 1992: 67 提到，有一支守备队留在了城堡里。

4　Humphreys 1977: 353.

5　纳绥尔·优素福在西奈半岛被蒙古人擒获，囚禁在阿塞拜疆，在那里遭到处决——Irwin 1986: 32。

6　Fiey 1985: 178.

7　基督徒利用蒙古人的存在见风使舵，这标志着在阿尤布王朝领导人统治下盛行的相对宽容态度之后的一个转折点。即使是在来自基督教耶路撒冷王国的压力最大的时候，基督徒也没有被视为十字军事业的同道中人。（毕竟有大量证据表明，十字军对非拉丁礼教会怀有敌意。）Sivan 指出，虽然反基督教情绪自第七次十字军东征（1248—1254）以来一直高涨，但蒙古人的占领为基督教与伊斯兰教之敌的共谋提供了最初的真正证据——Sivan 1967a。

8　Ziada in Setton 1969b: 746.

9　阿尤布王朝要建造一座俯瞰巴尼亚斯城的要塞，该项目由卡米勒之子阿齐兹·奥斯曼在 1227 年负责——鉴于他的父亲在次年将耶路撒冷交给十字军一事中扮演的角色，这可真是够讽刺的。

10　Irwin 1986: 58, Thorau 1992: 240—243 认为两种可能性都有。

11　Maqrizi quoted in Creswell 1969 II: 155; Thorau 1992: 243.

12　Flood 1997: 66; Mayer 1956: 71; Meinecke 1971: 74—75; Rabbat 1997—1998: 233—234.

13　Abu al-Faraj al-Ush 1976: 218.

14　Meinecke 1971: 68—69.

15　虽然大马士革的这座宫殿没有留下任何痕迹，但它的名声影响了马穆鲁克王朝在开罗城堡建造的与之相似的宫殿，后者直到 19 世纪初都还保持着可以辨识的状态。它的美丽和惊人的规模使西方游客心生敬畏。现在只剩下一些残垣断壁：最近挖掘出了其中一间接待室的一些部分，还有一部分杂色行替石砌，支撑着曾经富丽堂皇、向西俯瞰开罗的大厅——Garcin *et al.* 1982: 44。

16　Amitai-Preiss 1995: 232—233.

17　Irwin 1986: 65—66; Northrup 1998: 107.

18　Northrup 1998: 112, 121.

19　Ziada in Setton 1969b: 754.

20　Glubb 1973: 193.

21　他强烈反对苏菲主义，反对将耶路撒冷或大马士革等其他"圣地"作为朝圣中心进行宣传。他的影响被 18 世纪阿拉伯半岛的瓦哈比派运动和 19 世纪利比亚的赛努西派运动延续了下来。

22　Ziada in Setton 1969b: 758.

23　一座是默基特礼（正统派），一座是雅各布礼（基督一性论派），可能还有另外一座——Pouzet 1991: 307。

24　Behrens-Abouseif 1995: 268.

25　Sauvaget 1932a: 13; Ziadeh 1953: 88; Rafeq 1988: 272.

26　萨鲁贾区得名于 14 世纪的埃米尔萨里姆丁·萨鲁贾·穆扎法里（卒于 1373 年），他在该地区建造了一个小型市场（suwayqa）。关于该区的研究，见 'Abd al-Razzaq Moaz in Philipp and Schaebler 1998: 165—183。

27　Howard 2003: 143.

28　查希尔·加齐统治下的阿勒颇在 1207 年签署了第一份这样的协议，允许威尼斯人设立一个商馆、一座浴场和一座教堂——Ziadeh 1953: 139。阿什拉夫·哈利勒缔结了开罗和威尼斯之间的第一份条约——Haarmann *EI2* 'Khalil'。长期以来，阿勒颇因对外国人比较欢迎而享有盛誉。威尼斯直到 15 世纪才有了一位驻大马士革的领事。方济各会的记录显示，1399 年有一位加泰罗尼亚领事，负责满足加泰罗尼亚人社区和朝圣者的需求——*Bibliotheca Bio-Biografica della Terra Santa e dell'Oriente Franciscano* - vol. V 1906: 266. Ziadeh 1964: 63。

29　Milton 2001: 95—96; Wright 1948: 190.

30　Da Poggibonsi 1945: 77.

31　Wright 1848: 294.

32　Wright 1848: 301.

33　Ibn Batuta *Travels* 1325—1354 (Defrémery and Sanguinetti trans.) 1893 I: 186—254.

34　Ziadeh 1953: 97.

35　Quoted in Ziadeh 1964: 43.

36　Ziadeh 1964: 45——来源未给出。

37　Ibn Junayr (Broadhurst trans.) 1952: 271.

38　对这个时代的几座浴场进行了真正的大修，尽管有时简直是在一本正经地胡搞，见 Boggs 2010。

39　对于此时主要是从东向西的知识传递来说，欧洲的翻译运动更为重要，它从穆斯林统治下的西班牙搜集了许多文本。

40　Ates 'al-'Arabi' in *EI2*; Asin 1926: 45—54, 263—266; Watt 1972: 79.

41 没有证据表明贝里图斯在罗马或拜占庭时期是叙利亚的主要出口口岸——见 Arnaud 2001—2002: 189。

42 Ziadeh 1964: 39

43 Walker 1999: 213; Behrens-Abouseif 1995: 269.

44 Meinecke 1985a: 165. Meinecke 1992（两卷本）提供了一份权威的调查报告。

45 例如，信使门门廊的南墙；巴拉达镶板的一些部分。

46 Ziadeh 1964: 40.

47 Ziadeh 1964: 58.

48 这座陵墓兼麦德莱赛是建筑师易卜拉欣·伊本·加纳伊姆的晚期作品，他早已因受到拜伯尔斯青睐而远近闻名。拜伯尔斯之子受委托完成了父亲在查希里耶麦德莱赛的墓室。引用自 Herzfeld 1946 III: 61。另见 Meinecke 1992 I: 39。然而，Degeorge 1997: 343 认为，灰泥装饰是在合赞洗劫城市（1300 年）之后的 14 世纪加上去的。

49 因此这一地区的一部分在现代的名字也是 al-Qubaybat（"圆顶"之意）。见 Sauvaget 1932a: 19 – 地图。

50 Marino 1997: 73—74.

51 Irwin 1986: 121.

52 引用自 Irwin 1986: 107。另见 Ashtor 1958: 193。近期对坦基兹营建计划的出色研究，可参见 Kenney 2004。

53 Ecochard 1935; Rafeq 1966: 181—182; Sack 1983: 120.

54 Sauvaire 1993: 434.

55 De Thévenot 1687 II: 18.

56 Glubb 1973: 224.

57 Burgoyne 1987: 273—298 对这个建筑群进行了全面的考察。

58 Meinecke 1992 I: 111.

59 Irwin 1986: 125.

60 Ibn Batuta (trans. Defrémery and Sanguinetti) 1893: 229（笔者自法语译出）。

61 Ibn 'Ali Hajalah——Dols 1977: 96 中的翻译。

62 Meinecke 所认为的归属——1978: 580。早些时候，Sauvaget (1932b: no. 55) 和 Gaube (1978: 70, 175) 认为这座建筑由后来的一位总督伊希格塔

穆尔·阿什拉菲所建，此人于1390年在耻辱中死去，不是在耶路撒冷就是在阿勒颇。

63 Ayalon 1956: 3.

64 意大利旅行者贝尔特兰多·德米尼亚内利对围城及其后果进行了精彩的描述。虽然他并非这一切的直接目击者，但他加入了法拉杰的军队，并随军返回开罗。不过他后来又回到了大马士革，并根据见证者的描述编撰了帖木儿之劫的始末。英文全译本见 Fischel 1956。

65 Fischel 1967: 44—58.

66 Jeremiah 49.27; Fischer 1959: 226.

67 Quoted in Le Strange 1890: 273.

68 Fischel 的翻译，1956: 230。

69 Fischel 1952: 39; Talbi 1973: 14. 近期对这次破坏的重新评价，见 Vigouroux 2012: 123—159。

70 清真寺的墙砖消失在了1893年的大火中，但现藏于伦敦维多利亚和阿尔伯特博物馆的一些实例，可能是1893年后受损的装饰物被大量丢弃时，几经辗转来到了博物馆。Degeorge 1997: 346.

71 圆雕饰周围黑白交错的装饰并未完成——Degeorge 1994a: 348; Meinecke 1992 II: 348。

72 16世纪70年代，建筑内部进行了实质性的重建，采用了两个带有圆顶的房间互相连接的形式，但马穆鲁克王朝风格的装饰也在基卜拉墙上得到了再现。至于 Jabawiye，见 *EI*2 的 'Sa'diyya' 词条。

73 Bakhit 1982: 181—183; Isabel Burton 1884: 55—56; Peters 1994: 165.

74 Mack 2002: 162; Raby 1982: 63. 这幅画 (inv. No. 100, Louis XIV collection) 的标签是"接见威尼斯驻大马士革使节团"(*Audience d'une ambassade vénetienne à Damas*)。

75 Sauvaget 1945—1946: 9; Wulzinger and Watzinger 1924: 86 (G.5 1).

76 虽然作家们对威尼斯使节竟然不在城堡里谒见总督感到困惑，但由于大马士革经常任命两位总督，一位负责城堡，一位负责城市，所以可能是有点混乱。

77 贝利尼的画在很多资料来源中都被讨论过——最初是 Sauvaget 1945—

1946: 6—12；较近的是 Raby 1982: 35—65; Brown 1988: 196—207; Mack 2002: 161—163。Raby 和 Mack 都认可索瓦热的假定，即这一场景是从视野良好的威尼斯货栈方位描绘的，因为画中所包含的圆顶，从特征来看，应该是一座浴场，人们认为它就是香料集市的努尔丁浴场。然而，这个圆顶盖得相当敷衍，可能只是某座家庭浴场的一部分。货栈太靠东了，不可能提供这样的视角。

78　Meinecke 1992 I: 194.

79　Petrie 1898: 221.

80　Imber 2002: 47.

81　Glubb 1973: 424—425.

第十四章

奥斯曼帝国最初的数百年

（1516—1840）

甚至在马穆鲁克帝国在达比克草原遭遇这次惨败之前，它就已经失去了经济可行性的基础。葡萄牙人在 1498 年发现了经好望角到印度的海路，把马穆鲁克帝国从中获益的东西向贸易转移走了。1508 年，马穆鲁克王朝的舰队试图在孟买近海与葡萄牙人交战，但马穆鲁克王朝的失利只是加速了其商业霸权的终结。自 1491 年在奇里乞亚首次与马穆鲁克王朝交战以来，奥斯曼军队的入侵便已势不可挡。达比克草原之战只不过确认了事实。阿勒颇的马穆鲁克王朝总督变节，倒数第二任苏丹坎苏·古里战死，消除了继续打下去的所有借口。特别是土耳其人的火力和作战技术更胜一筹，事后回想起来，这样的结果是必然的。胜利的奥斯曼统治者赛利姆一世迅速突入叙利亚和埃及，巩固了他的征服。

奥斯曼人为什么想要叙利亚呢？最直接的原因可能是不想让它落入别人，也就是萨法维王朝的波斯人之手，他们会觉得马穆鲁克王朝的腐朽国度是诱人的下一个目标。奥斯曼人还有一个愿望，就是继承过去那些哈里发国家的中心地带。如果没有叙利亚，事实上是没有大马士革，那么麦加之旅就是一年一度的撞大运。此外，夺取埃及的时机已经成熟，而叙利亚-巴勒斯坦位于通往这一目标的道路上。无论奥斯曼人的梦想是什么，叙利亚都是关键。

大马士革的情况很乱。马穆鲁克王朝的埃米尔们将霍姆斯的前马穆鲁克王朝总督詹比尔迪·加扎利选为新的大马士革总督，但这座城市派别林立，城堡的马穆鲁克王朝总督坚持为旧政权效力。长老们出面干预，将城市献给了赛利姆苏丹，后者于1516年10月3日进入大马士革。这位新的统治者对接管一事非常放松，甚至在城北的一家浴场停留了一阵子，刮了胡子，洗了澡。这家浴场最初建于1295年，名为哈马维浴场，后于15世纪重建，并以"苏丹浴场"的字号经营，可谓名副其实。可这并没有拯救它于现代被改用作家具厂的耻辱，现在它的内部装饰已被除去，并且沾满了锯末。

在城市里，不仅抵抗活动基本不存在，而且事实证明，在许多情况下，旧的行政官员很乐意为新的君主效劳。奥斯曼人只是阿拉伯人的土地上一长串非阿拉伯人（多半是突厥人）主人中的另一群。他们的军事和行政管理阶层也依靠马穆鲁克，包括建筑在内的许多旧传统延续了下来。此时，他们的首都是六十年前才从拜占庭人手中夺来的旧都伊斯坦布尔，而不是开罗，这似乎无关紧要。掌握着控制权的军队开始袭击城市里的人民，把他们赶出自己的房子，掠夺他们的财产，这在当时也没有什么稀奇的。当赛利姆向南推进到巴勒斯坦、攻占耶路撒冷和加沙时，他让加扎利负责大马士革的事务，因为他明白，后者的权力会使叙利亚南部剩余的马穆鲁克加入奥斯曼帝国的事业。

赛利姆在1517年至1518年的冬天回到了大马士革。他打算在这座城市留下自己的烙印，这一点已经很明显了。他下令在苏菲派神秘主义者毛希丁·伊本·阿拉比的坟墓旁建造一座清真寺，我们之前讲萨利希耶的历史时提到过此人的墓。毛希丁清真寺短短五个月就建好了，这样苏丹便能够出席落成仪式。它的柱子取自城堡东南马穆鲁克王朝的宫殿，极具装饰性。清真寺临街的立面顶上有一座八边形宣礼塔，它没有任何受到奥斯曼风格影响的迹象，完全符合马穆鲁克王朝后期的传统：这或许并不意外，因为它的建筑师谢哈布丁·艾哈迈德·伊本·阿塔尔曾在1508年至1513年监督了为苏丹坎苏·古里重新加固城堡北侧塔楼的大型工程。[1] 为了鼓励朝圣者和苏菲派信徒，赛利姆还在新清真寺对面捐赠了一座公共厨房和一座毗邻的苏菲派修道院。

赛利姆返回后，加扎利被苏丹钦点为大马士革总督。表面上看，加扎利试图兼顾奥斯曼人的利益和大马士革市民的利益。然而在暗地里，他积极与他的新主人对着干。1519年赛利姆苏丹去世后，他试图从奥斯曼人手中夺取权力，并将自己的统治范围扩展到哈马和阿勒颇。他寻求大马士革人民的支持未果，便自封为哈里发。宗教领导阶层和商界抵制了他在倭马亚清真寺的就任典礼。1521年1月，一支从伊斯坦布尔派出的奥斯曼军队镇压了他的叛乱。1521年2月，他剩下的3 000名支持者在巴泽以东的一场战役中被彻底击败。为了宣布这一消息，1 000只耳朵连同加扎利的首级被送到了伊斯坦布尔。大马士革市民自己也未能幸免，城市及其近郊的大片土地遭到了破坏。

军事统治

由于加扎利的叛乱，对于马穆鲁克制度在大马士革的出现，奥斯曼人的镇压会比在开罗更残酷。奥斯曼帝国中央政府向大马士革派出了1 000人的土耳其耶尼切里军团，以维护至高权力。他们是由非阿拉伯人组成的奥斯曼军队，最好是有土耳其或中亚血统。叙利亚是围绕着一个本质上是军人的结构组织起来的，起初得到了中央政府的高度重视，以反映新统治者的两大要务：安全，特别是要防范游牧民族的入侵，以及相关的朝觐问题。叙利亚最初是以大马士革为中心实行集中统治的，但在1527年被分割成了独立的省份，或者叫维拉耶（包括大马士革、霍姆斯-哈马、阿勒颇、阿达纳和后来的的黎波里），以防加扎利企图争取拉阿勒颇入伙、共谋大计那样的情况再度发生。大马士革的领土包括10个桑贾克（即行政区），向南延伸至耶路撒冷、巴勒斯坦沿海地区和卡拉克。为了确保（经巴勒斯坦前往开罗或麦加的）战略路线的安全，在主要的歇脚处建造了新的堡垒，例如戈兰高地的库奈特拉，每座堡垒都有帝国的驻军。然而，在两座堡垒之间，控制权被让渡给了得到承认的部落首领所领导的地方部队。

在经济方面，到了15世纪，欧洲和中东之间的形势已经发生了变化：与基督教欧洲的国家相比，中东国家变得不发达了。欧洲受益于新企业家阶层的崛起和新技术的发展，而中东的情况则是，中产阶级逐渐屈从于外来军事统治者的反复无常。尽管东方的贸易损失了很多，但奥斯曼人也曾短暂地使中东的经济焕发生机，可结果却越来越受制于一种新型的苛政和压迫。

问题一部分在于奥斯曼帝国的税收制度。奥斯曼人记起账来一丝不苟，并且在从地方获取收入方面也变得越来越能干。在他们统治的前半个世纪里，岁入翻了一番。所有增加的收入都进了帝国的国库，而不是地方总督的腰包。[2] 这些收入大部分都必须为帝国军队提供资金，因为他们要打击越发频繁的、因部落事务而起的叛乱，其中一些叛乱反映了至今已有近八百年历史的卡伊斯人与也门人之争。然而，在后半个世纪中，人口减少了，收入基础也随之下降。其他问题则与地方豪强的出现有关，例如黎巴嫩的德鲁兹派埃米尔法赫尔丁。在野心的刺激下，他夺取了大马士革周围一直到叙利亚中部沙漠的大量领土。1605年，法赫尔丁挺进大马士革，洗劫了老城的许多地区。他惊心动魄的冒险生涯又持续了二十年，留下了30座散布在叙利亚各地的堡垒，直到苏丹派出一支远征军将他逮捕。他被带到伊斯坦布尔并遭到处决，这让大马士革市民备感欣慰。

理论上，奥斯曼帝国的制度基于"公平循环"论。强大的王权带来了有效的行政管理，但需要一支由稳定的税收来提供资金的庞大军队，而提供稳定的税收，就是人们获得财富的一个作用。一切都是相互依存的；统治者、精英（宗教和官僚）、商人和农民，国家的这四个主要集团都有各自的角色和位置。

在实践中，找到正确的制度将这一原理付诸实施，是一项令人难以捉摸的任务。行政管理的连续性让人信不过，生怕总督们借此建立起地方的权力基础。1516年至1757年间，大马士革共任命了148位总督，每位总督的平均任期不到两年，仅在17世纪就有75位。总督很少由本地人担任。大多数人只有在宫廷里有影响力，才能保住这份工作。大马士革总督是一个声望很高的职位（在30个省中，它只排在安纳托利亚、鲁米利亚和埃及之后），但极少能成为通往伊斯坦布尔更高职位的垫脚石。中央尽可能多地保留了权力，维齐尔负责让主要的地方权力中心（耶尼切里军团、名流和部落）保持距离。

朝觐

突厥人的王朝在叙利亚重新掌权，需要一些新的举措来确认对以阿拉伯人为主的叙利亚居民的统治权。奥斯曼人将他们的合法性建立在对逊尼派世界秩序和伊斯兰教法的维护上。他们经常试图强调，在东方以伊朗萨法维王朝为代表的什叶派压力下，还可以有逊尼派的选择。强调苏菲主义等流行的灵性形式（例如毛希丁清真寺），也是其中的一部分，但关键是将朝觐作为至高无上的虔诚行为进行宣传。能够安全前往汉志，成了对奥斯曼人合法性一年一度的肯定，尽管对其他神圣中心的宣传（例如苏莱曼大帝的耶路撒冷城墙重建项目）也没有怠慢。奥斯曼人获得了叙利亚，又承担起了守护圣所的任务，这就意味着一年一度的朝觐之路现在向更多来自小亚细亚的朝圣者开放了。奥斯曼人围绕着两大旅行队组织朝觐，一队在开罗集结，另一队在大马士革集结。队伍很快壮大起来，充实这些队伍的朝圣者来自欧洲或中亚最近被奥斯曼帝国收入囊中的其他国土。经过叙利亚和阿拉伯沙漠，对新政府来说是一个重大的挑战。与沙漠部落的关系问题不再是偶尔烦心，而是要一直操心。到了16世纪中期，这些部落已经对自身讨价还价的能力了然于胸。

虽然前往麦加的朝圣者可以相对舒适、安全地穿越小亚细亚，但从大马士革开始，他们的生存就取决于奥斯曼帝国的制度所能保证的条件了。早在经过北部的霍姆斯时，他们就开始在常年藏匿着山贼的东黎巴嫩山脉和东方荒凉的沙漠之间涉险通行。奥斯曼人任命了一位朝觐指挥官，并收买了沙漠中的贝都因酋长，以确保城镇和朝圣之旅的安全。在旅行队停留处沿线，每次都会部署一支常驻部队，一次就是一年。现有或新增的驿站网络已成体系，沿着从奇里乞亚边缘的贝伦山口到约旦南部这条路线，每走上一天的路，都能找到比较宽敞的庭院式建筑（实际上是配有蓄水池和储备食物的小型堡垒）。很多驿站至今仍然存在，标明了路线的位置。随着与游牧民族的合作变得更有保证，这条路线也向沙漠进一步延伸。这样一次旅行，单程至少40天，需要一定数量的骆驼和物资，每年都要操办，对行政管理提出了很大的挑战。为这些中间站提供补给，本身就是一项巨大的工程，从动物饲料到马掌钉都需要存货。这项工程的成本堪称天文数字。虽然大部分成本由参与者个人承担，他们必须为去程支付固定的费用，为更危险的回程支付更高的费用，但国家的责任也很重，包括护送的全部开销。

欧洲人在大马士革仍然是稀客。来到这里的旅行者（例如1547年的皮埃尔·贝隆·迪芒）在著述中对朝觐的出发不吝笔墨，这部分与逛遍与圣保罗有关遗迹的惯常行程正好形成了互补。下个世纪，英格兰旅行者亨利·蒙德雷尔在1697年复活节从阿勒颇到耶路撒冷的著名旅行中，在大马士革度过了很短的一段时间。他对这队人马进行了生动的描述，深情、细致，突出了此情此景的色调和盛况。

> 这些马匹之后过来的是迈哈米勒。这是一个黑丝绸大帐篷，固定在一头巨大的骆驼背上，帘子绕着骆驼，一直垂到地上。帐篷的顶部用一个金球装饰，周围还有金色的流苏。驮着它的骆驼也少不了挂在头上、脖子上和腿上的大串珠子、贝壳、狐狸尾巴等装饰品，以及其他类似的奇异装饰。这一切都是为了《古兰经》的威仪而设计的，它被恭恭敬敬地放在帐篷下面，往返于麦加，很是气派。[3]

大概有2万至3万名（有些年份可能是6万名）朝圣者聚集在大马士革[4]，使城市的人口增加了30%以上。队伍出发时的盛况，在当时前无古人，几乎也后无来者。迈哈米勒，也就是运送礼物的轿子，包括用来覆盖先知墓的罩子。与之同行的，是从大马士革城堡带出、置于队伍最前面的先知之旗。领导人物从安拉之门，也就是当今的木卡姆清真寺出发，这也是其他朝圣者出发的信号。不过所有成员在德拉以北12公里处的穆宰里卜集合完毕，通常要花上好几天的时间。护卫队和骆驼（从远在叙利亚沙漠的苏克奈租来）在那里集结，大马士革的商人们最后一次尝试将货物卸给朝觐的参与者，他们中会有许多人撑不过这段艰苦的旅程。

非要说的话，旅行队的返程反倒更令人欢欣鼓舞。过了一些日子，朝圣者们最先与围绕着迈哈米勒的官方代表团一起零零落落地进了城。一行人安全返回，受到市民的迎接，其中甚至包括城市的基督教领导阶层。朝觐不仅仅是一个宗教现象。在奥斯曼王朝的赞助下，它成了"一年一度展示世俗权威的机会"[5]，也是一项重要的商业活动。朝圣者（其中许多人兼做商人）与来自整个伊斯兰世界的其他人进行商品交易后，又返回这里。他们不仅带回了传统的香料、宝石和最新潮的商品——咖啡，还带回了多种多样的布料，包括来自印度的精美织物。

朝觐开始围绕这一非同寻常的事件塑造奥斯曼帝国在这座城市的存在感，也就不足为奇了。大部分朝圣基础设施设置在临时庇护所中，参与朝圣的大量人群通常在米丹街以东的开阔地砾石场露营。由于这条路线在宗教和商业上的重要性，市场、面包店、客栈和宗教机构纷纷被吸引过来，数量也在不断增加。此外，成千上万的大马士革人不仅作为安全护卫队与朝圣者同行，还相当于一个"运送者行会"。朝圣者群体会雇用这些团队，以满足他们对运输、食物和后勤的需求。

米　丹

大马士革南部的米丹地区现在成了城市生活空间连续延伸

的范围。为大马士革提供基本食物，成了一项长久的挑战。尽管朝觐队伍想要到达农业区并不难，但朝觐的需求和一些产粮区难以捉摸的降雨量可能会导致粮食短缺，而囤积居奇的行为又加剧了这种短缺，有的还是奥斯曼统治者策划的。延伸出来的米丹地区成了一个主要的储粮区，时至今日，在米丹街上还能看到为接收豪兰地区的粮食并供应旅行队而建立的大型储藏室。

在奥斯曼帝国的前三个世纪里，大马士革郊区的扩张加速进行，焕发出新的活力。1516 年，城墙外地区的总面积为 64 公顷，到了 19 世纪中期，则增至 184 公顷。[6] 城墙以南的萨吉尔区扩展到了公墓留出的空地。米丹扩张开来，不再是区区一条散乱延伸的大道，同时，北边和西边的郊区（萨鲁贾、乌盖拜）也开始填充通往萨利希耶的道路两侧的空地。米丹的扩张吞噬了沿途的马穆鲁克王朝竞技场和"小圆顶"的圆顶墓。这些扩建工程的某些部分似乎是基于正交的原则，例如主街以西的上米丹区的一块区域，那里的地块排列（可以推定为 18 世纪中期）遵守了一套规则的方案，可能是在私人开发或捐赠的主导下完成的。

城墙外的这些扩建工程，此时的规模比老城区本身还要大得多。对于让城市形态更具连贯性这件事，它们并没有起到什么作用，只是稍微整理了一下城市自中世纪以来所拥有的 6 公里长的轮廓。只有城市的东边没有吸引到新的郊区，或许是因为河流的一条支流使那块低洼地过于潮湿，也因为它成了玻璃和陶器制造等"重"工业的所在地。其他的扰民活动，例如染色和制革作业，都位于巴拉达河的东北段，在城市主要人口的下游地区。

人口的稳定

奥斯曼帝国的统治，最初使大马士革从战争和持续动荡中暂时得以解脱。虽然繁荣未必随之而来，但人口在下降多年之后稳定了下来。16世纪伊始，它的人口为52 000人，相比于二百年前那场大瘟疫之前可能达到的8万人的水平，还是差了很多。在这个世纪中，人口的增长磕磕绊绊，甚至可能在这个世纪快要结束时再次减少了。越发不安全的处境和税收的侵吞造成了恶果。帕斯夸尔分析了人口普查记录，提出了57 000这个数字，视其为16世纪末大马士革人口的最大值。[7]

在奥斯曼人的统治下，有了关于人口的民族和宗教构成的具体数据。基督徒的数量在16世纪似乎有所增加，或许是因为来自农村的移民，大马士革的基督徒占到12%，犹太人占6%。随着基督徒开始在欧洲贸易方和当地商人之间发挥越来越突出的中介作用，他们的社区变得更加兴盛。与此同时，与西方基督教世界的联系也变得更加活跃。（例如，中东地区的第一台印刷机于1610年被引入黎巴嫩的卡扎耶修道院。）当阿勒颇更加直接地从新的联系中获益时，大马士革也在断断续续地加强与地中海世界的联系。一些西方的宗教修会开始进驻大马士革（嘉布遣会，以及从17世纪开始的耶稣会；方济各会已经得到了许可），教会也试图通过学校和其他的劝诱改宗形式，将东方教会的重要组成部分纳入天主教阵营。

　　犹太人社区从这些联系中获益，或许来得慢一些。犹太人被驱逐出西班牙（1492—1496），致使地中海沿岸许多地区的犹太人社区得到了复兴，包括1517年后的叙利亚。自中世纪以来，他们的传统角色包括金属加工以及银行业或货币兑换。他们在国际贸易中发挥的作用不及基督徒，但更常被雇用担任奥斯曼政府中的高级财务职位。1660年，法国旅行者达维厄在大马士革东北郊的朱巴尔访问了他们的社区，发现这个村庄的居民全都是犹太人。犹太会堂（可能在奥斯曼时代之前）建在一个与先知以利亚的传说有关的山洞上方，以利亚曾为躲避耶洗别的迫害而东躲西藏。[8]

　　城市的行政管理表面上模仿了马穆鲁克王朝的结构，但机制往往大不相同。每个维拉耶的行政长官是总督，或者叫瓦里。大马士革下面有十个或十一个桑贾克，包括西顿（直到1660年）、耶路撒冷和巴勒斯坦的大部分地区。[9]在前一百五十年的大部分时间里，瓦里一律由一个中央行政部门任命，他们的民族背景反映了帝国的各个角落，但精神本质上是土耳其人的。尽管大马士革仍然是一个伊斯兰教学术中心，由于奥斯曼帝国任命的宗教官员数量有限，大部分事务可能仍在当地的指导下进行，但偏离伊斯坦布尔穆夫提制定的指导方针太远，可能也并不明智。

　　16世纪的大马士革有一项值得注意的发展成果，那就是从也门引入了咖啡，它将塑造未来几个世纪的文化。最初，奥斯曼当局将其视为一种可疑的饮料，阻挠甚至禁止其流行，但它很快就广泛地传播开来。第一批咖啡馆在 16 世纪上半叶开始出现。不久之后，第一批查封令就出台了，部分原因是担心咖啡馆会成为不体面行为的中心。（当然，在这件事情上，酒馆早就是怀疑对象了。）然而，到了 17 世纪初，这股始于大马士革的潮流已经势不可挡。第一批有记载的咖啡馆开始运营，包括位于和平之门外面河岸上的那些，其规模之大令人惊讶，可以容纳数百名顾客。1697 年，蒙德雷尔对这种新奇设施的规模感到震惊，它有两个来宾接待区，分别适用于夏天和冬天，夏天的区域位于一座岛上，"岛的四周是一条大河，水流湍急，惊涛拍岸，岛上草木葱茏，绿树成荫"[10]。几十年前，另一位旅行者让·德泰弗诺也对这"沁人心脾，同时使原本宜人的环境变得更加令人心旷神怡的花香"印象深刻。[11] 早期的咖啡馆之一纳乌法拉咖啡馆，数百年后仍在营业，顾客们在朱庇特神庙东入口高耸的遗迹下，就着咖啡和水烟放松身心。[12]

重塑大马士革

总的来说，奥斯曼帝国中央当局并没有慷慨大方地赞助阿拉伯世界的建筑。与努尔丁或阿尤布王朝时期的建筑狂潮相比，建设的速度要慢得多。许多项目是在地方总督而不是中央政府的主导下进行的。在奥斯曼帝国征服后最初的四十年里，大马士革建筑项目的风格仍然保留着马穆鲁克王朝晚期的传统。小门公墓西缘的一座坟墓是一个小型的例子，现在被确认为艾哈迈德帕夏墓，他是伊斯坦布尔一位大维齐尔的兄弟。受奥斯曼帝国伊斯坦布尔中央圆顶风格影响的第一次尝试，是在萨马迪耶清真寺（1527）进行的小型实验。这是苏菲派卡迪里耶教团的私有项目，就在小门内。用大马士革技术建造奥斯曼式中央圆顶的尝试，是一种别扭的折中。斯特凡·韦伯指出："清真寺的内部空间看起来就像一座巨大的马穆鲁克王朝陵墓。"[13]

到了 16 世纪中期，建造的速度加快了，这反映了苏莱曼大帝（1520—1566 在位）统治时期一种更有抱负的口味。人们爱好大型的皇家项目，旨在表示大马士革在确立奥斯曼帝国宗教资质一事上的作用。大马士革的标志性建筑，是建在旧时的阿赫达尔草场东缘的德尔维希修道院（1554）。它毗邻米丹北面的空地，朝觐者沿米丹街前往卡达姆清真寺举行最后的仪式之

艾哈迈德帕夏墓的穆喀纳斯天篷
来源：M. Greenhalgh 的照片

前，长期以来一直都是最先在那里集合的。提基亚清真寺是奥斯曼时期第一个采用更明确的伊斯坦布尔"大都市"风格的主要项目，这种风格偏好将半圆顶、立方体形态和作为陪衬的纤细宣礼塔简单地组合在一起。提基亚清真寺本质上是一个皇家项目，旨在表明奥斯曼帝国在确保朝觐者安全通行一事上的作用。它也推动了苏菲派神秘主义者的事业。因此，提基亚清真寺，也即德尔维希修道院，是对土耳其人仁慈霸权的象征性肯定，反映了从巴尔干半岛到埃及的整个帝国此时基本上已经统一采用的奥斯曼风格。这一重大项目被委托给了帝国首席建筑师（mimar）希南·伊本·阿卜杜勒门南（1489—1588），他的工作室负责监督当地一名工头和工匠们的工作。后者可能发挥了主动性，并融合了叙利亚建筑艺术中的各种元素：广阔的庭院、对比鲜明的杂色行替石砌、拱廊的嵌花石膏装饰。

在为大马士革设计的宏伟新项目中，希南很谨慎地接受了当地的装饰传统，同时也尊重伊斯坦布尔的观念，即一座有方形庭院的清真寺、扁平的中央圆顶与层叠的支撑形态、学生房间的对称布局与略带鬼魅色彩的土耳其烟囱。* 他认可当地的习惯，利用叙利亚工匠用杂色行替石砌和镶嵌石（通常只是仿嵌花的裱糊工艺）来装饰这座建筑。稍晚些时候，另一位外来建筑师监督了位于东边的塞利米耶麦德莱赛（1566）。它与一个集市相连接，那里现在是手工艺品集市。这第二座麦德莱赛在当

---

* 此处作者将提基亚清真寺两座对称的宣礼塔比作土耳其卡帕多西亚地区的独特地貌精灵烟囱，即岩层在侵蚀作用下形成的高大锥体。——译注

地的参照物，是马穆鲁克王朝时期那种较高的、支撑在八边形圆屋顶座上的圆顶，并再次使用了大马士革的装饰形式：交错的细条和带有条纹的拱顶石。然而，这些项目的整体规模和宽敞的规则布局，反映的是伊斯坦布尔皇室的影响，也结束了较为即兴的马穆鲁克王朝习惯。

自毛希丁清真寺以来，萨利希耶的第一个大型皇家项目，是对面的公共厨房和修道院在一场火灾后的重建工作。与清真寺一样，该建筑群最初也是由赛利姆一世建造的。提基亚清真寺被委托建造后不久，萨利希耶建筑群的重建工作似乎也在1556年被派给了希南。[14] 1518年的建筑遗迹构成了新建筑物的前几层，因此立面以更朴素的风格矗立在那里，放弃了对比鲜明的石造物。公共厨房的内部由两个互相连接的、有圆顶的房

提基亚清真寺庭院

间构成。(值得注意的是,这座公共厨房最近经过了一番整修,并配备了最新的烹饪设备,仍在为最初的目的而运作。)然而,在后来的几个世纪里,国家赞助的项目并没有启动,因为伊斯坦布尔被帝国的诸多问题分散了注意力。由于部落起义和欧洲的紧迫挑战,一旦人们参加完一年一度的朝觐之后,叙利亚的关注优先级就会迅速下降。

鉴于大马士革的人口从16世纪末开始增加,到下个世纪末可能达到了65 000人[15],奥斯曼人继续将其他的新机构设立在古城墙外的区域,也就不足为奇了。奥斯曼帝国的总督府就位于胜利之门(那座曾经屹立在哈米迪耶集市西端的城门)外面,而耶尼切里军团则在毗邻城堡的阿马拉区和萨鲁贾区找到了住处。从城堡西南角直接往南走的那条路,现在成了某种皇家禁区。正如罗马人和倭马亚王朝的机构聚集在神庙-清真寺的南墙周围一样,奥斯曼人也沿着接入米丹街的锡南尼耶集市开发了他们的新轴线,从而加强了城市和朝圣区之间不中断的联系。到了16世纪中期,这一过程已经开始多时了,还有了那座由波斯尼亚总督拉拉·穆斯塔法帕夏(1563—1567在位)建造的清真寺。此人是一位"杰出的将军和行政官员——一个有想法的实干家,广行善事"[16]。只可惜这个善举的产物在20世纪初的一次街道拓宽工程中被拆除了。[17]在锡南尼耶集市的一段,顶部是高高隆起的结构,在17世纪中期给法国游客德泰弗诺留下了深刻印象。然而,它那些"巨大的石拱门"已于20世纪初被我们如今所看到的、乏味的波状铁皮拱篷所取代。[18]穆拉德帕夏建造的清真寺位于这一地区的南界附近,他的总督任期（1568—1569在位）只够他启动该项目。这座清真寺兼陵墓延续了马穆鲁克王朝的许多装饰元素，不过其圆顶礼拜大厅和拱廊庭院的复杂设计方案也反映了伊斯坦布尔的影响，这套方案是为了配合别扭的场地而采取的。这座清真寺的设立，也再次激励了那些献身于德尔维希的纳克什班迪教团的苏菲派社团。

在这些保存下来的奥斯曼时期项目中，最有影响力的或许要数位于直街西端以北125米处的达尔维什帕夏（1571—1573在位）清真寺。这个建于1571年至1574年间的建筑群展现了马穆鲁克王朝的风格，它的立面带有条纹，大门顶上是一座宣礼塔，这些要素仍然强烈地体现了该风格。礼拜大厅相当扁平的圆顶和宣礼塔的铅笔形状（尽管相当粗短），亦是对新趋势的认可。建立者的坟墓大约在1579年完成，与清真寺分开，但通过一条巷道相连。另一位总督锡南帕夏（1588—1589在位，阿尔巴尼亚人，前帝国军队指挥官）的清真寺，同样展示了多种风格的混合。它位于直街的西口，直到1591年才完成。它的立面强硬地使用了条纹装饰，但铅笔式的绿珐琅宣礼塔使其稍微柔和了一些，宣礼塔顶部有一个土耳其风格的灭烛器形结构和一个凸起的圆顶。它那秀丽的庭院至今仍在用当地建筑语汇中的拱廊和螺旋凹槽柱子为游客遮风挡雨。礼拜室是土耳其风格的。

奥斯曼帝国的其他早期项目引入了大量的商用建筑，这些建筑将在接下来的三百年里成为奥斯曼帝国存在的标志。这些驿站，或者叫商队驿站，是一些石砌建筑群，是为储存和销售货物而规划的区域。这个想法可能最初来自安纳托利亚，尽管

锡南帕夏清真寺立面

我们已经看到，在阿尤布-马穆鲁克王朝时期的大马士革也存在这样的例子。这些商用建筑反映了城市向西南发展的新方向，倾向于聚集在 8 公顷的空间内，仍然在很大程度上反映着位于倭马亚清真寺以南和以西的罗马"新城"的网格。将会有17座集市和27座驿站坐落在这个区域，它们往往取代了私宅，而这里到目前为止也是城市中最大的建筑密集区。[19]大马士革的零售业共有44个商业综合体，然而，比起开罗的145个，其规模便相形见绌了，比起阿勒颇的77个，也差了不少。[20]阿勒颇的驿站总数也超过了大马士革（阿勒颇约有100座，大马士革则是57座），这在很大程度上也是批发贸易水平的指标。高级住宅区被挤到了清真寺以东和以北的区域，抑或城墙以西和西北的区域。

现存最早的奥斯曼时期驿站，是位于努尔丁墓往南一点的裁缝集市东侧的朱希耶驿站（1555—1556），它的双圆顶不幸倒塌了。在1524年的大火摧毁了许多建筑之后，这个地区重获新生。稍晚些时候，达尔维什帕夏委托建造了至今仍屹立在倭马亚清真寺西南75米处的"丝绸驿站"（1573）。它的立面采用了马穆鲁克王朝时期的装饰条纹和圆雕饰。正如斯特凡·韦伯所言："奥斯曼风格的建筑结构被阐释，然后用当地的装饰形式加以覆盖，而这些装饰也在奥斯曼原则的影响下发生了变化。"[21]

此时，当地奥斯曼风格的建筑语汇已经固定下来，一直到18世纪。同年，达尔维什开始了他在大马士革的最后一个项目吉沙尼浴场（就在丝绸驿站北面），它的更衣室在1906年被改造成了一座集市，至今仍作此用。往南200米、位于直街的橄榄油驿站（1601—1602）更为古色古香，有开放式庭院，一楼是商店，20个圆顶和美丽的拱廊保存完好。

大马士革已经开始在一些驿站的庭院里加盖拱顶了，这种做法最初仅限于用来存放贵重商品的全封闭空间（bedestan）。第一个这样的空间是锡巴希耶集市（1554—1556），尽管后来在当今哈米迪耶集市西端附近的阿尔瓦姆集市进行了大规模的重建，但它的拱顶还是保存了下来。马穆鲁克王朝的行政官邸和法院被毁，遗迹部分被用于毛希丁清真寺的建造，把这块场地腾了出来。在现存的此类空间中，要数穆拉德帕夏驿站最为壮观。它建于 1608 年，有 66 家商店和 40 间仓库，占地呈 L 形，有六个圆顶覆盖。它在 19 世纪被改造成了"海关驿站"（它在现代的名称便由此而来），就在丝绸驿站往北一点、两圣地集市西侧。[22]

17 世纪并不是一个新建筑层出不穷的时期。新建的清真寺很少，有一个难得的例外留存了下来，那就是卡里清真寺（约 1650 年）。它的宣礼塔，以及由穆喀纳斯烘托的回廊，至今仍装点着倭马亚清真寺东边的一个街角（宣礼塔于 1697 年至 1698 年重建）。这座清真寺的建造得益于萨法尔贾拉尼家族的捐赠，他们是当时大马士革最富有的商人家族，在城市的这部分拥有重要利益，并且是苏菲派哈勒瓦提教团的信徒。[23] 一个世纪后，这个家族又在东边 50 米处建造了至今仍被冠以其名的第二座清真寺。角落里的宣礼塔是以一种更为朴素的风格建造的。

市政服务

城市景观仍然如同纵横交错的迷宫一般，保存下来的大道大体上沿着罗马网格分布，小巷和死胡同穿插其中。住宅区聚集在一组街道周围，夜间可以被大门锁住，这种情况仍是常态。[24] 在商业区，街景部分受到公共空间使用条例的约束，部分由行会自我管理，每个行会负责监督一个专门从事特定职业或行当的商圈。这种制度不需要奥斯曼帝国当局的强力干预，但如果将其描述为几乎没有人管的烂摊子，倒也并不准确。

想要从政府服务、法律机构和城市食品供应的角度了解大马士革的组织运作，奥斯曼时代为我们提供了真正的初探机会。[25] 城市提供街道清扫和照明，罗马的水网系统多多少少也算是比较完整地保留了下来。奥斯曼人只需沿袭城市中现有的用水分配和收费制度，对于通过灌溉流量调节器供给附近农业地区的水，也采用同样的制度。当局时常下达粉刷房屋的指令，从17世纪开始，城市的街道也开始铺设。城墙外的道路也得到了升级。苏丹路（米丹街）于1635年铺设，通往萨利希耶的道路于1675年铺设。

大马士革和周围农村的生活水平差距很大，不过这种差距经常会通过通婚、送孩子到城里上学和商业往来而得到弥补。大马士革的腹地缺少作为古典时代晚期景观标志的城市中心。巴勒贝克或苏韦达等边远城镇已经衰落，成了纯粹的村庄。在内陆的卫星城市中心中，只有库奈特拉在旅行者的记述中被形容为"城市"[26]。贝鲁特在1630年后就已经衰落了，西顿是该地区的第二大城市。大马士革本身虽然还在与几个世纪以来的疫病和混乱做斗争，却是该地区的名胜和市场之所在。食物供应的来源多种多样，包括遥远的胡拉山谷（大米）、豪兰地区

（谷物）、哈马以北的平原（羊肉和乳制品）和贝卡谷地（葡萄、用来烧的橄榄木），以及古塔绿洲（水果和蔬菜）。大多数生鲜都在城墙外售卖，城墙内的驿站要留给利润更为丰厚的国际贸易、贵重物品和制成品。供雪仍然是一门很赚钱的生意，雪在冬季和夏季从东黎巴嫩山脉的高处通过马宁村运来，该村也在激烈地保卫着这项垄断权。

1660年，法国贵族骑士洛朗·达维厄从位于西顿法国商人侨居地的大本营出发，访问了大马士革。他对这座内陆城市的描述非常热情，与他对叙利亚其他城市的诸多印象形成了鲜明对比。他穿土耳其服装，说阿拉伯语，能够利用他的门路进入城市的大多数主要建筑。他的参观对象包括城堡，他描述了城堡内部的房间，包括一个"大会议室"。他不得不满足于从附近的一座建筑眺望倭马亚清真寺，并对它的规模、用光亮的大理石铺成的庭院，以及"用金色和天蓝色装饰的、贴有马赛克的墙"感到惊叹。（"真可惜，我无法进入，无法在闲暇时欣赏并描述它的美。"）他对这座城市建造得很结实的驿站、种类繁多的商品和为行人提供的人行道印象很好。他发现住宅的标准很高；维护得很好，粉刷也很讲究，每个院子里都有喷泉。[27] 他对叙利亚很熟悉，这无疑是他给予大马士革人正面描述的原因。在这些人中间，他显然有一种宾至如归之感。

> 人们一般都很漂亮，皮肤白皙，为人慷慨……城里有一种崇高，甚至是自由的感觉，这是其他地方所没有的。无论什么种族或宗教，他们都以衣着光鲜、住房舒适、家

具精美为傲,并且对自由十分看重。他们都要服从伟大的帕夏,但他们并不卑躬屈膝,如果受到了严厉或粗暴的对待,他们会告知帕夏。[28]

在达维厄的描述中,直街西端有一根高大的纪念柱,旁边有一个喷泉:它可能是四面门布局的一部分,只有一个底座留了下来,现在支撑着这座宣礼塔。这说明这座城市可能曾经保留了比现在更多的古老遗迹。民间流传着一些关于城市古迹的说法,对此持较为怀疑态度的迹象,首次出现在他对圣亚拿尼亚礼拜堂的描述中:"我不明白有什么必要让保罗在山洞里接受教诲。"[29]蒙德雷尔的描述(1697)对建筑水平没那么热情,对于泥和木结构的广泛使用,以及与大理石正门形成的反差,他的评价比较负面。"看到泥和大理石、肮脏与气派如此混杂在一起,真是令人颇为诧异。"[30]

新的角色(1708—1758)

到了17世纪末,奥斯曼强权走上了下坡路。《卡洛维茨条约》终结了奥斯曼人在中欧的野心,标志着帝国由盛转衰的转折点。帝国体制现在专注于自身角色的基本要素,其中朝觐仍然是保护苏丹合法性的一个重要因素。不能任由大马士革陷入衰败和无政府状态。朝圣的组织工作开始主导该省份活动的方方面面。不仅大马士革本身的资源被用于朝圣队伍的集结和供给,根据1708年的一项法令,朝觐的指挥权也被从当地名流手中夺走了。他们曾经利用包税人，在大马士革周围地区征收必要的税金。现在大马士革总督被任命为朝觐指挥官，并被允许通过直接向的黎波里、西顿和耶路撒冷桑贾克征税来筹集资金。他每年都会巡访这些地区，征收必要的资金，并与贝都因人商定更持久的财务协议。纳苏赫帕夏是一位受人尊敬、业务高效的帝国官员，出了名的"严厉大胆"，是最先兼任大马士革总督和朝觐指挥官的。[31]这项实验大获成功，随着朝觐的风评强化了苏丹的宗教光环，纳苏赫的权力也在增长。作为出资的回报，这些做出贡献的省份也获得了一些好处，即无须为帝国的战争出兵。苏丹的幕僚（高门）对此事的运作进行严密的监控，他们总是怀疑能否如此彻底地成功。到了1713年，他们一直在收到关于总督肆无忌惮搞独裁的举报。他的继任者被选出，并被秘密派去处决纳苏赫，带着15 000人的部队。纳苏赫设法逃到了巴勒斯坦的雅法，在那里很晦气地撞上了一根树枝，摔下了马。他被不依不饶的继任者的部队砍死了。

奥斯曼帝国阿拉伯省份沿海和内陆城市的命运经历了大起大落。在19世纪以前，没有一个港口（或为其运来货物的内陆城市）占据优势，贸易流也随着政治命运的变化而变化。1498年，葡萄牙开辟了通往印度的海路，挫伤了奥斯曼帝国。此后，到了17世纪，阿勒颇在东方贸易中占据了优势，某种程度上是因为现在购买的货物（欧洲手工业和工业的原材料，而不是之前几个世纪里的成品）有利于更接近丝绸和棉花来源地的阿勒颇。

然而，即使是阿勒颇的贸易，最终还是会衰退，因为人们更青睐经安纳托利亚通往繁荣的士麦那（伊兹密尔）港的路线。17世纪开发亚历山大勒塔港之前，阿勒颇和大马士革一样，都缺乏一个能够为匹配急速增长的贸易流而扩张的天然港口，但它曾一度受益于城市对欧洲商行更加开放的态度，到了16世纪，已有英格兰、威尼斯、热那亚和法兰西的商馆在此经营。阿勒颇还可以作为北部安纳托利亚广阔乡村的产品转口港，这使它相比于大马士革又多了一项优势。威尼斯驻大马士革领事馆于1545年关闭，一个世纪后，波科克发现，从事贸易的威尼斯侨民基本上都放弃了大马士革，转投阿勒颇，原因被神秘地归结于"与土耳其妇女勾勾搭搭"[32]。18世纪，法国商人被阿泽姆家族的总督们所要求的苛捐杂税逼出了大马士革，逃往阿卡。然而这并没有降低大马士革的出口水平，而且到了18世纪，阿勒颇在叙利亚北部贸易中的主导作用已经被自身的内部难题削弱了，让大马士革坐收渔利。大马士革获得了从印度经由巴格达的大部分贸易，即便是与巴尔米拉附近阿纳扎部落的纠纷，也没有阻止贸易的流动。[33]通往地中海港口的运输继续走那几条路线，直到19世纪，贝鲁特脱颖而出，在沿海贸易中完全占据了优势地位，出海口的最优选择才就此确定。

到了18世纪初，大马士革开始走出经济社会死气沉沉的状态。人口增长和新兴产业的迹象得以显现。17世纪末，大马士革最重要的产业之一是钾盐生产，产品外销，用于制造肥皂和玻璃。[34]以前在大马士革就职的法国代表，纷纷将阿卡、提尔和西顿的港口作为基地，现在他们直接向马赛的产业供货。这时，大马士革作为转口港的作用也就降低了。然而，大马士革继续出口自己的产品（果干、丝绸、香料和染料），并充当通过朝觐进行交易的、更具异域色彩的东方商品的转运点。反过来，大马士革也从欧洲进口了更多品类的货物，包括布料和各式各样的制成品。

全省的整体情况就不那么乐观了。奥斯曼时代的头两个世纪里，帝国统治的两种形式一直在角力：一种是高度中央集权的决策制度，另一种是依靠地方自治的总督。总督走马灯式更替的惯例，使得这两种制度无法调和。到了 18 世纪初，大马士革省不断面临部落对定居地区的侵犯，以及随之而来的经济衰退。这个省份似乎只有在一年一度的朝觐时才会焕发生机。两次朝觐之间的时期，城镇与帝国军人耶尼切里的关系持续紧张，这使得城镇一直处于一种比较松弛的压迫之中。17 世纪一系列新的改革试图解决这样的衰退局面。安全保障工作逐渐被委托给当地组建的部队。然而，这反过来又导致了地方耶尼切里（yerliya）和总督之间的持续紧张关系，需要新的帝国部队（kapikuli）来维持秩序。一次叛乱后，地方耶尼切里的首领们陆续被处决（1659），因此，到了 17 世纪末，地方团体早已不复当年。

奥斯曼帝国的制度试图将土耳其人身份认同强加于它的各个省份，但也只是点到为止。城市中的土耳其族人数量有限：行政阶层、新乌理玛和帝国部队。"内心里，（土耳其人）和他们的臣民始终是陌路人。"[35] 但大马士革似乎成功地在土耳其和阿拉伯这两个世界间左右逢源。安德烈·雷蒙评论说，即使是土耳其精英，也觉得必须用阿拉伯语而不是土耳其语记录他们的铭文。[36] 对于一座长期以来一直有从中亚到马格里布的多民族混居的城市来说，这种混合根本算不上新鲜。伊斯坦布尔试图强制推行它的优先事项，例如哈乃斐派的伊斯兰教法典，但很少把人逼到造反的地步。然而，很明显，在奥斯曼时代的几个世纪里，大马士革作为思想中心的重要性有所下降。大马士革的识字率很低，相比于阿尤布王朝和马穆鲁克王朝时期更加核心的地位，以及相对容易接触到统治者这一点，此时的它离宗教和文化生活中心更远了。尽管如此，这座城市的宗教机构也仍在发挥重要作用。雷蒙指出，主要的清真寺都是大雇主：倭马亚清真寺的瓦合甫雇用了596人，甚至连新建立的锡南帕夏清真寺都雇用了200人。卡迪仍然是备受尊敬的人物，地位甚至超过了开罗的同行，并保留了重要的地方权力，包括对宗教法庭、瓦合甫和行会的监督权。[37]

"显贵的时代"

轮转的总督会在必然的调岗来临前设立瓦合甫，或者说是信托，以此为基础赞助新的建筑项目，之前一直是这样的情况。现在，主动权落到了"显贵"手里，也就是1695年后获准成为包税人的商人家族，他们的财富随着奥斯曼赞助者而增长。这个新的、由国家支持的商人阶层居住在大马士革的时间更久。现在，总督可以从地方显贵中挑选了，只要他们承认伊斯坦布尔决定着他们的事业成败。此外，新的领导人扭转了过去两个世纪将地方和帝国的建筑风格混合在一起的潮流，选择了本质上属于叙利亚的建筑技艺。同时，项目的规模变得更大、更有抱负，力图表明自己的态度。现在的人们喜欢的是学校、豪宅，以及能够体现贸易影响力的、规模更大的驿站，而不是城市里已经足够多的清真寺。

这些措施提升了地方化的程度，没有哪项措施必然能够解决地方不稳的问题。但至少在城镇，地方王朝的崛起带来了一种稳定的表象。最能代表这种新趋势的是阿泽姆家族，他们九次担任大马士革总督，任期涵盖了1725年至1807年的大部分时间。阿泽姆家族出身自叙利亚北部的马雷特努曼，与哈马和港口城市的黎波里的联系，是他们迈向成功的关键。家族中第一位担任大马士革总督的是伊斯梅尔帕夏·阿泽姆（1725—1730在位），他成功地在稳定与暴利之间建立了恰到好处的平衡（特别是通过对来自哈马的绵羊供应的垄断），这将成为阿泽姆家族的准则。下一任总督是苏丹的妹夫阿卜杜拉帕夏·艾丁利（1730—1734在位），他在上任前已经足够富有，一心只想获得作为朝觐指挥官的声望。王权在大马士革得到了重申，对不守规矩的军队来说，也不无严重后果。当地组建的耶尼切里长期敌视帝国军队，在米丹区有自己的根据地。阿卜杜拉指挥帝国军队，打击了耶尼切里在米丹的基地，使这一地区遭受了自帖木儿时代以来从未有过的破坏和劫掠。

苏莱曼帕夏·阿泽姆（1734—1738、1741—1743在位）是这个王朝的第二位总督，他开始实施怀柔政策，旨在赢得大马士革市民和乌理玛的支持，但他在缓解城市的根本问题上毫无作为。不当获利导致物价飞涨,和他脱不了干系。他死后,货物被高门扣押,将他的同谋身份赤裸裸地呈现了出来。

阿萨德帕夏·阿泽姆（1743—1757 在位）是家族中第三位担任此职的,也是最显赫的一位,最初是作为哈马的地方官员而成名的。他的职业生涯在西顿继续（1741—1742 担任总督）,法国领事在那里注意到了他作为组织者的非凡才能。1743 年,他的叔叔苏莱曼去世后,他被召到大马士革最负盛名的维拉耶,以解决加利利统治者查希尔·欧麦尔（1730—1775 在位）的野心所造成的危机,这场危机可能会使朝觐泡汤。他迅速巡视了邻近的省份,以筹集必要的收入,并获得了对耶路撒冷和纳布卢斯桑贾克的控制权。朝觐大获成功,赛利姆苏丹如释重负,对他不吝赏赐。

竞争和冲突在城镇中肆虐,反映出了一个在中央集权的威权主义和地方自治之间摇摆不定的制度的所有缺点。伊斯坦布尔有意识地鼓励地方势力之间根深蒂固的紧张关系。军队分裂为总督的部队（通常是外来的部落成员）和帝国的耶尼切里（耶尼切里和帝国部队都包括在内）。此外,1748 年,首席财政官员法特希·埃芬迪·法拉根西公然趁阿萨德帕夏不在时掌控了这座城市。阿萨德帕夏起步时还很年轻（在大马士革任职时39 岁）,必须谨慎行事,避免与强大的首席财政官员摊牌。阿萨德帕夏耐心地等待着时机,并确保手里握着一份来自伊斯坦布尔的敕令,可以维护自己的权威。他利用以自己的支持者为基础组建的部队,突袭了米丹和萨鲁贾集市的叛乱分子。反对他的首席财政官员试图到城堡进贡,但还没来得及歇口气就被处决了。

法特希已经是一位很高调的纪念碑建造者了。位于米丹区、保存状况现已岌岌可危的法特希浴场，以及令人眼前一亮的凯马里耶清真寺，都是他的功劳，而这座清真寺的庭院（沿着从神庙往东的旧轴线南侧）至今仍在为来自北非的学者提供一个安宁的避风港。

阿萨德的决定性胜利和长期在职的前途，使他能够在新的基础上对总督的角色加以整顿，从而抒发他作为伟大建设者的抱负。一个坚实的地方行政机构已经就位，任用的都是有能力的官员，包括从少数民族社区选拔出来的官员。帝国部队以耶尼切里为代价进行了重建，后者曾经是法特希等蛊惑民心之人的权力基础。耶尼切里仍然集中在较远的西南和南部郊区，尤其是米丹地区。在那里，他们与新移民和弱势群体成了同道中人，还可以从那里控制粮食分配系统。整个 17 世纪，奥斯曼总督们都在试图笼络地方首领，即阿迦（*aghawat*），甚至让他们负责朝觐的安全，却始终无法让他们足够顺从，也无法消除老城的显贵与外围的阿迦之间的不和，这成了大马士革社会中一道根本上的裂痕。

商　馆

18 世纪的显贵试图将大马士革的商业和宗教中心塑造为城中之城。用这个"贵族世界主义"时代的现代记录者琳达·沙特科夫斯基·席尔歇的话说：

> 阿泽姆家族在城市中酝酿出了一种新的认同感和自豪感，并强化了一种被认为具有大马士革特色的生活方式……（城市）获得了不朽的石砌建筑遗产，使人回想起（它）在伊斯兰时代早期和中世纪的宏伟壮丽。[38]

这个家族有大约30个项目集中在清真寺西南的地区，那里渐渐成为最大的商栈和集市集中区。[39] 其中的大多数时至今日仍在进行商业运营。谢赫盖泰纳驿站、大米驿站、富加尼驿站和烟草驿站这些18世纪的例子，还在继续证明集市经济的活力，即便建筑结构稍微有些被用旧了。

该地区靠近奥斯曼人早期在城西的驻地，也容纳了城市的许多宗教机构，有些可以追溯到奥斯曼时期以前，说明了伊斯兰教和商业之间历来的紧密联系。该地区仍然是阿泽姆家族的崛起和他们在城市留下的印记的一个展出场所。这里建起了一座华丽的新宫殿，它的选址可能从亚兰人时代起就一直是总督府的所在地，最后一座总督府是马穆鲁克王朝的坦基兹建造的。800名劳工和全城工匠的才能加在一起，历时两年，才建成了阿泽姆宫。尽管1925年的一场大火烧毁了南区的大部分，但它仍然保存至今。它"代表了阿萨德帕夏的声望所达到的顶点"[40]，并树立了装饰华丽的住宅潮流。在大马士革，这种潮流贯穿了奥斯曼帝国剩余时期的大部分。

无论更广义的叙利亚经济的命运如何起伏，无论帝国的其他地方如何逐渐没落，大马士革的商人阶级都能逆势而行，在城市的领导层中发挥新的影响力。我们在前文中考察过，大部

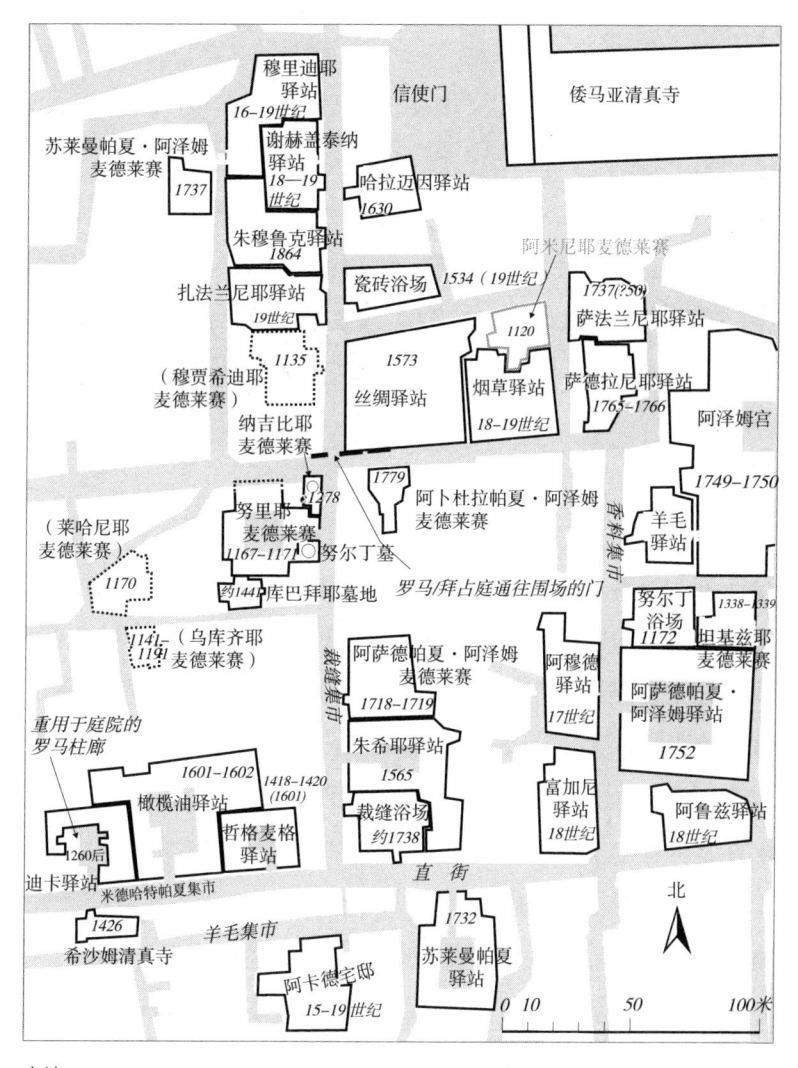

商馆

第十四章　奥斯曼帝国最初的数百年（1516—1840）・457

阿泽姆宫庭院

分向外的贸易流路线从叙利亚北部转移到了南部，这也有助于提升该城市的作用。大马士革驿站是新的商人阶级崛起的象征，我们已经提到过它在早期的发展，此时，它达到了巅峰。驿站规模的不断扩大，可以追溯到18世纪中期，以苏莱曼帕夏驿站（1732）为起始。它位于米德哈特帕夏集市南侧，保存至今，虽然在某种程度上被弃置了，中央圆顶也早已坍塌。

大马士革用圆顶覆盖整个中央庭院的本领，在阿萨德帕夏·阿泽姆驿站上取得了最壮观的发展，这座有八个圆顶的大型驿站于近期被修复。这座驿站是"奥斯曼人对空间理解的完美典范"[41]，它将圆顶环绕的庭院这一概念发展到了大教堂般的规模。圆顶高耸在四根巨大的柱子上，帆拱上方的中央空间没有任何遮盖，这可能正是设计者的用意。阳光穿透庭院，营

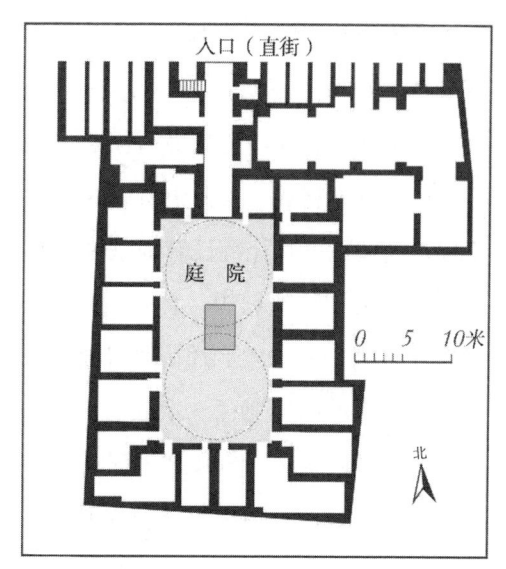

苏莱曼帕夏驿站
来源：plan after Abb. 5 in Mohamed Scharabi 'Der Suq von Damaskus' in DM 1983

造出戏剧性的效果；中央的"圆顶"就是纯粹的光，周围的建筑结构则显得有些黯淡了，它们操弄着光与影的简单主题，重复着那些基本的形状，并且顽固地使用着大马士革传统的条纹石工，这一切简直令人惊叹。这是奥斯曼时代的大马士革的伟大杰作，甚至连希南那座颇为素雅的提基亚清真寺都无法与之相媲美，阿萨德帕夏自己在附近的那座宫殿当然也一样。作为显贵权力的见证者，它把他们的统治所基于的致命弱点藏得严严实实。

在这恢宏大气的表面下，阿萨德帕夏的统治对于解决奥斯曼制度的弊病几乎毫无作用，对普通的大马士革人来说则全无作用。他们仍然是投机商人和不法军人的受害者，尽管政府偶尔会出手干预，对穷凶极恶的市场操纵予以还击。随着大马士革再次向来自东方的商队敞开大门，并从奥斯曼帝国协定允许的法国沿海转口港中获利，至少国际贸易开始兴旺发达了。伊斯坦布尔对阿泽姆家族建立的权力网络之大心生猜忌，采取了一些措施来消解他们的势力，包括将阿萨德帕夏调任到阿勒颇。阿萨德帕夏则释放了监狱中所有的罪犯，确保自己在1757年离任时，会留下一片让继任者难以收拾的烂摊子。

对于被调往阿勒颇，将来还可能被调往开罗这件事，阿萨德帕夏感到不满，人们还强烈怀疑他在1757年朝觐队伍返程、接近大马士革时策划了一次长时间的袭击。失去了护卫军，大多数旅行者被屠杀，货物被贝都因人劫掠。至少有2万人死亡，这一事件掀起的惊涛骇浪波及了整个帝国。阿萨德帕夏在伊斯坦布尔受到了指控，说他试图证明只有自己配得上朝觐指挥官的角色。高门需要为如此惨重的灾难找一个替罪羊，阿萨德帕夏被判有罪，至少是玩忽职守罪。1758年，他在安卡拉的一间浴场被勒死，首级被带到了伊斯坦布尔。花了六个月的时间，才把他的全部财富从大马士革宫殿的藏匿处抠出来。

高门决定暂时放弃阿泽姆家族的实验，转而从帝国文官中选派一些人去大马士革轮转，取代阿萨德帕夏·阿泽姆的位置。对于城市中本地和外来耶尼切里部队之间的持续冲突，这种做法并没有起到缓解的作用。一位名叫奥斯曼帕夏·库尔吉（1760—1771在位）的总督在这个位置上一待就是十多年，讽刺的是，他曾是阿萨德帕夏的马穆鲁克。他通过减轻市民的税收负担，总算恢复了一定程度上的稳定。1771年，埃及统治者阿里贝伊的马穆鲁克艾布·扎哈卜与查希尔·欧麦尔（此时是阿卡的强人）合作，带领埃及人入侵了叙利亚南部，试图利用

阿萨德驿站中央庭院

对奥斯曼帕夏的不满情绪。结果这座城市莫名其妙地突然被占领了（但不包括城堡），随后，料想到高门不会对这次侵扰毫无反应，他们就又撤军了。随之而来的是阿泽姆家族统治下的又一个十年，领导者是穆罕默德（阿萨德帕夏之子，1771—1772、1773—1783 在位）。然而，对奥斯曼帕夏的挑战差点成功，也清楚地表明了大马士革统治者在该地区广义上的威望已经丧失到了何种程度。

1786 年，年轻的法国旅行者康斯坦丁·弗朗索瓦·沙斯伯夫（伏尔内伯爵）对大马士革的访问，为我们提供了反映欧洲启蒙运动的最初视角。这名观察家专心于剖析这座城市，不仅站在欣赏美景的角度。他对这座城市的描绘，由于为时尚早，还没有被下一个世纪的浪漫化视角所迷惑，往往生动到令人不适：

> 人们有理由抱怨，巴拉达河泛白的水冰冷刺骨；大马士革的居民喜欢碍手碍脚；他们的皮肤苍白得像恢复期的病人，而不是健康的信号；最后，他们对水果过分沉迷，尤其是杏子，以至于每年的春秋两季都会间歇性发热、闹痢疾。

伏尔尼遵循既定的常规，观察了朝觐队伍的出发情况，并且很慎重地将丰富多彩的记述与对旅行队的敏锐分析相结合，将旅行队视为"一种剥削手段，一种利润颇丰的商业形式"[42]。

阿卡的崛起——与陷落

到了 18 世纪末,大马士革的人口可能再次攀上了 9 万的水平。然而,正如我们先前所指出的,它开始失去在叙利亚南部的主导地位,被从前只是小港口的阿卡所取代。而阿卡相比于 13 世纪十字军王国光芒万丈的大本营,也已经严重缩水了。18 世纪末的投机分子查希尔·欧麦尔(卒于 1775 年)撼动了沿海和内地之间的平衡,将影响力从巴勒斯坦加利利地区的基地扩展到了阿卡和内陆的大马士革。他成功的秘诀在于,他有能力垄断来自叙利亚南部和巴勒斯坦的谷物、橄榄油和棉花贸易,并将其引向利润丰厚的欧洲市场。艾哈迈德帕夏·贾扎尔是一位新的强人,奥斯曼帝国军队出身的马穆鲁克。他进一步巩固了阿卡这个基地,使之成为叙利亚贸易的主要销路,这段新的繁荣期一直持续到 19 世纪 30 年代。

阿泽姆家族的第三代穆罕默德帕夏在 1771 年至 1783 年间担任大马士革总督。他是一位成功的管理者和伟大的建造者,在他的治理下,这座城市的繁荣达到了顶点。他负责建造了那所美丽的小型麦德莱赛,如今被称为阿卜杜拉·阿泽姆麦德莱赛,就在阿泽姆宫西边。他还重建了阿尔瓦姆集市和城堡之间的市场区。这个新的集市呈东西走向,并开始重新定义通往倭马亚清真寺的西轴线。[43]

艾哈迈德帕夏·贾扎尔给予了奥斯曼帝国主权应有的尊敬,并怀有将大马士革总督一职收入囊中的野心。高门拒绝给他这份奖赏,并刻意助长这两个中心之间的创造性张力。为此,贾扎尔在1785年至1804年去世的这段时间里，曾多次被短暂任命为大马士革总督，尽管他仍然居住在阿卡。他的统治与阿泽姆家族最后一位担任此职的阿卜杜拉帕夏交替进行，后者曾三次担任此职。他与穆罕默德帕夏的一个女儿结成了权宜婚姻，这也只能反映出贾扎尔对与阿泽姆的残余利益暂时妥协名义上是感兴趣的。这次联姻一个偶然的经济结果，就是建立了从叙利亚南部和巴勒斯坦出口到欧洲的谷物贸易，贾扎尔使之通过阿卡港进行。贾扎尔在大马士革的统治，以一连串对阿泽姆家族支持者的残杀为标志，这些支持者中还包括有头有脸的哈乃斐派神职人员。他还激化了显贵和米丹外围势力之间的紧张关系。

高门恢复了缩短任期的政策，这反映出他们关心的是把问题压下去，而不是直面问题，这也助长了盛行于18世纪初的派系主义复兴。1804年，随着贾扎尔之死，以及对阿泽姆家族支持者的最终清算，这场流血冲突也告终了。在各个耶尼切里部队中服役的奥斯曼军队，忠诚度很脆弱，加大了无政府状态的程度。叙利亚南部地区的经济因这些紧张局势而被削弱了。在地方马穆鲁克与高门之间的博弈中，大马士革现已沦为二流势力。极端主义的瓦哈比派在当今的沙特阿拉伯作乱，它的侵入使大马士革的地位遭到了进一步打击。瓦哈比派在汉志维护了至高权力，对朝圣之旅造成了严重干扰。1807年至1813年间，朝圣有时都无法在奥斯曼帝国的保护下进行。最后一位阿泽姆家族的总督于1807年被解职，那一年，朝觐队伍没能坚持到麦加。对伊斯坦布尔来说，阿泽姆家族显然已经失去了利用价值。

欧洲人的野心——埃及介入

此外，该地区在更广阔的意义上也暗流涌动，这终将影响到大马士革。拿破仑远征埃及（1799—1801），给东地中海地区带来了一个新的典范，这是自十字军东征的惨痛经历以来，该地区与西方思想界的第一次直接联系。在开罗，旧时奥斯曼帝国的遏制政策失败了。当地的强人穆罕默德·阿里帕夏（1805—1848 在位）被说服，认为必须将埃及带上 1789 年后欧洲的轨道（他在拿破仑进驻埃及期间就隐约察觉到了这一点）。他终结了开罗马穆鲁克的权力，将埃及建立为一个几乎自治的保护国，自己也采用了"赫迪夫"这一称号。大马士革的奥斯曼总督显然无力维持历来对汉志的控制，见此情景，穆罕默德·阿里将瓦哈比派叛乱视为在该地区宣示自身影响力的机会。

到了 19 世纪初，奥斯曼帝国体制对叙利亚地区的大部分承诺都没有兑现。1826 年，伊斯坦布尔的帝国耶尼切里遭到血腥镇压，因此，苏丹马哈茂德二世（1808—1839 在位）必须组建一支新的军队。1831 年 9 月，大马士革的耶尼切里部队反抗奥斯曼总督穆罕默德·赛利姆帕夏，这反映出高门为供养这支新的帝国军队而强征的苛捐杂税越发令人担忧。在耶尼切里和忠于总督的部队之间的冲突中，城中的皇家禁区大部分被焚毁。赛利姆帕夏被一群暴民围困在城堡里 40 天，这群暴民主要由米丹的帮派领袖所掌控。他和随从最终得到了安全通行的承诺，却在他们避难的房子里遇袭并遇害。一个由米丹阿迦领导的革命政府成立了。

高门在恢复中央权力方面动作缓慢，犹犹豫豫，远征军直到 12 月才抵达。穆罕默德·阿里从开罗派兵，六个月后（1832年 6 月）占领了叙利亚，当地的奥斯曼军队没有大动作的抵抗。此时，大马士革的地位被削弱得更加明显了。起初，埃及人的存在感并不强烈，但怨恨还是在滋长。1833 年，高门承认，由穆罕默德·阿里之子易卜拉欣帕夏所领导的、高度中央集权的埃及，拥有叙利亚这个准保护国。但欧洲人关心的是加强奥斯曼帝国在东地中海地区的力量，在他们的施压下，埃及军队被迫于 1841 年撤出。

然而，埃及控制的十年所带来的秩序和稳定，其程度是奥斯曼人从未达到的。阿勒颇、的黎波里和西顿（包括阿卡），此时都在大马士革总督的控制下，并且引入了更高效的行政和法律制度，这也为该地区未来几十年将要推行的改革做了铺垫。伊斯坦布尔更加外向的环境，鼓励更多欧洲人来到这里，甚至来到大马士革这样的帝国偏远角落。这反过来也激发了欧洲人对黎凡特的兴趣。大马士革向外部世界敞开大门，欧洲领事馆也再次受到鼓励。它最近的竞争对手阿卡现已成为废墟，防御工事在欧洲列强的要求下被拆除（1840）。大马士革和其他的中心一样，迎来了它的第一个代表机构，一个为埃及总督提供地方行政建议的议事会；这是昔日的 *diwan*，即总督顾问团的一个更正式的版本。这座城市也从埃及人对城市规划改革的热情中受益。在埃及人的领导下，城西奥斯曼时代才开始建设的新区以当今的胜利街为中心，被进一步改造。[44] 如前文所述，坦基兹清真寺被改造成了一所军校，而政府的军事和民事总部则位于这条大街的南侧。这些举措为该地区在 19 世纪末的整体改建铺平了道路，下一章将对此进行考察。

注 释

1. Meinecke 1978: 577—578. 这座清真寺在 20 世纪 40 年代得到了扩建，增加了两条通道，把基卜拉墙往南扩了。
2. Bakhit 1982: 163.
3. Maundrell 1732: 172.
4. Barbir 1980: 154; Rafeq 1966: 61; Raymond 1979:119.
5. Barbir 1980: 108.
6. Raymond 1985: 200.
7. 奥斯曼帝国记录中的大马士革人口数引用在 Barkan 1958: 27; 在 Dols 1977: 196 (1520—1530 = 57,326, 1595 = 42,779) 中得到了重述。在帕斯夸尔看来，这些数字很可疑，因为出于多种原因，并不是所有的人口都会被计算在内。他的计算是基于每公顷 285 人的人口密度，有人居住的面积总共有 200 公顷（包括郊区）。Abdel Nour 1982: 73; Establet and Pascual 1994: 16; Raymond 1985: 63.
8. Lewis 1940—1942.
9. 1600 年后的趋势是建立更多的总督辖区，包括西顿，以及承认某些棘手地区的行政自治，例如黎巴嫩山地区。
10. Maundrell 1732: 173.
11. De Thévenot (English trans. 1687): Part II, Ch IV, 21; Deguilhem in Desmet-Grègoire and Georgion 1997: 129.
12. Desmet-Grégoire and Georgion 1997: 129. 附近的喷泉、厕所和浴场表明，此地长期以来一直与休闲娱乐有关，可能要追溯到罗马时代。
13. Weber 1997—1998 part I: 434.
14. 该项目没有被列入希南的作品目录，但它的建造时间，它得到的皇室委托，以及随着建筑上层的重建而放弃了下层原有的条纹石造物这一事实，都在极力表明该项目是由希南的团队在大马士革同时完成的。Meinecke

1978: 581—582.

15　Establet and Pascual 1994: 16.

16　Laoust 1952: 186—187.

17　Meinecke 1978: 583 n.27 提到，拉拉·穆斯塔法帕夏的建筑无一幸存，其中的几座实际上是 20 世纪改建工程的牺牲品。

18　De Thévenot 1687 II: 15.

19　Establet and Pascual 1994: 12—13; Raymond 1985: 237; Weber 2000: 245.

20　Raymond 1985: 249.

21　Weber 1997—1998 part I: 449.

22　穆拉德早些时候建造了穆拉迪耶驿站（1593），它保存了下来，在北边与海关驿站相邻，不过在 19 世纪的一次改建中被改得面目全非。

23　Schatkowski Schilcher 1985: 32.

24　根据 Raymond 给出的数字，大马士革 43% 的街道是死胡同——Raymond 1985: 186。

25　从（土耳其和大马士革的）档案和法庭记录中保存下来的记录阐明了其中的许多方面，近几十年来也引起了越来越多学者的关注。

26　Abdel Nour 1982: 346, 370.

27　D'Arvieux 1635 II: 445—444——笔者自译；Sirriyeh 1984: 131—132。

28　D'Arvieux 1635 II: 463—464——笔者自译。

29　D'Arvieux 1635 II: 455—456——笔者自译。

30　 Maundrell (Howell ed.) 1732: 168.

31　Barbir 1980: 53.

32　Pococke 1745: 125. 威尼斯驻阿勒颇领事馆从 1548 年运营至 1675 年——Masters 1988: 14。

33　Rafeq 1966: 180; Masters 1988: 32.

34　由当地采集的碱制成。

35　Hitti 1951: 671.

36　Raymond 1985: 77.

37　Schatkowski Schilcher 1985: 115; Rafeq 1966: 43—50.

38　Schatkowski Schilcher 1985: 35.

39　Weber 2000: 247.
40　Rafeq 1966: 182.
41　Weber 1997—1998: 447.
42　Volney (Gaulmier ed.) 1959: 321——笔者自译。
43　新集市在下个世纪毁于火灾，被哈米迪耶集市所取代——Rafeq 1966: 309。Suq al-Arwam 有一小段保存了下来。
44　Sack 1998: 190—191; Weber 1998.

第十五章

改革与重振

（1840—1918）

坦志麦特——改革与反动

埃及占领后，奥斯曼帝国权力的恢复，伴随着大马士革有意识的"奥斯曼化"。这一过程受到了坦志麦特（意为"整顿"）行政改革的促进，其中的第一批改革于1839年在伊斯坦布尔推行。这些变化将国家职能重新确定为更偏向欧洲的模式，而不是复杂的奥斯曼制度。后者所代表的，是地方首领的权力和中央之间难以维系的平衡、宗教与民事权威的对抗。在改革进程的促进下，奥斯曼帝国开始与欧洲建立更积极的联系，少数民族的权利得到了更多的承认，这使他们成为名副其实的帝国公民。

改革也因此产生了改善非穆斯林臣民命运的效果。埃及统治叙利亚这段时期的影响之一，就是在法律意义上解放了齐米（dhimmis）。坦志麦特改革将这些变化转化为奥斯曼帝国的法律。基督徒和犹太人已经成为欧洲贸易利益与当地经济之间的媒介。早在贾扎尔在阿卡掌权期间，来自大马士革的著名犹太银行业世家法尔希家族，就已成为这位暴君成功的一个重要因素。然而，少数民族的地位本就脆弱，因为即使他们巩固了自身的有利地位，他们与欧洲的联系也越发招人记恨。社区之间的紧张状态依然存在，其中许多发生在黎巴嫩，那里的马龙派和德鲁兹派对黎巴嫩山展开了争夺，这也成了更普遍的紧张状态长期以来的根源。到了19世纪，宗教少数群体相对有利的地位，为欧洲传教活动的发展开辟了道路。而传教在某种程度上就是为了将较小的东仪社区引向天主教会主流，抑或将犹太人引向新教的各个教派。这也提升了当今黎巴嫩和叙利亚的教育水平。到了1860年，大马士革的基督徒人数已经增加到22 000人，犹太人也增加到了4 000人。

大马士革反少数民族情绪爆发的两起事件，在欧洲成了头条新闻。虽然这两起事件的规模不同，但都产生了这样一种效果，那就是维持欧洲对奥斯曼当局的压力，使其将始于埃及占领时期的改革进程继续下去。第一起事件发生在1840年，当时，大马士革犹太人社区的成员被指控杀害了一名基督徒男孩来祭神，这或许是欧式反犹主义在中东地区的首次显现。包括法尔希王朝成员在内的犹太豪族遭受了监禁和拷问。[1]（反少数民族情绪的第二次爆发将在下一节中讨论。）

1841年，奥斯曼帝国的中央权力复位，穆罕默德·纳吉布帕夏被任命为总督。对他的要求，不仅是推行主要在于增税和加强农村地区行政管理方面的第一波坦志麦特改革，还要压制地方民兵领袖的影响。为了维持伊斯坦布尔的统治并推进改革，奥斯曼当局越发依靠笼络地方支持者的办法。依靠显贵来完全掌控，已经不再合适了；取而代之的是，通过总督的议事会（majlis）来笼络地方名流。现在，大部分驻军由奥斯曼帝国的正规军组成，还有一些从地方上征召的人员。然而，地方民兵还要发挥很多年的余热，因为中央政府的国库无法征募到所需的兵力，甚至连保护朝觐队伍都不够。因此，米丹区在很大程度上仍然掌握在地方首领（阿迦）手中。这里吸引了数量越发庞大的来自农村的移民，而农村往往与急速发展的粮食贸易联系在一起。

19世纪初，叙利亚与世界其他地区的贸易呈指数级增长。1820年，海上对外贸易总额估计为50万英镑。到了19世纪60年代，这一数字为450万英镑，1910年则是1 000万英镑。[2] 然而，在欧洲的竞争下，当地工业在19世纪就已经开始衰落。贝鲁特作为国际港口复兴，最初取得的成功，就有部分是由于向叙利亚市场大量投放欧洲工业化生产的廉价纺织品。1835年后，蒸汽轮船通航，提高了供给的可靠性，使当地的许多布料生产商失去了生意。此外，欧洲对叙利亚的许多传统产品也没什么需求，叙利亚的贸易赤字极其严重。在欧洲的压力下，奥斯曼帝国对进口关税结构做出了改变，使情况雪上加霜。储备金因支付进口商品而消失了，资本变得稀缺。此外，贝鲁特更善于适应新的现实，并找到了一种欧洲在其他地方无法以如此低廉的价格采购到的产品：由当地蚕业生产出来的丝织品。到了19世纪中叶，企业家们纷纷出走大马士革，前往贝鲁特。

此时，一位非凡的人物登上了大马士革的舞台。阿卜杜·卡迪尔·杰扎伊里是一位阿尔及利亚爱国者，他为反对法国对自己祖国的征服而战斗了十五年。他先是被流放到法国，后来又被流放到奥斯曼帝国。1855 年，按照与伊斯坦布尔达成的协议，他在大马士革安顿下来，法国人还给他开了一笔丰厚的年金。

19 世纪 50 年代中期，阿卜杜·卡迪尔突然来到大马士革，还带着浩浩荡荡的私人随从、巨额的独立收入和一支令人闻风丧胆的准军事部队，在这座城市掀起了惊涛骇浪……这是一位人杰，大马士革的那些老牌家族，甚至是阿泽姆家族，都无法与之相媲美。[3]

为了这一大群随从，他在老城的内阿马拉区一口气买下了三栋房子，就在巴拉达河南边。[4]

1860 年大屠杀

改革所带来的社会经济变化，在 1860 年第二次遭到了民众的强烈抵制，这一次的范围和影响要大得多。表面上看，这些骚乱因外部事件而起。黎巴嫩山舒夫地区的德鲁兹派和基督徒之间的紧张状态始于 6 月，后又蔓延到贝卡谷地南部的城镇和贝鲁特-大马士革公路以北的基督徒城镇扎赫勒。难民，尤其是来自贝卡谷地的难民，开始拥入大马士革，在基督徒区避难。然而，对这一时期的详细研究表明，真正的原因可能比黎巴嫩紧张局势的衍生结果要复杂得多。欧洲人的保护为少数族群提供了特权地位，这起事件则反映了对此种特权地位的强烈不满，尽管形式上与1840年的例子截然不同。[5]

在大马士革，紧张局势的冲击，以及基督徒难民的突然拥入，和与经济状况恶化有关联的当地政治因素产生了共振，特别是对于穆斯林社区而言。由于欧洲的竞争，出口减少，导致许多棉纺织作坊停业。虽然叙利亚的粮食出口在克里米亚战争期间生意兴隆，但大马士革仍然过分依赖欧洲金融家为对外贸易提供资金，而奥斯曼帝国收税员的要求却越来越无情。相比之下，欧洲人在当地的庇护对象（通常是基督徒或犹太人）现在拥有与保护国公民相同的地位，这给了他们大多数大马士革人都无法享有的特权（包括筹措资金的途径）。1840年至1860年这二十年间，穆斯林着实承受了太多的社会变化。他们不得不接受自降身份，从上上下下全都由自己把控的社区，沦落到被基督徒骑在头上的境地。[6]基督徒通过挑衅行为炫耀他们的新地位（犹太人没这么过分），以一种奥斯曼当局未曾预料到的方式恶化了局势。利用民众对欧洲人扼杀了当地经济的不满情绪，以及将齐米社区视为从其他人越发不便的处境中获得了好处，都是很容易的。

6月，随着更多来自黎巴嫩舒夫山区（为德鲁兹派和基督徒所共有）的难民拥入城市，大马士革的紧张局势升级了。当局采取了一些措施来防止局势失控，一些穆斯林名流也在积极寻求平息紧张局势，保护基督徒。正确的做法是强硬而又不失审慎克制，可总督艾哈迈德帕夏并没有亮明这一信号。他对一群辱骂基督徒的小男孩施以过度惩罚，在气氛已然一触即发之时激怒了穆斯林居民。7月9日，恐怖开始了，一群暴徒闯入大马士革老城的基督徒区。其他暴徒也迅速从米丹、萨利希耶和舒古尔赶来，扑灭了当局维持秩序的所有希望，特别是当警员也加入暴乱者的队伍时。到了傍晚时分，城市已落入暴徒之手，周围村子里的德鲁兹派和穆斯林也加入了进来。

八天的时间里，可能有2 000名基督徒被屠杀（老城里一共有8 000至10 000名基督徒）[7]，另外还有人被强奸或绑架，财产遭到洗劫。数千人设法逃离，通常由穆斯林家庭提供庇护（对主人来说，这种做法往往很危险），并从那里被带到城堡。包括希腊正教牧首驻地圣马利亚教堂在内的各个教堂被洗劫一空。在拯救老城大部分基督徒居民这件事情上，阿卜杜·卡迪尔·杰扎伊里发挥了重要作用。他在内阿马拉区的建筑群为数百名基督徒提供了最初的避难所，这些人被陆续护送至穆斯林的安全屋或城堡，随后被送出了城。

直街以北、整个城市东端的3 000多座房屋被尽数烧毁，暴徒所经之处，每一座房屋都被点起了火，他们还用驴子或搬运车运走了财宝。骚乱后拍摄的一张照片显示，场面堪比1945年的柏林，破坏得如此彻底，以至于在后来的重建中，多马之门街以东残存的大部分地方已经没有保留的必要了。该区被重新规划，保留了为数不多留存下来的要素，例如圣亚拿尼亚礼拜堂的地下结构。

欧洲列强确信，基督徒社区正在遭受联合攻击，为此从法国派出了一支3 000人的远征军。不过它来得太晚，没能在平定城市局面一事上发挥任何可能的作用，也没有越过黎巴嫩继续前进。它的主要成就是使奥斯曼人相信，必须不惜一切代价，防止欧洲人利用这些事情作为借口，在该地区进行更普遍的干预。下一个主要问题是满足幸存者的迫切需求。奥斯曼当局没有立即实施救济计划的能力。欧洲领事们出手相助，直到资源耗尽。从7月中旬开始，数以千计的难民在有组织的疏散中被带到了贝鲁特，但剩下的人只能自谋生路，基本上就是在被蹂躏的家园废墟中风餐露宿，直到8月，官方的救济计划终于可以开始了。然而，到了11月，城里的基督徒已经所剩无几，大多数人都去其他地方寻求庇护了。一部分人一去不复返；那些逃到贝鲁特的人发现，1860年后黎巴嫩急速发展的经济为企业提供了更有吸引力的环境。

犹太人社区完全幸免于难，这一事实表明，暴徒们所针对的并不是通常意义上的齐米社区。此外，许多基督徒社区并没有受到攻击（特别是老城外那些最容易遭到攻击的社区），许多穆斯林也积极行动起来，保护或庇护他们的同胞。在研究这些事件的最近的历史学家莱拉·塔拉齐·法瓦兹看来，无论直接的诱因是什么，燃料"并不是宗教狂热……而是日益扩大的贫富差距"[8]，但教派之争加剧了分歧，这也是不容忽视的事实。

伊斯坦布尔的反应是惊慌失措。奥斯曼帝国的体制出现了如此重大的故障，后果可想而知。甚至在欧洲人还没怎么反应过来时，当局就迅速承认了这一点：必须对这些事件做出可靠的反应，并把原因处理好。伊斯坦布尔派出了外交大臣福阿德帕夏去调查舒夫的骚乱，还派出了一支由15 000名士兵组成的部队去重建秩序。福阿德于7月29日抵达大马士革。他的惩罚迅速、果断。总督艾哈迈德帕夏被认定犯有过失，随后被行刑队处决。到了8月20日，约有167人被认定负有责任，并遭到处决。第一批行刑将杀鸡儆猴的效果发挥到了极致。110名民兵组织成员被判有罪，被披枷戴锁地带到了阿赫达尔草场。他们可以与家人共度五分钟，然后就被集体枪决。最终被判负有责任的人中，有四分之一来自民兵组织，但还有同样数量的商人或手工业者，剩下的主要是城市周边地区被驱逐出去或者走投无路的人。一些名流被捕，次年遭到处决，但还有更多人被流放，包括全体议会成员。[9] 穆斯林社区被勒令支付一大笔赔偿金，并交出2 000名新兵入伍，派去帝国的其他地方服役。然而，正如沙特科夫斯基·席尔歇所指出的，最引人注目的结果是，"奥斯曼人不仅成功地保住并安抚了这座城市，还严格约束了城市中最强大的派系"，也就是坦志麦特改革那些最顽固的反对者，因为他们觉得这场改革有利于基督徒和犹太人。奥斯曼人最终说服了大马士革的名流，只有在帝国的框架内予以配合，大马士革才能在欧洲的支配下守住阵地。[10] 他们显然深刻吸取了这个教训：到19世纪末，逊尼派精英再度构成城市政治活动中的主导力量，而基督徒和犹太人社区的影响力，则在改革所鼓励的、更开放的政治体系中失势了。[11]

1860年后大马士革的氛围，在伊莎贝尔和理查德·伯顿的经历中得到了充分的证明。理查德·伯顿于1869年被任命为英国驻大马士革领事，两人很快便为这座城市着了迷。当这座城市在与外部世界的接触中开始不再那么压抑时，关于这少量欧

第十五章　改革与重振（1840—1918）· 477

洲侨民的生活，伊莎贝尔在他们的著作中提出了许多洞见。理查德是一个非常强硬的人物，要办的事情也太多（在非洲和南美探险，皈依伊斯兰教，以及去麦加朝圣），奥斯曼帝国后期大马士革的封闭世界，很难容得下这样的人。事实证明，外交部想要保住他的职位实在太难了，特别是还要面对犹太人社区传出来的批评，说他的干预不足以保护当地放债人的利益。许多人根据奥斯曼帝国单方让步条约*的规定取得了英国国籍，并期望英国对被伯顿视为高利贷的业务提供保护。尽管伦敦认为没有理由判定伯顿犯错，但把他撤职成了更容易的选择。这对夫妇在这座他们已经渐渐爱上的城市待了不到两年，就离开了大马士革。尽管成长环境不同，严格的天主教徒伊莎贝尔却结交了大马士革为数不多的英国居民之一埃伦伯勒夫人（简·迪格比）。后者的人生经历十分精彩，与从巴伐利亚贵族到阿尔巴尼亚军阀的好几位欧洲大人物结过婚，之后在大马士革安顿下来，成了叙利亚沙漠酋长之一梅贾勒·梅泽拉布的妻子。埃米尔杰扎伊里是这个圈子的第五名成员，他们经常聚集在伯顿夫妇位于萨利希耶的家里，一直聊到深夜。伊莎贝尔笔下这种东西方之间的集会，在现代人看来可能显得很做作，却是为弥合当时存在的巨大文化分歧而做出的难得一见的尝试，也反映了大马士革寻求看待世界，以及反过来被世界看待的新方式的缓慢过程。[12]

---

* 15 至 19 世纪，奥斯曼帝国与以法国为主的欧洲列强签订了一系列条约，使欧洲人在奥斯曼帝国享有治外法权。——译注

"小伊斯坦布尔"

1860年的经历使伊斯坦布尔确信，大马士革的众多名流辜负了他们的公民责任，自己必须坚持对他们更加直接的控制。本来是打算让拉希德帕夏（1866—1871）成为第一位新型总督的，但他的继任者们没那个能力，招架不住地方自治的要求。欧洲列强也对此持赞成态度，它们的施压导致1878年退休官员米德哈特帕夏被任命为大马士革总督。米德哈特帕夏为这座城市的复兴注入了全新的动力，他在建设和城市规划方面颇有作为，包括把直街西端重新调整，形成了带有顶棚的米德哈特帕夏集市。米德哈特帕夏的这次尝试，不仅要为车辆通行留出空间，还要把跑偏了的"直"街正过来。为此，他沿着一条与罗马时代的直街呈几度角的线，把这条新拓宽的、门脸整齐划一的大道一路通到了城市西缘，在水槽门以北30米处接上了锡南尼耶集市。

高门与地方领导人之间这次新的较量，结果并不明确。实际上，虽然大马士革受到了伊斯坦布尔当局更加密切的监督，显贵现在保留影响力也全凭高门的意愿，但与城市名流合作的政策是第一位的。恢复了招安，也是完成了一个可以追溯到1830年的过程，只是由于引入了市政自治而加快了步调。1864年的《地方法》赋予了议会新的权力。到19世纪末，大马士革的政治精英中出现了新的成员，土地改革为他们开通了获取土地的途径。通信的改善和"奥斯曼化"政策的成功，意味着精英集团中有越来越多人在伊斯坦布尔生活或学习，与土耳其人家族通婚，并学习土耳其语。由于人们接受了西方教育，以及法院系统的改革，乌理玛的影响力大不如前，不过精英家族的地位仍有显著的延续性，他们的影响继续遍及宗教、商业和政治生活领域。代议制机构的引入，只是给了他们新的生机。

1860年至1914年的这几十年，标志着一个新的繁荣时代，可人们事后回想起来，普遍认为土耳其以及地方都在跌跌撞撞地走向衰落和瓦解，这简直如同笑谈。虽然在巴尔干半岛，这种情况可能一定程度上确实存在，但是在"阿拉伯斯坦"（奥斯曼人给予其叙利亚属地的广义名称），情况则截然不同。1860年的时局明显影响了欧洲旅行者的看法。大马士革花了很长时间才甩掉对外国人不友好的名声；1860年后，这种开放的趋势出现了暂时的倒退。一位来访的英国牧师亨利·特里斯特拉姆于19世纪60年代初访问大马士革后，在对这座城市的描述中不以为然地怒斥道："最初的惊艳消退后，才发现这是个相当令人扫兴的地方。许多污秽的东西，走不到头的曲折街道，寒酸的建筑外观，奢华的豪宅，熙熙攘攘、破破烂烂但商品琳琅满目的集市，令人恶心的气味，以及凄凄惨惨的废墟。"[13]

民间和官方建筑的风格，都映射出了这段新的和平时期，以及那些与奥斯曼帝国权力机构关系密切的家族确确实实的飞黄腾达。阿勒颇的阿拉伯逊尼派精英被数量可观的土耳其人、阿拉伯基督徒和亚美尼亚人稀释了，虽然大马士革从未成为像前者那样的"奥斯曼"城市，但奥斯曼时代的最后几十年，它还是披上了一种明显属于土耳其风格的"外观"。城市规划和建筑开发成了新的重点，宣告着一个非凡的城市重建过程的到来，这样做某种程度上是为了容纳新的机构。伊斯坦布尔的欧式建筑风尚现在成了一种准则，从公共建筑到私家建筑，在方方面面都或多或少地抹杀了当地的传统。这一过程始于阿卜杜勒-阿齐兹统治时期（1861—1876），但在更狂热的建造者阿卜杜勒-哈米德二世（1876—1909）和（这几位苏丹的权力终止后）青年土耳其党人（1908—1918）统治时期大大加快了。阿卜杜勒-哈米德在1878年废除了议会，使争取宪政的运动出现了倒退。他试图通过其他手段，即恢复苏丹之位对哈里发的主张，来重振他日渐缩小的国土。伊斯兰国家的概念（有助于模糊其本质上属于土耳其人的核心），在某种程度上是对大马士革有利的，因为朝觐仍然是高门维持自身资格的关键，即便1869年苏伊士运河的开通使许多朝圣者有了走海路的选项。

在这五十年里，城市以自努尔丁时代以来未曾有过的速度发生了蜕变。最明显的迹象是西边外延区的开发。奥斯曼时代早期，总督府设置在邻接城墙西边的军事区内，一个巨大的新区域将城市与米丹连接起来，而这里就是它在北边的固定点。16世纪，随着提基亚清真寺和苏莱曼尼耶麦德莱赛的建立，扩建部分向西推进得更远了，但在下个世纪，显贵更愿意将城市改造的重点移回到城墙内，向西的推进也就停滞了。虽然城堡仍然是奥斯曼驻军的基地和避难所，但16世纪下半叶，就在连接胜利之门和提基亚清真寺的小路以南，建起了一座新的总督府。埃及占领军离开后，这座建筑不是被改建，就是被重建了。[14]

宗教机构已然强化了这个地区的奥斯曼特质，尤其是最西端的提基亚清真寺。此时，其他受到奥斯曼军方青睐的苏菲派机构也在该地区散布开来，例如梅夫拉维教团（即"旋转的德尔维希"教派）的小型修道院。[15] 现存的雅勒不花清真寺和桑贾克达尔清真寺，以及位于向南延伸至穆拉德帕夏清真寺的这片区域的几座清真寺，都是为土耳其信众服务的。

到了19世纪，由于需要为新机构找到更多的空间，回过头来向西开发的动力又加强了。这条轴线上的坦基兹清真寺，在埃及占领期间就已被紧急征用为军事基地。这个以草场路这条线为南界的区域，将成为奥斯曼文明的展览品：一个"小伊斯坦布尔"。坦基兹清真寺和雅勒不花清真寺之间的空间，则成了一个横跨巴拉达河两岸的新街区的中心。在此之前，这里的大部分地区还在被果园和花园围绕着，青翠的景色只是偶尔会被清真寺或坟墓所扰动。这个新的中心就是迈尔季广场（1866），通过为巴拉达河开辟水道，以控制每年的洪水，并在河面上架设固定铺板，形成一个宽阔的广场，从而实现了这样的格局。[16]

大马士革由此获得了这样一个街区，可以反映出奥斯曼帝国晚期社会受到欧洲人影响的口味。把西边这块土地利用起来，就减轻了老城的压力。幸运的是，老城也没有经历那些可能将其精彩纷呈的历史抹去的重大变化。新区还成了对外贸易和旅游观光等活动的基地，后一种活动随着19世纪末圣地旅游业的兴起而得到了鼓励。大马士革现在已经甩掉了疯狂仇外的名声，并迅速成为往返耶路撒冷的路途中一条可行的支线。19世纪中叶，第一家酒店为欧洲旅行者提供了传统驿站之外的选择。19世纪60年代，托马斯·库克组织了第一批大马士革旅行团。到了世纪之交，游客们可以不用遭受老城对感官的大部分攻击了。彼时已经有了两家专门为欧洲贸易而建的大酒店：专门为此建造的维多利亚大酒店（建于1898年至1899年，于1952年拆除），位于一座至今仍冠以其名的桥的北面；以及一座安纳托利亚风格的家庭住宅，在1900年前后被改造为大马士革宫酒店（20世纪50年代末毁于火灾），就在雅勒不花清真寺北面。

官方建筑风格是欧洲新古典主义的土耳其版本：三角楣饰、柱子、死板的长方形窗户，往往是土耳其首都一些建筑项目的小比例复制品。到了1900年，新的"市民"中心达到了全盛时期，有了新的法院（1878）、市政厅（1894）和警察总署（约1900；都已消失），其中最后一个模仿了伊斯坦布尔一座1835年的兵营建筑。在巴拉达河北岸的迈尔季广场西边，1899年建造了一座新的民政官署，现在是内政部的总部。往东一点、紧邻城堡北面的城堡之下区，是人们沿着巴拉达河畔散步时最喜爱的区域，和马穆鲁克时代一样，仍然是杂耍者、杂技演员、乐师和诗歌朗诵者这帮人的聚集地。人们仍然选择巴拉达河和卡纳瓦特河之间的这一小块土地，在河岸凉爽的树荫下喝咖啡，或者抽水烟。

城市改革并没有以奥斯曼人的宏图大志结束。1908年推翻苏丹制度的青年土耳其党人，并没有放弃由土耳其人和阿拉伯人共掌帝国命运的想法，尽管他们试图将国家引向更加自由的秩序，并恢复 1876 年前的宪法。1916 年，从汉志车站往北的宽阔大道（即塞得港街）建成，与维多利亚桥以北的地区连接了起来，从而进一步界定了这个"新伊斯坦布尔"区。该区的西界已经被哈米迪耶兵营（1895）划定了，这是一座巨大的四边形建筑，作为大马士革大学老校区主要的方庭保存了下来。

电报、道路和铁路

1861 年，随着贝鲁特和大马士革之间第一条电报线的开通，新技术时代在大马士革初露端倪。两年后，大马士革与阿勒颇连通，并从那里与安纳托利亚的电报网连接，从而实现了与伊斯坦布尔的直通。作为城市现代化的象征，1905 年在迈尔季广场中央立起了一根铜柱，用以纪念完全由奥斯曼帝国控制的电报线开通，也就是从伊斯坦布尔经大马士革到麦加的这条，它的资金由公众募捐而来。这根柱子仍然挺立着，是奥斯曼帝国宫廷建筑师、意大利人雷蒙多·达兰科的手笔，采用了颇为兼容并蓄的风格，顶部以伊斯坦布尔的哈米迪耶清真寺为原型，那是阿卜杜勒-哈米德二世特别喜欢的一个建筑项目。

凭借一位居住在贝鲁特的法国人所取得的特许权，第一条连接大马士革和沿海地区的碎石路于 1863 年开通，公共马车每日一班。这条 110 公里的线路取代了一条只是给骡子走的小道，古罗马时期的道路早已废弃。这条新的线路承认了贝鲁特现在作为大马士革的港口，领先优势明显（1841年至1860年间，贝鲁特的进口量增长了20倍，出口量增长了40倍）。后来，贝鲁特新的港口设施于1892年启用，也证实了这一点。大马士革在19世纪90年代有了第一条铁路，一条通往豪兰地区（主要的粮食种植区）穆宰里卜、长103公里的铁路于1894年开通。1895年，一条经贝卡谷地的里亚格通往贝鲁特、长147公里的窄轨（1.05米）铁路完工，只花了不到三年的时间。考虑到经达尔贝达山口（1 487米）跨过黎巴嫩山，以及通过狭窄的巴拉达河峡谷所遇到的重重困难，这可谓一项重大成就。从贝鲁特到大马士革的旅程需要9个小时，大马士革一端最初有3座车站：巴拉姆凯、卡纳瓦特和米丹。[17]

虽然法国的铁路项目大大加强了大马士革在该地区的关键作用，但英国计划用经耶尔穆克峡谷下到巴勒斯坦沿海平原的铁路连接大马士革与海法，这被视为对贝鲁特日益增长的重要性构成了潜在威胁。事实证明，英国的这个项目构不成持久的威胁。开头失败了好几次之后，这条233公里的线路被重新规划为通往麦加的线路项目的一条支线（见下一节），途经德拉。施工于1906年完成，不过这条线路在前一年就已"开通"。在全盛时期，每天有两列火车从海法出发，到大马士革（汉志车站）的旅程只需要11个多小时。通往阿卡和杰宁的支线是第一次世界大战前才刚刚设立的。几十年来，这条1.05米轨距的海法—德拉铁路线饱经沧桑（包括第一次世界大战期间T.E.劳伦斯部队的破坏活动），列车很少能够可靠运行。然而，沿着耶

第十五章　改革与重振（1840—1918）· 485

尔穆克河的复杂铁路线（有14座高架桥和7条隧道）仍然可见，包括1946年犹太破坏者将哈马以西、耶尔穆克河下游的一座铁桥炸掉的壮观景象。那次行动十分有效，使这条交通线停摆了。

现代化的驱动也导致了向欧洲公司出租特许权的情况，用以发展大马士革内部新的交通方式。迈尔季广场在1884年被扩建和正规化，成为由一家比利时公司凭1904年的特许权经营的有轨电车系统的中心点，城市也借此实现了电气化。主要的有轨电车站和发电站位于维多利亚桥以北，第一批1442盏电力路灯于1907年启用。铺设有轨电车线路，需要拓宽老城外的几条街道。中央线（1907）是从迈尔季出发、沿着老城的西部边缘、顺着锡南尼耶集市南下至米丹的一条线路。第二条线路连接迈尔季广场和艾卜耶德桥，后来延伸到穆哈吉林区和萨利希耶区（1913）。（后来又增加了一条通到多马之门的线路，需要拓宽与北面城墙平行的街道，这条街后来被命名为麦利克·费萨尔街。）最后来到大马士革的现代交通工具是飞机。飞机首次在大马士革降落是在1912年，使用的草地位于提基亚清真寺附近，至今尚存。

乘火车去麦加？

从1900年开始，在这些项目工程取得成果的同时，另外的规划也在进行着。用铁路将安纳托利亚与汉志连接起来，是奥斯曼帝国长期以来的目标。为庆祝苏丹阿卜杜勒-哈米德二世登基二十五周年，在那一年宣布了这项规划。这个项目在大马士革受到了支持，特别是苏丹的阿拉伯顾问之一艾哈迈德·伊扎特帕夏·阿比德。他是一位企业家，在19世纪90年代经济萧条导致价格暴跌之前，就已经在豪兰的粮食贸易中发了财。阿比德的企业家才能促成了大马士革第一个多功能商业项目阿比德大楼（1906—1910）（至今仍矗立在迈尔季广场南侧）的建造，他认为汉志的项目是使叙利亚南部摆脱萧条的一种方法。

由于在如此偏僻的地带施工的巨大困难，这条线路直到1908年才通车。为了这个项目，可以说倾尽了所有：帝国官员的工资被扣减；众多土耳其军事部队出工出力；还要从学童那里筹集资金。阿卜杜勒-哈米德曾希望进行最早的一次铁路朝圣，却被青年土耳其党人的政变破坏了。这个项目虽然完全由奥斯曼帝国出资，只使用穆斯林劳动力，但施工的监督者是一位德裔工程师迈斯纳帕夏。这条线路只正常运行了六年（1908—1914），由于需要运送大量的水和木材，它提供的运力也很有限。大多数朝圣者继续走海路。轨距被设定为1.05米，以方便通过从贝鲁特出发的现有铁路线运送物资。大马士革至麦地那1 320公里的行程，需要将近三天的时间，每周有三班列车在这条线路上运行。[18]它跟随传统旅行队的足迹，利用了几个世纪以来经过了验证的取水点和缓坡。

这条铁路从大马士革的卡达姆车站开始建造，此地位于米丹南部，与朝觐的出发点有关联。若干年后，城市终点站才建成。最后的辉煌要留给这个极具象征意义的奥斯曼帝国晚期项目，大马士革通往汉志的新途径，将这座城市在朝觐中的作用带入了一个新纪元。汉志车站（1917）矗立在从老城划出来的轴线（现在的胜利街）西端。它是城市中怪里怪气却最讨人喜欢的建筑之一，正如斯特凡·韦伯最近指出的那样，它意味着兜了一大圈又回到了原点：当地的风格在欧洲人设计的东方化建筑中取得了胜利，该建筑大量吸取了假想中的大马士革建筑元素。[19] 装饰华丽的售票大厅同样是欧洲（西班牙）建筑师费尔南多·德阿兰达的作品，它在无人问津和麻木的修复中经历了数十载，所有的东方化特征都原封不动地保留了下来，尽管主要的铁路终点站早已变回了城南的卡达姆车站。1914年法国对德宣战后，土耳其与德国为伍，包括铁路在内的所有法国利权都被没收了。贝鲁特铁路线，现在又加上了一条通到霍姆斯和阿勒颇的线路，都作为土耳其铁路系统的一部分来经营。

这条铁路西邻米丹、安拉之门和从老城延伸出来的卡达姆外延区。长期以来，米丹便与朝觐的宗教目的，以及与朝觐同时进行的贸易交流有关，现在则呈现出了更明确的工业性质。它与来自南方的粮食贸易的联系，围绕着散布在清真寺和陵墓间的储粮仓而巩固。随着大马士革的人口增长，大量穷困的阿拉伯移民也自然而然地聚集在这里。这一地区的宗教重要性也相应地减弱了，不过这里还有几个神秘主义教义中心。在逊尼派势力强大的老城，抑或西边由土耳其人主导的外延区，这样的机构并不受欢迎。

此时，城市的总人口水平是通过定期的人口普查来估算的，

汉志车站立面

但人们普遍认为这些数字偏低，因为税收是基于家庭的规模来计算的。19世纪50年代，爱尔兰神职人员乔赛亚斯·波特牧师考虑到这个因素，给出了15万这个数字，但可能有点高，特别是因为其他来源给出的估计数字是11万人左右。对于19世纪的最后几十年，官方数字在1888年和1900年之间的十二年里激增了将近19%。1900年，奥斯曼帝国官方的数字是14万多，但这还不是激增的终点。1917年，这个数字增至23.5万，许多穷困潦倒、忍饥挨饿的村民此时已经搬进城里寻找食物。[20] 1896年至1900年间，萨利希耶以西的新区穆哈吉林接收了来自鲁米利亚和克里特岛的穆斯林难民，后者在希腊接管该岛后选择离开。这个新区是按照小型网格规划设计的，它的西边是在卡松山山坡东端逐渐形成的库尔德人区。[21]

1893 年大火

现在我们把时间往回倒几年，审视一下这个事件，它意味着这座城市历史保护最重大的挫折之一。1893 年，将大马士革大清真寺烧毁的大火第三次燃起，这次是因一个倒霉的工人而起。他在屋顶上为防水沥青换新时，停下来点燃了烟斗，历经十二个世纪的光辉在随之而来的火焰中迅速化为乌有。这场大火对建筑产生了毁灭性的影响，从被焚毁遗迹的照片中就能看出。礼拜大厅中的一些装饰躲过了 1069 年的大火和帖木儿 1401 年的烈焰，此时却永远地消失了。剩余的马赛克在熊熊烈火中灰飞烟灭；墙上的大理石镶板碎成了一堆堆石灰。用金箔勾勒出来的、华美的 *karma* 条带，几个世纪以来加上去的瓷砖，带有拜占庭风格精致小圆柱的米哈拉布，巴西利卡形大厅里原本的 30 根柱子，以及由它们架起来的拱廊：一切荡然无存。木屋顶和地面铺装中大量使用的地毯，可能确保了大火烧到最旺。朱庇特神庙圣域那厚实的、主要是罗马时代的外墙，以及耳堂的结构，甚至是镀铅的圆顶，都得以幸存。可是在被烧毁的骨架里，那令人悲从中来的、堆积如山的废墟，就直接被清理走了，断裂的柱子被弄碎，以便腾出道路来，而内部重建所采用的风格，朴素到了简直无情的地步：不寻求恢复原来的处理方式，或许才是明智之选。重建花了九年时间，由于奥斯曼帝国财政困窘，大马士革人又对修复清真寺义不容辞，因此大部分作业都是志愿劳动。巨大的木屋顶被替换掉了，人们利用这次机会，按照奥斯曼帝国晚期风格重建了变薄的圆顶，给它戴了一顶稍微有些尖的帽子。如前文所述，在耳房的上层结构中，内部有一些零星的马赛克遗迹留存了下来，包括北墙内面，但它们隔得太远了，表现不出原来那令游客肃然起敬的、星汉灿烂的苍穹之万一。

哈米迪耶集市

火灾蔓延到了清真寺以西的广大地区。这对阿卜杜勒-哈米德来说倒是一个绝佳的机会，可以完成最初于19世纪80年代中期拟定的、对大清真寺西边这条路的重新规划，在这一过程中使城市的"形貌"更加欧洲化。这条新的大道就是哈米迪耶集市，以同时期欧洲拱廊商业街作为表现形式，只是覆盖着铁皮屋顶，还有着整齐划一的店面。[22]这是该地区首次被留作零售专用（不允许开设手工作坊），并迅速成为女装店和纺织品商店云集的时尚之地。对通往清真寺的西轴线的这次重新规划，将清真寺与西边的"小伊斯坦布尔"连接起来，由此完成了对城市商业活动的重新定位。希腊神庙曾经面朝东边集会地周围的商业区，也就是后来罗马时代的广场。到了阿尤布王朝时代，城市的商业中心已经向着直街的中心区域部分南移。奥斯曼帝国时代，新的重心奔着米丹和提基亚清真寺跑到了西边，后来又转向了西北方向的迈尔季。此时，城市的商业中心已经重新面向显贵的中心地带，沿着直通清真寺西入口的新轴线。180度的顺时针旋转，花了两千年才完成。

通过拓宽其他主要的购物区，并使立面看起来更加欧式，往老城去的路也更好走了，例如，香料集市和前面提到的米德哈特帕夏集市被校直和部分拓宽（均在 1878 年）。[23] 传统的货栈和长途贸易仍然集中在米德哈特帕夏集市（当今亦然），它的立面协调统一，现在都是些廉价的服装和纺织品商店。[24]

大马士革房屋

然而，尽管在新的建筑和规划条例的刺激下，出现了家宅改造的趋势，但老城的其余部分基本上并没有被政府发起的项目所触及。这种按照安纳托利亚样式进行的改造，如今仍然明显体现在城墙区许多老街的外观上。大马士革那种带有庭院的房屋是数个世纪以来的标准，如今却被安纳托利亚风格（或称"科纳克"风格）的家用建筑所取代。里面的人看到的是外面的街道，而不是内部的中央庭院。常常岌岌可危地悬在街道上方的木框窗，现在变成了清一色的纱窗或百叶窗。在狭窄的大街上，不得不迁就一下，稳重一些。传统的会客厅（qa'a）变成了精装修的奥斯曼沙龙（salya）。建筑方法变得更轻巧，最终的涂装也不那么耐久。正如旅行者们所描述的那样，大马士革的房屋结构长期以来一直是由轻型材料建造的，而石头则是专门用来进行重点养护的。现在，甚至连重点养护的这部分，采用的都是不那么耐久的材料。在会客厅等面向公众的房间里，不再使用石头装饰，最终的涂装是带有彩绘装饰的石膏。1860 年后的繁荣和稳定时期，社会上一片欣欣向荣，房屋翻新或改造频繁，也加快了这种新风格流行开来的速度。

最值得注意的是，大马士革人透过奥斯曼棱镜看世界的热情，体现为一种从博斯普鲁斯海峡引进的风格，甚至具体到土耳其首都及其周边地区的面貌。[25] 新的材料和风格（更不必说最新流行的、对独立式家具的喜好）向巴洛克靠拢了。所产生的效果取代了传统中大马士革人对几何图形的迷恋（仅仅是摆弄阳光与阴影、玄武岩与石灰石），变成了令人眼花缭乱的色彩、曲线，以及无休无止、兼容并蓄的细节。然而，这种效果往往很奇妙。

幸运的是，家宅庭院也保存了下来，特别是在较大的城市宅邸中。从太阳暴晒、尘土飞扬的街道进入时，这些庭院仍会给人们带来一种不可思议的释然之感：安静、色彩和绿意，斑驳的树荫，还有最多四个高耸的敞厅，深深地凹进去，可以作为娱乐室，视季节而定。在2011年之前的几十年里，人们越发清楚地认识到，这些房屋对作为旅游目的地的大马士革来说有多么宝贵，一些实例也因此得到了修复。[26] 最令人印象深刻的或许要数尼扎姆宫，它位于直街往南一点、通往小门的那条被拓宽的大道以东。它事实上是三处房产，长年累月下来连在了一起，供尼扎姆家族居住，后来改作国事接待中心。在这里，大马士革工匠保存至今的全部手艺和技能，在变化万千的镶嵌细工、石雕工艺以及对阴影和空间的妙用中悉数呈现。在现代游客的行程中，更重要的是杰出的显贵阿萨德帕夏·阿泽姆建造的宅邸。它位于倭马亚清真寺以南的香料集市边上，现在是民间艺术和工艺博物馆。天井和房间的布置不太成功，该建筑群还在1925年叛乱期间对这一区域的轰炸中受到了损害。然

奥斯曼帝国晚期的"科纳克"住宅

而，对于奥斯曼时代大马士革的建筑，以及家具和金属制品工艺的高标准，它简直是一份现成的概览。其他的房屋现在作为餐厅使用。大马士革房屋一个宏伟的后期例子，是作为大马士革市博物馆的哈立德·阿泽姆宫，位于城墙以北的乌盖拜区和萨鲁贾区之间。

传统行业继续兴旺发达，尽管有些行业受到了欧洲竞争的严重影响，特别是那些较为实用的产品。具有显著"大马士革"特色的制品再次广受欢迎，包括精美的亚麻布、刀具和镶嵌细工。除了布料生产，大多数工业在步入20世纪很久之后仍然是手工作业。尽管一些较重的业务集中在米丹，例如研磨，而染色和制革则在老城以北和以东的巴拉达河一带，一直持续到最近这几十年，但老城的范围内仍然可以容纳手工作坊。直到1898年后，才有可靠的贸易数据公布出来，表明当时大马士革地区的主要出口产品仍然是丝绸和棉织品，之后才是一系列农产品，特别是该城市至今仍然有名的杏干。进口额是出口额的两倍多，主要的产品是织物、糖和大米。

纪念建筑保护指挥部

随着土耳其于1914年11月站在德国一边参加第一次世界大战，青年土耳其党人的三位重要领袖之一杰马尔帕夏被派往大马士革统率第四集团军，并担任整个叙利亚-巴勒斯坦-阿拉伯战区的军事长官。他的军事行动大多以失败收场，包括两次袭击苏伊士运河未遂，而他的民政管理也近乎灾难。当时的美国驻伊斯坦布尔大使亨利·摩根索认为，任命杰马尔担当这一职位很奇怪——"海军首领被派去率领一支陆军，在叙利亚和西奈半岛滚烫的沙地上作战"——但这次任命反映出，青年土耳其党人领袖三巨头中的另外两人希望让他尽可能地远离首都。"他成了一种代理苏丹，把持着自己的宫廷，发布自己的命令，随心所欲地执行自己的审判，还常常不把君士坦丁堡当局放在眼里。"[27]

杰马尔是一个复杂多变的人物，喜欢突施暴力，这些特点使他遭到了阿拉伯人的痛恨，被称作"屠夫杰马尔"。他本人很讨厌德国人，但这并不妨碍他接受由德国人实际接管对奥斯曼帝国叙利亚部队的高级指挥权。与德国在军事、经济和文化领域的合作，还要追溯到19世纪90年代。苏丹阿卜杜勒-哈米德二世，这位"登上过奥斯曼王位的最反动的统治者之一"，曾经促进与德国的关系。在一次长时间的国事访问过程中，德皇威廉二世于1898年在从伊斯坦布尔前往耶路撒冷的途中访问了大马士革。德皇刻意以一种极具象征性的姿态参观了萨拉丁墓。在一场热情洋溢的演讲中，他承诺他的帝国将支持"尊崇苏丹为哈里发的三亿穆斯林"。这份友好协约的主要成果有二，一是柏林-巴格达铁路，二是德国军官外调到奥斯曼军队。还有一个次要成果，便是德国优先享有小亚细亚和叙利亚的考古特许权。[28]

十五年后，阿卜杜勒-哈米德已经不在其位，但对于通过城市重建将"阿拉伯斯坦"现代化，以及增进对伊斯兰教光荣历史的认识，杰马尔怀有自相矛盾的热情，因此，一个德国-土耳其联合"指挥部"创立了。这个考古"指挥部"由德国考古学家特奥多尔·维甘德领衔,他已在这一地区扬名立万,包括对巴尔米拉的研究工作。土耳其武装部队有拆毁古迹、为兵营和民用建筑提供建筑材料的癖好,他也对此表示关切,想要管住他们。[29] 指挥部 1917 年的研究工作产生了几部重要的专著。瓦青格和武尔青格分为两部分的开创性著作《大马士革:古代城市》和《大马士革:伊斯兰城市》,直到第一次世界大战后才得以出版,但战争期间,他们一直在顽强地进行研究。[30] 研究成果就是这座城市的第一张详细地图(1∶2 000),1918 年城市被英军夺取时,这张地图还在印刷。[31]

这种反映城市辉煌历史的政策,与杰马尔对当地阿拉伯精英的蔑视,以及残酷镇压包括汉志领导人费萨尔支持者在内的阿拉伯人事业同情者的政策并不一致。1915 年初,奥斯曼帝国夺取苏伊士运河初尝败绩之后,一场实际上的"恐怖统治"开始了。第一次(对 11 名民族主义者的)大规模处决发生在 1915 年 8 月,次年 5 月,又有 21 名爱国者在迈尔季广场被绞死,其中几人与大马士革的精英家族有关系。[32]

奥斯曼当局担心民族主义者起义,展开了大规模的过度报复,这已经引发了对土耳其东部亚美尼亚人的行动。为了清除帝国的主要非伊斯兰成分,有数十万名难民被杀害、饿死或被迫进入叙利亚。约有 15 万人被赶到阿勒颇南部,当局盼着他们会因沙漠的恶劣条件而死,或者是病死。比起死于强行军,抑或代尔祖尔或拉斯艾因大屠杀的数十万人,那些到达了杰马尔管辖范围的人还算是幸运的。大多数人因杰马尔的政策而幸免于难,因为他与他的青年土耳其党同僚们看法不一致。尽管他对亚美尼亚民族主义态度严厉，但他认为完全消灭亚美尼亚人并无道理。他更愿意在公共工程中雇佣他们，让他们发挥作用，而不是任由他们死在沿汉志铁路向南延伸至安曼和马安的收容所里。[33] 因此，大量亚美尼亚人社区在叙利亚北部和黎巴嫩的城市中幸存下来，许多人被鼓励在黎巴嫩谋生。

杰马尔帕夏的政策反映了他对城市复兴异常的热情。他不再在军事指挥中发挥直接作用，城市规划成了他的头等要务。他在1912年被派到巴格达时[34]，以及担任公共工程部长时，就已经开始追求这项事业了。此时，这成了他的战争目标的一部分。一位瑞士专家马克斯·齐歇尔被派来制订周密计划，重点是给大马士革在奥斯曼时代建设的区域带来一种宏伟的感觉。对于他的这份热情，最持久的纪念碑就是旧草场街的拓宽工程，它将胜利之门与汉志车站连接了起来。杰马尔帕夏大道，也就是如今的胜利街，成了杰马尔成就的巅峰，用他自己的话说，"拿到任何东方城市去，它的美丽都无与伦比"。这是一条650米长的宽阔大道，中央有绿地，街道经过了正式的改良，被想象成了一个巨大的阅兵场："政府大楼可以沿着它建造，包括部队在内的公共游行队伍可以沿着它展示，就是这样一个场地。"[35] 职业建筑师武尔青格应杰马尔的要求，根据帕夏设想出来的车站前广场草图进行了详细的设计：一个令人难以置信的中央喷泉，"成品要有小瀑布和狮子，其中一只狮子的爪子要搭在一面土耳其国旗上"。可怜的武尔青格拿出来的设计方案未能充分反映这些不可或缺的细节，这个项目也一直没有落实。[36]

杰马尔的大部分工程影响的是城墙外区域，不过有两条通往城墙区的街道得到了升级：多马之门街，以及北通直街、构成犹太人区西缘的那条街（如今的阿明街）。[37] 南侧城墙的中央部分或许就是在进行后面那项工程时被拆除的。（这段城墙，以及城堡以南的西侧城墙，是仅有的没有保持原状的城墙部分。）

然而，在杰马尔的豪情壮志背后，现实要悲惨得多。饥荒和疾病极大地加剧了战乱。理论上，铁路的开通保证了大马士革的粮食供应，特别是来自豪兰地区的粮食，但协约国对汉志的封锁、奥斯曼帝国官员对采购的管理不善，以及沿海地区商人的贪婪，意味着在叙利亚南部几乎买不到价格合理的粮食。结果就是 1916 年至 1918 年间一场灾难性的饥荒。

阿拉伯人的觉醒

叙利亚的阿拉伯人在某种形式的少数民族或外来者统治下的时间或许已经太久了，并没有为 19 世纪民族主义的发展提供肥沃的土壤。"阿拉伯斯坦"对主人不远不近，不冷不热，但该地区的宗教纽带和长期的文化融合传统，在很大程度上模糊了阿拉伯人与土耳其人之间分明的界限。虽然真正被土耳其文化同化的情况只发生在边缘（例如，精英阶层的孩子已经开始在伊斯坦布尔或当地的土耳其机构接受教育），但如果认为这里存在英国人在印度，或者土耳其人在希腊所面对的那种文化差异，也是不对的。虽然语言有别，但这些文化已经互相影响了数个世纪，也有相当多的共同词汇。无论后来的阿拉伯民族主义披着怎样的外衣，19 世纪末的大多数大马士革名流都是透过奥斯曼的棱镜来看待世界其他地区的，正如许多大马士革房屋中的壁画所显示的那样。贝鲁特作为阿拉伯民族主义中心的地位更加凸显，部分原因是欧式教育的影响更大。对现代教育的强调削弱了奥斯曼化的进程，特别是因为希腊正教会倾向于寻求一个具有广义凝聚力的主题，用现代民族的措辞来描述"叙利亚"。叙利亚新教学院，也就是后来的贝鲁特美国大学，和圣约瑟夫大学，分别于1866年和1875年在黎巴嫩创办。但西方教育在大马士革的影响更加有限，19世纪90年代以前，当地精英阶层的孩子很少在基督教学校上学。

甚至连在伊斯坦布尔组建代表大会的种种尝试所引起的反响，都没有什么是独属于阿拉伯人的，大多数代表专注于想办法为苏丹帝国境内的阿拉伯人争取利益最大化。要说这寥寥几名中产阶级代言人的发言代表了暗流涌动的民心，简直毫无道理。大多数叙利亚人仍然满足于承认阿卜杜勒-哈米德对苏丹地位的解释，即穆斯林身份的表现。

然而，19世纪快要结束时，奥斯曼国家日渐破产，再加上严重影响粮食价格的经济萧条，东部省份的阿拉伯人也越发感到不满。现代化进程耗资巨大，国库却日渐空虚。这场"合法性危机"在1908年后恶化了，因为青年土耳其党人最初欣然接受了延续阿卜杜勒-哈米德二世的土耳其-阿拉伯协议政策，之后却走向了土耳其色彩更加鲜明，也更加世俗化的新命运。[38]以强制手段将土耳其语作为教育和行政管理的媒介，标志着灵活的旧政策的结束。

作为一位苏丹治下各种不同领土的一部分是一回事，这位苏丹无论多么专制，都还尊重帝国所采纳的传统；作为一个帝国迷失的一隅却是另一回事，这个帝国正奋力维持一个文化越发单一的土耳其之外的凝聚力。阿拉伯民族主义以一种前所未有的强度炸裂开来，但也只是在1908年恢复议会政体和第一次世界大战之间这段短暂的时期。旧的精英集团仍然执着于对奥斯曼主义的忠诚，没有寻求从帝国独立的纲领，反倒把重点放在了帝国内部恢复阿拉伯语言和文化权利上。此外，虽然这场新运动的中心在阿拉伯主义的中心大马士革，但这里的政治环境通常过于严格，许多活动家更愿意在开罗或欧洲活动，那些地方更自由。

战争带来的匮乏和不确定性激起了民愤，阿拉伯人在这场斗争中付出的代价比安纳托利亚的大多数居民都要高，而面对饥荒和蔓延的疾病，他们却只能自己想办法。杰马尔为培养共有的伊斯兰认同而付出了努力（具有讽刺意味的是，这还是在德国人的支持下），然而，叙利亚的经济为了支持战争而变得一团糟，任何地方性的动荡都会招来严重过激的反应，在这样的现实面前，他功亏一篑。麦加谢里夫*侯赛因（后来在1916年至1924年任汉志国王）建立王朝的野心，在英国人零敲碎打的煽动下，将阿拉伯民族主义情绪从根基在城市的自由民族主义那边转移了过来。然而，对阿拉伯人身份的拥护并没有转化为对哈希姆家族事业的普遍热情，尽管侯赛因之子费萨尔1915年

---

* 麦加和麦地那及其附近汉志地区管理者的头衔，长期由哈希姆家族世袭。侯塞因即为哈希姆家族成员。——译注

与大马士革阿拉伯秘密社团的接触取得了一定的初期成就，但也因此激起了杰马尔对阿拉伯民族主义的严厉镇压。在战争过程中，除此之外，一切皆因土耳其人的压迫和无能。1914年还只是被少数狂热者煽动起来的这簇小火花，却在四年后变成了一个如日中天的构想，一个被城市精英热情采纳的概念，只要能够掉转枪口为自己服务，与哈希姆家族对着干。

"前往大马士革！"——骑兵大进军

1918年夏天，在卢德和往耶路撒冷方向、地势越来越高的丘陵之间的平原上，新任命的协约国指挥官艾伦比将军正在集结一支军队，准备协力将土耳其帝国赶出叙利亚。这或许是大马士革有史以来所面对的成分最混杂的入侵部队，由印度人、犹太人、亚美尼亚人组成，还有来自英格兰、苏格兰、南非和西印度群岛的人员。澳大利亚部队扮演了奇兵的角色，1917年10月31日，他们大举突入贝尔谢巴，取得了惊人的成功，这也是战争史上最后一次大型骑兵冲锋。耶路撒冷于1917年12月陷落，为将土耳其人逐出叙利亚的最后一击扫清了道路。

澳大利亚人本身就是一支临时拼凑出来的杂牌军，包括一个骆驼军团和一个骑兵师（轻骑兵部队也被当作骑兵凑合着用）。12 000人的澳大利亚部队在继续北上之前，夺取了土耳其人位于纳布卢斯的指挥中心（1918年9月）。在东边，由T. E. 劳伦斯组建的阿拉伯军团负责扫荡汉志铁路，以便在德拉与协约国会师，并组成进入主要目标大马士革的右翼，而大马士革必须在 11 月的雨季到来之前攻陷。

粉碎薄弱且士气低落的土耳其防线后，协约国到达了他们的第一个目的地——耶斯列平原上的阿富拉。土耳其军队的德国指挥官利曼·冯·桑德斯在拿撒勒被皇家格洛斯特郡骠骑兵团突袭，但他设法乘汽车逃到了太巴列。然而，协约国在 9 月 21 日突入杰宁，其推进速度令土耳其军队兵败如山倒。当澳大利亚人在哈里·肖韦尔将军的指挥下到达约旦河上游的雅各之女桥时，土军指挥官穆斯塔法·凯末尔只比他们早了几分钟，却设法在被侦查到之前到达了大马士革。[39] 德军的炮手进行了激烈的抵抗，拆除了这座中世纪的桥来加强防御。然而，第二天早上，土耳其和德国军队已经离开了，为协约国在 9 月 29 日进占库奈特拉开辟了道路。他们远遁到苏贝巴的马穆鲁克王朝大型要塞以南，这座要塞长期守护着这个历来通往大马士革的门户。在库奈特拉城外交战后，澳大利亚人发现自己已经处在那片平坦的岩石高地上，几乎没有什么能阻止他们向 60 公里外的大马士革前进了。他们"骑在马上，宛如一群小学生般焦急又兴奋。奔向胜利的纯粹喜悦令他们热血沸腾"，这是他们正史中的原话，强调了"前往大马士革"这句号令所引起的兴奋之情，甚至连另一个半球的人都逃不过。[40]

穆斯塔法·凯末尔曾短暂经过的大马士革陷入了混乱。这座城市早已被杰马尔放弃，他在耶路撒冷沦陷后回到了伊斯坦布尔。凯末尔也意识到，大马士革不可能守得住，于是决定在阿勒颇附近建立据点。土耳其军队中剩下的那些军纪尚存的部队，准备全体逃往北方，决心回到安纳托利亚，为保家卫国保存实力。"全城的人都知道，每过一个小时，大炮的轰鸣、骑兵的喧嚣和扬起的尘埃就会更近一些。"[41] 土耳其人指责德国人，而阿拉伯人指责他们双方，特别是在劳伦斯的部队对屠杀德拉以北塔法斯阿拉伯居民的土耳其部队进行了野蛮报复后。9月30日之前，土耳其领导层以及他们麾下的许多部队就逃离了大马士革，这是受到了一群阿拉伯名流的怂恿，他们担心土耳其人败局已定时，可能会把这座城市付之一炬。随着土耳其民政当局的崩溃，一个阿拉伯人的政府被匆匆任命。然而，居民再一次嗅到了新时代将至的气息。费萨尔的代理人确保旗帜为宣布这位叙利亚的未来国王而飘扬，劳伦斯所率领的正是他的军队。[42] 德国人和土耳其人争起了逃跑时的交通工具，而费萨尔的代理人则试图为他的胜利入城做好准备。

一千多年以来，大马士革头一次有了阿拉伯人宣布胜利的企盼。无论它的阿拉伯民族主义意识在土耳其统治的最后阶段有多么脆弱，它现在都迅速接受了自己的阿拉伯人身份，尽管它对哈希姆家族的支持者疑虑重重。一个小细节破坏了这场胜利。澳大利亚人乘势而上，兵临城下，而阿拉伯人还在南边很远的地方。9月30日，一群澳大利亚人和法国人向西绕过土耳其人位于考卡卜的防御阵地，攻占了梅泽赫，并突袭了一支在逃往贝鲁特途中进入巴拉达峡谷的土耳其运输队。被协约国杀死的土耳其人数以百计，活下来的掉队者也遭到了敌对的大马士革人的攻击。

澳大利亚人在杜马尔扎野营过夜。然而，劳伦斯的部队还在从南方往这边赶，次日（10月1日）骑马进城的是澳大利亚人。之前的计划是包围这座城市，特别是要切断任何通往贝鲁特或霍姆斯的逃跑路线，这反映了艾伦比的命令（9月29日在库奈特拉发布）：不要进城，除非有战术必要。鉴于他们好不容易才通过了北部和西部的地区，保持部队团结一致都很困难。此时，对当地指挥官来说，更合理的做法是将澳大利亚第十轻骑兵团直接部署在城市中，看看可能遇到怎样的抵抗。[43] 没有遇到抵抗。骑兵从巴勒斯坦平原一路北上，经过长途跋涉，已经筋疲力尽，却还能用剑和鸸鹋羽毛帽上翻的帽檐维持潇洒的形象。他们在黎明前出发，越过现代的艾布·鲁马奈山坡，向这座城市靠近。他们平稳的小跑突然加速，变成了疾驰。"（他们）拔剑出鞘，踢动马刺，马鬃飘扬，奔向前方的大马士革。"一位参与者的女儿写道。[44] 这是一场通过音效而不是武力实现的入侵：鹅卵石和电车轨道上的铿锵声，轻武装骑兵越发嘈杂的马蹄声不时被德国人弹药库最后的爆炸声打断，这声音令他们印象深刻。黎明时分，他们到达了旧日的马穆鲁克王朝练兵场——阿赫达尔草场，正值哈米迪耶兵营的土耳其人从睡梦中醒来，意识到退路被切断了。12 000多名土耳其步兵知道他们被抛弃了，只做出了最低限度的抵抗。

攻占大马士革的原定计划是为了招待劳伦斯的部队而精心安排的，而这支部队还在从德拉一路北上。接受这座城市的投降具有象征意义，是政治上的王牌。在这场为控制叙利亚而展开的博弈中，英国人、法国人和费萨尔都在追求它。澳大利亚人的锐气把这一切都破坏了。不过没关系；第十轻骑兵团的代理指挥官阿瑟·奥尔登少校继续向北推进，跨过维多利亚桥，沿着巴拉达河向迈尔季广场西边的土耳其总督府进发。在那里，"来自世界各地的一大群人在横冲直撞，欢呼、鸣枪"，尽管时间才早上六点半。[45]奥尔登发现，管理这座城市的，是一天前才被任命的奥斯曼总督埃米尔赛义德·杰扎伊里。作为阿尔及利亚流亡者阿卜杜·卡迪尔·杰扎伊里之孙，埃米尔赛义德保持着家族的优良传统，在危机时期挺身而出，维护法律和秩序。奥尔登发现，埃米尔赛义德迫不及待地想要让这座城市体面地投降，这让他颇为尴尬。奥尔登后来声称，他生硬地打断了花里胡哨的阿拉伯语欢迎致辞，解释说英军指挥官很快就会到达，出席正式仪式。[46]埃米尔赛义德指派一个宪兵小队引导轻骑兵部队通过这座城市北上。澳大利亚人离开时受到了群众的欢送，人们如释重负的心情歇斯底里地表现了出来。大马士革人民"向部队泼洒香槟、香水、玫瑰叶和彩色纸屑，以表达他们的满心欢喜"[47]。

　　第一拨澳大利亚部队无法留下来参加民众所想的胜利游行了。他们带着切断北上逃亡路线的任务继续前进，在大马士革东北16公里处的汉古赛尔遭遇了一支土耳其阻击部队。同日上午（10月1日）晚些时候，劳伦斯（他在后来的记述中并没有把澳大利亚人的抢先抵达当回事）入城时更加克制。[48]劳伦斯的分遣队在协约国第十四骑兵旅后面骑马入城，阿拉伯骑兵"在街道上飞驰，疯狂呐喊，拖曳着彩色丝绸和棉布，用步枪射击，表现得很张扬"，澳大利亚官方历史学家言简意赅。劳伦斯很快便试图阻止城市名流发挥任何领导作用，并在第二天安排任命了一位哈希姆家族成员取代了埃米尔赛义德。当天晚些时候，第二支澳大利亚部队入城，一方面是为了缓和因劳伦斯部队的驻扎而产生的紧张情况，包括城市中贝都因人和德鲁兹派之间的紧张状态，另一方面则是因为阿拉伯人的临时政府没有能力满足居民迫切的人道主义需求，包括忍饥挨饿、伤兵满营的土耳其部队的需求。大马士革的协约国指挥官、澳大利亚将军肖维尔将协约国部队的正式游行安排在10月2日，某种程度上是为了震慑那些不听话的居民，让他们接受，在这座几近混乱的城市中，有一个占主导地位的权威。费萨尔和他的部队正式入城，要等到国王10月3日乘火车从德拉赶到这里时。肖维尔为这第三次入城的"胜利游行"开了绿灯。[49]

大马士革属于谁？

为攻占大马士革而展开的争夺，争的并不仅仅是空洞的声望。艾伦比得到了精确的指示。最初的想法是委托土耳其当局继续负责行政管理，但由于土耳其的存在迅速瓦解，只能排除。伦敦批准的第二版方案是迅速移交给一个名义上的阿拉伯政府，让费萨尔来当名义上的领袖。这一结果可以有效改变法国的角色，使其在叙利亚内政中充其量只能是顾问，并确保当地不会因为城市被非阿拉伯的基督教势力占领而产生强烈的抗拒。[50]

大马士革的陷落很快便象征了对叙利亚未来的误解和骗局。首先需要照顾饥饿的平民。该地区在战时条件下所能生产的食物供应，因土耳其行政部门的崩溃和城市周边地区的战斗而进一步中断。大流感余波未平，还有2万名土耳其军人需要照料，其中许多人的情况惨不忍睹，医疗需求非常大。城市缺乏行政管理，土耳其人已经逃离，汉志人又缺乏必要的经验。那些曾在土耳其人手下工作过的阿拉伯名流遭到了怀疑。埃米尔杰扎伊里被劳伦斯的部队关了起来，怕他发动一次反叛乱的叛乱，而劳伦斯试图任命一位代替他的领导人，这大大加剧了城市的紧张局势。[51]

劳伦斯没有告诉费萨尔，他想成为叙利亚国王的野心不符合英法将阿拉伯斯坦切割成英法各自保护国的计划。费萨尔主张自己是大马士革的解放者，这本来是他资质的关键，因为劳伦斯要宣传这一主张，好让人们不再关注他自己在就协约国战争目标对阿拉伯人设下的骗局中所扮演的角色。[52] 土耳其人在1918年10月30日同意停战后，叙利亚内陆被置于阿拉伯人的管理之下，其余的大部分地区则被英国（巴勒斯坦、外约旦）和法国（黎巴嫩和一直到亚历山大勒塔的叙利亚沿海地区）分割。随着土耳其宣布成为世俗国家（1922），并废除奥斯曼苏丹制度（1924），土耳其作为伊斯兰教支柱的作用就此终结。

当协约国为如何把费萨尔挤走的细节而争论时，大马士革仍在阿拉伯人的管理之下，直到1920年7月。大马士革市民始终对费萨尔的事业态度暧昧，尽管他们认识到，在土耳其人的统治崩溃所造成的混乱之后，需要一个统一战线来恢复秩序。事实证明，费萨尔和大马士革名流之间的紧张关系会引发动荡，而任命来自巴勒斯坦或伊拉克的外人也会遭人怨恨。名流为他们在一个独立的阿拉伯王国中的持续影响力而忧虑，而费萨尔也没能为他的"民族性原则"建立普遍的支持。疾病和饥荒仍然普遍存在，对趋炎附势之人继续存在的敌意仍未化解。费萨尔准备争取巴勒斯坦犹太复国主义者的支持，这使人们对他在泛阿拉伯事业上的资质产生了新的怀疑。[53] 费萨尔的事业未能得到该地区任何主要参与者的信任，凡尔赛和会上，帝国主义列强想要为中东勾画出一种新的命运，轻轻松松便用计胜过了费萨尔。叙利亚内陆部分被划给法国统治，英国和法国承诺的"独立"到头来只是空谈，国际联盟的委任统治（1922）倒是给它裹了一张遮羞布。英国用伊拉克补偿了费萨尔（1921—1933在位）。他那以大马士革为基地的"阿拉伯王国"，在这座城市的漫长历史中根本不足挂齿。

注 释

1 Frankel 1997 对此进行了充分的叙述。
2 Gilbar in Philipp 1992: 59.
3 Schatkowski Schilcher 1985: 217.
4 这些房子仍然存在，现在是一座老年人综合设施，正在渐渐老化。
5 Schatkowski Schilcher 1985.
6 Ma'oz 1968: 199, 209, 231–232, 239.
7 估算的数字差别很大，但 Fawaz 1994: 259—260 和 Schatkowski Schilcher 1985: 87—91 所采用的中位数，在某种程度上是一致的。为了涵盖事发前已经在大马士革避难的黎巴嫩难民，这个数字可能还需要稍微增加一些。
8 Fawaz 1994: 100; 2001: 265.
9 Fawaz 1994: 141—142; Ghazzal 1993: 165.
10 Schatkowski Schilcher 1985: 102—105.
11 Ghazzal 1993: 143.
12 关于伯顿夫妇和迪格比的生平，有 Mary Lovell: 1995, 1998 这两本书。

13 Tristram 1882 (reprint 1992): 606.

14 第一次世界大战期间，旧总督府的大部分结构似乎在进一步拓宽大道的工程中消失了。叙利亚独立后建造司法大厦时，剩下的部分也被拆除了，现在屹立在这里的就是司法大厦。

15 梅夫拉维教团，见 *EI2* 'Maylawiyya' 和 Lewis 2002: 406。后者对他们的描述是"宽松，不拘泥于教义，疑有什叶派倾向，并迎合了平民大众中历久犹存的基督教和异教信仰与习俗"。该建筑群的一个重建版位于胜利街的一面墙后面，邻接汉志车站西北。

16 该地区开发的详细记述，见 Stefan Weber 2009 vol 1: 114—170。

17 Khairallah 1991: 79.

18 延伸至麦加的那段线路一直也没有建造。Tourret 1989；Zaid 在 *EI2* 中的 'Hidjaz Railway' 词条，是对这条线路的施工与营运最好的总结。

19 Weber 1999a.

20 Pascual in Raymond 1980: 33; Porter 1855 I: 138–139; Schatkowski Schilcher 1985: 3—6; Weber 1999a: 100. Ghazzal 1993: 45 的数字有所不同。

21 Dettmann 1969: 222.

22 Weber 2000: 249 指出，给包括哈米迪耶集市在内的主要集市区安装特有的弧形铁皮屋顶，这个决定是在 1912 年的一场大火之后作为预防措施做出的。铁皮屋顶在第一次世界大战期间被部分拆除，以便为土耳其当局提供制造水箱的材料，后来又被放回了原处。Dettmann 1969: 233 n.50. 关于建造商店长廊的漫长过程，见 Weber 2009 I: 185—201。

23 Weber 2000: 249.

24 从 20 世纪 40 年代起，纺织品区也搬到了介于其间的哈里卡区。1925 年法国托管当局轰炸老城西部后，按照现代的规划方针重建了该区。Dettmann 1969: 245—247.

25 Weber 1999b: 734.

26 关于近来对状况较好的家用建筑实例的修复工作，见 Keenan 对大马士革房屋的研究——Keenan 2000。

27 Morgenthau 1918: 112, 114. 1922 年，杰马尔在第比利斯被一个亚美尼亚暗杀小队刺杀，因为他参与了土耳其东部对亚美尼亚人的驱逐和屠杀——

Rustow 'Djemal Pasha' in *EI*2。

28 如今，这些结果在柏林国立博物馆得到了无比壮观的展示。引用自 Hitti 1951: 698。

29 维甘德的家书后来由其子出版，但他对杰马尔创建新指挥部这一决定的描述，几乎没有提供关于其来由的线索——Wiegand 1970: 198—200。在这段时期的回忆录中，杰马尔并没有提到这个决定——Djemal Pasha: 1922。瓦青格所著的维甘德传记将指挥部的建立归功于德国人的关切，他们要鼓励土耳其人采纳保护古迹的方案，既要避免战争的影响，又要防止石材被盗取——Watzinger 1944: 278—280, 289。另见 Kayali in Philipp and Schaebler 1998: 296; Sack 1989a: 473。

30 对大马士革的研究始于 1917 年 1 月。尽管德国工作人员在 1917 年期间撤离了大马士革，但据武尔青格称，这个计划基本上持续到了 12 月，因为城市 1:2000 地图的完成被视为一项重要的军事资产。瓦青格和武尔青格就要离开时，终于获准进入城堡。耶路撒冷刚落入协约国之手，维甘德自己也撤离了——Watzinger 1944: 299, 318—320。

31 Watzinger 1944: 318.

32 Kayali 1997: 193; Rustow 'Djemal Pasha' in *EI*2.

33 Dadrian 2002; Kayali 1997: 194. 摩根索根据领事和传教士的报告，对被逼死的总人数给出了 120 万这个数字（1918: 206）。关于杰马尔的政策，Djemal Pasha 1922: 239—302。

34 Kayali 1997: 200.

35 引用的杰马尔的话，出自 Kayali in Philipp and Schaebler 1998: 302。另见 Watzinger 1944: 300。

36 Watzinger 1944: 300.

37 Sack 1989a: 476.

38 Schilcher in Philipp and Schaebler 1998: 101.

39 具有讽刺意味的是，许多澳大利亚人之前曾与穆斯塔法·凯末尔交战过。1915 年，他率领土耳其军队在加里波利成功抵御了协约国的进攻。1922 年，穆斯塔法·凯末尔夺权，宣布了奥斯曼帝国统治的终结。他后来被称为"土耳其人之父"（阿塔图尔克）。

40 Gullett 1923: 747.

41 Hamilton 2002: 162.

42 Gullett 1923: 758.

43 澳大利亚第十轻骑兵团的战争日记——澳大利亚战争纪念馆项目编号 10/15/39—40，1918 年 9 月 30 日和 10 月 1 日的条目。后来由 Gullett 撰写的澳大利亚正史反映了来自"政治"层面的命令，即把夺取城市的荣誉留给劳伦斯的部队，但基层可能对此不太清楚。一旦绕过城市往西北方向去的想法迅速被证明为不可能实现，澳大利亚人仍然意识到，在民众心中，荣誉要归于阿拉伯军队。在为《泰晤士报》（1918 年 10 月 17 日）撰写的一篇匿名文章中，劳伦斯试图将澳大利亚人在攻占大马士革时发挥的作用全都写出来，后来却在《智慧七柱》（Lawrence 1935: 643）中对这种说法做出了修正。更多背景可参见 Hill 1978: 174—189; Hughes 2005; Wilson 1989: 561—564。我很感激詹姆斯·巴尔，他检索到了劳伦斯的这篇文章。大马士革的这些日子令人心神荡漾，在此期间的叙述有一些不清不楚的地方，他也对此给出了很有帮助的说明。

44 Hamilton 2002: 167.

45 战争日记，ALH 10, 1 Oct 1918。

46 Olden 1921/2009: 279.

47 战争日记，ALH 10, 1 Oct 1918 page 3。

48 Lawrence 1935: 644—645.

49 Gullett 1923: 763—770. 1918 年攻占大马士革一事，自此之后便成了许多传说和争议的主题，包括后来劳伦斯的主张，称澳大利亚人故意无视被临时改作医院的哈米迪耶兵营中那些土耳其战俘的困境。事实上，虽然花了几个小时将医疗援助安排妥当，但兵营中一片混乱，伤员又分散在 12 000 名战俘中，这些情况起初掩盖了问题的严重性。劳伦斯的部队对市民采取行动时造成了混乱，需要协约国部队介入才能恢复秩序，这也无益于当时的形势。在攻占大马士革的过程中，澳大利亚人的总伤亡人数为 21 人死亡，71 人受伤。然而，有 135 名 1918 年战役的澳大利亚受害者被埋葬在大马士革外延区梅泽赫的英联邦战争墓地（统计数据见 www.cwgc.org），这表示有更多人因战役的困苦和 1918 年 10 月城市疫病的严重程度而死。

50 Fromkin 1989: 335. 英国外交官赛克斯甚至亲自设计了一面专门的旗帜：这面由黑、绿、红、白组成的旗帜，至今仍是阿拉伯国家联盟大多数国家国旗的基础——Fromkin 1989: 315, 334。

51 在Hughes的描述中（2005: 96—97），劳伦斯利用可能发生"反革命"这样一个机会，用机枪杀死了埃米尔的大马士革支持者。

52 Hill 1978: 185.

53 Khoury 1983: 85.

术语和名称汇总表

注：

- 尽管列出了一些阿拉伯语复数形式，但在正文中的大多数情况下，复数仅仅是由单数形式加"-s"构成，以避免混淆，尤其是当这个单词在史料中颇为常用时——因此，会使用 madrasa，madrasas，诸如此类。
- *EI2* 表示 *Encyclopaedia of Islam*, second edition, Leiden, 2003 (WebCD edition) 中的对应词条。

A

abu 艾布	某人之父	阿拉伯语
Ablaq 杂色行替石砌	为了立面和出入口的装饰效果而交替使用对比鲜明的黑色和赭色石层	阿拉伯语
agha 阿迦（复数 *aghawat*）	地方民兵领袖、地方首领	土耳其语
ahl 部队	人民、家族、通过宣誓加入的联盟成员——引申为军队	阿拉伯语
ahdath	城市青年帮派	阿拉伯语
'*ain*	见 '*ayn*	阿拉伯语
amir 埃米尔（*amir al-haj*）	指挥官（一年一度的朝觐指挥官）、王公	阿拉伯语
atabeg 艾塔伯克	塞尔柱王朝的头衔，表示导师、显贵或军队统帅	土耳其语

a'yan（'ayn 的复数）	受到奥斯曼人偏爱的名流显贵	阿拉伯语
'ain（或 'ayn）	泉、水源、眼睛、精华	阿拉伯语

B

bab	城门、门	阿拉伯语
bait	房屋	阿拉伯语
barid	邮政业务，通常仅限于公函	阿拉伯语，来自土耳其语
basha	见 *pasha*	阿拉伯语
bayk（复数 *bawa'ik*）	储粮仓，通常是一间开放式长廊	阿拉伯语
bedestan	商店鳞次栉比的大厅，每间商店都可以上锁，公共区常有圆顶覆盖——另见 *qaysariye*	土耳其语
bey 贝伊	老爷（奥斯曼头衔）	土耳其语
bimaristan	见 *maristan*	波斯语
bin	见 *ibn*（"某人之子"）	阿拉伯语
burj	塔	阿拉伯语

C

cadi	见 *qadi*	阿拉伯语
caravanserai	商队驿站——旅行者客栈，为他们的货物提供保管服务	波斯语/土耳其语
castrum 兵营	罗马要塞或营垒	拉丁语
cataphracti	拜占庭重甲骑兵	希腊语
cella 内殿	古代神庙被围起来的神殿，只允许祭司进入	拉丁语
Coele Syria 柯里叙利亚	字面意思是"空叙利亚"——原本可能指贝卡谷地凹陷处周围的地区，后来似乎被用来指代叙利亚北部	希腊语

D

dar al-'adl	法院	阿拉伯语
dar al-'imara	"王府",王公的宫殿(来自 '*amil*——"统治者";复数为 '*ummal*)	阿拉伯语
dar al-hadith 圣训学校	学习先知穆罕默德圣训的学校	阿拉伯语
darb	小径、道路	阿拉伯语
daftardar	奥斯曼帝国总督辖区的首席财政官员,通常直接由伊斯坦布尔任命,且长期在职	土耳其语
deir	修道院	阿拉伯语
demos	人民	希腊语
derwish 德尔维希	苏菲派成员、神秘主义者	波斯语
dhimmi 齐米	来自某一"有经者"社区的非穆斯林——基督徒、犹太人、撒马利亚人	阿拉伯语
diwan(复数 *dawawin*)	(1)部、司——总督府的重要组成部分;(2)为总督提供建议的咨询机构	土耳其语/阿拉伯语
dux	军事指挥官	拉丁语

E

effendi 阿凡提	(最初)指抄写员或官僚;奥斯曼荣誉头衔	土耳其语
emir	见 amir	阿拉伯语
ethnarch	国家或部族统治者	希腊语

F

fikh 费格赫	理解、知识——特别强调法理学	阿拉伯语
firman	由苏丹签发的奥斯曼帝国敕令	
fondaco	货栈,见 *funduq*	意大利语

funduq（复数 *fanadiq*）商馆	客栈；留宿商人及其货物的货栈（来自希腊语 pandocheion）	阿拉伯语
furn	面包房、炉灶	阿拉伯语

G

Ghassanids 伽珊人	接受基督教并在公元5世纪末定居于罗马帝国叙利亚边境内的阿拉伯部落群	阿拉伯语

H

Hajj 朝觐	一年一度的赴麦加朝觐	阿拉伯语
halqa	派给苏丹的护卫队——阿尤布王朝	阿拉伯语
hamad	贫瘠的不毛之地	阿拉伯语
hammam	公共蒸汽浴场	阿拉伯语
hara（复数 *harat*）	地区——例如 Harat al-Jehud（犹太人区）	阿拉伯语
Hijaz 汉志	阿拉伯半岛北部，伊斯兰教圣城麦加和麦地那所在地	阿拉伯语
hisba	每一名穆斯林"劝善戒恶"的责任（*EI*2 'hisba'）	阿拉伯语

I

ibn	某人之子（有时写作 'bin'）	阿拉伯语
al-Ikhshid 伊赫什德	法蒂玛王朝的荣誉头衔——"卓越的、高尚的"	波斯语
Ikhshidids 伊赫什德王朝	穆罕默德·伊本·图格吉·伊赫什德建立的一个短命王朝（935—969），维持了大马士革的独立，对抗阿勒颇哈姆达尼王朝阿拉伯领地的新兴势力	阿拉伯语/波斯语

Ilkhans 伊儿汗国	13至14世纪统治波斯的蒙古王朝	波斯语
imam 伊玛目	领拜人	阿拉伯语
imaret	公共厨房，通常是慈善机构	土耳其语，来自阿拉伯语
iqta' 伊克塔	政府授予的土地，军事或行政公职人员有权使用来自这些土地的税收——与欧洲的封建制度不同，不会授予土地的永久所有权	阿拉伯语
iwan 敞厅	一面开放的房间，面对庭院，充当娱乐或训导的场所	阿拉伯语，来自波斯语

J

jadid	新的	阿拉伯语
jami'a	聚礼清真寺	阿拉伯语
janissaries 耶尼切里军团	奥斯曼军队——既有在地方征募的（*yerliyya*），也有以伊斯坦布尔为基地的（*kapikul*）	土耳其语
jawali	伊斯兰教人头税，最初由移居城市地区的非穆斯林缴纳	阿拉伯语
Jazira 贾兹拉	字面意思是"岛屿"——通常指底格里斯河和幼发拉底河之间的叙利亚东北部地区	阿拉伯语
jebel	丘陵或山	阿拉伯语
jizya 吉兹亚	非穆斯林向国家缴纳的人头税	阿拉伯语
jund（复数 *ajnad*）	地方长官辖区	阿拉伯语

K

kapikul（复数 *kapikuli*）	轮换驻守伊斯坦布尔的奥斯曼职业军队（来自土耳其语 *qapi qulu*——"高门的奴隶"）	阿拉伯语，来自土耳其语

karma	攀缘植物（莨苕和葡萄）的叶簇，用于装饰目的，可能也是为了描绘神圣的场所（字面意思是"葡萄藤"）	阿拉伯语
khan（复数 *khanat*）	用于商品交易的驿站	波斯语
khanqah (*khankah*; 复数 *khawanik*) 哈纳卡	苏菲派神秘主义者的"修道院"，一般来说比 *zawiya* 更严格，通常以捐赠者的名字命名	阿拉伯语，来自波斯语
kharaj（或 *kharj*）	土地税	阿拉伯语
khatun 可敦	"公主"/"王后"，后来成为任何女性的尊称	库尔德语，阿拉伯语
khirbet	废墟	阿拉伯语
kubbat	见 *qubba*	阿拉伯语
Kurds 库尔德人	起源于伊朗的民族，居住在土耳其东部、叙利亚北部和伊拉克北部的部分地区	

L

limes 界墙	罗马帝国和拜占庭帝国的边境地区	拉丁语
limitanei	最初是军事长官指挥的边防部队；后来指地方征募的民兵，经常要耕作边境的土地	希腊语

M

madhanat	塔——用来指代"宣礼塔"的三个词之一	阿拉伯语
madhhab 麦兹海布	思考方式、派别	阿拉伯语
madrasa（复数 *madaris*）麦德莱赛	接受伊斯兰教育的寄宿学校，通常由慈善捐款（瓦合甫）提供资金	阿拉伯语

mahmal 迈哈米勒	用来覆盖麦地那先知墓的大轿或天篷，每年由统治者提供，作为对朝觐的贡献，并由骆驼载运	阿拉伯语
majlis	代表议事会，通常具有地方性质	土耳其语
malik 麦利克	"国王"，但更常用于阿尤布王朝或马穆鲁克王国的任何总督或王公	阿拉伯语
mamluk（复数 *mamalik*）马穆鲁克	字面意思是"被占有者""奴隶"——童年时期从边境地区（最初是中亚）征募的职业军人，被训练为主人效劳	阿拉伯语
mamlaka	王权、王国或辖区	阿拉伯语
makbara	公墓	阿拉伯语
maqam 木卡姆	音步、调式、韵律	阿拉伯语
marj	耕地边缘的放牧区（迈尔季广场由此得名）。大马士革 *marj* 的其他部分用特定名称指代——例如 Marj Rahit（城市东北方——14 世纪后更名为 Marj al-'Adra'），Marj al-Suffar（南方）。这些地区经常被用作入侵大军的集结区	阿拉伯语
maristan	医院和医学教育机构	阿拉伯语
mashhad 圣陵	"见证之地"——圣坛（特别是在什叶派传统中）	波斯语
masjid	清真寺，通常比较小，服务街坊邻里	阿拉伯语
metrokomia（复数 *metrokomiai*）	"母村"——对周边地区发挥行政监管功能的大型村落	希腊语
midan（或 *maidan*）	用于军事训练的露天场地	阿拉伯语

mihrab 米哈拉布	清真寺基卜拉上的壁龛或凹室，表示麦加的方向	阿拉伯语
minbar 敏拜尔	米哈拉布右侧的高台，用于宣教	阿拉伯语
muhtasib	道德行为（见 '*hisba*'）监督者，包括市场监督官（*EI2* '*hisba*'）	阿拉伯语
muqaddam	民兵或武装部队领袖	阿拉伯语
muqarnas 穆喀纳斯	伊斯兰建筑中的三维装饰	阿拉伯语
mutasallim, mutasarrif	奥斯曼帝国体制中的地方官员，通常是桑贾克的管理者（或者维拉耶总督的副手）	阿拉伯语 / 土耳其语

N

nahr	河流或运河	阿拉伯语
na'ib（复数 *nuwwab*）	"代理人、代表"——军事总督或高级行政官员	阿拉伯语
Na'ib al-Sultana	总督——苏丹之下的最高行政官员	阿拉伯语
nargilla（或 *narghile*）	水烟管	土耳其语
narthex 前廊	横跨教堂西端的前厅	拉丁语
nawfara	泉、水源、喷泉	阿拉伯语
noria	用来从河流中引水灌溉花园的木制水车	阿拉伯语

O

Ortuqids 阿尔图格王朝	11 世纪至 14 世纪控制迪亚巴克尔地区（土耳其东部）的突厥王朝	土耳其语

P

pasha 帕夏	奥斯曼高级头衔（在阿拉伯语中为 *basha*）	土耳其语

术语和名称汇总表 · 521

peribolos	环绕希腊罗马神庙建筑的外部围场	希腊语
Porte	"高门"是外国使节走近奥斯曼宫廷的入口,经常被用作帝国行政机关的同义词	法语
procurator 行省代理	罗马政府的代理人,特别是对于财政事务——也被用来指代管理没有军团驻扎的小行省的官员	拉丁语
propylaeum	标志着进入圣所的入口	希腊语

Q

qa'a	阿拉伯房屋的正式会客室	阿拉伯语
qadi 卡迪	伊斯兰教法(沙里亚)法官	阿拉伯语
qala'a (t)	要塞或城堡	阿拉伯语
qanatir	拱廊、拱门	阿拉伯语
qasr	城堡或大宅	阿拉伯语
qaysariye	集市区内部的商店集群,可以单独上锁——通常售卖贵重商品——另见 *bedestan*	阿拉伯语
Qays 卡伊斯人	阿拉伯部落	阿拉伯语
qibla 基卜拉	做礼拜时面对的墙壁,指向麦加方向(在大马士革是朝南)	阿拉伯语
quadrifons 四面门	有四个立面的建筑——角柱,拱形侧边开口,经常有圆顶 = *tetrapylon*(拉丁语)	拉丁语
qubba (kubbat) 墓	坟墓、陵墓(更常用的是 *turba*)	阿拉伯语

R

rabat	见 *ribat*	

ra'is（复数 ru'asa'）	领袖——例如地方帮派或民兵领袖；村长；宗教社区领袖	阿拉伯语
ribat（或 rabat）	苏菲派神秘主义者的修道院；投身于戍边之人的营房	阿拉伯语
riwaq	门廊、开放走廊、列柱空间	

S

sabil（复数 subul）	喷泉；喷水的建筑	阿拉伯语
sahn	庭院	阿拉伯语
salya	奥斯曼帝国晚期宅邸中的沙龙	土耳其语，来自法语
sanjak	旗帜、军旗；在奥斯曼国家和地方行政单位中使用	土耳其语
sanjakdar	皇家掌旗官	土耳其语
Saracens 撒拉森人	最初是一个来自汉志北部的部落（托勒密《地理学指南》6.7），这个术语被罗马人采用，指代普遍意义上的阿拉伯游牧民族	阿拉伯语/拉丁语
seraya 总督府	总督的府邸或总部	波斯语，通过土耳其语
selamlik	奥斯曼宅邸的公共区域	土耳其语
Seljuk 塞尔柱王朝	11 至 12 世纪在安纳托利亚和叙利亚达到国力巅峰的突厥王朝	土耳其语
sharaf	"高地"，（河）"岸"——"上谢拉夫"这一术语用来指代从北面俯瞰巴拉达河的高地，也就是当今大马士革闹市区的位置	阿拉伯语
shar'	街（在英语中写作"Sharia"）	阿拉伯语
shari'a 沙里亚	伊斯兰教传统律法	阿拉伯语
sheikh 谢赫	权贵或首领；神秘主义团体的精神领袖	阿拉伯语

shihna	城市的行政长官（阿尤布王朝）	阿拉伯语
souf	羊毛	阿拉伯语
Sublime Porte	见 Porte	
Sunna 圣行（'Sunni'也由此而来）	由先知推行、得到普遍认同的规范或习惯（*EI*2）	阿拉伯语
suq（suk，复数 *aswak*）	集市（另见 suwayqa）	阿拉伯语
sultan 苏丹	这个词有多种意思，但它意味着一个人被更高的权威指定来执掌世俗权力。到了阿尤布王朝时代，这个词的使用条件相当宽松，可以由数名君王同时拥有，作为个人头衔	来自阿拉伯语"salata"——掌握权力
sultana	行政区，特别是在马穆鲁克统治下	阿拉伯语
suwayqa	面向日常需求的当地小型市场	阿拉伯语

T

Tanzimat 坦志麦特	字面意思是"整顿"——奥斯曼当局1839年至1876年间推出的一系列行政改革，旨在规范帝国行政工作、加强中央集权	土耳其语
tekkiye	苏菲派修道院（首字母大写的"Tekkiye"被用来特指苏莱曼大帝在大马士革的大项目）	土耳其语
temenos 圣域	希腊罗马神庙内部场地，在户外执行献祭仪式的场所	希腊语
tetrakionion（复数 *tetrakionia*）	允许四面通行的建筑物——例如，一组四座柱基，支撑着上面的柱子，通常没有顶；自力支撑	希腊语

tetrapylon 四面门	四面都通的拱门，通常标志着两条道路的交叉点，以柱廊结构接合——另见 quadifrons 和 tetrakionion	希腊语
trébuchet	攻城机器——发射投掷物的投石机	法语
turba	陵墓、墓室，通常有圆顶	阿拉伯语
Turkic 突厥语族	讲突厥语民族的语族	土耳其语
Turkoman 土库曼人	"从中世纪至现代分布在近东、中东和中亚大部分地区的突厥语民族部落"（*EI*2 中的"Türkmen"词条）	土耳其语
Turks 突厥人／土耳其人	起源于中亚的民族，自 9 世纪起迁入安纳托利亚、叙利亚部分地区和伊拉克；奥斯曼帝国及其继承者中讲土耳其语的居民	土耳其语

U

'*ulama* 乌理玛	伊斯兰宗教领导者	阿拉伯语
umm	某人之母	阿拉伯语
umma 乌玛	（伊斯兰教）信徒社群	阿拉伯语
ustadar	总管、大管家	阿拉伯语

V

vali	见 wali	土耳其语
vexillation 旗队	罗马军队单位，集结在他们自己的 *vexillum*（"旗帜、军旗"）下，但小于军团	拉丁语
vezir	管理者（参照 *wazir*）- 见 *wali*	土耳其语
vilaya	见 wilaya	土耳其语
voussoir 拱石	构成拱门弧段的石块	法语

W

Wahhabis 瓦哈比派	阿拉伯半岛的伊斯兰原教旨主义教派	阿拉伯语
wali 瓦里	"总督"——负责民政	阿拉伯语/土耳其语
waqf（*wakf*，复数 *awaqf*）瓦合甫	将商业企业的收入与支持宗教、慈善或教育机构相绑定的捐赠	阿拉伯语
wazir 维齐尔	奥斯曼官阶，通常相当于总督的地位	阿拉伯语/土耳其语
wilaya（复数 *wilayat*）或 *vilaya* 维拉耶	总督辖区（马穆鲁克、奥斯曼）	阿拉伯语/土耳其语

Y

Yamani 也门人	起源于阿拉伯半岛西南部的阿拉伯部落	阿拉伯语
yerliya	奥斯曼地方军队，经常从耶尼切里的后代中雇用（土耳其语 *yerlu* = "地方的"）	阿拉伯语/土耳其语

Z

zakat 天课	伊斯兰教的赋税，一笔用于施舍的财产税；税收的主要来源	阿拉伯语
zawiya（复数 *zawaya*）	苏菲派收容所——进行伊斯兰研究的非正式学校，通常以聚集在那里的信徒们所追随的领袖名字命名	阿拉伯语
zuqaq	巷	阿拉伯语

缩写一览表

c. 大约

d. 卒于

gov. 总督、总督任期

nd 年代不详

np 出版方 / 地点不详

pl 复数

r. 在位

?（放在年代或单词前）不确定

AAAS	*Annales archéologiques arabes syriennes*
ANRW	*Aufstieg und Niedergang der römischen Welt*
BAH	*Bibliothèque archéologique et historique*
BEO	*Bulletin d'études orientales*
DM	*Damaszener Mitteilungen*
EI1	*Encyclopedia of Islam*, first edition, Leiden 1908–1934
EI2	*Encyclopedia of Islam*, second edition, Leiden 2003 (CD edition)

IFEAD	Institut français des études arabes de Damas（前身为 Institut français de Damas）
IFPO/IFAPO	Institut français (d'archéologie) du Proche-Orient
MUSJ	*Mélanges de l'université St. Joseph*（贝鲁特）
PEFQ(S)	*Palestine Exploration Fund Quarterly (Statement)*
SHAJ	*Studies in the History and Archaeology of Jordan*
ZDPV	*Zeitschrift des deutschen Palästina Vereins*

参考书目

For the purpose of establishing common alphabetical order, I have omitted the Arab article (*al-*) unless incorporated in an author's Anglicised surname (e.g. Alsayyad) but included such prefixes as ibn. 'Ain and hamza are also not used to establish order. European names commencing with de, van, von, etc. are read as part of the surname.

Abd al-Kader, D. (Emir) (1949) 'Un orthostate du temple de Hadad à Damas', *Syria*, XXVI: 191–195.

Abdel Nour, A. (1982) *Introduction à l'histoire urbaine de la Syrie Ottomane (XVI–XVIIIe siècle)*, Beirut: Librairie orientale.

Abdul-Hak, S. (1949?) *Aspects of Ancient Damascus*, trans. U. Kinany, Damascus: Directorate-General of Antiquities and Museums.

Abdul-Hak, S. (nd) *The Treasures of the National Museum of Damascus*, trans. G. Hadad, Damascus: Directorate-General of Antiquities and Museums.

Abel, M. (1934, 1935) 'Alexandre le Grand en Syrie et Palestine', *Revue Biblique*: 41–61, 528–545.

Abiad, M. (1981) 'Culture et Education arabo-islamiques au Sam pendant les trois premiers siècles de l'Islam d'après <Tarih Madinat Dimasq> d'ibn 'Asakir (499/1105–571/1176)', Damascus: IFEAD.

Abou Assaf, 'A. (1998) *The Archaeology of Jebel Hauran*, Damascus: np.

Abou 'Assaf, 'A. (1990) *Der Tempel von 'Ain Dara*, Mainz: Philipp von Zabern.

Abu-Ghazaleh, 'A. (1990) American Missions in Syria – A Study of American Missionary Contribution to Arab Nationalism in 19th Century Syria, Battleboro: Amana Books.

Abu-Lughod, J.L. (1987) 'The Islamic City – Historic myth, Islamic essence and contemporary relevance', *International Journal of Middle East Studies*, 19/2: 155–176.

Addas, C. (1994) *Quest for the Red Sulphur – The Life of Ibn 'Arabi*, trans. P. Kingsley, Cambridge: Cambridge Islamic Texts Society.

Addison, C.G. (1838) *Damascus & Palmyra: A Journey to the East*, London: R. Bentley.

Adinolfi, M. (2001) *St Paul in Damascus*, Montella: Dragonetti.

Adler, M.N. (1907) *The Itinerary of Benjamin of Tudela*, London: Henry Frownde.

Akili, T. (2009) *The Great Mosque of Damascus, from Roman Temple to Monument of Islam*, trans M. Taufiq Al-Bujairami, Damascus: ARCOD.

Akkermans, P.M.M.G. and Schwartz, G.M. (2003) *The Archaeology of Syria from Complex Hunter-Gatherers to Early Urban Societies (ca 16,000–300 BC)*, Cambridge: Cambridge University Press.

Albright, W.F. (1941) 'The land of Damascus between 1850 and 1750 BC', *Bulletin of the American School of Oriental Research*, 83: 30–36.

Albright, W.F. (1942a) *Archaeology and the Religion of Israel*, Baltimore: Johns Hopkins University Press.

Albright, W.F. (1942b) 'A votive stele erected by Ben-Hadad I of Damascus to the god Melcarth', *Bulletin of the American School of Oriental Research*, 87: 23–29.

Aliquot, Julien (2008a) *Inscriptions grecques et latines de la Syrie – Tome XI – Mont Hermon (Liban et Syrie)*, Damascus: Institut français du Proche-Orient.

Aliquot, Julien (2008b) 'Sanctuaries and villages on Mt Hermon during the Roman Period', in Ted Kaizer (ed.), *The Variety of Local Religious Life in the Near East in the Hellenistic and Roman Periods*, Leiden: E.J. Brill.

Aliquot, Julien and Piraud-Fournet, Pauline (2008) 'Le sanctuaire d'Ain el-Fijé et le Culte du Barada', *Syria* : 87–98.

Alcock, S.E. (ed.) (1997) *Early Roman Empire in the East*, Oxford: Oxbow.

Allen, T. (1986) *A Classical Revival in Islamic Architecture*, Wiesbaden: Ludwig Reichert.

Allen, T. (1999) *Ayyubid Architecture*, Internet publication: www.sonic.net/~tallen/palmtree.

Almago, A. and Arce, I. (2001) 'The Umayyad town planning of the citadel of 'Amman', *SHAJ*, VII: 659–666.

Alsayyad, N. (1991) *Cities and Caliphs – On the Genesis of Arab Muslim Urbanism*, Westport: Greenwood.

Amitai-Preiss, R. (1995) *Mongols and Mamluks – The Mamluk–Ilkhanid War 1260–81*, Cambridge: Cambridge University Press.

Amy, R. (1950) 'Temples à escaliers', *Syria*, XXVII: 82–136.

Annales archéologiques arabes syriennes (2008–2009) *Numéro Spécial sur l'Archéologie et les Découvertes Récentes sur Damas*, Vol. LI–LII, Damascus : Directorate-General of Antiquities and Museums.

Anderson, James C. (2003) 'Emperor and architect – Trajan and Apollodorus of Damascus and their predecessors', in P. Defosse (ed.), *Hommages à Carl Deroux*, Brussels: Editions Latomus.

Andréa, Edouard (1937) *La révolte Druze et l'insurrection de Damas, 1925–1926*, Paris: Payot.

Arbel, B. (1995) *Trading Nations – Jews and Venetians in the Early Modern Eastern Mediterranean*, Leiden: E.J. Brill.

Arnaud, J.-L. (2006) *Damas: Urbanisme et architecture 1860–1925*, Actes Sud, Paris: Sindbad.

Arnaud, P. (2001–2002) 'Beirut: Commerce and trade (200 BC–AD 400)', *Aram*: 13–14.

Arnould, C. (1997) *Les Arcs romains de Jérusalem – Architecture, décor et urbanisme*, Fribourg: Editions universitaires.

Ashtor, E. (1958) 'L'urbanisme syrien à la basse-époque', *Revista degli studi orientalni*, XXXIII: 181–209.

Ashtor, E. (1965) 'Saladin and the Jews', *Hebrew University College Annual*, 27: 305–326.

Ashtor, E. (1976) *A Social and Economic History of the Near East in the Middle Ages*, London: Collins.

Ashtor, E. (1978) *Studies on the Levantine Trade in the Middle Ages*, Aldershot: Ashgate Variorum.

Ashtor, E. (1983) *Levant Trade in the Later Middle Ages*, Princeton: Princeton University Press.

Ashtor, E. (1978) 'The economic decline of the Middle East during the later Middle Ages – An outline', *Asian and African Studies – Journal of the Israel Oriental Society*, November 15/3: 253–286.

Ashtor, E. and Kedar, B. (1992) *Technology, Industry and Trade: The Levant vs. Europe, 1250–1500*, Aldershot: Ashgate Variorum.
Asin, M. (1926) *Islam and the Divine Comedy*, trans. H. Sunderland, London: John Murray.
Atassi, S. et al. (1994) *Damas Extra-muros: Midan Sultani – présentation des édifices répertoriés et analyse*, Damascus: IFEAD.
Athanassiadi, P. (1999) *iDamasius – The Philosophical History*, Athens: Apameia.
Atassi, S. (2000) 'Von den Umayyaden zu den Mamluken: Aspekte städtischer Entwicklungen in Damaskus', in Gaube, Heinz and Fansa, Mamoun (eds), *Damaskus – Aleppo: 5000 Jahre Stadtentwicklung in Syrien*, Mainz am Rhein: Verlag Philipp von Zabern.
Augé, C. and Duyrat, F. (2003) *Les Monnayages Syriens – Quel apport pour l'histoire du Proche-Orient héllenistique et romain?*, Beirut: IFAPO.
Augier, Y. (1999) 'Le financement de la construction et de l'embellissement des sanctuaires de Syrie du Sud et de l'Arabie aux époques hellénistique et romaine', *Topoi*, 9/2: 741–776.
Avez, R. (1993) *L'Institut Français de Damas au Palais Azem (1922–1946) à travers les archives*, Damascus: IFEAD.
Ayalon, D. (1956) *Gunpowder and Firearms in the Mamluk Kingdom*, London: Vallentine Mitchell.
Ayalon, D. (1994) *Islam and the Abode of War – Military Slaves and Islamic Adversaries*, Aldershot: Ashgaatae Variorum.
Bacharach, J.L. (1975) 'The career of Muhammad b. Tughj al-Ikhshid, a tenth-century governor of Egypt', *Speculum*, 50: 586–612.
Bacharach, J.L. (1991) 'Administrative complexes, palaces and citadels – Changes in the loci of medieval Muslim rule', in I.A. Bierman (ed.), *The Ottoman City and its Parts – Urban Structure and Social Order*, New Rochelle, NY: Aristide D. Caratzas.
Bacharach, J.L. (1996) 'Marwanid Umayyad building activities: Speculations on patronage', *Muqarnas*, XIII: 27–44.
Baduel, P.R. (ed.) (1991) *Villes au Levant – Hommage à André Raymond*, Aix-en-Provence: Edisud.
Bahnassi, A. (1982) 'The towers of the Umayyad Mosque' (in Arabic), *AAAS*, XXXII: 9–18.
Bahnassi, A. (1989) *The Great Omayyad Mosque of Damascus*, Damascus: Dar el-Tlass.
Bakhit, M.'A. (1982) *The Ottoman Province of Damascus in the Sixteenth Century*, Beirut: Librairie du Liban.
Baladhuri, al- (1966) *The Origins of the Islamic State*, trans. P.K. Hitti, Beirut: Hayats (reprint of 1916 edn).
Balanche, Fabrice, Mary (2018) *Sectarianism in Syria's Civil War*, Washington: Washington Institute for Near East Policy.
Ball, W. (1994) *Syria – A Historical and Architectural Guide*, Buckhurst Hill: Scorpion.
Ball, W. (2016) *Rome and the East: The Transformation of an Empire*, London: Routledge.
Balty, J.-C. (2000) 'Tetrakionia de l'époque de Justinien sur la grande colonnade d'Apamée', *Syria*, LXXVII: 227–237.
Barbir, K. (1980) *Ottoman Rule in Damascus, 1708–1758*, Princeton: Princeton University Press.
Barkan, Ö.L. (1958) 'Essai sur les données statistiques des registres de recensement dans l'empire Ottoman aux XVe et XVI siècles', *Journal of Economic and Social History of the Orient*, 1: 9–36.
Barkay, R. (2001–2002.) 'The emergence of the Syrian arched gable on temple façades', *Israel Numismatic Journal*, 14: 189–190.
Barnish, S.J.B. (1989) 'The transformation of classical cities and the Pirenne debate', *Journal of Roman Archaeology*, 2: 386–400.

Barr, James (2011) *A Line in the Sand: Britain, France and the Struggle that Shaped the Middle East*, London: Simon & Schuster.

Barr, James (2016), 'Article on Gouraud and "Saladin We're Back!"', Syria Comment blog, 27 March, https://www.joshualandis.com/blog/general-gouraud-saladin-back-really-say/.

Barrett, A.A. (1989) *Caligula – The Corruption of Power*, New Haven: Yale University Press.

Bassola, M. (1938) *A Pilgrimage to Palestine by Rabbi Moshe Bassola of Ancona (1522)*, trans. I. Ben-Zevi, Jerusalem: Library of Palestinology.

Bauzou, T. (1989) 'A Finibus Syriae – Recherches sur les routes des frontières orientales de l'Empire Romain', Paris: PhD thesis, Université Paris I.

Bauzou, T. (1990) 'Les voies romaines entre Damas et Amman', in P.-L. Gatier (ed.), *Géographie historique au Proche-Orient (Syrie, Phénicie, Arabie, grecques, romaines, byzantines)*, Paris: Centre Nationale de la Recherche Scientifique.

Bauzou, T. (1993) 'Epigraphie at toponymie: Le cas de la Palmyrène du sud-ouest', *Syria*, LXX: 27–50.

Bauzou, T. (2000) 'La "Strata Diocletiana"', in L. Nordiguian and J.-F. Salles (eds), *Aux origines de l'archéologie aériennes*, Beirut: Presse de l'Université Saint-Joseph.

Beha ed-Din (1994) *The Life of Saladin (1137–1193 AD)*, trans. C.W. Wilson, Delhi: Adam Publishers (reprint of 1897 edn).

Behrens-Abouseif, D. (1995) 'Al-Nasir Muhammad and al-Asraf Qaytbay – Patrons of urbanism', in U. Vermeulen and D. de Smet (eds), *Egypt and Syria in the Fatimid, Ayyubid and Mamluk Eras*, Louvain: Peeters.

Bejor, G. (1999) *Vie Colonnate – Paesaggi urbani del mondo antico*, Rome: Giorgio Bretschneider.

Bell, G. (1985) *The Desert and the Sown*, London: Virago (reprint of 1907 edn).

Belon de Mans, P. (2001) *Voyage au Levant*, Paris: Chandeigne (reprint of 1553 edn).

Berthier, S. (2002) 'Etudes et travaux à la citadelle de Damas 2000–2001: Un premier bilan', *Bulletin d'études orientales LIII–LIV – Supplément Citadelle de Damas*. Beirut: Institut français de Damas.

Berthier, S. (2002–2003) 'Premiers travaux de la Mission Franco-Syrienne (DGAMS-IFEAD) à la Citadelle de Damas – Bilan preliminaire sur la fouille de la salle à colonnes (2000–2001)', *AAAS*, XLV–XLVI: 393–412.

Berthier, S. (2006) 'La Citadelle de Damas: les apports d'une etude archéologique', in H. Kennedy (ed.) *Muslim Military Architecture in Greater Syria – From the Coming of Islam to the Ottoman Period*, Leiden: Brill.

Bevan, E.R. (1985a) *The House of Seleucus*, New York: Ares Press (reprint of 1902 edn).

Bevan, E.R. (1985b) *The House of Ptolemy*, Chicago: Ares Press (reprint of 1927 edn).

Bianca, S. (1987) *Conservation of the Old City of Damascus*, Paris: UNESCO.

Bianquis, A.-M. (1977) 'Le problème de l'eau à Damas et dans sa Ghouta', *Revue de géographie de Lyon*, 52: 35–52.

Bianquis, A.-M. (1989) *La réforme agraire dans la ghouta de Damas*, Damascus: IFEAD.

Bianquis, A.-M. (ed.) (1993) *Damas – Miroir brisé d'un Orient arabe*, Paris: Autrement.

Bianquis, T. (1970) 'Les derniers gouverneurs ikhchidides à Damas', *Bulletin d'études orientales*, XXIII: 167–196.

Bianquis, T. (1986) *Damas et la Syrie sous la domination fatimide (969–1076) – Essai d'Interpretation de Chroniques Arabes Médiévales*, vols 1 & 2, Damascus: IFEAD.

Bianquis, T. (2000) 'Damas', in J.-C. Garcin (ed.), *Grandes villes méditerranéennes du monde musulman médiéval*, Paris: de Boccard.

Blair, S.S. and Bloom, J.M. (1994) *The Art and Architecture of Islam 1250–1800*, London: Pelican.

Blankinship, K.Y. (1994) *The End of the Jihad State – The Reign of Hisham Ibn 'Abd al-Malik and the Collapse of the Umayyads*, Albany: State University of New York.

Blay-Abramski, I.I. (1982) 'From Damascus to Baghdad – The 'Abbasid Administrative System as a Product of the Umayyad Heritage (41/661–320/932)', PhD thesis, Princeton University.

Blockley, R.C. (1992) *Eastern Roman Foreign Policy – Formation and Conduct from Diocletian to Anastasius*, Leeds: Francis Cairns Publications.

Bloom, J.M. (1989) *Minaret – Symbol of Islam*, Oxford: Oxford in University Press.

Blrrroom, J.M. (1989) *Minaret – Symbol of Islam*, Oxford: Oxford Studies in Islamic Art, VII.

Boggs, Richard (2010) *Hammaming in the Sham – A Journey Through the Turkish Baths of Damascus, Aleppo and Beyond*, Reading: Garnet.

Bonfioli, M. (1959) 'Syriac-Palestinian mosaics in connection with the decoration of the mosques at Jerusalem and Damascus', *East and West*, 10 (new series): 57–76.

Boqvist, M. (2006) 'Architecture et développement urbain à Damas de la conquête ottomane (912/1516–1517) à la fondation du waqf de Murad Pacha (1017/1607–1608)', Paris: Université Paris IV.

Boojamra, J.L. (1997) 'Christianity in Greater Syria', *Byzantion*, LXVII: 148–178.

Bosworth, A.B. (1974) 'The Government of Syria under Alexander the Great', *Classical Quarterly*, XXIV: 46–64.

Bosworth, C.E. (1996a) *The New Islamic Dynasties*, New York: Columbia.

Bosworth, C.E. (1996b) *The Arabs, Byzantium and Iran – Studies in Early Islamic History and Culture*, Aldershot: Ashgate Variorum.

Bosworth, C.E., Issawi, C. and Savory, R. (eds) (1989) *The Islamic World, From Classical to Modern Times – Essays in Honour of Bernard Lewis*, Princeton: Darwin Press.

Bouchain, J.D. (1996) *Juden in Syrien – Aufstieg und Niedergang der Familie Farhi von 1740 bis 1995*, Hamburg: Lit Verlag.

Bouchier, E.S. (1916) *Syria as a Roman Province*, Oxford: Blackwell.

Boulanger, R. (ed.) (1966) *Hachette World Guides – The Middle East*, Paris: Hachette.

Bounni, 'A. (1999) 'Couronnement des sanctuaires du Proche-Orient hellénistique et romain – origine et développement du Merlon', *Topoi*, 9/2: 507–525.

Bounni, Adnan (2004) 'Du temple païen à la mosquèe – note prèliminaire sur le cas de la mosquée omeyyade de Damas', *Sacralidad y Arqueología*, XXI: 595–605.

Bowersock, G.W. (1971) 'A report on Arabia Provincia', *Journal of Roman Studies*, LXI: 219–242.

Bowersock, G.W. (1973) 'Syria under Vespasian', *Journal of Roman Studies*, LXIII: 133–140.

Bowersock, G.W. (1976) 'Limes Arabicus', *Harvard Studies in Classical Philology*, 80: 219–229.

Bowersock, G.W. (1982) 'Roman senators from the Near East: Syria, Judaea, Arabia, Mesopotamia', *Epigrafia e ordine senatorio, II, Tituli*, 5: 651–668; reprinted in (1994) *Studies on the Eastern Roman Empire*, Goldbach: Keip.

Bowersock, G.W. (1983) *Roman Arabia*, Cambridge: Harvard University Press.

Bowersock, G.W., Brown, P. and Grabar, O. (1999) *Late Antiquity – A Guide to the Post-Classical World*, Cambridge: Belknap Press.

Bowring, J. (1940) *Report on the Commercial Statistics of Syria*, London: Her Majesty's Stationery Office.

Bowsher, J.M.C. (1992) 'Civic organisation within the Decapolis', *Aram*, 4: 265–281.

Braune, M. (1999) 'Die Stadtmauer von Damaskus', *DM*, 11: 67–86.

Braune, M.l (2008) 'Die Stadtbefestigung von Damaskus', in M. Piana (ed.), *Burgen und Städte der Kreuzzugszeit*, Petersberg: Imhof.

Brewer, R.J. (ed.) (2001) *Roman Fortresses and their Legions*, London: Society of Antiquaries.

Briant, P. (1978) 'Colonisation hellénistiques et populations indigènes – I – la phase d'installation', *Klio*, 60: 57–92.

Briant, P. (1982) 'Colonisation hellénistiques et populations indigènes – II – renforts grecs dans les cités Hellénistiques d'Orient', *Klio*, 64: 83–98.

Briant, P. (1996) *Histoire de l'Empire Perse*, Paris: Fayard.

Brisch, K. (1988) 'Observations on the iconography of the mosaics in the Great Mosque of Damascus', in P.P. Soucek (ed.), *Content and Context of Visual Arts in Islamic the World*, University Park & London: Pennsylvania State University Press.

Brock, S.P. (1984) *Syriac Perspectives on Late Antiquity*, London: Variorum.

Brown, P.F. (1988) *Venetian Narrative Painting in the Age of Carpaccio*, New Haven: Yale University Press.

Brünnow, R.E. and von Domaszewski, A. (1905) *Die Provincia Arabia – zweiter Band – der äussere Limes und die Römerstrassen von el-Ma'an bis Bosra*, Strassburg: Karl J Trübner.

Brünnow, R.E. and von Domaszewski, A. (1909) *Die Provincia Arabia – dritter Band – der westliche Hauran von Bosra bis es-Suhba und die Gegend um die Damaskener Siesenseen bis ed-Dumer*, Strassburg: Karl J Trübner.

Bryce, T. (1999) *The Kingdom of the Hittites*, Oxford: Oxford University Press.

Bryce, T. (2012) *The World of the Neo-Hittite Kingdoms, a Political and Military History*, Oxford: Oxford University Press.

Bryce, T. (2014) *Ancient Syria*, Oxford: Oxford University Press.

Buckingham, J.S. (1821) *Travels in Palestine, Through the Countries of Bashan and Gilead*, London: Longmans.

Bulliet, R.W. (1979) *Conversion to Islam in the Medieval Period – An Essay in Quantitive History*, Cambridge: Harvard University Press.

Bulliet, R.W. (1990) *The Camel and the Wheel*, Cambridge: Columbia University Press (revised edn).

Bunnens, G. (2001) *Essays on Syria in the Iron Age* (Ancient Near Eastern Studies – Supplement 7), Louvain: Peeters.

Burckhardt, J.L. (1822) *Travels in Syria and the Holy Land*, London: Darf (reprint of 1822 edn).

Burgoyne, M. (1987) *Mamluk Jerusalem*, London: Scorpion Press for British School of Archaeology in Jerusalem.

Burns, Ross (2003) 'The defence of Roman Damascus', *Electrum*, 7: 47–70.

Burns, R. (2009) 'How Europeans "discovered" Damascus', *Hadeeth ad-Dar (Dar al-Athar al-Islamiyyah, Kuwait)*, 28: 24–26.

Burns, Ross (2011) 'Justinian's fortifications east of Antioch', in G. Nathan and L. Garland (eds), *Basileia: Essays on Imperium and Culture in Honour of E. M. and M. J. Jeffreys*, Brisbane: Australian Association for Byzantine Studies.

Burns, Ross (2016a) 'Diocletian's fortification of Syria and Arabia', in Samuel Lieu (ed.), *Aspects of the Roman East (Festschrift for Fergus Millar)*, vol. 2,Leiden: Brepols.

Burns, Ross (2016b) *Aleppo, A History*, London: Routledge.

Burns, Ross (2017) *Origins of the Colonnaded Streets in the Cities of the Roman East*, Oxford: Oxford University Press.

Burton, I. (1884) *The Inner Life of Syria, Palestine and the Holy Land*, London: Kegan Paul, Trench.

Burton, R.F. and Drake, C. (1872) *Unexplored Syria. Visits to the Libanus, the Tulul El Safa, the Anti-Libanus, the Northern Libanus and the 'Alah*, London: Tinsley.

Butcher, K. (2003) *Roman Syria and the Near East*, London: British Museum Press.

Butler, H.C. (1903) *Publications of the American Archaeological Expedition to Syria, 1899–1900 – Part II – Architecture and Other Arts*, New York: Century.

Butler, H.C. (1919) *Syria – Publications of the Princeton University Archaeological Expedition to Syria (1904–1905, 1909)*, Division II Architecture, Section A Southern Syria, Part 4 Bosra Eski Sham, Leiden: E.J. Brill.
Caetani, L. (1910) *Annali dell'Islam*, vol III, Milan: Ulrico Hoepli.
Caillet, J.-P. (1996) 'La transformation en église d'édifices publics et de temples à la fin de l'Antiquité', in C. Lepelley (ed.), *La fin de la cité antique et le début de la cité médiévale de la fin du IIIe à l'avènement de Charlemagne*, Bari: Edipuglia.
Cameron, A. (1985) *Procopius and the Sixth Century*, Berkeley: University of California Press.
Cameron, A. (1993) *The Later Roman Empire*, Cambridge: Harvard University Press.
Cameron, A. (1995a) *Byzantine and Early Islamic Near East vol 3 – States, Resources and Armies*, Princeton: Darwin Press.
Cameron, A. (1995b) 'The trophies of Damascus: The church, the temple and sacred space', in X. Teixidor (ed.), *Temple, Lieu de Conflit (Les Cahiers du CEPOA 7)*, Louvain: Peeters.
Camp, J. (1992) *The Athenian Agora – Excavations in the Heart of Classical Athens*, London: Thames and Hudson.
Canivet, P. and Rey-Coquais, J.-P. (eds) (1992) *La Syrie de Byzance à l'Islam VIIe–VIIIe siècles – Acte du Colloque International (1990)*, Damascus: IFEAD.
Casey, P.J. (1996) 'Justinian, the Limitanei, and Arab–Byzantine relations in the 6th century', *Journal of Roman Archaeology*, 9: 214–222.
Cathcart King, D.J. (1951) 'The defences of the citadel of Damascus', *Archaeologia*, 94: 57–96.
Chamberlain, M. (1994) *Knowledge and Social Practice in Medieval Damascus, 1190–1350*, Cambridge: Cambridge University Press.
Chéhab, M. (1983) 'Fouilles de Tyr – la nécropole, I: l'arc de triomphe', *Bulletin du Musée de Beyrouth*, 33: 11–124.
Chevalier, N. (2002) *La recherche archéologique française au Moyen-Orient 1842–1947*, Paris: Editions recherche sur les Civilisations.
Chevedden, P.E. (1986) 'The Citadel of Damascus', PhD thesis, Los Angeles: University of California.
Chevedden, P.E. (2000) 'The invention of the counterweight trebuchet – A study in cultural diffusion', *Dumbarton Oaks Papers*, 52: 71–116.
Christie, N. and Loseby, S.T. (eds) (1996) *Towns in Transition – Urban Evolution in Late Antiquity and the Early Middle Ages*, Aldershot: Scolar Press.
Clarke, G. (2002) *Jebel Khalid on the Euphrates I*, Sydney: Mediterranean Archaeology 2002.
Clarke, G. (2015) 'The Jebel Khalid Temple – Continuity and change' in Michael Blömer, Achim Lichtenberger and Rubina Raja (eds), *Religious Identities in the Levant from Alexander to Muhammed*, Turnhout: Brepols.
Clermont-Ganneau, M.I. (1903) 'Mount Hermon and its god in an inedited Greek inscription', *PEFQS*, 35: 135–140, 231–242.
Cline, E.H. (2014) *1177 BC, the Year Civilization Collapsed*, New Haven: Yale University Press.
Clover, F.M. and Humphreys, R.S. (1989) *Tradition and Innovation in Late Antiquity*, Madison: University of Wisconsin Press.
Cluzan, S., Delpont, E. and Mouliérac, J. (eds) (1993) *Syrie – Mémoire et Civilisation*, Paris: Flammarion.
Cluzan, S. and Taraqji, A.F. (2011) 'Quatrième campagne sur les sites de Tulul el-Far, Tell Taouil et Tell el-Kharaze – L'âge du Bronze dans la région de Damas', *La recherche au musée du Louvre*, 106–109.
Cobb, P.M. (1999) 'Al-Mutawwakil's Damascus – A new 'Abbasid capital?', *Journal of Near Eastern Studies*, 58: 241–257.

Cobb, P.M. (2001) *White Banners: Contention in 'Abbasid Syria, 750–880*, New York: State University of New York Press.

Cohen, G.M. (1978) *The Seleucid Colonies – Studies in Founding, Administration and Organisation*, Wiesbaden: Franz Steiner.

Commins, D.D. (1990) *Islamic Reform: Politics and Social Change in Late Ottoman Syria*, New York: Oxford University Press.

Conrad, L.I. (1981) 'The Plague in the Early Medieval Middle East', PhD thesis, Princeton University.

Coogan, M.D. (ed.) (1988) *Oxford History of the Biblical World*, Oxford: Oxford University Press.

Creswell, K.A.C. (1923) 'The origin of the cruciform plan of Cairene madrasas', *Bulletin de l'Institut français d'archéologie orientale (le Caire)*, XXI: 1–54.

Creswell, K.A.C. (1959) 'The Great Mosque of Hama', in Richard Ettinghausen (ed.), *Aus der Welt der islamischen Kunst – Festschrift Kühnel*, Berlin: Verlag Gebr. Mann.

Creswell, K.A.C. (1969) *Early Muslim Architecture – vols I* (in 2 parts), *2* (revised edition), Oxford: Oxford University Press.

Crone, P. (1980) *Slaves on Horses – The Evolution of the Islamic Polity*, Cambridge: Cambridge University Press.

Crone, P. (1987) *Meccan Trade and the Rise of Islam*, Oxford: Oxford University Press.

Cumont, F. (1934) 'The population of Syria', *Journal of Roman Studies*, XXIV: 187–190.

Dabbour, Y. (2012) 'À la découverte de la braie et du fossé autour de l'enceinte de Damas', *Bulletin d'études orientales*, LXI, 23–35.

Dabrowa, E. (1981) 'Les rapports entre Rome et les Parthes sous Vespasian', *Syria*, LVIII: 187–203.

Dabrowa, E. (1988) *The Governors of Roman Syria from Augustus to Septimius Severus*, Bonn: Dr Rudolf Habelt GmbH.

Dabrowa, E. (ed.) (1994) *The Roman and Byzantine Army in the East*, Krakow: Uniwersytet Jagiellonski – Instytut Historii.

Dabrowa, E. (2001) 'Les légions romaines au Proche-Orient – l'apport de la numismatique', *Electrum*, 5: 73–86.

Dabrowa, E. (2003a) 'Les colonies honoraires ou les colonies de véterans? Observations sur l'iconographie de quelques types de revers de monnaies coloniales', in P. Defosse (ed.), *Hommage à Carl Deroux – III*, Brussels: Latomus.

Dabrowa, E. (2003b) 'Les colonies et la colonisation romaine en Anatolie et au Proche-Orient (II-IIe s. après J.-C.) – Nouvelles observations', *Electrum*, 7: 127–134.

Dabrowa, Edward (2012) 'Military colonisation in the Near East and Mesopotamia under the Severi', *Acta Classica*, LV: 31–42.

Dadrian, V.N. (2002) 'The Armenian question and the wartime fate of the Armenians as documented by the officials of the Ottoman Empire's World War I allies – Germany and Austria-Hungary', *Journal of Middle East Studies*, 34: 59–85.

Daiber, V. (2010) 'Hammam al-Safi, an Ayyubid Bath in Damascus', *Zeitschrift für Orient-Archäologie*, 3: 142–161.

Da Poggibonsi, N.A. (1945) *Voyage Beyond the Seas (1346–1350)*, trans. T. Bellorini and E. Hoade, Jerusalem: Franciscan Printing Press.

Dar, S. (1993) *Settlements and Cult Sites on Mount Hermon*, Oxford: British Archaeological Reports.

D' Arvieux, L. (1635) *Mémoires*, vol 2, Paris: Delespine.

David, J.-C. and Degeorge, G. (2002) *Alep*, Paris: Flammarion.

Davis, R. (1967) *Aleppo and Devonshire Square – English Traders in the Levant in the Eighteenth Century*, London: Macmillan.

Davis, N. and Kraay, C.M. (1980) *The Hellenistic Kingdoms – Portrait Coins and History*, London: Thames and Hudson.
Decamps de Mertzenfeld, C. (1954) *Inventaire commenté des Ivoires Phéniciens et apparantés découverts dans le Proche-Orient*, Paris: de Boccard.
De Contenson, H. (1985a) 'La région de Damas au néolithique', *AAAS*, XXXV: 9–29.
De Contenson, H. (1985b) 'Tell Ramad, a village of Syria of the 7th and 8th millennia BC', *AAAS*, XXXV: 278–285.
De Contenson, H. (1995) *Aswad et Ghoraifé*, Beirut: IFAPO.
De Contenson, H. (2000) *Ramad*, Beirut: IFAPO.
De Favières, Jacques de Maussion (1961–1962) 'Note sur les bains de Damas', *Bulletin d'études orientales*, XVII: 121–131.
de Thévenot, Jean (English translation, anon.) (1687) *Relation d'un voyage fait en Levant*, London: H. Clark.
Degeorge, G. (1994a) *Damas – des Ottomans à nos jours*, Paris: Harmattan.
Degeorge, G. (1994b) 'Sous la grande mosquée de Damas', *Notre Histoire*, 108: 20–24.
Degeorge, G. (1995) 'The Damascus massacre', *Architectural Review*, April 1995.
Degeorge, G. (1997) *Damas – des origines aux Mamelouks*, Paris: Harmattan.
Degeorge, G. (2001) *Damas – Répertoire iconographique*, Paris: Harmattan.
Degeorge, G. (2004) *Damacus*, Paris: Flammarion.
Deichmann, F.W. (1939) 'Frühchristliche Kirchen in antiken Heiligtümern', *Jahrbuch des deutschen archäologischen Instituts*, LIV: 105–136.
De Lorey, E. (1925) 'L'état actuel du Palais Azem', *Syria*, VI: 367–372.
De Lorey, E. (1931) 'Les Mosaïques de la Mosquée des Omayyades à Damas', *Syria*, XII: 326–349.
De Lorey, E. and Wiet, G. (1921) 'Cénotaphes de deux dames Musulmanes à Damas', *Syria*, II: 221–225.
Dentzer, J.-M. (ed.) (1985) *Hauran I – recherches archéologiques sur la Syrie du Sud à l'époque hellénistique et romaine – 1ère partie*, Paris: Geuthner.
Dentzer, J.-M. (ed.) (1986) *Hauran I – recherches archéologiques sur la Syrie du Sud à l'époque hellénistique et romaine – 2ième partie*, Paris: Geuthner.
Dentzer, J.-M. (ed.) (1997) *Les maisons dans la Syrie antique de IIIe millénaire aux débuts de l'Islam (colloque, Damas, 1992)*, Beirut: IFAPO.
Dentzer, J.-M. (2000) 'Damaskus in der hellenistischen und römischen Zeit', in Mamoun Fansa (ed.), *Damaskus — Aleppo, 5000 Jahre Stadtentwicklung in Syrien*, Mainz: von Zabern.
Dentzer, J.-M. and Orthmann, W. (eds) (1989) *Archéologie et histoire de la Syrie – II*, Saarbrücken: Saarbrücker Drückerei und Verlag.
Dentzer-Feydy, J. (1986) 'Décor architectural et développement du Hauran du Ier siècle avant J.-C. au VIIe siècle après J.-C.', in J.-M. Dentzer (ed.), *Hauran I – recherches archéologiques sur la Syrie du Sud à l'époque hellénistique et romaine – 2ième partie*, Paris: Geuthner.
Dentzer-Feydy, J. (1999) 'Les Temples de l'hermon, de la Bekaa et de la Vallée du Barada dessinés par W J Bankes (1786–1855)', *Topoi*, 9/2: 527–568.
Deringil, S. (1998) *The Well-Protected Domains: Ideology and the Legitimisation of Power in the Ottoman Empire, 1876–1909*, London: I.B. Tauris.
De Saulcy, L.F. (1874) *Numismatique de la Terre Sainte – Description des monnaies autonomes et impériales de la Palestine et de l'Arabie Pétrée*, Paris: Rothschild (reprinted 1976 Bologna: Arnaldi Forno).
Deshen, S. and Zenner, W. (eds) (1996) *Jews Among Muslims Communities in the Precolonial Middle East*, New York: New York University Press.

Desmet-Grégoire, H. and Georgeon, F. (eds) (1997) *Cafés d'Orient revisités*, Paris: Centre Nationale de la Recherche Scientifique.
De Thévenot, J. (1687) *Relation d'un voyage fait en Levant*, trans. A. Lovell (from Jolly, Paris: edn), London: H. Clark.
Dettmann, K. (1969) *Damaskus – eine orientalische Stadt zwischen Tradition und Moderne*, Erlangen: Erlanger Geographische Arbeiten, 26.
Devréesse, R. (1945) *Le Patriarcat d'Antioche depuis la paix de l'église jusqu'à la conquête arabe*, Paris: Librairie Lecoffre.
de Wailly, Henri (2006) *Syrie 1941: la guerre occultée – vichystes contre gaullistes*, Paris: Perrin.
Dickie, A.C. (1897) 'The Great Mosque of the Omeiyades, Damascus', *PEFQS*: 268–282.
Dion, P.-E. (1997) *Les Araméens à l'âge du Fer: Histoire Politique et Structures Sociales*, Paris: J. Gabalda.
Dixon, A.A. (1971) *The Umayyad Caliphate 65–86/684–705 (a Political Study)*, London: Luzac.
Djemal (Pasha) (1922) *Memories of a Turkish Statesman – 1913–1919*, reprinted (1973), New York: Arno.
Dobias, J. (1931) 'Les premiers rapports des Romains avec les Parthes', *Archiv Orientalni*, III: 215–256.
Dodinet, M. et al. (1990) 'Le Paysage antique en Syrie: l'example de Damas', *Syria*, LXVII: 339–355.
Dodinet, M., Leblanc, J. and Vallat, J.-P. (1994) 'Etudes morphologiques de paysages antiques de Syrie', in P.N. Doukellis and L.G. Mendoni (eds), *Structures rurales et sociétés antiques – Colloque de Corfu May 1992*, Besancon: Centre de Recherches d'Histoire Ancienne.
Dodgeon, M.H. and Lieu, S.N.C. (1991) *The Roman Eastern Frontier & the Persian Wars (AD 226–363) – A Documentary History*, London: Routledge.
Dols, M.W. (1977) *The Black Death in the Middle East*, Princeton: Princeton University Press.
Donner, F.McG. (1981) *The Early Islamic Conquests*, Princeton: Princeton University Press.
Douwes, D. (2000) *The Ottomans in Syria – A History of Justice and Oppression*, London: I.B. Tauris.
Downey, G. (1951) 'The occupation of Syria by the Romans', *Transactions and Proceedings of the American Philological Association*, LXXIII: 149–163.
Downey, G. (1961) *A History of Antioch in Syria – from Seleucus to the Arab Conquest*, Princeton: Princeton University Press.
Downey, G. (1963) *Ancient Antioch*, Princeton: Princeton University Press.
Drews, R. (1993) *The End of the Bronze Age: Changes in Warfare and the Catastrophe c.1200 BC*, Princeton: Princeton University Press.
Drijvers, H.J.W. (1984) *East of Antioch – Studies in Early Syriac Christianity*, London: Variorum.
Drijvers, H.J.W. (1994) *History and Religion in Late Antique Syria*, Aldershot: Ashgate Variorum.
Dunand, M. (1939) 'Stele araméenne dédiée à Melqart', *Bulletin du musée de Beyrouth*, III: 65–76.
Dunand, M. and Saliby, N. (1985) *Le temple d'Amrith dans la pérée d'Aradus*, Paris: Geuthner (BAH CXXI).
Durand, G. (1900) 'Epigraphie palestinienne', *Revue biblique*, IX: 91–93.
Durand, X. (1997) *Des Grecs en Palestine au IIIe siècle avant Jesus-Christ – le dossier syrien des archives de Zénon de Caunos (261–252)*, Paris: Gabalda.
Dussaud, R. (1922) 'Le temple de Jupiter Damascénien et ses transformations aux époques chrétienne et musulmane', *Syria*, III: 219–250.

Dussaud, R. (1927) *Topographie historique de la Syrie antique et médiévale*, Paris: Geuthner.
Dussaud, R. (1955) *La pénétration des Arabes en Syrie avant l'Islam*, Paris: Geuthner.
Ecochard, M. (1935) 'Le Palais Azem de Damas', *Gazette des Beaux-Arts*, April XIII: 230–241.
Ecochard, M. (1985) 'Travaux de restauration de quelques monuments syriens', *Revue des études islamiques*, LIII: 21–140.
Ecochard, M. and le Coeur, C. (1942–1943) *Les bains de Damas*, 2 vols, Beirut: Institut français de Damas.
Eddé, A.-M. (1999) *La principauté ayyoubide d'Alep (579/1183–658/1260)*, Stuttgart: Franz Steiner.
Edel, E. (1953) 'Weitere Briefe aus der Heiratskorrespondenz Ramses' II', *Geschichte und Altes Testament (Beiträge zur historischen Theologie 16)*, Tübingen: Mohr.
Edwards, I.E.S. (ed.) (1975) *The Cambridge Ancient History – Third Edition – vol II Part 2 – History of the Middle East and the Aegean Region c.1380–100 BC*, Cambridge: Cambridge University Press.
Ehrenkreutz, A.S. (1972) *Saladin*, Albany: State University of New York Press.
Eldem, E., Goffman, D. and Masters, B. (1999) *The Ottoman City Between East and West – Aleppo, Izmir and Istanbul*, Cambridge: Cambridge University Press.
Eleftérides, E. (1944) *Les chemins de fer en Syrie et au Liban*, Beirut: Imprimerie catholique.
Elisséeff, N. (1949–1951) 'Les monuments de Nūr al-Din', *Bulletin d'études orientales*, 13: 5–43.
Elisséeff, N. (1956) 'Corporations de Damas sous Nour al-Din; matériaux pour une topographie économique de Damas au XXIIe siècle', *Arabica*, III: 61–79.
Elisséeff, N. (1959) *La déscription de Damas d'Ibn 'Asakir*, Damascus: IFEAD.
Elisséeff, N. (1967) *Nur al-Din – un Grand prince Musulman de Syrie au Temps des Croisades (511–569 H/1118–1174)*, vols 1–3, Damascus: IFEAD.
Elisséeff, N. (1970) 'Damas à la lumière des théories de Jean Sauvaget', in A. Hourani and S.M. Stern (eds), *The Islamic City*, Oxford: University of Pennsylvania Press & Bruno Cassirer.
Elisséeff, N. (1993) 'The reaction of the Syrian Muslims after the foundation of the first Latin Kingdom of Jerusalem', in Maya Schatzmiller (ed.), *Crusaders and Muslims in Twelfth Century Syria (The Medieval Mediterranean, 1)*, Leiden: Brill).
Eph'al, I. (1982) *The Ancient Arabs*, Leiden: E.J. Brill.
Eph'al, I. and Naveh, J. (1989) 'Hazael's booty inscriptions', *Israel Exploration Journal*, 39 (¾), 192–200.
Ephrat, D., and Hatim M. (2014) 'The creation of Sufi Spheres in Medieval Damascus (mid-6th/12th to mid-8th/14th centuries)', *Journal of the Royal Asiatic Society*, 25 (series 3) 3: 189–208.
Establet, C. and Pascual, J.-P. (1994) *Familles et fortunes à Damas – 450 foyers damascains en 1700*, Damascus: IFEAD.
Ettinghausen, R. (1972) *From Byzantium to Sasanian Iran and the Islamic World*, Leiden: E.J. Brill.
Eychenne, M. (2012) 'Toponymie et résidences urbaines à Damas au XIVe siècle – usage et appropriation du patrimoine ayyoubide au début de l'époque mamelouke', *Bulletin d'études orientales*, 61, 245–270.
Eychenne, M. and Boqvist, M. (eds) (2012) 'Damas médiévale et ottomane', *Bulletin d'Études Orientales*, 61– special issue on Damascus, Beirut: Presses de l'IFPO.
Fahd, T. (ed.) (1977) *La toponomie antique: Actes du colloque de Strasbourg, 12–14 Juin 1975*, Leiden: E.J. Brill.
Falls, C. (1930) *Military Operations, Egypt and Palestine – Part II*, London: HMSO.
Faroghi, S. (1994) *Pilgrims & Sultans – The Hajj under the Ottomans*, London: I.B. Tauris.

Fawaz, L.T. (1983) *Merchants and Migrants in Nineteenth Century Beirut*, Cambridge: Harvard University Press.
Fawaz, L.T. (1994) *An Occasion for War – Civil Conflict in Lebanon and Damascus in 1860*, London: I.B. Tauris.
Fawaz, L.T. (2001) 'Amir 'Abd al-Qadir and the Damascus "Incident" in 1860', in B. Marino (ed.), *Etudes sur les villes du Proche-Orient XVIe–XIXe siècle*, Damascus: IFEAD.
Fiey, J.M. (1985) 'Les insaissables Nestoriens de Damas', in Carl Laga (ed.), *After Chalcedon – Studies in Theology and Church History* (Orientalia Lovaniensia Analecta no. 18), Louvain: Peeters.
Fink, H.S. (1959) 'The role of Damascus in the history of the Crusades', *The Muslim World*, January XLIX: 41–53.
Finkelstein, I. and Silberman, N.A.r (2002) *The Bible Unearthed – Archaeology's New Vision of Ancient Israel and the Origin of its Sacred Texts*, New York: Touchstone Books.
Finsen, H. (1972) *Le levé du théâtre romain à Bosra, Syrie*, Hafniae: Analecta Romana Instituti Danici VI Supplementum.
Finster, B. (1970–1971) 'Die Mosaiken der Umayyaden Moschee von Damaskus', *Kunst des Orients*, VII/2: 82–141.
Fischel, W.J. (1952) *Ibn Khaldun and Tamerlane – Their Historic Meeting in Damascus, 1401 AD*, Berkeley: University of California Press.
Fischel, W.J. (1956) 'A new Latin source on Tamerlane's conquest of Damascus (1400/1401) – (B de Mignanelli's Vita Tamerlani' 1416)', *Oriens*, 9: 57–74, 152–172.
Fischel, W.J. (1967) *Ibn Khaldun in Egypt – His Public Function and His Historical Research (1382–1406)*, Berkeley: University of California Press.
Flood, F.B. (1997) 'Umayyad survivals and Mamluk revivals – Qalawunid architecture and the Great Mosque of Damascus', *Muqarnas*, XIV: 57–79.
Flood, F.B. (2000) *The Great Mosque of Damascus – Studies on the Makings of an Umayyad Visual Culture*, Leiden: E.J. Brill.
Flood, F.B. (2001) 'A group of reused Byzantine tables as evidence for Seljuq architectural patronage in Damascus', *Iran*, 39: 145–154.
Forey, A.J. (1984) 'The failure of the seige of Damascus in 1148', *Journal of Medieval History*, 10/1: 13–23.
Förtsch, R. (1993) 'Die Architekturdarstellungen der Umaiyadenmoschee von Damaskus und die Rolle ihrer antiken Vorbilder', *DM*, 7: 177–212.
Foss, C. (1997) 'Syria in transition, AD 550–750 – An archaeological approach', *Dumbarton Oaks Papers*, 51: 189–269.
Fowden, G. (1993) *Empire to Commonwealth – Consequences of Monotheism in Late Antiquity*, Princeton: Princeton University Press.
Frankel, J. (1997) *The Damascus Affair – 'Ritual Murder', Politics and the Jews in 1840*, Cambridge: Cambridge University Press.
Fraser, P.M. (1996) *Cities of Alexander the Great*, Oxford: Oxford University Press.
Frend, W.H.C. (1972) *The Rise of the Monophysite Movement – Chapters in the History of the Church in the Fifth and Sixth Centuries*, Cambridge: Cambridge University Press.
Frend, W.H.C. (2003) *The Early Church – From the Beginnings to 461*, London: S.C.M. Press.
Freyberger, K.S. (1989) 'Untersuchungen zur Baugeschichte des Jupiter-Heiligtums in Damaskus', *DM*, 4: 61–86.
Freyberger, K.S. (1992) 'Die Bauten und Bildwerke von Philippolis. Zeugnisse imperialer und orientaischer Selbsdarstellung der Familie des Kaisers Philippus Arabs', *DM*, 6: 293–309.
Freyberger, K.S. (1996) 'Zur Funktion der Hamana im Kontext lokaler Heiligtümer in Syrien und Palästina', *DM*, 9: 143–161.

Freyberger, K.S. (1998) *Die frühkaiserzeitlichen Heiligtümer der Karawanstationen im hellenistischen Osten*, Mainz am Rhein: Philipp von Zabern.
Freyberger, K.S. (1999) 'Das kaiserzeitliche Damaskus: Schauplatz lokaler Tradition und auswärtiger Einflüsse', *DM*, 11: 123–138.
Freyberger, K.S. (2000) 'Das Heiligtum des Jupiter Damaskenus – ein städtischer Kultbau lokaler Prägung', in H. Gaube and M. Fansa (eds), *Damaskus – Aleppo; 5000 Jahre Stadtentwicklung in Syrien*, Mainz am Rhein: Philipp von Zabern.
Freyberger, K.S. (2005) 'The theatre of Herod the Great in Damascus – Chronology, function and significance', in Peder Mortensen (ed.), *Bayt al-'Aqqad: The History and Restoration of a House in Old Damascus. Proceedings of the Danish Institute in Damascus IV*, Aarhus: Proceedings of the Danish Institute in Damascus.
Frézouls, E. (1977) 'La toponomie de l'Orient syrien et l'apport des éléments macédoniens', in T. Fahd (ed.), *La toponomie antique: Actes du colloque de Strasbourg, 12–14 Juin 1975*, Leiden: E.J. Brill.
Frézouls, E. (ed.) (1987) *Sociétés urbaines, sociétés rurales dans l'Asie Mineure et la Syrie hellénistiques et romaines* (Colloque, Strasbourg Nov 85), Strasbourg: Université des Sciences Humaines de Strasbourg.
Fromkin, D. (1989) *A Peace to End all Peace – Creating the Modern Middle East 1914–1922*, New York: Henry Holt.
Fugmann, E. (1958) *Hama – Fouilles et Recherches 1931–1938 II 1 – l'architecture des périodes préhellénistiques*, Copenhagen: National Museum.
Gabrieli, F. (1984) *Arab Historians of the Crusades*, London: Routledge and Kegan Paul.
Garcin, J.-C. et al. (1982) *Palais et Maisons du Caire – 1. Epoque Mameloukes (XIIe–XVIe siècles)*, Paris: Editions du CNRS.
Garcin, J.-C. (ed.) (2000) *Grandes villes méditerranéennes du monde musulman médiéval*, Paris: de Bocard.
Gardiol, J.-B. (2002) 'Les fouilles à la citadelle: Resultats préliminaires', in Berthier, Sophie (ed.), Etudes et travaux à la citadelle de Damas 2000–2001 – un premier bilan, *Bulletin d'études orientales, LIII–LIV (supplément)*, Beirut: Institut français de Damas.
Gardner, P.A. (1978) *Catalogue of the Greek Coins of the British Museum – The Seleucid Kings of Syria*, London: Longmans.
Gatier, P.-L. (2000) *The Levant – History and Archaeology in the Eastern Mediterranean*, Cologne: Könemann.
Gatier, P.-L. (2008–2009) 'Damas dans les Textes de l'Antiquité', *Annales archéologiques arabes syriennes*, LI–LII: 41–54.
Gatier, P.-L. (ed.) (1990) *Géographie historique au Proche-Orient (Syrie, Phénicie, Arabie, grecques, romaines, byzantines)*, Paris: Centre Nationale de la Recherche Scientifique.
Gaube, H. (1978) *Arabische Inschriften aus Syrien*, Beirut: Orient-Institut.
Gaube, H. (1999) 'Anjar', *Antike Welt*, 4: 343–351.
Mosquée des Omayyades à Damas', *MUSJ*, XLVI: 287–304.
Gaube, H. (2000) 'Der islamische Grabbau und das Mauseoleum des Salah ad-Din in Damaskus',in Gaube, Heinz and Fansa, Mamoun (eds), *Damaskus – Aleppo: 5000 Jahre Stadtentwicklung in Syrien*, Mainz am Rhein: Verlag Philipp von Zabern,
Gaube, H. and Fansa, M. (eds) (2000) *Damaskus – Aleppo; 5000 Jahre Stadtentwicklung in Syrien*, Mainz am Rhein: Philipp von Zabern.
Gaudefroy Demombynes, M. (1923) *La Syrie à l'époque des Mamelouk d'après les Auteurs Arabes*, Paris: Geuthner.
Gautier van Berchem, M. (1970) 'Anciens décors de mosaïques de la salle de prière dans la
Gawlikowski, M. (1983) 'Palmyre et l'Euphrate', *Syria*, LX: 54–68.
Gawlikowski, M. (1994) 'Palmyra as a trading centre', *Iraq*, 56: 1–26.

Gawlikowski, M (1997) 'The Oriental city and the advent of Islam', *Die Orientalische Stadt: Kontinuität, Wandel, Bruch*, Saarbrücken: Saarbrücken Drückerei und Verlag.
Gebhardt, A. (2002) *Imperiale Politik und provinciale Entwicklung*, Berlin: Akademie Verlag.
Gernot, W. (1997) *Die Orientalische Stadt: Kontinuität, Wandel, Bruch*, Saarbrücken: Saarbrücken Drückerei und Verlag.
George, A. and Marsham, A. (eds) (2018) *Power, Patronage and Memory in Early Islam – Perspectives on Umayyad Elites*, New York: Oxford University Press.
Ghazzal, Z. (1993) *L'économie politique de Damas durant le XIXe siècle – structures traditionelles et capitalisme*, Damascus: Institut français des études arabes.
Gibb, H.A.R. and Bowen, H. (1951, 1957) *The Islamic Society and the West* (vol 1, parts 1, 2), Oxford: Oxford University Press.
Gibb, H.A.R. (1958) 'Arab–Byzantine relations under the Umayyad caliphate', *Dumbarton Oaks Papers*, 12: 221–233.
Gilbar, G. (1992) 'Changing patterns of economic ties – the Syrian and Iraqi provinces in the 18th and 19th centuries', in Philipp, Thomas (ed.), *The Syrian Land in the 18th and 19th Centuries*; Stuttgart: Franz Steiner Verlag.
Gilbert, J.E. (1980) 'Institutionalisation of Muslim scholarship and professionalisation of the 'Ulama in medieval Damascus', *Studia Islamica*, LII: 105–134.
Glubb, J. (1973) *Soldiers of Fortune – The Story of the Mamlukes*, New York: Stein and Day.
Golvin, L. (1995) *La madrasa médiévale*, Aix-en-Provence: Edisud.
Gonzalez de Clavijo, R. (1928) *Embassy to Tamerlane*, trans G. Le Strange, London: Routledge.
Goodman, M. (1992) 'Jews in the Decapolis', *Aram*, 4/1–2: 49–56.
Goodwin, G.A. (1978–1979) 'The Tekke of Süleiman I, Damascus', *PEFQS*, 110: 127–129.
Goodwin, G.A. (1987) *History of Ottoman Architecture*, London: Thames and Hudson.
Grabar, O. (1968) 'La grande mosquée de Damas et les origines architecturales de la mosquée', in *Synthronon – art et architecture de la fin de l'Antiquité et du Moyen-Age*, Klincksieck: Paris.
Grabar, O. (1987) *The Formation of Islamic Art*, New Haven: Yale University Press.
Grabar, O. (1996) *The Shape of the Holy – Early Islamic Jerusalem*, Princeton: Princeton University Press.
Grabar, O. and Ettinghausen, R. (1987) *The Art and Architecture of Islam 650–1250*, Harmondsworth: Pelican.
Gracey, M.H. (1981) 'The Roman Army in Syria, Judaea and Arabia', PhD thesis, University of Oxford.
Graf, D.F. (1978) 'The Saracens and the defense of the Arabian frontier', *Bulletin of the American School of Oriental Research*.
Graf, D.F. (1987) 'Rome and the Saracens – Reassessing the nomadic menace', in T. Fahd (ed.), *L'Arabie préislamique et son environnement historique et culturel*, Strasbourg/Leiden: Université de Strasbourg & E.J. Brill.
Graf, D.F. (1990) 'The origin of the Nabateans', *Aram*, 2: 45–75; reprinted (1997) in *Rome and the Arabian Frontier: from the Nabataeans to the Saracens*, Aldershot: Ashgate Variorum.
Graf, D.F. (1993) 'The Persian royal road system in Syria-Palestine', *Transeuphratène*.
Graf, D.F. (1994) 'Hellenisation and the Decapolis', *Aram*, 4: 1–48; reprinted (1997) in *Rome and the Arabian Frontier: from the Nabataeans to the Saracens*, Aldershot: Ashgate Variorum.
Graf, D.F. (1997) *Rome and the Arabian Frontier: From the Nabataeans to the Saracens*, Aldershot: Ashgate Variorum.
Grafman, R. and Rosen-Ayalon, M. (1999) 'The two great Syrian Umayyad mosques – Jerusalem and Damascus', *Muqarnas*, 16: 1–15.

Grainger, J.D. (1990) *The Cities of Seleukid Syria*, Oxford: Oxford University Press.
Grainger, J.D. (1995) 'Village government in Roman Syria and Arabia', *Levant*, XXVII: 179–195.
Grainger, J.D. (2013) *The Battle for Syria, 1918–1920*, Woodbridge: Boydell Press.
Greatrex, G. (1997) *Rome and Persia at War 502–532*, Leeds: Francis Cairns Publications.
Green, P. (1990) *Alexander to Actium – The Hellenistic Age*, London: Thames and Hudson.
Greenhalgh, P. (1981) *Pompey – the Roman Alexander*, London: Weidenfeld and Nicholson.
Grehan, J. (2007) *Everyday Life and Consumer Culture in Eighteenth Century Damascus*, Seattle: University of Washington Press.
Grousset, R. (1934) *Histoire des Croisades et du royaume franc de Jérusalem* (3 vols), Paris: Perrin.
Grousset, R. (1970) *The Empire of the Steppes – A History of Central Asia*, New Brunswick: Rutgers University Press.
Gruen, E.S. (1984) *The Hellenistic World and the Coming of Rome*, Berkeley: University of California Press.
Guérin, A. (2000) 'Les territoires de la ville de Damas à la période abbaside', *Bulletin d'études orientales*, LII: 221–241.
Guérin, A. (2002) 'Interpretation d'un registre fiscal ottoman: les territoires de la Syrie méridionale en 1005/1596–1597', *Journal of Near Eastern Studies*, January 61/1: 1–30.
Guidetti, Mattia (2016) *In the Shadow of the Church – The Building of Mosques in Early Medieval Syria*, Leiden: Brill.
Gullett, H.S. (1923) *The Australian Imperial Force in Sinai and Palestine 1914–1918*, Canberra: Australian War Memorial.
Gullini, G. (1995) 'From Hermogenes to Apollodorus of Damascus – Architects and urbanists between Hellenism and late antiquity', *SHAJ*, 5: 173–176.
Gutas, D. (1998) *Greek Thought, Arabic Culture – The Greco-Arabic Translation Movement in Baghdad and Early 'Abbasid Society*, London: Routledge.
Haas, C. (1997) *Alexandria in Late Antiquity – Topography and Social Conflict*, Baltimore: Johns Hopkins University Press.
Hachmann, R. (1982) 'Die ägyptische Verwaltung in Syrien während der Amarnazeit', *ZDPV*, 98: 15–49.
Hadad, G. (1951) 'Damascus in the writings of classical and Arab authors', *AAAS*, I: 157–164.
Haddad, G.M. (1963) 'The interests of an eighteenth century chronicler of Damascus', *Der Islam*, 38: 258–271.
Haddad, R.M. (1990) 'Conversion of Eastern Orthodox Christians to the Unia in the seventeenth to eighteenth centuries', in M. Gervers and R.I. Birkhazi (eds), *Conversion and Continuity*, Toronto: Pontifical Institute of Mediaeval Studies.
Hage, B. el- (2000) *Des Photographes à Damas*, Paris: Marval.
Hajjar, Y. (1990) 'Dieux et cultes non-héliopolitains de la Beqa', de l'Hermon et de l'Abilène à l'époque romaine', *ANRW*, II.8: 2509–2604.
Hajjar, J. (1995) *Les chrétiens uniates du proche-orient*, Damascus: Dar al-Tlass.
Haldon, J. (1997) *Byzantium in the Seventh Century – The Transformation of a Culture*, Cambridge: Cambridge University Press.
Hamilton, B. (2000) 'Our Lady of Saidnaya – An Orthodox shrine revered by Muslims and Knights Templar at the time of the Crusades', in R.N. Swanson (ed.), *The Holy Land, Holy Lands, and Christian History*, Woodbridge: Boydell Press.
Hamilton, J. (2002) *First to Damascus – The Great Ride and Lawrence of Arabia*, Sydney: Kangaroo Press.
Hamilton, R. (1985) *Walid and his Friends – An Umayyad Tragedy* (Oxford Studies in Islamic Art VI), Oxford: Oxford University Press.

Hanauer, J.E. (1909 April/a) 'Notes from Damascus and the Anti-Libanus', *PEFQ*: 119–138.
Hanauer, J.E. (1909 April/b) 'Further notes from Damascus, etc', *PEFQ*: 205–210.
Hanauer, J.E. (1910) 'Greek inscriptions from Damascus', *PEFQ*: 39–42.
Hanauer, J.E. (1911) 'Discovery of Roman remains near the Great Mosque at Damascus', *PEFQ*: 42–51.
Hanauer, J.E. (1912a) 'Damascus notes', *PEFQ*: 40–45.
Hanauer, J.E. (1912b) 'Special note on the "Asylum Inscription" at Damascus', *PEFQ*: 206–209.
Hanauer, J.E. (1924) 'Damascus – Notes on changes made in the city during the Great War', *PEFQ*: 68–77.
Hanauer, J.E. (1925) 'Folklore and other notes from Damascus', *PEFQ*: 31–37.
Hanisch, H. (1991) 'Der Nordwestturm der Zitadelle von Damaskus', *DM*, 5: 183–231.
Hanisch, H. (1992) 'Die seldschukischen Anlagen der Zitadelle von Damaskus', *DM*, 6: 479–499.
Hanisch, H. (1996a) *Die ayyubidischen Toranlagen der Zitadelle von Damaskus*, Wiesbaden: Ludwig Reichert.
Hanisch, H. (1996b) 'Die Machikulis der Zitadelle von Damaskus', *DM*, 9: 227–262.
Hanson, R.P.C. (1978) 'Transformation of pagan temples into churches in the early Christian centuries', *Journal of Semitic Studies*, 23/1–2: 347–358.
Hanssen, J. et al. (2002) *The Empire in the City: Arab Provincial Capitals in the Late Ottoman Empire*, Beirut: Orient-Institut.
Harithy, H. al- (2001) 'The concept of space in Mamluk architecture', *Muqarnas*, 18: 73–93.
Harl, K.W. (1984) 'The coinage of Neapolis in Samaria AD 244–53', *American Numismatic Society Museum Notes*, 29.
Harl, K.W. (1987) *Civic Coins and Civic Politics in the Roman East AD 180–275*, Berkeley: University of California Press.
Hatem, A. (1961–1962) 'Les souvenirs syriens à Rome', *AAAS*, XI–XII: 83–116.
Hatoum, H. (1996) *Philippopolis: La ville antique de Chahba antique et son Musée*, Damascus: np.
Hawting, G.R. (1986) *The First Dynasty of Islam – The Umayyad Caliphate AD 661–750*, London: Routledge.
Healey, J.F. (1989) 'Were the Nabateans Arabs?', *Aram*, 1: 33–37.
Healey, J.F. (1996) 'Palmyra and the Arabian Gulf trade', *Aram*, 8: 33–37.
Healey, J.F. (2001) *The Religion of the Nabataeans – A Conspectus*, Leiden: E.J. Brill.
Heichelheim, F.M. (1959) 'Roman Syria', in T. Frank (ed.), *An Economic Survey of Ancient Rome* (vol IV), Baltimore: Johns Hopkins University Press.
Helms, S.W. (1982) 'Land behind Damascus – Urbanism during the 4th millennium in Syria/Palestine', in T. Khalidi (ed.), *Land Tenure and Social Transformation in the Middle East*, Beirut: American University of Beirut.
Hengel, M. and Schwemer, A.M. (1997) *Paul Between Damascus and Antioch: The Unknown Years*, Louisville: Westminster John Knox Press.
Herman, D. (2000–2002) 'Certain Iturean coins and the origin of Heliopolitan cult', *Israel Numismatic Journal*, 14: 84–98.
Herodotus (trans Aubrey de) (1954) *Herodotus, the Histories*, Harmondsworth: Penguin Classics.
Herzfeld, E. (1942, 1943, 1946, 1948) 'Damascus – Studies in architecture – I–IV', *Ars Islamica*, 1: 1–53; 13–70; 1–71; 118–138.
Hill, Alec Jeffrey (1978) *Chauvel of the Light Horse – A Biography of General Sir Harry Chauvel*, Melbourne: Melbourne University Press.

Hill, D.R. (1971) *The Termination of Hostilities in the Early Arab Conquests AD 634–656*, London: Lucaz.

Hillenbrand, C. (1999) *The Crusades – Islamic Perspectives*, Edinburgh: Edinburgh University Press.

Hillenbrand, R. (1982) '*La Dolce Vita* in early Islamic Syria – The evidence of later Umayyad palaces', *Art History*, 5/1: 1–34.

Hillenbrand, R. (2013) 'Reflections on the Mosaics of the Umayyad Mosque in Damascus', in *Arabia, Greece and Byzantium*, Riyadh: King Saud University.

Hinnebusch, Raymond A. (2002) *Syria – Revolution from Above*, London: Routledge.

Hitti, P.K. (1951) *History of Syria – Including Lebanon and Palestine*, London: Macmillan.

Hoffmann, Adolf (2001) 'Hellenistic Gadara', *Studies in the History and Archaeology of Jordan*, vii: 391–397.

Hoffmann, A. and Kerner, S. (eds) (2001) *Gardara-Gerasa und die Dekapolis*, Mainz am Rhein: Philipp von Zabern.

Hoglund, K.G. (1992) *Achaemenid Imperial Administration in Syria-Palestine and the Missions of Ezra and Mehemiah*, Atlanta: Scholars Press.

Hölbl, G. (2000) *A History of the Ptolemaic Empire*, London: Routledge.

Holt, P.M. (1986) *The Age of the Crusades – The Near East from the Eleventh Century to 1517*, London: Longmans.

Holt, P.M. (ed.) (1983) *The Memoirs of a Syrian Prince – Abu'l Fida, Sultan of Hama (672–732/ 1274–1331)*, Wiesbaden: Franz Steiner.

Honigmann, E. (1932) 'Damaskus', in W. Kroll and K. Witte (eds), *Paulys Real – Encyclopädie der classischen Altertumswissenschaft*, Stuttgart: J.B. Metzler.

Honigmann, E. (1951) *Évêques et évêchés monophysites d'Asie antérieure au VIe siècle*, Louvain: L. Durbecq.

Houghton, L.C. (1978) 'Survey of the Salihiye quarter of Damascus', *Art and Archaeology Research Papers*, 14: 31–37.

Hourani, A.H. and Stern, S.M. (1970) *The Islamic City – A Colloquium*, Oxford: University of Pennsylvania Press & Bruno Cassirer.

Howard, D. (2000) *Venice and the East – The Impact of the Islamic World on Venetian Architecture 1100–1500*, New Haven: Yale University Press.

Howard, D. (2003) 'Death in Damascus – Venetians in Syria in the mid-fifteenth century', *Muqarnas*, 20: 143–157.

Hoyland, R.G. (2001) *Arabia and the Arabs*, London: Routledge.

Hoyland, R.G. (1997) *Seeing Islam as Others Saw it – A Survey and Evaluation of Christian, Jewish and Zoroastrian Writings on Early Islam*, Princeton: Princeton University Press.

Hudson, L. (2006) 'Late Ottoman Damascus – Investments in public space and the emergence of popular sovereignty', *Critical Middle Eastern Studies*, 15/2: 151–169.

Hughes, Matthew (2005) 'Elie Kedourie and the Taking of Damascus, 1 October 1918 – A Reassessment', *War and Society*, XLIV/1, 87–106.

Humbert, J.-B. (2000) *Gaza Méditerranéenne*, Paris: Editions Errance.

Humbert, J.-B. and Desreumaux, A. (1998) *Khirbet es-Samra 1 – La voie romaine, le cimetière, les documents épigraphique*, Turnhout: Brépols.

Humphrey, J.H. (ed.) (1999) The Roman and Byzantine Near East – vol 2 – Some Recent Archaeological Research, *Journal of Roman Archaeology*, Supplement 31.

Humphreys, R.S. (1977) *From Saladin to the Mongols – The Ayyubids of Damascus, 1193–1260*, Albany: State University of New York Press.

Humphreys, R.S. (1989) 'Politics and architectural patronage in Ayyubid Damascus', in C.E. Bosworth, C. Issawi and R. Savory (eds), *The Islamic World from Classical to Modern Times – Essays in Honour of Bernard Lewis*, Princeton: Darwin Press.

Humphreys, R.S. (1992) *Islamic History – A Framework for Inquiry*, Cairo: American University in Cairo Press.
Humphreys, R.S. (1994) 'Women as patrons of architecture in Ayyubid Damascus', *Muqarnas*, 11: 35–54.
Ibn Batuta (1893) *Voyages d'ibn Batoutah – Texte arabe, accompagné d'une traduction*, vol I, trans. C. Defrémery and B.R. Sanguinetti, Paris: Imprimerie nationale.
Ibn Jubayr (1952) *The Travels of Ibn Jubayr*, trans. R.J.C. Broadhurst, London: Jonathan Cape.
Ibrahim, Mahmood (2010) 'Crime and punishment in Mamluk Damascus', *Journal of Ottoman Studies*, 36: 13–33.
Imber, C. (2002) *The Ottoman Empire 1300–1650 – The Structure of Power*, Houndsmill: Palgrave Macmillan.
Inalcik, H. (1994) *The Ottoman Empire – The Classical Age 1300–1600*, London: Phoenix.
Irwin, R. (1986) *The Middle East in the Middle Ages – The Early Mamluk Sultanate 1250–1382*, Carbondale: Southern Illinois University Press.
Isaac, B. (1990) *The Limits of Empire – The Roman Army in the East*, Oxford: Oxford University Press.
Isaac, B. (1997) *The Near East under Roman Rule – Selected Papers*, Leiden: E.J. Brill.
Isfahani, Imad al-Din al- (1972) *Conquête de la Syrie et de la Palestine par Saladin*, trans. H. Massé, Paris: Geuthner.
Issa, A. (2007) *A Guide to the National Museum of Damascus*. Damascus.
Jackson, Peter (2017) *The Mongols and the Islamic World – From Conquest to Conversion*, New Haven: Yale University Press.
Jalabert, C. (2001) 'Comment Damas est devenue une métropole islamique', *BEO*, 53–54: 13–41.
Jalabert, L. (1912) 'Greek Inscriptions of the temple at Damascus', *PEFQ*: 150–153.
Jalabert, L. (1920) 'Damas', in Cabrol and Leclercq (eds.) *Dictionnaire d'archéologie chrétienne, IV*, Paris: Librairie Letouzay et Ané.
Jalabert, L. and Mouterde, R. (1959) *Inscriptions grecques et latines de la Syrie – Tome V – Emesène (Nos 1998–2710)*, Paris: Geuthner.
James, Richard (2017) *Australia's War With France—The Campaigns in Syria and Lebanon, 1941*, Sydney: Big Sky Publishing.
Jandora, J.W. (1985) 'The Battle of Yarmuk – A reconstruction', *Journal of Asian History*, XIX/1: 8–21.
Janin, L. (1972) 'Le Cadran Solaire de la mosquée Umayyade à Damas', *Centaurus*, 16/4: 285–298.
Jemal (Pasha) (1916) *La verité sur la question syrienne*, Istanbul: np.
Jewett, R.A. (1979) *Chronology of Paul's Life*, Philadelphia: Fortress Press.
Johns, Jeremy (1999) 'The house of the Prophet and the concept of the Mosque in Bayt al-Maqdis', in Jeremy Johns (ed.), *Bayt al-Maqdis*, Oxford: Oxford University Press.
Jones, A.H.M. (1931) 'The urbanisation of the Iturean principality', *Journal of Roman Studies*, 21: 265–275.
Jones, A.H.M. (1937) *The Cities of the Eastern Roman Provinces*, Oxford: Oxford University Press.
Jones, A.H.M. (1938) *The Herods of Judaea*, Oxford: Clarendon Press.
Jones, A.H.M. (1940) *The Greek City from Alexander to Justinian*, Oxford: Oxford University Press.
Jones, A.H.M. (1964) *The Later Roman Empire 284–602 – A Social, Economic and Administrative Survey* (3 vols), Oxford: Oxford University Press.
Josephus, F. (1999) *Complete Works of Flavius Josephus – Jewish Antiquities; The Jewish War*, trans. W. Whiston (reissue of 1737 edn, London), Grand Rapids: Kregel.

Josephus, F. (1970) *The Jewish War*, trans. G.A. Williamson (abridged), London: Penguin Classics.
Kader, I. (1996) *Propylon und Bogentor*, Mainz am Rhein: Philipp von Zabern.
Kaegi, W.E. (1969) 'Initial Byzantine reactions to the Arab conquest', *Church History*, 38: 139–149.
Kaegi, W.E. (1992) *Byzantium and the Early Islamic Conquests*, Cambridge: Cambridge University Press.
Kaegi, W.E (1995) 'Reconceptualizing Byzantium's eastern frontiers in the seventh century', in R.W. Mathisen and H.S. Sivan (eds), *Shifting Frontiers in Late Antiquity*, Aldershot: Ashgate Variorum.
Kaegi, W.E. (2003) *Heraclius, Emperor of Byzantium*, Cambridge: Cambridge University Press.
Kaizer, T. (2002) *The Religious Life of Palmyra – A Study of the Social Patterns of Worship in the Roman Period*, Stuttgart: Franz Steiner (Oriens und Occident, Band 4).
Kakri, S. (1993) 'Abd el Kader sur le chemin de Damas', *Qantara*, 9: 58–61.
Kasher, A. (1988) *Jews, Idumaeans, and Ancient Arabs*, Tübingen: Mohr Siebeck.
Kayali, H. (1997) *Arabs and Young Turks – Ottomanism, Arabism and Islamism in the Ottoman Empire, 1908–1918*, Berkeley: California University Press.
Kayali, H. (1998) 'Greater Syria under Ottoman Constitutional rule – Ottomanism, Arabism, Regionalism', in Philipp, Thomas and Schaebler, Birgit (eds), *The Syrian Land – Processes of Integration and Fragmentation*, Stuttgart: Franz Steiner Verlag.
Kayem, 'A. (al Kayem) (nd) *Musée de la Médecine et des Sciences Chez les Arabes – 'Bimaristan Nur al-Din'*, Damascus: np.
Kedourie, E. (1984) 'The capture of Damascus, 1 October 1918', in *Chatham House Version and Other Middle-Eastern Studies*, London: Weidenfeld & Nicholson (revised edn).
Keenan, B. (2000) *Damascus – Hidden Treasures of the Old City*, London: Thames and Hudson.
Kennedy, D. (1980) 'The frontier policy of Septimius Severus – New evidence from Arabia', in *Roman Frontier Studies*, Oxford: British Archaeological Reports.
Kennedy, D. (1999) 'Greek, Roman and native cultures in the Roman Near East', in The Roman and Byzantine Near East – vol 2 – Some Recent Archaeological Research, *Journal of Roman Archaeology*, Supplement 31.
Kennedy, H. (1981) *The Early 'Abbasid Caliphate – A Political History*, London: Croom Helm.
Kennedy, H. (1985) 'The last century of Byzantine Syria', *Byzantinische Forschungen*, X: 142–183.
Kennedy, H. (1986a) *The Prophet and the Age of the Caliphates – The Islamic Near East from the Sixth to the Eleventh Century*, London: Longman.
Kennedy, H. (1986b) 'From Polis to Madina – Urban change in late Antique and Early Islamic Syria', *Past and Present*, 106: 3–27.
Kennedy, H. (1989) 'Change and continuity in Syria and Palestine at the time of the Muslim conquest', *Aram*, 6: 67–102.
Kennedy, H. (2001) *The Armies of the Caliphs – Military and Society in the Early Islamic State*, London: Routledge.
Kenney, E. (2004) 'Power and Patronage in Mamluk Syria – The Architecture and Urban Works of Tankuz al-Nasiri 1312–1340', PhD Thesis, New York University.
Kenney, E. (2007) 'A Mamluk Monument "Restored" – The *Dar al-Quran wa-al-Hadith* of Tangiz al-Nasiri in Damascus', *Mamluk Studies Review*, XI/1: 85–118.
Keriaky, R.E. (nd) *Maaloula – History and Ruins*, Damascus: np.
Kervorkian, R.H. (2002) 'Ahmed Djémal pacha et le sort des deportées arméniens de Syrie-Palestine', in H.-L. Kieser and D.J. Schaller (eds), *The Armenian Genocide and the Shoah*, Zurich: Chronos.

Key Fowden, E. (1999) *The Barbarian Plain – Saint Sergius Between Rome and Iran*, Berkeley: University of California Press.
Key Fowden, E. (2002) 'Sharing holy places', *Common Knowledge*, Winter 8/1: 124–146.
Khairallah, S. (1991) *Railways in the Middle East 1856–1948*, Beirut: Librairie du Liban.
Khatib, M. al- (1999) *Die grosse Omayyaden Moschee*, Damascus: np.
Khoury, Philip S. (1983) *Urban Notables and Arab Nationalism – The Politics of Damascus 1860–1920*, Cambridge: Cambridge University Press.
Khoury, Philip S. (1987) *Syria and the French Mandate – The Politics of Arab Nationalism, 1920–1945*, London: I.B. Tauris.
Khowaiter, A.-A. (1978) *Baibars the First – His Endeavours and Achievements*, London: Green Mountain Press.
Kindler, A. (1982–1983) 'The status of cities in the Syro-Palestinian area as reflected by their coins', *Israel Numismatic Journal*, 6–7: 79–87.
King, G.R.D. (1976) 'The Origins and Sources of the Umayyad Mosaics in the Great Mosque of Damascus', PhD thesis, University of London.
King, G.R.D. and Cameron, A. (eds) (1994) *The Byzantine and Early Islamic Near East – II – Land Use and Settlement Patterns*, Princeton: Darwin Press.
Kitchen, K.A. (1999) 'Notes on a stela of Rameses II from near Damascus', *Göttinger Miszellen*, 173: 133–138.
Klengel, H. (1979) *Handel und Händler im alten Orient*, Vienna: Hermann Böhler.
Klengel, H. (1985) 'City and land of Damascus in the cuneiform tradition', *AAAS*, XXXV: 49–57.
Klengel, H. (1992) *Syria: 3000–300 B.C. – A Handbook of Political History*, Berlin: Akadamie Verlag.
Klengel, H. (2001) 'The Crisis Years and the New Political System in Early Iron Age Syria – Some introductory remarks', in G. Bunnens (ed.), *Essays on Syria in the Iron Age (Ancient Near Eastern Studies – Supplement 7)*, Louvain: Peeters.
Kohlmeyer, K. and Strommenger, E. (eds) (1982) *Land des Baal – Syrien – Forum der Völker und Kulturen*, Mainz am Rhein: Philipp von Zabern.
Konzelmann, G. (1996) *Damaskus – Oase zwischen Hass und Hoffnung*, Munich: Ullstein.
Kraeling, E.G.H. (1918) *Aram and Israel or the Arameans in Syria*, New York: AMS Press (reprint of 1918 edn).
Krauskopf, C. (2000) 'Stadtkernarchäologie im Suq as-Sagha in Damaskus – Ein Vorbericht', *DM*, 12: 389–395.
Krencker, D. and Zschietzschmann, W. (1938) *Römische Tempel in Syrien* (2 vols), Berlin: Walter de Gruyter & Co.
Kuhrt, A. (1995) *The Ancient Near East c.3000–330 BC* (2 vols), London: Routledge.
Kuhrt, A. and Sherwin-White, S. (eds) (1987) *Hellenism in the East – The Interaction of Greek and non-Greek Civilisations from Syria to Central Asia after Alexander*, London: Duckworth.
Kuschke, A. (1977) 'Sidons Hinterland und der Pass von Gezzin', *ZDPV*, 93: 178–197.
Kushner, D. (ed.) (1986) *Palestine in the Late Ottoman Period*, Leiden: E.J. Brill.
Labeyrie, E. (1985) 'Quelques observations au sujet d'un monument récemment disparu à Suq Saruja', *AAAS*.
Lammens, H. (1906, 1907) 'Etudes sur la règne du Calife Omaiyade Mo'awia Ier', *Mélanges de la Faculté Orientale de l'Université St-Joseph*, special issue.
Lammens, H. (1930) *Etudes sur le siècle des Omayyades*, Beirut: Imprimerie catholique.
Lammens, H. (1921) *La Syrie – Précis historique* (2 vols) Beirut: Imprimerie catholique.
Lammens, H. (1935) 'Le calife Walid et le prétendu partage de la mosquée des Omayyades à Damas', *Bulletin de l'Institut français d'archéologie orientale*, XXVI: 269–304.

Lander, J. (1984) *Roman Stone Fortifications – Variation and Change from the First Century AD to the Fourth*, Oxford: British Archaeological Reports.
Laoust, H. (1952) *Les gouverneurs de Damas sous les Mamelouks et les premiers Ottomans (1156–1741) – Traduction des annales d'Ibn Tulun ('Histoires des Gouverneurs Turcs de Damas') et d'Ibn Gum'a ('Histoires des Pachas et des Cadis de Damas')*, Damascus: IFEAD.
Laoust, H. (ed.) (1954, 1961) *Mémorial Jean Sauvaget* (2 vols), Damascus: IFEAD.
Lapidus, I.M. (1947) *Muslim Cities in the Later Middle Ages*, Cambridge: Cambridge University Press.
Lapidus, I.M. (1988) *A History of Islamic Societies*, Cambridge: Cambridge University Press.
Lapidus, I.M. (ed.) (1969) *Middle Eastern Cities – A Symposium on Ancient, Islamic and Contemporary Middle Eastern Urbanism*, Berkeley: University of California Press.
Lauffray, J. (1944–1945) 'Forums et monuments de Béryte', *Bulletin du Musée de Beyrouth*, VII: 13–80.
Lawrence, T.E. (1935) *Seven Pillars of Wisdom, A Triumph*, London: Jonathan Cape.
Lenoir, M. (1999) 'Dumayr, Faux camp romain, vraie résidence palatiale', *Syria*, LXXVI: 227–236.
Lepelley, C. (ed.) (1996) *La fin de la cite antique et le début de la cité médiévale – de la fin du IIIe à l'avènement de Charlemagne*, Bari: Edipuglia.
Leriche, P. (2000) 'Le phénomène urbain dans la Syrie hellénistique', *Bulletin d'études orientales*, LII: 99–126.
Leriche, P., Al-Naqdissi, M. and Gelin, M. (2002–2003) 'La fouille des états antiques de la Citadelle de Damas', *AAAS*, XLV–XLVI: 445–448.
Lesch, David W. (2005) *The New Lion of Damascus – Bashar al-Asad and Modern Syria*, New Haven: Yale University Press.
Le Strange, G. (1890) *Palestine Under the Moslems – A Description of Syria and the Holy Land from AD 650 to 1500*, London: Palestine Exploration Fund-Alexander P. Watt.
Le Strange, G. (1905) *The Lands of the Eastern Caliphate*, London: Cass (reprinted 1966).
Le Tourneau, R. (1952) *Damas de 1075 à 1134 (Traduction annotée d'un fragment d'une histoire d'Ibn Al-Qalanisi)*, Damascus: IFEAD.
Lewis, B. (1940–1942) 'A Jewish source on Damascus just after the Ottoman Conquest', *School of Oriental and African Studies Bulletin*, X: 179–184.
Lewis, B. (2002) *The Emergence of Modern Turkey*, Oxford: Oxford University Press.
Lewis, B. and Braude, B. (1982) *Christians and Jews in the Ottoman Empire – the Functioning of a Plural Society – vol 2 – The Arabic-Speaking Lands*, New York: Holmes & Meier.
Lewis, N.N. (1987) *Nomads and Settlers in Syria and Jordan, 1800–1980*, New York: Cambridge University Press.
Lewis, N.N., Sartre-Fauriat, A. and Sartre, M. (1996) 'William John Bankes – Travaux en Syrie d'un voyageur oublié', *Syria*, LXXIII: 57–100.
Liebeschuetz, J.H.G.W. (1977) 'The defences of Syria in the sixth century', in J.H.G.W. Liebeschuetz (ed.), *From Diocletian to the Arab Conquest*, Aldershot: Ashgate Variorum.
Liebeschuetz, J.H.G.W. (1990) *From Diocletian to the Arab Conquest: Change in the Late Roman Empire*, Aldershot: Ashgate Variorum.
Liebeschuetz, J.H.G.W. (2001) *Decline and Fall of the Roman City*, Oxford: Oxford University Press.
Lieu, J., North, J. and Rajak, T. (eds) (1992) *The Jews Among Pagans and Christians*, London: Routledge.
Lightfoot, J.L. (ed., trans.) (2003) *Lucian – 'On the Syrian Goddess'*, Oxford: Oxford University Press.
Lilie, R.-J. (1993) *Byzantium & the Crusader States*, Oxford: Oxford University Press.

Lindsay, J.E. (ed.) (2001) *Ibn 'Asakir and Early Islamic History*, Princeton: Darwin.

Lipinski, E. (1986) 'Zeus Ammon et Baal-Hammon', in C. Bonnet, E. Pipinski and P. Marchetti (eds), *Stucia Phoenicea IV (Religio Phoenicia)*, Namur: Societé des études classiques.

Lipinski, E. (2000) *The Aramaeans – Their Ancient History, Culture, Religion*, Louvain: Peeters.

Liverani, M. (1987) 'The collapse of the Near Eastern regional system at the end of the Bronze Age – The case of Syria', in M. J. Rowlands, M. Larsen, and K. Kristiansen (eds), *Centre and Periphery in the Ancient World*, Cambridge: Cambridge University Press.

Liverani, M. (2006) *Israel's History and the History of Israel*, London: Routledge.

Lohuizen-Mulder, M. van (1995) 'The mosaics in the Great Mosque at Damascus – A vision of beauty', *Babesch (Bulletin Antieke Beschaving)*, 70: 195–213.

Long, Gavin (1986) *Greece, Crete & Syria (Australians in the War of 1939–1945 – army series, vol 2)*, Canberra: Australian War Memorial.

Longrigg, Stephen Hemsley (1968) *Syria and Lebanon Under French Mandate*, Beirut: Librairie du Liban.

Lovell, M.S. (1995) *A Scandalous Life – The Biography of Jane Digby*, London: Richard Cohen Books.

Lovell, M.S. (1998) *A Rage to Live – A Biography of Richard and Isabel Burton*, London: Little Brown and Company.

Löwy, A. (1889) 'On the origin of the name Damasheh (Damascus)', *Proceedings of the Society of Biblical Archaeology*, 11: 237.

Luttwak, E.N. (1979) *The Grand Strategy of the Roman Empire, from the First Century AD to the Third*, Baltimore: Johns Hopkins University Press.

Lyons, M.C. and Jackson, D.E.P. (1980) *Saladin – The Politics of Holy War*, Cambridge: Cambridge University Press.

Ma'oz, M. (1968) *Ottoman Reform in Syria and Palestine 1840–1861 – The Impact of the Tanzimat on Politics and Society*, Oxford: Oxford University Press.

Maalouf, A. (1984) *The Crusades Through Arab Eyes*, London: Al Saqi Books.

MacAdam, H.I. (1983) 'Epigraphy and village life in southern Syria during the Roman and Early Byzantine period', *Berytus*, XXXI: 103–115.

MacAdam, H.I. (1986a) 'Bostra Gloriosa', *Berytus*, XXXIV: 169–192; reprinted in H.I. MacAdam (2002) *Geography, Urbanisation and Settlement Patterns in the Roman Near East*, Aldershot: Ashgate Variorum.

MacAdam, H.I. (1986b) *Studies in the History of the Roman Province of Arabia – The Northern Sector*, Oxford: British Archaeological Reports.

MacAdam, H.I. (1996) 'A note on the Usays (Jebel Says) inscription', *Al-Abhath*, 44: 49–57; reprinted in H.I. MacAdam (2002) *Geography, Urbanisation and Settlement Patterns in the Roman Near East*, Aldershot: Ashgate Variorum.

MacAdam, H.I. (2002) *Geography, Urbanisation and Settlement Patterns in the Roman Near East*, Aldershot: Ashgate Variorum.

Macdonald, M.C.A. (1993) 'Nomads and the Hawran in the Late Hellenistic and Roman periods – Reassessment of the epigraphic evidence', *Syria*, LXX: 303–413.

MacDonald, W.L. (1982) *The Architecture of the Roman Empire* (2 vols), New Haven: Yale University Press.

Mack, R.E. (2002) *Bazaar to Piazza – Islamic Trade and Italian Art 1300–1600*, Berkeley: University of California Press.

Macaulay-Lewis, E.R. (2018) *Bayt Farhi and the Sephardic Palaces of Ottoman Damascus in the Late 18th and 19th Centuries*, Amman: American Schools of Oriental Research.

Macurdy, G.H. (1932) *Hellenistic Queens – A Study of Women-Power in Macedonia, Seleucid Syria and Ptolemaic Egypt*, Chicago: Ares (reprinted 1985).

Magrizi, al- (1980) *A History of the Ayyubid Sultans of Egypt*, trans. R.J.C. Broadhurst, Boston: Twayne.
Malalas, J. (1986) *The Chronicle of John Malalas*, trans. E. Jeffreys, M. Jeffreys and R. Scott, Melbourne: Australian Association for Byzantine Studies.
Maqdissi, Michel (2008–2009) 'Notes d'archéologie levantine XXIV, Damas au IIIe millénaire av. J.C.', *Annales archéologiques arabes syriennes*, LI–LII Numéro Spéciale sur l'Archéologie et les Découvertes Récentes sur Damas: 17–21.
Marino, B. (1997) *Le Faubourg du Midan à Damas à l'époque ottomane*, Damascus: IFEAD.
Marino, B. (2000) 'Les territoires des villes dans la Syrie ottomane (XVIe–XVIIIe siècle): Une esquisse', *Bulletin d'études orientales*.
Marino, B. (2001) *Etudes sur les villes du Proche-Orient XVIe–XIXe siècle*, Damascus: IFEAD.
Masterman, E.W.G. (1896a) 'A Greek inscription from the Grand Mosque, Damascus', *PEFQ*: 224–226.
Masterman, E.W.G. (1896b) 'A Greek inscription from a column at Damascus', *PEFQ*: 340–341.
Masterman, E.W.G. (1897) 'The Damascus railways', *PEFQ*: 199–200.
Masterman, E.W.G. (1920) 'The water supply of Damascus', *PEFQ*, 52: 181–187.
Masters, B. (1988) *The Origins of Western Economic Dominance in the Middle East – Mercantilism and the Islamic Economy in Aleppo, 1600–1750*, New York: New York University Press.
Matthiae, P., van Loom, M. and Weiss, H. (1990) *Resurrecting the Past – A Joint Tribute to 'Adnan Bounni*, Leiden: Nederlands Historisch-Archaeologisch Instituut te Istanbul.
Maundrell, H.A. (1732) *Journey from Aleppo to Jerusalem at Easter, AD MDCXCVII*, London: Rivington (reprinted Beirut: Khayats 1963).
Mayer, L.A. (1956) *Islamic Architects and Their Work*, Geneva: Kundig.
Mazar, B. (1962) 'The Aramean empire and its relations with Israel', *Biblical Archaeologist*, XXV/4: 98–120.
Mazzoni, S. (2014) 'Tell Afis in the Iron Age – The Temple on the Acropolis', *Near Eastern Archaeology*, 77/1, 44–52.
McHugo, J. (2014) *Syria, From the Great War to Civil War*, London: Saqi.
McLean-Harper, G. (1928) 'Village administration in the Roman Province of Syria', *Yale Classical Studies*, 1: 105–168.
McMeekin, S. (2015) *The Ottoman Endgame – War, Revolution, and the Making of the Modern Middle East, 1908–1923*, London: Penguin Press.
Meinecke, M. (1971) 'Das Mausoleum des Kalawun in Kairo – Untersuchengen zur Genese des mamlukischen Architekturdekoration', *Mitteilung des deutschen archäologischen Instituts Abteilung Kairo*, 27.
Meinecke, M. (1978) 'Die osmanische Architektur des 16. Jahrhunderts in Damaskus', in G. Fehér (ed.), Fifth International Congress of Turkish Art, Budapest 1975, Budapest: Akadémiai Kiado.
Meinecke, M. (1981) 'Survey of as-Salihiya – Report of the first season 1980', *AAAS*, XXXI: 41–61.
Meinecke, M. (1982) in Kohlmeyer, Kay and Stromenger, Eva (eds), *Land des Baal – Syrien – Forum der Volker und Kulturen*, Mainz am Rhein: Verlag Philipp von Zabern.
Meinecke, M. (1983) 'Der Survey des damaszener Altstadtviertels as-Salihiya', *DM*, 1: 189–241.
Meinecke, M. (1985a) 'Mamluk architecture. Regional architectural traditions – Evolution and interrelations', *DM*, 2: 163–175.
Meinecke, M. (1985b) 'The Old Quarter of as-Salihiya Damascus – Development and recent changes', *AAAS*, XXXV: 31–37.

Meinecke, M. (1985c) 'Syrian blue-and-white tiles of the 9th/15th century', *DM*, 3: 203–214.
Meinecke, M. (1992) *Die mamelukische Architektur in Ägypten und Syrien – 1250–1517* (2 vols), Glückstadt: J.J. Augustin.
Meinecke, M. (1996) *Patterns of Stylistic Change in Islamic Architecture – Local Traditions Versus Migrating Artists*, New York: New York University Press.
Mellersh E.L. (1994) *Chronology of the Ancient World – 10,000 BC to AD 799*, Oxford: Helicon.
Méouchy, Nadine (2013) *France, Syrie et Liban 1918–1946 – Les ambiguïtés et les dynamiques de la relation mandataire*, Beirut: IFPO.
Mercer and Hallock (eds) (1939) *Tell al-Amarna Tablets I*, Toronto: np.
Meshorer, Y. (1975) *Nabataean Coins*, Jerusalem: QEDEM 3.
Millar, F. (1971) 'Paul of Samosata, Zenobia and Aurelian – The Church, local culture and political allegiance in third century Syria', *Journal of Roman Studies*, LXI: 1–17.
Millar, F. (1987) 'Empire, community and culture in the Roman Near East – Greeks, Syrians, Jews and Arabs', *Journal of Jewish Studies*, Autumn 38/2: 143–164.
Millar, F. (1990) 'The Roman Coloniae of the Near East', in H. Solin and M. Kajava (eds), *Roman Eastern Policy and Other Studies in Roman History*, Helsinki: Societas Scientarium Fennica.
Millar, F. (1993) *The Roman Near East, 31 BC–AD 337*, Cambridge: Harvard University Press.
Millar, F. (1998) 'Caravan cities: The Roman Near East and long-distance trade by land', in M. Austin, J. Harris and C. Smith (eds), *Modus Operandi – Essays in Honour of Geoffrey Rickman*, London: University of London.
Miller, D.S. (1984) 'The Lava Lands of Syria – Regional Urbanism in the Roman Empire', PhD thesis, New York University.
Miller, J.I. (1998) *The Spice Trade of the Roman Empire*, Oxford: Oxford University Press.
Milojevic, M. (1996) 'Forming and transforming Proto-Byzantine urban public space', in P. Allen and E. Jeffreys (eds), *The Sixth Century – End or Beginning*, Brisbane: Byzantina Australiensia no. 10.
Milton, G. (2001) *The Riddle and the Knight – In Search of Sir John Mandeville, The World's Greatest Traveller*, New York: Farrer, Straus and Giroux.
Miura, T. (1995) 'The Salihiyya Quarter in the suburbs of Damascus – Its formation, structure and transformation in the Ayyubid and Mamluk periods', *Bulletin d'études orientales*, XLVII: 129–182.
Moaz, ʿAbd al-Razzaq (1987–1988) 'Notes sur le mausolée de Saladin – son fondateur et les circonstances de sa fondation', *Bulletin d'études orientales*, XXXIX–XL: 183–189.
Moaz, ʿAbd al-Razzaq (1990) 'Les madrasas de Damas et d'al-Sâlihiyya depuis la fin du V/XIe siècle jusqu'au milieu du VII/XIIIe siècle – Textes historiques et études architecturales', PhD thesis, Université de Provence, Aix–Marseille I.
Moaz, ʿAbd al-Razzaq (1992) 'Note sur les sciences occultes vues par la societé damascaine', *Bulletin d'études orientales*, XLIV: 79–81.
Moaz, ʿAbd al-Razzaq (1994) 'Suwayqat Saruja: un quartier de Damas extra muros XII–XIXe S', *Fondation Max von Berchem Bulletin*, 8 November: 1–3.
Moaz, ʿAbd al-Razzaq (1998) 'Domestic architecture, notables and power, a neighbourhood in late Ottoman Damascus – An introduction', in *Turkish Art: 10th International Congress of Turkish Art (Geneva, 1995)*. Geneva: Fondation Max van Berchem.
Moaz, K. (1929) 'Le Mausolée d'Ibn al-Muqaddam', *Mélanges de l'Institut français de Damas*, 1: 67–74.

Moaz, K. and Ory, S. (1977) *Inscriptions arabes de Damas – les stèles funéraires – 1. cimetière d'al-Bab a-Sagir*, Damascus: IFEAD.
Mommsen, T. (1975) *Provinces of the Roman Empire* (2 vols), Chicago: Ares (reprint of 1909 edn).
Moran, W.L. (ed., trans.) (1992) *The Amarna Letters*, Baltimore: Johns Hopkins University Press.
Morgan, D. (1986) *The Mongols*, Oxford: Basil Blackwell.
Morgenthau, H. (1918) *Secrets of the Bosphorus*, London: Hutchinson.
Morony, M.G. (1990) 'The age of conversions – A reassessment', in M. Grevers and R.J. Bikhazi (eds), *Conversion and Continuity – Indigenous Christian Communities in Islamic Lands, Eighth to Eighteenth Centuries*, Toronto: Pontifical Institute of Mediaeval Studies (Papers in Mediaeval Studies 9).
Morris, Benny (2008) *1948 – The First Arab-Israeli War*, New Haven: Yale University Press.
Mortensen, P. (2002) 'A note on the theatre of Herod the Great in Damascus', in Lamia al-Gailani Werr (ed.), *Of Pots and Plans – Papers on the Archaeology and History of Mesopotamia and Syria Presented to David Oates in Honour of His 75th Birthday*, NABU.
Mortensen, P. (ed.) (2005) *Bayt al-'Aqqad – the History and Restoration of House in Old Damacus*, Aarhus: Aarhus University Press.
Mouterde, R. (1925) 'Inscriptions grecques relevées par l'Institut français de Damas', *Syria*, VI: 351–364.
Mouterde, R. (1951–1952) 'Antiquités de l'Hermon, de la Beqa', *MUSJ*, XXIX/2: 21–89.
Mouton, J.-M. (1994) *Damas et sa Principauté sous les Seljukides et les Bourides 1076–1154*, Cairo: Institut français d'archéologie orientale.
Mouton, J.-M., J.-O. Guilhot and C. Platon (2012) 'Nouvelles interprétations sur le tracé et la chronologie de l'enceinte de Damas', *Comptes-rendus de l'Academie des Inscriptions et Belles-Lettres (CRAI)*, 1: 91–107.
Mufti, 'A. (1966) 'The restoration of Bab Sharqi' (in Arabic), *AAAS*, XVI: 29–36.
Mulder, Stephennie (2014) *The Shrines of the 'Alids in Medieval Syria – Sunnis, Shi'is and the Architecture of Coexistence*, Edinburgh: Edinburgh University Press.
Muqaddasi (1963) *Ahsan at-Taqasim fi Ma'rifat al-Aqalim (la meilleure répartition pour la connaisance des provinces)*, trans. A. Miquel, Damascus: IFEAD.
Muret, M. (1922) 'Saint Paul à Damas', *Revue archéologique*, XVI: 185–186.
Musil, A. (1903) 'Sieben samaritanische Inschriften aus Damaskus', *Sitzungsberichte der kaiserlische Akademie der Wissenschaften in Wien*, CXLVII: 1–11.
Musil, A. (1927) *Arabia Deserta – A Topographical Itinerary*, New York: American Geographical Society.
Moscati, S. (1950) 'Le Massacre des Umayyades', *Archiv Orientalni*, XVIII/4 November: 88–115.
Murphy-O'Connor, J. (1996) *Paul – A Critical Life*, Oxford: Oxford University Press.
Nasrallah, J. (1943) 'Voyageurs et pèlerins au Qalamoun', *Bulletin d'études orientales*, 10: 5–38.
Nasrallah, J. (1944) *Souvenirs de St Paul*, Harissa: Souvenirs chrétiens de Damas.
Nasrallah, J. (1950) *Saint Jean de Damas – Son époque, sa vie, son oeuvre*, Harissa: Souvenirs chrétiens de Damas.
Nasrallah, J. (1956) 'Le Qalamoun à l'époque Romano-Byzantine (étude de topographie)', *AAAS*, VI: 63–86.
Nasrallah, J. (1961–1962) 'Le début du christianisme dans le Qalamoun', *AAAS*, XI–XII: 45–62.
Nasrallah, J. (1985) 'Damas et la Damascène – Leurs églises à l'époque byzantine', *Proche-Orient chrétien*, XXXV/1–2: 37–58.

Neep, Daniel (2014) *Occupying Syria Under the French Mandate – Insurgency, Space and State Formation*, Cambridge: Cambridge University Press.
Newell, E.T. (1939) *Late Seleucid Mints in Ake-Ptolemais and Damascus*, New York: American Numismatic Society (Numismatic Notes and Monographs).
Newell, E.T. (1941) *Coinage of the Western Seleucid Mints – from Seleucus I to Antiochus III*, New York: American Numismatic Society (reprinted 1977).
Newton, F.G. (1916) 'Notes on Damascus', *PEFQ*: 33–37.
Nicolle, D. (1994) *Yarmuk 636 AD – The Muslim Conquest of Syria*, London: Osprey Military Campaign Series no 31.
Nordiguian, L. and Salles, J.-F. (eds) (2000) *Aux origines de l'archéologie aérienne – A. Poidebard (1878–1955)*, Beirut: Presses de l'Université Saint-Joseph.
Norman, A.F. (trans.) (1977) *Libanius Orations*, vol. I, Cambridge: Loeb.
Northedge, A. (1992) *Studies on Roman and Islamic 'Amman – vol 1, History, Site and Architecture*, Oxford: Oxford University Press.
Northedge, A. (1994) 'Archaeology and new urban settlement in early Islamic Syria and Iraq', in G.R.D. King and A. Cameron (eds), *The Byzantine and Early Islamic Near East – II – Land Use and Settlement Patterns*, Princeton: Darwin Press.
Northrup, L.S. (1998) *From Slave to Sultan – The Career of al-Mansur Qalawun and the Consolidation of Mamluk Rule in Egypt and Syria (678–689 AH/1279–1290 AD)*, Stuttgart: Franz Steiner.
Nour, A.A. (1982) *Introduction à l'histoire urbaine de la Syrie ottomane (XVIe–XVIIIe siècle)*, Beirut: l'Université libanaise.
Ochsenwald, W. (1980) *The Hijaz Railway*, Charlottesville: University Press of Virginia.
Olden, A.C. (1921/2009) *Westralian Cavalry in the War – The Story of the Tenth Light Horse Regiment, AIF, in the Great War 1914–1918*, London: Imperial War Museum.
Omiry, I. and Jabbour, K. (1997 circa) *Khan Asa'ad Bacha*, Damascus: np.
Ostraz, A. (1966) 'Etudes sur la restauration du grand tetrapyle', *Etudes palmyriennes*, 1: 46–58.
Ostrogorsky, G. (1969) *History of the Byzantine State*, New Brunswick: Rutgers University Press.
Owen, R. (1975) 'The Middle East in the eighteenth century – An "Islamic" society in decline?', *Review of Middle East Studies*, I: 101–112.
Parker, S.T. (1986) *Romans and Saracens – A History of the Arabian Frontier*, Winona Lake: American Schools of Oriental Research.
Pascual, J.-P. (1980) 'L Syi à l'époque ottomane (le XIXe Siècle)', in Raymond, André (ed.), *La Syrie d'aujourd'hui*, Paris: Editions du Centre National de la Recherche Scientifique.
Pascual, J.-P. (1983) *Damas à la Fin du XVIe siècle d'après trois actes de Waqf Ottomans – Tome I*, Damascus: IFEAD.
Pascual, J.-P. (1995–1996) 'Café et cafés à Damas – Contribution à la chronologie de leur diffusion au XVIème siècle', *Berytus*, XLII: 141–156.
Pena, I. (2000) *Lieux de pèlerinage en Syrie*, Jerusalem: Franciscan Printing Press.
Pensabene, P. (1997) 'Marmi d'importazione, pietre locali e committenza nelle decorazione architetonica di età severiana in alcuni centri delle province Syria, palaestina e Arabia', *Archeologia Classica*, 49: 274–422.
Pentz, P. (1992) *The Invisible Conquest*, Denmark: National Museum of Copenhagen.
Peters, F.E. (1970) *The Harvest of Hellenism – A History of the Near East from Alexander the Great to the Triumph of Christianity*, New York: Simon & Schuster.
Peters, F.E. (1977) 'The Nabateans in the Hauran', *Journal of the American Oriental Society*, 97: 263–277.

Peters, F.E. (1977–1978) 'Byzantium and the Arabs of Syria', *AAAS*, XXVII–XXVIII: 97–113.
Peters, F.E. (1978) 'Romans and Bedouins in Southern Syria', *Journal of Near Eastern Studies*, 37/4: 315–326.
Peters, F.E. (1980) 'Regional development in the Roman Empire – The lava lands of Syria', *Thought – A Review of Culture and Idea* (Fordham University Quarterly), LV/216 March: 110–121.
Peters, F.E. (1983) 'City planning in Greco-Roman Syria – Some new considerations', *DM*, 1: 269–277.
Peters, F.E. (1985) *Jerusalem – The Holy City in the Eyes of Chroniclers, Visitors, Pilgrims, and Prophets from the Days of Abraham to the Beginning of Modern Times*, Princeton: Princeton University Press.
Peters, F.E. (1994) *The Hajj – The Muslim Pilgrimage to Mecca and the Holy Places*, Princeton: Princeton University Press.
Peters, F.E. (1999) *The Arabs and Arabia on the Eve of Islam*, Aldershot: Ashgate Variorum.
Petrie, W.M.F. (1898) *Syria and Egypt from the Tell el Amarna Letters*, London (reprinted 2003, London: Methuen).
Petry, C.F. (1993) *Twilight of Majesty – the Reigns of the Mamluk Sultans al-Ashraf Qaytbay and Qansah al-Gawri in Egypt*, Seattle: University of Washington Press.
Petry, C.F. (1994) *Protectors or Praetorians? The Last Mamluk Sultans and Egypt's Waning as a Great Power*, Albany: State University of New York Press.
Pettinato, G. (1979) *The Archives of Ebla – An Empire Inscribed in Clay*, New York: Doubleday.
Pflaum, H.-G. (1952) 'La fortification de la ville d'Adraha d'Arabie (259–60 à 274–75) d'après des inscriptions récemment découvertes', *Syria*, XXIX: 307–330.
Philipp, T. (1984) 'The Farhi family and the changing position of the Jews in Syria, 1750– 1860', *Journal of Middle Eastern Studies*, 20/04: 37–52.
Philipp, T. (1992) *The Syrian Land in the 18th and 19th Centuries*, Stuttgart: Franz Steiner.
Philipp, T. and Haarmann, U. (eds) (1998) *The Mamluks in Egyptian Politics and Society*, Cambridge: Cambridge University Press.
Philipp, T. and Schaebler, B. (eds) (1998) *The Syrian Land – Processes of Integration and Fragmentation*, Stuttgart: Franz Steiner.
Phillips, J. and Hoch, M. (eds) (2001) *The Second Crusade – Scope and Consequences*, Manchester: Manchester University Press.
Piccirillo, M. (2002) *Arabie chrétienne – Archéologie et histoire*, Paris: Mengès.
Pini, D., Repellini, D. and Miglioli, F. (2008) *Mission Report (World Heritage Committee/ UNESCO) – Ancient City of Damascus*, Paris: UNESCO.
Pitard, W.T. (1987) *Ancient Damascus – A Historical Study of the Syrian City-State from Earliest Times until its Fall to the Assyrians in 732 BCE*, Winona Lake: Eisenbrauns.
Plutarch (1965) 'Mark Anthony', in *Makers of Rome*, trans Ian Scott-Kilvert, London: Penguin Classics.
Pococke, R.A. (1745) *Description of the East and Some Other Countries – vol II Part 1 – Observations on Palaestine or the Holy Land, Syria, Mesopotamia, Cyprus and Candia*, London: W. Bowyer.
Poidebard, A. (1928) 'Reconnaissance aérienne au Ledja et au Safa (May 1927)', *Syria*, IX: 112–123.
Poidebard, A. (1934) *La trace de Rome dans le désert de Syrie – le limes de Trajan à la conquête arabe – recherches aériennes (1925–1932) – tome 1& 2*, Paris: Geuthner.
Pollard, N. (2000) *Soldiers, Cities, Civilians in Roman Syria*, Ann Arbor: University of Michigan Press.
Popper, W. (1955, 1957) *Egypt and Syria under the Circassian Sultans (1382–1468) – Systematic Notes to Ibn Taghri Birdi's Chronicles* (2 vols), Berkeley: University of California Press.

Porter, J.L. (1855) *Five Years in Damascus* (2 vols), London: T. Nelson & Sons.
Poulleau, Alice (1926) *À Damas sous les bombes – journal d'une Française pendant la révolte syrienne (1924–26)*, Yvetot: Bretteville frères.
Pouzet, L. (1991) *Damas au VIIe/XIIIe siècle – Vie et structures religieuses dans un métropole islamique*, Beirut: Dar el-Machreq.
Pouzet, L. (2006) 'Les couvents de Damas au moyen-age – Essai de localisation et réflexions', in P. Canivet and J.-P. Rey-Coquais (eds), *Mémorial Monseigneur Joseph Nasrallah*, Damascus : IFPO.
Pouzet, L. (1991–1992) 'Les madrasas de Damas et leurs professeurs durant les VII/XIIIe siècle', *MUSJ*.
Pringle, D. (1998) *The Churches of the Crusader kingdom of Jerusalem – A corpus*, vol. 2 L–Z (excluding Tyre), Cambridge: Cambridge University Press.
Qalanisi, al- (1952) *Damas de 1075 à 1154*, trans. R. le Tourneau, Damascus: Institut français.
Quataert, D. (2000) *The Ottoman Empire 1700–1922*, Cambridge: Cambridge University Press.
Rabbat, N. (1997–1998) 'The mosaics of the Qubba al-Zahiriyya in Damascus – A classical Syrian medium acquires a Mamluk signature', *Aram*: 227–239.
Raby, J. (1982) *Venice, Dürer and the Oriental Mode*, London: Islamic Art Publications.
Rafeq, 'A.-K. (1966) *The Province of Damascus 1723–1783*, Beirut: Khayats.
Rafeq, 'A.-K. (1988) 'The social and economic structure of Bab-al-Musalla (ad-Midan) Damascus, 1825–1875', in I.M. Oweiss (ed.), *Arab Civilization, Challenges & Responses – Studies in honour of Constantine K. Zurayk*, Albany: State University of New York Press.
Rahme, J.G. (1997–1998) 'Some socio-economic observations on the relationship between the mountain and the coast in early 17th century Ottoman Syria', *Aram*, 9–10: 419–430.
Raymond, A. (1974) 'Signes urbains et études de la population des grandes villes Arabes à l'époque Ottomane', *Bulletin d'études orientales*, XXVII: 183–194.
Raymond, A. (1979) 'La conquête ottomane et le développement des grandes villes arabes – le cas du Caire, de Damas et d'Alep', *Revue de l'occident musulman et de la Mediterranée*, 27: 115–133.
Raymond, A. (ed.) (1980) *La Syrie d'aujourd'hui*, Paris: Editions du CNRS.
Raymond, A. (1984) *Great Arab Cities of the Sixteenth to Eighteenth Centuries*, New York: New York University Press.
Raymond, A. (1985) *Grandes villes arabes à l'époque ottomane*, Paris: Sinbad.
Raymond, A. (1993) *Le Caire*, Paris: Fayard.
Reich, S. (1937) *Etudes sur les villages araméens de l'Anti-Liban*, Damascus: Documents d'études orientales de l'Institut français de Damas.
Reilly, J.A. (1989) 'Status groups and property holders in the Damascus hinterland, 1828–1880', *International Journal of Middle East Studies*, 21: 517–539.
Reilly, J. A. (1990) 'Properties around Damascus in the nineteenth century', *Arabica*, 37/1: 91–114.
Reilly, J.A. (1992) 'Property, status and class in Ottoman Damascus', *Journal of the American Oriental Society*, 112: 9–21.
Reinink, G.J. and Stolte, B.H. (eds) (2002) *The Reign of Heraclius (610–641) – Crisis and Confrontation*, Louvain: Peeters.
Retsö, J. (1991) 'The domestication of the camel and the establishment of the Frankincense Road from South Arabia', *Orientalia Suecana*, XL: 187–219.
Retsö, J. (2003) *The Arabs in Antiquity – Their History from the Assyrians to the Umayyads*, London: RoutledgeCurzon.
Rey-Coquais, J.-P. (1978) 'Syrie romaine, de Pompée à Diocletien', *Journal of Roman Studies*, LXVIII: 44–73.

Rey-Coquais, J.-P. (1987) 'Des montagnes au desert – Baetocécé, le pagus Augustus de Niha, la Ghouta á l'est de Damas', in E. Frézouls (ed.), *Sociétés urbaines, sociétés rurales dans l'Asie Mineure et la Syrie hellénistiques et romaines (Colloque, Strasbourg Nov 85)*, Strasbourg: Université des Sciences Humaines.

Rey-Coquais, J.-P. (1994) 'Inscription inédite du Qalamoun – notables de l'Antiliban sous le Haut-Empire romain', *Ktema*, 19: 38–49.

Rey-Coquais, J.-P. (2001) 'Jordanie, d'Alexandre à Moawiya – un millénaire d'hellénisation', *Studies in the History and Archaeology of Jordan*, VII, 359–364.

Rich, J. (ed.) (1992) *The City in Late Antiquity*, London: Routledge.

Richardson, P. (2002) *City and Sanctuary – Religion and Architecture in the Roman Near East*, London: S.C.M. Press.

Richmond, I.A. (1963) 'Palmyra under the aegis of Rome', *Journal of Roman Studies*, LII: 43–54.

Riesner, R. (1998) *Paul's Early Period – Chronology, Mission Strategy, Theology*, Grand Rapids: Eerdemansg.

Rihaoui, A.K. (1961–1962) 'Découverte de deux inscriptions arabes', *AAAS*, XI–XII: 207–213.

Rihawi, A. al-K. (1963) 'Studies in the Umayyad Mosque in Damascus' (in Arabic), *AAAS*, XIII: 53–70.

Rihawi, A. al-K (1972, 1973) 'The palaces of the rulers of Damascus' (2 parts) (in Arabic), *AAAS*, XXII: 31–72.

Rihawi, A. (1977) *Damascus – Its History, Development and Artistic Heritage*, trans. P. Chevedden, Damascus: np.

Rihawi, A.Q. al- and Ouéchek, E.E. (1975) 'Les deux takkiya de Damas – La takkiya et la madrasa Sulaymaniyya du Marg et la takkiya al-Salimiyya de Salihiyya', *Bulletin d'études orientales*, XXVIII: 217–225.

Riis, P.J. (1965) *Temple, Church and Mosque (Jami al-Kabir, Hama)*, Copenhagen: Det Kongelige Danske Videnskabernes Selskab.

Roaf, M. (1990) *Cultural Atlas of Mesopotamia and the Ancient Near East*, Oxford: Facts on File.

Roberts, David (1987) *The Ba'th and the Creation of Modern Syria*, London: Croom Helm.

Robinson, G. (1838) *Voyage en Palestine et la Syrie*, Paris: Arthus Bertrand.

Robinson, F. (ed.) (1996) *The Cambridge – Illustrated History of the Islamic World*, Cambridge: Cambridge University Press.

Roded, R.M. (1984) 'Tradition and Change in Syria During the Last Decades of Ottoman Rule – The Urban Elite of Damascus, Aleppo, Homs and Hama, 1876–1918', PhD thesis, University of Denver.

Rogers, E.T. (1869) 'Excavation of the Tell Salahiyeh', *PEFQS*, 1: 43–45.

Roller, D.W. (1998) *The Building Program of Herod the Great*, Berkeley: University of California Press.

Rostovtzeff, M. (1932) *Caravan Cities*, trans. D. and T. Talbot Rice, Oxford: Oxford University Press.

Rostovtzeff, M. (1941) *The Social and Economic History of the Hellenistic World* (3 vols), Oxford: Oxford University Press.

Rostovtzeff, M. (1957) *The Social and Economic History of the Roman Empire* (2 vols), Oxford: Oxford University Press.

Rouanet, A. and Piponnier, D. (1985–86) 'Etude iconographique et technique d'un ensemble décoratif – la Maison Nizam à Damas', *Bulletin d'études orientales*, XXXVII–VIII: 127–140.

Roujon, Y. and Vilan, L. (1997) *Le Midan – Actualité d'un faubourg ancien de Damas*, Damas: IFEAD.

Runciman, S.A. (1965) *History of the Crusades* (3 vols), Harmondsworth: Pelican.
Ruprechtsberger, E.M. (1992) 'Vom Dscholan auf den Mount Hermon', *Linzer Archäologische Forschungen*, Sonderheft VI: 1–16.
Ruprechtsberger, E.M. (1994) 'Vom Mount Hermon zum Djebel Burqush', *Linzer Archäologische Forschungen*, Sonderheft XI: 1–40.
Saad, H. and Gzoin, Y. (2011) 'Results of archaeological investigations in Damascus in 2009', *Chronique archéologique en Syrie*, V: 127–140.
Saad, Houmam and Christophe Benech (2012) 'Nouvelles données sur le plan antique de Damas' in E. Lorans and X. Rodier (eds), *Archéologie de l'espace urbain*, Tours: Presses universitaires Françoise Rabelais.
Sack, D. (1983) 'Damaskus – Die Entwicklung der historischen Stadt', *Architectura*, 132: 113–115.
Sack, D. (1985) 'Damaskus, Die Stadt intra muros', *DM*, 2: 207–290.
Sack, D. (1989a) *Damaskus – Entwicklung und Struktur einer orientalisch-islamischen Stadt*, Mainz am Rhein: Philipp von Zabern.
Sack, D. (1989b) 'Auf den Spuren von Karl Wulzinger in Damaskus', *Istanbuler Mitteilungen*, 39: 473–481.
Sack, D. (1998) 'The historic fabric of Damascus and its changes in the 19th and at the beginning of the 20th century', in T. Philipp and B. Schaebler (eds), *The Syrian Land – Processes of Integration and Fragmentation*, Stuttgart: Franz Steiner.
Sack, D. (2000) 'Die historische Stadt Damaskus – Kontinuität, Wandel der städtebaulichen Strukturen', in E. Wirth (ed.), *Die orientalische Stadt im islamischen Vorderasien und Nordafrika*, Mainz am Rhein: Philipp von Zabern.
Sack, D., Krauskopf, C. and Mollenhauer, A. (2008–2009) 'Le souk el-Sagha, Archéologie dans le Centre de Damas', *AAAS*, 101–104.
Sadan, J. (1981) 'Le tombeau de Moïse à Jéricho et à Damas. Une compétition entre deux lieux saints principalement à l'époque ottomane', *Revue des études Islamiques*, XLIX/1: 59–99.
Sader, H.S. (1987) *Les états araméens de Syrie depuis leur fondation jusqu'à leur transformation en provinces assyriennes*, Wiesbaden: Franz Steiner.
Sader, H.S. (2001) 'The Aramaean kingdoms of Syria – Origin and formation process', in G. Bunnens (ed.), *Essays on Syria in the Iron Age*, Louvain: Peeters.
Sahas, D.J. (1972) *John of Damascus on Islam – The 'Heresy of the Ishmaelites'*, Leiden: E.J. Brill.
Sahas, D.J. (1999) 'Why did Heraclius not defend Jerusalem, and fight the Arabs?', *Parole de l'Orient*, 24: 79–97.
Sajdi, Dana (2013) *The Barber of Damascus: Nouveau Literacy in the Eighteenth-Century Ottoman Levant*, Stanford: Stanford University Press.
Salibi, K.S. (1977) *Syria Under Islam – Empire on Trial, 634–1097*, New York: Caravan Books.
Saliby, N. (1982) 'Un hypogée découvert dans un faubourg de Damas', in *Archéologie au Levant: Receuil à la mémoire de R. Saidah*, Lyon: Maison de l'Orient Méditerranéen.
Saliby, N. (1985a) 'Fouilles à l'ouest de la Mosquée Omeyyade à Damas (1984)', *Syria*, LXII: 139–140.
Saliby, N. (1985b) 'Les fouilles au quartier al-Kharab de Damas' (in Arabic), *AAAS*, XXXV: 119–138.
Saliby, N. (1997) 'Un palais byzantineo-umayyade à Damas', in J.-M. Dentzer (ed.), *Les Maisons dans la Syrie antique du IIIe millénaire aux débuts de l'Islam*, Beirut: IFAPO.
Saliby, Nassib, Duval, N. and Griesheimer, M. (1999) 'Un Martyrium octogonal découvert à Homs (Syrie) en 1988 et sa mosäique', *Antiquité Tardive*, 7: 383–400.

Sandars N.K. (1985) *The Sea Peoples – Warriors of the Ancient Mediterranean 1250–1150 BC*, London: Thames and Hudson.
Sandouby, A. E. I. El (2008) 'The Ahl Al-bayt in Cairo and Damascus – The Dynamics of Making Shrines for the Family of the Prophet', PhD thesis, University of California Los Angeles.
Sanjian, A.K. (1965) *The Armenian Communities in Syria under Ottoman Occupation*, Cambridge: Harvard University Press.
Saradi-Mendelovici, H. (1990) 'Christian attitudes towards pagan monuments in late antiquity and their legacy in later Byzantine centuries', *Dumbarton Oaks Papers*: 47–61.
Sartre, M. (1979) 'Rome et les Nabatéens à la fin de la République', *Revue des études anciennes*, LXXXI: 37–53.
Sartre, M. (1982) *Trois études sur l'Arabie romaine et byzantine*, Brussels: Revue des études latines (Collections Latomus).
Sartre, M. (1985) *Bostra – des origines à l'Islam*, Paris: Geuthner.
Sartre, M. (1991) *L'Orient romain*, Paris: Seuil.
Sartre, M. (1999) 'Les Metrokomiai de Syrie du sud', *Syria*, LXXVI: 197–222.
Sartre, M. (2001) *D'Alexandre à Zénobie: Histoire du Levant antique, IVe siècle avant Jésus-Christ – IIIe siècle après Jésus-Christ*, Paris: Fayard.
Saunders, J.J.A. (1982) *History of Medieval Islam*, London: Routledge and Kegan Paul.
Sauvaget, J. (1929–1930) 'Le cénotaphe de Saladin', *Revue des arts asiatiques*, VI: 168–175.
Sauvaget, J. (1930a) 'Un bain damasquin du XIIIe siècle', *Syria*, XI: 370–380.
Sauvaget, J. (1930b) 'La Citadelle de Damas', *Syria*, XI: 59–80.
Sauvaget, J. (1932a) 'Décrets mamelouks de Syrie – 1er partie', *Bulletin d'études orientales*, II/1: 1–52.
Sauvaget, J. (1932b) *Les monuments historiques de Damas*, Beirut: Imprimerie Catholique.
Sauvaget, J. (1933) 'Décrets mamelouks de Syrie – 2ème partie', *Bulletin d'études orientales*, III: 1–30.
Sauvaget, J. (1933–1934) 'L'architecture musulmane en Syrie: Ses caractères – son évolution', *Revue des arts asiatiques*, VIII: 19–51.
Sauvaget, J. (1934) 'Esquisse d'une histoire de la ville de Damas', *Revue des études islamiques*, VIII: 421–480.
Sauvaget, J. (1935) 'Le plan de Laodicée-sur-mer', *Bulletin d'études orientales*, IV: 81–114.
Sauvaget, J. (1935–1940) 'Un monument commémoratif d'époque mamelouke', in *Mélanges Maspero III – Orient islamique*, Cairo: Institut français d'archéologie orientale.
Sauvaget, J. (1935–1945) 'Un relais du barîd mamelouk', in *Mélanges Gaudefroy-Demombynes*, Cairo: Institut français d'archéologie orientale.
Sauvaget, J. (and Weulersse, J.) (1936) *Damas et la Syrie du Sud*, Damascus: Office touristique de la république syrienne.
Sauvaget, J. (1938) *Les monuments ayyoubides de Damas – livraison I–IV*, Paris: de Boccard.
Sauvaget, J. (1939a) 'Les Ghassanides et Sergiopolis', *Byzantion*, XIV: 115–130.
Sauvaget, J. (1939b) 'Les ruines omeyyades de "Andjar"', *Bulletin du Musée de Beyrouth*, III: 6–11.
Sauvaget, J. (1941a) *Alep – essai sur le développement d'une grande ville syrienne des origines au milieu du XIXème siècle* (2 vols), Paris: Geuthner.
Sauvaget, J. (1941b) *La poste aux chevaux dans l'Empire des Mamelouks*, Paris: Maisonneuve.
Sauvaget, J. (1943–1954) 'Les bains de Damas', *Journal asiatique*, CCXXXIV: 327–332.
Sauvaget, J. (1944–1945) 'Notes sur quelques monuments musulmans de Syrie à propos d'une étude récente (part 1)', *Syria*, XXIV: 211–231.
Sauvaget, J. (1945–1946) 'Une ancienne représentation de Damas au musée du Louvre', *Bulletin d'études orientales*, XI: 5–12.

Sauvaget, J. (1946–1948) 'Notes sur quelques monuments musulmans de Syrie à propos d'une étude récente (suite)', *Syria*, XXV: 259–267.
Sauvaget, J. (1947) *Mosquée omeyyade de Médine*, Paris: Vanoest.
Sauvaget, J. (1949a) *La chronique de Damas d'al-Jazari (années 689–698H)*, Paris: Librairie ancienne Honore Champion.
Sauvaget, J. (1949b) 'Le plan antique de Damas', *Syria*, XXV: 314–358.
Sauvaget, J. (1961) *Introduction a l'histoire de l'Orient Musulman – Elements de bibliographie*, ed. Claude Cahen, Paris: Maisonneuve.
Sauvaire, H. (1993) *Inventaire de Damas* (3 vols), Frankfurt-am-Main: Wolfgang Goethe University (reprint of 1894–1896 edn).
Scharabi, M. (1983) 'Der Suq von Damaskus und zwei traditionelle Handelslagen – Han Gaqmaq und Han Sulaiman Pasa', *DM*, 285–305.
Scharabi, M. (1985) *Der Bazar. Das traditionelle Stadtzentrum im Nahen Osten und seine Handelseinrichtungen*, Tübingen: Wasmuth.
Schatkowski Schilcher, L. (1985) *Families in Politics – Damascene Factions and Estates of the 18th and 19th Centuries*, Wiesbaden: Franz Steiner (Berliner Islamstudien Band 2).
Schatzmiller, M. (ed.) (1993) *Crusaders and Muslims in Twelfth Century Syria (The Medieval Mediterranean, 1)*, Leiden: E.J. Brill.
Schick, R. (1995) *The Christian Communities of Palestine from Byzantine to Islamic Rule*, Princeton: Darwin Press.
Schilcher, L.S. (1998) 'Railways in the political economy of southern Syria 1890–1925', in Philipp, Thomas and Schaebler, Birgit (eds), *The Syrian Land – Processes of Integration and Fragmentation*, Stuttgart: Franz Steiner Verlag.
Schiltberger, J. (1879) *The Bondage and Travels of Johann Schiltberger, a Native of Bavaria, in Europe, Asia and Africa, 1396–1427*, trans. Buchan-Telfer, J., London: Hakluyt Society.
Schmidt-Colinet, A. and As'ad, K. al- (2000) 'Zur Urbanistik des hellenistischen Palmyra. Ein Vorbericht', *Damaszener Mitteilungen* 12.
Schottroff, W. (1982) 'Die Ituräer', *ZDPF*, 98: 125–152.
Schürer, H. (1973) *History of the Jewish People in the Time of Jesus Christ* (vols 1, 2 and 3, parts 1 & 2), revised G. Vermes and F. Millar, Edinburgh: T. and T. Clark.
Seager, R. (1979) *Pompey – A Political Biography*, Oxford: Basil Blackwell.
Seale, Patrick (1965) *The Struggle for Syria*, London: I.B. Tauris.
Segal, A. (1997) *From Function to Monument – Urban Landscapes of Roman Palestine, Syria and Provincia Arabia*, Oxford: Oxbow.
Setton, K.M. (general ed.) (1969a) *A History of the Crusades 1 – The First Hundred Years*, Madison and London: University of Wisconsin Press.
Setton, K.M. (general ed.) (1969b) *A History of the Crusades 2 – The Later Crusades, 1189–1311*, Madison and London: University of Wisconsin Press.
Setton, K.M. (general ed.) (1977) *A History of the Crusades 4 – The Art and Architecture of the Crusader States*, Madison and London: University of Wisconsin Press.
Setton, K.M. (general ed.) (1985) *A History of the Crusades 5 – The Impact of the Crusades on the Near East*, Madison and London: University of Wisconsin Press.
Seyrig, H. (1950a) 'Antiquités syriennes – 44. Un ex-voto damascain', *Syria*, XXVIII: 229–236.
Seyrig, H. (1950b) 'Palmyra and the East', *Journal of Roman Studies*, XL: 1–7.
Seyrig, H. (1950c) 'Antiquités syriennes – 42. Sur les ères de quelques villes de Syrie', *Syria*, XXVII: 5–56.
Seyrig, H. (1970) 'Antiquités syriennes – 92. Séleucus I et la fondation de la monarchie syrienne', *Syria*, XLVII: 287–311.

Seyrig, H., Amy, R. and Will, E. (1975) *Le temple de Bel à Palmyre* (2 vols), Paris: Geuthner.
Shaban, M.A. (1970) *The 'Abassid Revolution*, Cambridge: Cambridge University Press.
Shahid, I. (1984a) *Rome and the Arabs – A Prolegomenon to the Study of Byzantium and the Arabs*, Washington: Dumbarton Oaks.
Shahid, I. (1984b) *Byzantium and the Arabs in the Fourth Century*, Washington: Dumbarton Oaks.
Shahid, I. (1988) *Byzantium and the Semitic Orient before the Rise of Islam*, London: Variorum.
Shahid, I. (1989) *Byzantium and the Arabs in the Fifth Century*, Washington: Dumbarton Oaks.
Shahid, I. (1995a) *Byzantium and the Arabs in the Sixth Century – vol 1, part 1 – Political and Military History*, Washington: Dumbarton Oaks.
Shahid, I. (1995b) *Byzantium and the Arabs in the Sixth Century – vol 1, part 2 – Ecclesiastical History*, Washington: Dumbarton Oaks.
Shahid, I. (2002) *Byzantium and the Arabs in the Sixth Century – vol 2, part 1 – Toponymy, Monuments, Historical Geography, and Frontier Studies*, Washington: Dumbarton Oaks.
Shalit, Y. (1996) *Nicht-Muslime und Fremde in Aleppo und Damaskus im 18. und in der ersten Hälfte des 19. Jahrhunderts*, Berlin: Klaus Schwarz.
Shalit, Y. (1999) 'European foreigners in Damascus and Aleppo during the late Ottoman period', in M. Ma'oz, J. Ginat, and O. Winckler (eds), *Modern Syria – From Ottoman Rule to Pivotal Role in the Middle East*, Brighton: Sussex Academic Press.
Shambrook, Peter A. (1998) *French Imperialism in Syria 1927–1936*, Reading: Ithaca Press.
Shamir, S. (1961) 'The 'Azm Walis of Syria 1724–1785 – the Period of Dynastic Succession in the Government of the Walayahs Damascus, Sidon and Tripoli', PhD thesis, Princeton University.
Shamir, S. (1963) 'As'ad Pasha al-'Azem and Ottoman Rule in Damascus 1743–1758', *Bulletin of the School of Oriental and African Studies*, 26: 1–28.
Sharon, M. (1983) *Black Banners from the East*, Jerusalem: Magnes Press.
Shboul, A. (1994) 'Change and continuity in Early Islamic Damascus', *Aram*, 6: 67–102.
Shboul, A. and Walmsley, A.G. (1998) 'Identity and self-image in Syria-Palestine in the transition from Byzantine to Early Islamic Rule – Arab Christians and Muslims', *Mediterranean Archaeology*, 11: 255–287.
Sherwin-White, S.M. and Kuhrt, A. (1993) *From Samarkhand to Sarkis – A New Approach to the Seleucid Empire*, London: Duckworth.
Shirley, J. (trans.) (1999) *Crusader Syria in the Thirteenth Century – The Rothelin Continuation of the History of William of Tyre with Part of the Eracles Text*, Aldershot: Ashgate.
Signer, M.E. (ed.) (1983) *Benjamin of Tudela*, Malibu: Pangloss Press.
Sirriyeh, E. (1984) 'The mémoires of a French gentleman in Syria – Chevalier Laurent d'Arvieux (1635–1702)', *British Society for Middle East Studies Bulletin*, 11/2.
Sirriyeh, Elizabeth (2004) *Sufi Visionary of Ottoman Damascus – 'Abd al-Ghani al-Nabulusi, 1641–1731*, London: Routledge.
Sivan, E. (1967a) 'Notes sur la situation des Chrétiens sous les Ayyubids', *Revue de l'histoire des religions*.
Sivan, E. (1967b) 'Refugiés syro-palestiniens au temps des Croisades', *Revue des études islamiques*, 35: 134–147.
Sivan, E. (1968) *L'Islam et la Croisade – Idéologie et Propagande dans les Réactions Musulmanes aux Croisades*, Paris: Maisonneuve.
Sluglett, P. and Weber, S. (eds) (2010) *Syria and Bilad Al-Sham Under Ottoman Rule – Essays in Honour of Abdul Karim Rafeq*, Leiden: Brill.
Smail, R.C. (1985) *Crusading Warfare (1097–1193)*, Cambridge: Cambridge University Press.

Smith, G. A. (1968) *The Historical Geography of the Holy Land*, ed. George Adam, Jerusalem: Ariel.
Smith, R.H. (1990) 'The Southern Levant in the Hellenistic Period', *Levant*, 22: 123–130.
Solin, H. and Kajava, M. (eds) (1990) *Roman Eastern Policy and Other Studies in Roman History – Proceedings of a Colloquium at Tvarminne, 2–3 October 1987*, Helsinki: Finnish Society of Sciences and Letters.
Soupa, A. (ed.) (1996) 'Damas – Carrefour de l'Orient', *Le Monde de la Bible*, May–June.
Sourdel, D. (1952) *Les cultes du Hauran à l'époque romaine*, Paris: Geuthner.
Sourdel, D. (1970) 'The 'Abbasid Caliphate', in *Cambridge History of Islam*, Cambridge: Cambridge University Press.
Sourdel, D. (1980) 'La Syrie au temps des premiers califes 'abbassides (132/750 – 264/878)', *Revue des études Islamiques*, XLVIII: 155–175.
Sourdel, D. (1983) *La civilisation de l'Islam classique*, Paris: Arthaud.
Sourdel, D. (1999) *L'Etat imperial des califes 'abbasides*, Paris: Presses universitaires de France.
Sourdel-Thomine, J. (1952–1954) 'Les anciens lieux de pèlerinage d'après les sources arabes', *Bulletin d'études orientales*, XIV: 70–77.
Sourdel-Thomine, J. (trans.) (1957) *Al-Harawi – Guide des lieux de pèlerinage*, Damascus: IFEAD.
Sourdel, D. and Sourdel-Thomine, J. (1964) 'Nouveaux documents sur l'histoire religieuse et sociale de Damas au Moyen Age', *Revue des études Islamiques*, XXXII: 1–25.
Sourdel, D. and Sourdel-Thomine, J. (1965) 'A propos des documents de la grande mosquée de Damas conservée a Istanbul', *Revue des études Islamiques*, XXXIII: 73–85.
Sourdel, D. and Sourdel-Thomine, J. (1972) 'Biens fonciers constitués en waqf en Syrie fatimide pour une famille de sharifs damascains', *Journal of the Economic and Social History of the Orient*, XV: 269–296.
Sourdel, D. and Sourdel-Thomine, J. (1980) 'Dossiers pour un corpus des inscriptions arabes de Damas', *Revue des études Islamiques*, XLIV: 119–171.
Spears, Edward (1977) *Fulfilment of a Mission, the Spears Mission to Syria and Lebanon 1941–1944*, London: Leo Cooper.
Sperber, D. (1998) *The City in Roman Palestine*, New York: Oxford University Press.
Spiers, R.P. (1894) 'The Omeyyad Mosque, Damascus', *The Builder*, 17 February: 136–137.
Spiers, R.P. (1896–1899) 'The Great Mosque of the Omeiyades', *Journal of the Royal Institute of British Architects*, IV/3: 25–65.
Spiers, R.P. (1897) 'The Great Mosque of Damascus', *Palestine Exploration Society Quarterly Statement*, October: 282–301.
Spiers, R.P. (1900) 'The Great Mosque of the Omeiyades, Damascus', *Architectural Review*, VIII: 80–88.
Stein, A. (1936) 'The Roman *limes* in Syria', *Geographical Journal*, LXXXVII: 66–76.
Steinsapir, A.I. (1999) 'Landscape and the sacred – The sanctuary dedicated to holy, heavenly Zeus Baetocaece', *Near Eastern Archaeology*, September: 182–194.
Stern, H. (1951) 'Les origines de la mosquée omeyyade a l'occasion d'un livret de J Sauvaget', *Syria*, XXVIII: 269–279.
Stern, H. (1972) 'Notes sur les mosaïques du Dôme du Rocher et de la Mosquée de Damas à propos d'un livre de Mme Marguerite Gautier van Berchem', *Cahiers archéologiques*, 22: 201–232.
Stoll, O. (2001) *Zwischen Integration und Abgrenzung: die Religion des römischen Heeres im Nahen Osten; Studien zum Verhältnis von Armee und Zivilbevölkerung im römischen Syrien und den Nachbargebieten*, St Katharinen: Scripts-Mercaturae.
Stoneman, R. (1992) *Palmyra and its Empire – Zenobia's Revolt Against Rome*, Ann Arbor: University of Michigan Press.

Strabo (1930) 'Geography – Books 15–16', *Loeb Classical Library*, Cambridge: Yale University Press.
Stripling, G.W.F. (1977) *The Ottoman Turks and the Arabs 1511–1574*, Philadelphia: Porcupine Press (reprint of 1941 edn).
Strzygowski, J. (1936) *L'ancien art chrétien de Syrie – son caractère et son évolution d'après les découvertes de Vogüé et de l'expédition de Princeton, la façade de Mshatta et la calice d'Antioche*, Paris: de Boccard.
Syme, R. (1963) *The Roman Revolution*, Oxford: Oxford University Press.
Tabbaa, Y.A. (1982) 'The Architectural Patronage of Nur al-Din (1146–1174)', PhD thesis, New York University.
Tabbaa, Y. (1985) 'The Muqarnas dome – Its origin and meaning', *Muqarnas*, III: 61–74.
Tabbaa, Y. (1993) 'Circles of power – Palace, citadel and city in Ayyubid Aleppo', *Ars Orientalis*, 23.
Tabbaa, Y. (1997) *Constructions of Power and Piety in Medieval Aleppo, 1178–1260*, University Park: Pennsylvania State University Press.
Tabbaa, Y. (2007) 'Invented pieties – The rediscovery and rebuilding of the Shrine of Sayyida Ruqqaya in Damascus, 1975–2', *Artibus Asiae*, 67/1: 95–112.
Tadmor, H. and Yamuda, S. (2011) *The Royal Inscriptions of Tiglath-pileser III (744–727 BC) and Shalmaneser V (726–722 BC), Kings of Assyria*, Winona Lake: Eisenbrauns.
Talass, A. (1943) *Les Mosquées de Damas d'après Yousof Ibn 'Abd el-Hadi (in Arabic)*, Beirut: IFEAD.
Talbert, R.J. (ed.) (2000) *Barrington Atlas of the Greek and Roman World*, Princeton: Princeton University Press.
Talbi, M. (1973) *Ibn Khaldun et l'histoire*, Tunis: Maison d'histoire.
Taraqji, A.F. (1999) 'Nouvelles découvertes sur les relations avec l'Egypte à Tel Sakka et à Keswe, dans la région de Damas', *Bulletin de la Société Française d'Egyptologie*, 144: 27–43.
Tarn, William Woodthorpe (1961) *Hellenistic Civilisation* (Third Edition, 1952 – Revised by the Author and G.T. Griffith), Cleveland: Meridian Books.
Tate, G. (2000) 'Les villes syriennes aux époques hellénistique, romaine et byzantine', in E. Wirth (ed.), *Die orientalische Stadt im islamischen Vorderasien und Nordafrika*, Mainz am Rhein: Philipp von Zabern.
Taylor, J. (1992) 'The Ethnarch of King Aretas (IV) at Damascus – A note on Cor. 11.32–33', *Revue Biblique*, 90/2: 719–728.
Taylor, J. (2001) *Petra and the Lost Kingdom of the Nabataeans*, London: I.B. Tauris.
Teixidor, J. (1977) *Pagan God – Popular Religion in the Greco-Roman Near East*, Princeton: Princeton University Press.
Teixidor, J. (1979) *The Pantheon of Palmyra*, Leiden: E.J. Brill.
Teixidor, J. (1984) *Un Port romain du desert – Palmyre et son commerce d'August à Caracalla*, Paris: Villeneuve (special issue of *Semitica* XXXIV).
Thorau, P. (1992) *The Lion of Egypt – Sultan Baybars I and the Near East in the Thirteenth Century*, London: Longman.
Thoumin, R. (1931) 'Deux quartiers de Damas le quartier chrétien de Bab Musalla et le quartier kurde', *Bulletin d'études orientales*, I: 99–135.
Thoumin, R. (1934) 'Notes sur l'aménagement et la distribution des eaux à Damas et dans sa Ghouta', *Bulletin d'études orientales*, IV: 1–26.
Thoumin, R. (1936) *Géographie humaine de la Syrie centrale*, Paris: Librairie Ernest Roux.
Thubron, C. (1967) *Mirror to Damascus*, London: Heinemann.
Tibawi, A.L. (1966) *American Interests in Syria 1800–1901*, Oxford: Oxford University Press.
Toueir, K. (1970) 'Preliminary results on the excavation of ten tombs from the Roman Period in Damascus (Bab Surije)' (in Arabic), *AAAS*, XX: 61–66.

Toueir, K. (1973) 'Céramiques mameloukes à Damas', *Bulletin d'études orientales*, XXVI: 209–217.
Tourret, R. (1989) *Hedjaz Railway*, Abingdon: Tourret Publishing.
Tower, J.A. (1935) *The Oasis of Damascus*, Beirut: American University in Beirut Press.
Treadgold, W. (1997) *A History of Byzantine State and Society*, Standford: Standford University Press.
Tresse, R. (1929) 'L'irrigation dans la Ghouta de Damas', *Revue des études islamiques*, III: 461–574.
Trimingham, J.S. (1979) *Christianity Among the Arabs in Pre-Islamic Times*, Beirut: Librairie du Liban.
Tristram, H.B. (1882) *Land of Israel – A Journey of Travel in Palestine* (1992 reprint), London: SPCK.
Trokay, M. (1986) 'Le bas relief au sphinx de Damas', in C. Bonnet, E Pipinski and P. Marchetti (eds), *Stucia Phoenicea IV (Religio Phoenicia)*, Namur: Societé des études classiques.
Trombley, F.R. (1997) 'War and society in rural Syria, c.502–613 AD – Observations on the epigraphy', *Byzantine and Modern Greek Studies*, 21: 143–209.
Trombley, F.R. (2001) *Hellenic Religion and Christianisation AD 320–529* (2 vols), Leiden: E.J Brill.
Trousset, P. (1993) 'La frontière et ses contradictions', in Y. Romain (ed.), *La frontière*, Lyon: Travaux de la Maison de l'Orient no. 21.
Tscherikower, V. (1927) *Die hellenistischen Städtegründungen von Alexander dem Grossen bis auf die Römerzeit*, Leipzig: Philologus Supplementband XX, 1 (reprinted (1973) New York: Arno Press).
Tscherikower, V. (1937) 'Palestine under the Ptolemies', *Mizraim*, Mar–Jun IV–V: 9–57.
Tscherikower, V. (1959) *Hellenistic Civilisation and the Jews*, trans. S. Applebaum, New York: Jewish Publication Society of America.
Turton, G. (1974) *The Syrian Princesses – The Women Who Ruled Rome, AD 193–235*, London: Cassell.
Unger, M.F. (1957) *Israel and the Arameans of Damascus*, Grand Rapids: Zondervan Publishing James Clarke & Co.
Usamah of Ibn-Munqidh (1987) *An Arab-Syrian Gentleman and Warrior in the Period of the Crusades*, trans. P.K. Hitti, London: I.B. Tauris.
Ush, Abu-l-Faraj al- (1976) *Musée national de Damas – Département des Antiquités Arabes Islamiques – Catalogue*, Damascus: Directorate-General of Antiquities and Museums.
Ush, Abu-l-Faraj al- (1982) *A Concise Guide to the National Museum of Damascus*, Damascus: Directorate-General of Antiquities and Museums.
Vallet, E. (1999) *Marchands vénetiens en Syrie à la fin du Xve siècle*, Paris: ADHE (Assocation pour le Développement de l'Histoire Economique).
Van Berchem, D. (1952) *L'armée de Dioclétien et la réforme constantinienne*, Paris: Geuthner.
Van Berchem, M. (1909) 'Epigraphie des Atabeks de Damas', *Florilegium dediés à M. le Marquis de Vogüé*, Paris: Imprimerie nationale, reprinted in *M. van Berchem Opera Minora I* (1978), Geneva: Slatkine.
Van Berchem, M. (1937–1938) 'Notes archéologiques sur la mosquée des Ommayades', *Bulletin d'études orientales*, reprinted in *M. van Berchem Opera Minora I* (1978), Geneva: Slatkine.
van Berchem, M. (1979) in Creswell, K.A.C. (ed.), *Early Muslim Architecture: Umayyads A.D. 622–750 – Vol I part 2*, New York: Hacker Art Books.

Van Berchem, M., Strzygowski, J. and Rudolph, T. (1910) *Amida – Matériaux Pour L'Epigraphie et L'Histoire Musulmanes du Diyar-Bekr*, Heidelberg: Carl Winters Universitätsbuchhandlung.

van Dam, Nikolaos (2011) *The Struggle for Power in Syria – Sectarianism, Regionalism and Tribalism in Politics, 1961–1980*, London: I.B. Tauris.

van Dam, Nikolaos (201) *Destroying a Nation – The Civil War in Syria*, London: I.B. Tauris.

Van Esbroeck, M. (1996) 'L'invention de la Croix sous l'empereur Héraclius', *Parole de l'Orient*, 21: 21–46.

Van Leeuwen, R. (1999) *Waqfs and Urban Structures – The Case of Ottoman Damascus*, Leiden: E.J. Brill.

Van Lière, W.J. (1958–1959) 'Ager centuriatus of the Roman colonia of Emesa (Homs)', *AAAS*, VIII–IX: 55–58.

Van Lière, W.J. (1963) 'Capitals and citadels of Bronze–Iron Age Syria in their relationship to land and water', *AAAS*, XIII: 109–122.

Vigouroux, Élodie (2012) 'La Mosquée des Omeyyades de Damas après Tamerlan, Chronique d'une Renaissance (1401–1430)', *Bulletin d'études orientales*, LXI, 123–159.

Villeneuve, F. (1985) 'L'économie rurale et la vie des campagnes dans le Hauran antique', in J.-M. Dentzer (ed.), *Hauran I – recherches archéologiques sur la Syrie du Sud à l'époque hellénistique et romaine – 1ère partie*, Paris: Geuthner.

Volney (Comte de) (Chasseboeuf, C.-F.) (1787) *Voyage en Égypte et en Syrie*, Paris: Mouton & Co. (reprinted 1959).

Von der Osten, H.H. (1956) *Die Grabung von Tell es-Salihiyeh*, Lund: C.W.K. Gleerup.

Von Grunebaum, G.E. (1955) 'The Moslim town and the Hellenistic town', *Scientia*, XC: 364–370.

Von Kremer, A. (1854) *Topographie von Damascus*, Vienna: Kaiserlich-Königlichen Hof-und Staatsdrückerei.

Vryonis Jr, S. (1971) 'Hellas resurgent', in *Byzantium – Its Internal History and Relations with the Muslim World* (Collected Studies), London: Variorum.

Wacholder, B.Z. (1962) *Nicolaus of Damascus*, Berkeley & Los Angeles: University of California Press.

Waddington, W.H. (1986) *Inscriptions grecques et latines de la Syrie*, Rome: l'Erma (reprint of 1870 edn).

Walbank, F.W. (1993) *The Hellenistic World*, Cambridge: Harvard University Press.

Walker, B.J. (1999) 'Militarization to nomadization', *Near Eastern Archaeology*, 62: 4.

Walmsley, A.G. (1992) 'Fihl (Pella) and the cities of North Jordan during the Umayyad and 'abbasid Periods', *SHAJ*, IV: 377–384.

Walmsley, A.G. (1995) 'Tradition, innovation, and imitation in the material culture of Islamic Jordan – The first four centuries', *SHAJ*, 5: 657–668.

Walmsley, A.G. (1996) 'Byzantine Palestine & Arabia – Urban prosperity in Late Antiquity', in N. Christie and S.T. Loseby (eds), *Towns in Transition – Urban Evolution in Late Antiquity and the Early Middle Ages*, Aldershot: Scolar Press.

Walmsley, A.G. (1999) 'Coin frequencies in sixth and seventh century Palestine and Arabia: Social and economic implications', *Journal of the Economic and Social History of the Orient*, 42: 326–350.

Walmsley, A.G. (2000) 'The *Islamic City* – The archaeological experience in Jordan', *Mediterranean Archaeology*, 13: 1–9.

Walmsley, A.G. (2001) 'Restoration or revolution – Jordan between the Islamic conquest and the Crusades', *SHAJ*, VII: 633–640.

Warmington, E.H. (1928) *The Commerce Between the Roman Empire and India*, New Delhi: Munshiram Manoharlal Publishers (reissue of Cambridge University Press edn, 1995).
Warren, C. (1867 Jan–Mar) 'The temples of Coele Syria', *PEFQ*, V: 183–215.
Warren, C. (1881) *Picturesque Palestine, Sinai and Egypt, vol. II*, London: Virtue and Company.
Watt, W.M. (1972) *The Influence of Islam on Medieval Europe*, Edinburgh: Edinburgh University Press.
Watzinger, C. (1920) 'Damaskus in römischer Zeit', *Archäologischer Anzeiger*, XXXV: 96–97.
Watzinger, C. (1944) *Theodor Wiegand. Ein deutscher Archäologe 1864–1936*, Munich: C. H. Beck.
Watzinger, C. and Wulzinger, K. (1921) *Damaskus, die antike Stadt*, Berlin: Walter de Gruyter.
Weber, S. (1997–1998) 'The creation of Ottoman Damascus – Architecture and urban development of Damascus in the 16th and 17th centuries', *Aram*, 9–10/10: 431–470.
Weber, S. (1998) 'Der Marga-Platz in Damaskus', *DM*, 10: 291–343.
Weber, S. (1999a) 'Damaskus – Zeugnisse einer Stadt im Wandel. Ein Survey zur spätosmanischen Baugeschichte', in *Zehn Jahre Ausgrabungen und Forschungen in Syrien 1989–1998*, Damascus: Deutsches Archäologisches Institut.
Weber, S. (1999b) 'Ottoman Damascus of the 19th century – Artistic and urban development as an expression of changing times', in Déroche, François, Genequand, Charles, Renda, Günsel and Rogers, Michael (eds), *Turkish Art (10th International Congress 17–23 Sep 1995)*, Geneva: Fondation Max van Berchem.
Weber, S. (2000) 'The transformation of the Arab-Ottoman institution – The Suq (Bazar) of Damascus from the 16th to the 20th century', in Akin, Nur Batur, Afife and Batur, Selçuk (eds), *Seven Centuries of Ottoman Architecture – 'A Supra-National Heritage'* (1999 Congress), Istanbul: Turkish Chamber of Architects.
Weber, S. (2009) *Damascus 1900: Urban Transformation, Architectural Innovation, and Cultural Change in Late Ottoman City (1808–1918)* (2 vols), Damascus: Danish Institute Damascus, German Archaeological Institute.
Weber, T. (1989) 'Damaskina – Landwirtschaftliche Produkte aus der Oase von Damaskus im Spiegel griechischer und lateinischer Schriftquellen', *ZDPV*, 105: 151–165.
Weber, T. (1993) 'Damaskos Polis Episemos', hellenistische, römische und byzantnische Bauwerke in Damaskus aus der Sicht griechischer und lateinischer Schriftquellen', *DM*, 7: 135–176.
Weber, T. (1995) 'Karawanengötter in der Dekapolis', *AAAS*, VIII: 203–211.
Weber, T. Maria and al-Mohammed, Q. (eds) (2006) *Sculptures from Roman Syria in the Syrian National Museum at Damascus – vol. I – From Cities and Villages in Central and Southern Syria*, Worms: Wernersche Verlagsgesellschaft.
Wellhausen, J. (2000) *The Arab Kingdom and its Fall*, trans. M. Graham Weir, London: Routledge (reprint of University of Calcutta 1927 edn).
Wenning, R. (1992) 'The Nabateans in the Decapolis/Coele Syria', *Aram*, 4/1–2: 79–99.
Wheeler, M. (1952) 'The Roman frontier in Mesopotamia', in E. Birley (ed.), *Congress of Roman Frontier Studies 1949*, Durham: University of Durham.
Whitcomb, D.S. (1992) 'Reassessing the archaeology of Jordan in the 'Abbasid Period', *SHAJ*, IV: 377–384.
Wiegand, T. (1918) *Alte Denkmaler aus Syrien, Palästina und Westarabien*, Berlin: Reimer.
Wiegand, T. (1970) *Halbmond im letzten Viertel*, Munich: Bruckmann.
Wiet, G. (1935–45) 'La madrasa khaidariya, à Damas', in *Mélanges Gaudefroy-Demombynes*, Cairo: Institut français d'archéologie orientale.
Wilkinson, J. (2002) *Jerusalem Pilgrims Before the Crusades*, Warminster: Aris and Phillips (second edn).

Will, E. (1963) 'La Syrie Romaine entre l'Occident Greco-Romain et l'Orient Parthe', VIIIème Congrès international, Paris, reprinted in E. Will, *De l'Euphrate au Rhin – aspects de l'hellénisation et de la romanisation du proche-orient* (1995), Beirut: IFAPO.
Will, E. (1987) 'Qu'est-ce qu'une baris?', *Syria*, LXIV: 253–259.
Will, E. (1994) 'Damas antique', *Syria*, LXXI: 1–43.
Will, E. (1995) *De l'Euphrate au Rhin – Aspects de l'hellénisation et de la romanisation du procheorient (BAH tome CXXXV)*, Beirut: IFAPO.
Williams, S. and Friell, G. (1998) *Theodosius – The Empire at Bay*, London: Routledge.
Wilson, C. (1897) 'Extracts from the diary of Captain Wilson in 1865', *PEFQS*, 1: 299–301.
Wilson, J. (1989) *Lawrence of Arabia : The Authorised Biography*, London: Heinemann.
Wirth, E. (1971) *Syrien – Eine geographische Landeskunde*, Darmstadt: Wissenschaftliche Buchgesellschaft.
Wirth, E. (1974, 1975) 'Zum Problem des Bazars – Versuch einer Begriffsbestimmung und Theorie des traditionellen Wirtschaftszentrum der orientalischen Stadt', *Der Islam*, 51/2, 52/1: 203–260, 6–46.
Wirth, E. (2000) *Die orientalische Stadt im islamischen Vorderasien und Nordafrika* (2 vols), Mainz am Rhein: Philipp von Zabern.
Wolski, J. (1977) 'Les Parthes et la Syrie', *Acta Iranica – Textes et Mémoires*, V: 395–418.
Wright, T. (ed.) (1948) *Early Travels in Palestine*, London: Henry G. Bohn.
Wright, W. (1848) *An Account of Palmyra and Zenobia with Travels and Adventures in the Bashan and the Desert*, London (reprinted London: Darf 1987).
Wroth, W. (1899) *Catalogue of the Greek Coins of Galatia, Cappadocia and Syria in the British Museum*, London: British Museum.
Wulzinger, K. and Watzinger, C. (1924) *Damaskus, die islamische Stadt*, Berlin: Walter de Gruyter.
Ya'kubi (1937) *Les Pays*, trans. G. Wiet, Cairo: Institut français d'archéologie orientale.
Yared-Riachi, M. (1997) *La politique extérieure de la principauté de Damas 468–549 H/ 1076–1154*, Damascus: IFEAD.
Young, G. (2001) *Rome's Eastern Trade – International Commerce and Imperial Policy, 31 BC–AD 305*, London: Routledge.
Yoyotte, J. (1999) 'La stele de Ramsès II à Keswé et sa signification historique', *Bulletin de la Société Française d'Egyptologie*, 144: 44–58.
Ziada, M.M. (1969) 'The Mamluk Sultans to 1293', in Setton, Kenneth M., Wolff, Robert Lee, and Hazard, Harry W. (eds), *A History of the Crusades 2 – The Later Crusades, 1189–1311*, Madison and London: University of Wisconsin Press.
Ziadeh, N.A. (1953) *Urban Life in Syria Under the Early Mamluks*, Beirut: American University of Beirut.
Ziadeh, N.A. (1964) *Damascus Under the Mamluks*, Norman: University of Oklahoma Press.
Ziadeh, N.A. (1997–1998) 'Ottoman occupation of Bilad al-Sham and its immediate results', *Aram*, 9–10: 337–346.
Zouhdi, B. (1976) *Musée National de Damas – Département des Antiquités Syriennes aux Epoques Grecque, Romaine et Byzantine, Damascus*: Directorate-General of Antiquities and Museums.
Zuhdy, B. (2000) 'Die Wallfahrsort Sayyida Zaynab in der östlischen Ghuta von Damaskus', in Gaube, Heinz and Fansa, Mamoun (eds), *Damaskus – Aleppo: 5000 Jahre Stadtentwicklung in Syrien*, Mainz am Rhein: Verlag Philipp von Zabern.

译名对照表

III Cyrenaica Legion 第三昔兰尼加军团
III Gallica Legion 第三高卢军团
VI Ferrata Legion 第六铁甲军团

Abana (Barada River) 阿巴纳（巴拉达河）
al-'Abbas (uncle of Prophet Muhammad) 阿拔斯（先知的叔父）
'Abbasids 阿拔斯派
Abul Darda 艾布·达尔达
'Abd al-Malik 阿卜杜勒·麦利克
'Abd al-Qadir al-Jeza'iri (Amir) 阿卜杜·卡迪尔·杰扎伊里（埃米尔）
Abdulaziz (Ottoman Sultan) 阿卜杜勒-阿齐兹（奥斯曼苏丹）
'Abdulhamid II 阿卜杜勒-哈米德二世
'Abdullah Pasha Aydinli 阿卜杜拉帕夏·艾丁利
'Abdullah Pasha al-'Azem 阿卜杜拉帕夏·阿泽姆
'Abd al-Rahman 阿卜杜拉赫曼
'Abdullah (first 'Abbasid governor) 阿卜杜拉（第一任阿拔斯王朝总督）

'Abdullah ibn al-'Abbas 阿卜杜拉·伊本·阿拔斯
'Abdullah ibn 'Ali 阿卜杜拉·伊本·阿里
'Ain Dara 艾因达拉
'Ain al-Zeizun 艾因扎伊尊
'Ali 阿里
Abel 亚伯
Abgar dynasty (Edessa) 阿布加尔王朝（埃德萨）
Abila Lysaniae (Suq Wadi Barada) 阿比拉·吕撒尼亚（巴拉达干谷集市）
ablaq 杂色行替石砌
Ablaq Palace (Damascus) 花宫（大马士革）
Abraham 亚伯拉罕
Abu Bakr 艾布·伯克尔
Abu Darda 艾布·达尔达
Abu al-Dhahab 艾布·扎哈卜
Abu Muhammed al-Hajjaj 艾布·穆罕默德·赫贾吉
Abu Kemal 阿布凯马勒

Abu al-Qasim 艾布·卡西姆

Abu 'Ubayda 艾布·乌巴达

Accho (Acre) 阿卡

Achaemenid Empire 阿契美尼德帝国

Actium 亚克兴

Adad-Nirari II 阿达德尼拉里二世

Adad-Nirari III 阿达德尼拉里三世

Adam 阿丹／亚当

Adamana (Qastal) 阿达马纳（卡斯塔勒）

Adana 阿达纳

Adarin 阿达林

Adiabene 阿迪亚波纳

'Adid 阿迪德

al-'Adil (al-'Adil I, brother of Saladin) 阿迪勒（阿迪勒一世，萨拉丁的弟弟）

al-'Adil Abu Bakr (al-'Adil II, son of al-Kamil) 阿迪勒·艾布·贝克尔（阿迪勒二世，卡米勒之子）

Adraa (Dera'a) 阿德拉（德拉）

Adraa (north-east of Damascus) 阿德拉（大马士革东北部）

Aegean 爱琴海

Aelia (Aqaba) 艾拉（亚喀巴）

Aemelius Scaurus 埃米利乌斯·斯考鲁斯

Aere (Sanamein) 埃雷（塞奈迈因）

al-Afdal 阿夫达尔

Afridun al-'Ajami 阿夫里敦·阿贾米

Afuleh 阿富拉

aghawat 地方首领

agora 集会地

ahdath 帮派

Agrippa (Roman admiral) 阿格里帕（罗马海军将领）

Ahab 亚哈

Ahmad ibn Tulun 艾哈迈德·伊本·图伦

Ahmad Izzat al-'Abid (Pasha) 艾哈迈德·伊扎特·阿比德（帕夏）

Ahaz 亚哈斯

Ahire 阿希勒

'ahl al-Shams 叙利亚人民军

Ahmad Pasha 艾哈迈德帕夏

Ahmad Pasha al-Jazzar 艾哈迈德帕夏·贾扎尔

Ahuramazda 阿胡拉·玛兹达

'Ain Jalud 阿音扎鲁特

Ajlun 阿杰隆

Ajnadayn (southern Palestine) 阿季奈迪恩（巴勒斯坦南部）

Akhenaten 埃赫那吞

Akhshu Khatun 阿克舒可敦

Akili, Talal 塔拉勒·阿基利

akra 城堡

Akraba (Ghouta) 阿克拉巴（古塔绿洲）

Akrabani canal 阿克拉巴尼运河

Alalah 阿拉拉赫

Algeria 阿尔及利亚

'Alawi, Alawites 阿拉维

Aleppo 阿勒颇

al-'Arbain (cave) 阿尔拜因（山洞）

Alexander Severus 亚历山大·塞维鲁

Alexander the Great 亚历山大大帝

Alexandretta 亚历山大勒塔

Alexandria (Egypt) 亚历山大里亚（埃及）

Alexandria ad Issum (Alexandretta) 伊苏斯

附近亚历山大里亚（亚历山大勒塔）

'Ali Bey 阿里贝伊

Allen, Terry 特里·艾伦

Allenby, Edmund (General) 埃德蒙·艾伦比（将军）

Alptakin 阿尔普特勤

Amalric 阿马尔里克

Amanus Mountains 阿玛努斯山

'Amara Quarter 阿马拉区

Amarna period 阿玛尔纳时期

American University of Beirut 贝鲁特美国大学

Amida 阿米达

amir 埃米尔

Amir al-Hajj 朝觐指挥官

'Amman 安曼

Ammon 亚扪

Amorites 亚摩利人

Amphipolis 安菲波利斯

Amqi 阿姆库

Amrit 阿姆里特

Amurru 阿穆鲁

Amuq, Plain of 阿米克平原

Amy, Robert 罗伯特·埃米

Ana (Iraq) 阿纳（伊拉克）

Anahita 阿纳希塔

Ananias (Saint) 圣亚拿尼亚

Anasartha 阿纳萨塔

Anatolia 安纳托利亚

Anazarba 安纳扎尔巴

'Anaza tribe 阿纳扎部落

Andalusia 安达卢西亚

Androna (Anderin) 安德罗纳

'Anjar (Lebanon) 安杰尔（黎巴嫩）

Ankara 安卡拉

Ansars 辅士

Antarados, Antaradus (Tartus) 安塔拉多斯（塔尔图斯）

Antigonus I 安提柯一世

Antigonia 安提柯尼亚

Anti-Lebanon Range 东黎巴嫩山脉

Antioch 安条克

Antiochus II Theos "神" 安条克二世

Antiochus III ('the Great') 安条克三世（"大帝"）

Antiochus IV Epiphanes "神显者" 安条克四世

Antiochus VIII Grypos "鹰钩鼻" 安条克八世

Antiochus IX Cyzicinus "基齐库斯的" 安条克九世

Antiochus XII 安条克十二世

Antiochus XIII 安条克十三世

Antipater 安提帕特

anti-Semitism 反犹主义

Antonine dynasty 安敦尼王朝

Anushtakin al-Dizbari 阿努失特勤·杜兹比里

Apamea 阿帕米亚

Aphaqa (Fiq) 亚法加（菲克）

Aphrodite Anaitis 阿佛洛狄忒–阿娜伊蒂斯

Apollodorus of Damascus 大马士革的阿波罗多洛斯

Aqaba (Jordan) 亚喀巴（约旦）

Aqraba (Golan) 阿克拉巴（戈兰高地）

aqueduct 引水道

Arabia, Arabian Peninsula 阿拉伯，阿拉伯半岛

Arabia (Roman province, Arabia Felix) 阿拉伯（罗马行省，福地阿拉伯）

Arabic language 阿拉伯语

'Arabistan'"阿拉伯斯坦"

Arab Legion (Transjordan) 阿拉伯军团（外约旦）

Arabs 阿拉伯人

Arados (Arwad Island) 阿拉多斯岛（艾尔瓦德岛）

Aram, Aram Damascus 亚兰，亚兰大马士革

Aram (son of Shem) 亚兰（闪之子）

Aram-Zobah 亚兰琐巴

Arbela 阿尔贝拉

Arcadius 阿卡狄乌斯

Aretas III 阿雷塔斯三世

Aretas IV 阿雷塔斯四世

Arethusa (Rastan) 阿雷图萨

Aristobolus 阿里斯托布鲁斯

Armenia, Armenians 亚美尼亚，亚美尼亚人

armoury, arms industry 军械库，武器制造业

Arneh 阿内赫

aromatics 香料

Arpad (Tell Rifa'at) 阿尔帕德

Arpaddu 阿尔帕杜

Arqa 阿尔卡

Arsinoe 阿尔西诺伊

Arslantash 阿尔斯兰塔什

Arsuf 阿尔苏夫

Artus 阿尔图兹

Arwad (Island) 艾尔瓦德（岛）

As'ad Pasha al-'Azem 阿萨德帕夏·阿泽姆

Asalmanos (Jebel Hauran) 阿萨尔马诺斯（豪兰山）

Ascalon 亚实基伦

Asclepiodorus 阿斯克莱皮奥佐罗斯

Asharenah 阿沙恩纳

al-Ashraf Khalil (Mamluk sultan) 阿什拉夫·哈利勒（马穆鲁克苏丹）

al-Ashraf Musa (Ayyubid governor) 阿什拉夫·穆萨（阿尤布王朝总督）

Ashtara 阿什塔拉

Ashtata 阿什塔塔

Asia Minor 小亚细亚

Assassins 阿萨辛派

assizes, Damascus's role under Romans 巡回审判中心，大马士革在罗马治下的角色

Assurbanipal 亚述巴尼拔

Assurnasipal II 亚述纳西尔帕二世

Assyria 亚述

'Assyrian' Christians "亚述"基督徒

asylum, right to claim 庇护权

atabeg (title) 艾塔伯克（头衔）

Ataman (north of Dera'a) 阿塔曼

Atargatis 阿塔伽提斯

Ataxerxes III 阿尔塔薛西斯三世

Atheila ('Atil) 阿塞拉

Athens 雅典

Athlit 阿斯利特

Atlantic Ocean 大西洋

Atsiz ibn Uvak 阿齐兹·伊本·阿瓦克

augustae (title) 奥古斯塔（头衔）

Augustus (Octavian) 奥古斯都（屋大维）

Auranitis (Hauran) 奥拉尼蒂斯（豪兰）

Aurelian 奥勒良

Australian forces 澳大利亚军队

auxilia 辅助部队

Auzara (Deir al-Zor) 奥扎拉（代尔祖尔）

Avatha (Bkhara) 阿瓦塔（巴赫拉）

Aviraca (al-Bisri) 阿维拉卡（比斯里）

'Awaj River 阿瓦吉河

a'yan 显贵

Aynal al-Jaqami (Mamluk governor) 艾纳勒·贾卡米（马穆鲁克总督）

Ayyub, Najm al-Din 纳伊姆丁·阿尤布

Ayyub, al-Salih 萨利赫·阿尤布

Ayyubids, Ayyubid rule 阿尤布王朝

Azaz 阿扎兹

'Azem governors, family 阿泽姆总督家族

al-'Azem, As'ad Pasha 阿萨德帕夏·阿泽姆

Azerbaijan 阿塞拜疆

al-'Aziz 阿齐兹

al-'Aziz 'Uthman (son of al-Kamil) 阿齐兹·奥斯曼（卡米勒之子）

al-'Aziz 'Uthman (son of Saladin) 阿齐兹·奥斯曼（萨拉丁之子）

Baal, Ba'al 巴力

Baath, Baathism 复兴党，复兴主义

Ba'albek 巴勒贝克

Ba'al Shamin 巴力沙明

Baanes (Vahan, Byzantine commander) 巴纳斯（瓦汉，拜占庭指挥官）

Bab al-Barid 信使门

Bab al-Faradis 天堂之门

Bab al-Faraj 解救之门

Bab al-Hadid 铁门

Bab al-Handak 壕沟之门

Bab al-Jabiye 贾比耶门

Bab Jairun 杰鲁恩门

Bab al-Nasr 胜利之门

Bab al-Saghir 小门

Bab al-Salaam 和平之门

Bab Touma 多马之门

Babayn (Egypt) 巴拜因（埃及）

Babylon 巴比伦

Bactria 巴克特里亚

Badr al-Din Hasan 巴德尔丁·哈桑

Badr al-Jemali 巴德尔·贾迈利

Baetocaece 保托卡埃塞

Baghdad 巴格达

Baghras 巴格拉斯

Bahramshah 巴赫拉姆沙

Bahriye guard 巴赫里卫队

Bahta Khatun 巴赫塔可敦

Bakas-Shugur 巴卡斯舒古尔

Balanea (Baniyas, Syrian coast) 巴拉尼亚（巴尼亚斯，叙利亚沿海）

Baldwin III, King of Jerusalem 鲍德温三世，耶路撒冷国王

Balihu 拜利胡

Balikh River 拜利赫河

Baniyas (Paneas, Golan) 巴尼亚斯（戈

兰高地）

Baniyas (Syrian coast) 巴尼亚斯（叙利亚沿海）

Baniyas Canal 巴尼亚斯运河

Baniyas stream 巴尼亚斯河

Banu Qudama 古达马家族

Baotocaece (Husn Suleiman) 保托卡埃塞（苏莱曼堡）

baptism 洗礼

'Barada panel' (of Umayyad Mosque mosaics) 巴拉达镶板（倭马亚清真寺马赛克画）

Barada River 巴拉达河

Baraka Khan (son of Baybars) 巴拉卡汗（拜伯尔斯之子）

Baramke rail station 巴拉姆凯火车站

Barbalissos (Meskene) 巴巴利索斯（迈斯凯奈）

Bargylus Mountains (Jebel al-Ansariye) 芭吉露山（安萨里耶山）

Barsbay (Mamluk Sultan) 巴尔斯贝伊（马穆鲁克苏丹）

Barsine (wife of Darius) 巴耳馨（大流士的妻子）

Bashan 巴珊

Batnai 巴特纳

Batanaea 巴塔尼亚

Beaufort 博福尔

Beauvoir 博瓦尔

bedestan 贝德斯坦

bedouin 贝都因人

Beer Sheba 贝尔谢巴

Bellum Alexandrinum 亚历山大里亚战役

Beirut 贝鲁特

Beirut-Damascus railway 贝鲁特–大马士革铁路

Beirut-Damascus road 贝鲁特–大马士革公路

Beit 'Aqqad 阿卡德宫

Beit al-Hikma (translation centres, Baghdad) 智慧宫（翻译中心，巴格达）

Bellini, Gentile 真蒂莱·贝利尼

Belon de Mans, Pierre 皮埃尔·贝隆·迪芒

Belvoir 贝尔沃

Ben-Hadad (Bir Hadad) 便哈达

Benjamin of Tudela 图德拉的便雅悯

Beqa'a Valley 贝卡谷地

Berbers 柏柏尔人

Berenice Syra 叙利亚的贝勒尼基

Berlin 柏林

Berlin-Baghdad railway 柏林–巴格达铁路

Beroea (Aleppo) 伯里亚（阿勒颇）

Berytus (Beirut) 贝里图斯（贝鲁特）

Berze 贝泽

Beth Ramman 贝特拉姆曼

Bethsaida 伯赛大

Bethshan 贝特谢安

Beit Proclis (Furqlus) 贝特普罗克利斯（富尔格卢斯）

Betthorus (Lejjun, Jordan) 贝托鲁斯（赖均，约旦）

Beylan Pass (*Pylae Syriae*) 贝伦山口（叙利亚之门）

Bezabde (Cizre, Turkey) 贝扎布德（吉

兹雷，土耳其）

Bianquis, Thierry 蒂埃里·比昂基

Bible《圣经》

Bilad al-Shams(land of Syria) 沙姆地区（叙利亚之地）

Bilal al-Habashi 比拉勒·哈巴希

Bireçik (Turkey) 比雷吉克（土耳其）

Bir Hadad I 便哈达一世

Bir Hadad II 便哈达二世

Bir Qesab 格萨卜水井

Bit Adani 比特阿达尼

Bit Agusi 比特阿古西

Bit Bahiani 比特巴伊亚尼

Bit Gabbari 比特加巴里

Bitlis 比特利斯

al-Bkhara (south of Palmyra) 巴赫拉（巴尔米拉南部）

black banners 黑旗

Black Death 黑死病

Black Sea 黑海

Bombay 孟买

Bosphorus 博斯普鲁斯海峡

Bosra(Bostra) 布斯拉（布斯特拉）

boule 城市议会

Breikeh 布雷凯

Bridge of Jacob's Daughters 雅各之女桥

Brindisium 布林迪西

Britain 不列颠，英国

brocades 织锦缎

Bronze Age 青铜时代

Brutus 布鲁图斯

Bshir fortress (Jordan) 布希尔要塞（约旦）

bubonic plague 腺鼠疫

Bukhara 布哈拉

Buraq 布拉格

Burid dynasty 布里迪王朝

Bursa 布尔萨

Burj al-Tarimeh 塔里梅堡

Burji Mamluks 布尔吉王朝

Burqush 伯库什

Burton, Isabel 伊莎贝尔·伯顿

Burton, Richard 理查德·伯顿

Busan 布山

Busrana 布斯拉

Busir (Busiris, Egypt) 布西尔（布西里斯，埃及）

Buzan al-Kurdi (Amir) 布赞·库尔迪（埃米尔）

Byblos (Jbeil) 比布鲁斯（朱拜勒）

Byzantium, Byzantine Empire 拜占庭，拜占庭帝国

cadastre 地籍

Caesarea Maritima 滨海凯撒里亚

Caesarea Paneas (Baniyas, Golan) 凯撒里亚巴尼亚斯（巴尼亚斯，戈兰高地）

Café Nawfara 纳乌法拉咖啡馆

Cain 该隐

Cairo 开罗

Calabria 卡拉布里亚

Caliph (title) 哈里发（头衔）

Callinicum (Raqqa) 卡利尼古姆（拉卡）

Cambyses 冈比西斯

Canaanites, Canaanite tradition 迦南人，迦南传统

Canatha (Qanawat) 卡纳塔（卡纳瓦特）

Cape of Good Hope 好望角

Capitolias (Beit Ras, Jordan) 卡皮托利亚斯（拜特拉斯，约旦）

Cappucin order 嘉布遣会

Caracalla 卡拉卡拉

caravanserai 商队驿站

Carchemish, Carcemish (Kargamis, Turkey) 卡赫美士

Carlowitz 卡洛维茨

Carneia 卡尔尼亚

Carrhae (Harran, Turkey) 卡莱（哈兰，土耳其）

Casama (Nabk) 卡萨马（奈卜克）

Cassius 卡西乌斯

castrum, location of Roman 罗马兵营

Catalonia 加泰罗尼亚

cataphracti 拜占庭重甲骑兵

Cathedral of St John 圣约翰大教堂

cella 内殿

Central Asia 中亚

centuriation, Roman 罗马网格

Chagar Bazar 查加尔巴哈尔

Chalcedon 迦克墩

Chalcis, Chalcis ad Belum (Qinnesrin) 贝伦附近哈尔基斯（基尼萨林）

Chalcis, Chalcis ad Libanum (Ituraean capital) 黎巴嫩山哈尔基斯（以土利亚首都）

Chalke 铜门

Chalybon (Helbun) 哈尔本

chapel of Saint Ananias 圣亚拿尼亚礼拜堂

Charlemagne 查理曼

Chauvel, Harry (General) 哈里·肖韦尔（将军）

China 中国

Chosroes II 霍斯劳二世

Chouf mountains 舒夫山

Christians, Christianity 基督徒，基督教

Church of Sant' Apollinare Nuovo 新圣亚坡理纳圣殿

Church of Saint George 圣乔治教堂

Cilicia 奇里乞亚

Circassians 切尔克斯人

Circesium (Buseire) 塞尔瑟西姆（布西里）

Citadel 城堡

city (Greek *polis*) 城市

city-state 城邦

Cizre 吉兹雷

Cleopatra VII 克利奥帕特拉七世

colonia status 殖民地地位

colonnaded streets 柱廊街

Commagene, Kingdom of 科马基尼王国

'Command for Monument Protection' (*Denkmalschutzkommando*) 纪念建筑保护指挥部

commemorative column (Straight Street) 纪念柱（直街）

congregational mosques 聚礼清真寺

Conrad III (King of Germany) 康拉德三世（德意志国王）

Constantia (Buraq) 君士坦提亚（布拉格）

Constantine 君士坦丁

Constantinople 君士坦丁堡

Cook, Thomas 托马斯·库克

译名对照表 · 575

Corinthian order 科林斯式

Crimean War 克里米亚战争

Crassus 克拉苏

Crete 克里特岛

cruciform plan 十字形规划

Crusades 十字军

Ctesiphon 泰西封

Cydnus River 库德诺斯河

cypresses 柏树

Cyprus 塞浦路斯

Cyrenaica 昔兰尼加

Cyrenaica legions 昔兰尼加军团

Cyrrhus 居鲁斯

Cyrus II 居鲁士二世

daftardar 首席财政官员

Dahdah Cemetery 达赫达赫公墓

Dahr al-Selsela (mountain range) 塞勒塞拉（山链）

Daiani Canal 达亚尼运河

Da'janiye 达贾尼耶

Damas et la Syrie sous la Domination Fatimide 《法蒂玛王朝统治下的大马士革和叙利亚》

damaschino (plum) 大马士革李

Damascius 达马希乌斯

Damascus 大马士革

Damaskos (Damascus) 大马士革

Damietta 杜姆亚特

Dan 但

Danaba (Mehin) 达纳巴

Danish Institute in Damascus 大马士革丹麦学会

Dante Alighieri 但丁

da Poggibonsi, Niccolo 尼科洛·达·波吉邦西

Dara (Oguz, Turkey) 达拉（奥古兹，土耳其）

Dar al-'Adl 正义之所

Dar al-Beida pass 达尔贝达山口

dar al-Hadith 圣训学校

Dar al-Hadith al-Ashrafiye 阿什拉菲耶圣训学校

dar al'imara 统治者的宫殿

Dar al-Khadra 绿宫

Dar al-Ridwan 拉德万宫

D'Aranco, Raimondo 雷蒙多·达兰科

Darb al-Marj 草场路

al-Darizi 达拉齐

Darius I 大流士一世

Darius III 大流士三世

d'Arvieux, Laurent 洛朗·达维厄

Darwish Pasha 达尔维什帕夏

Dausara (Qala'at Jabr) 道萨拉（贾巴尔堡）

David 大卫

de Aranda, Fernando 费尔南多·德阿兰达

Decapolis 德卡波利斯

decumanus, decumanus maximus 东西向主街

Degeorge, Gérard 热拉尔·德乔治

Deir Ayub 阿尤布修道院

Deir Jenubi 南方修道院

Deir al-Kahf 洞穴修道院

Deir Murran 穆兰修道院

Deir Nesrani 基督徒修道院

Deir Shemali 北方修道院

Deir al-Wastani 中部修道院

Demetrias (Damascus) 德米特里亚斯（大马士革）

Demetrias III Philopator "笃爱父亲者"德米特里三世

de Mignanelli, Bertrand 贝尔特兰多·德米尼亚内利

Dera'a 德拉

Derani canal 德拉尼运河

Deraya 德拉雅

Description of Damascus《大马士革志》

de Thévenot, Jean 让·德泰弗诺

de Volney, comte de (Constantin-François de Chasseboeuf) 伏尔内伯爵（康斯坦丁·弗朗索瓦·沙斯伯夫）

Dhekir 德赫基尔

dhimmis 齐米

Dickie, Archibald Campbell 阿奇博尔德·坎贝尔·迪基

Digby, Jane (Lady Ellenborough) 简·迪格比（埃伦伯勒夫人）

Dimashq, *jund* of 大马士革军区

Dimashqu (Damascus) 大马士革

dioiketes 财政大臣

Diocletian 戴克里先

Diodorus Siculus 西西里的狄奥多罗斯

Dion 迪翁

Dionysus-Dusares 狄俄尼索斯-杜沙拉

Dirat al-Tulul (volcanic wilderness) 图卢尔山地（火山荒野）

diwan 部

Diyarbakir 迪亚巴克尔

Diyatheh 迪亚特赫

Dog River (Lebanon) 狗河（黎巴嫩）

Doliche (Duluk, Turkey) 多立克（杜吕克，土耳其）

Dome of the Rock 岩石圆顶

Downey, Glanville 格兰维尔·唐尼

Druze sect 德鲁兹派

Duma (north east of Damascus) 杜马（大马士革东北部）

Dumar (Barada Valley) 杜马尔（巴拉达河河谷）

Dumeir (Thelseai) 杜迈尔（忒尔塞埃）

Duqaq (son of Tutush) 杜卡克（突突什之子）

Dura Europos 杜拉欧罗普斯

Dushara 杜沙拉

Dussaud, René 勒内·迪索

Dux Orientis 东方司令

Dux Phoenicis 腓尼基督军

East Africa 东非

Ebla 埃勃拉

ebony 乌木

echelles 转口港

Ecochard, Michel 米歇尔·埃科沙尔

Edessa (Urfa) 埃德萨（乌尔法）

Edrei (Adra'a) 阿德拉

Elagabalus 埃拉伽巴路斯

Elam 埃兰

al-Elayaniye 艾莱亚尼耶

Elijah 以利亚

Emar (Meskene) 埃马尔（迈斯凯奈）

Emesa 埃米萨

England 英格兰

Epiphaneia (Hama) 埃皮法内亚（哈马）

Epiphaneia (quarter of Antioch) 埃皮法内亚（安条克城区）

Esdraelon, Plain of 耶斯列平原

Euphratensis (Roman province) 幼发拉底西斯（罗马行省）

Euphrates River 幼发拉底河

Europe 欧洲

Eutychius (Saint) 圣优迪基乌

Ezra'a 伊兹拉

St George 圣乔治

Ezron 利逊

Erzurum 埃尔祖鲁姆

al-Fadl ibn Salih ibn 'Ali ('Abassid governor) 法德勒·伊本·萨利赫·伊本·阿里（阿拔斯王朝总督）

faience tiles 彩陶砖

Fakhr al-Din (Druze Amir, Lebanon) 法赫尔丁（德鲁兹派埃米尔，黎巴嫩）

Fakhr al-Din Jaharkas (Circassian mamluk) 法赫尔丁·贾赫尔卡斯（切克斯马穆鲁克）

famine 饥荒

Famagusta 法马古斯塔

Farhi family 法尔希家族

Farrukhshah (nephew of Saladin) 法鲁克沙（萨拉丁的侄子）

Fathi Effendi al-Falaqinsi 法特希·埃芬迪·法拉根西

Fatima, daughter of the Prophet 法蒂玛，先知之女

Fatimid dynasty 法蒂玛王朝

Fawaz, Leila Tarazi 莱拉·塔拉齐·法瓦兹

Fayyum Oasis (Egypt) 法尤姆绿洲（埃及）

Feisal (third son of Hussein, Sharif of Mecca; later King of Syria) 费萨尔（麦加谢里夫侯塞因第三子，后来的叙利亚国王）

Fertile Crescent 新月沃土

Fijeh Building 菲杰大楼

Flood, Finbarr 芬巴尔·弗勒德

Florence 佛罗伦萨

forum (Roman) 广场（罗马时代）

France 法兰西，法国

Franciscan order 方济各会

Franks 法兰克人

Frederick II (Emperor of Germany) 腓特烈二世（德意志皇帝）

Fuad Pasha (governor) 福阿德帕夏（总督）

Fuad Pasha (Ottoman Foreign Minister) 福阿德帕夏（奥斯曼帝国外交部长）

funduq/fondacos 货栈

Fustat (Egypt) 福斯塔特（埃及）

Gadara (Umm Qeis) 加达拉（乌姆盖斯）

Gaius Caligula 盖乌斯·卡利古拉

Galilee 加利利

Gallica legions 高卢军团

Gallienus 加里恩努斯

Gallipoli 加里波利

'Gamma' 伽马

garrison forces in Damascus 大马士革卫

戍部队

'Gates of Syria' "叙利亚之门"

Gaul 高卢

Gaulanitis (Golan) 戈兰尼提斯（戈兰高地）

Gaza 加沙

Gauzanitis 高扎尼蒂斯

Gaziantep (Aintab) 加济安泰普（艾因塔布）

gems 宝石

Genoa 热那亚

Genghis Khan 成吉思汗

Geroda (Jerud) 杰罗达（杰鲁德）

Gerostratos 革罗斯特拉托斯

Germany 德意志

Ghassanids 伽珊人

al-Ghazali (philosopher) 安萨里（哲学家）

Ghazan 合赞

Ghouta, Ghouta Oasis 古塔，古塔绿洲

Gibbon, Edward 爱德华·吉本

Gindaros 金达鲁斯

Gneygel 格内耶尔

Golan (Gaulanitis) 戈兰高地（戈兰尼提斯）

Golden Horde 金帐汗国

Goths 哥特人

grain 粮食

Grand Vizier, Istanbul 伊斯坦布尔大维齐尔

Great War (1914—1918) 第一次世界大战

Greece, Greek states 希腊，希腊城邦

Greek Catholic Church, community 希腊天主教徒

Greek Orthodox Church, Patriarchate 希腊正教会宗主教区

Gulf Arabs 海外地区阿拉伯人

Gulf of Aqaba 亚喀巴湾

gunpowder 火药

Gurgum 古尔古姆

Guy (King of Jerusalem) 居伊（耶路撒冷国王）

Guzana 古扎纳

gymnasium 体育馆

Hadad 哈达德

Hadad-Baal 哈达德-巴力

Hadad temple 哈达德神庙

Hadad-Ramman 哈达德-拉姆曼

hadith 圣训

Hadrian 哈德良

Haifa 海法

Hajj 哈吉

Al-Hakim 哈基姆

Halab (Aleppo) 哈勒（阿勒颇）

Halbun, Helbun 哈尔本

Halebiye 哈勒比耶

halqa 苏丹护卫队

Hama 哈马

Hamath (Hama) 哈马

Hamdanid dynasty 哈姆丹王朝

Hamidiye barracks 哈米迪耶兵营

Hamidiye Mosque (Istanbul) 哈米迪耶清真寺（伊斯坦布尔）

al-Hamma 哈马

Hammam Ammoune 阿蒙浴场

Hammam al-Malik al-Zahir 麦利克·查

译名对照表 · 579

希尔浴场
Hammam Nur al-Din 努尔丁浴场
Hammam Silsila 西勒西拉浴场
Hammam 'Umari 奥马里浴场
Hammam Usama 乌萨马浴场
Hammam (bath) 浴场
Hanafi (Islamic code) 哈乃斐派
Hanauer, J. E. (Rev.) J. E. 哈瑙尔
Hanbali (Islamic code) 罕百里派
Haqla Cemetery 哈克拉公墓
haram 圣域
Haran al-Awamid 哈兰阿瓦米德
Harasta 哈拉斯塔
Harbaqa dam 哈尔巴卡水坝
Harim 哈里姆
Hariqa 哈里卡区
al-Harra 哈拉
Harran (Sultantepe, Turkey) 哈兰（苏丹特佩，土耳其）
Harun al-Rashid 哈伦·拉希德
Hasankeyf 哈桑凯伊夫
al-Haseke 哈塞克
Hashabu 哈沙布
Hashemite monarchy 哈希姆王朝
Hasmonaean kingdom 哈斯蒙尼王国
Hasseke 哈塞克
Hattusili 哈图西里
Hatra (Iraq) 哈特拉（伊拉克）
Hauran, Jebel Hauran (also Auranitis) 豪兰，豪兰山（奥拉尼蒂斯）
Hazael 哈薛
Hazazu ('Azaz) 哈扎祖（阿扎兹）
Hazor 夏琐

Hebran 赫布兰
Hebron (Palestine) 希伯伦（巴勒斯坦）
Helbun 哈尔本
Helios (sun god cult) 赫利俄斯（太阳神崇拜）
Heliopolis (Ba'albek) 赫利奥波利斯（巴勒贝克）
Hellenism, Hellenistic influence 希腊文化，希腊化影响
Hellenistic Damascus 希腊化时代的大马士革
Hellespont 赫勒斯滂海峡
Heraclius 希拉克略
Hermel 赫梅尔
Herod Antipas 希律·安提帕斯
Herod the Great "大"希律王
Herodias 希罗底
Herzfeld, Ernest 欧内斯特·赫茨菲尔德
Hierapolis (Menbij) 耶拉波利斯（曼比季）
high places 邱坛
high priests 大祭司
Hijaz 汉志
Hijaz Railway 汉志铁路
Hijaz Station 汉志车站
hijra 希吉来
Hillenbrand, Robert 罗伯特·希伦布兰德
Hims (Homs), jund of 霍姆斯军区
Hippodamus of Miletus 米利都的希波达莫斯
hippodrome 竞技场

Hippos (Golan) 希波斯（戈兰高地）

hira 营地

Hisan Kaifa 希桑凯法

Hisham 希沙姆

Hittin 哈丁

Hittin Square 哈丁广场

al-Hit 希特

Hittites 赫梯人

'Holy Mountain' (Salihiye) "圣山"（萨利希耶）

Homs 霍姆斯

Homs Lake 霍姆斯湖

Horemhab 霍朗赫布

Hospitaller order 医院骑士团

Hula Valley 胡拉山谷

Hulegu (Mongol leader) 旭烈兀（蒙古统帅）

Human Geography of the Islamic World 《伊斯兰世界人文地理》

Humphreys, R. Stephen R. 斯蒂芬·汉弗莱斯

Hungary 匈牙利

Husam al-Din 胡萨姆丁

Husn Suleiman 苏莱曼堡

Hussein (Ibn 'Ali, grandson of Prophet Muhammad) 侯赛因（阿里之子，先知外孙）

Hussein (Sharif of Mecca) 侯赛因（麦加谢里夫）

Hyrcanus (ethnarch of Judaea) 许尔堪（犹地亚族长）

Iberian Peninsula 伊比利亚半岛

ibn 'Asakir 伊本·阿萨基尔

ibn Jubayr 伊本·朱拜尔

Ibrahim ibn Gana'im (architect) 易卜拉欣·伊本·加纳伊姆（建筑师）

Ibrahim ibn Manjak al-Yusufi (Mamluk governor) 易卜拉欣·伊本·曼贾克·优素菲（马穆鲁克总督）

Ibrahim Pasha (son of Muhammad 'Ali) 易卜拉欣帕夏（穆罕默德·阿里之子）

Ichnae 伊赫奈

Idlib 伊德利卜

al-Idrisi (Arab traveller) 伊德里西（阿拉伯旅行家）

Idumaea 以东

Ifri 伊夫里

al-Ikhshid (Central Asian title) 伊赫什德（中亚头衔）

Ikhshidid dynasty 伊赫什德王朝

Ilkhans 伊儿汗国

'Imad al-Din Zengi 伊马德丁·赞吉

imaret (charitable kitchen) 公共厨房

imperium 帝权

incense, incense trade 焚香，焚香贸易

India, Indians 印度，印度人

Indonesia 印度尼西亚

influenza 大流感

Inner 'Amara 内阿马拉区

Ipsos 伊普苏斯

iqta' 伊克塔

Ishiqtamur al-Ashrafi 伊希格塔穆尔·阿什拉菲

Iran 伊朗

Iraq 伊拉克

irrigation 灌溉

Iron Age 铁器时代

Iskanderun (Alexandretta) 伊斯肯德伦（亚历山大勒塔）

Isma'il Pasha al-'Azem 伊斯梅尔帕夏·阿泽姆

Isma'ili sect 伊斯玛仪派

'Ismat al-Din Khatun 伊斯玛丁可敦

Israel (modern state) 以色列（现代国家）

Israel (Kingdom of) 以色列王国

Istanbul 伊斯坦布尔

Issos 伊苏斯

Italy 意大利

Ituraea 以土利亚

ivory inlay, panels 象牙镶板

iwan 敞厅

Iznik 伊兹尼克

'Izz al-Din Aybak 伊兹丁·艾伯克

'Izz al-Din Ibrahim Ibn Shams al-Din Ibn al-Muqaddam 伊兹丁·易卜拉欣·伊本·沙姆斯丁·伊本·穆卡丹

'Izz al-Din Usama al-Halabi (mamluk of Saladin) 伊兹丁·乌萨马·哈拉比（萨拉丁的马穆鲁克）

Jabawiye (Sufi sect – Sa'diye) 贾巴维耶（苏菲派，萨迪耶）

Jabiya (Golan) 贾比耶

Jacobite rite 雅各布礼

Jafar al-Sadiq 贾法尔·萨迪克

Jaffa 雅法

Jaghjagh River 贾格贾格河

jami'a (congregational or 'Friday' mosque) 聚礼清真寺

Janbirdi al-Ghazali (Ottoman governor) 詹比尔迪·加扎利（奥斯曼总督）

janissaries 耶尼切里军团

Jaqmaq (Mamluk sultan) 哲格麦格（马穆鲁克苏丹）

al-Jawad Yunus 贾瓦德·尤努斯

al-Jazira (north-east Syria) 贾兹拉（叙利亚东北部）

Jebel Abu Attar 阿布阿塔尔山

Jebel Ahmar 艾哈迈尔山

Jebel al-Bishra 比什里山

Jebel Hauran (Jebel al-Arab) 豪兰山（阿拉伯山）

Jebel Kassyun 卡松山

Jebel Rawaq 拉瓦克山

Jebel Seis 赛斯山

Jbail (Byblos) 朱拜勒（比布鲁斯）

Jehud (Achaemenid sub-province) 耶胡德（阿契美尼德王朝次级省份）

Jemal Pasha 杰马尔帕夏

Jenin 杰宁

Jerabulus 贾拉布鲁斯

Jeramana 杰拉马纳

Jerasa (Jerash) 杰拉什

Jericho (Palestine) 杰里科（巴勒斯坦）

Jeremiah 耶利米

Jerusalem 耶路撒冷

Jesuits 耶稣会士

Jesus 耶稣

Jews, Judaism 犹太人，犹太教

Jezzin 杰津

Jisr al-Abiad 艾卜耶德桥

Jisr al-Ruqqad (Roman bridge) 鲁加德桥（罗马时代桥梁）

Jisr al-Shugur 吉斯尔舒古尔

jizya 吉兹亚（贡金、人头税）

Jobar 朱巴尔

John (the Baptist) 施洗约翰

John Chrysostom (Saint) "金口"约翰（圣徒）

John of Damascus (Saint) 大马士革的圣约翰

John Tzimisces 约翰·齐米斯基斯

Joppa 雅法

Jordan, Trans-Jordan 约旦，外约旦

Jordan River 约旦河

Josephus 约瑟夫斯

Judaea 犹地亚

Judaean hills 犹大山地

Judah (Kingdom of) 犹大王国

Judas Maccabeus 犹大·马加比

Julia Domna 尤利亚·多姆娜

Julian 尤利安

Julius Caesar 尤利乌斯·恺撒

jund, ajnad 军区

Jupiter Capitolinus 献给朱庇特的宏伟神庙

Jupiter Damascenus, Jupiter-Hadad 大马士革朱庇特神庙，朱庇特-哈达德神庙

Jupiter Yabrudis 那卜鲁德朱庇特神庙

Jusieh (Jusieh al-Harab) 朱西耶

Justinian 查士丁尼

Kafr Batna 卡法尔巴特纳

Kafr Suseh 卡法尔苏塞

al-Kamil 卡米勒

kapikuli 卡皮库鲁

Karakoram 哈拉和林

Karbala 卡尔巴拉

Karmati (or Qarmatian) sect 卡尔马特教派

Kayseri 开塞利

karma (decorative band) 装饰条带

Karnak temple 卡纳克神庙

katoikiai (Greek military colonies) 希腊军事殖民地

Kawkab 考卡卜

Kennedy, Hugh 休·肯尼迪

Kerak 卡拉克

Keukburi 库布里

Khabur River, Khabur region 哈布尔河，哈布尔地区

Khadija Khatun 哈蒂佳可敦

al-Khadra Palace 绿宫

Khalid ibn al-Walid 哈立德·伊本·瓦利德

Khalil Tawrizi (Mamluk grand chamberlain) 哈利勒·陶里济（马穆鲁克侍从长）

Khalwati (Sufi sect) 哈勒瓦提教团（苏菲派）

Khan abu-Samat 阿布萨马特驿站

Khan al-Abiad 阿比亚德驿站

Khan al-Dikka 磨坊驿站

Khan Fuqani 富加尼驿站

Khan al-Hallabat 哈拉巴特驿站

Khan al-Hamra 哈姆拉驿站

Khan Jaqmaq 哲格麦格驿站

Khan al-Juhiye 朱希耶驿站
Khan al-Ruzz 大米驿站
Khan al-Sheikh Qatana 谢赫盖泰纳驿站
Khan Suleiman Pasha 苏莱曼帕夏驿站
Khan al-Trab 特拉卜驿站
Khan al-Tutun 烟草驿站
Khan al-Zeit 橄榄油驿站
Khanqah al-Khatuniye 可敦尼耶哈纳卡
kharaj 土地税
Khatarikka 哈塔里卡
al-Khirbe (Dumeir *castellum*) 杜迈尔堡
Khirbet Butmiyat 布特米亚特遗址
Khirbet al-Mafjar (Jericho) 马夫贾尔遗址（杰里科）
Khirbet al-Umbashi 乌姆巴希遗址
Khurasan 呼罗珊
King's Highway 君王大道
Kinilua 基那卢亚
Kipanni 基帕尼
Kirkuk 基尔库克
Kiswe 基斯韦
Kitbugha 怯的不花
kleroi 份地
kleruchs 希腊老兵
Konak style 科纳克风格
Konya 科尼亚
Kraeling, Emil 埃米尔·克雷林
Krak des Chevaliers 骑士堡
Kubbat al-Saiyar 赛亚尔墓
Kufa (Iraq) 库法（伊拉克）
Kuhrt, Amélie 阿梅莉·库特
Kurds 库尔德人
Kyrrhos (Cyrrhus) 居鲁斯

la Forbie 拉佛比
Lajin al-Mansuri 拉金·曼苏里
Lake Tiberias 太巴列湖
Lake Van 凡湖
Lala Mustafa Pasha 拉拉·穆斯塔法帕夏
Laodicea (Latakia) 劳迪西亚（拉塔基亚）
Laodicea ad Libanum 黎巴嫩山劳迪西亚
Laomedon of Mitilene 米蒂利尼的拉俄墨东
Lapana 拉帕纳
Larissa (Sheizar) 拉里萨（沙伊扎尔）
Lawrence, T. E. T. E. 劳伦斯
lead (roofing) 铅（屋顶）
League of Nations 国际联盟
Lebanon, Labanon Range 黎巴嫩，黎巴嫩山
legatus 军团长
Lepidus 雷必达
Leriche, Pierre 皮埃尔·勒里什
Levant 黎凡特
Libya 利比亚
limes 界墙
limitanei 边防部队
Litani River 利塔尼河
literacy 识字率
'Little Istanbul' "小伊斯坦布尔"
livestock 牲畜
Livy 李维
Lodd (Lydda) 卢德
Louis VII (King of France) 路易七世（法

兰西国王）

Louis IX (King of France) 路易九世（法兰西国王）

Louvre (Museum) 卢浮宫（博物馆）

Lucius Lollius 路奇乌斯·洛利乌斯

Lusignans 吕西尼昂王朝

Lyon 里昂

Lysias 吕西亚斯

Ma'alula (Maloula) 马卢拉

al-Ma'amun 马蒙

Ma'an 马安

Ma'arat al-Numan 马雷特努曼

Macedonia, Macedonians 马其顿

Machaerus, palace (Jordan) 马开如斯堡（约旦）

Madagascar 马达加加

madhhab (Islamic codes) 麦兹海布（伊斯兰教派）

Madrasa 'Adiliye 阿迪利耶麦德莱赛

Madrasa al-Aminiye 阿米尼耶麦德莱赛

Madrasa Atabakiye 阿塔巴基耶麦德莱赛

Madrasa 'Aziziye 阿齐兹耶麦德莱赛

Madrasa Badra'iye 巴德拉伊耶麦德莱赛

Madrasa al-Hafiziye 哈菲兹耶麦德莱赛

Madrasa al-'Izziye 伊兹耶麦德莱赛

Madrasa Maridaniye 马里达尼耶麦德莱赛

Madrasa al-Mu'azimiye 穆阿扎米耶麦德莱赛

Madrasa Murshidiye 穆尔什迪耶麦德莱赛

Madrasa Nasriye 纳斯里耶麦德莱赛

Madrasa Nuriye al-Kubra 努里耶麦德莱赛

Madrasa Rukniye 鲁克尼耶麦德莱赛

Madrasa Sadiriye 萨迪里耶麦德莱赛

Madrasa Sahibiye 萨希比耶麦德莱赛

Madrasa al-Shamiye 沙米耶麦德莱赛

Madrasa Shibliye 谢卜利耶麦德莱赛

Madrasa Umariye 奥马里耶麦德莱赛

Madrasa Zahiriye 查希里耶麦德莱赛

Maghreb 马格里布

mahmal 迈哈米勒

Mahmud (son of Zengi, prince of Qarqasiye) 马哈茂德（喀尔刻西耶君主赞吉之子）

Majdal Shams 马吉达勒沙姆斯

Majlis al-Shura 议事会

Makbara al-Najmariye 纳吉马里耶墓地

malaria 疟疾

al-Malik al-Feisal Street 麦利克·费萨尔街

Malik ibn Anas (Imam) 麦利克·伊本·阿纳斯（伊玛目）

al-Malik al-Mu'azzam 'Issa 麦利克·穆阿扎姆·伊萨

Malik Shah 麦利克沙

Maliki (Islamic code) 麦利克派

Malki Quarter 马勒基区

mamluks, mamluk system 马穆鲁克，马穆鲁克制度

Mamluk rule 马穆鲁克统治

Manqura (Vallis Alba) 曼库拉（白色山谷）

al-Mansur Abu Bakr (Mamluk sultan) 曼苏尔·艾布·贝克尔（马穆鲁克苏丹）

Mansur ibn Sarjun (Byzantine official) 曼苏尔·伊本·萨尔贡（拜占庭官员）
Manzikert 曼齐刻尔特
Marcus Aurelius 马可·奥勒留
Mardin 马尔丁
al-Mardj 草地
Mari 马里
Maristan 医院
Marj al-Suffar 萨法尔平原
Marj Rahit 拉希特平原
Marjayun (Lebanon) 迈尔季欧云（黎巴嫩）
Mark Antony 马克·安东尼
Maronites 马龙派
Marqab 迈尔盖卜
Marseilles 马赛
Marwan 麦尔旺
Mashhad Saida Ruqaye 赛义达·鲁凯亚圣陵
Maundeville, John (Sir) 约翰·曼德维尔爵士
Maundrell, Henry 亨利·蒙德雷尔
Mawlawiye (Mevliviye) sect 梅夫拉维教团
Maximianopolis (Shaqqa) 马克西米安波利斯（舍加）
Mayafaraqin (Silvan, Turkey) 迈亚法拉金（锡尔万，土耳其）
Mayardin 迈亚丁
Mazdaism 祆教
Mecca 麦加
Medes (neo-Babylonians) 米底人（新巴比伦人）

Medina 麦地那
Medinet Habu 哈布城
Mediterranean 地中海
Medjuel al-Mezrab 梅贾勒·梅泽拉布
Megiddo 美吉多
Meinecke, Michael 米夏埃尔·迈内克
Meissner Pasha 迈斯纳帕夏
Melisende 梅利桑德
Melitene (Malatya, Turkey) 梅利提尼（马拉蒂亚，土耳其）
Melkite rite 默基特礼
Menbij 曼比季
Melah 梅拉赫
Melchite (Greek Orthodox) Church 默基特礼（正统派）教会
Melqart 梅尔卡特
Memnon 门农
Merdje Square 迈尔季广场
Mersin 梅尔辛
Mesopotamia 美索不达米亚
Metellus Nepos 梅特卢斯·尼波斯
metrokomia, metrokomiai 母村
metropolis 母城
Mezzawi canal 梅扎维运河
Mezze 梅泽赫
Midan 米丹区
Midan al-Akhdar 阿赫达尔草场
Midan al-Hasa 砾石场
Midhat Pasha 米德哈特帕夏
mihrab 米哈拉布
Miletene (Malatya, Turkey) 米勒蒂纳（马拉蒂亚，土耳其）
Millar, Fergus 弗格斯·米勒

al-Mina 港口
Minaret of the Bride 新娘宣礼塔
Mismiye 米斯米耶
Mitanni 米坦尼
Mithridates 米特里达梯
al-Mleke 姆莱克
Mnin, Menin 马宁
Mnin River 马宁河
Mohi al-Din ibn 'Arabi 毛希丁·伊本·阿拉比
Monastery of St Saba (Palestine) 圣萨巴修道院（巴勒斯坦）
Mongke 蒙哥
Mongolia 蒙古
Mongols 蒙古人
Monophysites, Monophysitism 基督一性论（派）
monotheism 一神教
Monroe Doctrine 门罗主义
Morgenthau, Henry 亨利·摩根索
mosaics 马赛克
Mosque Abu Fulus 艾布·富卢斯清真寺
Mosque al-Aqsa 阿克萨清真寺
Mosque al-Jarrah 贾拉清真寺
Mosque of Hisham 希沙姆清真寺
Mosque of Abu Darda 艾布·达尔达清真寺
Mosque of Abu Salih 艾布·萨利赫清真寺
Mosque of Musalla 穆萨拉清真寺
Mosque of Repentance 忏悔清真寺
Mosque of Sayyida Zainab 赛义达·栽娜卜清真寺

Mosque al-Qadem 卡达姆清真寺
Mosque al-Sadat al-Mujahidiye 萨达特·穆贾希迪耶清真寺
Mosque Tekkiye 提基亚清真寺
Mosque of Tengiz 坦基兹清真寺
Mosul 摩苏尔
Mount Hermon 赫尔蒙山
Mount Lebanon 黎巴嫩山
Mouton, Jean-Michel 让-米歇尔·穆顿
Mothana 莫塔纳
Mqehil 姆格赫尔
mu'adhdhin 穆安津
Mu'awiya ibn Abi Sufyan 穆阿维叶·伊本·艾布·苏富扬
al-Mu'azzam Turanshah 穆阿扎姆·突兰沙
al-Mu'azzam 'Issa (Ayyubid governor) 穆阿扎姆·伊萨（阿尤布王朝总督）
al-Mu'azzam Turanshah 穆阿扎姆·突兰沙
Muhammad 穆罕默德
Muhammad 'Ali Pasha 穆罕默德·阿里帕夏
Muhammad ibn Tughj 穆罕默德·伊本·图格吉
Muhammad Najib Pasha 穆罕默德·纳吉布帕夏
Muhammad Pasha (son of As'ad Pasha al-'Azem) 穆罕默德帕夏（阿萨德帕夏·阿泽姆之子）
Muhammed ibn Tughj 穆罕默德·伊本·图格吉
Muhammad Selim Pasha (Ottoman

governor) 穆罕默德·赛利姆帕夏（奥斯曼总督）

Mu'in al-Din Unur 穆因纽丁·乌讷尔

Mujir al-Din Abaq 穆吉尔丁·阿巴克

Mukish 穆基什

al-Mundhir (Ghassanid leader) 蒙齐尔（伽珊人领袖）

al-Muqaddasi 穆卡达西

muqarnas 穆喀纳斯

al-Muqtadir 穆格泰迪尔

Murad Pasha (Ottoman governor) 穆拉德帕夏（奥斯曼总督）

musalla 穆萨拉

Museum of the City of Damascus 大马士革市博物馆

Museum of Epigraphy 碑铭学博物馆

Museum, National (Damascus) 大马士革国家博物馆

Museum of Popular Arts and Crafts (Beit 'Azem) 民间艺术和工艺博物馆（阿泽姆宫）

Mushennef 穆尚纳夫

Mustafa Kemal (Ataturk) 穆斯塔法·凯末尔（阿塔图尔克）

al-Mustansir 穆斯坦绥尔

Mu'ta (Jordan) 穆阿泰（约旦）

Mutanabi Street 穆塔纳比街

mutasarrif 穆塔萨勒夫

al-Mu'tasim ('Abassid Caliph) 穆尔台绥姆（阿巴斯王朝哈里发）

al-Mutawakil ('Abassid Caliph) 穆泰瓦基勒（阿拔斯王朝哈里发）

al-Muqaddasi 穆卡达西

Muwatalli (Hittite king) 穆瓦塔里（赫梯国王）

al-Muzaffar Qutuz 穆扎法尔·忽秃思

Muzayrib 穆宰里卜

'Nabaiati' (Nabataeans) 纳巴泰人

Nabataea 纳巴泰

Nabk 奈卜克

Nablus 纳布卢斯

Nabopolassar 那波帕拉萨尔

na'ib (nuwwab) 军事总督

na'ib al-sultana 总督

Najaf 纳杰夫

Najm al-Din Ayyub 纳伊姆丁·阿尤布

'nameless god' "无名之神"

Nanaia 娜娜女神

Napoleon 拿破仑

Naqshbandi (Sufi order) 纳克什班迪教团（苏菲派）

Nasr al-Din 纳绥尔丁

al-Nasr Da'ud (Ayyubid sultan) 纳绥尔·达乌德（阿尤布王朝苏丹）

al-Nasr Faraj (Mamluk sultan) 纳绥尔·法拉杰（马穆鲁克苏丹）

al-Nasr Muhammad 纳绥尔·穆罕默德

al-Nasr II Yusuf 纳绥尔二世·优素福

Nasuh Pasha 纳苏赫帕夏

Nawa 纳瓦

Nazareth 拿撒勒

Neapolis (Nablus) 尼亚波利斯（纳布卢斯）

Nebaioth 尼拜约

Nebuchadnezzar II 尼布甲尼撒二世

Necho II 尼科二世

Neela (Inkhil) 内拉（因克赫尔）

Neo-Babylonian empire 新巴比伦帝国

Nemara 内马拉

Nestorians 聂斯脱里派

'New Macedonia' "新马其顿"

Nezala (Qaryatein) 内扎拉（盖尔亚廷）

Nicaea 尼西亚

Nicephorium (Raqqa) 尼科福留姆（拉卡）

Nicephorus Phocas 尼基弗鲁斯·福卡斯

Nicolaus of Damascus 大马士革的尼古拉斯

Nicopolis (Amanus Mtns, Turkey) 尼科波利斯（阿马努斯山脉，土耳其）

Nicosia 尼科西亚

Nikatoris (Euphrates) 尼卡托利斯（幼发拉底河）

Nile River 尼罗河

Nimrud 尼姆鲁德

Nineveh 尼尼微

Nisibis, Nisibin (Nusaybin) 尼西比斯，尼西宾（努赛宾）

Nizam family 尼扎姆家族

Noah 挪亚

nomads 游牧民

norias (water wheels) 水车

North Africa 北非

Notitia Dignitatum 百官志

al-Nuqra, plain of 努克拉平原

Nur al-Din 努尔丁

nymphaeum 宁芙神庙

Octavia 屋大维娅

Octavian (later Augustus) 屋大维（后来的奥古斯都）

Ocurura (Qara) 奥库鲁拉（卡拉）

Odenathus 奥登纳图斯

odeon, location of 音乐厅

Olden, Arthur (Major) 阿瑟·奥尔登少校

olives, olive oil 橄榄，橄榄油

Oneuatha 奥内瓦塔

Oriens 东方管区

Orontes River 奥龙特斯河

Ortuqids 阿尔图格王朝

Osrhoene 奥斯若恩

Ostia 奥斯提亚

Ottoman rule 奥斯曼统治

Oxford University 牛津大学

Oxus River 奥克苏斯河

Pacator Orbis 世界和平缔造者

'Pact of 'Umar' 《欧麦尔协定》

Pakistan 巴基斯坦

Palaestina (Roman province) 巴勒斯坦（罗马行省）

Palestine 巴勒斯坦

Palestine Exploration Fund 巴勒斯坦勘探基金会

Palestine Exploration Fund Quarterly (PEFQ) 《巴勒斯坦勘探基金会季刊》

Palmyra 巴尔米拉

Paneas, Caesarea Paneas (Baniyas, Golan) 巴尼亚斯，凯撒里亚巴尼亚斯（巴尼亚斯，戈兰高地）

Parapotamia 帕拉波塔米

parchment 羊皮纸

Paris 巴黎

Parmenion 帕曼纽

Parpar ('Awaj River) 法珥法（阿瓦吉河）

Parsargadae 帕萨尔加德

Parthia, Parthian Kingdom 帕提亚，帕提亚王国

Parthica legions 帕提亚军团

Parthyene, Parthava (Seleucid province) 帕提亚（塞琉古帝国行省）

Pascual, Jean-Pierre 让-皮埃尔·帕斯夸尔

Paul (Saint) 圣保罗

Pax Romana 罗马治下的和平

Pekah 比加

Pella (Fahl, Tabqat Fihl, Jordan) 佩拉（法勒，塔巴卡特法勒，约旦）

Perdiccas 佩尔狄卡斯

peribolos (of Roman Temple)（罗马神庙的）围场

Persepolis 波斯波利斯

Persia, Persians 波斯，波斯人

Persian Gulf 波斯湾

Pescennius Niger 佩斯切尼乌斯·奈哲尔

Petra 佩特拉

Phaena (Mismiye) 法埃纳（米斯米耶）

Pharsalus 法萨卢斯

Philadelphia ('Amman) 费拉德尔菲亚（安曼）

Philip August (King of France) 腓力·奥古斯都（法兰西国王）

Philip V (Macedonian king) 腓力五世（马其顿国王）

Philip the Arab 阿拉伯人菲利普

Philippopolis (Shahba) 菲利普波利斯（舍赫巴）

Philistine coast 非利士人的海岸

Phoenice Libanensis (Secunda) province 黎巴嫩腓尼基（第二）行省

Phoenice Prima province 第一腓尼基行省

Phoenicia 腓尼基

Piacenza 皮亚琴察

piracy 海盗

plague 瘟疫

plaster decoration 灰泥装饰

Pliny 普林尼

Plutarch 普鲁塔克

Pococke, Richard 理查德·波科克

Pompey 庞培

Pontus (Roman province) 本都（罗马行省）

Porter, Josias (Rev.) 乔赛亚斯·波特（传教士）

Posideion (Ras al-Basit) 波西迪昂（拉斯巴西特）

potash 钾盐

pottery 陶器

prefect (Roman official) 地方长官（罗马官员）

procurator 行省代理

Prophet's Mosque 先知寺

Poidebard, Antoine 安托万·普瓦德巴尔

Provincia Arabia 阿拉伯行省

Ptolemaic dynasty 托勒密王朝

Ptolemais (Egypt) 托勒密城（埃及）

Ptolemy I 托勒密一世

Ptolemy II Philadelphus "爱手足者"托勒密二世

Ptolemy III Euergetes "施惠者"托勒密三世

Ptolemy V Epiphanes "神显者"托勒密五世

Ptolemy XIII 托勒密十三世

Ptolemy XIV 托勒密十四世

Ptolemy (Ituraean prince) 托勒密（以土利亚君主）

Ptolemy Philadelphus "爱手足者"托勒密

qaʻa (salon) 会客厅

Qadem station 卡达姆车站

Qadesh (Tell Nebi Mend) 卡迭石（纳比曼德丘）

qadi 卡迪

al-Qadi al-Fadil 卡迪·法迪勒

Qadriya (Sufi order) 卡迪里耶教团（苏菲派）

Qaimariye family 凯马里耶家族

Qaimariye Street 凯马里耶街

Qaʻitbey (Mamluk governor) 盖特拜（马穆鲁克总督）

qalaʻa (castle, fortress) 要塞，城堡

Qalamoun 卡拉蒙山

Qalaʻat Jaʻabr 贾巴尔堡

Qalaʻat Mudiq 穆迪克堡

Qalaʻat Najm 纳杰姆堡

Qalawun (Mamluk Sultan) 盖拉温（马穆鲁克苏丹）

al-Qalanisi (Arab historian) 开拉尼希（阿拉伯历史学家）

Qamishli 卡米什利

Qanawat (Hauran) 卡纳瓦特（豪兰）

Qanawat canal 卡纳瓦特运河

Qansuh al-Ghuri (Mamluk sultan) 坎苏·古里（马穆鲁克苏丹）

Qara 卡拉

Qarmati or Qarmatian (sect) 卡尔马特派

Qarqar 卡尔卡尔

Qarqasiye (Buseire) 喀尔刻西耶（布西里）

Qaryatein 盖尔亚廷

Qaryat Rawiye 拉维耶村

Qasr Ibn Wardan 伊本沃丹堡

Qasr al-Baʻiq 巴伊克堡

Qasr al-Hajjaj 赫贾吉宫

Qasr al-Heir West 西海尔堡

Qasr al-Heir East 东海尔堡

Qasr 城堡

Qays, Qaysi 卡伊斯人

Qazhaye monastery (Lebanon) 卡扎耶修道院（黎巴嫩）

qibla 基卜拉

quadrifons (four-sided structure) 四面建筑

al-Qudama, (Sheikh) Ahmad 谢赫艾哈迈德·古达马

al-Qudama, Abu ʻUmar 艾布·奥马尔·古达马

Quneitra (Golan) 库奈特拉（戈兰高地）

Quraysh 古莱什

Qusayr (near Homs) 古赛尔（近霍姆斯）

Quseen (son of Sultan al-Nasr) 高松（苏丹纳绥尔之子）

Qutuz (Mamluk sultan) 忽秃思（马穆鲁克苏丹）

Rabel II (Nabataean king) 拉贝尔二世（纳巴泰国王）

Rabi'a Khatun 拉比耶可敦

Rabwe, Rabwe Gorge 拉卜韦

Rafa (Palestine) 拉法（巴勒斯坦）

Rahbah castle (near Mayardin) 拉哈巴（近迈亚丁）

Rakhleh 拉赫雷

al-Ramla (Palestine) 拉姆拉（巴勒斯坦）

Ramman (Hadad) 拉姆曼（哈达德）

Ramses I 拉美西斯一世

Ramses II 拉美西斯二世

Ramses III 拉美西斯三世

Raphaneai (Rafaniye, Orontes Valley) 拉法尼亚（奥龙特斯河谷）

Raphia 拉菲亚

Raqqa 拉卡

Ras al-'Ain 拉斯艾因

Rashaya (Lebanon) 拉恰亚（黎巴嫩）

Rashid Pasha (Ottoman governor) 拉希德帕夏（奥斯曼总督）

Rassapa (Resafe) 拉萨帕（雷萨法）

Rastan 拉斯坦

Ravenna 拉文纳

Ravendal (Belenozu, Turkey) 雷文德尔（贝莱诺祖，土耳其）

Rayak (Lebanon) 里亚格（黎巴嫩）

Raymond, André 安德烈·雷蒙

Raymond (Count of Tripoli) 雷蒙（的黎波里伯爵）

Raymond (Prince of Antioch) 雷蒙（安条克亲王）

Re (solar deity) 太阳神拉

Red Sea 红海

Resafe (or Rusafa) 雷萨法（鲁萨法）

Resaina (Ras al-'Ayn) 雷塞纳（拉斯艾因）

Reynald of Chatillon 沙蒂永的雷诺

Richard, Coeur de Lion (King of England) 狮心王理查（英格兰国王）

Ridwan 拉德万

Riesner, Rainer 赖纳·里斯纳

Rigm al-Mara 里姆马拉

riwaq 拱廊

Roman Damascus 罗马时代大马士革

Rome, Roman Empire 罗马，罗马帝国

royal estates (Greek) 王室地产（希腊）

Royal Gloucestershire Hussars 皇家格洛斯特郡骠骑兵团

Rostovtzeff, Michael 米哈伊尔·罗斯托夫采夫

Roubeh depression 鲁贝洼地

Royal Institute of British Architects 英国皇家建筑师协会会刊

Ruhizzi 鲁希兹

Rukn al-Din Baybars (Mamluk sultan) 鲁肯丁·拜伯尔斯（马穆鲁克苏丹）

Rukn al-Din Mankuris (Ayyubid amir) 鲁肯丁·曼库里斯（阿尤布王朝埃米尔）

Rumeli(a) 鲁米利亚

Rumkale (Rumkalisi, Turkey) 鲁姆卡莱（土耳其）

Runciman, Steven 斯蒂芬·朗西曼

Rusafa (Resafe) 雷萨法

Russia 俄罗斯

Sadat al-Mujahidiye (Zengid general) 萨达特·穆贾希迪耶（赞吉王朝将领）

al-Safa (volcanic region) 萨法（火山地区）

Safarjalani family 萨法尔贾拉尼家族

Safavids 萨法维人

Safed 萨法德

Safwat al-Mulk (mother of Duqaq) 萨夫瓦特·穆尔克（杜卡克之母）

Safwat al-Mulk Zumurrud (Khatun) 萨夫瓦特·穆尔克·祖穆鲁德（可敦）

Saghir Cemetery 小门公墓

Sahr 萨赫尔

Sa'id al-Jeza'iri 赛义德·杰扎伊里

Saif al-Din Abu Bakr 赛义夫丁·艾布·伯克尔

Saif al-Din Qibjaq 赛义夫丁·吉卜贾格

Saif al-Din Qilij 赛义夫丁·基利季

Saif al-Din Tanibak al-Hasani (Mamluk governor) 赛义夫丁·塔尼巴克·哈萨尼（马穆鲁克总督）

Saif al-Din Tengiz al-Husami (Mamluk governor) 赛义夫丁·坦基兹·胡萨米（马穆鲁克总督）

Saif al-din Yalbugha 赛义夫丁·雅勒不花

Saif ibn 'Umar 赛义夫·伊本·欧麦尔

Saint Simeon (port of Antioch) 圣西蒙（安条克港口）

Sakane (Hasseke) 萨卡纳（哈塞克）

Saladin (al-Nasr Yusuf Salah al-Din) 萨拉丁（纳绥尔·优素福·萨拉赫丁）

ibn Salama al-Raqqi 伊本·萨拉马·拉基

Salaminias (Salimiya) 萨拉米尼亚斯（萨利米亚）

Salamiya 塞莱米耶

Salecah (Salkhad) 塞勒海德

Saleh 萨利赫

al-Salih (son of Nur al-Din) 萨利赫（努尔丁之子）

al-Salih Ayyub 萨利赫·阿尤布

al-Salih Isma'il (son of Saladin) 萨利赫·伊斯梅尔（萨拉丁之子）

Salihiye 萨利希耶

Salkhad 塞勒海德

salya (salon) 沙龙

Samaria 撒马利亚

Samaritans 撒马利亚人

Samarkand 撒马尔罕

Samosata (Samsat, Turkey) 萨莫萨塔（萨姆萨特，土耳其）

Samsigeramus dynasty 萨姆西革剌摩斯王朝

Sana'a, Great Mosque 萨那大清真寺

Sanamein 塞奈迈因

al-Saneh 萨内赫

sanjaks 桑贾克

Sanjak of Alexandretta 亚历山大勒塔桑贾克

Sanussi 赛努西派

Sargon II (Assyrian ruler) 萨尔贡二世

译名对照表·593

（亚述统治者）

Sarjun ibn Mansur 萨尔贡·伊本·曼苏尔

Sartre, Maurice 莫里斯·萨特

Saruja 萨鲁贾区

Saruja al-Muzaffari (Mamluk amir) 萨鲁贾·穆扎法里（马穆鲁克埃米尔）

Sasanians, Sasanian Empire 萨珊帝国

Satala 萨塔拉

satrap (Persian provincial governor) 波斯总督

Saudi Arabia 沙特阿拉伯

Saul (Paul) 扫罗（保罗）

Sauvaget, Jean 让·索瓦热

Sawar (Fatimid vizier) 沙瓦尔（法蒂玛王朝维齐尔）

Scaurus, Aemelius 埃米利乌斯·斯考鲁斯

Scotland 苏格兰

Scythopolis (Betsan) 斯基托波利斯

Schiltberger, Johann 约翰·席尔特贝格

Schatkowski Schilcher, Linda 琳达·沙特科夫斯基·席尔歇

Sea Peoples 海上民族

Sab'a Biyar 萨巴比亚尔

Sebaste 塞巴斯蒂亚

Seidnaya 塞德纳亚

Selemiya 塞勒米亚

Seleucid Kingdom 塞琉古王国

Seleucus I Nicator "胜利者"塞琉古一世

Seleucus IV Philopator "笃爱父亲者"塞琉古四世

Seleucia (Seleucia Pieria) 塞琉西亚（塞琉西亚佩里亚）

Seleucia (on the Tigris) 塞琉西亚（底格里斯河畔）

Selim I (Sultan) 赛利姆一世（苏丹）

Seljuks, Seljuk dynasty 塞尔柱人，塞尔柱王朝

Semiramis Hotel 塞米拉米斯酒店

Semitic tradition 闪米特传统

Senate, senators 元老院，元老院议员

Sennacherib 辛那赫里布

Sephorié (Saffariye) 塞佛瑞斯（萨法里耶）

Septimius Severus 塞普蒂米乌斯·塞维鲁

Septuagint 《七十士译本》

seraya (Ottoman headquarters) 总督府（奥斯曼地方统治总部）

Sergius (Christian saint) 圣塞尔吉乌斯

Seriana (Isriye) 塞里亚纳（伊斯里耶）

Seth 赛特

Seti I 塞提一世

al-Shafe'i, Imam 伊玛目沙斐仪

Shafe'i (Islamic code) 沙斐仪派

Shahanshah (brother of Saladin) 沙汉沙（萨拉丁的兄长）

Shajjar al-Durr 舍哲尔·杜尔

Shalmaneser III 沙尔马那塞尔三世

al-Shams (Damascus) "太阳"（大马士革）

Shams al-Din ibn al-Muqaddam (Zengid amir) 沙姆斯丁·伊本·穆卡达姆（赞吉埃米尔）

Shams al-Mulk Isma'il 沙姆斯·穆尔克·伊斯梅尔

Shaqhab 舍盖

Shaqra 舍格拉

Sharia Baghdad 巴格达街

Sharia al-Malik al-Feisal 麦利克·费萨尔街

Sharia al-Thawra 革命街

Sharaf al-Din Mawdud 谢拉夫丁·马杜德

Shawbak (Jordan) 沙乌巴克（约旦）

Sheikh Miskeen 谢赫米斯金

Sheizar 沙伊扎尔

Shem 闪

Shibl al-Daula Kafur al-Husami 谢卜勒·达乌拉·卡富尔·胡萨米

Shihab al-Din Ahmad ibn al-'Attar (architect) 谢哈布丁·艾哈迈德·伊本·阿塔尔（建筑师）

Shihab al-Din Mahmud 谢哈布丁·马哈茂德

Shirkuh (Zengid commander) 谢尔库赫（赞吉王朝指挥官）

Si'a 西阿

Sibai (Mamluk governor) 西巴伊（马穆鲁克总督）

Sicily 西西里

Sidon 西顿

Siffin 隋芬

'Silk Route' "丝绸之路"

Simirra 西米拉

Sinai 西奈

Sinan ibn 'Abd al-Mannan (Ottoman architect) 希南·伊本·阿卜杜勒门南（奥斯曼建筑师）

Sindh Valley (Pakistan) 信德河谷（巴基斯坦）

Singara (Sinjar) 辛贾拉（辛贾尔）

Sis 锡斯

Sitt al-Sham Zumurrud (Khatun) 赛义达·沙姆·祖穆鲁德（可敦）

Sitt Zeinab (Qaryat Rawiye, Ghouta)（拉维耶村，古塔绿洲）

Sivas 锡瓦斯

Smyrna (Izmir, Turkey) 士麦那（伊兹密尔，土耳其）

Soada (Suweida) 苏韦达

Sol Invictus 无敌者索尔

Solomon 所罗门

South Africa 南非

Sparta 斯巴达

Spain 西班牙

spice market 香料集市

sphinx, bas relief of from Aramaean temple 斯芬克斯，亚兰人神庙浮雕

Spiers, R. Phené R. 菲内·施皮尔斯

Strabo 斯特拉波

Straight Street 直街

Strata Diocletiana 戴克里先大道

strategos 希腊将军

Suleiman 苏莱曼

Suleiman Pasha al-'Azem 苏莱曼帕夏·阿泽姆

Sulpicius Quirinius (consul) 苏尔皮基乌斯·居里扭（执政官）

Subeibe 苏贝巴

Suez 苏伊士

Suez Canal 苏伊士运河

译名对照表 · 595

Sufis, Sufism 苏菲派

'Sufyani' 苏富扬派

Sukas 苏卡斯

Sukne, Sukneh 苏克奈

sultan (title) 苏丹（头衔）

Sunqur al-Ashqar 松古尔·阿什加尔

Supite 苏比特

Suppiluliuma I 苏庇路里乌玛一世

Suq al-'Asruniye 阿斯鲁尼耶集市

Suq al-Arwam 阿瓦姆集市

Suq al-Bazuriye 香料集市

Suq al-Hayyetin 裁缝集市

Suq al-Jadid 新集市

Suq Midhat Pasha 米德哈特帕夏集市

Suq al-Souf 羊毛集市

Suq al-Hamidiye 哈米迪耶集市

Suq al-Qutn 棉花集市

Suq Saruja 萨鲁贾集市

Suq al-Sinaniye 锡南尼耶集市

Sura 苏拉

Suweida 苏韦达

Suweilim 苏韦林

Sykes (British Foreign Secretary) 赛克斯（英国外交官）

Sykes-Picot Agreement《赛克斯-皮科协定》

synagogue (Jobar) 犹太会堂（朱巴尔）

Syria, Roman province (Provincia Syria) 叙利亚，罗马行省

Syriac language 叙利亚语

Syria Coele 柯里叙利亚

'Syrian arch' "叙利亚式拱券"

'Syrian Gates' (Beylan Pass) "叙利亚之门"（贝伦山口）

Syrian Protestant College 叙利亚新教学院

'Syrian wars' (Ptolemies vs Seleucids) "叙利亚战争"（托勒密王朝 vs 塞琉古王朝）

Syria Phoenice (Roman province) 腓尼基叙利亚（罗马省）

Syria-Phoenicia (Seleucid province) 腓尼基叙利亚（塞琉古行省）

Syria Prima (Byzantine province) 第一叙利亚（拜占庭行省）

Syria Secunda (Byzantine province) 第二叙利亚（拜占庭行省）

Tabbaa, Yasser 亚西尔·塔巴

Tabbale 塔贝勒（大马士革城区）

Tadmor 泰德穆尔

Tafas 塔法斯

Taht al-Qala'a 城堡之下区

Taj al-Mulk Buri 塔杰·穆卢克·布里

Taki al-Din Ahmad ibn Taymiya 塔基丁·艾哈迈德·伊本·泰米叶

Taki al-Din al-Takritiye 塔基丁·塔克里提

Tamurbugha al-Afdali ('Mintash') 塔穆尔不花·阿夫达利（"敏塔什"）

Tamerlane 帖木儿

Tanzimat reforms 坦志麦特改革

Tarkan Khatun 泰尔肯可敦

Tarsus 塔尔苏斯

Ta-ms-qu (Damascus) 大马士革

Tartus 塔尔图斯

Taurus Mountains 托罗斯山脉
Taxila (Pakistan) 塔克西拉（巴基斯坦）
Tayibeh 泰贝
Tbilisi 第比利斯
Tekkiye of Sultan Suleiman 苏莱曼苏丹修道院
Tekkiye of Sultan Selim (Salihiye) 赛利姆苏丹修道院（萨利希耶）
Telegraph Monument (Merdje Square) 电报纪念柱（迈尔季广场）
Teletas Sai 泰莱塔斯赛
Tell Abiad 艾卜耶德遗址丘
Tell Ahmar 艾哈迈尔丘
Tell Asfar 阿斯法丘
Tell Dekwe 德克维遗址丘
Tell al-Harith 哈里斯遗址丘
Tell Makhloul 马赫卢丘
Tell al-Qanatir 卡纳提尔遗址丘
Tell al-Samak 萨马克遗址丘
Tell Ashtara 阿什塔拉遗址丘
Tell Aswad 阿斯瓦德遗址丘
Tell Bi'a 比亚遗址丘
Tell Brak 布拉克遗址丘
Tell Ghureife 古莱弗遗址丘
Tell Habiye 哈比耶遗址丘
Tell Qaimariye 凯里马耶遗址丘
Tell Ramad 拉马德遗址丘
Tell Sakka 萨卡遗址丘
Tell Sedriseh 塞德里塞丘
Tell Salihiye 萨利希耶遗址丘
Temple of Bel 贝尔神庙
Temple of Jupiter 朱庇特神庙
Temple of Vesta, Rome 维斯塔神庙，罗马
Temple of Zeus, Zeus-Hadad 宙斯/宙斯–哈达德神庙
tetrakionion 四面建筑
tetrapylon 四面门
Thaniyat al-'Uqla 老鹰山口
Thapsacus 萨普萨科斯
Theodoris Trithourios 狄奥多尔·特里堤里乌斯
Thebes 底比斯
Thelseai (Dumeir) 忒尔塞埃（杜迈尔）
Theodorias 狄奥多里亚斯
Theodosius 狄奥多西
Thermopylae 温泉关
Thessaly 色萨利
Thucydides 修昔底德
Thutmose III 图特摩斯三世
Tiberiad 太巴列
Tiberias (town) 太巴列镇
Tiglath-Pilaser III 提革拉毗列色三世
Tigranes 提格兰
Tigris River 底格里斯河
Tikrit (Iraq) 提克里特（伊拉克）
Tiyas 提亚斯
Tora canal 托拉运河
Tortosa (Tartus) 托尔托萨（塔尔图斯）
Tower of Nur al-Din 努尔丁塔
Tower of al-Salih Ayyub 萨利赫·阿尤布塔
Trachonitis (Leja) 特拉可尼（拉贾特）
Trajan 图拉真
tramway 有轨电车线路
Trans-Jordan 外约旦

Trapezus (Trebizond) 特拉佩祖斯（特拉布宗）

trebuchets 投石机

Tripoli 的黎波里

Tristram, H. B. (Rev.) 亨利·特里斯特拉姆（牧师）

'True Cross' 真十字架

Tscherikower, Viktor 维克多·切里科韦尔

Tughj ibn Juff 图格吉·伊本·朱夫

Tughtagin (Burid ruler) 托特金（布里迪统治者）

Tughrul Beg 图格鲁勒·贝克

Tulunid dynasty 图伦王朝

Turanshah (brother of Sitt al-Sham) 图兰沙（赛义达·沙姆的兄弟）

Turba Najmiye 纳兹米耶墓

Turkey 土耳其

Turkish people 突厥人

Turkish Law School 土耳其法学校

Turkoman, Turkmen 土库曼

Tutankhamen 图坦卡蒙

Tutul al-Far 法尔丘

Tutush (son of Alp Arslan) 突突什（艾勒卜·艾尔斯兰之子）

Tutush II (son of Duqaq) 突突什二世（杜卡克之子）

typhoid 伤寒

Tyre 提尔

Udhruh fort 乌德鲁堡

Ugarit (Ras Shamra) 乌加里特（拉斯沙姆拉）

'ulama 乌理玛

'Umar 欧麦尔

Umayyad family, dynasty 倭马亚家族，王朝

Umayyad Mosque (Great Mosque) 倭马亚清真寺（大清真寺）

umma (community) 乌玛（公社）

Umm al-Jimal 乌姆吉马尔

Umm al-Quttem 乌姆古坦

Uniate (Catholic) Churches 东仪天主教会

Université Saint-Joseph (Beirut) 圣约瑟夫大学（贝鲁特）

Unqi 温基

Unur, Mu'in al-Din 乌讷尔

Upi (Upu) 乌普

Upper Sharaf 上谢拉夫区

'Uqaybe 乌盖拜区

Urfa 乌尔法

Ushnati 乌什纳蒂

'Uthman 奥斯曼

'Uthman Pasha al-Kurji (Ottoman governor) 奥斯曼帕夏·库尔吉（奥斯曼总督）

Uz 乌斯

Valerian 瓦勒良

Vallis Alba (Manqura) 白色山谷（曼库拉）

Venice 威尼斯

Veriaraca (Khan al-Hallabat) 维里阿拉卡（哈拉巴特驿站）

Via Diocletiana 戴克里先大道

Via Ledja 雷迪亚大道

Via Nova Traiana 新图拉真大道
Via Recta (Straight Street) 直街
via sacra 圣道
Victoria and Albert Museum, London 维多利亚和阿尔伯特博物馆, 伦敦
Victoria Bridge 维多利亚桥
von Sanders, Liman 利曼·冯·桑德斯

Wadi 干谷
Wahhabi sect, Wahhabism 瓦哈比派
wali (Ottoman governor) 瓦里（奥斯曼总督）
al-Walid I 瓦利德一世
waqf system, waqfs (*awqaf*) 瓦合甫
Watzinger, Carl 卡尔·瓦青格
wazir (prime minister) 维齐尔（首相）
Weber, Stefan 斯特凡·韦伯
Wellhausen, Julius 尤利乌斯·韦尔豪森
West Indies 西印度群岛
Wheeler, Mortimer 莫蒂默·惠勒
Wiegand, Theodor 特奥多尔·维甘德
wilayat 维拉耶
Wilhelm II (Kaiser) 威廉二世（皇帝）
Will, Ernest 埃内斯特·威尔
William of Tyre 提尔的威廉
Wulzinger, Karl 卡尔·武尔青格

Xerxes 薛西斯

Yabruda (Yabrud) 那卜鲁德
al-Ya'kubi 叶耳孤比
Yalbugha al-Nasri 雅勒不花·纳斯里

Yalbugha al-Yahyawi (Mamluk governor) 雅勒不花·叶海亚维（马穆鲁克总督）
Yamanis 也门人
Yaqusa (ravine) 深谷
Yarmuk Quarter (Damascus) 耶尔穆克区（大马士革）
Yarmuk River 耶尔穆克河
Yarmuk Square 耶尔穆克广场
Yazid I 耶济德一世
Yazid Canal 耶齐德运河
Yemen 也门
yerliya 耶尼切里
'Young Turks' 青年土耳其党
youth groups (ahdath) 青年帮派
Yunus al-Dawadar (Mamluk amir) 尤努斯·达瓦达尔（马穆鲁克埃米尔）
Yusuf (son of Barsbay) 优素福（巴尔斯贝伊之子）

Zab (River) 扎卜河
Zabadani 扎巴达尼
Zabadani railway 扎巴达尼铁路
Zachariah 撒迦利亚
al-Zahir Ghazi 查希尔·加齐
al-Zahir Saif al-Din Barquq (Mamluk sultan) 查希尔·赛义夫丁·贝尔孤格（马穆鲁克苏丹）
Zahir al-'Umar (ruler of Galilee, Acre) 查希尔·欧麦尔（加利利统治者, 阿卡）
Zahle 扎赫勒
Zainab (sister of Hussein) 栽娜卜（侯赛因的妹妹）

Zain al-Din 扎因丁
Zawiya 收容所
Zelaf 泽拉夫
Zengid rule 赞吉统治
Zenobia 芝诺比阿
Zenobia (Halebiye) 芝诺比阿（哈勒比耶）
Zeugma 泽乌玛
Zeus 宙斯

Zeus Damaskenos 大马士革的宙斯
Zeus-Hadad 宙斯–哈达德
Zincirli 辛西尔利
Zionists 犹太复国主义者
Zobah 琐巴
Zoroastrianism 祆教
Zufle Tellet 祖夫雷遗址丘
Zürcher, Max (architect) 马克斯·齐歇尔（建筑师）

"方尖碑"书系

第三帝国的兴亡：纳粹德国史
　　［美国］威廉·夏伊勒

柏林日记：二战驻德记者见闻，1934—1941
　　［美国］威廉·夏伊勒

第三共和国的崩溃：一九四〇年法国沦陷之研究
　　［美国］威廉·夏伊勒

新月与蔷薇：波斯五千年
　　［伊朗］霍马·卡图赞

海德里希传：从音乐家之子到希特勒的刽子手
　　［德国］罗伯特·格瓦特

威尼斯史：向海而生的城市共和国
　　［英国］约翰·朱利叶斯·诺里奇

巴黎传：法兰西的缩影
　　［英国］科林·琼斯

末代沙皇：尼古拉二世的最后503天
　　［英国］罗伯特·瑟维斯

巴巴罗萨行动：1941，绝对战争
　　［法国］让·洛佩　［格鲁吉亚］拉沙·奥特赫梅祖里

帝国的铸就：1861—1871：改革三巨人与他们塑造的世界
　　［美国］迈克尔·贝兰

罗马：一座城市的兴衰史
　　［英国］克里斯托弗·希伯特

1914：世界终结之年
　　［澳大利亚］保罗·哈姆

刺杀斐迪南：1914年的萨拉热窝与一桩改变世界的罗曼史
　　［美国］格雷格·金　［英国］休·伍尔曼斯

极北之地：西伯利亚史诗
　　［瑞士］埃里克·厄斯利

空中花园：追踪一座扑朔迷离的世界奇迹
　　［英国］斯蒂芬妮·达利

俄罗斯帝国史：从留里克到尼古拉二世
　　［法国］米歇尔·埃莱尔

魏玛共和国的兴亡：1918—1933
　　［德国］汉斯·蒙森

独立战争与世界重启：一部新的十八世纪晚期全球史
　　［美国］马修·洛克伍德

港口城市与解锁世界：一部新的蒸汽时代全球史
　　［英国］约翰·达尔文

战败者：1917—1923年欧洲的革命与暴力
　　［德国］罗伯特·格瓦特

盎格鲁-撒克逊人：英格兰的形成，400—1066
　　［英国］马克·莫里斯

巴比伦城：神话与奇迹之地
　　［英国］斯蒂芬妮·达利

吴哥王朝兴亡史
　　［日本］石泽良昭

伟大民族：从路易十五到拿破仑的法国史
　　［英国］科林·琼斯

穿破黑暗：灯塔的故事
　　　　［意大利］维罗妮卡·德拉·多拉

苏美尔文明
　　　　拱玉书

维纳斯与阿佛洛狄忒：一个女神的历史
　　　　［英国］贝塔妮·休斯

大马士革：刀锋下的玫瑰
　　　　［澳大利亚］罗斯·伯恩斯
（更多资讯请关注新浪微博@译林方尖碑，
　　微信公众号"方尖碑书系"）

方尖碑微博　　　方尖碑微信